中国近代经济史

（1937—1949）

上册（一）

刘克祥 | 主编

人民出版社

出 版 前 言

1921 年 9 月，刚刚成立的中国共产党就创办了第一家自己的出版机构——人民出版社。一百年来，在党的领导下，人民出版社大力传播马克思主义及其中国化的最新理论成果，为弘扬真理、繁荣学术、传承文明、普及文化出版了一批又一批影响深远的精品力作，引领着时代思潮与学术方向。

2009 年，在庆祝新中国成立 60 周年之际，我社从历年出版精品中，选取了一百余种图书作为《人民文库》第一辑。文库出版后，广受好评，其中不少图书一印再印。为庆祝中国共产党建党一百周年，反映当代中国学术文化大发展大繁荣的巨大成就，在建社一百周年之际，我社决定推出《人民文库》第二辑。

《人民文库》第二辑继续坚持思想性、学术性、原创性与可读性标准，重点选取 20 世纪 90 年代以来出版的哲学社会科学研究著作，按学科分为马克思主义、哲学、政治、法律、经济、历史、文化七类，陆续出版。

习近平总书记指出:“人民群众多读书,我们的民族精神就会厚重起来、深邃起来。”“为人民提供更多优秀精神文化产品,善莫大焉。”这既是对广大读者的殷切期望,也是对出版工作者提出的价值要求。

文化自信是一个国家、一个民族发展中更基本、更深沉、更持久的力量,没有文化的繁荣兴盛,就没有中华民族的伟大复兴。我们要始终坚持“为人民出好书”的宗旨,不断推出更多、更好的精品力作,筑牢中华民族文化自信的根基。

人民出版社

2021 年 1 月 2 日

目　录

上　册

第一篇　日伪占领下的战争和殖民掠夺经济

中　册

第二篇　抗日后方和国民党统治区的半殖民地半封建经济

—— 下 册 ——

第三篇 革命战争中不断成长壮大的新民主主义经济

前　言

本卷是中国社会科学院重大课题（2006 年立项，2014 年结项，王洛林教授任课题负责人）、国家社科基金重大项目（2010 年 12 月立项，原定于 2015 年 12 月完成，后延期至 2020 年，刘克祥研究员任首席专家）。本卷是多卷本《中国近代经济史》的“收官篇”。全卷以马克思列宁主义、毛泽东思想为指导，以“中国资本主义的发展与不发展”为中心线索，并尽可能保持全书思路、风格的连贯性和一致性，课题组沿用个案分析与综合考察相结合，微观、中观、宏观相结合，纵、横相结合，史、论相结合，生产力和生产关系相结合，质的论述和量的分析相结合的“六结合”研究方法，在新的起点上，对 1937—1949 年中国人民的苦难历程和经济嬗变进行全面考察和深入研究。1937—1949 年的 13 年，既是中华民族灾难深重、濒临亡国灭种的 13 年，又是危难和机遇并存，中华民族生死拼搏、否极泰来的 13 年；是中国社会经济和阶级结构，政治、经济制度和体制，人民生存条件和生活方式发生翻天覆地变化的 13 年，在中国数千年的通史和经济史长河中，都值得写上厚重的一笔。

本卷分为上、中、下三册，分别考察、分析关内外沦陷区、抗战后方和国民党统治区、抗日根据地和解放区的经济状况及嬗变，并从中归纳出若干规律性认识。本卷传承以“中国资本主义的发展与不发展”为中心线索的研究思路，紧扣帝国主义列强在中国的政治、军事、经济侵略扩张，中国封建制度的延续、变异，中国民族资本主义的兴衰、变化和存亡，以及

20世纪20年代末叶后开始萌发的新民主主义经济的艰难和茁壮成长等中国近代经济的几个基本方面,探讨其在1937—1949年这一特殊时段的特殊演绎。本卷着重从宏观层面对近代中国资本主义和整个社会经济的发展、演变历程进行梳理、归纳和总结,将本时段和中国近代经济史的整体研究提升到一个新的高度。

以"中国资本主义的发展与不发展"为中心线索考察和总结1937—1949年中国资本主义和整个社会经济的运行与发展变化可立即发现,自1931年"九一八事变"特别是1937年日本全面侵华战争爆发,已经不是中国资本主义发展与不发展或能不能发展的问题,也不是中国社会经济能否勉强维持和继续运行的问题,而是中国已经面临灭顶之灾,华夏子孙能否在神州大地上继续生存、繁衍的根本问题。日本地狭人稠,资源匮乏,日本军国主义法西斯分子对中国和中华民族在领土上肢解、分裂,最后完全吞并,在肉体上实施种族灭绝,在沦陷区推行烧光、杀光、抢光"三光政策",通过多种形式、手段的大规模集中屠杀、中小规模零散屠杀,以及广泛持久的慢性屠杀,旨在彻底灭亡中国,灭绝中华民族。日本军国主义法西斯分子深知,中国人口数量庞大,又有悠久历史,要将其全部斩尽杀绝,并非三年五载之功,故选择在中国东北农村首先实行,并加速推广。日本军国主义法西斯分子将当地农民整村杀光,或整村屠杀再加武装驱赶,随即在当地农民尸骨堆上,役使尚存的中国农民建造日本人的乐园,加速移送和安置日本农民到东北"当地主""做东家"①,实行日本军国主义法西斯的奴隶制和封建农奴制。

历经14年的艰苦抗战,日本投降,但前门驱虎,后门进狼,很快爆发了美国出钱出枪,蒋介石国民党出人出力的反革命内战。美国为取代日本,将中国降为其独占殖民地,极力保护国民党政权和中国腐朽的封建生产关系与落后的生产力,凭借其强大的经济实力和军事实力,对中国进行不择手段的资源掠夺和无孔不入的经济渗透,从资金和原料、产品市场两个

① 由于劳动和生活条件异常残酷、恶劣,被役使的中国农民,劳动寿命短至三五年不等。一方面,保证日本"东家"奴隶主所役使的全部是青壮年劳力;另一方面,大大提高了慢性屠杀的效率,加快了中国种族灭绝。

方面完全切断了中国资本主义生存、发展的道路。1948 年,随着解放战争的加速推进,国民党统治区经济濒临崩溃,国民党政权摇摇欲坠,美国将援助的武器、物资直接运往台湾,助其负隅顽抗,伺机东山再起,或隔海分据,长期对峙。中国是令美国垂涎欲滴的一块大肥肉,美国既不让中国发展资本主义,更不让中国走独立自主、民主富强之路,因为中国的内乱分裂、贫穷落后,是美国得以肆意鱼肉宰割的前提条件。

纵观日本全面侵华战争前中国资本主义的发生、发展和变化历程亦不难发现,中国近代资本主义基本上处于一种似乎有所发展但又不能顺利和正常发展的态势,即使时间再长,也不可能达至完全和发达的资本主义社会,成为独立的资本主义国家。中国近代资本主义是在半殖民地半封建的特定历史条件下,以特别甚至畸形的形式和途径发生、发展和延续的。1840 年鸦片战争后,中国新式资本主义的产生,是帝国主义侵略的产物,是“西风东渐”的结果。一方面,西方列强的经济侵略和对传统经济的破坏,客观上为中国资本主义的产生提供了某种条件;另一方面,帝国主义列强为了自身的利益,决不允许作为半殖民地的中国正常发展资本主义,成为独立的资本主义发达国家与之平起平坐、分庭抗礼。而且帝国主义不断加深的侵略、扩张和掠夺、压榨,强加在中国头上的一系列不平等条约,早已将中国洗劫一空,导致政府财政枯竭,负债累累;人民两手空空,一贫如洗,既无资本开办企业,又无现金购买其产品,从资本和市场两头窒息了资本主义的发展,从根本上堵死了中国发展为完全和独立的资本主义国家的道路。

劳动力、资本、市场是资本主义发展的基本前提,三者缺一不可。劳动力和资本源自两极分化,而两极分化是商品生产和价值规律的产物,是商品经济的普遍规律,是资本主义发生发展的必由之路。然而,在近代中国,两极分化却只产生丧失生产资料的大量劳动力,却无法聚集雇佣这些劳动力的货币资本。由于列强掠夺和国内封建租税搜刮及商业高利贷盘剥,无论商品生产或自给性生产,两极分化都极为普遍,分化速度极快,程度彻底。但因绝大部分资金、财富最终都流往国外,留在国内者微乎其微,结果导致两极分化中的两极严重失衡,只有贫穷一极的积累,没有或极少有货币一极的积累,形成两极分化的贫穷“一头沉”。这种畸形的贫富或两极分化在农村阶级结构变化上,突出地表现为“自耕农佃农化”和“佃农贫农雇农化”,农村阶级结构形状则由原来(或通常)两头小中间大的“擀面杖型”(或“橄榄球型”)演变为上细(富)下粗(贫)的“宝塔型”甚至“金字塔型”。处于社会底层的贫穷户人数多,丧失大部分甚至全部生产资料,亦即丧失了独立生产能力。而货币一极,人数既少,货币积累更微不足道,而且最终大都流往国外,或被用于地权兼并和债利盘剥。显然,两极分化和贫穷一极的积累,并未为资本主义提供资金或给丧失生产资料的劳动者提供就业机会。为了明了流向国外的资金、财富对近代中国资本主义的发展究竟造成多大的损失和影响,不妨简单算一笔账,以赔款一项为例,自鸦片战争至清王朝覆亡,帝国主义列强向中国勒索的赔款总额近 13 亿两白银,比中日甲午战争前的 1885—1894 年 10 年间清政府的财政收入总和还要多 4 亿两。如果用这笔赔款开办新式企业,洋务派最大的综合性近代军工企业江南制造总局,可办 2394 家,洋务派最大的民用企业汉阳铁厂,也可办 223 家(均参见本书)。这还只是其中有案可稽的很小一部分,其他武装掠取、强盗劫夺、小偷式扒窃和不等价交换等不义之财,更多得无法计算。正因为如此巨大的资金、财富全都源源不断地流入帝国主义的腰包,中国的资本主义和整个国民经济发展,全成无米之炊。至于市场方面,无论原料市场还是产品市场,也无论国际市场还是国内市场,全都被控制在帝国主义列强手中。凭借条约特权和经济优势,列强在原料收购和工业品倾销中进行不等价交换,获取超额利润,对中国小生产者尤其是广大农民进行敲骨吸髓的剥削。在这类商品交换中,中国的生产者非但得不到赢利,连生产成本也无法收回,以致不能维持简单再生产。结果,生产规模不断缩小,生产条件每况愈下;投入市场的原料,不少是生产者的消费必需品或生产资料。如卖给面粉厂的小麦是农民的口粮,卖给蛋厂或直接出口的禽蛋是农民可怜的一点“营养品”;出口的生牛皮不少是农民因无法维持简单再生产而忍痛宰杀耕牛的结果。因此,往往出现这样的奇怪现象:某地区一场天灾过后,邻近口岸的生牛皮出口就明显上升。产品销售市场则早被进口洋货和国内外资产品占据,留给民族资本企业的产品市场空间本来就十分有限，加上农民急剧贫困破产，购买力大幅度下降，甚至接近于零，即使本国资本企业制造出产品，也很难寻找市场和销路。所有这些都充分显示，由于帝国主义列强变本加厉的野蛮侵略、扩张和国内封建统治者的腐朽无能，在国内，新式资本主义和整个国民经济，已陷入发展和运行瓶颈甚至绝境；在国际，中国国家虽大，人口虽多，却没有相应的防卫力量，又加上国内统治者仇内媚外、腐朽无能，结果只能任人宰割。在这种背景下，爆发日本帝国主义以灭亡中国、灭绝中华民族为最终目的的全面侵华战争，继而美国支援蒋介石国民党发动的、以变中国为美国独占殖民地为目的的反革命内战，均在所必然。这也是近现代人类社会奉行丛林法则、弱肉强食的残酷和血腥现实。

在中华民族生死存亡的历史关头，中国共产党和工农民主政府率领工农大众，不信邪恶，不畏强敌，不怕牺牲，英勇抗敌，赶走了日本侵略者、推翻了美国武装的国民党政权、建立了新中国，更在开辟和建设抗日根据地、解放区的实践过程中，逐步摸索，认真总结，圆满解决了如何正确处理中国资本主义和资产阶级问题、中国经济的发展方向问题，最根本的是彻底解决了中国革命的进程和前途问题。通过推行减租减息、土地改革，实现"耕者有其田"，废除封建土地制度，消灭了封建剥削，完成了资产阶级民主革命的任务；通过推行保护工商业的各项政策，纠正"左"的或右的思想与政策偏差，扫除封建制度的障碍和外国资本的压迫，为城乡资本主义的生存、发展提供了良好的政策保证和社会经济环境；没收敌伪资产和国民党国家资本及私人官僚资本，建立并不断发展、壮大国营经济与合作社经济，使之真正成为国民经济的主导，并在私人保护工商业的同时，对资本主义进行限制，防止其发展脱离国计民生的正确轨道。这样，既让资本主义有某种程度上的发展，又从根本上保证了新民主主义经济和新民主主义革命的社会主义前途，为新中国成立后的社会主义革命和社会主义建设奠定了坚实的基础，使苦难深重的中国喜获新生，重新屹立于世界民族之林。

所有这些，就是本卷作为多卷本《中国近代经济史》的"收官篇"，在最后结束对近代中国资本主义和全国经济的发展、运行、变化的全面考察、分析后,所获得的基本认知。这也可以说是本卷的主要贡献和创新点。

本卷写作采用的基本方法和步骤是集思广益,汇聚集体智慧和发挥个人专长相结合,在课题组全体成员深入讨论、共同确定全书体例和写作提纲的基础上,各成员分工撰写章节,主编审读,提出修改意见(必要时直接修改、补充)。同时,各单元(子课题)作者相互交流、协商,解决相关内容遗漏或相互交叉、重复等问题。最后主编、全体作者和出版社责任编辑一道,通过全卷作者微信群,再次对书稿进行加工、审定,针对书中一些重要概念、名词、名称、术语、提法,以及注释规格、征引图书版本等,全面检视、核查、规范、划一,由责任编辑集中修改、定稿。这样既节省了时间,又保证和提高了书稿质量。

全卷各章写作,具体分工如下:

导言、第一章、第十二章、第二十章:刘克祥(研究员)

第二章、第十一章:徐建生(研究员)、袁为鹏(教授)、王小嘉(副研究员)、田牛(副教授)

第三章:王大任(副研究员)、刘克祥

第四章、第十三章:樊果(副研究员)

第五章:徐卫国(研究员)、朱荫贵(教授)、皇甫秋实(副教授)、王小嘉

第六章:陈争平(教授)、常旭(副研究员)

第七章、第十六章:王力(教授)

第八章、第十七章:朱荫贵

第九章:王大任、徐毅(教授)

第十章、第十五章:陈争平

第十四章:徐卫国、朱荫贵、皇甫秋实

第十八章:陈伟扬(讲师)、徐毅

第十九章:陈廷煊(研究员)

本卷是中国社会科学院经济研究所中国经济史研究室的集体项目,经济所刘兰兮副所长在职期间曾分管本卷课题组工作;研究室主任徐建

生、副主任徐卫国负责项目的行政组织、内外联络、业务协调，以及书稿汇总、整合和相关技术处理等工作。全卷由刘克祥统稿；徐建生、徐卫国编制图表目录和征引文献目录。本卷书稿写作、修改后期，经济所图书馆因办公大楼装修而长期关闭，常旭通过网站、网店等途径，协助收集、购买、置备、整理了大量图书和文献资料，保证了课题进度和书稿质量。蔡楷政在书稿修改、审定后期，参加了财政部分的资料核对工作。另外，令人异常悲痛的是，在课题进入后期阶段、即将大功告成之际，课题组成员陈廷煊研究员于2020年不幸突然辞世，未能看到课题最终成果、与我们共享大功告成的喜悦。这是课题组的巨大损失和全体成员的终生憾事。

本卷是人民出版社"十三五"重点出版书目，获国家出版基金资助，由出版社总编辑李春生编审、经济与管理编辑部主任郑海燕编审策划出版，并主持全卷编审工作。由于书稿篇幅浩大，时间紧迫，参加编审者人数颇多，郑海燕、张燕、孟雪、李甜甜、张蕾、吴继平、陈登、柴晨清、吴广庆、刘畅、刘伟等11位责任编辑，同时或接力审稿，提出增删、修改意见或建议，纠正讹误，堵塞漏洞，或雪中送炭，或锦上添花，为保证和提高全卷质量，贡献良多。尤其是郑海燕编审，近两年来，为编辑、审校书稿，出谋划策，统筹协调，日以继夜，殚精竭虑，并加入本卷作者微信群，答疑解惑，与作者同甘共苦，更属劳苦功高，在这里要致以特别的感谢和敬意。

导　言

中国近代资本主义的发展和不发展

——近代中国资本主义的终结和新民主主义的建立

本卷是1937—1949年中国经济史，是多卷本《中国近代经济史》的收官编，全面考察、阐述、分析这一时期中国经济在特殊历史环境下的基本状况、毁灭性破坏、艰难和不平衡性发展和半殖民地半封建经济崩溃、新民主主义经济建立的全过程及其规律、特征。中国资本主义的发展与不发展仍是本卷考察、阐述这一时期中国经济的中心线索。①

1937—1949年的13年，既是中华民族灾难深重、濒临亡国灭种的13年，又是危难和机遇并存，中华民族浴血奋战、九死一生、否极泰来的13年；是中国社会经济和阶级结构、政治和经济制度、人民生存条件和生活方式发生天翻地覆变化的13年。

1937年，日本帝国主义继1931年发动"九一八事变"、侵占东北、炮制伪"满洲国"之后，又以伪满、台湾为"根据地"，悍然发动了旨在全面占领、彻底灭亡中国的全面侵华战争。日本的基本国策是"在日本国内不出一分钱的方针下进行作战"②，即"以战养战""以华制华"、利用中国的人力物力占领和灭亡中国；而占领和灭亡中国的基本手段是推行烧光、杀

① 汪敬虞主编：《中国近代经济史（1895—1927）》，人民出版社2000年版，导言。

② ［日］加藤阳子：《从满州事变到日中战争》，徐晓纯译，香港中和出版有限公司2016年版，第122页。

光、抢光“三光政策”。日本不只是要全部占领中国领土,彻底灭亡中国,还要从肉体上彻底消灭中华民族。如此,不仅中国近代资本主义的延续和发展完全终止,而且连传统经济生产和生产条件也被摧毁,中国民众的劳动权、生存权也被残酷剥夺。中国因日本长期的野蛮侵略和烧杀、破坏、劫夺,遭受的巨大损失亘古未有,日本全面侵华战争期间中国军民伤亡达 3500 多万人,直接经济损失 1000 多亿美元,间接经济损失 5000 多亿美元。然而,所有这些离日本“三光政策”和彻底灭亡中国、灭绝中华民族的既定目标还很远很远。面对穷凶极恶、毫无人性的日本侵略者,奋起抵抗,坚决消灭侵略者,是中华民族和每个中华儿女的唯一出路。事实上,在这次战争中,是中国人民首先站起来同侵略者战斗。中国全民族抗战的爆发,开辟了世界反法西斯战争的东方主战场;中国军民的顽强抗击,构成了世界反法西斯战争的重要组成部分;中国战场长期牵制和抗击了日本军国主义的主要兵力;1937—1945 年中国军民浴血奋战,击毙、击伤、俘虏日军 155 万余人,在世界反法西斯阵营的支援、配合下,将日本侵略者赶出了中国领土,取得了抗日战争的最后胜利,中华民族被逼至亡国灭种的绝境而后生。

中国虽然赶走了日本侵略者,躲过了亡国灭种的噩运。但是,饱经 14 年(1931—1945 年)日本侵华战祸和烧杀劫掠之苦,东北伪满地区和关内沦陷区,凡是日本侵略魔爪所到之处,无不千疮百孔,城乡各地,满目疮痍,村落民居,残墙断壁,沟壑纵横,一片废墟;城乡居民一贫如洗,工人失业,农民失耕,国家财政收支失衡,国家和人民亟须休养生息。国共两党本应摒弃前嫌、同舟共济,勠力医治战争创伤,恢复经济生产,轻徭薄赋,与民休息,共渡难关。然而,国民党政府先是在接收、处理敌产过程中,贪赃枉法、营私舞弊,接收变成了“劫收”;接着公然撕毁《政府与中共代表会谈纪要》(即《双十协定》),发动反革命内战,企图凭借原本应当用于抗击日本侵略者的美式装备,迅速歼灭工农革命武装,彻底铲除共产党,实现国民党一党专政和蒋介石的个人独裁统治。常言道,得道多助,失道寡助。国民党政府握有 800 万使用美式装备的军队,牢牢掌握着国家机器和国家经济命脉,在政治、经济和军事上占有绝对优势。但因不顾人民疾苦，冒天下之大不韪，发动反革命内战，因而失道寡助，无法得到人民的拥护和支援，士兵贪生怕死，兵源、物资补给困难，军队人数、武器装备、管辖区域、经济储备、交通运输等各方面的优势迅速丧失：军队人数越战越少，地盘越战越小，先进的美式武器装备也只能为他人作嫁衣，蒋介石本人更被戏称为“运输大队长”，作为“收货人”的解放军统统照收不误。在这种情况下，国民党面临的战争形势则由全面进攻转为重点进攻，再由重点进攻转为全面防御，复由全面防御转为重点防御，最后兵败如山倒。经济形势更是直线下泻：工厂倒闭，商店关门，农业崩溃，货币加速贬值，以至一麻袋钞票换不到一麻袋大米，几乎变成一堆废纸，到 1949 年，国民党统治区经济彻底崩毁。共产党、解放军①始终将人民的利益放在高于一切的位置，为了避免内战，和平建国，毛泽东同志亲赴重庆谈判，并在裁减兵力、划定解放区以及参政议政等问题上作出重大让步，因而得道多助，得到广大人民群众特别是贫苦农民的真心拥护，前线士兵、后勤支援英勇顽强，迅速扭转敌强我弱的劣势：解放军人数由少变多，武器装备由劣变优，解放区由小变大，战争形势由迂回防御转为战略反攻，最后更是势如破竹，不可阻挡。“为有牺牲多壮志，敢教日月换新天”。继取得抗日战争的伟大胜利、将日本侵略者赶出中国之后，在 3 年多的时间里，又打败了 800 万国民党军，推翻了国民党政府，将帝国主义侵略势力赶出了中国大陆，紧跟解放军大军南下的步伐，由北向南开展土地改革，彻底消灭封建土地制度；以半殖民地半封建条件为依托的外国资本和封建国家资本主义亦同时终结。新民主主义经济开始由原抗日根据地向整个大陆地区扩展。1949 年 10 月 1 日中华人民共和国成立，中国人民从此站起来了，屹立在世界的东方。

---

① 解放军系由八路军、新四军、东北抗日联军改编、改称而成。“解放军”的名称的使用最早始于 1945 年 8 月 15 日。当天，八路军山东军区司令员兼政治委员罗荣桓等提出部队番号改称“人民解放军”，山东军区就改称“山东解放军总部”。1945 年 8 月 26 日，在《中共中央关于同国民党进行和平谈判的通知》中，又一次正式出现“解放军”的提法。1946 年解放战争爆发后，解放区各部队相继由八路军、新四军、东北抗日联军等改称“人民解放军”。1948 年 11 月 1 日，中共中央、中央军委发出《关于统一全军组织及部队番号的规定》，规定解放军分为野战部队、地方部队和游击部队三类，一律冠以“中国人民解放军”的称谓。

一、靠侵略起家并以占领和灭亡中国为终极目标的日本

本阶段以1937年日本全面侵华战争爆发为起点。相对中国而言,日本可谓蕞尔小国,却在近代中国历史上充当了“划时代”的重要角色,并使中国濒临亡国灭种。此事绝非偶然,亦非中国积贫积弱、腐败无能的单纯“内因决定论”能够解释。因为单纯“内因决定论”就算解释了全面侵华战争,对“诺门坎事件”“珍珠港事件”和“太平洋战争”等的发生原因,也很难找到圆满的答案。考察、总结中国这段历史,不能就中国论中国,必须首先懂得日本,对其历史、本性、“立国之本”或“基本国策”,有一个大致的了解。对日本的历史、本性、“立国之本”或“基本国策”,可作以下简单概括:靠侵略、劫夺起家,以全面占领和彻底灭亡中国为终极目标。

日本四面环海,人口不多,疆域狭窄,资源贫乏,原本经济、技术落后,依赖中华文明传播,加上对外侵略、劫夺起家发家。1868年明治维新后,日本国家机器的基本功能就是对外侵略扩张。明治维新后80年的日本近现代史,就是一部对外侵略扩张史,一部血淋淋的侵华和烧杀劫掠史。1931年“九一八事变”开始的侵华战争和1937年“七七事变”开始的全面侵华战争,蓄谋已久,它是明治维新后历次侵华战争的延续和急剧扩大。1937年爆发的全面侵华战争要实现的目标,和50年前(1887年)日本参谋本部提出实现“八纮一宇”神话的“大陆政策”,和10年前(1927年)《田中奏折》“欲征服中国,必先征服满蒙,如欲征服世界,必先征服中国”的“新大陆政策”一脉相承,并升级换代。按照日本的“基本国策”和侵华战略,1937年爆发的全面侵华战争是对华侵略的最后一战,其目标是全面占领和彻底灭亡中国,灭绝中华民族,使大和民族成为中华大地唯一的“主人”。中国因此遭到浩劫,濒临亡国灭种,只是由于中国人民抛头颅、洒热血、英勇顽强抗击,加上国际社会的支援,日本军国主义者才未能达

到目的。

相对于源远流长的中华文明而言，日本历史相对短暂，社会、文明演进迟缓，直至公元3世纪中叶，才在岛内建立“大和国”，后因华夏古老文明的启迪、示范、滋养，才得以加速发展。公元645年，日本学习唐朝，孝德天皇仿照中国建立年号，即定该年为“大化”元年，以唐朝律令和相关制度为蓝本，进行经济、政治改革，是为“大化改新”，又称“乙巳之变”。大化改新部分地解放了生产力，建立和完善了封建统治制度，奠定了日本的国家发展方向。

不过日本并未因为学习和汲取中华文明而走上自力更生发展经济、自食其力的正道。随着社会生产力发展和造船、航海技术的初步运用，日本立即掀起了一股海盗劫掠的邪风，并迅速由劫掠海上商旅、渔船发展为对朝鲜半岛和中国陆上掠夺，在沿海地区城乡打家劫舍、杀人放火、谋财害命，日益猖獗。从14世纪到16世纪，持续为害三百年，史称“倭寇”。

“倭寇”劫掠还是小打小闹，尚未提升到“国家战略”的层面。1868年明治维新后，日本把对外侵略、扩张领土、劫掠钱财和物资资源，作为发展国内封建资本主义和城乡经济的一条捷径，迅速走上了侵略扩张的军国主义道路。事实上，还在“明治维新”前夕，1867年明治天皇睦仁登基不久，就提出了“富国强兵”的口号，1868年3月14日以天皇名义发布《宸翰》（即《天皇御笔信》），宣称要“开拓万里波涛，布国威于四方”①。其海外武力扩张的勃勃野心暴露无遗。

日本明治维新后，很快就确立了“开疆拓土”的侵略总方针，将中国台湾作为对外扩张的首选目标。1870年、1871年，日本为此两次派遣使团抵华，秣马厉兵主动要求签订相关条约，不过未达目的。1871年6月谈判时，副使外务大臣柳原前光一开始便拿出了大致拷贝中国同欧美列强所签不平等条约，作为条约草稿。李鸿章阅后当即否定，并拿出了中方拟就的草案。最终，日方被逼无奈，只得同意以中方草案为缔约基础进行

① ［日］明治文化研究会编：《明治文化全集》第2卷，日本评论新社1969年版，第33—34页。易显石等：《“九一八”事变史》，辽宁人民出版社1981年版，第44页。

谈判,签署了《中日修好条规》18 条,另有《通商章程》33 款。不过日本想通过修约,享有同欧美列强一样的待遇,尤其是享有片面最惠国待遇和进入内地经商权的欲望,全都没有实现。①

日本无法通过修约坐享其成,获得同欧美列强同等的特权和地位,根本原因还是军事实力的欠缺。日本深谙此道,于是加紧秣马厉兵,并通过实战扩大军事实力,先从中国岛屿和属国下手,由小到大,积小胜为大胜。1871 年 11 月,日本利用纯属中国内政的"牡丹社事件"实施对中国的挑衅、侵略和领土扩张。② 1874 年 2 月,日本政府拟定《台湾番地处分要略》,4 月组成"台湾生番探险队"3000 人,由陆军中将西乡从道率领舰队直逼台湾,在琅峤登陆,攻打台湾居民,杀人放火,无所不为,并以龟山为中心建立所谓"都督府",试图占领整个台湾岛。只因当地居民全力抵抗,清政府积极备战,而日军不服台湾水土,士兵多有死亡。日本自知无法立即军事占领台湾,才改用外交手段讹钱夺地。经过一番外交角力,清政府与日本签订《中日北京专条》,并付给"所有遇害难民之家"抚恤银 10 万两和日军在台"修道建房等件"40 万两。日军于 1874 年 12 月撤离台湾,随即于 1879 年非法武力吞并琉球,改名"冲绳县"。

日本第一次进攻中国台湾、侵略中国大陆,就大获成功,特别是轻而易举地得到了整个琉球群岛,而且一步到位,将琉球王国变成日本的一个省,简直喜出望外,信心倍增,贪欲膨胀,加紧制定对中国、朝鲜的侵略扩张政策(即后来的所谓"大陆政策")。为了刺探和掌握中国的政治、军事

① 冯玮:《〈中日修好条规〉真的是一个平等条约吗?》,腾讯新闻网,2017 年 8 月 27 日。《中日修好条规》称"条规",而不称"条约",是李鸿章意在显示其与先前中国同西方诸国签订的"条约"不同,是对"蕞尔小国"日本的不屑。

② 1871 年(同治十年)10 月,一艘琉球宫古岛民的进贡船在回那霸航行时遭遇台风,漂流至台湾南端,69 名船上人员中 3 人溺死,66 人登岸后,因误闯台湾少数民族居住地,54 人遭牡丹社原住民杀害,其余 12 人由当地汉人营救,转往福州乘船回国。日本乘机大做文章,1873 年 11 月派外务卿副岛种臣以"中国派遣特命全权大臣"的身份出使中国,讹称琉球系日本"属地",被杀琉球人乃该国"人民",日本政府将"遣使问罪"。清政府总理衙门大臣吏部尚书毛昶熙及户部尚书董恂虽然强调,琉球、台湾"二岛俱我属土,属土之人相杀,裁决在我。我恤琉人,自有措置,何预贵国事而烦过问"?但同时以"生番"(山地高山族人)不服王化为由推搪。并说"生番系我化外之民,问罪与否,听凭贵国办理"。日本即以此为借口出兵台湾,史称"牡丹社事件"。

状况，制定相应的侵华方针政策，1879 年、1880 年，日本参谋本部长山县有朋两次分别派遣 10 余名军官、10 余名“中国语研究生”到天津、北京等地调查，并将其调查结果编成论述中国军备情况和日本侵华方针的《邻邦兵备略》，1880 年 11 月连同奏折一并呈与明治天皇。① 这正是“大陆政策”形成的一部分。

日本对朝鲜半岛觊觎已久。明治维新后，“征韩论”更甚嚣尘上，这不仅仅要将朝鲜变成日本殖民地和农产原料供应地、工业品销售市场，更重要的是开辟一条进攻中国的陆上捷径。日本武力犯台次年，又马不停蹄地频繁袭击朝鲜，1876 年以武力敲开了朝鲜国门，强迫签订《江华条约》，一个主要目的是令其脱离清帝国属国的地位，该条约第一条载明“朝鲜为自主之邦，保有与日本国平等之权”，然而日本却在朝鲜享有“领事裁判权”，朝鲜的实际身份是日本的半殖民地。1882 年朝鲜发生“壬午兵变”，中日两国同时出兵，清军虽然设法压制日军，但日本仍然在《济物浦条约》中取得了在朝鲜的派兵权和驻军权。1884 年，日本帮助朝鲜开化党发动“甲申政变”，企图建立由日本直接掌控的傀儡政权。清军虽然击败日军，粉碎了政变，但日本又利用清廷的昏庸，次年 3 月同清朝签订《中日天津会议专条》（又称《中日天津条约》或《朝鲜撤兵条约》），规定中日两国同时从朝鲜撤兵；将来朝鲜若有变乱重大事件，中日两国或一国派兵，“应先互行文知照，事定仍即撤回，不再留防”。《济物浦条约》使日本取得了以保护公使馆为由出兵朝鲜的权利，《中日天津会议专条》则使日本取得了与中国在朝鲜共同行动、随时向朝鲜派兵的特权，这两个条约为日本发动侵华战争打开了一个突破口。

日本紧接着为发动侵华战争加紧准备。1887 年，日本参谋本部制定的“清国征讨策略”出台，并演化为以侵略中国为中心的“大陆政策”。这是日本的新国策，分为五步：第一步攻占台湾，第二步吞并朝鲜，第三步进军“满蒙”，第四步灭亡中国，第五步征服亚洲、称霸世界，实现日本神话

---

① ［日］德富苏峰编：《公爵山县有朋传》，山县有朋公纪念事业会 1933 年版，第 798—799 页。易显石等：《“九一八”事变史》，辽宁人民出版社 1981 年版，第 51—52 页。

中的所谓“八纮一宇”[①]。1890 年日本爆发经济危机,促使日本进一步加快战争准备,是年新任日本首相山县有朋为此抛出“捍卫主权线”“防护利益线”的侵略扩张理论,日本“疆域”是其“主权线”;“同主权线的安全紧密相关之邻近区域”,亦即中国和朝鲜半岛则是其“利益线”。[②] 为了发动侵略中国、朝鲜的战争,日本除了扩充军备,又加紧搜集情报。1893 年,日本参谋本部次长川上操六还亲自到中国和朝鲜进行实地军事“考察”。侵略中、朝之战,已箭在弦上。

日本万事俱备,只等时机。1894 年,朝鲜爆发东学党领导的农民起义,清政府应朝鲜政府请求,6 月出兵朝鲜,同时根据 1885 年《中日天津条约》通知日本。日本一看发动战争的时机已到,大肆玩弄阴谋,先是诱使清朝出兵,清政府不知是诈,先后三批发兵,共计 2400 余人。日本随后以保护使馆和侨民为名,更大规模向朝鲜出兵。清政府发觉上当,建议两国同时撤军,但遭日本拒绝。日军很快占领朝鲜王宫,组建傀儡政权,并不断增兵朝鲜,故意制造紧张气氛。一待时机成熟,1894 年 7 月 25 日,日本不宣而战,对中国派驻朝鲜的海陆军发起突然袭击。8 月 1 日,中日同时宣战,中日甲午战争爆发。战争从朝鲜打到中国境内,从海上打到陆上,到 1895 年 3 月奉天田庄台一战清军惨败、战争结束为止,清军连战连败,海军全军覆没。4 月 17 日签订《中日讲和条约十一款》(即《马关条约》),赔款 23000 万两白银(含赎辽银 3000 万两);割让领土台湾和澎湖列岛、辽东半岛(后 3000 万两白银赎回);承认朝鲜为“独立国”,即默认日本对朝鲜的控制。

中日甲午战争对中日两国的历史发展都是“划时代的”:日本通过甲午一战,全面显示了现代科技和军事实力,让欧美刮目相看,凭此跻身帝

① “八纮一宇”(“八纮”出自中国古籍《列子 · 汤问》。该典籍有“八纮九野”一语,意即广袤无垠之地)是日本统治者为树立“天皇”的宗教威权而编造的神话,相传“神武天皇”曾下达“八纮一宇”诏书,即完成“征服世间的四面八方,置诸于一个屋顶之下”的使命。因为“日本是神国”,“日本民族是世界上最优秀的民族”,所以全世界要合并成一个大民族、成立一个大国家,日本天皇乃其最高君主。

② [日]大山梓编:《明治百年史丛书 · 山县有朋意见书》,日本原书房 1966 年印本,第 196 页。易显石等:《“九一八”事变史》,辽宁人民出版社 1981 年版,第 52 页。

国主义列强阵营，以此为分界，地处东亚的日本，却作为西方列强的成员，正式加入了帝国主义对中国的争抢、宰割、瓜分狂潮；中国通过甲午一战，充分暴露了清朝统治者的懦弱和腐败无能，进一步刺激了西方列强侵略中国的野心。在帝国主义和所有外国人的眼里，中国就是一块没有任何抵御和反抗能力的大肥肉。中日甲午战争后，中国完全沦为包括日本在内的帝国主义联合统治、一齐宰割的半殖民地和殖民地。中国面临被帝国主义列强哄抢、宰割、瓜分，最后灭亡的悲惨命运。日本作为参加哄抢、宰割、瓜分的新成员，不仅要先占、多占、占大份，而且朝思暮想独占，并为此乘胜快马加鞭，制定方针、计划，扩大战果，为最终达到独占目标创造条件。

1895 年中日甲午战争结束、签订《马关条约》后，日本陆军大臣山县有朋在呈送天皇的《陆军兵制改革奏折》中强调，如欲乘胜扩大战果，“进而成为东洋之盟主”，不仅要“维持主权线”，还“必须考虑利益线之开辟”。然而，“目前的军备，维持今后的主权线尚且不足，何以开辟利益线、称霸于东洋”。① 答案自然是加紧扩充军备，扩大对作为日本“利益线”的中国、朝鲜的侵略。而中日甲午战争赔款为军备扩张提供了充裕的资金。《马关条约》赔款加上赎辽费、库平实足、镑亏，清政府实际支付 2.597 亿两白银，折合约 3.895 亿日元。当时日本全年财政收入 8000 万日元，战争赔款相当于日本 4.87 年的财政收入。另外，日本掠夺的大量“战利品”，包括舰艇、轮船、汽船、军港设备、机器、枪炮、弹药金银、粮食等，价值亦达 1.2 亿日元。日本通过这次侵略战争所发横财，高达 5.095 亿日元，约相当于日本 6.37 年的财政收入。从战争成本和收益比较看，据估计，日本这次战争实际军费支出约为 1 亿两白银，折合 1.5 亿日元，所得赔款相当于军费支出的 2.6 倍。赔款同其他掠夺所得合计，相当于军费支出的 3.4 倍。“收益率”分别为 160%和 240%。② 8 个月的战争掠夺，竟有如此巨额进账，大大超出了日本侵略者的预想。日本前外务大臣

① ［日］渡边几治郎：《基础资料皇军建设史》，第 326 页。易显石等：《“九一八”事变史》，辽宁人民出版社 1981 年版，第 52 页。

② 戚其章：《甲午战争赔款问题考实》，《历史研究》1998 年第 3 期。

井上馨抑制不住心中狂喜,称“在这笔赔款以前,日本财政部门根本料想不到会有好几亿的日元”,因为日本一年的“全部收入只有八千万日元。所以,一想到现在有三亿五千万日元①滚滚而来,无论政府或私人都顿觉无比地富裕”。②

割占台湾和澎湖列岛,对日本来说,意义同样非同小可。台湾与赔款不同。赔款数额再大,总还是一次性的;而台湾的物力、人力和市场资源,取之不尽,用之不竭。因此,日本占领中国台湾后,很快垄断了台湾利润最大的樟脑业,并实行所谓“无主地”的“国有化”和土地的强制性“购买”,剥夺农民土地所有权。更加重要的是,中国台湾是日本南进的基地,很快就成为日本渗入福建的跳板。

日本经甲午一战,迅即神话般成为战争“暴发户”。超高的战争“收益率”,进一步刺激了日本对外侵略扩张的野心。中日甲午战争一结束,日本即马不停蹄扩张军备,为发动新的战争做准备。还在马关议和期间,陆军大臣山县有朋提出,以“扩大利益线,称霸东洋”为目的,扩大师团编制,以便作为战略单位使用。三国干涉还辽事件发生后,日本参谋本部立即制定了打败俄国远东军队的扩军计划,师团建制翻番,即在原有 6 个师团(1 个近卫师团除外)的基础上,再增加 6 个师团。同时迅速扩大炮兵和骑兵。海军大臣西乡从道大将也提出了庞大的海军扩充计划,“其目标是要在德国或法国同俄国联合起来时,用以击沉这两个国家能够联合派到东方来的舰队”③。在军备扩充中,作为战争“收益”或“盈利”的战争赔款,绝大部分变成了“垫支资本”。据统计,中日甲午战争赔款中陆军扩充费为 5700 万日元;海军扩充费为 1. 39 亿日元;临时军事费为 7900 万日元;发展军舰水雷艇补充基金为 3000 万日元,合计 3. 05 亿日元,占

① “三亿五千万日元”之数,未包括日本分别以“库平实足”“镑亏”为借口额外勒索的 1325 万两、1494 万两白银。故日本实得赔款并非 3. 5 亿日元(或日本学界所称 2. 31 亿两白银,折合 3. 64 亿日元),而是库平银 2. 597 亿两白银,折合 3. 895 亿日元(戚其章:《甲午战争赔款问题考实》,《历史研究》1998 年第 3 期)。

② 戚其章:《甲午战争史》,上海人民出版社 2005 年版,第 501 页。

③ [日]藤村道生:《日清战争》(中译本),第 185—186 页。戚其章:《甲午战争史》,上海人民出版社 2005 年版,第 501 页。

赔款总额的78.3%。① 军队人数也大大增加,现役军人由中日甲午战争前的5万余人增至中日甲午战争后的约20万人,并新建了骑兵和炮兵部队。日俄战争时,日本军队已达百万人。②

同时,中日甲午战争的军事侵略直接为日本扩大经济侵略、经济掠夺铺平了道路,达到战前订约无法达到的目的,大大加快了日本经济壮大的速度。根据《马关条约》的规定,清政府为日本新开沙市、重庆、苏州、杭州4个商埠。1896年7月又签订《中日通商行船条约》,规定日本人在中国已开及日后增开通商口岸有设立工厂企业的自由。中国方面提出对日本人所开工厂的产品征收10%的内地制造税。日本以此胁迫清政府在天津、上海、厦门、汉口4处设立"专管租界",作为补偿。至此,日本在中国取得了8处租界设立权,比老牌殖民主义者英国还多3处。这样,已达数百万锭并"仍在骎骎发展中"的日本各纺织公司的棉纱等类产品,"将滔滔不绝地流进这个巨大市场"。因此,中日甲午战争成为日本资本主义发展的"跳板"。中国因"借用外债来偿付巨额赔款而迅速加深了殖民地化"。相反,日本则"由于巨额赔款的流入,一方面进行以扩充军备为核心的产业革命,另一方面获得了采用金本位制资金,也拿到了参加以伦敦为中心的国际金融市场的通行证。日本资本主义依靠地理上靠近中国和拥有较多的专管租界,取得了比欧洲列强更有利的条件,登上了开拓中国市场的新旅程"。③ 这是日本封建资本主义发展模式。

在这种发展模式下,日本国内新式企业数量、经济实力猛增。1892年,日本全国有工厂(场)2767家,其中使用动力的工厂987家,计有动力31916匹马力;到1896年,工厂(场)数增至7640家,其中使用动力的工厂3037家,计有动力64429匹马力。工厂(场)数、使用动力工厂数和动力数分别增长185.5%、207.7%和101.9%,全部翻了一番多。④ 这里边

① 戚其章:《甲午战争史》,上海人民出版社2005年版,第501—502页。

② 易显石等:《"九一八"事变史》,辽宁人民出版社1981年版,第50页。

③ [日]信夫清三郎编:《日本外交史》上册,天津社会科学院日本问题研究所译,商务印书馆1980年版,第293页。

④ 戚其章:《甲午战争史》,上海人民出版社2005年版,第502页。

就包括了日本政府从中国偿付的战争赔款中拿出 57.9 万日元发展钢铁生产,建立八幡制铁所,扩大炼钢计划,如期实现了 1896 年年产 18 万吨钢的目标。[①] 至 1913 年,日本靠朝鲜和中国的铁矿砂供给,生铁产量达 24.3 万吨,钢产量达 25.5 万吨,分别占国内消费量的 48%和 34%。[②] 这在此后日本扩大对华侵略、屠杀中国民众时发挥了至关重要的作用。

中日甲午战争对中国一个摧毁性的恶果是大大刺激了西方列强侵略中国的野心。西方列强眼巴巴地看着一个蕞尔小国在中国居然占了如此大的便宜,除了巨额赔款,又割占台湾,实在不甘心。事不宜迟,赶紧下手,列强各国一齐出动,很快掀起了一股瓜分和肢解中国的狂潮。日本自然不甘人后,挟甲午战争余威,立即加入了列强瓜分行列,1897 年 4 月 24 日,日本内阁以福建与台湾毗邻、关系密切为由,令其驻华公使矢野文雄要求清帝国总理衙门以公文正式申明,“福建省及沿海岛屿永不出租、割让与他国”。总理衙门“备文接受”。于是福建省成为日本的“势力范围”。[③] 中国台湾直接成为日本帝国主义侵略和渗入福建的“跳板”。

帝国主义侵略急剧扩大,中华民族灾难空前深重,整个中国面临被瓜分、肢解,最终灭亡的结局。在这种危机局势下,相继发生了维新变法和义和团反帝爱国运动。这有可能打乱帝国主义列强对中国的瓜分大计,因而紧接着爆发了八国联军侵华战争。1900 年 6 月,英国、美国、法国、德国、俄国、日本、意大利、奥匈帝国 8 国组成联军,从天津登陆,8 月攻陷北京。八国联军所到之处,杀人放火,奸淫抢掠,无恶不作,从紫禁城、中南海、颐和园偷窃、劫掠的珍宝、文物不计其数。圆明园继 1860 年英法联军烧掠之后,复遭地毯式的焚烧、劫掠,终成废墟,万劫不复。1901 年 5 月,清政府被迫签订丧权辱国的《辛丑条约》,赔款 4.5 亿两白银,即平均每个中国国民摊赔白银 1 两。在八国联军侵华战争中,日本是主力军,派遣军队最多。这除了日本距离近,调运兵力方便,还有更重要的原因:一

---

① [日]藤村道生:《日清战争》(中译本),第 193 页。戚其章:《甲午战争史》,上海人民出版社 2005 年版,第 502 页。

② [英]G.C.艾伦:《近代日本经济简史》,蔡谦译,商务印书馆 1959 年版,第 81 页。

③ 张旭、车树昇编著:《林纾年谱长编(1852—1924)》,福建教育出版社 2014 年版。

是讨好英国。让日本多派兵力是英国提出来的，日本爽快答应，为的是拉拢英国，共同对付俄国。八国联军侵华战争一结束，1902 年 1 月英日两国即签订条约，结成“互助同盟”，旨在反对俄国在远东扩张，维护各自在中国和朝鲜半岛的利益。二是充分利用这次难得的实战机会，锻炼队伍，积累经验，为更大规模的侵华战争做准备。三是人多力量大，劫夺金银财富多。日军不仅人数多，而且目标明确，一进北京，就分别直扑户部、内务府，将两处库存金银、仓米、绫罗绸缎等劫掠一空。再加上庚子赔款 3478.5 万两白银，日本在八国联军中实际掠夺的金银财富是最多的。

日本对于作为中日甲午战争重要战果的辽东半岛割占，因德、法、俄三国干涉而退还，很是不爽。虽然尚未沾手就获得 3000 万两“过手费”，但同辽东半岛无与伦比的物资资源、交通运输、军事价值相比，简直不足挂齿。因此，必须将辽东半岛和相关资源加倍夺回来。“英日同盟”（日本称“日英同盟”）的建立，其重要意义就在此。在辽东半岛、整个东北和朝鲜问题上，日本和俄国之间存在着直接和激烈的矛盾冲突。事实上，中日甲午战争后，为了争夺对朝鲜的控制权，日、俄两国展开了激烈的斗争。对朝鲜王室的控制权一度落入俄国手中。至于在东北，则形成俄国一家独大的局势。俄国以“还辽有功”，对清政府不断敲诈勒索。1896 年，俄国诱逼清政府接受《中俄密约》，很快劫取了修筑中东铁路及其支线的特权；1897 年年底，俄国舰队侵入旅顺口，翌年 3 月复以军事高压手段强行“租借”旅顺、大连及其附近海域，侵占整个辽东半岛。1900 年八国联军侵华战争期间，俄国以镇压东北义和团运动为名，大举入侵东北地区。当参加八国联军的其他列强侵略军撤出北京后，俄军却拒绝撤出东北。1903 年 8 月，俄国悍然成立以旅顺为中心的“远东总督区”，委派“总督”进行管辖。接着又占领奉天，企图侵占整个东北。日本要夺取辽东半岛、全面渗入东北，日俄两国必有一战。

俄国对东北的侵略和企图独占，妨碍了西方列强在中国的利益，不但遭到部分列强特别是英国、美国的坚决反对，还导致列强内部的分裂。英国历来视俄国为争夺中国的对手，企图假手日本阻止俄国南下同其争夺长江流域的权益，“英日同盟”即出此目的；主张“门户开放”

的美国,支持日本打破俄国在东北的垄断地位;同俄国保持同盟关系的法国,自然支持俄国在东北的行动,但并不希望俄国过多地将军事力量投向远东,以免削弱俄法同盟在欧洲对付德国的实力;至于德国,继续推行俄国东进政策,从而减轻俄法同盟对自己的压力,因此,德国对俄法同盟的态度,在欧洲反对法国,在远东则支持俄国。至此,日、俄两国为争夺中国东北,不但早已剑拔弩张,而且各有自己的盟友和支持者,日俄战争一触即发。

1904 年 2 月 8 日爆发的日俄战争,是两个封建帝国主义国家在中国(还有朝鲜)领土上进行的侵犯、掠夺中国(还有朝鲜)领土和权益的侵略战争。战争从旅顺、大连海域打到辽宁内陆;从 1904 年 2 月初至 1905 年 5 月底,前后持续近 16 个月。日俄军队到处杀人放火,奸淫掳掠,辽宁遍地烽烟火海,城乡民舍为墟,生灵涂炭。不仅两军官兵疯狂烧杀抢掠,大发横财,日俄两国政府也都把这场战争当成一桩无本万利的买卖。交战双方几十万军队的后勤补给,全部都在东北就地劫取;弹药辎重、战场缴获、民间劫掠等的搬运,全部就地强拉民夫、骡马、车辆完成。两国军队所到之处,所有粮食被抢光,牛、羊、猪、鸡等统统被杀光,骡马被拉去运送子弹辎重和其他物资,也有去无回;菽麦高粱,全被刈割,以作马料。纵横千里,几成赤地。男女民众,非命丧炮林雷阵,血肉飞溅,即"产破家倾,父子兄弟哭于途,夫妇亲朋号于路,痛心疾首,惨不忍闻"①。

这场两个封建帝国主义对决的侵华战争,最后以俄国失败告终,1905 年 9 月 25 日在朴茨茅斯签订和约,规定:俄国承认日本于韩国之政事、军事、经济上均有"特别之利益",日本政府视为"必要者即可措置",俄国"不得阻碍、干涉";俄国将旅顺口、大连湾并其附近领土、领水租借权,以及租借领域内所造有一切公共设施及财产,"均转移与日本"。②

这样,不但因德、法、俄三国干涉被迫吐出的辽东半岛从俄国手中重新夺取,报了一箭之仇,而且战果大大膨胀,俄国在朝鲜和东北一大批侵

① 《盛京时报》光绪三十二年(1906 年)九月初一。

② 黄月波、于能模等合编:《中外条约汇编》,商务印书馆 1936 年版,第 299—300 页。

略成果都被迫转让给日本，俄国基本上丧失或放弃了对朝鲜的控制；在东北，俄国在南部地区侵略所得成果、权益，特别是中东铁路南满支路宽城子至旅顺口段（即日本所称的东北南部铁路），也都全部被迫转让给日本。正是凭借再次攫夺的辽东半岛和上列权益，日本迅速开始和强化对东北南部地区的侵略。日俄战争后次年，日本紧接着于 1906 年成立了半官方性质的“南满洲铁道株式会社”（以下简称“满铁”）。同时，为了守卫铁路和统治这一新占领地区及其民众，又设立了“关东都督府”，配备 6 个大队兵力的“满铁守备队”，还外加一个步兵师团的驻扎兵力，均隶属关东都督府陆军部，俨然是“国中之国”。不仅如此，日本通过上述手段，迅速将侵略势力渗入整个东北南部地区，同俄国控制的东北北部地区，形成“分庭抗礼”之势。

日本通过日俄战争，打败了沙皇俄国这个庞然大物，在东北和朝鲜大展拳脚，侵略势力迅猛扩张，不仅在列强中的地位大幅提升，令西方列强不敢小觑，日本军国主义的侵略胃口亦恶性膨胀。1908 年 9 月 25 日，桂太郎内阁通过的《对外政策方针决定》中，对华政策明确规定，“扶植我国在该国的势力，以便当该国发生不测事变时，能够确保我国的优势地位；同时必须采取措施，使满洲的现状永远持续下去”①。日本已经开始考虑在中国物色和培植代理人，显然已在琢磨如何永保在华既得权益和进而吞并中国的问题。

1914 年第一次世界大战爆发，欧洲列强忙于火并，无暇东顾，中国国内政局动荡不安，这为日本扩大对华侵略提供了大好机会。日本不仅在原料搜购、产品倾销、市场占领、资本输出方面倾尽全力，而且妄图进而灭亡和独吞中国。1915 年 1 月 18 日，日本驻华公使日置益向大总统袁世凯递交二十一条要求的文件，并要求中国政府绝对保密，尽速答复。“二十一条”的核心内容包括：1. 关于中央政权和全国范围主权的：中国中央政府聘用“有力之日本人”充为政治、财政、军事顾问；中国军队由日本采

① ［日］外务省编：《日本外交年表与主要文书》（上），第 306 页。易显石等：《“九一八”事变史》，辽宁人民出版社 1981 年版，第 53 页。

办"一定数量之军械"(比如中国所需军械之半数以上),或军械厂实行"中日合办",聘用日本技师并采买日本材料;中国警察实行"日中合办",或警察官署聘用"多数日本人",以"改良警察机关";中国沿岸港湾及岛屿"概不得让与或租与他国";所有在中国内地所设日本病院、寺院、学校等"概允其土地所有权";日本人在中国有"布教之权"。2. 关于地方权益的:(1)有关山东部分:原德国在山东享有的一切权益,全部转让给日本;山东及其沿海岛屿一概不得让与或租与他国;中国允准日本建造烟台或龙口接连胶济铁路之铁路;中国从速自开山东境内"主要城市"为商埠。(2)有关东北南部和内蒙古东部地区的:将旅顺大连及东北南部铁路的租借期限展至 99 年;日本臣民在东北南部、内蒙古东部建厂和耕作用地享有"租借权或所有权";日本臣民得在东北南部、内蒙古东部"任便居住往来并经营商工业等各项生意";中国政府允将东北南部、内蒙古东部"各矿开采权许与日本臣民";中国政府如允他国在东北南部、内蒙古东部建造铁路,或为建造铁路向他国借款,以东北南部、内蒙古东部税收作抵押向他国借款,均须"先经日本国政府同意";中国政府如在东北南部、内蒙古东部雇用政治、财政、军事顾问、教习,必须先同日本"商议";中国允将吉长铁路经营管理事宜委诸日本,期限为 99 年。(3)有关华中华南地区的:允将连接武昌与九江、南昌线之铁路及南昌杭州、南昌潮州各线铁路之建造权许与日本;在福建省内筹办铁路矿山及整顿海口(船厂在内),如需外国资本,"先向日本国协议"。(4)有关核心企业的:汉冶萍公司为将来"两国合办事业",未经日本同意,中国政府和该公司均不得自行处分"公司一切权利、产业";中国政府允准所有属于汉冶萍公司各矿山之附近矿山,未经公司同意,一概不准公司以外的人开采,凡"直接间接对该公司恐有影响之举",均须先经该公司同意。①

这是日本灭亡和独吞中国的一揽子措施。其中最关键的是控制中国中央政府和中国军队、警察的三项"条件":由"有力之日本人"充当中国中央政府的政治、财政、军事顾问,直接控制中央,决定中国政治、财政、军

① 黄月波、于能模等合编:《中外条约汇编》,商务印书馆 1936 年版,第 293—294 页。

事的大政方针，再加上由日本掌握中国军队及其武器装备，由“多数日本人”掌管中国警察，控制中国国防和国内治安，完全掐住了中国的“脖子”。中国已是砧板上的“肉”，任由日本切割。对日本来说，实现了这三条，“二十一条”中的其他十八条，都是手到擒来。灭亡和独吞中国，指日可待。

国家面临灭顶之灾，国人怒火中烧，“呼号求救，誓死不从”；而北洋政府窝囊、腐败无能，只能拖延、应付。日本则恨不得即刻独吞中国，根本没有谈判、拖延的闲心，作为对中国政府交涉、谈判答复，1915 年 4 月 26 日递交“修正案”，个别条款的条件有所松动或和缓。① 不过更多的是一些无关痛痒的词语调换。② 有的甚至“条件”更苛刻，侵略胃口更大。③ 还有的得寸进尺，增加条款内容，或将原来的意向性条款明确和具体化。④ 总的来说，“修正案”条款内容更广，条件更明确、严酷。1915 年 5 月 7 日下午，日本发出“最后通牒”，限令北洋政府 5 月 9 日午后 6 时就“二十一条”及其“修正案”，作出“满足之答复”，否则将采取“必要之手段”。北洋政府无计可施，“舍屈从外无他可择”，被迫于 5 月 8 日提前答复，对“二十一条”及其“修正案”，并最后通牒附加七件之解释，“即行应诺，以冀中日所有悬案就此解决，俾两国亲善益加巩固。即请日本公使定期惠临外交部。修正文字，从速签字”。随即以“二十一条”及其“修正

---

① 如日本在华病院、学校、教堂等占地问题，由原来的“所有在中国内地所设日本病院、寺院、学校等‘概允其土地所有权’”，改为：日本臣民在中国内地为设立学校、病院“租赁或购买地亩，中国政府应即允准”；关于日本人在华“布教”，由原来日本人在中国有“布教之权”，改为：“关于布教权问题，日后应再行协议”。

② 如将山东自辟商埠范围由“主要城市”换为“合宜地方”；日本臣民在东北南部、内蒙古东部建厂和耕作用地享有“租借权或所有权”，改为：“租赁或购买其须用地亩”。

③ 如中国政府在东北南部、内蒙古东部雇用政治、财政、军事顾问、教习，必须先同日本“商议”，改为：聘用“顾问、教官，尽先聘用日本人”。

④ 如第二号第四款，中国政府允将东北南部、内蒙古东部“各矿开采权许与日本臣民”，原件并无地点、矿名，只写明“拟开铬矿另行商订”。修正案并未“商订”，直接详细列明矿山所在地、县名和矿种，计煤矿 7 处，铁矿、金矿各 1 处，共 9 处。其中铁矿范围包括从辽阳县到本溪县一大长条；第二号第七款增加中国政府允诺从速自开东北南部、内蒙古东部“合宜地方为商铺”；又增加如有日本人及中国人原在内蒙古东部“合办农业及附随工业时，中国政府应行允准”。

案”为蓝本,于5月25日签署《中日条约及换文》。当天还同时分别签署了《中日间关于山东省之条约四条》和《中日间关于南满洲及东部内蒙古之条约九条》。[①] 这样,日本不仅轻而易举地签署了“二十一条”,而且就山东和东北南部、内蒙古东部两个重点地区签署了专门条约。日本踌躇满志,既有条约保证,更有快速增长的国力做后盾,灭亡和独吞中国只是时间问题。

不过日本在落实“二十一条”的过程中,进展似乎并不顺利。第一次世界大战结束后,在1921年11月12日开幕的华盛顿会议上,中国作为战胜国,出席会议的代表郑重要求,“取消1915年之日本二十一条要求及许予各国特别势力范围之各条约”。但日本代表“以二十一条只关中日两国为理由,并历叙中外缔约之故实,拒绝讨论”。延至1923年3月10日,北洋政府外交部复向日本驻华大使发出照会,声明废止“二十一条”,日本政府“照复,不承认废止”。至此,“二十一条要求”除已经“解决”、日本业已攫得权益者外,“其余均为悬案”。[②]

经过这次反复,日本军国主义者愈加坚信,武装侵略是占领、灭亡和独吞中国最快捷有效的方法。于是,在对华拼命扩大投资侵略、窃夺经济权益(尤其是东北)的同时,进一步加紧了武装侵略的准备。

不久,1923年9月1日,日本发生关东大地震,居民死伤(地震中约15万人死亡)、经济损失惨重。日本倍感国土狭小,自然灾害频发,愈加急于开拓新的生存空间,中国台湾和朝鲜被吞并后,中国东北成为首选目标。关东大地震后,日本为缓和国内矛盾,弥补国内的资源不足,恢复和发展国内经济,进一步加快了对华侵略的步伐。

1927年田中内阁上台和随后确定的侵华、灭华方案和计划、步骤,是日本加快侵华步伐、全面落实“二十一条”、最后灭亡和独吞中国的一个重要节点。

1927年蒋介石“四一二”反革命政变一周后,日本加紧推行侵华路线

① 黄月波、于能模等合编:《中外条约汇编》,商务印书馆1936年版,第285、287—299页。

② 黄月波、于能模等合编:《中外条约汇编》,商务印书馆1936年版,第285—287页。

的军国主义田中内阁正式上台①，随即着手制定侵华策略，加快侵华步伐，根据中国当时局势，确定行动步骤：一是召开“东方会议”；二是对中国山东出兵。

1927年6月27日至7月7日，田中主持召开“东方会议”，外务省、大藏省、陆军省、海军省、参谋本部、军令部各大臣及驻华外交官、关东厅行政长官、关东军司令官等全部参加。会议确定：贯彻“满蒙分离”政策，将“满洲从中国分离出来”；为“确保在满蒙特殊的地位权益”，决心维持满蒙“治安”；着手解决满蒙铁道建设问题；在中国内部支持国民党而镇压共产党；以武力保护日本在华“居留民”。

1927年7月25日，田中向日皇呈递专谈日本“对于满蒙积极根本政策”的奏折，即《田中奏折》。

《田中奏折》提出了日本新大陆政策的总战略：“欲征服中国，必先征服满蒙，如欲征服世界，必先征服中国”。一旦征服中国，即以中国之富源征服印度、南洋各岛、西亚及欧洲。因此，“握执满蒙利权”是日本征服整个亚细亚大陆的“第一大关键”，必须“以铁与血主义实保东三省”。②为此，《田中奏折》具体制定了经济掠夺、军事征服、政权控制以及移民、渗透、颠覆、策反等多管齐下的侵略手段。

经济掠夺方面，首先以“二十一条为基础勇往迈进”，千方百计取得“满蒙”的土地“商租权”（实为占有权）、铁路建筑权、矿权、林权以及外贸、海运、金融独占权；保证日本人可以自由出入“满蒙”，把整个“满蒙”的经济利权和经济命脉全部掌握在日本人手中。同时“以利权而培养贸易”，进而“以满蒙为根据”，以“满蒙”之权利为“司令塔”，而攫取“全中国之利源”。最后“以中国之富源而作征服印度及南洋各岛以及中、小亚

① 日本内阁首相田中义一（1864—1929年），系日本军阀和军国主义代表人物之一，长州藩士出身，后入陆军，日俄战争时为满洲军参谋，战后历任陆军大臣和参谋本部参谋次长等职，1918年、1923年先后任原叔内阁、山本权兵己内阁陆相，1926年以大将退役为立宪政友会总裁，1927年4月20日出任首相兼外相，1929年因皇姑屯事件，其内阁被迫总辞。田中任首相期间，将日本侵华政策推上了一个新的台阶。

② 章伯锋、庄建平主编：《抗日战争》第1卷，四川大学出版社1997年版，第23—24页。

细亚、欧罗巴之用”。

移民方面,以“满蒙”作为日本每年80万“剩余”人口的消纳地,立即遏制每年约数百万的关内移民潮,并大力推行朝鲜移民,在现有基础上,尽快将移民人数扩张至250万人以上。由朝鲜民“打先锋”,东拓会社和“满铁”紧随其后,同时在各地遍设警察署进行“保护”。平时借朝鲜民之力,开拓内外蒙古及把握其商权,一遇“有事之秋”,则以朝鲜民为“原子”而采取军事行动。如果中国籍或日本籍的朝鲜民作乱,即以“悬羊头卖狗肉之方策应付之”,名为出兵镇压,实则控制和占领东北;如东三省政府敢以朝鲜人制衡日本,则日本“用兵之机会可以急速”到来。

渗透、颠覆、策反方面,派人充当蒙古王府的“顾问”,左右王府政策和政治倾向。① 同时派遣退伍军人“密入”图什业图王府以及其他王府管区,设法“到处安置”退伍军人,“以便操纵其旧王公”。待人数增多,即用“十把一束之贱价”买下土地所有权。再视其情况,或垦为水田,种植食米,以济日本食料不足;或设牧场,养殖军马、牛畜,以充军用及食用,剩余者制成罐头运贩欧美,毛皮亦供日本不足之用。“待时期一到则内外蒙古均为我有”。

贸易掠夺方面,首先攫取各种经济特权,“以利权而培养贸易”,再“以满蒙为根据”,攫取全中国财富。为此必须尽快控制作为东北基本工业的榨油业,改变现在绝大部分油坊被华人掌握的局面。鉴于日本所取羊毛、棉花、大豆、豆饼、钢铁等物日益增多,必须尽快获得东北、内蒙古特产品的专卖权,阻止和排挤中国商人的贩卖活动,并将专卖权作为“监理满蒙财政及贸易的第一步”。

军事侵略和武装占领,是日本帝国主义彻底“征服”东北、内蒙古,占领和消灭中国的根本方针和前提。《田中奏折》声称,必须以“铁与血”的手段,“拔除东亚之难局”,“以铁与血主义实保东三省”。② 亦即必须以铁与血主义侵占和统治东三省。为此,日本帝国主义无时无刻不在处心

① “关东厅”长官福岛长女,即被派充图什业图王府“顾问”,因此该王府与日本“颇为接近”。

② 章伯锋、庄建平主编:《抗日战争》第1卷,四川大学出版社1997年版,第23—46页。

积虑谋划和创造时机,随时准备付诸实施。

20 世纪 20 年代中后期,正处于世界资本主义经济大危机的前夜,在日本,人民尤其是农民因缺乏土地,生活贫困,阶级矛盾尖锐,“左翼公会”要求平等分配土地,改善农民经济状况。正是在这种背景下,日本军国主义强调,解决国内问题,要“把眼光从国内转向外部”。而这个所谓“外部”,就是包括内蒙古在内的中国东北,即日本所称的“满蒙”。这样,日本军国主义加快了对华侵略、武力占领东北、内蒙古,以解决农民土地问题、缓和国内矛盾的战争步伐。日本陆军省派遣一批青壮年军国主义激进分子下乡开大会、搞宣传、造声势,诱导农民张大眼睛“看看‘满蒙’的沃土”,并且煽动说,“即便把日本所有的耕地平等地分配给所有的农民,所获得的额度也只有 5 反步”(1 反步约合 992 平方米)。如果占领了“满蒙”,“大家就不止 5 反步,而是一跃成为 10 町步(1 反步的 100 倍,约合 10 公顷)的地主啦,大家都可以做东家了”。[①] 强调为了“确保(日本)国民经济的生存”,“完全解决满蒙问题使之成为我国领土,实乃当务之急”。[②] 日本军国主义者就是通过这种宣传鼓动,将日本农民的目光和希望统统聚焦“满蒙”,在全日本迅速掀起了一股到“满蒙”发横财、“当地主”“做东家”的狂热。

1930 年 12 月,日本并吞“满蒙”秘密计划出台;1931 年 5 月,日本在东北的驻屯军,即“关东军”,着手拟定征服和占领东北、内蒙古的具体方案和计划,明确提出解决“满蒙”问题的“唯一方策”是将其作为日本“领土”,而且必须放在比解决国内问题更加优先的位置。强调“先进行国内改造,不如先解决满蒙问题为有利”。为此,日本军部必须“主动通过谋略制造机会”,关东军则“主动抓住良机”,而日本陆军的当务之急是“制订战争计划”。日本侵华战争的发动,已箭在弦上。关东军随即制定了侵略战争的基本原则、纲要和行动步骤,强调日本国策的“首要原则”是攫取“满蒙”,首要任务是“利用各种手段不断酝酿中日开战情势”,并在

① [日]加藤阳子:《从满洲事变到日中战争》,徐晓纯译,香港中和出版有限公司 2016 年版,第 26—27 页。

② 章伯锋、庄建平主编:《抗日战争》第 1 卷,四川大学出版社 1997 年版,第 75 页。

东北、华北加紧准备武器弹药,以备战争之需。关东军还决定,一旦夺得中国领土,不仅“在占领区不能存在中国政府”,还要“颠覆中国中央政府,拥立亲日政府”。①

1931年4月,若埌内阁成立后,将田中内阁的侵华政策进一步具体和条理化。若埌内阁一成立,即对年度情势进行了判断,强调“满蒙问题”必须根本解决,并设想分三个阶段进行:第一阶段建立亲日政权;第二阶段成立独立国;第三阶段领有“满蒙”。②

1931年夏季,中国发生罕见的大洪灾,长江、黄河、淮河三大水系水位暴涨,干流支流决堤无数,武汉全境浸泡水中长达一月之久。全国23个省被淹,将近2/3的地区受灾,灾民超过1亿人,人民生命财产和经济损失无法统计。也就在这年4—5月和7—9月,国民党政府对苏区连续发动军事围剿,以致无暇无力组织及时有效的防灾、救灾工作,致使灾情加剧,灾期延长,损失惨重,全国经济濒临瘫痪。这给日本帝国主义发动战争、武力占领东北提供了绝好时机。1931年9月18日晚,关东军在沈阳附近柳条湖炸毁东北南部铁路一座小桥,污蔑为中国军队所为,随即突然袭击和占领沈阳驻军北大营,点燃了大举侵略中国的罪恶战火。

由于国民党政府推行“攘外必先安内”和不抵抗主义政策,日本帝国主义轻而易举地占领了东北三省、热河和内蒙古东部地区。按照关东军和日本军国主义占领和灭亡中国的既定方针,不论采取何种形式,解决“满蒙”问题的“唯一方策”是将其切割,作为日本“领土”。在暂时无法像中国台湾一样、将“满蒙”直接并入日本版图的情况下,日本迅速网罗汉奸走狗,扶植成立了名义上“独立”的伪“满洲国”,将“满蒙”从中国分离出去,变为日本的殖民地、附属国,实际上变成了日本“领土”。

对日本来说,占领“满蒙”在灭亡和独吞中国的基本国策中,是关键的一环,更是日本“回转国运的根本策略”。日本国土面积狭窄,资源贫

① 章伯锋、庄建平主编:《抗日战争》第1卷,四川大学出版社1997年版,第61—86页。

② 章伯锋、庄建平主编:《抗日战争》第1卷,四川大学出版社1997年版,第104页。

乏，农民缺少土地。伪“满洲国”的土地面积约相当于日本本土的3.4倍，再加上通过中日甲午战争割占的台湾，两者合计相当于日本本土的3.5倍。“满蒙”的占领，对日本的意义非同小可，几乎一夜之间，土地从天而降，日本农民可以成群结队前往中国“当地主”“做东家”了，缺地矛盾迎刃而解。更为重要的是，有了土地广袤、物产资源丰富的“满蒙”，日本国力陡升，有了打长期战争的底气。日本军国主义者认为，现代战争是“经济战”，但日本物资贫乏，大部分军需原料都要仰仗国外进口，不可能像欧洲国家那样进行“总力战”①，即使在武力战上取胜，也无法赢得持久的“经济战”。现在有了“满蒙”，不仅可以打武力战，还可以进行持久的“经济战”，即使“持久战（也）并不可怕”。②

日本帝国主义在占领东北、扶植成立和控制伪“满洲国”傀儡政权后，为其扩大对华侵略、全面占领和灭亡中国提供了充足的条件。在“九一八事变”前后，日本军国主义者明确提出了在长期对华侵略过程（包括日俄战争）中构思和制定、形成的基本国策：日本“出征”军“必须依靠占领地的征税、物资和武器来自给自足”，在“日本国内不出一分钱的方针下”进行和完成战争。③“九一八事变”后，日本关东军在攻城略地、烧杀奸淫掳抢、肢解中国的过程中，开始推行军队就地补给、“自给自足”“以战养战”“以华制华”，用中国的人力物力征服和灭亡中国的基本国策。

正是凭借这一基本国策，日本侵略者不仅占领了东北全境，扶持建立伪满傀儡政权，在短短四五年时间内，把“满蒙”建成巩固的“根据地”，而且将魔爪迅速伸入关内，蚕食、切割和肢解华北，扶植冀东汉奸政权，并加紧策划“华北五省自治”，统制、掌控华北的物资资源，进而形成“日满华经济势力圈”。因为华北在日本的侵华战略中，占有极其重要的地位，无

---

① “总力战”原是日语词语，指的是动员国家一切力量投入战争，属于衡量一个国家总体实力的战争。

② ［日］加藤阳子：《从满州事变到日中战争》，徐晓纯译，香港中和出版有限公司2016年版，第121—126页。

③ ［日］加藤阳子：《从满州事变到日中战争》，徐晓纯译，香港中和出版有限公司2016年版，第122页。

论灭亡中国还是称霸世界,都须“依仗着满蒙及华北资源”。[①] 既然已将“满蒙”建成巩固的“根据地”,华北重要物资资源已进入或有望进入日本的统制和掌控中,直接以全面占领和最终灭亡中国为目的的全面侵华战争的条件业已成熟。

1937年7月7日,日本悍然发动“卢沟桥事变”(亦称“七七事变”),全面侵华战争由此爆发。对日本来说,这是侵略中国的最后一战,直接目的就是全面占领和灭亡中国、灭绝中华民族,使“大和”民族成为中华大地唯一的“主人”。

显然,这场灭亡中国的全面侵华战争的爆发,并非历史的偶然,并非日本军国主义者一时头脑发昏、发疯、发狂,而是经过日本长期的、几代人的处心积虑、反复策划、物资准备和侵华战争成果积累的结果。日本发动全面侵华战争时,已不再是中日甲午战争前的蕞尔小国。通过侵占中国台湾和东北地区,吞并琉球、朝鲜,日本实际控制的疆域面积,比原来国土面积扩大3倍多,并在地理位置上对中国形成半月形的包围圈。物资资源亦空前丰富,改变了原来资源贫乏的状况。日本的科学技术和生产力发展水平远比中国高,又是在中国境内就地取材、就地制造,军队就地补给,日本侵略军的作战条件,比在日本本土作战还要优越。因此,日本军国主义气壮如牛,认为占领和灭亡中国,完全可以手到擒来。

为了震吓中国人民,以最快的速度征服和灭亡中国,全面侵华战争一开始,日本侵略军在长驱直入、夺城掠地的同时,采用了大轰炸、大焚烧、大扫荡、大屠杀、大奸杀、大抢劫、大破坏等一切反人类暴行,中国人民被推入了苦难深渊。然而中国人民没有被吓倒,在全国范围内掀起抗日救国的高潮,日本帝国主义没有也不可能迅速全面占领和灭亡中国。由于中国军民英勇顽强的抵抗,侵华日军遇到的阻力增大,同时日军占领区扩大,战线拉长,兵力分散,顾此失彼,只能由全面进攻转为重点进攻。战争进入相持阶段后,日军为了达到征服和灭亡中国的目的,将侵略手段发展

① [日]加藤阳子:《从满洲事变到日中战争》,徐晓纯译,香港中和出版有限公司2016年版,第125页。

为大围剿、大扫荡和杀光、烧光、抢光“三光政策”，完全丧尽天良和人性。在侵华、灭华谋略上，由切割、肢解、分而治之改为建立全国范围的“中央”傀儡政权，招降汪精卫后，又诱降、逼降蒋介石，妄图使整个中国成为日本统治下的殖民地。好在蒋介石总算守住了底线，未同汪伪同流合污，抗日民族统一战线始终没有完全破裂。在无法短时间内征服和灭亡中国的情况下，日本改变称霸和征服世界的原定战略部署，先以中国占领区为根据地，利用中国的人力物力打败英美，征服世界，再回过头来彻底灭亡中国。日本先是于 1939 年 5 月发动诺门坎战役，挑战苏联失败，接着于 1941 年末袭击珍珠港，发动太平洋战争，虽然在一段时间内取得胜利，相继占领东南亚和西太平洋地区大片领土，整个西太平洋成为日本内海，小小日本膨胀为名副其实的“大日本帝国”，但因树敌太广，战线太长，尤其是作恶多端、为害四方，为最后的失败埋下了祸根。不过日本军国主义到死也不会束手就擒、甘于失败。为了负隅顽抗，1945 年年初直至 8 月投降前，还对中国进行持续半年多经济大掠夺、大洗劫，将凡是能用汽车、火车、轮船运走的一切工矿原料、工农林牧产品和其他一切物资资源，全部运往日本，妄图仍“在日本国内不出一分钱的方针下”①，退回日本本土长期作战，以待东山再起。但因美国接连两次投放原子弹，侵华日军没有来得及退回日本本土作战，就被迫在中国全部就地缴械投降。从中国运回日本数量可观的物资纹丝未动，全部成为其难得的物资储备。日本再一次大发横财。

日本明治维新后半个多世纪对华侵略和国内经济发展的整个历史清楚说明，日本完全是靠侵略中国起家，特别是甲午一战，一夜暴富，一步登天，由蕞尔小国跻身世界列强，成为八国联军侵华、掠华主力，再发一笔横财，如虎添翼，很快在日俄战争中打败沙俄，成为强中之强。将中国东北南部轻而易举地揣入囊中。随着国力加速增强，侵略扩张的野心恶性膨胀，第一次世界大战期间，趁西方列强无暇东顾，于 1915 年提出“二十

---

① ［日］加藤阳子：《从满州事变到日中战争》，徐晓纯译，香港中和出版有限公司 2016 年版，第 122 页。

一条”,妄图灭亡和独吞中国。因为北洋政府不甘就此亡国灭种,日本决心用“血与火”的手段征服和灭亡中国。因而才有《田中奏折》和灭华战略部署的制定,“九一八事变”“七七事变”和长达 14 年侵华战争的发生。在这场野蛮的侵略战争中,不仅“日本国内不出一分钱”,全部就地取材、就地补给,还通过大肆劫掠和杀光、烧光、抢光“三光政策”,将中国的金银财宝、物资资源源源不断地运回日本。于是日本越战越强、越战越富。失败投降前,又来了一次大掠夺、大洗劫。战争虽然打败了,物质财富却空前充盈。这就是日本战后经济恢复如此迅速,经济和文化教育的发展速度如此惊人的奥秘所在。因为文化教育、科学技术、发明创造都是用金钱堆出来的。

二、日本的经济摧毁、破坏和统制、掠夺与中国民族资本主义的浩劫

日本帝国主义占领和灭亡中国的基本方针和手段,是消灭中国的“有生力量”,以达到瓦解和摧毁中国抵抗能力的目的。在日本侵略者的思维模式中,凡是中国人民的生产、生活必需品,凡是能够抵抗日本侵略者的人力物力,都是“有生力量”,必须瓦解和彻底摧毁。而其中核心部分,人力方面是男女青壮年;物力方面,一是作为中国国民经济基础产业的农业,二是代表先进生产力和生产关系的资本主义工矿、交通事业。后者更是重点摧毁和攫夺对象。日本先是在夺城掠地过程中飞机狂炸、大炮轰击、纵火焚烧,对各类工矿企业及其生产管理者、守卫者进行无差别摧毁、射杀,继而在占领城市、乡镇后,搜寻、劫夺残存工矿和交通运输企业,掠为己有,实行“军管理”,复旧、扩充,或由侵华日军直接控制、经营,或委托日本“国策会社”、其他相关会社经营管理。不论哪种情况和结局,对中国各类资本主义企业都是一种浩劫和灭顶之灾。

东北地区的民族资本(包括地方官办资本)工矿商业,1931 年“九一

八事变”后，很快被日本残酷掠夺、摧毁，继而复旧、扩充、新设，蜕变为日本帝国主义发动全面侵华战争、占领和妄图最终灭亡中国的物质基础。

金融和银行业是现代发达经济的中枢，是日本统制、掠夺“满蒙”经济的“牛鼻子”。日本关东军连同侵华急先锋南满洲铁道株式会社（满铁），在攻城略地、烧杀掳抢的同时，大肆攫夺银行，抢劫金银和纸钞，搜掠、洗劫金库，并将当地银行全部摧毁。在此基础上，建立伪“满洲中央银行”，发行伪币，强制收回原有旧币，为全面统制、加快经济掠夺速度创造条件，同时通过旧币回收，再一次对民众和社会进行大规模洗劫。

日军占领东北时，当地币制紊乱，银行机构业务庞杂。掌管金融的主要机构，如东三省官银号、吉林永衡银钱号、黑龙江省官银号、边业银行，除握有发钞特权外，还经营各种制造、商业、运输业务，币制亦极为紊乱，除大洋票（由东三省官银号、边业银行发行）、奉天票（东三省官银号及公济平市钱号所发）、哈尔滨大洋票（上述四行发行）、吉林官帖、吉林小洋票、吉林大洋票（吉林永衡银号发行）以及黑龙江官帖、黑龙江银厘债券、江省大洋票（黑龙江省官银号发行）外，另有中国银行、交通银行两行哈尔滨支行发行的哈尔滨大洋票纸币。硬币除大小洋外，还有关东州的小洋钱、安东的镇平钱、营口的过炉银等。紊乱的金融、货币制度为日本侵略者浑水摸鱼、抢掠劫夺提供了条件。

伪“满洲国”总务长官、日本人驹井德三见有机可乘，立即设立伪满的“中央银行”，着手“整理”币制。日本人没收的辽宁某要人财产中有现币 45600 万元，即以一部分充当该行的资金。同时接收东北三省的省营银行及其附属事业，随后伪满“中央银行”于 1932 年 7 月 1 日开幕。同时劫夺四行全部附属事业，将其分别“让给”大兴公司（当铺、酿造业、油房、杂货店等）、日满制粉会社（制粉业）、满洲电业会社（电气）、满洲炭矿会社及满洲采金会社（矿业）、铁路总局（航运）、伪实业部（林业）等机构经营。

伪满“中央银行”掠夺、洗劫的主要手段，是回收旧币、发行新币。公布的统计显示，伪满用 142234881 元，收回吉林官帖 1031200 万吊、黑龙江官帖 817657 万吊、奉天票 94967 万元。另有大洋票约 60 万元，一律以

4元对伪币1元的比率回收。到1933年日军进占热河，又以50元对伪币1元的比率，回收热河兴业银行发行的1000万元热河票。至于旧有金属币，也限定民众到指定地方兑换伪币。回收旧币是日本继攫夺银行后，对民众的再次洗劫。以回收旧币为手段的洗劫对象，包括绝大部分民众，但主要还是持有旧币现金数量较多的工商业经营者。这是继劫夺一些较大的民族资本企业之后，进而掠夺各类工商业者手中持有的现金，最后釜底抽薪，使大小工商企业及其经营管理者，遭到致命性的打击。①

继金融、银行劫夺之后，是对民族工矿商业的摧毁、攫夺。1937年，为配合发动全面侵华战争，伪满实行全面经济统制，民族资本企业的煤炭钢铁来源，初时备受限制，继而完全断绝，一些小型钢铁厂和手工业小铁炉纷纷破产。素称代表中国民族资本的大连顺兴铁工厂、哈尔滨振兴铁工厂等先后宣告歇业。由于粮棉油类农产品的统制，大连、营口、哈尔滨、长春等地民族资本的油坊业（制油工厂）、火磨（制粉工厂）、纺织业，陆续倒闭的有200多家，甚至小油坊、小磨坊的碾子和石磨也被没收。最后，伪满政府下令将中国民族资本家旧存的钢材、旧铁、机械、机器、零件以及破产歇业的工厂、作坊全套机器设备，统统以极廉的价格强购。计在沈阳收购了9000多万元，哈尔滨6000万元，鞍山、长春、营口、大连、齐齐哈尔、吉林等处收购了共计8000多万元，总共2.03亿元。这些物资以当时的市价计算，约值10多亿元，就是按钢铁废品收购价计算，民族资本也损失了8亿多元。

相反的，日本的铁工厂、机械制造厂、制油工厂、制粉工厂、纺织工厂、制皮工厂等大中小工业，却风起云涌地出现于东北各地。仅存的民族资本企业如大连的政记公司、长春的裕昌源公司、哈尔滨的双合盛火磨等，也须雇用日本人顾问或采用“好汉股”（只出人不出资）才能暂时苟延残喘。

民族资本商业也是如此。东北原有的民族资本商业为数不少，但绝

① 陈真等合编：《中国近代工业史资料》第2辑，生活·读书·新知三联书店1958年版，第457—458页。

大部分属于小本经营，即使有些所谓巨商大贾，也远非日本垄断资本的对手。华商的货物原先绝大部分来源于上海和日本大阪，当时上海货物既不能入口，大阪货物又被日商垄断，伪满工厂的产品也到不了华商手里，加上伪满日籍官吏的日用品由伪满政府设立的“官吏消费组合”（合作社）供给，其他一般日本人由“满洲生活必需品会社”和日本各大百货商店供给，华商的百货店顾客虽多，但货源告绝，只得关门。其他如中国人经营的银行、钱庄等金融企业，也由于伪满“中央银行”“兴业银行”和“兴农金库”（关于农业的信贷机构）的排挤吞并，几乎绝迹，东北的中国民族资本至此便被一扫而光了。①

关内地区，“七七事变”后，日本帝国主义恨不得立即将中国全部占领、彻底消灭，在以饿狼扑羊之势，夺城掠地、烧杀掳掠的同时，对中国民族资本工矿商业进行无差别摧毁、破坏。中国资本主义工厂企业聚集于沿海地区和少数沿海、沿水陆交通线城市，尤其上海一地，工厂林立，形成中国最大的工业区。其余则分布于天津、济南、青岛、无锡、杭州、武汉等处。“七七事变”后，日本迅速占领了中国沿海地区和主要城市，上述地区和城市的中国民族资本企业，除少数内迁外，不是被日军摧毁，就是被日军攫夺、强占，成为日军囊中物，进而成为扼杀中华民族的武器资源。

“七七事变”后很短时间内，平津两地即相继沦陷，两地工厂未及拆运或加战略性破坏，即全部落入敌手。未几，“八一三”沪战继起，上海主要工业地带之江湾、闸北、杨树浦、虹口、浦东等处沦为战场，在敌人飞机大炮的猛力轰击下，中国工厂企业损失惨重。作为相邻工业地带的南通、无锡、苏州等地，也不断遭到敌机轰炸，损失亦重。1937 年 12 月中旬，战事西移，南京沦陷，日军沿海、沿江分多路进攻，战面扩大，侵华日军北据太原，南袭杭州，海路占取广州，沿江上溯武汉。至此，中国主要工业区全部沦陷，中国民族资本主义工业系统即使未被完全摧毁，亦已支离破碎、残剩无几。

不同城市和地区，由于战略和经济地位，战斗激烈程度、持续时间长

① 章伯锋、庄建平主编：《抗日战争》第 6 卷，四川大学出版社 1997 年版，第 55—56 页。

短,各不相同,工业企业遭受战争损失和敌人破坏程度有所差异;不同工业行业和工厂企业,因分布状况和所在城市、地区情况各异,破坏和损失程度,亦不尽同。但全都被摧毁、破坏和继而被攫夺,无一例外。

日本发动全面侵华战争前,作为全国最重要的集中工业区上海,全市有工厂企业 5400 余家,大部分集中于公共租界之东、北两区,沪战爆发后全被波及,其中完全被毁者 905 家,部分被毁者数量不详,未受战事影响者,只有沪西苏州河以南自曹家渡至叉角嘴小片地方。据上海金陵银行调查,自“八一三”沪战爆发至 1938 年 3 月止,总计上海市及其近郊,中国工业之损失达 15376.4 万元,其中 8548.4 万元是毁于 3 个月战祸的物资损失,7028 万元系被日本攫占 47 家中国工厂的资本额。这一调查进行时间较早,数据不全。稍后据前中央研究院社会科学所调查,1938—1939 年,日本对上海战区较大规模华厂的掠夺,计水电 5 厂,面粉 3 厂,卷烟 7 厂,榨油 4 厂,纺织 18 厂,染织 4 厂,丝线 1 厂,毛线 2 厂,水泥 1 厂,造船 11 厂,机器制造 15 厂,造纸 9 厂,制皂 1 厂,油漆 2 厂,橡胶 9 厂,共计 92 厂。比上海金陵银行调查被攫占的工厂数量将近多出 1 倍。资本方面多出的更多。

北方重要工业城市天津,中国民族工业虽未受到战争损毁,但华商工厂中,规模较大的裕元、华新、宝成第二等 4 家工厂,均被日本以“收买”的名义劫夺。据调查,天津有华商工厂 86 家,总资本 1021.61 万元,上述 4 厂即占 950 万元,占总资本的 93%。按资本额计算,天津的民族工业差不多全部落入敌手。①

华南重镇广州,日军占领前,曾有 10 家工厂迁往香港,剩下的多为省营工厂,国民党军队撤退时,多予炸毁。而私营厂,因血本关系,未忍破坏。日军为迷惑民众,声称凡欲复工者,没收的工厂准予发还。故广州沦陷初期,一些小规模工厂,如橡胶厂、针线厂、火柴厂等,有多家先后复工。嗣日敌见有利可图,遂借“合作”之名,染指各厂,商人不堪苛扰,被迫先后停工。日军即浑水摸鱼,在此基础上新设大型火柴厂 2 所,贱价推销产

① 中央研究院社会科学研究所主编、郑伯彬等编:《沦陷区经济概览 · 工业编》,国民党政府经济部资源委员会 1941 年油印本,第 A5427、A5429—A5430 页。

品，并为蒙蔽民众，分用“中国”“广州”等字样做商标，冒充“国货”。另外，电灯厂、自来水厂、碾米厂等，亦由日敌恢复开工。① 中国领土上的各类轻重工业，虽然还部分存在，基层生产者仍然是中国工人，但不再属于中国所有，产品更不为中国国民所支配，原来的中国民族工业已经不复存在。

从行业方面看，侵华日军在攻城夺地过程中，对中国工矿企业采取了全行业无差别摧毁、破坏。因此，在日本全面侵华战争爆发后短短一年多时间内，中国民族资本和其他国内资本的矿冶企业和各类轻重工业企业，全部遭到严重甚至毁灭性破坏。

在工矿业内部，不论其投资建设、发生发展状况、在工矿业部门所占比重如何，矿冶业、电气业和机器制造业，始终是近代中国民族工业的基础。中国民族工业能否独立、顺利、健康和均衡发展，除了国家主权这一根本前提，在很大程度上取决于矿冶业、电气业和机器制造业的规模、结构和发展水平。而日本作为疆域狭小、资源匮乏而又贪婪狂妄、侵略扩张成性的封建资本主义和军国主义国家，为了掠夺中国资源、利用中国的人力物力占领和灭亡中国，就必须最大限度地发展和壮大自己，削弱中国，消灭中国的“有生力量”。而最为快捷有效的方法，是摧毁、破坏和统制、掠夺作为中国有生力量代表和源泉的新式工业，首要目标就是作为工业发展基础和前提的矿冶业、电气业和机器制造业。

日本帝国主义制造侵略和灭亡中国的杀人武器，最迫切需要的是煤炭，而日本煤炭资源异常匮乏，其计划的就是全部从中国掠夺，用中国的物力人力占领和灭亡中国。在全面侵华战争爆发前，日本为准备这场战争，已经将中国部分煤铁资源和煤铁产品掠夺、控制在手；在全面侵华战争爆发后，在煤矿、铁厂所在地并未爆发激烈的攻防战，因此，日本没有也不需要对煤铁等资源及采掘、冶炼设备进行摧毁、破坏，而是直接将其劫夺和统制经营。

① 中央研究院社会科学研究所主编、郑伯彬等编：《沦陷区经济概览 · 工业编》，国民党政府经济部资源委员会 1941 年油印本，第 A5427、A5431、A5433 页。

作为近代中国工农业基础产业的新式冶铁业,始于1919年筹设的石景山制铁所,官商合办,资本50万元,以龙烟铁矿的矿石为原料,炼制生铁。因第一次世界大战后钢铁价格低落,未有开工投产。“七七事变”后,该厂旋即被日军劫夺,1938年1月20日委托兴中公司统制经营。因该厂作用、地位太关键,由某一“国策会社”独家经营,不仅日本政府不放心,还会招来其他“国策会社”妒忌,于是4月20日兴中公司即“奉命”将该厂与日本制铁所“共同经营”。11月20日该厂利用旧有的250吨熔铁炉,正式开炉炼铁,日产生铁150吨。① 依日本钢铁生产计划,石景山制铁所将来须年产铣铁30万吨,并拟设焦炭厂一所,计分两期施工,分别于1940年4月、1941年8月建成投产。② 这样,由北洋政府耗费50万元巨资筹建的铁厂,长达18年的时间“任其颓废”,没有出一两生铁。最后日本不花一分钱,像玩魔术一样,将其变为日本半“国有”产业,全部就地利用中国的原料、材料和人力物力,生产生铁,就地制造武器装备,屠杀中国民众,掠夺和灭亡中国。

被侵华日军劫夺和统制经营的还有西北实业公司炼钢厂和阳泉保晋炼铁厂。前者原为阎锡山耗资2000万元所建。工程未竣,即遇“七七事变”爆发,致为日军所夺,于1938年1月24日转委日本大昌矿业会社经营。称“军管理山西第六工厂”,设备计120吨熔炉1座、40吨熔炉1座、马精炉2座、12吨马精炉6座,有日产240吨钢的设计能力。40吨熔炉于1938年10月末开工炼制;1200吨熔炉亦于1939年3月完工开炼。后者系1918年所建,资金投入70万元,日本全面侵华战争爆发后,为日军所夺,实行“军管理”,具体由兴中公司掌管,委托大仓矿业会社经营,称“军管理山西第三工厂”,设备计有20吨、4吨熔炉各1座,热风炉3架,15吨制热矿炉5架。1938年10月,20吨、4吨熔炉点火炼铁,原料由井

---

① 该厂所取原料,铁矿石来自旧有龙烟铁矿(后由伪“蒙疆”政权辖管);石灰石来自日军掠夺、“管理”的河北三家店、将军岭石灰山;煤炭来自日军“管理”、兴中公司“临时运营”的井陉、六河沟煤矿;产品“以充当地需要为原则”,若遇日本国内需要时,则“先供给日本”。

② 第一期工程建筑日产铣铁500吨熔铁炉1座、日产600吨焦炭炉1座,及所有附属工厂,保证年产铣铁10万吨;第二期着重工具改进,将原有250吨熔铁炉扩为320吨,并增设焦炭厂。

陉供给，日产铣铁约 10 吨、钢 70—80 吨。

此外，全面侵华战争爆发后，日本很快着手和加紧了煤油、汽油和石油的掠夺炼制、开采。

日本自在晋北大同设立工厂、开采口泉煤矿后，随即积极增添设备，扩充产量，以供煤炭液化原料之用，并计划由华北开发会社与帝国燃料会社在口泉发起成立煤炭液化厂，资本 15000 万元，1939 年动工建筑，预计 1942 年竣工，利用煤的低温干馏法，使由煤蒸出的碳化气在通常的压力下变成汽油。一切工程设备均按年产 100 万公吨的标准进行。为满足沦陷区日本企业和日本在华军民的煤油供应，日商三井洋行又计划在华北设立煤油厂，以华北煤炭为原料，实施“人造煤油”；日本还“集资”2000 万元①，设立“北支石油会社”，购入原油，加以精制贩卖；“蒙疆汽车公司”、“蒙疆银行”、前方商会等则共同出资 80 万元，成立“蒙疆石油公司”，从事蒙疆地域石油的“一元的配给及一元的统制”②，掠夺“蒙疆”汉奸政权辖区的石油资源。

作为民族工业重工业主体的电气业，据 1934 年国民党政府建设委员会调查，全国电气（发电）厂数量，除 5 家自备发电者不计外，实有 43 家，资本总额 25083.7 万元，发电容量 478705 千瓦，内计华资 452 厂，资本总额 11157.7 万元，发电容量 236464 千瓦；外资 11 厂，资本 13926 万元，发电容量 242241 千瓦。1937 年“八一三”沪战爆发后，除有 5 家电气厂和个别电厂价值 100 万元的机器设备内迁外，其他大部分落入敌手，沿京沪、沪杭电厂损失尤重，估计在 2000 万元左右。其中首都电厂被日军投中炸弹一枚，留下的 40 名护厂人员亦全部被日军枪杀；戚墅堰电厂在淞沪会战期间迭遭轰炸，锅炉损坏，其他设备除少量运走外，或被毁，或被偷，全部“荡然无存”；上海闸北水电公司位于战区，“损失最重”，锅炉、气缸损毁；其他如镇江大照、武进、上海华商、嘉兴永明等 4 家电气公司，机

---

① 资本实收 1/2，其投资分派为：日本石油联盟会之满洲石油、朝鲜石油共占八成；油槽会社所有者占一成；外商占一成。

② 中央研究院社会科学研究所主编、郑伯彬等编：《沦陷区经济概览·工业编》，国民党政府经济部资源委员会 1941 年油印本，第 A5589—A5594 页。

器设备、电表、电杆、电线、办公用房等,被毁或被偷,全都损失不菲,甚至完全瘫痪。①

机器制造业方面。至日本全面侵华战争爆发前,总计全国有大小机器厂 1054 家。② 鉴于机器工业是制造机器,是工业中的工业,对于一个国家的工农业整体生产力的维持与发展,对于一个国家的国防建设和对外来入侵者的有效抗击,都有着至关重要的作用。因此,日本在武装侵略的过程中,对中国机器工业的摧毁、破坏和劫夺,自然不遗余力。日本全面侵华战争爆发后,上述各地皆成为战区,以致中国机器工业损失惨重。

上海作为中国机器工业的主要集中地,虽然翻砂厂、机器厂中规模较大的不过 20 余家,但可以制造引擎、纺织机、卷烟机、榨油机、针织机、碾米机、织绸机、缫丝机、制粉机、印刷机,以及其他机器零件等。对于机器工业极度薄弱的中国来说,不可或缺。以上各厂多位于沪东、虹口一带,次为闸北、南市,整体损失极为严重。而且各厂所存钢铁等原料,早为日本垂涎之物,全被劫夺一空。

日本对上海各机器厂的摧毁、破坏,各厂所遭损失,金城银行曾有过调查,可从中窥见各机器厂被破坏和遭受损失的大致情况:新中厂于沪战发生后,机器、存货被日军劫夺、运出者约占 7 成,其余机器、存货及 100 吨生铁,均受损失,约值 12 万元;新和厂全部被毁,损失约 9 万元;中新厂亦被毁,损失约数万元;新民厂除 2/3 遭毁外,其余损失亦达 6 万元;明锠厂 8 月间即被焚,机器、钢铁原料等损失约 10 万元。其余全数被毁者尚有中国冶铁厂及广兴机器厂,损失各约 7 万元,万兴盛厂已被搬运一空,损失约 12 万元;培昌厂亦被炸毁,损失约 11 万元;公勤厂损失约 28 万元,且被中山钢器厂所占;中央机器厂除事先搬出一部分外,其余业已被毁;明精厂亦搬出 2/3,损失约 3 万元;华通机器厂则全毁,损失在 10 万元以上;同顺兴厂机器、原料损失约 5 万元;华泰厂机器、原料损失约 1 万

① 中央研究院社会科学研究所主编、郑伯彬等编:《沦陷区经济概览 · 工业编》,国民党政府经济部资源委员会 1941 年油印本,第 A5436—A5437 页。

② 地区分布状况:上海 218 家,天津 625 家,无锡 43 家,青岛 18 家,北平、武进各 16 家,济南 14 家,其他各地所设者最多不过 10 家,最少 1 家。

元；镐昌翻砂厂因已将原料搬出，唯厂房被毁，估计损失达 2 万—3 万元；中华铁工厂则事先已大部迁出，但厂房被毁。综合以上各厂损失，已在 145 万元以上。[①]

常州、嘉定等地机器厂，都有损失，无一例外。常州战前有 16 家机器厂，除机器搬出或情况不明外，其余多有损失：骏远机器厂“全部烧毁”；寿生机器、工务铁工等 2 厂“部分损失”。嘉定只有合作五金制造股份公司 1 家，遭日本飞机炸毁，厂房建筑、机器设备、原料、营业及其他损失合计 9.5 万元。

其他地区，除天津各机器厂似未受战争之直接破坏外，其他如山东青岛、山西、广东等地，所设机器厂或钢厂，均遭到程度不同的破坏和损失。[②]

水泥业和新式造船业也是重工业的基础产业，前者提供新式建筑材料，后者提供新型水上运输工具。日本全面侵华战争爆发时，全国共有水泥厂 10 家[③]，资本总额 3160 万元，年产水泥 402 万余桶。

“七七事变”后，除华中厂经政府协助内迁，广东的河南士敏土厂、西村的士敏土厂主动破坏外，全部陷入敌手。中国、上海、启新等厂，均遭受严重损失。上海厂之制成品及原料损失约 10 万—20 万元；中国厂位于上海麦根路的栈房，多次被日军炮弹轰击，损失达 20 万元；龙潭厂部机器零件被击毁，器具、银箱、打字机等被偷窃，损失不菲；启新在上海南市 3 处码头的栈房自存及为“中国”厂代存水泥货品约 2 万桶，全被日军攫夺；即将竣工的江南厂，虽厂房周边未遇激战，厂房、机器未被摧毁，然间接损失“实亦不少”。随后，各水泥厂所在地相继沦陷，10 家水泥厂中，除华中厂内迁，广东 2 厂自行破坏、“致敌未曾一顾”外，其余 7 厂全部为日

① 中央研究院社会科学研究所主编、郑伯彬等编：《沦陷区经济概览 · 工业编》，国民党政府经济部资源委员会 1941 年油印本，第 A5579—A5580 页。

② 中央研究院社会科学研究所主编、郑伯彬等编：《沦陷区经济概览 · 工业编》，国民党政府经济部资源委员会 1941 年油印本，第 A5580—A5581 页。

③ 10 家水泥厂分别为：河北唐山的启新，湖北大冶的华记，江苏句容的中国，上海龙华的华商，山东济南的致敬，山西阳曲的西北，广东的河南士敏土厂及西村士敏土厂，湖北武汉的华中，以及南京栖霞的江南（在建，至“八一三”沪战爆发时尚未竣工投产）。

本所劫夺,委诸其会社统制经营,中国民族水泥业全军覆没。①

近代中国新式造船业方面,稍具规模的船厂主要集中在上海一地,计有船厂20家,内外商2家,其中一家资本250万元(另一家资本不详);华商18家,资本总额约1700余万元。内地仅四川重庆民生实业公司一家。上海造船业除造船外,以修理该埠各轮船公司的轮船为主,年营业额在1000万元以上。

上海船厂多在南市、浦东、沪东一带,"八一三"沪战爆发后,外商中中法求新、上海造船2厂未有受损,安然无恙,而中国资本的18家船厂,或被日军摧毁,或严重受损,无一例外。江南造船厂的两座船坞损毁,因机器曾搬出一部分,被毁者占1/2,厂存材料则"损失甚巨";公茂造船厂的厂房全部被炮火击毁,损失达30余万元;招商亦全部被毁,"仅余厂屋四壁";恒昌祥于战事初起时迁入租界,未迁出而遭损失者约4万元;大中华造船厂除厂房、机器外,尚有钢铁500吨,损失达50万元左右。此外,如三北、鸿昌、合兴等厂,亦被日敌劫夺搬走(另大公、鸿翔、王顺昌等损失不详)。综合估计,上列诸厂损失达1600万元左右。② 与华商18厂的1700余万元资本总额相差无几。至此,惨淡经营半个多世纪的近代中国新式造船业,几乎全部毁于日本帝国主义的炮火烈焰之中。

面粉业和棉纺织业是近代中国轻工业的主体,是民族工业的主体,日本全面侵华战争期间均遭浩劫。

1931年全国有机器面粉厂157家。③ "七七事变"前实际开工的仅有90家,年产能力7500万包,外洋输入四五百万担(约合1500万包),另土磨生产11.3亿包。民族资本机器面粉业产品,约占全部面粉(麦粉)供应量的6.1%。

① 中央研究院社会科学研究所主编、郑伯彬等编:《沦陷区经济概览·工业编》,国民党政府经济部资源委员会1941年油印本,第A5569—A5571页。

② 中央研究院社会科学研究所主编、郑伯彬等编:《沦陷区经济概览·工业编》,国民党政府经济部资源委员会1941年油印本,第A5575—A5576页。

③ 地区分布,江苏40家,大部分在上海,占22家;东北三省64家,半数在哈尔滨。天津、武汉亦有若干数量的面粉厂分布。

日本全面侵华战争期间，位于沦陷区的民族资本面粉厂共84家，除5家内迁外，尚有79家，超过全国面粉厂总数的80%，损失惨重。“八一三”沪战爆发后，上海面粉厂首当其冲，闸北中华面粉厂“损失最巨”；福新三厂很快被日军强占；申大面粉厂所存约值20万元的小麦，为日本海军所劫；其他裕通、福兴等厂亦多有损失。总计上海面粉业所受损失约200万元。厂房、机器被敌强占之损失尚不在内。上海以外，其他各地面粉业亦大多损失惨重。南京大同面粉公司，南京刚一沦陷，厂房、栈房、机件、存货“均付之一炬”，损失超过250万元，残留所值不过二三十万元；戚墅堰大星面粉公司全部烧毁无遗；无锡茂新一厂，厂房、机器、存货统统被毁，全厂“夷为平地”，整个损失达155万元；广平面粉厂机器受损、存货被劫，损失50万元；茂新二厂、元丰面粉厂存货被劫掠一尽，价值分别达30万元和20万元；扬州面粉厂，因扬州沦陷时，存货及原料未及转移，仅此一项，损失即达二三十万元；常州恒丰面粉公司，“损失甚大”，货物“几全部被掠夺”，机器及附属品的损失，“亦颇可观”；武进日恒丰面粉厂，货物全部被劫，“损失甚重”。在华北，“七七事变”不久，民族资本所设各面粉厂，不论破坏、损失如何，很快为日本三大制粉会社所攫夺、分割。被夺面粉厂，总计达30家，其中日东制粉会社夺取18家，日本制粉会社夺取8家，日清制粉会社夺取3家，军管厂委托经营情况不详者1家。这些民族资本面粉厂，全都直接成为日敌战利品。①

机器棉纺织业同机器面粉业一样，命运十分悲惨。作为机器棉纺织业主体的机器纺纱业，是在洋纱廉价倾销、农民家庭手工纺纱业遭到严重破坏的社会和市场条件下产生的。民族资本机器棉纺织业的存在和发展，既要持续冲击和破坏农民家庭手工纺纱业，又要和洋纱（包括外国资本在华纱厂的机纱产品）争夺市场，竞争异常激烈。尤其是国内棉花资源匮乏的日本，因其纱厂输入原料输出制品极不经济，于是在华大肆扩充纱厂生产设备，并增设纱厂，收购、兼并华厂，兼在河北植棉，控制棉花生

① 中央研究院社会科学研究所主编、郑伯彬等编：《沦陷区经济概览·工业编》，国民党政府经济部资源委员会1941年油印本，第A5456—A5458页。

产和原料供应。到1937年3月日本全面侵华战争爆发前夕,日本在华纱厂生产规模已与中国民族资本不相上下。[①] 日本的下一个目标就是要彻底挤垮中国民族纺织业,垄断中国的棉纱棉布市场,将中国民众的基本生存条件直接掌控在日本手中。

正是在这样的情况下,“七七事变”“八一三”沪战相继发生后,全国工商业均遭巨劫,而以民族机器棉纺织业受害最重,上海及周边地区首当其冲,几乎全行业停顿。随着战区扩大,其他各地民族资本棉纺织厂相继罹难,绝少例外。以纱厂计,设于上海者31厂,江苏23厂,河北、湖北各7厂,其他诸省28厂,合计96厂。其被日本破坏和战争损失,若专以机器设备和厂房而言,以上海申新八厂,永安二厂、四厂,民生厂,嘉定之嘉丰,宝山之宝兴,无锡之豫康、广勤、业勤、庆丰、振兴,以及常州之民丰等12厂最为严重,大概损毁均为六七成以上。如申新八厂,损失“甚重,几及全部”;宝兴损毁“甚重,几乎全毁”;民生“全部被毁”;永安二厂、四厂两厂,“被毁甚重”;上海纺织印染公司的机器及建筑物,“均有相当破坏”,事后印染部机器亦“被人偷窃甚多”;业勤损毁80%,“复旧困难”;广勤损毁70%以上,“复旧无望”;利新“难复旧观”;庆丰、豫康损毁“甚重,几及全部”;利中“被空袭数弹,炸毁原动力”;通成“大部分被毁”;等等。其他损毁、破坏稍轻者,上海之申新第五厂、六厂、七厂,永安第一,恒大,大丰,纬通,振华,仁德,振太,上海纺织印染,无锡之利新、申新第三,苏州之苏纶,九江之利中,芜湖之中一等厂,则损毁轻重不一,约在一成以上至三四成不等。其中申新六厂,“损毁较重”;庆丰和申新一厂,均“被毁一部分”;纬通“建筑物一部烧毁”;恒丰被炮弹击中,事后机器又被人敲毁;申新三厂,被毁约20%。[②] 这样,在日本全面侵华战争爆发后一段很短时间内,中国民族棉纺织业大部分被日本帝国主义摧毁。

---

① 华商、日商的纱锭分别为2746390枚和2185068枚,华商略多于日商;华商、日商的线锭分别为173316枚和350284枚,布机分别为25503台和25915台,日商均多于华商,线锭更相当于华商的2倍多(中央研究院社会科学研究所主编、郑伯彬等编:《沦陷区经济概览·工业编》,国民党政府经济部资源委员会1941年油印本,第A5499页)。

② 中央研究院社会科学研究所主编、郑伯彬等编:《沦陷区经济概览·工业编》,国民党政府经济部资源委员会1941年油印本,第A5500—A5503页。

作为机器棉织业或机器棉纺织业有机组成部分的民族资本机器印染业或机器染织业，情况同机器棉纺织业相仿。机器染织业分为印染整理厂、织厂及染线厂等3种。其中以染织设备兼有者较多，次为专事印染整理，再次为专事机器织布。该业在战前分布既广，厂数亦多，“八一三”沪战发生后，迁往后方者，只有武汉的55厂，仅占该业极少数。大多数不是惨遭日敌摧毁、破坏，就是被迫停工，尤其以上海、无锡染织业所受损失最大。

上海战前开工染织厂不下200余家，资本总额约900余万元，布机共达11000余台，多数位于沪东、虹口、闸北、南市等区，尤其是规模较小、专织花色布匹之厂，均集中于沪南斜土路、制造局路及陆家浜一带，淞沪会战开始后，闸北、沪东、南市先后波及，染线业所受直接损失之巨大，自在意料之中。其在沪东者，如仁丰染线厂之厂房、机器全部被毁，连原料、制品等损失，当达155万元；光中染织厂经历年扩充，在昆明路、塘山路设有厂房六七处之多，战争中厂房、机器多被焚毁，损失达300万元左右；协丰亦因地处虹口，损失达20万元；中国公胜损失约10万元；勤丰损失约数万元；一中、五丰两厂“亦均受相当损毁”。在南市者，鼎新染线厂之厂房“全部被毁”，与鼎新毗邻的良友，也“同时被毁”；鸿新虽机器迁出，“倖获安全”，但运费高达4万元；瀛洲共有3厂，在大王庙街之二厂“全部被毁”：启明之厂房与机器部分被毁，损失约10万元，元通损失约14万元；余如丽明、华阳等，均有局部损失，各在数万元左右。沪西之连丰染线厂，因“营业素称发达”，厂房设备亦无损失，货物及印染部分大多亦经设法运出，但随即全部为日军所占，损失更惨；中国染织厂亦遭轰炸，损失约13万元；至闸北所有工厂，则“十九被焚”，损失不菲，如华丰损失8万余元；大赉、通和等厂，亦“均受损失”。

无锡染织各厂，均“多受损毁”。其中较大各厂，如赓裕染线厂之办公室，“大部被毁”，机器又被日人拆走，原料、存货都有损失，合计约10万元；美恒染线厂厂房“大部被焚”，机器亦“大部破坏”，损失约50万元；同亿染线厂厂房机器“均有破坏”，损失约5万元；其他各厂，“或遭焚毁”，或“部分损失”，损失程度不一，但无有幸免。如竞华、灵华两家布厂和三新、大华、先华3家染织厂,均被“烧毁”;振业染织厂“房屋均毁”;等等。

武进战前共有电机线布厂30余家,织机总数不下5600余台,资本总额为596.8万元。战时损失各厂不同。据上海银行之调查,计有鼎成厂之厂房机器“被炸一部”,连存货损失约三四万元;裕成厂货物被劫约2万元;裕新厂房屋损失一部分;万成房屋机器“均被炸毁”;裕民房屋机器“亦损失一部分”;等等。另据日本人调查,常州染织业受损者计有36厂,亦即该地全行业都遭损失、破坏,损失程度则轻重各异。重者如大成二厂“全部烧毁”;益民机器、建筑物“全部烧毁”;宝丰原料、机器、建筑物“全部烧毁”;通成“大部分破坏”;利达厂房、机器损失80%以上;万成损失60%以上;恒丰虞、民华损失50%以上;久和建筑烧毁,机器损失50%;同新、裕民分别损失40%以上和30%以上;永成房屋受损,机器“损失甚大”;民丰、大成一厂,均“损失重大”;大东资本20万元,厂房、机器烧毁,损失20万元,资本全部化水;华昌资本20万元,工厂房屋损失10万余元;新华资本2万元,货物及机器损失1万元,两厂损失均超过或相当于资本的一半;裕新资本3万元,建筑物损失约1万元,相当于资本的1/3。上述调查资料显示,全厂被毁或损失超过一半、损失重大染织厂占到全部工厂的一半。可见,整个染织业遭受日本破坏的严重程度。①

机器缫丝业既是近代民族资本产业的重要组成部分,也是日本必欲去之而后快的国际蚕丝市场竞争对手,全面侵华战争给日本帝国主义提供了彻底摧毁中国机器缫丝业的绝好时机。

近代中国机器缫丝业,在20世纪初,曾一度迅猛发展,20年代末30年代初,由盛转衰,日渐式微。因在国际市场上同日本蚕丝业竞争激烈,中国机器缫丝业被日本视为眼中钉、肉中刺,必欲置于死地而后快。全面侵华战争爆发后,侵华日军对其大肆摧毁、破坏,各主要制丝地带多遭炮火轰击,损失惨重,事后幸存丝厂,亦多被日本人夺占,作为中国民族资本

① 中央研究院社会科学研究所主编、郑伯彬等编:《沦陷区经济概览·工业编》,国民党政府经济部资源委员会1941年油印本,第A5485—A5489页。

重要产业的机器缫丝业,瞬间化为乌有。

作为机器缫丝业集中地之一的上海,“八一三”沪战前共有缫丝厂 44 家、丝车 10086 部,大多位于闸北。据前中央研究院社会研究所调查,在日本全面侵华战争中毁灭者在 30 家以上,幸存者占极少数,其中全部被毁者就有 30 家,丝车 6490 部。总计损毁丝厂占总数的 70%;丝车被毁者占全部丝车的 67%。若以价值折算,每部丝车造价约一百数十元,估计损失达一百数十万元,再连厂房在内,总损失约在 250 万元至 300 万元之间。而各厂所存干茧及制成厂经之损失,尚不在内。幸存未毁丝厂,实际仅怡和及同裕 2 厂,乃系设在租界内,得以保全。

无锡所设丝厂,至日本全面侵华战争爆发前仅剩 30 家左右。1937 年间蚕茧收成尚丰,丝厂亦多数开工。至 11 月地方形势渐趋紧张时,各厂存货已大部出清,当年产品损失尚轻,但厂房、机器损毁严重。如永泰厂房“部分烧毁”,丝车“损毁约 100 部”;民丰、福昌房屋“完全破坏”,丝车“大部破坏”;锦记房屋“烧毁”,丝车“大部破坏”;广成房屋“破坏”;宝丰、乾星房屋“全部烧毁”,丝车“大部损坏”。其他各厂,房屋、丝车设备,均有部分或轻度损毁、破坏。

缫丝厂以外,则有蚕种场之损毁,以太湖区域内,如以无锡、常州、苏州等地为重。苏州蚕种繁殖场多在墅关,战前计有 9 家。资本 22.7 万元,各场战时损失总计约达 8.8 万元。无锡蚕种繁殖业遭受的损失亦大。该地战前原有蚕种场 34 家,资本额达 83.4 万元,完全被破坏者 3 家,停业者亦有 3 家。常州方面,原有蚕种场 14 家,受损蚕种场 6 家,“均系全部烧毁”。

这样,日本帝国主义就从蚕丝缫制和制种育蚕两个方面彻底摧毁、扼杀了近代中国民族机器缫丝业。

作为机器缫丝业后续产业的机器丝织业,同样是近代民族资本产业的重要组成部分,集中分布在产丝中心区域。以江浙两省最盛,次及四川及山东周村、芝罘等地,上海尤为全国织绸业之冠。日本全面侵华战争爆发前夕,开工的丝织厂有 427 家,织机 7000 余台,月产丝绸等约 16 万尺;苏州计三四十家,规模较小,其最大者有织机四五十台,小者 6—8 台;浙江杭州亦为织绸业最盛地带,不过大部分均为手织木机,不具备工厂形式。其使用电机生产、规模较大者,只有10余家。

“八一三”沪战期间,民族丝织业亦在日军摧毁、破坏目标之内。作为丝织业中心的江浙两省,皆遭波及。丝织厂之内迁者仅美亚织绸厂一家。而美亚规模甚大,计有10家分厂,其内迁者仅属一小部分。而战时丝织业所遭破坏、损失,亦主要集中在上海、苏州两地。上海各厂,多数在战区内,占总厂数的64%,故所受直接损失甚巨。虽受损者以小厂居多,然合计损失总数,仍不下500万元之巨。其中损失最大者当推美亚织绸厂。该厂在闸北之第十厂,设备最为完善,成为日敌主要轰击目标,结果“全部被毁”,损失约40万元。二厂亦在闸北,被毁1/2。苏州各厂损毁情形,据伪“维新政府”派员“视察”华中报告,虽极力为日本侵略者开脱罪责,但也不得不承认,苏州35家丝织厂中,受损失者23厂,其中久昌损毁最重,其余振亚、大生、益大、华经等较大各厂,或“货物损失”,或“一部分机器受损”,均未能幸免。①

毛织业方面。中国新式毛绒工业,始于清光绪中叶左宗棠所设兰州织呢厂。据国民党政府经济委员会调查,战前全国共有毛织工厂55家,总投资额达3660万元。其分布除上海外,主要集中在华北各地,因产毛地多在察绥、西北一带,毛织事业远较他处为发达。除地毯业不计外,毛织厂总共13家。

日本全面侵华战争爆发后,毛织业情况比较特殊,或因工厂设于租界、不在战区,或织机设备、产品、原料业经运出,或因日本侵略军急于劫夺用于军需被服制造,相对于其他民族资本企业而言,毛织厂被摧毁、破坏程度稍轻,战争损失较小。除无锡协兴一厂遭到战争破坏外,华北毛织业基本未受战争直接损失;上海毛织业多数工厂,因设在租界区及沪东一带,所受损失亦占少数:华资毛织厂中规模最大的章华厂,设在浦东,距离战线较远,并未受损。当时厂内所存原料约70万元,均经运出,事后又迁

---

① 机器缫丝业和丝织业被摧毁和破坏情形,见中央研究院社会科学研究所主编、郑伯彬等编:《沦陷区经济概览·工业编》,国民党政府经济部资源委员会1941年油印本,第A5529—A5533、A5546—A5547页。

出纺锭2800枚、织机48部，另在沪西建厂复工。在杨树浦及虹口的中国毛织厂中，中国毛绒厂两次被炸，但因厂内所存价值17万元的原料已运出14.2万元之货，损失尚轻；上海毛绒厂本在战区，唯以厂址设于另处，得以幸全。不过另有一部分毛织厂就没有这样幸运了。如华孚毛织厂有5台铁机、4台木机被毁，损失2万余元，货物损失1万元；公胜棉毛织厂损失约10万元；另裕民毛织公司适逢修建厂房，亦遭损失。总计上海毛织厂所受战争损失约90万元。中国毛纺织业所受日本破坏和战争损失较轻。然而侥幸存留的厂房、机器设备和产品、原料，旋即全都成为日军"战利品"：在华北，北平清河陆军织呢厂、西北实业公司毛织厂、绥远毛织厂等，均被日本攫夺；在华中，无锡协记毛织厂，规模最大、保存最完整、复工最快的章华毛织厂，以及中国毛织厂，全落敌手。① 显然，在无法捍卫国家领土主权的情况下，想在敌人枪口下保护某个工厂产业，无异与虎谋皮。

民族资本机器榨油业方面。同电气业、面粉业一样，日本全面侵华战争爆发后，民族资本机器榨油业也成为日本摧毁和破坏的目标。战前上海有机器榨油厂15家，除了2家位于租界，其余皆设于沪西、闸北、南市及浦东一带，"八一三"沪战开始后，又有两家迁至租界，其余11家均成为日军飞机大炮轰击目标。除3家侥幸逃过一劫，余下8家"皆已罹于炮火之厄"，其中同昌、昌记两厂，"业已全部毁损"；中国植物油料厂和中国制油厂，均"全部被毁"，前者损失达100万元以上；立德榨油厂因近中央造币厂，为日机轰炸目标，致大部分厂房被毁，损失约达四五十万元；生和隆榨油厂"遭日机轰炸"，部分厂房焚毁，损失约达12万元；长德、恒兴泰两厂，实物、原料部分受损，分别损失4万元和2万元。② 设于无锡的9家榨油厂，无一完好，厂房、机器设备也都不同程度地遭到破坏。除一厂损失"为数甚微"，有损失数据可稽的8个厂，损失最大30万元，最小5000

① 中央研究院社会科学研究所主编、郑伯彬等编：《沦陷区经济概览·工业编》，国民党政府经济部资源委员会1941年油印本，第A5553—A5554页。

② 中央研究院社会科学研究所主编、郑伯彬等编：《沦陷区经济概览·工业编》，国民党政府经济部资源委员会1941年油印本，第A5479—A5480页。

元,8 厂平均 6.19 万元。[①] 大部分完全或基本上丧失了生产能力。

卷烟业、火柴业作为中国民族资本的重要产业,都是在洋货倾销、占领商品市场,外国资本已在中国设厂制造、已经占领资本市场的情况下,才开始产生的,在其运营和存续的过程中,始终面临进口洋货和外国资本在华企业同类产品的残酷竞争和强力夹击,1937 年日本全面侵华战争爆发后,最后被侵华日军轰炸、炮击、纵火焚烧,大肆破坏,几近彻底摧毁。

20 世纪 20 年代中国人抵制外货,华资烟厂迅猛发展,1927 年华资烟厂最高达 182 家。其后因同业竞争、政府开办统税,华洋产品捐税负担不均,民族资本烟业急速衰微,烟厂连续关停倒闭。据金陵银行调查,至 1937 年日本全面侵华战争爆发时,全国尚有中外资本烟厂 58 家。其中外国资本为英美合办的颐中及美商所办的花旗两家。其余 56 家为华商资本。[②]

日本全面侵华战争爆发,民族资本卷烟业噩运降临。"八一三"沪战一发生,位于上海虹口一带的 10 家华商烟厂,均遭日军炮火轰击,其中南洋烟草公司遭受损失最大,厂房、机器均被焚毁。残余建筑,复被日军劫夺,充作"邮便局",全部损失超过 500 万元。其余华城公司损失约 317 万元;大东公司损失 42 万元;福新公司损失约 24 万元;华发公司损失约 57 万元。此外,和兴、中南各厂,厂房、机器、原料亦多受损,各损失约数十万元。单上海一地,民族卷烟业的战争直接损失,即有 1000 万元之巨。[③] 按上海 48 家烟厂平均价计算,战争损失相当战前资本额的 56%。

火柴业在日本全面侵华战争爆发后的情况类似毛织业,被日本摧残、

① 中央研究院社会科学研究所主编、郑伯彬等编:《沦陷区经济概览·工业编》,国民党政府经济部资源委员会 1941 年油印本,第 A5479—A5480 页。

② 按地域分布,50 家设于上海,其他各省仅有 8 家。上海 50 家烟厂中,除颐中(英美商合办)、花旗(美商独资)2 家,其余 48 家华商烟厂,实际开工者仅 31 家,合计资本 1800 万元,有卷烟机 346 台,月产卷烟能力 23000 箱。而颐中、花旗两厂,卷烟日产量即达 4 万余箱。两者规模与生产能力天差地别。

③ 中央研究院社会科学研究所主编、郑伯彬等编:《沦陷区经济概览·工业编》,国民党政府经济部资源委员会 1941 年油印本,第 A5467—A5468 页。

破坏，遭受损失程度不算严重。[①] 但相当一部分火柴厂迅即被日本劫夺，无须任何修复，即以“军管理”或“中日合作”的方式进行统制、掠夺经营。“军管理”的火柴厂主要有西北实业公司火柴厂（改称“军管理第 21 厂”）、昆仑厂（改称“军管理第 32 厂”）、然和厂（改称“军管理第 37 厂”），以及侵华日军“宁抚班”侵占的镇江荧昌厂等。强夺并以“中日合办”方式经营的有：丹华、北洋 2 厂、北平丹华 1 厂、青岛华北振业（振业有济南、济宁二分厂，亦被日本强占）2 厂，以及济南洪泰、东源 2 厂等。截至 1941 年，沦陷区确知的火柴厂计 51 家，内华商 29 厂，日商 8 厂，“中日合办”9 厂，日本人“联合”4 厂，以及英美商 1 厂。除了英美商 1 厂，华商和“中日合办”的 38 厂，不论名分如何，都是为日本所劫夺和直接控制的华商资本产业；日商和日本人“联合”12 厂，也绝大部分从攫夺华商火柴厂演变而来。[②]

造纸业方面。中国机器造纸业自 1891 年李鸿章在上海开办伦章造纸厂后，相继有多家造纸厂设立。至 1937 年间，国民党政府实业部曾拟在温溪成立一新闻纸厂，唯厂未开办，沪战爆发，停止进行。日本全面侵华战争爆发前，总计实有大小机器造纸厂 38 家。[③] 除 1 厂官营外，其余全系商办，关内地区并无外商纸厂。沪战爆发后，纸厂之内迁者，只有上海龙章、汉口财政部纸厂（战前已歇业，战争期间由政府将该厂机器迁往重庆）及苏州之中元（战时迁往杭州，其后是否再迁不详）3 家。计实际陷于沦陷区的造纸厂为 32 家，占战前关内地区纸厂的 84%。其中江浙两省纸厂所受破坏、损失最大。上海计有纸厂 10 家，仅竟成一家位于租界以

---

① 遭受日本摧残、破坏和战争损失的，主要有：苏州大中华公司鸿生厂，原料存货损失十数万元；镇江荧昌厂很快被日商劫占，厂内所存原料，亦被劫用，损失约 20 万元；上海中国火柴公司，厂房被毁，损失五六万元；上海美光火柴公司（由外商经营）的部分厂房被流弹击中，连同机器、货品焚毁，损失 50 余万元；等等（中央研究院社会科学研究所主编、郑伯彬等编：《沦陷区经济概览 · 工业编》，国民党政府经济部资源委员会 1941 年油印本，第 A5561 页）。

② 中央研究院社会科学研究所主编、郑伯彬等编：《沦陷区经济概览 · 工业编》，国民党政府经济部资源委员会 1941 年油印本，第 A5559—A5562、A5565 页。

③ 计上海 10 厂，江苏 7 厂，河北 5 厂，广东 3 厂，山西、浙江、四川各 2 厂，山东、安徽、江西、湖北、湖南、福建、广西各 1 厂。

内,余则全在战区。而在战区内各厂,除江南及天章东、西两厂未受战争损失外,其他均未能幸免。龙章纸厂的厂房及水塔均被日机炸毁,所有西迁四川的机器,半途亦多毁失,损失高达 36 万元;宝山纸厂的厂房被焚,幸机器未遭破坏,损失 10 万元;大中华纸厂一部被焚,内部机器、马达亦多被日本窃夺,损失 20 万元;上海造纸厂于沪战发生时,曾将机器埋藏,而厂房则被炸毁,损失 7 万元;美景蜡纸厂,虽重要机器迁出,但厂房及其附属设施等全部被毁,共损失 10 万元;森记造纸厂则在国民党军队西撤后,不幸失慎自焚,全部付之一炬。总计上海各造纸厂全部损失应在 80 万元以上。若连营业额合计,则有 250 万元之巨。苏州方面,大华纸厂的厂房被毁,损失 5 万元;华成纸厂机器破坏严重,损失 5 万元;中元在迁杭州途中,亦受相当损失。此外,无锡之利用,在战时也有相当损失;杭州之华丰,战时损失达 10 万元;嘉兴的民丰,损失更达 60 万元,其严重程度,即可想见。江浙两省各纸厂损失合计,当超过 150 万元,若连营业额合计,则超过 400 万元。①

制革业方面。中国机器制革业出现很晚,起始于 1898 年设立于天津的北洋硝皮厂,截至 1931 年,全国使用机器的制革厂共有 104 家,日本全面侵华战争爆发前,估计规模较大的开工制革厂应在 100 家以内。“八一三”沪战发生后,由政府协助内迁的制革厂只有武汉的汉中制革厂 1 家,沦于战区者估计占 3/4 以上,遭日本破坏和战争损失者,当以沪厂为最大。盖沪地鏖战 3 个月,因多数厂家设于闸北、南市一带,处于炮火轰击之地,故有全部被摧毁者。如精益制革厂,厂址适为两军激战之地,先被日军轰炸,后被日军焚毁,该厂除将制成品熟皮六七十件运出外,厂内所有机器、工具及原料、半制成品等,尽成灰烬,损失约三四十万元;大华昌制革厂,设于铁道线附近,“全部损失”;协元昌制革厂,厂房“全被焚毁”,仅剩铅皮房数间,其他损失约达 20 万元;越兴制革厂,流质原料全部损失,厂房部分损毁,机器、工具亦有不少损失,估计损失约五六万元;祥生

① 中央研究院社会科学研究所主编、郑伯彬等编:《沦陷区经济概览 · 工业编》,国民党政府经济部资源委员会 1941 年油印本,第 A5595—A5596 页。

制革厂厂内存货被窃；老水森制革厂适处战区，工厂“大部分被毁”，机器、工具和池内药料，“亦遭毁损”，总计损失约 10 余万元；源大制革厂，部分厂房和厂内生货、池内药料全部损毁，损失约五六万元；沈荣记制革厂位于南市，“亦受损失”，总计约数万元；昌全记制革厂，池内药料和未及转移的笨重原料全毁，损失至少亦数万元。此外，广州、岭南两厂亦“全部被毁”。总计上海全市制革厂损失当在 80 万元左右。①

基础化工工业、日用化工工业和医药工业等工业行业，包括制皂、油漆、制酸碱、精盐、酒精、制药、橡胶等多个工业行业，性质和产生、发展、变化情形各异，在国民经济和民众生产、生活中的地位、作用不尽相同，但日本帝国主义对这些工业行业的摧毁、破坏和统制、掠夺，这些工业行业在日本全面侵华战争期间所遭受的严重损失、破坏和悲惨命运，则完全一样。

肥皂制造业方面。中国洗涤衣物，古代多用皂荚。近代以降，各类洋皂流入，继之国人开始制造肥皂，以替代洋皂。清末，董甫卿在上海创设裕茂皂厂，是为国人生产肥皂之始。据统计，1931 年全国有皂厂 175 家。② 其中除华厂外，英日等外商皂厂亦为数不少。华厂资本规模均不甚大，以两三千元至 1 万元者居最多数，最大的五洲固本皂药厂，亦仅 30 万元。沪战发生后，并无一家华商皂厂内迁，皆先后陷于战区之内，所遭破坏、损失不菲。

油漆业方面。中国四川、湖南、贵州、云南、陕西等省，均有丰富的油漆资源和产品。进入近代后，洋漆乘虚输入，船木品油漆进口尤多，影响国内漆业生存，1925 年始有华商在上海开设开林油漆公司，从事各种油漆仿造。随后上海、天津、青岛等地有多家油漆公司成立。至日本全面侵华战争前，关内地区共有中外资油漆厂 19 家，其中华资 17 家，外资

① 中央研究院社会科学研究所主编、郑伯彬等编：《沦陷区经济概览 · 工业编》，国民党政府经济部资源委员会 1941 年油印本，第 A5604—A5606 页。

② 其地区分布，计江苏 67 家，浙江 25 家，福建、安徽各 8 家，广东 12 家，江西 9 家，湖北 7 家，河南 4 家，河北 25 家，山东 10 家。

2 家。①

制酸碱业是基础化工产业,酸类制品为重要工业原料,其需用最广者为硫酸、硝酸、盐酸三种。中国早先工业所需三酸产品,大半为德国、日本货。江南制造局曾附设药水厂,制造硫酸、硝酸,但出品数量有限,仅供该局制造军火之用,并不售卖。国人创设专业制酸厂,始自 1926 年设于天津的渤海化学公司。到日本全面侵华战争前,关内地区共有制酸厂 22 家。②

除了制酸业,还有精盐业,主要集中在华北,日本全面侵华战争前计有 4 厂。③ 其产品不限于精盐,且及于其他化学工业原料。

酒精为基本化工原料和医药消毒用品,日本全面侵华战争前,仅在上海、青岛、晋北有数家工厂。总计有华商酒精厂 6 家,资本 84.5 万元;外商 2 家,资本 20 万元。

制药业方面。中国自古采用传统方法,制造、使用国药(中成药),自上海等地设有专售西药的药房后,国人开始设厂仿制西药,药厂集中于上海一埠。沪战发生后,除新亚、中法、华中、民生、海普 5 家药厂内迁外,其他各厂均陷于战区。

橡胶工业也是基础化工的一个重要组成部分。中国橡胶工业萌发于 1912 年,1922 年臻于全盛,产品则仅以胶鞋为主,工厂集中于上海、广州、青岛 3 地。上海、广州两地橡胶业以 1931 年最发达,但"九一八事变"后,呈现崩毁之势。1936 年、1937 年上海橡胶业复苏,恢复到 1932 年前的盛况,大小胶厂增为 31 家。广东胶厂到 1935 年所剩仅 8 家。日本全面侵华战争前,上海胶厂占全国胶厂数的 90%以上。上海 31 家厂资本总额 510 万元,年产胶鞋 2400 万双、车胎 20 万副,亦占全国绝大比例。

---

① 其地区分布,华资 17 厂为上海 11 厂、天津 4 厂、青岛 2 厂;外资 2 厂均设上海。

② 其地区分布,计上海、天津各 6 家,济南、即墨、浦口、广东、广西各 1 家,山西 3 家,青岛 2 家。此外,尚有法商的天津 1 家。

③ 即天津久大精盐公司(工厂设于塘沽,1915 年设立资本 250 万元)、天津通达精盐公司(工厂设于丰润,1921 年设立资本 50 万元)、青岛永裕盐业公司(1921 年设立资本 300 万元)和山东芝罘通益精盐公司(1919 年设立资本 42 万元)。

日本全面侵华战争爆发后，日本帝国主义对制皂、油漆、制酸碱、精盐、酒精、制药、橡胶等工业行业，进行无差别摧毁、破坏。这部分工业行业同其他工业行业一样，也都损失惨重，甚至被完全摧毁。

全国皂厂，所受日本全面侵华战争的破坏、损失，以上海各厂为最重。沪市四郊所设皂厂，皆属规模狭小，“业已毁坏殆尽”；市区内较大各厂，则因接近战区，“亦受相当损失”。其中五洲固本皂药厂，损失 50 万元；亨利烛皂碱厂，机器设备及原料、货物共损失 16.6 万元；南阳烛皂厂，正在战区之内，厂房被炮火焚毁，厂内大锅等生产设备全被毁坏，损失约八九千元；鼎盛皂厂设于南市斜桥，厂房部分被炸，机器、工具、原料等未能搬出，大都被毁，所放客账亦多，故“损失独重”，总计约在 10 万元以上；新昌皂厂，机器、工具、原料亦被毁，损失约一两万元；祥民皂厂损失亦数千元；中国肥皂有限公司的栈房被炮火焚毁，存货及原料也都损毁，约值 10 余万元。据业内估计，上海各皂厂直接战争损失，加上未收各账，总计当在 100 万元以上。

油漆厂遭受日本的摧毁和战争破坏，也相当严重。“八一三”沪战爆发时，上海一些油漆厂虽有将原料及制成品运出者，但闸北、江湾等地位处战区，多数漆厂皆设该处，所有未及搬运的机器，均遭破坏。位于南市者，虽有数厂迁入租界，而笨重机器并未迁出，亦遭损毁。各厂损失，以永固为最大，厂房全部被毁，机器亦未搬出，损失在 15 万元以上；振华一部分厂房被毁，损失 20 万元；中国及开成两漆厂全在闸北，为战事最烈之处，损失亦至严重；其他如万里，一部分财产被毁，损失约 1.5 万元。总计全沪油漆业损失约达 100 万元。

中国民族资本的 22 家制酸碱厂，在日本全面侵华战争爆发后，由政府协助内迁者只有浦口永利、上海天原、天利 3 厂，其他 19 厂全部陷入日本帝国主义的罪恶战火中。上海天原电化厂内迁时，厂内货物只搬运 1/3，因国民党政府军向西后退，该厂附近遂成两军重要战场，厂内货物无法继续搬运，日军乘机对厂区大肆轰炸，货物被毁，机器亦多损失，约略估计损失价值三四十万元；开成制酸厂，办公室房屋被炸；天利厂亦在战区，厂房屡被炮弹击中；此外，肇新制钙厂，战时亦有损失。

中国民族资本经营的4家精盐厂,在日本全面侵华战争爆发后,即为日本所夺。久大由兴中占有、经营;通达由东洋化学工业会社占有、经营。东洋化学工业会社系由东洋纺绩会社设立,资本100万元,除夺占、经营通达精盐厂外,复因制造精盐过程中,每年有数十万吨的苦汁副产品可供利用,乃另设工厂将其分析,从中提炼出制造飞机的重要原料镁和制造火药的重要原料硝石,并计划在北平、“蒙疆”设置同类工厂,大规模生产摧毁和灭亡中国的杀伤性武器。

日本全面侵华战争爆发后,中国民族资本经营的6家酒精厂,也或被侵华日军摧毁,或为日军、日商所夺。“八一三”沪战一发生,浦东白莲泾的中华酒精厂即“惨遭炸毁”,厂内机器大半损坏,厂址随后为日商所夺;美龙厂表面上与日商上谷席三浪“共同经营”,改名“美利”,实际完全为日本人所劫夺;华北3厂,除青岛的华北酒精厂名义上仍由华商经营外,瑞丰厂被日本劫夺,改由日华蚕丝会社经营,晋北大同厂则由日军直接劫夺、统制经营。

同酒精厂一样,众多规模不大的药厂,也都成为日本炮火的轰击目标。没有内迁而留在上海的药厂,“均遭炮火之相当损失”:信谊药厂附属的玻璃厂和橡胶厂全遭破坏,损失4万元左右;中西药厂战时损失数十万元,随后更整厂被日军强占;中英药厂房屋被毁;民谊药厂办公室被炸;五洲药厂被日商劫夺。上海各华资药厂,除了内迁和设于租界者外,或毁于日军炮火,或被日军、日商劫夺,或先遭轰炸、炮击,后残存工厂或厂址被劫夺、强占,上海(实际上也是全国的)华资制药业遭到了毁灭性的打击。

民族橡胶业在日本全面侵华战争期间也损失惨重,几乎被彻底摧毁。“八一三”沪战发生后,政府曾协助上海大新荣、中国工商及大中华等橡胶厂将机器内迁,其余各厂则全数陷于沦陷区。据金城银行调查,上海胶厂十九处于战区,故“损失綦重”,总计当在600万元以上。其中以大中华损失最巨,第三、第四两厂均被焚毁,附属之制钙、制锌及中华染织厂亦均受损失,所值约200余万元;宏大胶厂的八字桥分厂也被焚毁,损失七八万元;大陆胶厂遭日军“纵火焚毁”,损失21万元;其余厂房、机器、原料荡然无存者，如正大、大上海、大康、义和、华商、大生、大安等 7 厂，合计损失近八十万元。此外，如中国工商厂，厂房部分被毁，所有机器未及内迁者，亦被炸毁，损失约 5 万余元；正泰厂房部分为日军炮火所毁，价值 27 万元[①]；华通的机器原料损失约 3 万元；益昌损失约 2 万余元。即使事前已将机器物品迁出，损失相对较轻，但也无法完全避免损失。如大同损失六七千元；培萌损失约 1 万元；大孚损失约 4000 元；利亚损失约 8000 元；上海实业厂原料机器损失约 1 万元。而且，迁往内地者亦未能保全。内迁的大中华等 4 厂，当机器搬运去汉口时，装运的 4 艘民船驶至镇江时，3 艘被炸，"损失亦重"。这样，面对日本侵略者飞机大炮的全方位摧毁、破坏，上海 31 家华商橡胶厂，包括内迁 4 厂，几乎全军覆没。[②]

日本帝国主义对中国民族工矿业的大规模和无差别摧毁、破坏，在时间上，主要集中在全面侵华战争初期的攻城略地阶段，在方法上，对工矿业的无差别摧毁、破坏和强占、掠夺同时或接续、交替进行。其目的是彻底摧毁中国的"有生力量"，给中国以致命性打击，以最快的速度占领和灭亡中国。当侵华日军占领工商城市和周边乡镇、地区后，对中国民族工矿业即由以摧毁、破坏为主转为以强占和统制、掠夺经营为主。目的是全面落实日本基本国策，"以战养战""以华制华"，利用中国的人力物力占领和灭亡中国。

"七七事变"后，在华北，侵华日军很快占领了北平、天津和华北大部分地区；在华中，沪战爆发之后，江浙一带不久即沦陷于敌手。无论华北华中，日军所到之处，当地炮火劫余的民族资本工业，不论大小和行业，均被其占领，以"军管理"的形式进行控制。按日本兴亚院的解释，所谓"军管理"是依"国际公法"或"战时法规"没收"敌人官产"之行为；而且，为

① 因已投保"兵险"，获得 27 万元的赔偿金。这里即将赔偿金视为日军炮击导致的厂房价值损失。

② 以上关于制皂、油漆、制酸碱、精盐、酒精、制药、橡胶等工业行业被日本摧毁、破坏和战争损失情况，依次见中央研究院社会科学研究所主编、郑伯彬等编：《沦陷区经济概览·工业编》，国民党政府经济部资源委员会 1941 年油印本，第 A5610—A5612、A5618—A5620、A5623—A5625、A5628—A5629、A5630—A5631、A5633—A5634 页。

防止“不逞之徒”加以破坏,私人企业亦多“暂为保管”。①

为了快速、有效地进行掠夺和统制、经营,日军将华北工矿业按照日本战时体制和掠夺需要分为“统制”事业和“自由”事业两个部分:统制事业包交通、通信、发送电、矿山、冶金、化工等行业,以及同日本经济有“发生摩擦之处”的蚕丝、水产等行业,由日本直接控制并着力“开发”,实施垄断性统制、经营,或者严加限制,甚至直接破坏、摧毁;所谓“自由”事业指统制事业之外的其他工业企业,如纺织、面粉、火柴、烟草、造纸、硫酸、水泥、机械和食品加工业等,对其限制发展。华北民族工业在日本统制下,一方面被强制“军管理”之后强行兼并“收买”;另一方面被以严厉手段限制原料、产量和销路,以日资企业打击排挤华资企业。其目的是增强日本在华北的经济实力,将华北所有的工业企业完全纳入以日本为中心的战时经济体制之下,为不断扩大的侵略战争服务。

因为中国工矿企业主持有的大小工矿企业,都被日本侵略军劫夺一空,无论“统制”事业和“自由”事业,都与中国工矿业主无关。实际上只是日本侵略者的内部“分工”。

日军占领各类工矿企业后,即由日军特务部视其工厂或矿山之性质,决定其为“临时军管”或委托日本相关会社代为经营,故“军管理”事业又可分为两种:一为日军直接经营;一为“委托经营”。因日军多不善经营,亦无时间经营,故大都委托日本会社代为经营。但此类委托经营与后面所谓“委任经营”又有所不同,日本会社受军队委托后虽有经营厂矿之权,但该厂矿之产权仍操诸日军之手,日军可随时另委他人经营,受委托者不得持有异议。在华北沦陷区,此类“军管理”委托经营厂矿,除电业及矿业已归属日本在华“国策会社”独占经营外,其一般工厂企业仍在“军管理”形式下经营者,多达98个厂。按省区分布,计山西48厂,河北、河南各14厂,山东18厂,安徽2厂,江苏、绥远各1厂。从行业看,直接关系民众吃穿的面粉厂、纺织厂最多,分别达30厂和15厂,合计45厂,占“委托经营”总厂数的

① 中央研究院社会科学研究所主编、郑伯彬等编:《沦陷区经济概览·工业编》,国民党政府经济部资源委员会1941年油印本,第A5410—A5411页。

45.9%。其次，电业10厂，翻砂机器8厂，电气5厂，毛织、火药、制酸、火柴、水泥、冶炼各3厂，合计41厂，占41.8%。其他如兵工、染织、纺线、毛线、造纸、制革、精盐、制糖、印刷、烟草等共15厂，占15.3%。①

所谓“委任经营”，是日本工商财阀或资本家，凭借侵华日军淫威，劫夺、霸占中国民族资本厂矿，鸠占鹊巢，自行经营。按日本政府规定，“委任之工厂，限于已遭破坏者，委任经营者，且须依受害大小，决定先后，其受害最大者，有优先‘委任’之权利，其他则由抽签法决定之”。不过事实亦未尽然。有些“委任经营”工厂并无明显破坏。如“委任”公大经营的大通纺织厂（崇明），“委任”裕丰经营的三友实业社（杭州），“委任”东华纺经营的鼎鑫纱厂（上海）等，均未至规定的“受害最大者”的程度。“委任经营”与“军管理”名异实同，都是强盗掠夺。不过后者由军队掠夺，转委会社经营；前者则由会社直接强占。②

“委任经营”与“军管理”委托经营不同，无论厂矿主权或经营权均直接操诸日本会社之手，与侵华日军无关。这类“委任经营”厂几乎全在华中沦陷区，据不完全统计，其资本较大者，即达137厂之多（缫丝业归入华中振兴会社经营者尚不在内）。从行业看，同样是关系民众衣食的纺织、面粉业最多。战前全国华商纱厂原有94厂，在沦陷区内者约有61厂，纱锭1781548枚，织机17772架。据日本纺织联合会资料，在日本“委任经营”下达54厂，共有纱锭1249556枚，织机12127架，依次占战前厂数、纱锭和布机的88.5%、70.1%和68.2%。③ 若是除去战时遭受摧毁、破坏未能开工者外，沦陷区纱厂几乎全为日本所夺，作为民族工业拳头产业的棉纺业，几近消失。关内沦陷区的面粉业，则除了无锡的九丰及南京的扬子江被日商个人劫据外，几乎全部为日本三大制粉公司，即日本制粉、日清制粉及日东制粉所攫夺、分割和“委任经营”：日清制粉会社劫夺

---

① 中央研究院社会科学研究所主编、郑伯彬等编：《沦陷区经济概览·工业编》，国民党政府经济部资源委员会1941年油印本，第A5411—A5412页。

② 中央研究院社会科学研究所主编、郑伯彬等编：《沦陷区经济概览·工业编》，国民党政府经济部资源委员会1941年油印本，第A5416页。

③ 陈真等合编：《中国近代工业史资料》第2辑，生活·读书·新知三联书店1958年版，第443页。

了北平的唯一和济南的成记两厂;日本制粉会社在上海劫夺了福新3厂,在青岛劫夺了中兴等6厂,在济南劫夺了3厂,在天津、济宁及徐州各劫夺了1厂;日本制粉会社所劫面粉厂更多,计石家庄、顺德、邯郸、保定、彰德、新乡、六河沟、太谷、榆次、平遥、临汾、祁县各1厂,太原、汉口各2厂,开封3厂,合计35厂。再加上“军管理”和“委任经营”两者共计达48厂。民族资本面粉业在战前全国共有157厂,全年制粉能力约为7500万包,被日本劫掠者,“军管理”及“委任经营”的48厂,制粉能力约为6750万包,虽然厂数只占总数的30.6%,但制粉能力占到90%,足见被劫掠者全系大厂。日本是通过对少数大厂的劫掠,以达事半功倍之效。对造纸业的掠夺,情形相似。民族资本造纸业,战前全国原计38厂,被日本掠夺计13厂,占总厂数的34.2%,但以资本计,达339.2万元,占资本总额476.2万元的71.2%。而天章西厂之资本20万两还未包括在内。① 毛织工业及其他纤维工业与棉纱织业陷于同一命运,天津的仁立及海京两大厂既为日方占有,改称“公大”和“满蒙”;太原毛织厂及北平清河毛呢厂也由“满蒙”及钟渊纺织会社所占,而上海的章华及中国毛纺厂不能例外。其他如丝织、制革、榨油、绒布、针织、制帽、纽扣、电器、肥皂、油漆、制酸、酒精、制药、水泥、制糖、造船等则被掠夺1厂至3厂不等,16个行业共计46厂。其中肥皂、油漆、制酸、酒精、制药、水泥、制糖、造船等24厂,直接为日军所掠夺,产权完全归日商所有。②

此外,侵华日军掠夺和统制、经营民族资本企业的方式、手段还有“中日合办”“租赁”“收买”等。

日本将劫掠的厂矿企业所采用的“中日合办”,可分为两类:一为日本“国策会社”经营下之独占企业;二为一般工业即日本人所谓“自由”企业。前者包括沦陷区一切电灯电力厂、电报电话局、铁路、机车厂、轮船公司、码头仓库业、公路、汽车公司、煤矿、铁矿、炼钢厂、炼铁厂、盐场,以及水产公

① 陈真等合编:《中国近代工业史资料》第2辑,生活·读书·新知三联书店1958年版,第443、438—440页。

② 中央研究院社会科学研究所主编、郑伯彬等编:《沦陷区经济概览·工业编》,国民党政府经济部资源委员会1941年油印本,第A5417—A5419页。

司和缫丝厂。这些事业均被迫与日本人合组一家独占经营公司,隶属于日本“国策会社”。后者则是除上述事业之外的其他一般工业,或属“自愿”或系完全强迫,此类“合办”厂共达70余家。其中以化学工业为最多,约有27厂,另金属机械10厂,食品工业约9厂,其他杂色工业约26厂。如橡胶业,日商为了垄断和完全控制该业,除了直接掠夺华商胶厂,又以各种方法胁迫、诱使华商“合作”,由日商出面向日本领事馆注册,借资“保护”,提取20%的赢利作为酬劳。这类性质的“合作”胶厂计有9家(日本直接掠夺或“自设”厂有11家)。[①] “租赁”厂仅华中沦陷区可考者约31厂,其中金属机械9厂、纤维业7厂、化学工业6厂、窑业5厂、其他工业4厂。日本“收买”的民族资本厂矿,共约有20余家,其中华中沦陷区有16厂,华北沦陷区有6—7厂。但是所谓“租赁”,并无租期、租金,“收买”并无价格,即使有亦少得可怜,“租赁”“收买”不过是掠夺的代名词。

也有一些工矿企业和行业,并未采用“军管理”或“委托经营”“委任经营”一类掠夺方式,而是由日军、日商、日本人强行夺占,直接以日资或日商企业名义进行统制和垄断经营。如对卷烟业的掠夺,主要就是采用此种办法。

日本全面侵华战争爆发前,日本在中国卷烟业行业并无实力基础,其市场几乎全为英美烟商所操纵。“八一三”沪战后,华商烟厂被毁,生产激减;英美烟厂亦一度停工,但因资力雄厚,卷烟存储甚多,仍能满足上海及外埠各烟店供货,基础尚未动摇。日本急欲取代英美在华势力,规定日本“满洲东亚”“东洋”两大烟草会社分担在华扩充烟草事业责任。“东洋”烟草会社系以天津为基点,在津浦沿线扩张其势力范围;“满洲东亚”烟草会社则以北平为基点,平津沿线为其“分野”。日本为此采取的具体步骤是从添设新厂及掠夺华厂入手。而所谓添设新厂也是以“收买”华商旧厂为“原则”。[②] 日本根据这一“原则”很快设立了“华北东亚烟草会

① 中央研究院社会科学研究所主编、郑伯彬等编:《沦陷区经济概览·工业编》,国民党政府经济部资源委员会1941年油印本,第A5634—A5637页。

② 中央研究院社会科学研究所主编、郑伯彬等编:《沦陷区经济概览·工业编》,国民党政府经济部资源委员会1941年油印本,第A5468—A5469页。

社”“蒙疆烟草公司”“东洋烟草会社及其诸多分社”。

华北东亚烟草会社原为“满洲东亚”烟草会社,即日本东亚烟草会社之子会社。1937年10月后,“满洲东亚”将业务分拆,“华北东亚”与“满洲东亚”各成独立会社。“满洲东亚”专营东北地区的烟草业务,“华北东亚”经营华北沦陷区的烟草业务。“华北东亚”资本额3000万元,先收1/2。总公司设于北平,保定、济南、青岛、石家庄、天津等处各设分社。又合并晋华烟草公司,实行“中日合办”。[①]“蒙疆烟草公司”由东洋纺纱工厂设立,资本1000万元,总公司设于张家口,预计年产烟能力8亿支(据称伪“蒙疆”政权辖区消费额为30亿支)。原料采购除了河南许昌,日本本土和朝鲜亦可供应。“东洋烟草会社”以华中、华南为中心地盘,总公司设于上海,并在华中、华南各地建立新厂。而所谓新厂的设立,即是掠夺华厂。如1938年3月强占中原烟草工厂,而机器则从南洋、华成两公司强夺而来,交由东亚烟草会社管理,改称“新东烟厂”;攫夺华东烟草公司,但该公司拒绝合作,即由东洋烟草会社劫夺、强行开工;强占华品烟草公司,将其售予“东洋烟草会社”;强占中南烟公司,改称“光盛制烟第二厂”;强占新民烟公司,改称“光盛制烟第一厂”;强占华东烟草公司二厂,售予“东洋烟草会社”;等等。“东洋烟草”资本原为100万元,自大量强占华厂,实力急剧膨胀,随即增资为1000万元,陡升10倍。“华北东亚”因实力不及“东洋烟草”,为了加速扩张,遂向中国烟厂集中的上海和华中地区伸手,1938年7月强占新华烟厂,改称“华生第二卷烟厂”,机器也是夺自南洋、华成两公司;又劫夺汉口华商烟厂,改称“中支东亚烟草公司”。“东洋烟草会社”还拟将上海英美烟公司颐中厂推翻,据为己有,曾由伪“维新政府”预收统税1500万元,而被该厂拒绝,一度停工。

由于中国民族烟草业被摧毁、掠夺,英美势力被挤压,日本烟草势力急剧膨胀,特别是在华北,市场进展“日趋强化”,已压倒英美系的烟草势力。华商残留烟厂,如开机制烟,产销、原料供给,“所受统制甚严”,河南许昌、山东青州烟叶产地,均有日本人设立机构,统制收购,原料来源断绝。

① “晋华”原为山西省政府所办,被日军强占,改为“中日合办”,预计年产卷烟5亿支。

沦陷区勉强开工的34家华商烟厂，实际产权、经营权亦非掌握在华商之手，且大多规模狭小，产量只有战前的1/3。[①] 即使这1/3的卷烟产量，其支配权和销售收益也不属于生产经营者，中国民族烟草业已基本被摧毁。

其他肥皂、油漆、制酸、酒精、制药、水泥、制糖、造船等8个行业27厂[②]，也是直接为日军所掠夺，厂权完全归日军、日商所有，如同其他日商自有企业一样占有、经营。如中国水泥厂被日军、日商掠夺者，计有6厂。其由日军强占而委诸国策会社经营者，计有2厂，即西北洋灰厂（改称"军管理"第35厂）及致敬水泥公司（委诸"盘城洋灰会社"经营）；由日商掠夺者4厂，计上海龙华厂（由"小野田株式会社"经营）、龙潭水泥厂（由三菱系的盘城泽灰会社强占经营）、江南水泥公司（由小野田会社强占经营）及启新洋灰公司（由"塑料物产会社"劫占经营）。中国6家酒精厂，有3家被日军、日商掠夺。上海中华酒精厂在厂房、机器被炸毁后，厂址为日商所夺；青岛瑞丰厂被日军劫夺，交由"日华蚕丝会社"经营；晋北大同厂则由日军劫夺、经营。华商各船厂，俱遭日本劫占。江南造船厂当国民党军队西撤时，虽曾将船坞炸毁，唯第一、第二船坞尚全，事后被加以修理，并将三北、鸿昌、合兴等3厂机件，全数搬移至江南厂，由日军全部拨交"三菱轮船株式会社"经营管理，更名为"三菱造船所"，暂以修理战舰及运输舰为主要业务，将来并拟扩充作为修理民船之用；老公茂船厂，由日本海军管理，改名"平安船厂"，修理其汽艇等小船；大中华船厂，由日本陆军管理，修理陆地机械等军用品，如炮车、坦克车、铁甲车、轻重机枪、步枪等。在陆家嘴一带的财利、恒昌隆、招商内河、鸿翔、龙昌等5厂，则由日清轮船公司将各厂全部机器，迁至陆家嘴泰同栈附近空地，设立"日清造船所"。至此，侵华日军已将上海一地的华商船厂掠夺尽净。而且被其掠夺的11厂，除三北一家船厂仍在原址开工外，余则全部拆卸迁移，七零八落，

① 中央研究院社会科学研究所主编、郑伯彬等编：《沦陷区经济概览·工业编》，国民党政府经济部资源委员会1941年油印本，第A5468—A5477页。

② 计造船业11厂，水泥业6厂，酒精业3厂，油漆业、制药业各2厂，肥皂业、制酸业、制糖业各1厂（据中央研究院社会科学研究所主编、郑伯彬等编：《沦陷区经济概览·工业编》，国民党政府经济部资源委员会1941年油印本，第A5419页统计表计算）。

不复旧观,中国民族造船业,已被日本帝国主义彻底摧毁。[①]

日本在摧毁、破坏、掠夺、利用中国民族工矿业的过程中,还设计、出演了一场所谓"发还军管理工厂"的骗局。

日本全面侵华战争进入相持阶段后,随着国际局势的变化,日美关系日趋紧张,日本为收买沦陷区中国民心,诱使华人资本家与之"合作",恢复沦陷区经济,精心设计了所谓"发还军管理工厂"的骗局。1940 年 3 月 18 日,日军侵华派遣军总司令西尾寿造宣称:"我军拟以从来代管之华方财产,尽速移交与中国政府,由中国政府交还于合法之所有者。"[②]不过声明只是一种姿态,实际上"发还"工作并没有进行。到 1940 年 11 月 30 日,汪伪政权与日本正式签订的《中日两国基本关系条约》规定:"现在日本国军管理中之民营工厂矿山及商店,除有敌性者及有关军事上必要等不得已之特殊理由者外,应依合理之方法,速行讲求必要之措置,以移归华方管理。"在汪伪政权公布的发还"军管理"工厂申请规则中规定:日本"军管理"工厂属华商民营的工厂"得由合法权利人(独资经营之业主或合法代理人、公司合法代理)","申请政府发还复业","三个月以内向主管官署办理申请手续"。"军管理工厂合法权利人如超过申请期限未照申请手续向主管官署申请发还或申请不实未经核准者,由政府接收管理之"。[③] 发还工厂分为两部分办理:一为正式发还者,二为其他"解除"者。前者多属小型杂色工厂或破损不堪者,日本认为如无"军事上必要等不得已之特殊理由",概允发还原业主。实际上,原厂主除尽失撤离时所遗留之原料、存货及半制成品等外,还要支付一笔巨款给日军、日商,作为彼等占领期内的"保管费"和"修理费",而得到的仅是几间破烂空厂房。至于后者,因是这批被劫夺工厂的精华,名义上虽说"解除",予以发还,但仍是采用强制手段,或用极低廉的代价强行租借或收买,或者强迫所有者与日商"合办",或"委托经营"。实际上,要将哪些工厂企业"移归华方管理",

① 中央研究院社会科学研究所主编、郑伯彬等编:《沦陷区经济概览 · 工业编》,国民党政府经济部资源委员会 1941 年油印本,第 A5570—A5571、A5576—A5577、A5628 页。

② 王逸宗:《八年来上海工业的总清算》,《经济周报》第 1 卷第 6 期,1945 年 12 月 6 日。

③ 李占才、张凝:《荣毅仁的父辈》,河南人民出版社 1993 年版,第 176—177 页。

完全由日本根据它们的实际需要而定，不想发还的便可以随意加上个“有敌性”或“有军事上的必要”的“特殊理由”而拒绝发还。“移归华方管理”的工厂企业，汪伪政权也可以以手续不合规定或“申请不实未经核准”为借口而无限期地拖延“发还”。因此，日汪关于“发还”华商工厂鼓噪得沸沸扬扬，但实际上雷声大雨点小，或只打雷不下雨。从西尾寿造发表声明，宣布“发还”华商工厂到太平洋战争爆发，近 21 个月，日本只解除了 59 家华商工厂的“军管理”。而且解除“军管理”的工厂，也并未能真正回到原主人手中，仍被日方强行“收买”或以“租借”“中日合办”等名义继续控制着。实际交还给华商厂主“自营”的基本上是一些小厂，而且大多是一些严重破坏、修复困难、原料不足、动力缺乏等生产处于停顿状态的工厂。对于物资的掠夺和控制，一直是日本对沦陷区进行经济统制的重心。日军占领了武汉和广州之后，大规模的军事进攻告一段落，决定把使用武力的重点放在对已经占领地区的巩固上，准备进行长期的持久战。为此，日军不仅加紧对沦陷区经济的统制，以使它们自己能够“现地存活”，而且加紧对国民党统治区域和共产党领导的抗日根据地进行经济封锁。① 因此，所谓“发还军管理工厂”，就是一个骗局，是强化和扩大经济统制与掠夺的另一种手法。

在关内沦陷区，日本不仅通过“军管理”“委托经营”“委任经营”“中日合办”“收买”“租赁”等方式、手段，劫夺、强占华商工矿企业，加以拆并、扩充，进行统制、掠夺经营，同时就地掠夺街面、土地和人力、物力，大量和普遍开设新厂。这又是对中国民族工矿业的新一轮劫夺、挤压摧毁，对中国经济资源更大规模和更大范围的掠夺。

值得注意的是，同掠夺、辖管和统制华商厂矿一样，侵华日军在开设新厂方面，也扮演着十分重要的角色，不仅自行开办，而且直接经营、管理。

日本在关内沦陷区的新设工厂，大致分为两部分：日军主持经营的小型军需工厂；日本国策会社和其他日商所设各厂。日军开办的各类军需

① 王逸宗：《八年来上海工业的总清算》，《经济周报》第 1 卷第 6 期，1945 年 12 月 6 日；李占才：《抗战期间日本对华中沦陷区经济的掠夺与统制》，《民国档案》2005 年第 3 期。

工厂,全归日军直接经营,其目的在于直接就地掠夺原料,加工制造,就地补给。此类军用工厂,初时以华北沦陷区最普遍,广泛分布于天津、北平、张家口、归绥、大同、石家庄及开封等地。到 1939 年 2 月间,华中派遣军亦仿效华北方面军办法,并加以推广,正式成立“军需管理委员会”,计划于华中地区,开设工厂 200 家,以军用票为资本,空手套白狼,就地榨取材料及人工,并从军队中挑选技术人才充任“技士”。出产品亦采用“就地推销主义”,即以生产所得,充为军费。故日敌严格统制沦陷区的棉花、丝茧、苎麻、牛皮、钢铁等,即此项计划的预备行动。华中日军拟开工厂的地区分布,计上海 20 家,浙江 40 家,湖北 30 家,南京、安徽各 10 家,湖南、江西各 15 家,江苏 60 家,合计 200 家。

日本国策会社新设工厂门类和数量更多。电力方面有兴中公司与中国合办的天津、冀东、胶澳、芝罘、伪“蒙疆”、北平、齐鲁等 7 家电力公司,其下辖有天津、塘沽、芦台、唐山、滦县、昌黎、山海关、通县、青岛、芝罘、张家口、大同、厚和、包头、石景山、北平西城根及济南等 17 座电厂;另有日本内地电力社与华中振兴公司合设的华中水电公司,其下辖闸北、南市、浦东、松江、南京、常州、戚墅堰、苏州、嘉兴永明、硖石、镇江大明、扬州、芜湖、安庆、九江、汉口、武昌等 17 座电厂和闸北、浦东、南京、杭州、南市、汉口等 6 家自来水厂。卷烟业方面有“中国烟草会社”等 9 家会社所设之“华北东亚烟草会社”和“东洋纺织会社”所设之“蒙疆烟草会社”。前者辖有制造厂 4 家,预计年产烟 65 亿支,并拟扩充至 150 亿支;后者预计年产 8 亿支。此外,还有新设的“东洋烟草会社”,曾掠夺华商烟厂 6 家。榨油业方面,有“日华制油会社”所设的上海油厂,大阪平野制油会社与大阪合同会社脂油部所设的天津两厂。毛织业方面,有钟渊纺绩会社所设的“满蒙毛织公司”,并在天津、包头、厚和分设洗毛及毛织厂。水泥业方面,有茂野、盘城、秩父、大阪窑业、三河、小野田、东洋等 7 会社所设的“华北洋灰有限公司”,且拟收买或接办启新、西北两公司,独占华北水泥生产。造船业方面,三菱、日清等轮船会社将上海 11 家华商造船厂瓜分、清拆,分设“三菱造船所”“平安船厂”及“日清造船所”,各自独立经营。钢铁机械业方面,小东京小系制作、天津三昌洋行与住友本社所设的“大达交通器材株式会社”，制造铁路、公路车辆所用附件，同时东京辗机制作所，亦在天津设分社，制造矿山各种机械等；浦贺船渠会社已在青岛设立工厂；丰田铁厂亦计划在青岛设立分厂，修理纺织机械与制造汽车；又有中国制钢厂亦决定在青岛设立分厂。燃料业方面，有三井洋行所筹设之华北煤油厂，及日本石油联盟、朝鲜石油所合设之“北支石油株式会社”。造纸业方面，有三菱系之东洋制纸会社，筹划在天津设立工厂，三岛制纸会社亦计划在青岛开设工厂，并由日本有力印刷会社与出版会社联合发起组织“新民印书馆”（资本金1000万元），北平设本社，华北各重要地方设支社。制革业方面，有大仓筹设的裕津工厂和樱组商事会社筹设的北平皮革工厂。制药业方面，有万有制药会社在北平所设“北支制药株式会社”，日本若素在天津所设的分厂，及日本各制药公司共同出资所设的“蒙疆制药会社”。制酒业方面，有大仓商事会社联合大日本麦酒会社、哈尔滨麦酒会社合资筹设的“北京啤酒会社”。火药业方面，有“新中华火药制造会社”，系日本火药会社经营，拟接受伪山东政府的委托，制造火药，在青岛设立火药库。肥料工业方面，有日本电器化学社与中国合办的“山东电气化学工业公司”，将设工厂于淄川，制造石灰窒素等。窑业方面，有日本自来火、名古屋制陶、东洋陶器与山东商工署合资100万元，筹设的“博山窑业公司”，从事耐火砖与玻璃的制造。自来火业方面，有中日合办的自来火公司，由日方出资250万元，中国出资50万元，从事自来火的供给，自来火的精制与贩卖等。肠衣制造业方面，有三井洋行筹设的“天津肠衣制造厂”。汽车制造业方面，则有兴中公司在北平所设的“北京汽车工厂”。此外，日本为利用电影宣传起见，由伪满映画会社与北平伪临时政府合资50万元，组织“北支映画会社”，由中日合资在南京所设之“中华电映公司”等。

除了侵华日军和“国策会社”，其他日商来华开设工厂者，为数亦多。因此，各地日厂林立。仅上海一地，沦陷区城内虹口一带，1938—1939年日商新增之工厂，即达数百家之多。① 其他各地所设之日商工厂，除上海外，多

① 中央研究院社会科学研究所主编、郑伯彬等编：《沦陷区经济概览·工业编》，国民党政府经济部资源委员会1941年油印本，第A5410页。

数分布于天津、青岛两地。日商工厂业别,包括制粉、榨油、染织、电器、铁工、金属制品、制糖、制冰、砖瓦、肥皂、酒精、树胶、毛织、水泥,等等,而尤以铁工厂与修理厂占多数。工厂规模,则有大有小,其狭小者,与中国经营的小作坊并无二致,但数量繁多。它们见缝插针,鸠占鹊巢,抢劫器材设备,奴役华人劳力,破坏城镇环境,搜掠社会和自然资源,聚敛财富,无所不用其极。①

日本在关内沦陷区掀起的这场设厂狂潮,声势浩大,范围、规模空前未有,侵华日军、"国策会社"、大小商人倾巢而出,一致行动。这是继对中国民族工矿业进行无差别摧毁、破坏和掠夺之后,日本帝国主义采取的新的重大战略部署,其直接目标,就是在掠夺、统制经营残留的华商工厂,"复旧"、扩充原有日商工厂的基础上,大范围开办新厂,打乱、破坏、摧毁华商工厂原有的产权关系和结构、布局,快速建立一套完整的殖民主义工业体系。资料显示,日本大范围开办"新厂"、快速建立殖民主义工业体系的过程,同时又是继续和更大范围摧毁、掠夺中国民族工矿业的过程。事实上,一家所谓"新厂"的开办,是以掠夺、拆毁、归并多家华商工厂为前提的。如前揭日本三菱、日清等轮船会社,就是将上海 11 家华商造船厂瓜分、清拆、归并,开办了"三菱造船所""平安船厂"和"日清造船所"3 家船厂,亦即平均掠夺和拆毁 3.7 家华商船厂,才开办 1 家殖民主义新船厂。这样,就在日本开办"新厂"过程中,残留的华商旧厂,则以更快的速度消失着。少数仍由华商经营的工厂,因日本统制、刁难、摧残、洗劫、破坏,没有原料、电力,无法生产、经营和生存,只得转让、出卖或减产、停产、倒闭。②

---

① 中央研究院社会科学研究所主编、郑伯彬等编:《沦陷区经济概览 · 工业编》,国民党政府经济部资源委员会 1941 年油印本,第 A5407—A5410 页。

② 如天津橡胶、制革、制酸、印染、炼油、自行车等民族工业行业,都是这种情况:十余家橡胶厂因日本统制,原料断货,日货倾销,"生产陷入绝境";制革厂因被切断原料来源,强迫"合作""收买""租给",被迫拆除、变卖机器设备,将厂房租给德商德孚洋行作仓库,或靠"配给"的三四套牛皮零件(每套零件为牛头、牛尾各一,牛足四个),改行织牛毛鞋,"生产等于停顿";印染厂只准给日商"三井""三菱"等洋行代染加工色布,厂内存放的待染布匹、漂粉精、染料等,全被抢掠、没收,"均陷入停工状态";炼油厂因日本将所有矿物油划为"军用品",很快由战前的四五十家减少到 3 家,并且由炼制煤油改为炼制黑油,"勉强开工维持生产";自行车行因日本以进入中原作战需要和支援"大东亚圣战"和日本宪兵队用车为由,先后 3 次将各行 1.5 万辆车和所有存车掠夺一空,致使各车行"相继破产倒闭"(陈真等合编:《中国近代工业史资料》第 2 辑,生活 · 读书 · 新知三联书店 1958 年版,第 448—450 页)。

到日本全面侵华战争后期，日本因军火生产原料短缺，相继实行“金属类特别回收”、金属“现用品特别回收”方针。绝大部分华商工厂的机器设备，均被掠取、拆毁，用于军火生产。如华北纺织业有1/3的“闲散”机器设备被强令拆毁和用于炼铁，或转产军用物资。华资石家庄大兴纱厂原有3万枚纱锭、500台布机，先后被“军管理”和“中日合办”；1942年后，不仅机器设备被拆毁1/3，还被强令代替天津日商公大纱厂“献铁”。到1945年仅剩5000枚纱锭、100余台布机，沦为几乎不能生产的小厂。①到日本侵华战争末期，仍然留在华商手上的工厂企业已经很少，生产设备基本完好并从事生产经营的，更是十分罕见。

三、抗日战争大后方和国民党统治区的民族资本主义及其变化

日本全面侵华战争爆发前，中国的资本主义工矿业、交通运输业和金融业的发展，受到半殖民地半封建条件和环境的制约，行业结构和地域分布，明显畸形：行业结构偏向轻工业，主要是农产品加工业，重工业十分单薄；地域分布主要集中在东南沿海地区，上海和长江三角洲地区，包括上海以及无锡、杭州、南通、苏州、南京、镇江、常州等周边城市，成为最主要的工业和金融中心区，仅上海一地就有“比较具有规模的工厂”1279家。② 其次是华北的天津、青岛、济南和华南的广州。在内陆地区，特别是平汉、粤汉铁路线以西的广大西部地区，新式工矿业、交通运输业和金融业极不发达，甚至完全是一片空白。

1937年“七七事变”和随后的“八一三”沪战爆发后，华北平津、华东上海及周边工商城市很快失守，接着华北平汉、平津、津浦、胶济铁路沿线

① 中国人民政治协商会议石家庄市委员会编：《石家庄文史资料》第10辑，1989年印本。

② 林继庸：《民营厂矿内迁纪略——我国工业总动员之序幕》，1942年印本，第1页。

地区,长江三角洲地区,以及广州、武汉等大中工商城市,相继沦陷。至此,东南沿海和东部经济相对发达地区,全部落入敌手。日本帝国主义轻而易举地占领了中国的工商之地和鱼米之乡,将其全部控制在自己手中,不仅可以志得意满地推行“以战养战”“以华制华”,以中国的人力物力全面占领和最终灭亡中国的基本国策,而且可以保证日本国内的生产原料和生活用品供应。而国民党政府和中国军民只能在极其艰苦、落后的条件下抗击日本侵略者。

“八一三”沪战爆发后,国民党政府为了保存经济实力,加快后方建设,坚持长期抗战,在军队后撤的同时,动员和协助民营工厂内迁。抗日战争期间,约有 600 家民营工厂迁往抗日后方地区。这部分内迁企业成为战时后方工业发展的重要基础。

工厂内迁之议最先始自国民党政府资源委员会,于“八一三”沪战爆发前组设“工厂迁移监督委员会”,1937 年 7 月 28 日派该会专门委员兼工业联络组组长林继庸等到上海主持,与上海机器及五金业公会商拟计划,成立“上海工厂联合迁移委员会”,分任工厂迁移责任。并由资源委员会拨款 56 万元补助搬迁。当时登记迁移的工厂计有 152 家,主要迁移目的地是汉口。①

上海工厂开始内迁时,“八一三”沪战已经爆发。敌机肆虐,狂轰滥炸,工厂损失惨重,职工内迁亦多有伤亡;当时铁路交通全供军用,民营工厂内迁主要用木船运到镇江,再由轮船转运武汉,因遭敌机轰炸,损毁严重。至 1937 年 11 月 12 日上海撤守,共迁出工厂 146 家,技工 2500 人,运出器材 1.46 万余吨。其中有顺昌、上海、新民等机器厂 66 家,三北等造船厂 4 家,天原等化工厂 19 家,以及大鑫钢铁厂、龙章造纸厂等。上海陷落后,工矿调整处再拨款 20 万元,协助苏州、无锡、常州一带民营工厂内

① 1937 年 12 月中旬,南京陷落,汉口亦非理想之“内地”,复有二次迁移计划,迁移地点则有重庆、宜昌、长沙、桂林、贵州、昆明等。1938 年 2 月,资源委员会改隶经济部,其职能“由筹划经济动员而兼事工业建设之机关,变为纯粹之国营工业建设机关”。监督迁移事务亦由“上海工厂联合迁移委员会”转至“工矿调整委员会”(后转隶经济部,改称“工矿调整处”),仍由林继庸主持。

迁。华北方面则有郑州、青岛、济南、太原少数工厂自行迁出。

迁至武汉的工厂，到 1938 年 1 月已有 64 家临时复工，主要承制军需订货。至 1938 年 6 月间，武汉垂危，复有第二次大规模迁移。待迁厂包括外埠迁入者约 170 家和本地约 150 家。迁移目的地多为四川，也有部分迁往湖南、广西、陕西等地。据经济部工矿调整处报告，至 1938 年 11 月底，由政府核准共迁出 304 厂，1939 年再迁出 114 厂。至 1940 年，内迁各厂才安置就绪。① 内迁具体情况见表 0-1。

表 0-1　抗日战争期间民营工厂内迁情况（截至 1940 年年底）

省区 行业	四川	湖南	广西	陕西	其他省区	总计	
						厂数（家）	技工（人）
冶炼业	1	—	—	—	—	1	360
机器业	103	50	14	8	6	181	3986
电器业	18	6	1	—	—	25	744
化学业	40	9	2	3	6	60	1408
纺织业	28	53	3	19	—	103	1688
食品业	10	1	1	8	1	21	580
文教用品业	32	1	3	—	1	37	635
杂项业	14	—	1	3	—	18	404
矿业	4	1	—	1	—	6	377
总计	250	121	25	42	14	452	10182

资料来源：林继庸：《民营厂矿内迁纪略・附内迁民营厂矿统计表》，见《工商经济史料丛刊》第二辑（表中“技工”栏资料据许涤新、吴承明主编：《中国资本主义发展史》第 3 卷，人民出版社 1993 年版，第 535 页表 4-27）。

表 0-1 中统计的只包括经济部工矿调整处补助或协助内迁各厂，

① 中国人民政治协商会议全国委员会文史资料研究委员会编：《工商经济史料丛刊》第二辑，文史资料出版社 1983 年版；中央研究院社会科学研究所主编、郑伯彬等编：《沦陷区经济概览・工业编》，国民党政府经济部资源委员会 1941 年油印本，第 A5388—A5389 页。

自行迁移者不在其中。内迁厂约有600家,政府补助者占2/3强。表0-1所列为内迁之民营厂,但如招商局造船厂、湖北官布局、泰安纱厂(属军政部)等亦统计在内,不过官办大厂的内迁系另行办理。"七七事变"后,资源委员会先后将山东的中兴,安徽的淮南、大通,河南的中福、六河沟,河北的怡立,江西的萍乡、高坑等煤矿,湖北的扬子、大冶、汉阳三铁厂,湖南的铅锌厂的全部或一部,拆运西迁;建设委员会的首都电厂、句容分厂和戚墅堰电厂的部分机件,也拆迁内地。① 而且统计截至1940年年底,1941年以后内迁的工厂没有包括在内,故相关数据尚欠完整。②

内迁的工厂数量虽不算多,但从内部结构看,重工业和矿业超过一半,其中机械类工厂达181家,占40%。452厂的机器设备和器材等物资达12万余吨,内迁技工万余人。这些立即成为抗战后方工业发展的重要基础,大大加速了抗日战争期间特别是抗日战争前中期的工业发展。

后方各省开工工厂数,自1938年起逐年递增。迄内迁各厂全部复工后的第二年即已达3000家。其地区分布,四川44%,湖南13%,陕西10%,广西8%,云南、贵州各3%,甘肃4%。如以四川为例,以1937年开工厂数为基数,则1938年为1937年的267%,1939年为512%,1940年为647%,1941年为926%,可谓成倍增长。这不能不说是内迁工厂所起推动作用的结果。③

后方工业加速发展,包括民营、官营在内的各类工厂,其设立及数量变化见表0-2。

---

① 中国人民政治协商会议全国委员会文史资料研究委员会编:《工商经济史料丛刊》第二辑,文史资料出版社1983年版,第69—70页。

② 如表0-1中广西1940年年底以前迁入工厂25家,1941年以后又相继有中一机器厂等4家工厂迁入。抗日战争期间迁入的工厂达29家(陈磊:《抗战时期迁桂工业研究》,2015年印本,第17页)。

③ 中国人民政治协商会议全国委员会文史资料研究委员会编:《工商经济史料丛刊》第二辑,文史资料出版社1983年版,第75页。

表 0-2　抗日战争后方工厂统计(1936 年前—1944 年)*

项目 / 年份	工厂数		实缴资本额		折成战前币值		平均每厂资本额	
	实数(家)	占比(%)	实数(百万元)	占比(%)	实数(百万元)	占比(%)	实缴资本(万元)	币值资本(万元)
1936 年前	300	5.70	118.0	2.46	118.0	24.20	39.3	39.3
1937	63	1.20	22.4	0.47	21.3	4.37	35.5	35.2
1938	209	3.97	117.8	2.45	86.6	17.76	56.3	41.4
1939	419	7.95	286.6	5.97	120.9	24.8	68.4	28.9
1940	571	10.85	379.0	7.89	59.0	12.1	66.4	10.3
1941	866	16.44	710.0	14.79	45.7	9.37	82.0	5.3
1942	1138	21.61	447.4	9.32	10.8	2.22	29.3	0.9
1943	1049	19.92	1486.9	30.97	14.5	2.98	141.7	1.4
1944	549	10.42	1119.5	23.32	3.4	0.70	203.9	0.6
年份不明	102	1.94	113.6	2.36	7.3	1.50	111.4	7.2
总计	5266	100	4801.2	100	487.5	100	91.2	9.25

注:1. * 按设立年份分类。

2. 原表资本额单位为“千元”,现将总资本额单位改为“百万元”;平均每厂资本额单位改为“万元”。因小数点四舍五入关系,总计数有 0.1 的误差。

3. 原表 1942 年实缴资本额为 7612 千元,币值资本额为 9896 千元,有错。现分别据总计数核正。

资料来源:陈真、姚洛合编:《中国近代工业史资料》第 1 辑,生活·读书·新知三联书店 1957 年版,第 98—99 页“战时工业历年厂数及资本统计”计算改制。

依国民党政府实业部截至 1937 年的战前登记工厂统计(不含东北三省),共有工厂 3935 家,资本 37359.9 万元。截至 1944 年的战时工业登记工厂,如表 0-2 中统计,有工厂 5266 家,实缴资本 4801.2 百万元,或折换战前币值资本 487.5 百万元。似乎战时工业在厂数及资本两方面都已超过了战前。

不过由于战前、战时情况和据以登记的工厂标准不同①,两者缺乏严

① 战前实业部进行登记时,因工厂多不踊跃,有些工厂漏登;且《工厂法》规定的工厂标准,须同时具备使用动力和雇用工人 30 人以上两个条件;战时《工厂法》则降低标准,凡雇工 30 人以上或使用动力或资本 10000 元以上,具备三个条件之一者,即符合“工厂”标准。尤其是在币值不断降低的情况下,致使不少手工业工场,或雇工三五人的碾米厂等,都包括在内了。明显扩大了工厂范围。

格的可比性,只能从中窥测战时后方工业发展的大致趋势。表0-2中统计显示,5266家工厂中,1937年以前开设的只有363家,不足7%。其他均是抗日战争期间设立。其发展的趋势,自1938年起逐年增加,1942年达到顶点。从设厂资本看,实缴资本与设厂趋势相近;但按不变价格换成币值资本,建厂资本早在1939年已到达顶点。这种差异的出现,乃因1938年、1939年开工的,多是内迁或新建的较大规模的工厂,而在随后创办工业潮流下设立的一些工厂,大多规模较小。1939年后设厂数大幅增加,但折成战前币值的资本额,逐年下降。1942年新设1138家工厂,数量比上年增加31.4%,资本额却下降了76.4%。新厂规模不断缩小,1942年以后开设的新厂,平均资本已不到战前币值1万元了。从工厂雇工人数看,1942年,后方工厂雇工不到30人的占41.5%,不到50人的占59.3%,500人以上的只占2.8%,1000人以上的只占0.85%。①

在地区分布上,战时后方工业呈现出既均衡又集中的特点:一方面,在中国中西部后方地区,除了最偏僻的西康、青海、宁夏以外,四川、云南、贵州、湖南、广西、陕西、甘肃等7省,都有工业的分布;另一方面,在各省分布亦相当集中,重庆固然成为后方最大的工业中心,后方5266家工厂、487.5百万元资本中,1518家、153.9百万元集中在重庆,分别占总数的28.8%和31.6%。② 重庆以外的其他地区和其他省份,工业亦集中于少数城镇、县域:如四川的成都、万县、泸州、宜宾、长寿,云南的昆明,贵州的贵阳,广西的桂林、柳州、梧州,湖南的衡阳、祁阳、邵阳、芷江、沅陵,陕西的西安、宝鸡,甘肃的兰州等,就是后方有数的工业集中地。

战时工业生产力地区配置的这种调整,完全改变了过去以口岸和外国租界为基地的布局,大大减轻了对外国势力的依赖,也在某种程度上摆脱了列强势力的干扰和掣肘,具有独立发展的意义,它成为国民党政府据以长期坚持抗战的经济基础。

---

① 宫韵史:《1937—1945年间国民党统治区工人阶级的状况》,《历史研究》1960年第3期。

② 陈真、姚洛合编:《中国近代工业史资料》第1辑,生活·读书·新知三联书店1957年版,第102页。

战时后方工业的投资结构发生重大变化。最大、最重要的变化是重工业和轻工业的结构比例变化。战前中国工业的突出特点和弱点是以轻工业为主,重工业十分薄弱。国民党政府实业部的战前工厂登记资料显示,在行业结构上,纺织及服饰品工业,其厂数、资本和工人依次占30.2%、37.4%和61.6%;食品工业依次占24.2%、17.3%和8.1%。纺织和食品工业两项合计,依次占54.4%、54.7%和45.5%。厂数和资本均超过一半,工人接近一半。化学工业依次占16.8%、18.3%和16.3%。化学工业分为基础化学工业和日用化学工业两部分,前者属于重工业,后者属于轻工业,战前化学工业以后者为主,若从低估计,二者各占一半,则轻工业仅这三项,厂数、资本明显超过60%,工人超过50%。与轻工业形成鲜明对比,作为基础工业或重工业拳头产业的机器工业,厂数、资本和工人依次仅占8.6%、1%和2.2%;冶炼工业更依次只占1.5%、0.7%和1%。两项合计,也只依次占10.1%、1.7%和3.2%。[①] 可见,战前中国重工业的薄弱程度。

战时后方工业,在这一方面有了重大改变,表0-3具体反映了战时后方工业的行业结构。

表0-3　战时后方工业业别统计(1944年)

项目 业别	厂数		实缴资本		折成战前币值		工人数	
	实数(家)	占比(%)	实数(百万元)	占比(%)	实数(百万元)	占比(%)	实数(人)	占比(%)
冶炼业	198	3.76	748.0	15.58	75.8	15.54	49136	13.66
机器业	1016	19.30	704.7	14.68	59.7	12.25	45424	12.63
五金业	337	6.40	135.1	2.81	12.6	2.57	15533	4.32
电器业	124	2.35	170.2	3.54	38.6	7.91	8551	2.38

① 陈真、姚洛合编:《中国近代工业史资料》第1辑,生活·读书·新知三联书店1957年版,第101页。

续表

项目 业别	厂数		实缴资本		折成战前币值		工人数	
	实数(家)	占比(%)	实数(百万元)	占比(%)	实数(百万元)	占比(%)	实数(人)	占比(%)
化学业	1520	28.86	1476.1	30.72	151.9	31.16	80860	22.48
纺织业	1026	19.48	808.3	16.84	80.8	16.58	113558	31.57
服饰品业	182	3.46	64.8	1.35	5.1	1.04	12999	3.62
饮食品业	601	11.42	466.3	9.71	30.9	6.34	18967	5.28
印刷文具业	154	2.91	106.2	2.21	17.0	3.49	9554	2.65
杂项业	108	2.06	122.6	2.56	15.2	3.12	5081	1.41
总计	5266	100	4802.3	100	487.6	100	359663	100

注:1. 原表资本额单位为“千元”,现将总资本额单位改为“百万元”。因小数点四舍五入关系,总计数有 0.1 的误差。

2. 原表“实缴资本”总计为 4801425 千元,有错。现据细数(并参照相关统计表)总计数核正。

资料来源:陈真、姚洛合编:《中国近代工业史资料》第 1 辑,生活·读书·新知三联书店 1957 年版,第 101 页“战时工业业别统计”计算改制。

如表 0-3 所示,与战前工业的结构有所不同,冶炼、五金、电器尤其是机器、化学工业所占比例明显上升。冶炼、五金、电器合计,厂数、资本(币值资本)和工人数所占比重依次为 12.51%、26.02%和 20.36%;在工业特别是国防工业占有重要地位的化学工业,其地位不只是超过纺织工业,在厂数、资本额上都占第一位,工人数上占第二位;而最突出的是像居末位的机器工业,在厂数上仅次于纺织工业,资本及工人数亦各占 12.25%和 12.63%。冶炼、五金、电器、机器、化学(其内部仍按轻工业、重工业各占一半计算)5 大工业部门合计,厂数、资本(币值资本)和工人数所占比重依次为 46.24%、53.85%和 44.23%。厂数和工人数均超过 40%,资本更超过一半。单就这一点而言,已是重工业占优势了。当然这只是大概言之,如果深一层分析,投资最大的化学工业中,除制酸碱、水泥外,大部分并非重工业;战时新兴的酒精厂连同机器、五金中的一些小型厂,也都很难说是重工业。从民营工业的总产值上看，也仍是以轻纺工业为主。尽管如此，仍然不能不说这是战时后方工业的一个重大而意义深远的变化。

战时后方工业的资本形态和结构，也在发生变化，这就是民营资本发展的逐渐停滞和不断萎缩，官营资本和国家资本的从无到有和加速膨胀。简单地说，就是官进民退，官涨民缩。

从资本形态看，战时后方工业资本大致分为民营资本和官营资本两个部分，后者包括地方官办和中央官办亦即国家资本两部分。

抗日战争后方地区，战前工业很少，甚至完全一片空白；而战时工厂内迁，又绝大部分是民营工厂。因此，在战争之初，后方工业基本上是民营工业一统天下，官营工业产生于后，从无到有，从小到大，迅速膨胀。而民营工业的发展减缓、停止，进而衰退，呈现此消彼长的变化态势。前揭后方工业地区和行业的 5266 家工厂中，包括了民营工厂和官营工厂两个部分。下面两部分工厂分开统计，可以从中看出战时后方工业的资本形态结构和行业分布状况。表 0-4、表 0-5 分别反映的是战时后方民营工业和官营工业的行业分布统计。

表 0-4　战时后方民营工业行业分布统计（1944 年）

项目 业别	厂数		实缴资本		折成战前币值		工人数	
	实数（家）	占比（%）	实数（万元）	占比（%）	实数（万元）	占比（%）	实数（人）	占比（%）
冶炼业	136	2.58	13616.2	2.84	1712.1	3.51	19263	5.36
机器业	965	18.33	41874.2	8.72	3054.5	6.27	33425	9.29
五金业	326	6.19	11007.3	2.29	1119.8	2.30	11178	3.11
电器业	104	1.97	10031.0	2.09	2535.0	3.15	3563	0.99
化学业	1353	25.69	111267.1	23.17	10459.4	21.46	64530	17.94
纺织业	880	16.71	56009.8	11.67	5554.8	11.39	79877	22.21
服饰品业	173	3.29	6192.6	1.29	487.6	1.00	11946	3.33
饮食品业	588	11.17	42745.5	8.90	1700.7	6.02	17251	4.80
印刷文具业	144	2.73	7986.5	1.66	1532.7	3.14	9004	2.50

续表

项目 业别	厂数		实缴资本		折成战前币值		工人数	
	实数(家)	占比(%)	实数(万元)	占比(%)	实数(万元)	占比(%)	实数(人)	占比(%)
杂项业	95	1.81	11796.4	2.46	1437.5	2.95	4539	1.26
总计	4764	90.47	312526.6	65.09	29594.1	61.19	254576	70.79

注:1. 原表资本额单位为"千元",现将总资本额单位改为"万元"。
2. 表中"占比"系按民营工业和官营工业 5266 厂及其总资本、总工人数计算,故民营工业各业厂数、资本额、工人数之和,不等于 100%。

资料来源:见陈真、姚洛合编:《中国近代工业史资料》第 1 辑,生活 · 读书 · 新知三联书店 1957 年版,第 103 页"民营工业业别统计"改制。

表 0-5　战时后方官营工业行业分布统计(1944 年)

项目 业别	厂数		实缴资本		折成战前币值		工人数	
	实数(家)	占比(%)	实数(万元)	占比(%)	实数(万元)	占比(%)	实数(人)	占比(%)
冶炼业	62	1.18	61184.3	12.74	5863.4	12.03	29873	8.30
机器业	51	0.97	28598.0	5.96	2916.6	5.98	11999	3.34
五金业	11	0.21	25064.0	0.52	135.2	0.28	4355	1.21
电器业	20	0.38	6985.0	1.45	2221.2	4.76	4988	1.39
化学业	167	3.17	36238.6	7.55	4730.6	9.70	16330	4.54
纺织业	146	2.77	24823.3	5.17	2528.0	5.19	33681	9.36
服饰品业	9	0.17	292.0	0.06	20.7	0.04	1035	0.29
饮食品业	13	0.25	3881.1	0.81	152.0	0.31	1713	0.48
印刷文具业	10	0.18	2629.0	0.55	168.0	0.35	550	0.15
杂项业	13	0.15	460.0	0.10	82.6	0.17	542	0.15
总计	502	9.43	190155.3	34.91	18818.3	38.81	105066	29.21

注:1. 原表资本额单位为"千元",现将总资本额单位改为"万元"。
2. 表中"占比"系按民营工业和官营工业 5266 厂及其总资本、总工人数计算,故官营工业各业厂数、资本额、工人数之和,不等于 100%。

资料来源:见陈真、姚洛合编:《中国近代工业史资料》第 1 辑,生活 · 读书 · 新知三联书店 1957 年版,第 105 页"官营工业业别统计"改制。

表 0-4 统计显示,民营工业的厂数超过 90%,仍占绝对优势,但在资本额和工人数上已明显削弱。特别是按币值资本计算,仅占 61.19%,更说明战时民营工业的规模相对于官营工业普遍狭小。如从工业部门上观察,民

营工业的重心是在化学工业、纺织工业、机器工业、饮食品工业、五金工业及服饰品工业上。它们在工厂数、资本数及工人数的比重虽不相同,但趋势大体是一致的。民营工业的一般特征,是除了冶炼、电器、印刷文具及杂项工业外,资本所占的比重远小于厂数的比重,而那些占较大比重的原因,大多又属于开工较早之故。此外,冶炼、纺织、服饰品、五金、机器等工业所有工人数的比重,大于资本,甚至大于厂数的合理解释,则是使用动力程度较小的缘故。至于民营工业的地域分布特征:第一是民营工业的最大多数,是集中于前文列举的西部8省市,尤以重庆、湖南及四川是最大的中心,其他偏僻落后或战区省份,则比较稀少;这足见民营工业是更多地依赖于一般经济条件,而合于自然发展的趋势;第二是从资本角度看,云南和四川的民营工厂一般规模较大,而湖南、广西的工厂规模最小,而从币值资本与实缴资本之百分比的差异大小变化,亦可看出各省工厂设立时间的先后;第三是将各省工人数所占的百分比与其资本及厂数的比重互相参看,亦可作为各地工业部门、工厂规模和动力化程度的一种间接指标。

表0-5统计所显示的官营工业的情况不同:官营工业的厂数比重不到10%,但资本和工人的比重分别为38.81%和29.21%。这既表示官营工业资力强、规模大,同时亦表示它在许多方面的主导作用。官营工业的范围,已经扩大到几乎每个工业部门,而不仅仅限于兵工及交通运输行业。不过其重点则放在冶炼、化学、机器、纺织及电器工业方面。官营工业不但越出重工业的范围,在化学或纺织等轻工业方面占取了颇为重要的地位,而且印刷文具工业开始成为经营的重要对象。官营工业的经营主体已扩大到中央部会、国家银行、省市县政府、战区司令部及党团部等方面。官营工业区域分布的重点,是在重庆、云南、广西和四川等几个战时工业最为发达的地区,至于湖南及其他省区之所以在厂数上占了重要地位,而在资本和工人数字上又较小的原因,不只是由于那些地区的官营工业的规模较小,且因省营或县营工厂数量较多所致。① 在经营方式上,最

① 陈真、姚洛合编:《中国近代工业史资料》第1辑,生活·读书·新知三联书店1957年版,第106页。

主要的仍是独资与合办,但也开始采用董事制和公司制等新形式。

抗日战争开始后,工业内迁、后方工业的发展,尤其是民营工业内迁、后方民营工业的发展,对保证战时军需民用的供给、工业技术的提升,国内工业结构和地区分布的明显改善,从而得以有力抗击日本侵略军、打败日本帝国主义,贡献巨大,意义深远。

然而,战时后方工业尤其是作为后方工业主体的民营工业,是在困难重重的环境下生存和发展的。民营工业的底子薄、资力弱、设备差,特别是在迁移运输途中,屡遭敌机轰炸、盗贼抢掠,器材设备、管理人员和技术力量多有损失,负担较重,并缺少器材、原料及运输的便利条件,虽然躲过了洋货倾销和外国资本挤压,在某种程度上摆脱了列强势力的干扰和掣肘,市场条件短时间有所改善,但就在这期间,国民党政府开始建立和不断膨胀国家资本(包括地方官办资本),实行和强化有关加速国家资本事业、限制民营事业发展的方针政策。

民营工业遭到国家资本的挤压、侵夺,受到国民党政府相关政策措施的掣肘。正是这种资本挤压和政策掣肘,加上迅速恶化的货币贬值,严重阻碍着后方民营工业的发展和正常生存。

抗日战争期间,后方工业和后方经济发展的最大变化和特点,就是国家资本(包括地方官办资本)的形成和恶性膨胀。这一期间,国民党政府经济部附属的国家资本事业迅速发展。资源委员会在战前仅办有工矿企业 16 个单位,抗日战争爆发后,1938 年即增至 63 个单位,1941 年又增至 78 个单位,迄 1945 年抗日战争胜利前夕,扩充至 131 个单位。由经济部直接或通过工矿调整处投资兴办或合办的企业有 40 个单位。此外还有所属采金局经营的金矿 5 个单位,中央工业试验所经营的工厂 4 个单位,等等。① 1942 年,资源委员会的资产达法币 8 亿元,约占当时后方近代工业资本(不包括军需工业)的 40%②;整个官办资本达法币 13.49 亿元,占

① 中国人民政治协商会议全国委员会文史资料研究委员会编:《工商经济史料丛刊》第二辑,文史资料出版社 1983 年版,第 88 页。

② 吴太昌、武力等:《中国国家资本的历史分析》,中国社会科学出版社 2012 年版,第 32 页。

后方工业资本的 69.6%①。

国民党政府战时经济政策的“理论指导”是“国家至上”“军事第一”，节制私人资本，由国家“统制”一切经济事业。早从 1935 年蒋介石发起所谓“国民经济建设运动”，国民党中央制定《国民经济建设实施方案》开始，这种统制经济的体制已开始萌芽。抗日战争爆发后，1937 年《非常时期农矿工商管理条例》《非常时期管理银行暂行办法》《增进生产调整贸易办法大纲》的制定，1938 年《抗战建国经济纲领》《非常时期经济方案》的出台，更加为加强“国营”事业、控制民营事业提供了具体方法、步骤。再加上随后相继制定的一系列“大纲”“办法”“条例”“规则”“细则”等，从原料到产品，从生产、交换到分配，对民营工业和经济生产的统制、管理，制定了一整套规则、办法。其中特别是《非常时期农矿工商管理条例》，为国家资本侵夺民营企业、攫取原料和物资提供了政策办法和政策依据。

按照《非常时期农矿工商管理条例》的规定，民营企业除属于国防军需和关键性的工矿业，应由政府收去经营或投资合营外，凡属有关日用必需品生产者、无力经营者、应迁移而无力迁移者、经营未能改善者、技术上有发明或专利者，均可由政府没收、接办、合并、代管、收买、投资合办、增资改组，再加上财贸部门的统购统销、专卖，国家资本就可到处伸手、恣意妄为了。

事实上，资源委员会从它创办“国营”生产事业开始，就是靠蚕食鲸吞民营企业起家的。它在战前兴办并正式投产的不过 11 家企业中，除中央机器厂、电工器材厂、中央无线电制造厂 3 家外，其余 8 家，都是由吞并、没收而来。② 抗日战争开始后，资源委员会同经济部及工矿调整处在政府经济统制法令庇护下，采取接办、没收、收买、增资改组或投资新组、

① 许涤新、吴承明主编：《中国资本主义发展史》第 3 卷，人民出版社 1993 年版，第 519 页。

② 如天河煤矿吞并了原有的昌明、惠康、义昌各矿；高坑煤矿吞并了原有的萃兴、福裕各矿；湘潭谭家山煤矿吞并了原有的昭潭公司；恩口煤矿吞并了原有的瑞丰煤矿，与中兴煤矿公司合办；萍乡煤矿、彭县铜矿等也都是接办原有旧矿。

以拆迁部分设备作为投资扩建或新建、以官商合营公司资金移办新厂、参加投资等各种方法、手段,对民营事业进行吞噬和囊括①,使国民党国家资本在“国营”事业幌子下,加速膨胀。

省办企业也是国民党国家资本或官办资本的一个组成部分。后方四川、西康、湖南、广西、贵州、云南、陕西、甘肃,以及福建、浙江、广东、河南等十五六个省份,都建有“省营”贸易或企业公司。据 1942 年经济部统计,在已筹备成立的 12 家省营公司中,资本大者 7000 万元,一般 1000 万—3000 万元,合计 5 亿元。另有省营工厂 141 家。这类省办企业多是各地方政府官吏的“外府”,地方封建势力的利薮。他们利用国家危机,凭借手中特权,操纵运输,垄断供销,进行商业投机,对民营企业择肥而噬,大肆吞并,甚至利用省府名义,向民间摊派集股,用搜刮人民的钱财再来搜刮人民。业务范围不断扩大,很快推广到统购统销、统制进出口、专卖火柴等。因上下争利,侵犯了国民党中央利益,1941 年经济部出台《非常时期省营贸易监理规则》,规定其业务范围与禁例,并规定重新进行改组与登记。但省营公司各有自己的政治靠山,此时与四大家族争夺失势的政学系国家资本也以省公司为其转移、渗透的阵地。如江西的熊式辉、福建的陈仪、贵州的吴鼎昌及四川财阀,都成独立王国,各行其是,经济部只能望天声叹。

还有一种由官办资本创办、而挂着“民营公司”招牌的官办企业。孔祥熙和四川财阀合办的中国兴业公司就是一例。公司业务范围包括制钢、炼铁、机械、窑业以及电厂、煤矿、砖厂,其资力在四川是最大的。据当

① 据不完全统计,接办或没收的有江西、湖南、云南、贵州、四川等省的锑、锡、汞、铁、煤、铜、铅锌等 13 处矿山,贵阳、泸县、湘江等 3 处电厂;收买、吞并的有云南、湖南、广西、广东等 4 处煤矿及工矿公司,中央造纸厂和广西、云南、贵州、重庆等 5 处纺织机器、电力制钢、机械、汽车制造、自来水等工厂(或公司);增资改组或投资新组的有湖南、贵州、四川、陕西等 4 省的 8 处煤矿和云南华新水泥厂、万县电厂;拆迁一部分机器设备作为投资,扩建或新建的有四川 2 处煤矿和建国造纸公司、中国纸厂、宜宾电厂;以原有官商合营公司的资金移办新厂的有四川川嘉造纸公司;参加投资的有 2 家毛纺织厂,1 家麻纺织厂,1 家丝业公司,1 家纺织机制造公司,3 家造纸厂,3 家自来水公司,以及橡胶厂、化工厂、缆车公司各 1 家;等等(中国人民政治协商会议全国委员会文史资料研究委员会编:《工商经济史料丛刊》第二辑,文史资料出版社 1983 年版,第 91—92 页)。

时西南实业协会调查，四川省内较大的工厂390余家，资本总额合计34400余万元，而中国兴业一家即有12000万元，占资本总额的1/3强。孔家投资合办的还有中国火柴原料厂、华福烟草公司等，宋子文投资合办的有中国毛纺织厂、协和制药厂等，陈果夫、陈立夫兄弟投资合办的有华西建设公司、铜梁造纸公司等，都是后方数得着的企业。

国家资本无孔不入地侵蚀、扩张，导致民营企业挣扎图存而不可得。这种状况遭到全国舆论的强烈抨击和谴责。在这种形势下，国民党当局曾一度对其侵蚀、扩张政策略加修订。1944年11月，国民党国防最高委员会第148次会议通过的《第一期经济建设原则》，明确国营与民营的经营范围，规定政府经营的经济事业，种类不宜过多，除邮电、兵工、铸币、主要铁路和大规模水力发电厂等外，均可由民间经营。然而不到半年，1945年5月国民党六大通过的《工业建设纲领实施原则》，又说"工矿交通事业不能委之于民者，应归国营"。至于究竟哪些工矿交通"不能委之于民"，当然是国民党说了算，从而无限制扩大了"国营"的范围，导致国家资本的进一步膨胀。①

后方民营资本与国家资本、官办资本此消彼长。随着国家资本、地方官办资本的迅速扩张，民营资本由发展、扩大转入停滞、衰退、萎缩。抗日战争中后期，特别是1942年后，日本帝国主义的经济封锁、空前加剧的通货膨胀和国家资本、地方官办资本的侵夺这三重挤压，使民营资本的处境愈加艰难，几乎无以生存。

1942年上半年之后，后方工矿业的发展已进入了一个严重困难的阶段。抗日战争最初两三年间民营产业的蓬勃发展已成过去，继之而来的是新设工厂减少，旧有各厂出顶及合并。能够勉强支持、挣扎的，也大都缩减再生产规模，或被迫"以商养工""以商代工"。1943年后，情况愈加严重。重庆871家工厂中，1943年11月停工减产者达270余家；湖南衡阳，中小工厂中，不少因无法维持而停业，到1943年年底，恐2/3以上工

① 中国人民政治协商会议全国委员会文史资料研究委员会编：《工商经济史料丛刊》第二辑，文史资料出版社1983年版，第92—93页。

厂"宣告结束";广西桂林,1944 年 2 月有报道称,从各工厂的情形看,最多再维持半年或一年,一年以后,他们只有打碎机器卖废铁,不会再有烟囱冒烟。

从行业看,情形差不多。四川 18 家钢铁厂中,1943 年年底,有 14 家停炉;重庆的 366 家民营机器厂,到 1943 年 6 月,有 50%左右"正式与非正式停工者",总数已在 50%左右;衡阳的 90 余家机械厂,1943 年 11 月停工者有 20 余家;在云南,据说"最困难者,则为民营机器厂",如政府再不施以实际援助,"恐维持不能多久矣"。煤矿业因钢铁减产,也大受影响,渝鑫钢铁厂所属煤矿,仅保留 14%的工人,其余均被解雇;1943 年 11 月,整个后方地区,各小煤矿停业者达 50%。广西八步锡矿,因锡价太低,矿山、矿工无法维持营业,1943 年 8 月,80%的矿区关门,数万名矿工失业。广西全省原有大小矿区 800 余处,但因陆续倒闭,到 1943 年 2 月,仅存 100 余处;原有大规模机器采矿公司 30 余家,硫磺矿公司 20 余家,亦纷纷倒闭,"无一幸存者";另据 1943 年 4 月调查,"民营矿业,年来衰落特甚",锑矿公司已全部倒闭,硝矿仅有少数人开采,其余锡、钨、金等矿"率皆勉强开业,艰苦支持"。全国闻名的云南有个旧锡矿,衰落情景"尤其凄惨"。据 1943 年 1 月调查,往昔城东有炼锡大炉 40 座,如今照常炼锡的不到 10 座;往昔矿工 10 余万,如今仅 5000 余;1938 年全年产锡 10731 吨,如今 1 月至 6 月仅产锡 800 吨。炼油业方面,四川原有官营、民营炼油厂 35 家,1944 年继续开工者仅 4 家,而且"赔累甚大"。至于酒精业,重庆原有的 37 个单位中,1943 年停工或时停时开,或出租、出让牌照者,当在 1/3 以上;云南昆明原有酒精厂 40 家,到 1943 年 9 月仅存 10 家;云南全省极盛时有 150—160 家,1943 年 11 月,只有 10 余家了;广东韶关酒精业,因不堪赔累,纷纷停业,省营的酒精厂亦无法维持;陕西咸阳酒精厂以原料及利润关系,停工"几达 8 个月";成都中国酒精厂,原本每月可出 3 万加仑,进入 1944 年,仅出 1 万加仑,减少了 2/3。

轻工业方面,纺织业方面因原料缺乏,生产成本不敷,资金周转困难,纱锭、布机减少,生产规模萎缩。重庆裕华、豫丰、中新 3 家纱厂,1942 年

12 月的纱锭、织机分别从原来的 10.44 万枚、840 架减至 7.8 万枚、270 架，分别减少了 25.3%和 67.9%。重庆各纱厂月平均产量由 4000 余件减至 3000 余件。小纱厂"都感到无法再生产"。织布厂的生产也在减少，如北碚大明纱厂工人减少了 1/3，开工布机仅及原来的 1/2。重庆纺织土布、毛巾、针织各业，大小工厂大都歇业，失业工人达到 4 万人。云南昆明原有织布厂 30 余家，1943 年倒闭了 20 余家。有名的振昆纺织厂，甚至有 1/3 的机器在"瞌睡"，每月产布量由 2000 余匹减至 500 匹。广西桂林纺织业，也都因原料来源受阻，产品成本加重，"不易支持"。丝绸业在四川素称发达，到 1943 年、1944 年已"冷落不堪"，川南极盛时有织机 5000 架，现仅存半数。

其他如火柴业、卷烟业、造纸业、印刷业、制糖业等，情况大同小异。贵州 1942 年年初有火柴厂 10 家，盘县的 3 厂即在当年就相继倒闭外，遵义的 4 家也于 1943 年上半年关门，剩余 3 家亦呈"困顿之象"；广西梧州火柴厂，每月原产 80 箱，1942 年 5 月实施专卖后，8 月仅产 21 箱，9 月更减至 17 箱。卷烟制造业，福建龙岩在烟类专卖前，全县约有烟厂 40 家，年产卷烟 50 万支，1944 年年初仅存 9 家；广西南宁，原月产卷烟 400 箱，1942 年实施专卖后，9 月仅产 30 箱。印刷、造纸业方面，重庆在 1943 年年底到 1944 年年初 3 个月内，即有 70 家印刷厂停工；重庆各造纸厂大幅减产；四川夹江县纸商，因统税太重纷纷停业；粤北和平县的纸产量"锐减"；福建顺昌槽户，则大呼"无法维持"。至于制糖业，1940 年四川产糖 296.1 万市担，1942 年仅 130 万担，尚不及原数之半。①

抗日战争后期民营工矿业陷入危机、加速衰颓的另一个重要表征是"以商养工"，或者"移工做商"。有些工厂故意延长产品的生产过程，其作用一方面等于停工、减产，另一方面利用物价逐日飞涨，借以提高产品卖价，或者挂羊头卖狗肉，借筹办工厂的名义，购囤机器原料，待价而沽。一些厂家多愿缩减生产来囤积原料，因为不但可以坐享原料涨价之利，而

① 抗日战争后期民营工矿业衰颓情况，见陈真、姚洛合编：《中国近代工业史资料》第 1 辑，生活·读书·新知三联书店 1957 年版，第 143—149 页。

且可以弥补工厂虚盈实税的亏项。有些工厂保留着工业的名义,而实际靠进出原料品、代理运输事业以维持其生命,甚至徒具“工厂”之名,而实与商业无异。还有一些厂家,忙于找门路,搞交际,送往迎来,酒食征逐,于银行借款、原料运输,头头是道,至若问及厂内生产状况,往往瞠目不知所答。也有的聘请某一大有力者做董事长,这样运输、原料、资金才能不成问题,管制也管制不到他们头上。至于老老实实做工厂,但不善于走门路的,非关门或卖厂不可。一般快要关门或卖厂的厂家,大半就是这种比较老实的厂家。

1945年后方民营工矿业的亏损、衰颓、停工、倒闭更加普遍和严重。如钢铁业,炼炉尚在工作者仅有1944年的1/10;煤矿情形更为严重,不仅多在减产停工的状态中,而且有全部破产的危险。如江北煤矿已经结束;华银和华安煤矿,因川北盐场停产而陷入停顿或半停顿状态;三才生煤矿也已因发不出工资而停工,宝源、燧川、和平、复兴隆各矿,均因缺乏资金,无力生产;机器厂也多纷纷停工,重庆南岸一带中小厂已全部停工,恒顺、顺昌、渝鑫、民生、震旦等几家稍大的厂,也只有生产局订购的小量灭火器和少数船只零件可做;纺织业开工者不过3/10;面粉业也是减产、停工,重庆5家面粉厂“一再减产”;四川9家造纸厂只剩4家,产量已减到1/3;重庆400多家制革厂,小者停工,大者减产;化学工业、玻璃业和猪鬃业,也多纷纷停工;四川40多家酒精厂已经倒闭了一大半;30多家植物油料厂仅存10余家;自贡、犍乐两大盐场,产量日益减少,资金周转困难,灶户纷纷停火,已濒于崩溃境地。贵州原有工矿业大小1500个单位,现在停工关门者已达60%以上。昆明、西安关门停业的工厂也已经非常之多,其状况也日趋恶化。各地厂矿既然纷纷关门停业,失业的工人自然也就一天增多一天。据估计,重庆失业工人约达6万人,昆明约5万人,汉阳约4万人,成都约3万人。就重庆来说,失业工人至少已占全体工人的30%,问题不能说不严重。就是那些在业的工人,也有随时失业的危险。①

① 施复亮:《论当前的经济危机》,《四川经济季刊》1946年第3卷第1期。陈真、姚洛合编:《中国近代工业史资料》第1辑,生活·读书·新知三联书店1957年版,第165—167页。

1945 年 8 月日本帝国主义投降后，国家资本加速膨胀，残存的民营资本企业进一步陷入了危机之中。

抗日战争胜利后，后方物价、黄金和美钞一齐狂跌，信用全面收缩，银根极度紧迫，商品销不出去，生产没有出路，债务无法清偿，债权失去保障。主管工业的国民党官吏，争先恐后东下“劫收”，内迁工厂举步维艰。停工会坐吃山空，开工既无原料，产品亦无销路，搬回老家则无盘费。1945 年 8 月下旬，内迁工厂就已经到了“山穷水尽、罗掘俱空”的境地。9 月上旬末，迁川工厂联合会请愿团争取到约 38 亿元的贷款，分到贷款的近 300 家工厂，除少数在重庆继续开工外，大约 90%以上的工厂迁回原籍。①

不过分到贷款的只是内迁工厂和全部后方工厂的一小部分，大部分工厂举步维艰。即使直接供应军需的工厂亦不例外。战时生产局停止订货，军需署停收军布，四联总处推拖工贷，工厂生意无可做，现金没来源开支开不出，遣散工人没有钱，拍卖机器无人要。政府不仅不施以援手，总揽经济大权的行政院长宋子文竟说，“美国机器这样便宜不买，而买你们的破破烂烂的机器，岂有此理”；“美国货种类甚多，价廉物美，而中国货又孬又贵，中小工厂根本没有存在的价值”，公然宣布其“死刑”。② 在这种环境下，内迁工厂和所有后方工厂唯有关停倒闭一途。

原有工厂大量关停倒闭，而新设或新登记的工厂大幅减少，1945 年日本投降后，更加明显。所谓“胜利的爆竹一响，后方的工厂便陆续关门”，并非夸张描述。表 0-6 从日本投降前后民营工厂登记数量的变化，可观测民营工矿企业的加速衰落情景。

① 中国人民政治协商会议全国委员会文史资料研究委员会编：《工商经济史料丛刊》第二辑，文史资料出版社 1983 年版，第 97—101 页。

② 中国人民政治协商会议全国委员会文史资料研究委员会编：《工商经济史料丛刊》第二辑，文史资料出版社 1983 年版，第 96 页。

表 0-6 后方民营工厂登记统计(1945 年)

项目 行业	全年		下半年			
	厂数(家)	资本额(万元)	厂数		资本额	
			实数(家)	占全年%	实数(万元)	占全年%
冶炼业	13	5150	4	30.77	1750	33.98
机器业	63	36261	32	50.79	17471	48.18
五金业	17	25450	9	52.94	2800	11.00
电器业	16	6094	6	37.50	3200	33.03
化学业	177	134939	73	41.24	75057	55.92
纺织业	102	88893	40	29.22	40618	49.49
服饰品业	10	6010	8	80.00	4490	74.71
饮食品业	292	57767	77	26.37	24660	42.69
印刷文具业	15	6498	9	60.00	5625	86.56
杂项业	27	7971	15	55.56	3431	49.22
总计	732	375033	273	37.30	179102	48.54

注:资本单位原为“千元”,现改为“万元”,原千位数四舍五入。

资料来源:陈真、姚洛合编:《中国近代工业史资料》第 1 辑,生活 · 读书 · 新知三联书店 1957 年版,第 161 页改制。

从表 0-6 列 1945 年登记工厂的统计数据看,下半年登记开工的工厂,厂数和资本额只分别相当全年的 37.3%和 48.89%,其中资本额的比重相对较大,乃因登记资本随币值跌落而随时增大之故。而且此项登记统计,在时间上与实际情况有相当距离。因为依照登记规则,工厂应在开工三月以内履行申请登记手续,而事实上更多厂家是在开工三月以后,才履行登记手续。1945 年的登记工厂,不少是上年度设立;而下半年的工厂数字,亦多包含上半年所开工的工厂在内。故日本投降后,后方工厂设立的衰减态势,远在表 0-6 中统计数据之上。从产值看,根据经济部编制的后方工业生产指数推算,1945 年冬季与夏季比较,主要产品的下降幅度,燃料类为 14.9%,钢铁为 45.1%,机器类为 55.99%,水泥为 44.67%,酸碱类为 41.11%,日用品为 18.61%,文具类为 21.16%,合计 20.86%。①

① 陈真、姚洛合编:《中国近代工业史资料》第 1 辑,生活 · 读书 · 新知三联书店 1957 年版,第 161 页。

进入1946年,后方民营工矿业衰颓程度更加严重。这从工厂的变动情况可以清楚地反映出来,见表0-7。

表0-7　重庆工业变动情况统计(1946年5月底)

项目 行业	共计		歇业		改组		迁移		增产	
	实数(家)	占比(%)	厂数(家)	占比(%)	厂数(家)	占比(%)	厂数(家)	占比(%)	厂数(家)	占比(%)
冶炼业	7	1.93	7	1.93	—	—	—	—	—	—
机器业	165	45.45	163	44.90	2	0.55	—	—	—	—
电器业	29	7.99	28	7.71	—	—	—	—	1	0.28
化学业	73	20.11	63	17.35	4	1.10	2	0.55	4	1.10
饮食品业	1	0.28	—	—	—	—	1	0.28	—	—
纺织业	84	23.14	79	21.76	5	1.38	—	—	—	—
杂项业	4	1.10	4	1.10	—	—	—	—	—	—
总计	363	100.00	344	94.77	11	3.03	3	0.83	5	1.38

资料来源:据陈真、姚洛合编:《中国近代工业史资料》第1辑,生活·读书·新知三联书店1957年版,第163页综合改制。

在"胜利炮竹一响,后方工厂关门"浪潮后,许多规模稍大、曾为抗日战争做过贡献而尚未关门的"任务厂",为获得政府收购机器及遣散员工的便利,纷纷申请停产歇业。从1945年8月中旬至1946年5月的9个半月间,重庆共有"变动"工厂363家,其中344家即占94.77%的工厂,皆系停产歇业。当时重庆地区登记工厂共有1800家左右,歇业厂即占20%,加上停工或未申请登记"变动"歇业的中小工厂,仍在开工、哪怕是缩减产量的"维持开工"的工厂,未必能达半数。[①] 过了不到5个月,即有报道称,重庆大小工厂倒闭达1400家,占总数的80%以上。同一时间,成都工厂倒闭了2/3;昆明工厂倒闭占总厂数的90%。从一些行业看,重庆区机器业有90%歇业;作为后方工业基础的重庆炼钢厂和威远铁厂均先

① 陈真、姚洛合编:《中国近代工业史资料》第1辑,生活·读书·新知三联书店1957年版,第164页。

后歇业;四川煤矿业240家煤矿中,已有180家倒闭,占总数的2/3;四川棉纺织业,全省2万余家土布织户,4/5关门;成都的纺织厂,只剩下12%;作为华西地区重要工业的毛织业,78家工厂,只剩下6家开工,尚不及原来的1/10;卷烟业方面,成都烟厂几乎完全倒闭,广州、韶关倒闭者亦达90%。①

抗战胜利后没有回迁和抗战期间建立、发展起来的后方民营工业,到1946年,大多歇业关闭,勉强开业者,亦苟延残喘,朝不保夕。而迁回原籍的民营工厂的情况,日本全面侵华战争期间没有内迁而落入敌手的沦陷区民营工矿企业,抗日战争胜利、沦陷区光复后的情况,并不比后方地区的民营工矿企业好,甚至更为糟糕。

前揭已分到回迁贷款的近300家工厂,原冀回迁复工,重操旧业,实际情况大相径庭。迁返上海的250多家工厂中,"绝大多数两手空空,一无所有,亟须机器设备,始能复厂"。即使原来有厂在上海,因日本侵略者长达8年的破坏、损毁、移挪、拆并等,亦只剩一个烂摊子,亟须机器设备补充、配套。迁川桂、迁陕等工厂联合会,一再要求国民党政府紧急采取措施,而国民党政府置若罔闻,迄无动静。直至1948年二三月间,迁川桂工厂联合会上海办事处,仍在为此事连续三次组织请愿,并一再降低要求,直至同年7月,国民党政府方才答应从日本赔偿物资中配售若干机器设备给某些战时内迁工厂。② 方案已定,且已登报,似乎板上钉钉,但实际上因国民党政府定价过昂,饱受日本侵华战争惨重损失的回迁工厂根本买不起,并无一家成交,已经运来的机器,在黄浦江边任其锈烂。

在要求获得日本赔偿物资成为泡影之后,回迁工厂又退而求其次,要求优先承购日伪工厂,即在标卖日伪工厂时,安排承购顺序:先是战时内

① 《蒋区民族工业的大危机》,延安《解放日报》1946年10月18日;陈真、姚洛合编:《中国近代工业史资料》第1辑,生活·读书·新知三联书店1957年版,第183—184、192—193页。

② 据1948年7月2日报载,预备配售:1. 制造或修理纺织机的工厂18家,机器310部;2. 制造或修理造纸机的工厂4家,机器67部;3. 制造或修理电机的工厂6家,机器94部;4. 煤矿1家,机器10部;其他工厂8家,机器44部。合计厂矿37家,机器525部。

迁工厂，而后为其他民营工厂，并共同拟定了公平合理的优先承购简则。然而，国民党政府仅以标售29个单位来装点门面，大部分好的、有生产条件的日伪工厂被四大家族囊括一空。回迁工厂的希望再一次落空，绝大多数始终无法复厂开工。[①]

至于留在沦陷区而落入敌手（或名义上仍在原主名下）的民营工矿企业，东北和台湾地区的民营工矿企业，随着抗日战争的胜利，国内国际环境发生了根本的改变，日本侵略者被赶出了国土，国民党政府收复了东北和关内沦陷区的领土与行政主权，光复了台湾和澎湖列岛，民营工矿企业也从日军的手中夺了回来，本应为民营工矿企业的修补、恢复和发展创造条件。然而，国民党党政官僚一心"劫收"分赃，根本无暇顾及九死一生的民营工矿企业。更重要的是，抗日战争取得了胜利，日本逃跑了，但美国进来了，取代了日本的地位。美国不同于日本，资源丰富，生产力高度发达，经济体积庞大，侵略的第一步就是廉价倾销战争剩余物资。为此通过国民党政府，实施低汇率政策，迅速占领和垄断了中国的工农业产品市场，到处美货充斥，大小商品由"美国造"取代了"日本造"。[②] 充斥市场的美国货，排挤和取代了国内产品。同时，国民党政府不顾全国人民的强烈反对，悍然挑起反革命内战，不仅民众休养生息、城乡经济复苏无望，而且加速破坏，水陆交通受阻，原料产品均无法运输，产销流通脱节，生产成本日增，人民购买力却急趋下降；再加上恶性通货膨胀，国家资本和地方官办资本的侵夺、挤压，民族工业的生存空间愈加狭窄，甚至被全部堵塞。

在这种环境下，如同前揭后方内迁民营工厂一样，在关内外光复地区，很快出现了民营工厂的歇业、倒闭浪潮。歇业、倒闭浪潮出现之突然，波及地区、行业范围之大，速度之快，情况之严重，前所未有。

1945年8月抗日战争胜利后的短短一年左右时间内，各地半数以上甚至3/4以上民营工厂停产、倒闭。作为全国工业中心的上海，原有大小

① 中国人民政治协商会议全国委员会文史资料研究委员会编：《工商经济史料丛刊》第二辑，文史资料出版社1983年版，第103—110页。

② 天津《进步日报》1950年11月22日。

民营工厂3419家,到1946年7月,即有2597家倒闭,占总数的76%;作为上海工业和民族工业支柱的棉纺织业,停工倒闭的工厂共1135家,几乎达全行业的1/2;上海的化学工厂,半数以上陷于停顿状态,其中20余家电化工厂,包括规模较大的天星、天泰、怡丰、中国电化等厂,早已全部停工;上海的火柴原料工厂,也有20余家停工或改业,即规模最大的上海火柴原料厂也不例外。在武汉,加入工业协会湖北分会的93家民营工厂中,也在1946年7月间倒闭1/2;在华北,天津不仅小型工厂纷纷倒闭,连第一流的大工厂如永利、久大等,也均处于风雨飘摇之中;在青岛,所有民营工业"几全破产"。① 广东的民营工业,自1945年春初开始衰落后,一直持续,其间虽经省政府当局与厂商挽救,迄无起色。复受1946年2月金融波动的袭击,衰落行程加速,大部分工厂由收缩营业而至全部停工。夏季又遭全省大水灾侵害,残存者亦已濒于奄奄一息,"在呻吟中等待死神之降临"。据广东省政府统计,民营工厂经核准复业者为215家,连同在登记中的工厂,共约有400家。仅相当于战前的1/5。灾后能勉强维持营业者不足100家;而有把握支持过1946年者"只有一小半"。② 江西原本工业基础薄弱,战后更明显衰退,相继停闭的工厂达93所,幸存者仅72所,停闭厂占总厂数的56.4%。③ 福建据1942年调查,全省民营工厂计有43家,资本总额290余万元;截至1945年,全省合于工厂法规定的民营工厂40家(另有公私"合营"7家),资本1966万元(另有公私"合营"306万元)。抗日战争胜利后,外货大量倾销,战时发展起来的各项工业,随着战争结束而衰落,官办工业因经营困难,不堪亏损而先后解体,民营工业亦渐感不支,"相继倒闭",仅有少数工业产品尚有微利可图,且原料与机械设备来源及补充有着落,如纺织工业、修造机器工业等乃得维持。至于特产工业如锯木工业、漆器脱胎工业等,则因外销恢

① 陈真、姚洛合编:《中国近代工业史资料》第1辑,生活·读书·新知三联书店1957年版,第183页。

② 行健:《垂危的广东民营工业》,《经济周报》第5卷第4期,1947年7月。

③ 陈真、姚洛合编:《中国近代工业史资料》第1辑,生活·读书·新知三联书店1957年版,第199页。

复，日见发达。①

随着时间的推移和蒋介石国民党在自己挑起的反革命内战中优势地位的丧失、财税征敛的加剧，其统治区域内民营工业呈加速度衰颓态势，工厂减产更经常化、普遍化，歇业倒闭比率进一步提高。在天津，全市大小工厂 1200 家，其中规模较大者，如棉纺织业的恒源、北洋、达生 3 厂，毛纺织业的仁立、东亚两厂，以及在天津设有总事务所的启新洋灰、久大精盐、永利制碱等，原已“处于风雨飘摇之中”，生产锐减，到“近来（1948 年年初）尤无发展迹象”；标售民营的日伪工厂，情况更糟。据 1947 年 8 月的统计，192 家中仅有 29 家开工，仅占 15.1%，其余完全拆卖或改为商店者达 96 家，占 50%。② 1946 年已经“几全破产”的青岛民营工业，到 1948 年年初，可以说基本上全部破产关闭：10 个烟囱，有 9 个不冒烟；全市 1400 余家工厂，除 1/4 尚在半开工状态下苟延残喘外，其余均“弃业停工”。③ 广东民营工厂，原估计尚有半数能度过 1946 年，灾后能勉强维持营业者不足 100 家；而有把握支持过 1946 年者“只有一小半”。但结果是到 1947 年，倒闭的民营工厂已在 80% 以上。④ 南京丝线业素享盛名，1947 年、1948 年间，每况愈下，200 余家丝线厂中，歇业者达半数。⑤ 福建的民营工业，据说过去就只有“摇头的份”，到 1948 年，连这点“小摆设”，也都维持不下去了。即使福州郊区一些稍具规模的工厂，给人的印象，也是“可怜”二字。被称为“工业区”的闽江两岸，烟囱“疏疏落落”，而且其中冒烟的，“十不及一”。有 30 余年历史的福电铁工厂，名义上仍在开工，但每天可做 3000 工作小时的 150 余名技工，实际上很少做到 2000 工

① 国民党福建省府建设厅编：《福建经济概况》，1947 年印本，第 150、154 页。

② 陈真、姚洛合编：《中国近代工业史资料》第 1 辑，生活·读书·新知三联书店 1957 年版，第 200—201 页。

③ 陈真、姚洛合编：《中国近代工业史资料》第 1 辑，生活·读书·新知三联书店 1957 年版，第 200 页。

④ 见陈真、姚洛合编：《中国近代工业史资料》第 1 辑，生活·读书·新知三联书店 1957 年版，第 180 页。

⑤ 陈真、姚洛合编：《中国近代工业史资料》第 1 辑，生活·读书·新知三联书店 1957 年版，第 200 页。

作小时;本来是以"制造"为主要业务,如今却以"修理"为经常工作。原因很简单:"缺少资金,缺少市场"。筹备、建设一年多的面粉厂,投产两个多月就停了。[①]

抗日战争胜利后,同民营工矿企业相继歇业、关闭和衰颓、萎缩的态势形成鲜明对照,国家资本、地方官办资本企业,却急剧和恶性膨胀,取代民营工矿企业成为近代中国国内资本工矿业的主体。

早在1942年,作为国民党"纯粹之国营工业建设机关",亦即国家资本专业"制造"机关的资源委员会,属下资产已达法币8亿元,约占当时后方近代工业资本(不包括军需工业)的40%;[②]整个官办资本达法币13.49亿元,占后方工业资本的69.6%。[③] 国家资本和地方官办资本从无到有、从小到大,已经成为后方近代工业的主体。而且,资源委员会所属工矿企业主要集中在能源和基本生产资料的生产部门,再加上党政威权,得以牢固掌控后方经济命脉,从而初步奠定了国家资本和地方官办资本工矿业生产经营中的垄断地位。

日本投降、抗日战争胜利后,国民党政府通过收复东北、关内沦陷区和台湾、澎湖地区的领土主权和行政管治,特别是直接通过接收日伪资产,侵夺处于危难中的民营企业,进一步加快了国家资本(包括地方官办资本)的扩张速度,扩大和巩固了在全国工矿业和国民经济中的垄断地位。

1945年8月15日日本宣布投降后,国民党政府最初决定敌伪资产接收与受降同时进行,由军方掌管接收大权,随即制定了《行政院各部会署局派遣收复区接收人员办法》,并指定陆军总部监督接收事宜。但各地"接收"一哄而起:原沦陷区的军统特务、各处军政机关以至"反正"的伪军都同重庆国民党政府派去的接收人员争相"接收",局面一片混乱。国民党政府为了扭转这种混乱局面,统一接收工作,9月5日在陆军司令

---

① 陈真、姚洛合编:《中国近代工业史资料》第1辑,生活·读书·新知三联书店1957年版,第195—199页。

② 吴太昌、武力等:《中国国家资本的历史分析》,中国社会科学出版社2012年版,第32页。

③ 许涤新、吴承明主编:《中国资本主义发展史》第3卷,人民出版社1993年版,第519页。

部下成立“党政接收计划委员会”，由总司令何应钦兼主任；10月在行政院设立“收复区全国性事业接收委员会”，其下于苏浙皖、河北平津、粤桂闽、山东青岛等区分设“敌伪产业处理局”，同时设立处理日伪产业审议委员会，以配合工作。日伪产业较少的武汉区、河南区设接收日伪产业特派员办公处；湖南、江西两省敌伪产业不多，不设专门机构，直接由省政府处理。东北情况特殊，设“敌伪产业处理局”隶属东北“剿匪”总司令部；台湾则设“日产清理处”，隶属台湾当局。各部会设立相应机构，接受各区“敌伪产业处理局”的委托负责接收、保管、使用与该部会业务相关的敌伪产业：经济部负责工厂、矿场设备及原料、成品；交通部负责铁路、公路、航运、空运和邮电等各运输部门及产业；财政部负责银行、钱庄；中央信托局负责房地产；兵器弹药、舰艇及其他作战物资由军事机关接收；等等。最后形成了由陆军总司令部负责接收军事；收复区全国性事业接收委员会负责全国性政治、经济接收；各地区敌伪产业处理局负责接收各省市地方性机构、产业等三架“接收”马车的格局。

从表面上看，无论全国范围，还是不同地区和行业、部门，敌伪产业均有专门机构接收，分工清晰，职责明确，接收有条不紊。但实际不然，国民党军队与政府、中央与地方同时插手接收，各地接收机构林立。北平一地，仅中央相关接收机构就有教育部、经济部、社会部、农林部、交通部等13个部门派出的机构，连同其他系统的接收机构共有29个；其他城市的接收机构，天津有23个，杭州有28个，上海竟多达89个。军政接收机构之间，政府各部门接收机构之间，往往矛盾重重。如军政部在徐州抢先接收了烟草公司和酱油厂等民用企业，还强词夺理，谓因当兵的也要抽烟、吃酱油，这些企业也属军用，等等。其他一些地方，由于国民党军队首先到达，并肆意扩大“军用品”的概念，抢先接收了大批企业。国民党政府一些部门在接收中也争先恐后，能抢则抢，先下手为强。如海南岛本应由农林部接收的25个农业单位，被经济部抢先接收了16个。[①] 诸如此类

① 陆仰渊、方庆秋主编：《民国社会经济史》，中国经济出版社1991年版，第727—731页。

事例很多，以致蒋介石不得不承认，这次接收“系统紊乱，权责不明，有利相争，遇事相诿，形成无组织状态”①。

经过一番乱哄哄的争夺抢占，到 1946 年年底，国民党政府对敌伪资产的接收处理工作，除东北外，基本完成。不计交通运输各部门，国民党政府接收到手的工厂、矿场、商业、房地产和家具、仓库码头、金银外币、车船、各种物资（不包括国防用品和其他军用品）的资产分别按接收时当地的物价指数折合战前法币，共计 232456 万元，见表 0-8。

表 0-8　国民党政府接收的敌伪资产估值统计（1945—1947 年）

项目 地区	接收产业总额		其中:工矿业资产			折合战前币值			
	估价年月	资产总额（亿元）	单位数（个）	资产总额（法币亿元）	工矿业占产业总额比重（%）	物价指数		产业总额（万元）	工矿业（万元）
						地区	指数		
苏浙皖区[1]	1946 年 1 月	14973.38	478	6503.17	43.4	上海	1603	93408	40569
山东青岛区[2]	1946 年 1 月	2269.69	215	800.74	35.3	青岛	3216	7057	2490
河北平津区[3]	1946 年 6 月	9404.30	2838	1627.30	27.6	华北	4129	14300	3941
粤桂闽区[4]	1946 年 12 月	15514.53	163	5651.73	36.4	广州	5611	27650	10073
武汉区[5]	1946 年 1 月	2215.84	158	773.84	34.9	汉口	2609	8493	2966
河南区[6]	1946 年 12 月	—	30	—	—	—	—	373	373
东北区	1947 年 8 月	12578.90	4188	9239.46	73.5	沈阳	3787	33216	24398
台湾区	1945 年 11 月	台币 109.91	1275	台币 71.64	65.2	台北	23.6	45658	29759

① 陆仰渊、方庆秋主编：《民国社会经济史》，中国经济出版社 1991 年版，第 731 页。

续表

项目 地区	接收产业总额		其中:工矿业资产			折合战前币值			
	估价年月	资产总额（亿元）	单位数（个）	资产总额（法币亿元）	工矿业占产业总额比重（%）	物价指数		产业总额（万元）	工矿业（万元）
						地区	指数		
总计	—	—	9345	—	—	—	—	230155	114569

注:①敌伪产业处理局报告原注系 1946 年 12 月计算数字,唯查对同年 3 月及 5 月之其他资料,显系该年 1 月之估算,故不按 12 月指数折算(相差 2 倍以上),其中有德产 82.75 亿元,逆产 1000 亿元无分类,兹以半数为工矿业资产。

②产业总额中有德产 14.55 亿元无分类,兹以半数为工矿业资产。

③工矿业资产中包括有少量商业单位的财产,无法剔除。

④产业总额中有土地及逆产 4000 亿元无细 19 目,不列入工矿业资产。

⑤产业总额中有德产 500 亿元、逆产 150 亿元无分类,兹以半数为工矿业资产。

⑥原报告无估值,仅列有工厂 30 个单位,兹参考其他地区按每厂战前币值 12.43 万元估算。

资料来源:简锐:《国民党官僚资本发展的概述》,《中国经济史研究》1986 年第 3 期。原主要据中国第二历史档案馆所藏资料,折战前法币时,原值以万元为单位,指数 1936=100。

表 0-8 中所列的 8 个接收地区中,东北、台湾两区,与关内沦陷区不同,日本侵占、蹂躏时间更长,东北是日本发动全面侵华战争的“根据地”和“后方基地”;台湾自 1895 年后,不仅被日本占领了整整 50 年,而且被并入了日本疆域,更是日本全面侵华战争的“战略后方”,日本在占领期间,除了劫夺、破坏,亦有基于侵华战争和更深层考虑的投资“建设”。东北是日本投资最多的地区,并有巨额伪满“国有”资本。据统计,日伪投资折合战前法币值 33216 万元,其中工矿业 24398 万元,占 73.5%。后因战争末期盟军轰炸,尤其是 1945 年 8 月苏联进军东北,将大部分工矿和交通运输设备拆除运往苏联。关于苏联拆走的设备,有两个估计:一个是美国政府战争赔偿顾问鲍莱 1945 年 11 月的调查;另一个是 1946 年中国政府委托日侨善后联络处留华专家所作。现将这两个估计转录如表 0-9 所示。

表 0-9　苏军拆走东北工矿交通设备价值估计(1946 年)

项目 行业	美国鲍莱调查团估计			日侨善后联络处留华专家估计		
	万美元	折合法币万元*	占生产能力比重(%)	万美元	折合法币万元*	占生产能力比重(%)
电力业	20100	68136	71	21954	74420	60
钢铁业	13126	44495	50—100	20405	69169	60—100
煤矿业	5000	16949	90	4472	15159	80
铁路业	22130	75017	50—100	19376	65681	50—100
机器业	16300	55254	80	15887	53854	68
液化燃料业	1138	3858	75	4072	13803	90
化工业	1400	4746	50	4479	15183	33
水泥业	2300	7797	50	2319	7861	54
非铁金属业	1000	3390	75	6081	20614	50—100
纺织业	3800	12881	75	13511	45800	50
纸及纸浆业	700	2373	30	1396	4732	80
交通业	2500	8475	20—100	459	1556	30
食品业	—	—	—	5905	20017	50
总计	89494	303371	—	120316	407849	—

注:*美元折合法币汇率:战前法币 1 元=0.295 美元。

资料来源:许涤新、吴承明主编:《中国资本主义发展史》第 3 卷,人民出版社 1993 年版,第 607 页。表中美元折合法币的相关数据,系转录者计算编制,部分数据亦经复算核正。

两项调查估计,近一半的数据(包括占生产能力比重)相当接近,但亦有部分数据高低悬殊。总体而言,后项估计数据相对较高,亦较具体、详细,应该是经过了较为严肃认真的调查、评估、计算,可能比较接近实际。依前项估计,苏军拆走的设备,除铁路部分外,共值 6.737 亿美元,折合战前法币 22.84 亿元。依后项估计,苏军拆走的设备,除铁路部分外,共值 10.094 亿美元,折合战前法币 34.24 亿元。参照表 0-8 数据和以上两个估计,日本投降之初,东北原本存余的敌伪产业约为战前法币 26 亿—38 亿元。

经历苏军大规模拆运、破坏,实际上留给国民党政府接收并有经济价值的日伪资产,数量十分有限。日本投降后,中国人民解放军迅速解放了东北大部分地区。1946 年 1 月以后,国民党军队进入东北城市,9 月起接收日伪产业,至 1947 年 8 月,接收了辽宁、辽北、吉林 3“省”和长春、安东 2 市及热河境内铁路沿线的敌伪产业;当时东北的其他 5“省”和大连、哈尔滨 2 市不在接收之列。据东北接收委员会负责人称,接管产业共值东北流通券 1181.12 亿元,按东北流通券每元折合法币 10.65 元计算,即为表 0-8 所列工矿业产值战前法币 2.44 亿元,仅相当于上揭东北存余敌伪产业战前法币 26 亿—38 亿元的 6.4%—9.4%。

关于中国台湾敌产,日本在 1895 年割据台湾地区后,因限于财力,在相当长一段时间内并未着力开发。到 20 世纪 20 年代,平均每年投资 3300 余万日元,1931 年“九一八事变”以后着重经营东北,年均输台日资减至 550 万日元。据战争赔偿委员会调查,1945 年 8 月 1 日日本在中国台湾的产业共值 18.9 亿美元,其中企业资产 10.6 亿美元,折合战前法币为 27.51 亿元。其中工业约占 63.9%,矿业占 4%,两者合计折合战前法币 18.68 亿元。

1947 年国民党政府行政院向参政会报告称,截至 1945 年 11 月在中国台湾接收日本企业财产台币 71.64 亿元,个人财产 8.88 亿元,办公场所财产 29.39 亿元,共 109.91 亿元。时台北物价指数为 2360(1936 年=100),依此折合战前台币共 4.66 亿元;战前台币与日元等值,再按日元折战前法币,如表 0-8 所示。表 0-8 列台湾工矿业资产约 2.98 亿元,包括少量金融业资产未能剔除。此数仅为上估工矿业资产 18.68 亿元的 16%。按台湾的日产是全部由省政府接收的,虽战争末期受盟军轰炸较烈,损失较大,但亦不应如此之小。1945 年台湾 695 家日资工业会社的注册资本即达 9.23 亿日元(大多为战前币值);省政府接收企业 1275 家,仅合战前法币 2.98 亿元,未免偏低。①

表 0-8 中,整个统计并不完全,在混乱中破坏浪费的部分,私吞盗卖的部分,都无法稽核。不过,从表 0-8 中仍可大致窥其资产总值和工矿

① 许涤新、吴承明主编:《中国资本主义发展史》第 3 卷,人民出版社 1993 年版,第 605—608 页。

企业资产所占比重情况。如表0-8所示,国民党政府接收的敌伪资产总额,折合战前币值230155万元法币,其中工矿业9345个单位,折合战前币值114569万元法币,占总值的49.78%,亦即大致一半。就单位数而言,分别相当于1947年“国民党统治区”(原抗战后方地区)各类大小工厂总数和合于“工厂法”的工厂数的66.38%和282.16%。①

国民党政府接收的敌伪资产,除了工矿、金融单位,还包括日伪在商业、交通、农业等方面的大量资产。单位数量多,涉及范围广,环境和情况复杂,接收工作本身千头万绪,局面混乱。国民党政府接收官员趁乱贪污中饱,营私舞弊,受贿抢夺成风,人民怨声载道,对敌伪资产接收被形容为“劫收”。在广东,有敌伪资产接收的所谓“三部曲”之说:先是“瓜分”,接着是“盗卖”,最后无法交代,就一把火了之。即使这样,行政院长宋子文还认为“广东接收还算好”,其他地方更坏。国民党“接收大员”假公济私,巧取豪夺,一夜暴富。老百姓说他们是“新五子(金子、房子、票子、车子、婊子)登科”。同时,接收过来的一些工厂机器设备,因偷盗拆卸、锈蚀失修,致成废物。在接收过程中,社会生产力再一次遭到严重破坏。

由于接收过程中贪污盗窃成风,各地民怨沸腾,国民党政府不得不于1946年8月派出“清查团”到各地“清查”接收情况,但因时间紧、阻力大,且人力不足,仅能“抽查”而已。“清查团”成员目睹种种流弊,亦觉“殊堪痛恨”。曾身为“接收大员”的邵毓麟向蒋介石进言:“像这样下去,我们虽已收复了国土,但我们将丧失人心”。他预言,“在一片胜利声中,早已埋下了一颗失败的定时炸弹”。②

就在“接收大员”贪污盗窃成风的环境中,国民党政府开始对接收的敌伪资产进行分配、处理。按照国民党政府1945年11月23日颁布的《收复区敌伪产业处理办法》,敌伪产业的处理,有发还、移转和标卖等三

① 据1947年9月初至同年年底所做的“全国主要都市工业调查”,计有各类大小工厂14078家,其中合于“工厂法”的工厂数为3312家(陈真、姚洛合编:《中国近代工业史资料》第1辑,生活·读书·新知三联书店1957年版,第208页)。

② 陈真等编:《中国近代工业史资料》第3辑,生活·读书·新知三联书店1961年版,第747—759页;陆仰渊、方庆秋主编:《民国社会经济史》,中国经济出版社1991年版,第742—746页。

种基本形式:(1)“产业原属本国、盟国或友邦人民,系由日方强迫接收者”,应发还原主。(2)“产业原属华人与日伪合办者”和“产业原为日侨所有或已为日伪出资收购者”,收归中央政府,再根据产业性质或作移转处理。甲、与资源委员会所办国营事业性质相同者,交该会接办;乙、纱厂及其必需之附属工厂交纺织管理委员会接办;丙、面粉厂交粮食部接办;规模较小或不在甲乙丙范围内,予以标卖。(3)韩侨之产业,如无助虐行为或非法取得情形,概可发还。(4)对德侨产业,“除一有间谍嫌疑或行动者,二有帮助日军企图或行动者外,一概暂予保管,俟对德和约签订后再行处理”。国民党政府所接收敌伪工矿企业的具体处理情况见表0-10。

表 0-10　国民党政府接收敌伪工矿企业处理情况统计(1946—1947 年)

项目 地区	处理或报告年月	接收单位总数	处理情况				
			发还	移转	标售	其他方式	待处理
苏浙皖区	1946 年 12 月	478	109	86	226	—	57
河北平津区	1947 年 1 月	2838	131	278	161	1519	749
山东青岛区	1946 年 4 月	215	31	66	88	13	17
粤桂闽区	1947 年 2 月	163	28	33	70	32	—
武汉区	1947 年 5 月	158	15	106	15	17	5
河南区	1947 年 5 月	30	5	8	—	—	17
东北区	1947 年 8 月	4188	—	3413	—	—	775
台湾区	1947 年 2 月	1275	—	551	724	—	—
总计	—	9345	319	4541	1284	1581	1620
占总数比重(%)	—	100	3.4	48.6	13.7	16.9	17.3

资料来源:简锐:《国民党官僚资本发展的概述》,《中国经济史研究》1986 年第 3 期。

敌伪资产中的工矿企业,绝大部分是侵华日军、日本资本集团乃至日本浪人强占、劫夺的中国民营工矿企业。在处理敌伪资产时,这类企业理应按照实际情况发还原主。但表 0-10 所列数据显示,企业发还部分只有 319 个单位,占总数的 3.4%,绝大部分厂矿均未发还。少数发还的企业,主要是华商产业被敌伪强占、经营者,在发还时其敌伪增益部分仍须原业主价购或收归国有。表0-10中所谓“移转”,即交由政府部门接办,移转作为国家资本事业。如表0-10所示,移转企业达4541个单位,占总数的48.6%,扣除“待处理”部分,实占处理企业总数的58.8%。亦即将近6成的接收敌伪产业,转移给政府部门接办。表0-10中“标售”部分,《收复区敌伪产业处理办法》本来规定,“规模较小”和不属于资源委员会、纺织业管理委员会及粮食部接办的企业,将以公平价格标售。但实际并没有真正执行,大部分好的、有生产条件的工厂被四大家族囊括一空。[①] 剩下的概属破损小厂,无法复工生产,甚至无人问津。表0-10中“其他方式”,主要是拆零部件出卖。河北平津区包括商业、农业企业,台湾区包括金融业,但为数不多。表0-10中“待处理”部分,有519个单位属暂时“保管”,留待成立新的国营机构后,再行移交。这样,最后国家垄断资本(包括以民营面貌出现者)应占接收敌伪工矿资产的90%左右。

国民党政府接收和处理的敌伪资产,还有商业企业和日本本土的若干工厂。其中商业企业,据经济部的报告,截至1946年11月,除东北接收情况不明外,共接收日伪商业企业326家,资产估值47784万元,折合战前法币仅10万余元,既未能反映日伪商业资产的全貌,亦无多大意义。

至于日本本土工厂问题。日本长达14年的侵华战争,致使中国遭受巨大损失。不过根据《波茨坦宣言》,盟国并不向日本索取赔款,而仅以其工业设备和实物抵充。据此,国民党政府行政院设“日本赔偿委员会”,汇总全国除东北、台湾和中国共产党领导的解放区以外的各省市损失报告,计公私财产损失共37万亿元,折合战前法币1078亿元,折合战前美元318亿元;又军队伤亡340.7万人,平民伤亡842.7万人,按国际标准估值折合战前法币169.5亿元,折合战前美元49.99亿元。美国同时派遣赔偿顾问鲍莱为特使,调查日本产业,提出日本可供赔偿的工业设备900万吨。盟国远东委员会决定先提30%作为直接受日本侵略各国的

① 中国人民政治协商会议全国委员会文史资料研究委员会编:《工商经济史料丛刊》第二辑,文史资料出版社1983年版,第103—110页。

“先期赔偿”物资，中国可得半数，即135万吨，责成麦克阿瑟领导的驻日盟军总部（“盟总”）执行。

这135万吨赔偿物资，需运费、国内建厂费、安装费等8000亿元和外汇4858万美元。国民党政府因财政困难，仅申请拆迁48.785万吨，并派遣以吴半农为主任的“归还物资接收委员会”进驻日本，负责办理，1948年1月开始拆运。后因国民党政府面临覆亡危险，1949年5月13日美国政府突然指令“盟总”停止执行“先期赔偿”计划。至此，中国分得的赔偿物资共值18131358美元，共拆迁54个工厂中17个整厂和4700部机器，其中28.785万吨分给了资源委员会，占拆迁总吨数的59.7%；其余分给国防、交通、经济等部；除经济部将少量机器配给民营工厂外，都属“国营”工厂所有。①

战后盟国要求日本归还战争中强行劫走的物资，并于1948年7月达成协议。截至1949年9月，运回中国的被劫物资有铜币、镍币11083公吨，值524.6万美元；南京永利硫酸铔厂和广东省营造纸厂设备原件；各种机器，值220余万美元；轮船12艘、20676吨，值216.3万美元，连同图书、缂丝古画、珠宝首饰、古物、贵金属、车辆、原料、杂项等共10类，共值1813.2万美元。② 以上赔偿和归还物资共值4063.2万美元，折合战前法币10546万元。其中一部分经运台湾，大部分也成为国家资本。

由于大笔接收敌伪产业和抵充赔偿的日本工厂设备，国家资本大幅膨胀。国民党政府在战时经济的基础上，通过接收大笔敌伪资产和沦陷收复区的工矿企业，组建多个全国性和地方性的国有企业集团。作为国家资本专业“制造”机构的资源委员会，截至1946年年底，已接收敌伪产业29个单位，技术和管理人员近3000人，资产值11478亿元，折合战前法币3.36亿元。资源委员会的事业由此再一次扩张，设立多家专业公司或局，管理相关厂矿。如电力，设东北、冀北、台北等公司；钢铁设华北、华

① 许涤新、吴承明主编：《中国资本主义发展史》第3卷，人民出版社1993年版，第613—614页。

② 中国人民政治协商会议编：《文史资料选辑》第72辑，文史资料出版社1980年版，第244—249页。

中、鞍山、本溪、海南等公司;金属矿设华中、东北、台铜、台铝等公司。又设中国石油公司,除甘肃油矿、四川天然气矿外,接收抚顺炼油厂和本溪、鞍山油母页岩厂,以及规模巨大的台湾高雄炼油厂;同时设中国油轮公司,有油轮 23 艘;酸碱、水泥设有天津酸碱、台湾制碱、台湾肥料、台湾水泥等公司;作为新辟事业的台湾糖业公司,有 42 个厂、2.6 万名职工,并有蔗田和专用铁路;天津、辽宁、台湾 3 个纸浆造纸公司辖有 11 个厂、近 4500 名职工。到 1947 年年底,资源委员会共有 11 个生产部门、96 个管理机构、291 个厂矿、223775 名职工(8 月最高峰时有 261038 名职工)。资源委员会不仅接收了大批敌伪资产、企业,还获得政府巨额拨款和国家银行巨额贷款支撑:政府拨款,1946 年有 963 亿元,1947 年有 3280 亿元;国家银行贷款,1946 年有 543 亿元,1947 年有 3584 亿元;另有外汇借款约 1500 万美元。①

除了资源委员会及其众多下属公司,同时或相继组建的国家资本集团公司还有:中国纺织建设公司(“纺建”)、中国纺织机器制造公司、中国植物油料厂(“中植”)、中国粮食工业公司(“中粮”)、中国蚕丝公司(“中蚕”)、中国盐业公司、齐鲁企业公司、恒大公司、中国农业机械公司、淮南矿路公司、扬子电气公司等。

随着国家资本的急剧膨胀,它对全国经济领域和各部门的控制垄断力度进一步加强。国家资本经济成分在全国新式工矿企业资本总额中所占的比重,从 1944 年的 50.5%迅速增长到 1946 年的 80%,扩张速度十分惊人。如将 1945 年国家资本在工矿业中的生产发展指数定为 100,1946 年即猛增至 1054,1947 年更达 2137,三年中膨胀了 20 倍。②

国家资本的急剧和全面膨胀,还突出表现在交通运输、邮电通信、商业贸易和银行金融等多个领域。

在上述领域,国民党政府接收一大批敌伪资产,收回了沦陷光复区的相关资产与产业。而后将其绝大部分或全部转为了国家资本。交通运输

---

① 许涤新、吴承明主编:《中国资本主义发展史》第 3 卷,人民出版社 1993 年版,第 617 页。

② 黄逸峰、姜铎等:《旧中国的买办阶级》,上海人民出版社 1982 年版,第 203 页。

业方面,总计收回关内外、台湾铁路 21260 公里;关内外、台湾公路 36682 公里;接收船舶 144489 吨;接收邮政局 35845 所、员工 1.4 万人,电信局 245 所、员工 8043 人。以上接收和收回的交通、通信资产与产业,按前揭方法估值,约合战前法币 22 亿元,相当于接收的工矿业资产与产业 11.46 亿元的 1.9 倍。[①] 接收的东北、台湾交通设施和资产,以"国营"交通运输和邮电通信业资产外形出现,国家资本大为膨胀。但是这一数量庞大的国家资本和经济资源既未妥善利用,更未增值。

国内商业和对外贸易方面,国家资本的膨胀及其表现形式稍有不同。抗日战争胜利后,国民党政府取消战时的物资统制,撤销贸易委员会及复兴等"国营"公司,私营进出口商复业。但是,国家资本并未退位,而是以私商"大户"的面貌出现,实际上垄断或控制了洋商以外的进出口贸易。因此,战后外贸商业中的突出现象同样是国家垄断资本的发展。同时,资源委员会仍独家经理钨、锑、锡、汞等特种矿产品的出口,中央信托局在战后对外贸易中一直占有垄断地位。实行输入限额分配后,在全国性配额(占全部配额的 76%)中,米、麦、面粉、煤、人造丝等配额由中央信托局独占,其余进出口贸易商只能代理中央信托局进口,收取回佣;出口方面,中央信托局于 1946 年、1947 年先后从事丝、茶收购;1947 年 6 月政府公布国家《收购出口物资办法》后,桐油、猪鬃也统由中央信托局收购,1948 年又扩展至冰蛋、羊毛、驼毛、花生仁、大豆、油菜籽和水泥,中央信托局将收购的商品委托进出口贸易商出口,而这些商品的进出口贸易,全部为新成立的各类"国营"公司或以"私商"大户面貌出现的官僚豪强资本所垄断:战后新设的"国营"中国纺织建设公司,垄断了 90%的洋棉进口及部分纱布出口;开设于 1936 年的官商合办中国植物油料厂,战后官进商退,1945 年资本增至 200 万元,商股仅占 27.5%。同时接收大批敌伪油脂企业,资产增加 7 倍。战后 70%的桐油出口由该厂经营,中央信托局收购的桐油中,65%委托该厂出口;[②]战后新建的官商合办企业中国茶业联营公司,

---

① 简锐:《国民党官僚资本发展的概述》,《中国经济史研究》1986 年第 3 期。

② 上海社会科学院经济研究所等:《上海对外贸易》上册,上海社会科学院出版社 1989 年版,第 161 页。

实际上也是中央信托局的附属机构。

除了“国营”公司和官商合办的“国营”或“准国营”公司,以“民营”或“私商”面貌出现的国家资本或官僚豪强资本企业,同样或更值得注意。它是由当权大家族创设,是典型的官商合一,明目张胆地将国家资本私有化。如宋子文家族的孚中实业公司、中国进出口公司、一统国际贸易公司以及金山、立达,利泰等贸易公司;孔祥熙家族的扬子建业公司、嘉陵企业公司、益中实业公司;陈立夫家族的华美贸易公司、太平兴业公司;还有宋美龄与陈纳德合组的中美实业公司等,都属于上述资本性质。孚中公司,1945 年 12 月创设,资本 3 亿元,实为几家银行出资,宋子良任总经理,凭借宋家关系,取得美国伟力斯汽车、西屋电器等 12 家大公司的在华独家经销权;扬子公司,1946 年 1 月创设,资本 1 亿元,孔家独资,孔令侃任总经理,取得美国共和钢厂等 10 家企业在华总代理权;嘉陵公司,1947 年创设,孔家独资,由孔令俊(即孔二小姐)任总经理,亦取得美国一些公司的代理权。这些公司都代理中央信托局的出口业务,而利润最大者是汽车、钢铁、机电器材的进口。战后汽车最抢手,1942 年 2 月开始实行限额分配,7 位座以上大车全配给洋商,7 位座以下小车部分配给华商。孚中、扬子都事前得知消息,虚造大批成交电报,取得配额;孚中以吉普车为主,扬子以小轿车为主。又美国以汽车缺货,新车只发给特约经销户。扬子于 1947 年 10 月收买有近百年历史的上海英商利喊汽车公司 95%的股票,但不过户,仍以英商名义进口雪佛兰、奥斯汀汽车 100 余辆。售货一律以美元计价,收款一律以美元、黄金为限,然后将其变成外汇。这些公司还套取官价外汇,从事黑市交易以及走私种种,无所不为,大发不义之财。①

银行和金融业方面,由于行业本身的特殊地位和作用,在抗日战争期间乃至战前,国家资本已经形成高度垄断态势。

抗战胜利后,国民党政府中央银行和中央金融机构“四行两局”,通过接收敌伪金融产业、处理和回收伪币、调整和改组银行结构,使国家金

① 上海社会科学院经济研究所等:《上海对外贸易》下册,上海社会科学院出版社 1989 年版,第 149—150、155、157 页;中国人民政治协商会议编:《文史资料选辑》第 36 辑,文史资料出版社 1963 年版,第 170—171 页。

融资本再次膨胀,国家资本的金融垄断程度进一步提高。

日本投降后,中央银行先后接收伪"中国联合准备银行"、"中央储备银行"、"满洲中央银行"上海分行及省市银行、日本朝鲜银行;中国银行接收有日本横滨正金银行、德国德华银行;交通银行接收有日本住友银行、劝业银行、上海银行株式会社、汉口银行株式会社;中央信托局接收有日本三菱银行、伪"中央信托局"、"中央保险公司"、"中央储蓄会";邮政储金汇业局接收有伪"中国实业银行"、中日实业银行、伪邮政储金汇业局。其中伪"中央储备银行"交出黄金 50 余万两,白银 763 万两,银元 37 万枚;伪满"中央银行"上海分行交出黄金 8 万余两,白银 31 万余两,银元 24 万枚。① 东北情况略有不同。伪满"中央银行"和满洲兴业银行总行,最初被进驻长春的苏军接管,1945 年 10 月由长春中国银行接收。沈阳初次解放时,人民政府于 1945 年 11 月成立东北银行,并接收各敌伪银行;大连人民政府也在接收敌伪银行后成立大连银行;哈尔滨的敌伪银行同样由人民政府接收。1946 年 1 月后,国民党军队占领东北南部,重新占领了原敌伪各银行房产。台湾的日本金融机构,初由国民党政府财政部特派员同台湾地区派员监理,1946 年 5 月正式接收和改组台湾银行,接着清理前三和银行,并接收台湾储蓄银行,改组为台湾银行储蓄部;又接收日本劝业银行在台 5 个支店,被改组为台湾土地银行。其余台湾工商银行、华南银行、彰化银行等,均改组为官商合办银行。经接管、改组后,台湾地区仅存 5 家银行,全部纳入国家资本金融体系。②

国民党"四行两局"金融垄断资本体系除接收大量敌伪金融资产外,又利用清理、回收伪钞之机,对沦陷光复区人民进行洗劫。日本全面侵华战争期间,敌伪在沦陷区强制发行军用票、"中储券""联银券""蒙疆券"等,进行赤裸裸的搜刮、掠夺。抗日战争胜利后,国民党政府极力压低收兑比率,再次洗劫民众。例如"中储券"对法币的收兑比率应为 25∶1,而

---

① 《中国近代金融史》编写组编:《中国近代金融史》,中国金融出版社 1985 年版,第 290 页。

② 许涤新、吴承明主编:《中国资本主义发展史》第 3 卷,人民出版社 1993 年版,第 631—632 页。

国民党政府压低为200∶1,仅从兑入41401亿元“中储券”中,就赚取黄金30万两,合法币270亿元。① 国家金融垄断资本通过这类洗劫而加速膨胀。据1946年6月的统计,在国民党统治区的3489家银行分支机构中,国家垄断资本性质的银行及其分支机构达2446家,占70.1%。11月,国民党政府又宣布成立“中央合作金库”,下设省分库和部分市县合作金库,资本6000万元,由国库拨付3000万元,中央、中国、交通、农民四行分拨2000万元,各省市政府、县市合作金库共同认购1000万元。总库设在南京,各市、县设立分金库,经营存、放、汇款等业务,1948年春加入“四联总处”后,还可以办理抵押贷款。国家垄断资本金融体系由原来的“四行两局”变为“四行两局一库”,仍由“四联总处”统领,但其职能发生变化。② 中央合作金库成立后,其分支机构遍布各县市,更有利于新的金融资本体系将势力渗入到城乡每个角落。到1946年年底,仅“四行两局”的分支机构即有852处,其存款总额高达54881亿元,占全国银行存款总额的91.7%。而民族资本银行的存款仅占8.3%。1947—1948年,国民党统治区的金融业资本中,国家资本所占比重为88.9%,外资银行为5.9%,民族资本只占5.2%。③ 国家资本已占绝对垄断地位。

国民党政府国家垄断资本通过“四行两局一库”的特权和业务垄断,把金银、外汇集中起来,用纸钞收购物资,然后换成外汇;同时还用低利贷款提供其直接或间接控制的工商企业使用,进一步扩大和加强其垄断力量。由于“四行两局一库”集中了庞大的货币资本,其放款比重亦占绝对优势,不仅放款额总是高于存款额④,造成信用膨胀和更严重的通货膨

---

① 魏宏运主编:《中国现代史稿》下册,黑龙江人民出版社1981年版,第265页。

② 自1942年5月实行四行专业化以后,中央银行的地位大大加强,获有独家发行钞票、经理国库、收存公私银行存款准备金等权力;战后又集中了金银、外汇的管理,办理商业行庄的票据交换、重贴现、转抵押等,成为最高金融机构。战后“四联总处”仅办联合贴放,而这时中国、交通各行恢复战前业务,联合贴放业务减少。1948年10月,“四联总处”遂告结束。

③ 《中国近代金融史》编写组编:《中国近代金融史》,中国金融出版社1985年版,第291—292页。

④ 1947年6月,国家资本银行的放款总额占全国银行放款总额的93.3%,其放款总额高出存款总额的46%。《中国近代金融史》编写组编:《中国近代金融史》,中国金融出版社1985年版,第293页。

胀，而且通过扩大放款、制造信用膨胀，以期支持国家垄断资本的工矿商业和交通运输业，维持和强化其在相关领域的垄断力量。

黄金是硬通货，随着内战的扩大和恶性通货膨胀的加剧，国家垄断资本不断加紧对黄金市场的操纵和黄金、外汇的聚敛。抗日战争后，国民党政府掌握了600万两黄金和9亿美元外汇，并将黄金的抛、收作为稳定法币的重要手段，国民党政府黄金放收、牌价高低无定的政策，导致市场上黄金投机日盛，为国家资本及其实际持有者的投机牟利创造了条件。1946年3月黄金市场开放，由中央银行在上海配售黄金。因法币狂跌、黄金猛涨，黄金市场完全失控，60%以上的黄金储备被抛售，最终酿成1947年2月的"黄金风潮"，国民党政府被迫恢复黄金管制，严禁黄金买卖，但仍许持有黄金，导致黄金走私盛行，法币贬值、金价飙升愈剧。在这种情况下，国民党政府的政策进退失据。1948年8月19日，国民党政府颁布《财政经济紧急处分令》，禁止个人持有金银，限期收兑，违者治罪。但旋即于11月11日又准许私人持有金银和金银买卖，并由中央、中国、交通、农民四行按照规定办法兑换黄金及银元。市民害怕金元券贬值，昼夜排队挤兑黄金，造成混乱。1949年1月5日，国民党当局又开始对存兑黄金加征平衡费50美元，按侨汇挂牌计价，于是导致黄金黑市价格猛涨，一发不可收拾，不过国家资本及其实际持份者已赚得盆满钵满。

国家资本及其实际持份者，还通过买卖外汇谋取暴利。1946年3月，国民党政府在开放黄金市场的同时，开放外汇市场，出台《管理外汇暂行办法》及《进出口暂行办法》，不过只对国家资本有关的个人和企业保证供应外汇，并按官价结汇，而拒绝对民族资本企业提供外汇。于是国家资本或官僚豪强资本的一些企业，乘机捞取大量廉价外汇，用以进口美国货，谋取巨额利润，加速资本积累。国家资本的持有者，还大量吞并土地，如日伪华北垦业公司的土地50余万亩；军粮城农场稻田43万亩，华北农业试验场的土地27万亩，以及日本在中国台湾圈占的土地，都是他们的猎取物。①

① 魏宏运主编:《中国现代史稿》下册，黑龙江人民出版社1981年版，第265页。

国家资本的发展、变化进程充分显示,资本积累、膨胀并非通过扩大生产,发展经济,创造社会财富,而是单一和直接的“钱生钱”“利滚利”。其中最主要的“钱生钱”办法,就是滥发纸币。这既是蒋介石国民党搜刮民众、维持政府财政的主要手段,也是国家资本凭以进行增殖、膨胀的重要途径。从抗日战争前夕到1948年间法币天文数字的生成,直接反映了滥发纸币及其恶果,见表0-11。

表0-11　国民党政府的纸币发行与物价指数(1937年6月—1948年8月)

项目 年月	法币发行额(亿元)	发行指数	对上个月环比(上月为100)	上海批发物价总指数	重庆主要商品批发物价总指数
1937年6月	14.1	1	—	1	1
1945年8月	5569	395	120	86400	1795
1945年12月	10319	732	114	885	1405
1946年12月	37261	2642	113	5713	2688
1947年9月	169181	12020	124	43253	18658
1947年12月	331885	23537	123	83796	40107
1948年7月	3747622	265789	191	2606000	1325000
1948年8月	6636946	470705	(21日止)	4927000	1551000

注:物价指数1937.6=1。

资料来源:《中国近代金融史》编写组编:《中国近代金融史》,中国金融出版社1985年版,据第298页统计表改制。

抗日战争8年间,法币已增发394倍,抗日战争胜利后,增发速度更直线上升。1945—1948年3年间,法币增发1190倍,1948年8月更猛增到抗日战争前夕的47万倍。纸币成天文数扩大,物资总量不仅没有增加,反而减少,结果物价涨幅更远超过法币发行额增幅。1947年9月,法币发行额相当于战前的1.2万余倍,同期上海物价为战前的4.3万余倍,高出前者2.6倍;1948年8月,法币发行额相当于战前的47万余倍,同期上海物价为战前的493万倍,高出前者近9.5倍。这时法币几成废纸,一麻袋法币换不到一麻袋土豆,法币制度彻底崩溃。

解放战争后期，眼看国民党政府覆亡在即，国民党政府自身和国家资本持有者，将大量金银、外币运往台湾和国外，将个人大笔款项存于国外。① 1948 年有美国议员称，中国官场要人，在美国的存款达到 20 亿—30 亿元。1949 年，四大家族授意交通银行，将多余的外汇寸头转移到菲律宾交通银行。到 1949 年新中国成立前夕，交通银行的外汇资金已经抽逃殆尽。上行下效，一些军阀、地方官僚和地方官办资本实际持份者，也都千方百计将金银、外汇、资产转移国外。② 国家资本从无到有，从小到大，再到恶性膨胀，最后一败涂地，国家资本及其持份者，在中国大陆无容身之地，只能落得个“携款潜逃”的结局。

四、新民主革命与中国资产阶级和资本主义

近代中国，作为国际帝国主义共同支配下的半殖民地半封建，在经济制度、政治体制、物质生产、精神文明、社会习俗诸方面，都是封建主义、帝国主义、资本主义、殖民主义的混合体和大杂烩。鸦片战争后，西风东渐，欧美的资本主义生产力、生产关系、流通交换、生活方式、文化思想等，相继传了进来，并最先在东南沿海地区生根发芽、枝蔓渗透。但是，延续两千余年的封建生产关系和政治经济制度，根深蒂固，并无动摇、消亡的迹象。适应能力极强的封建主义，不惜以出卖国家主权、民族利益为代价，保存自己。用慈禧太后的“经典”语言，就是“量中华之物力，结与国之欢

① 1949 年 3 月 25 日有报道称，国民党政府的金银、外币准备金约值 27500 万美元，其中 1/3 在上海保管，一部分以政府名义存放国外，价值 7300 万美元的金银则运往台湾（《中国近代金融史》编写组编：《中国近代金融史》，中国金融出版社 1985 年版，第 296 页）。

② 如 1946—1947 年间，山西省银行为山西军阀阎锡山收购了大量美元，存于天津大陆银行，其后陆续将存款转移到美国银行，其中一笔就达 150 万美元以上。1948 年年底，阎锡山见形势不妙，命把他的官办资本企业变价，连同最后克扣的军饷及所掠夺的财富，共合黄金 11.5 万余两，立即转移到上海，旋即运往台湾（《中国近代金融史》编写组编：《中国近代金融史》，中国金融出版社 1985 年版，第 297 页）。

心”。结果,封建主义成为国际帝国主义赖以统治和奴役中国人民的基础,资本主义只能在国际帝国主义和国内封建主义的夹缝中艰难生长、生存。在近代时期的不同阶段或不同间隙,中国资本主义或有所发展,或停滞、倒退,甚至遭到浩劫,面临灭顶之灾,始终没有条件获得顺利和充分发展。因为国际帝国主义和国内封建主义势力过于强大,中国民族资产阶级过于弱小,又同国际帝国主义和国内封建主义有着千丝万缕的联系,而对蕴藏着巨大力量的农民阶级不仅缺乏号召力和组织能力,而且害怕农民,从骨子里瞧不起农民,没有胆量和气量彻底解决广大农民的土地问题,既不能充分调动农民的积极性,更没有胆量、勇气发动和组织农民起来推翻封建阶级,废除封建制度。

历史已经证明,中国资产阶级无力完成本应由该阶级承担的反帝反封建的历史使命。由资产阶级发动和领导的辛亥革命,虽然推翻了清朝,废除了帝制,却丝毫没有触动国内封建制度和国际帝国主义侵略、扩张势力。不仅如此,有限的革命成果被袁世凯篡夺,袁世凯旋即复辟帝制,并答应日本的“二十一条”要求,不惜以亡国灭种为代价,保存自己的帝位。

在半殖民地半封建的近代中国,在中国民族资产阶级无力领导和圆满完成反帝反封建的民主革命任务的特殊历史环境下,反对帝国主义、消灭封建主义的资产阶级民主革命重担落在了中国无产阶级及其先锋队的肩上。1919 年“五四运动”的发生和 1921 年中国共产党的成立,标志着中国无产阶级及其先锋队已经接过了这一历史重担。

反对封建主义及其靠山帝国主义,彻底废除封建制度,特别是废除封建土地所有制,废除封建租佃制度和封建地租剥削,扫除资本主义发展的障碍,这既是资产阶级发展资本主义的利益和条件需求,也是资产阶级民主革命的核心内容和主要目标。无论从历史使命还是阶级利益来看,都不能说是无产阶级的“分内事”,即使在近代中国半殖民地半封建的特定条件下,由无产阶级及其先锋队承担和完成这一历史使命,包括解决农民土地问题,也仍然在资产阶级民主革命范畴内,并不属于无产阶级革命范畴。因为它是帮资产阶级革命,更确切地说,是代替资产阶级革命,而不是革资产阶级或资本主义的命。

在近代中国，1919年以前资产阶级民主革命称“旧民主主义革命”或“旧民主革命”，1919年以后的资产阶级民主革命称“新民主主义革命”或“新民主革命”。无产阶级及其先锋队是“新民主革命”的领导者和组织者，广大农民是革命的同盟军和主力军。革命的领导和主力变了，革命的目的和目标，虽然在革命阵营内部有分歧、有争论，在执行过程中有过偏差，但总的来说，新民主革命的对象和目标是清晰的、明确的，民族资本主义及其人格化的资产阶级，并不是新民主革命的打击和消灭对象。在土地革命战争、抗日战争和解放战争中，城市资产阶级和农村中带有某些资本主义因素的富农及经营地主，一般都是革命的统战或中立对象；在土地革命根据地和抗日根据地，在解放区，城乡资本主义或带有某些资本主义因素的经济成分，一般都被完整地保留下来，并有不同程度的发展、扩大。

中国共产党及其领导人，作为新民主革命的直接领导者和组织者，对新民主革命的目的和对象、新民主革命与民族资本主义关系的认识、判断，有一个从模糊到明确、从稚嫩到成熟、从领导核心内部严重分歧到基本统一的成长、发展过程。

中国共产党成立的初期，由于对近代中国的国家性质缺乏深刻的认识，对马克思“消灭私有制”的理论体系没有全面的理解，导致对中国革命的目的、对象及革命性质的认识模糊、混乱。在中国共产党第一次全国代表大会通过的《中国共产党第一个纲领》（以下简称《纲领》）中，曾提出“消灭资本家私有制，没收机器、土地、厂房和半成品等生产资料，归社会公有”①的主张。《纲领》模糊了革命的目的和任务，混淆了敌友，扩大了革命的打击面，孤立了自己，加剧了敌强我弱的不利态势。当时孙中山领导的资产阶级民主革命如火如荼、方兴未艾，《纲领》把这股本可联合的革命力量推到了自己的对立面。

不过这种把资产阶级当成革命对象，用无产阶级革命的办法来消灭资本主义的纲领主张，很快出现了180°的大转弯。列宁在1920年共产国

① 中央档案馆编：《中共中央文件选集》第1册（1921—1925），中共中央党校出版社1989年版，第3页。

际第二次代表大会上和尔后的其他著作中,提出了殖民地半殖民地的革命学说,将帝国主义时代的世界民族区分为压迫民族和被压迫民族,指出殖民地半殖民地革命的性质和任务,是反对帝国主义和封建主义的民族民主革命。这个革命必须联合世界无产阶级共同斗争;殖民地半殖民地国家的主要群众是农民,中心任务是解决农民的土地问题。因此,无产阶级必须同民主革命的主要力量农民阶级结成巩固的联盟。同时,这些国家的无产阶级,从一开始就应该掌握革命的领导权,只有这样,才能引导革命走向胜利。1922 年 1 月,共产国际在莫斯科召开远东各国共产党和民族革命团体第一次代表大会,中国共产党派代表参加了大会。大会明确提出了中国民主革命的任务是反对美、英、日、法等帝国主义,反对军阀制度和封建土地制度。大会期间列宁还接见了中国产业工人代表,勉励他们团结其他革命人民共同推动中国革命的发展。

列宁的殖民地半殖民地革命学说武装了中国共产党人,参加莫斯科大会的中共部分代表回国后参加了当年在上海召开的党的第二次全国代表大会。就是这次大会,舍弃了党的一大所提出的超前目标和口号,确立了反帝反封建的民主革命纲领。大会通过的《宣言》,深刻揭露了帝国主义列强对中国的侵略,正确分析了中国所处的国际环境,对中国的社会性质、国内阶级结构和阶级矛盾、民族矛盾,作出了准确的判断:中国是国际资本帝国主义支配的"共同的殖民地""新式的殖民地","中国一切重要的政治经济",无不受帝国主义列强"操纵"。中国民众无不受其盘剥、奴役,3 万万农民因土地缺乏,天灾流行,战争、土匪扰乱,军阀捐税剥削,外国商品压迫,日趋穷困、痛苦;因外国商品充斥市场,手工业者、小店主、小雇主也日趋困苦;新兴资产阶级也不能"自由发展和自由竞争",只不过做世界资本主义侵入中国的"中间物"罢了。

在这种形势下,中国各阶层民众都因遭受国际帝国主义和国内封建军阀的盘剥、压迫,一齐奋起反抗,形成一股革命运动:工人们处在中外资本家的极端压迫之下,革命运动"是会发展无已的"。事实上,中国"劳动运动"已经发展起来,工人组织迅速扩大,结果将会变成推倒在中国的世界资本帝国主义的"革命领袖军";3 万万农民是革命运动中的“最大要素”；中国的“幼稚资产阶级”，因外国资本主义为自己的发展和利益，扶助中国军阀，“阻碍中国幼稚资本主义的兴旺”，为免除经济上的压迫，也“一定要起来与世界资本帝国主义奋斗”，而且“已能结合全国的力量，反对外国帝国主义和北京卖国政府”，如1919年的排日运动。国民党所组织的广东政府，更是“中国开明资产阶级的民主主义的运动”。

《宣言》由此得出结论：“各种事实证明，加给中国人民（无论是资产阶级工人或农民）最大的痛苦的是资本帝国主义和军阀官僚的封建势力，因此反对那两种势力的民主主义的革命运动是极有意义的：因民主主义革命成功，便可得到独立和比较的自由。”因此，“审察今日中国的政治经济状况”，无产阶级和贫苦农民“都应该援助民主主义革命运动”。而且“无产阶级相信在现今的奋斗进行中间，只有无产阶级的革命势力和民主主义的革命势力合同动作，才能使真正民主主义革命格外迅速成功”。再扩而大之，中国的反帝运动“也一定要并入全世界被压迫民族的革命潮流中，再与世界无产阶级革命运动联合起来，才能迅速地打倒共同的压迫者——国际资本帝国主义”。①

作为无产阶级先锋队的中国共产党，认识并肯定反帝反封建的资产阶级民主主义革命的积极意义，同时又相信，只有无产阶级的革命势力和资产阶级民主主义的革命势力协同运作，并汇入全世界的民族革命潮流，才能保证和加快资产阶级民主主义革命的成功。

正是基于这一认识，中国共产党在第二次全国代表大会上，制定了反帝反封建的资产阶级民主革命纲领。同时明确了党的奋斗目标和实现目标的步骤及方针、办法。明确将革命目标分为远期目标、近期目标或最高纲领、最低纲领两个部分。近期目标或最低纲领就是反帝反封建的民主革命纲领。

《宣言》强调，中国共产党是中国无产阶级政党，其目的是要组织无

① 中央档案馆编：《中共中央文件选集》第1册（1921—1925），中共中央党校出版社1989年版，第101—114页。

产阶级,用阶级斗争的手段,建立"劳农专政","铲除私有财产制度,渐次达到一个共产主义的社会"。这是党的远期目标或最高纲领,不可能立即或短时间内着手进行和谋求实现。革命必须分阶段、有步骤地进行。因此,《宣言》接着规定了党的近期目标或最低纲领:中国共产党"为工人和贫农的目前利益计,引导工人们帮助民主主义的革命运动,使工人和贫农与小资产阶级建立民主主义的联合战线"。中国共产党"为工人和贫农的利益",在联合战线里的"奋斗目标"是:消除内乱,打倒军阀,建设国内和平;推翻国际帝国主义的压迫,达到中华民族完全独立;统一中国本部(东三省在内)为"真正民主共和国";蒙古、西藏、回疆三部实行自治,用"自由联邦制",统一中国本部、蒙古、西藏、回疆,建立"中华联邦共和国";工人和农民,无论男女,在各级议会有"无限制的选举权",言论、出版、集会、结社、罢工"绝对自由"。《宣言》还提出制定关于工人、农民和妇女的法律:关于改善工人待遇:废除包工制,实行 8 小时工作制,工厂设立工人医院及其他卫生设备,设立工厂保险,保护女工和童工,保护失业工人等;关于农民和其他方面:废除丁漕等重税,规定我国(包括城市乡村)土地税则,废除厘金及一切额外税则,规定累进率所得税,规定限制田租率的法律,废除一切束缚女子的法律,改良教育制度,实行教育普及。这些法律、措施,不仅对工人和贫困农民有利,也同样对富裕农民和城乡小资产阶级、城市民族资产阶级有利。

值得注意的是,中共二大提出的民主革命纲领对现存封建土地制度、封建租佃制度、劳动力雇佣关系,资本主义生产关系、生产方式和矿工商企业的占有、生产、经营等,并未制定任何有关废除、没收、取缔、改革、规范等根本性的方针、政策、措施,无论是封建主义的还是资本主义的生产经营实体,只要遵守有关法律、规定,不违例侵犯工人、农民的权益,均可照旧运行和经营、发展。而且,民主主义革命扫除了国际帝国主义的压迫,对外可以进行平等贸易;国内废除了厘金关卡和苛捐杂税,商路通畅;田租租率和地主剥削受到限制,农民经济状况得到改善,农村购买力明显提高;等等。所有这些,都为资本主义生产的发展创造了条件。

为了防止工人、农民在同小资产阶级结成“联合战线”中“援助”民主主义革命时迷失方向，沦为小资产阶级的“附属物”。《宣言》特别强调，无产阶级有“自己阶级的利益”，必须清醒认识到：“无产阶级加入民主革命的运动，并不是投降于代表资产阶级的民主派来做他们的附属品，也不是妄想民主派胜利可以完全解放无产阶级”。所以，在民主革命的战争期间，无产阶级一方面固然应该联合民主派，援助民主派，“然亦只是联合与援助，决不是投降附属与合并，因为民主派不是代表无产阶级为无产阶级利益而奋斗的政党”。[①] 民主主义革命成功了，“无产阶级不过得着一些自由与权利”，并不能“完全解放”。而且民主主义革命成功，“幼稚的资产阶级”便会迅速发展，与无产阶级处于对抗地位。因此，无产阶级便须对付资产阶级，实行“与贫苦农民联合的无产阶级专政”的第二步奋斗。如果无产阶级的组织力和战斗力强固，第二步奋斗即可跟着民主主义革命胜利以后即刻成功的。

为了不致沦为小资产阶级的“附属物”，同时能为“自己阶级的利益”奋斗，工人和贫农必须要“环绕中国共产党旗帜之下再和小资产阶级联合着来战斗”。工人们要时常记得自己“是一个独立的阶级，训练自己的组织力和战斗力，预备与贫农联合组织苏维埃，达到完全解放的目的”。[②]

中国共产党坚定不移的立场和方针是，“工人阶级的利益在中国共产党占第一位”。中国共产党及其领导下的工人阶级，加入民主革命的阵线，“完全是以他为达到工人阶级夺得中国政权的一步过程”，组织民主主义联合战线是中国共产党的“一种政策”。[③] 因此，当工人阶级“援助”的民主主义革命取得胜利后，资本主义会立即呈现飞跃发展的态势，“幼稚的资产阶级”也会迅速成长壮大，从而会出现一个时间长短不等的资本主义发展阶段。但是，一般不会出现资产阶级一个阶级专政的纯粹

---

① 中央档案馆编：《中共中央文件选集》第 1 册（1921—1925），中共中央党校出版社 1989 年版，第 65 页。

② 中央档案馆编：《中共中央文件选集》第 1 册（1921—1925），中共中央党校出版社 1989 年版，第 114—116 页。

③ 中央档案馆编：《中共中央文件选集》第 1 册（1921—1925），中共中央党校出版社 1989 年版，第 63 页。

资本主义社会。按照中国共产党确定的纲领、部署,工人阶级在“援助”民主主义革命的过程中,也训练和强化了自己的组织力与战斗力;在夺得民主主义革命胜利的同时,也做好了准备,“与贫农联合组织苏维埃,达到完全解放的目的”。即使出现了资产阶级专政的纯资本主义社会,也不会一帆风顺和长期安稳存在,因为中国共产党及其领导下的工人阶级,使用“阶级斗争的手段”对付资产阶级,实行“与贫苦农民联合的无产阶级专政”或“劳农专政”。不过不论何种情况,资本主义经济都会在一段时间内获得较大程度的发展。

年青的中国共产党在共产国际的指导下,很快找到了符合中国国情的革命道路,确立了为之奋斗的远期目标(最高纲领)和近期目标(最低纲领),准备迎接革命高潮的到来,形势不错。不过实际上党内认识并不统一,特别是党内领导层的认识明显分歧。如作为党的总书记的陈独秀,公然同党的全国代表大会通过的《宣言》唱反调,不仅不承认工人阶级的革命“动力”和“领袖军”地位,更否定农民参加革命和现阶段发动农民运动的可能性,认为“工人阶级在国民革命中固然是重要分子,然亦只是重要分子而不是独立的革命势力”,因为“中国最大多数的工人,还没有自己阶级的政治斗争之需要与可能,而且连一般的政治斗争之需要甚至于自己阶级的经济斗争之需要都不曾感觉的工人(如手工业工人),也不是少数”。实际上在殖民地半殖民地“产业幼稚”的中国,“工人阶级不但在数量上很幼稚,而且在质量上也很幼稚”。至于农民,占其半数以上的自耕农,“不用说共产的社会革命是和他们的利益根本冲突”;即无地的佃农,也只是半无产阶级,“他们反对地主,不能超过转移地主之私有权为他们自己的私有权的心理以上”;雇工虽属无产阶级,“然人数少而不集中”。所以,“中国农民运动”,须待国民革命“完全成功,然后国内产业勃兴,然后普遍的农业资本化,然后农业的无产阶级发达集中起来”,才有“需要与可能”。①

---

① 中央档案馆编:《中共中央文件选集》第1册(1921—1925),中共中央党校出版社1989年版,第599—603页。

随着时间的推移和民主主义革命及农民运动如火如荼地开展，陈独秀的右倾思想路线愈演愈烈。他为了同国民党合作，打压工农，推崇资产阶级，认为资产阶级是国民革命的主体，在民族民主革命中“站在非常重要的地位”，国民革命“若没有资产阶级的有力参加，必陷于异常困难或至于危险”，进一步否定了无产阶级在革命中的领导作用和农民的主力军地位。

不过中国民族资产阶级远没有陈独秀想象的那样“革命”和“重要”。半殖民地半封建条件下中国民族资产阶级，最显著的特点是性格软弱而又唯利是图，在一定条件下和某种程度上，虽然赞成和参加民族民主革命，但立场摇摆不定，往往见风使舵。蒋介石作为混入民主革命阵营的政治野心家和阶级异己分子，正是利用了资产阶级这种性格特点和共产党内的右倾思想路线，通过大要两面派和阴谋诡计，窃取国民党高位和军权，然后有计划、有步骤地实现其防共反共、屠杀工农、扑灭革命的罪恶阴谋，这除了国际帝国主义列强这座大靠山，国内封建地主、土豪劣绅和买办资产阶级倾巢出动的围剿外，民族资产阶级的附和、支持，也非常重要。

1927 年大革命失败，民族资产阶级背叛革命，投降大资产阶级，离开了民主革命阵线，革命阵营、革命性质、革命任务、革命目标、革命前途，都发生了变化。其中最大的变化，是在此后革命斗争中，如何对待资产阶级和资本主义，将其摆在何种位置。

“四一二”反革命政变后，汪精卫和武汉国民党政府尚未随即叛变，民主革命正处于生死存亡的关头。在这危急万分的时刻，1927 年 4 月 27 日至 5 月 9 日，中国共产党在武汉召开了第五次全国代表大会。会议回顾了大革命的历程，总结经验教训，决定下一步的革命方向、革命任务与策略。

大会认为，问题的症结就是革命的领导权。中国革命的发展，符合第七次国际扩大会议决议案所指出的道路，完全正确。革命的深入发展，触犯了封建资产阶级的利益，激化了阶级斗争，引发了对革命领导权的争夺。“国民党内的封建分子及资产阶级，想领导革命，以与本国反动派及外国帝国主义妥协”。他们因达不到目的而分裂国民党、反对革命。“他们已成为帝国主义的工具”。事实上,从“五卅运动”起,无产阶级就开始为反帝斗争的领导权而斗争,并建立革命的广州国民政府,“获得暂时的成功”。国内“封建的及资产阶级的分子”,害怕反帝爱国斗争“走得太远”,危害其阶级利益,极力使“民族解放运动转移到他们的指挥之下”。但当时的共产党专注反帝反军阀的斗争,而“忽略了与资产阶级争取革命领导权的斗争”。结果在资产阶级与无产阶级互争国民革命领导权的斗争中,蒋介石发动 1926 年 3 月 20 日的事变(中山舰事件),推翻了左派政府。由此进入“争夺领导权的第二阶段”。

在第二阶段中,“资产阶级占了上风”,利用广东的胜利,将其权力扩大至全国。但是,中国共产党没有及时采取正确的政策。固然,只要资产阶级一天留在民族革命运动中,共产党就一天须与他们结成反帝联合战线,然而没有懂得“资产阶级已经重新得到民族革命的领导,并想消灭革命”,在讲联合战线时,没有设法给劳苦群众的利益以足够的保障。这并不是说中国共产党在 1926 年 3 月 20 日以后的“反动时期”中,要立刻倒蒋。党的任务是继续去争取领导权,“建立一个左派的革命联盟,包含工农小资产阶级,以反对封建分子及资产阶级的领导”。因为封建分子、资产阶级的领导,客观上“必将出卖革命”。而且,争取领导权的任务,“并不与联合战线不两立”。

在争夺领导权的斗争中,无产阶级必须在农民中得到同盟者。无产阶级要提出“急进的土地改良之要求”,以巩固与农民的团结,“向封建分子资产阶级之反动奋斗”。现阶段革命的主要任务,是土地问题的“急进的解决”。“土地革命就是推翻封建宗法的革命”。这种革命“当然要由当代最革命的阶级来领导,无产阶级应当领导农民去实行推翻封建专制主义的斗争”。

至于北伐,“主观上的动机,是资产阶级想扩大他的权力。但是客观上,北伐是发展革命的方法”。所以,帮助北伐是对的。但在北伐中地盘扩大时,党未能充分注意使革命的社会基础同时深入的必要。之所以出现这种疏忽,根本原因是过分估量了大资产阶级的作用。那时党的策略,是先帮助资产阶级完成其革命的第一阶段(扩大)的任务,然后再来做第二阶段的革命深入。就因为这一错误政策，不能征调全国革命的力量，以限制封建分子、资产阶级想利用军事胜利的帮助，而加强其势力的企图。故蒋介石叛党时，不能使其孤立。“封建的资产阶级分子，居然带着很大的力量，从民族革命中分裂出去”。

在对资产阶级能力的估量、把握方面，党对大资产阶级的估量不准确，甚至过分，于是对小资产阶级的估量就过小。小资产阶级原本就不会成为一个独立的政治力量，当大资产阶级与封建反动势力联合欲使革命势力妥协时，无产阶级应非常注意小资产阶级，否则，它必定与大资产阶级走到一起。上海暴动的失败，最大原因是无产阶级没有获得小资产阶级群众的赞助。

大会坚持认为，“封建分子资产阶级的叛离，不足以削弱革命”。现在“不是革命低落的时期，而是紧张剧烈的革命斗争时期”。现在无产阶级成为“争斗的原动力”，应该以“土地革命及民主政权之政纲”去号召农民和小资产阶级。封建分子及资产阶级还留在民族运动中时，当然会阻碍土地革命及民主政权的政纲的实现，群众的革命力量被遏制。现在革命的民权派力量自由发展的障碍减轻，土地革命及民主政权运动可以加强起来。有“革命基础”的地域，需要很快扩张，但同时要在这些地域将“革命的社会基础使之深入”。广东的失去，其教训就是“革命只扩大而不深入”。当前革命的主要任务，“是除去反动根基，以巩固革命”。欲达此目的，“必须执行急进的土地改良政纲和创造乡村的民主革命政权”。

关于革命根据地的条件和根据地的选择。作为革命根据地，“要有久经战斗的无产阶级，群众的农民组织，以及高度发展的国民党及共产党的组织”。除了上海无产阶级，广州工人阶级，广东、江西、湖南、湖北的革命农民，“共产党不能想出一个更天然可靠的基础”。至于革命地盘的扩大和根据地的选择，大会“丝毫不减少扩大革命地盘与打倒张作霖的需要”，但目前同时有一个重要的任务，就是在湖北、湖南、江西、广东、广西、福建、浙江诸省，毫不留情地与反动势力作战，建立革命的民主政权。这些地域“在社会情形及经济上都是合宜的”。全党要特别警惕因帝国主义严重干涉而在小资产阶级中发生的“恐惧失败的情绪”，以致要将

“革命根据地”从帝国主义威胁之地,转移到别的地方。全党“应该反对这种无根据的失败主义的趋向”。中国共产党应当领导工农群众从坚决的斗争中,保护革命而反对帝国主义的侵略。“现在要巩固革命于中国的中部及南部,并不是忽略扩大革命地域之可能与必要。但中国共产党必定反对以扩大革命地域为借口,而实际上抛弃或削弱现时革命根据地的倾向”。

现时革命阶段的主要特质,就是无产阶级应当在斗争中取得领导权。但其前提必须是无产阶级的经济利益有了保证,它才能完全实现这个政治上的功用而行使其革命的领导权。现在工资低微,营养恶劣,衣服褴褛,受尽剥削的工人,决不能担负这个责任。所以要领导工人完成这一历史使命的第一个条件,就是共产党要坚决为提高工人生活程度而奋斗。大会认为,为实现工人在革命中的领导权起见,应当为工人力争下列要求之实行:(1)8 小时工作制;(2)足够供给生活的工资;(3)劳动保护法;(4)救济失业,并为失业者觅得工作;(5)劳动保险及恤老金;(6)保护女工与童工。

大会强调,“四一二”反革命政变后,“现在革命已进到第三个阶段”,封建分子与大资产阶级已转过来反对革命,革命势力的社会基础是无产阶级、农民与城市小资产阶级的革命联盟,“无产阶级将实行其领导权”。随着革命运动的发展,无产阶级势力增加,反革命势力也会逐渐形成:帝国主义列强在武力干涉革命的同时,会用武力恐吓、强逼国民党政府改用妥协政策,并帮助、鼓励军阀与大资产阶级结成反革命同盟。革命运动第三阶段之初期,就遇到了帝国主义、军阀与大资产阶级联盟的这种威胁。但是革命运动就是要在坚决反抗这种反革命联盟的斗争中,更加向前进展。革命势力定能巩固集合民众的精力,巩固一切革命力量,建立工农小资产阶级的民主独裁政权,以反抗并破坏反革命的同盟。①

中国共产党第五次全国代表大会,具有特别重大的意义,在党中央执

① 中央档案馆编:《中共中央文件选集》第 3 册(1927),中共中央党校出版社 1989 年版,第 48—59 页。

行右倾错误路线、资产阶级叛变投降、革命面临彻底失败的关键时刻，力挽狂澜、拨乱反正，竭力挽救革命，并为革命“转型”做好了思想上和理论上的准备。这种“转型”，可以大致概括为三个方面：一是确立和加强无产阶级的革命领导权，明确农民和小资产阶级的同盟军地位，建立和巩固中国共产党领导下的工人、农民、小资产阶级的联盟；二是彻底实行“土地革命”，执行“急进的土地改良”策略，实施“土地国有，取消土地私有制度”，再将耕地“无条件的转给耕田的农民”，实现“耕地农有”，满足农民的土地要求，明确“土地革命就是推翻封建宗法的革命”，是民主革命的核心；三是建立工农小资产阶级的“民主独裁政权”，在农村武装农民，推翻土豪乡绅政权，建立以贫农为主体的农民“民主政权”。①

革命的“转型”，标志着革命动力和革命任务、革命前途的重大改变。资产阶级民主革命的基本任务是反帝反封建，为资本主义的发展扫清道路。大会认为，近代中国的资产阶级并未形成一个“反封建势力的成分”，而且资产阶级是从地主阶级产生出来的，依然同地主阶级“保持亲密的结合”，与剥削农民的势力“有密切的联系”，所以“不能作为农民革命的战士”。同时客观上，民族资产阶级虽然是“反对帝国主义垄断中国经济的”，因与封建势力“关系亲密”，但“也不能完成土地革命以促进反帝国主义的斗争”。② 现在资产阶级妥协投降，离开和分裂革命阵营，反帝反封建的历史使命主要由农民来完成（当然是在共产党领导下）。同时，由于城市职工运动的发展，资产阶级“受了莫大的威吓，渐次背叛革命”，与帝国主义妥协，帝国主义亦欲在中国寻找新的工具，与中国资产阶级之间“发生一种亲和力”，资产阶级“将渐次变成帝国主义在中国的新工具”。在这种形势下，中国革命将要在工农小资产阶级联合政权之下，“向非资本主义前途发展”，没收一切银行、矿山、铁路、轮船、大企业、大工厂等归国有。同时设立“国家商店”，公买公卖一切日用必需品（食

---

① 中央档案馆编：《中共中央文件选集》第 3 册（1927），中共中央党校出版社 1989 年版，第 68—69 页。

② 中央档案馆编：《中共中央文件选集》第 3 册（1927），中共中央党校出版社 1989 年版，第 64—65 页。

粮、燃料等),并发展合作社等组织。同时制定职工运动的新方针,由职工参加国有产业的管理,监督生产,防止国有产业“官僚化”,并保持工人阶级“革命的勇气”,抵御资产阶级改良主义的侵入,“保障非资本主义的经济发展”。①

党的五大召开后的一个短时间内,湖北、湖南等地的工人运动、农民运动都有新的发展。为了维护革命秩序和正常生产,各地普遍建立工人纠察队,湖北武汉组织了有5000人、3000支枪的纠察队,全国有组织的工人达到270余万人。各地工人运动不但声势大,而且目的要求提升,从要求集会、结社、罢工自由,发展到要求直接参加政府;从要求增加工资、改善生活条件,发展到要求直接参加国有企业的管理。农民运动也大幅推进。至1927年6月,全国农民协会会员增至925万人,湖南和湖北分别达518万人和280万人。运动目标要求从减租减息发展到推翻农村基层封建政权和解决土地问题。两湖地区还普遍建立农民自卫军、梭镖队,农会成为农村政权实体,并成立“土地委员会”,着手解决土地分配或租佃问题。② 农民开始解决土地问题,标志着农民运动发展到一个新的阶段。不过尽管如此,工人农民运动的兴起、发展的时间是短暂的。

党的五大召开时,武汉国民党政府和汪精卫集团尚未叛变,共产党对其仍存幻想,以致将“高度发展的国民党的组织”作为下一步选择“革命根据地”的重要条件。同时,全党对陈独秀的右倾机会主义路线的危害没有统一和足够的认识,陈独秀在会上表示接受对自己错误的一些批评,而继续被选为党的总书记。但他不仅没有改正错误,反而在错误路线上越走越远,由右倾机会主义发展为右倾投降主义,面对国民党右派、资产阶级、封建军阀对革命党人和工农大众的血腥镇压,拒绝接受周恩来、蔡和森、毛泽东等同志的正确意见,不敢坚决抗击,完全接受禁止工农运动的“训令”;下令停止武汉地区的工农运动;颁发宣传大纲“纠正”农民没

① 中央档案馆编:《中共中央文件选集》第3册(1927),中共中央党校出版社1989年版,第72—75页。

② 魏宏运主编:《中国现代史稿》上册,黑龙江人民出版社1981年版,第254页。

收土地的“过火”行动;下令禁止汉阳工人接管反动资本家故意关闭的工厂。陈独秀面对日益加剧的白色恐怖和汪精卫的反革命要求,俯首听命,缴械投降:解散纠察队,上交枪弹;[①]解除农民自卫军武装;停止童子军活动,收缴棍棒;操纵中共中央扩大会议,通过国民党草拟的所谓“国共合作决议”,承认国民党“反帝国主义之工农及小资产阶级所联盟的党”,处于“国民革命之领导地位”;要求工农等民众团体均受国民党之“领导与监督”,工农武装队均应服从国民政府之管理与训练;等等。“国共合作决议”完全背离了党的五大所确立的路线、方针,是交给国民党汪精卫集团的投降书,不仅自动放弃了共产党对革命的领导权,也放弃了共产党和工农群众的革命自主权,只能束手就擒。

直至1927年7月13日,中共中央才排除陈独秀右倾投降主义领导,推选周恩来、张太雷、李立三、张国焘等重组临时中央政治局,发表《中国共产党中央委员会对政局宣言》,严厉揭发假借孙中山旗号出卖革命的“伪国民党”;严厉揭露蒋介石集团、汪精卫集团和国民党右派叛变革命、残酷镇压革命的丑恶嘴脸和罪恶行径;中共中央决定撤回参加国民政府的共产党员;宣布中国共产党人将继续绝不妥协地开展反帝反封建反军阀反买办高利盘剥的斗争,解放和统一中国,建立地方和中央“民权主义的政治”;继续增进工人福利、解放农民、维护城市小资产阶级利益、维护兵士利益的斗争;反对新旧军阀阻碍商业交通,保护本国工商业以反抗帝国主义的经济压迫,反对买办高利盘剥者剥削小资产阶级。[②] 可惜为时已晚,1927年7月14日晚,汪精卫召开秘密会议,立即实施“分共”和大屠杀计划。7月15日正式“分共”,公开叛变革命,在武汉地区实行反革命大屠杀,大革命最终失败。

大革命失败了,但中国共产党领导的反帝反封建反军阀反买办高利盘剥的斗争没有停息也不会停息。革命的失败,对共产党和无产阶级来

① 中央档案馆编:《中共中央文件选集》第3册(1927),中共中央党校出版社1989年版,第621页。

② 中央档案馆编:《中共中央文件选集》第3册(1927),中共中央党校出版社1989年版,第198—208页。

说,只是革命的“转型”。汪精卫集团和国民党右派公开叛变、疯狂镇压革命的第五天,中共中央即颁布《中央通告农字第九号——目前农民运动总策略》,明确宣布:“近年农民运动的进展,已表明中国革命进到一个新阶段——土地革命的阶段”。共产党和国民党、无产阶级和资产阶级革命联合阵线的破裂,大革命的失败、挫折,说明“国民政府以及所谓革命军的阶级性是地主阶级的代表”,不能担任这一“新的历史使命——土地革命”,中国共产党的责任“只有坚决的与这种新的反革命奋斗,积聚一切革命势力,开展这一革命的新阶段——土地革命”。而土地革命的进行,“需要一个无产阶级领导的工农小资产阶级的民主政权和工农武装”。① 为此,1927 年 8 月 1 日党领导发动了南昌起义,打响了武装反抗国民党反动派的第一枪,也是以武装斗争的手段进行土地革命的第一枪,是革命重心由城市移往农村的转折点。1927 年 8 月 3—5 日,起义军撤离南昌,分别转往江西、湖南、广东、福建农村,成为发动武装起义、创建农村根据地的一支重要力量。南昌起义之后,接着,中共中央先后出台多项重大部署,接连发起武装暴动,建立农民武装,建立多处根据地,实行武装割据,着手推动土地革命。

1927 年 8 月 3 日,中共中央发布《中央关于湘鄂粤赣四省农民秋收暴动大纲》,鼓励各地党组织“勇往直前的领导秋收的暴动”,夺取乡村乃至县政权,“歼灭土豪劣绅及一切反动派”,并对四省农民暴动做了具体部署。② 8 月 7 日,中共中央在湖北汉口秘密召开紧急会议(史称“八七”会议),讨论通过了《最近农民斗争的议决案》,强调“共产党现时最主要的任务是有系统的、有计划的、尽可能的在广大区域中准备农民的总暴动”,确定了土地革命和武装反抗国民党反动派的总方针。③ 8 月 29 日,中央常委又制定通过了《两湖暴动计划决议案》,要求湖南、湖北两省必

---

① 中央档案馆编:《中共中央文件选集》第 3 册(1927),中共中央党校出版社 1989 年版,第 215 页。

② 中央档案馆编:《中共中央文件选集》第 3 册(1927),中共中央党校出版社 1989 年版,第 240—243 页。

③ 中央档案馆编:《中共中央文件选集》第 3 册(1927),中共中央党校出版社 1989 年版,第 295 页。

须从9月10日开始，根据不同环境，发动规模和区域范围大小不等，但目标、口号一致的农民暴动。①

在"八七"会议和秋收暴动大纲、暴动计划决议案等纲领、决策、部署的指引下，从1927年9月上旬开始，秋收暴动和武装起义在湖南、湖北、江西、广东、广西、福建、陕西以及江苏、浙江、山东、河北、四川、辽宁等省，遍地开花。由此组建起一支支工农武装，先后开辟出江西井冈山、鄂豫边区、赣东北、湘西等多处农村革命根据地。湘赣根据地和赣东北根据地还分别成立了"工农兵政府"和"工农民主政府"。②

在大革命失败、资产阶级叛变投降的不利形势下，中国共产党很快实现了革命"转型"，革命重心也由城市移往农村。然而，中共中央并没有及时解决指导革命的思想路线，土地革命同时受到来自"左"、右两条错误路线的干扰：一方面，陈独秀右倾投降主义的思想路线未能彻底清除③；另一方面，由于对国民党残酷屠杀的仇恨和对陈独秀右倾投降主义的愤怒，在党的"八七"会议后，小资产阶级的"左"倾盲动主义情绪迅速滋长。1927年11月，瞿秋白主持的中共中央临时政治局扩大会议，通过了《中国现状与共产党的任务决议案》，形成了"左"倾盲动冒险主义路线，并在党内取得统治地位。"左"倾盲动冒险主义路线混淆民主革命同社会主义革命的界限，鼓吹中国无产阶级和农民实行的"资产阶级民权革命，反抗中外的资产阶级的革命，能够而且应当直接的生长而成社会主义的革命"，而且这一转变，是"一个无间断的过程"。④ 关于革命阵线的组成，"左"倾盲动主义者认为，中国民族资产阶级自然决不能领导土地革命，并且已掉过枪来反对这一革命，就连"中国小资产阶级的上层，与

---

① 中央档案馆编：《中共中央文件选集》第3册（1927），中共中央党校出版社1989年版，第363—368页。

② 刘克祥、吴太昌主编：《中国近代经济史（1927—1937）》下册，人民出版社2010年版，第2173—2174页。

③ 直至1929年11月15日，中共中央将陈独秀开除出党，陈独秀右倾投降主义思想路线才得以彻底清除。

④ 中央档案馆编：《中共中央文件选集》第3册（1927），中共中央党校出版社1989年版，第331页。

买办豪绅相联系的反动成分,也决不能和这土地革命的发展同道"。[①] 革命阵线实际上只剩下工人、农民。

瞿秋白的"左"倾盲动冒险主义路线,从一开始就引起了毛泽东同志和白区工作同志的批评、反对,并在实际斗争中造成重大损失,因此到1928年年初,多数地方已停止执行。1928年2月,共产国际通过《共产国际中国问题的议决案》,批评了"左"倾盲动主义对中国革命性质、革命形势等问题的错误判断和错误方针。4月30日,中共中央政治局发出《中央通告第四十四号——关于共产国际执委会二月会议中国问题决议案》,表示"接受这一议决案之一般方针","切实执行这决议案必要的具体步骤",严肃"认清中国革命还是资产阶级的民权革命(土地革命)"。不过仍须指出,中国反对帝国主义、豪绅资产阶级统治的资产阶级民权革命"是有确定的生长而成社会主义革命的趋势与前途"。[②]

中国共产党在接受共产国际的《中国问题决议案》后,1928年7月,在苏联莫斯科召开了党的第六次全国代表大会,确定了土地革命的性质、动力、目标、任务、前途,明确资产阶级和资本主义在革命进程中的定位。大会通过的《政治议决案》强调,现阶段的中国革命是"资产阶级性的民权主义革命",而不是"社会主义性质的革命"或"无间断革命",认为中国革命目前阶段"为已转变到社会主义性质的革命,这是错误的"。同样,认为中国现时革命为"'无间断革命'也是不对的"。推翻帝国主义及完成土地革命,是"革命当前的两大任务"。因为这两大任务,包括驱逐帝国主义者,完成"中国的真正统一";推翻"地主阶级私有土地的制度",摧毁"土地制度中的一切半封建束缚",都还"没有走出资本主义生产方法的范围之外"。

《政治议决案》认为,推翻帝国主义与土地革命,"都必须打倒豪绅资产阶级的统治实现工农独裁方能完成"。同时,中国现时资产阶级性的

① 中央档案馆编:《中共中央文件选集》第3册(1927),中共中央党校出版社1989年版,第312—313页。

② 中央档案馆编:《中共中央文件选集》第4册(1928),中共中央党校出版社1989年版,第174—177页。

民权革命，也“必须反对资产阶级方能胜利”。因为“革命动力只是工农”。而中国民族资产阶级已经“背叛革命，走到帝国主义豪绅地主的反革命营垒”。的确，它“以前是能削弱帝国主义，并动摇军阀制度的一种动力（1927年春天以前）”，但是，现在却“变成巩固并团结帝国主义与军阀制度的一种动力”。以致资产阶级性的民权革命阶段之中的动力“只是中国的无产阶级和农民”。所以，“中国反对帝国主义的彻底变更土地制度的资产阶级性民权革命”，只有反对中国的民族资产阶级，“方才能够进行到底”。因为民族资产阶级是“阻碍革命胜利的最危险的敌人之一”。

至于“反对中国的民族资产阶级”的具体政策和方式、方法，因为受到现阶段革命的性质、目标、任务、前途的制约，必须十分谨慎：一方面，革命的主要任务是反帝反封建，属于资产阶级范畴，并非社会主义革命或“无间断革命”；另一方面，革命的目的，又是“向非资本主义前途发展”，必须“保障非资本主义的经济发展”。因此，“反对中国的民族资产阶级”的具体政策，一般来说，不能越出这两方面的界限。在产业方面，不同于外国资本集团和封建地主，按照党的六大所制定的“政纲”，核心政策是“没收外国资本的企业和银行”；“没收一切地主阶级的土地，耕地归农”。但党的六大制定的“政纲”并未提出对民族资产阶级的产业采取“没收”的办法，而只是从维护工人权益的角度提出“实行八小时工作制，增加工资，失业救济与社会保险等”等要求。在一般情况下，民族资产阶级只要遵守相关法令法律，就可以继续持有产业，照常生产经营。因此，反对民族资产阶级，主要是政治方面的，包括“暴露赞助帝国主义的民族资产阶级的罪恶”等。当然，这种政策、办法不会无限期持续执行，而必须视革命阶段递进情况进行调整、变革。至于何时调整、变革，即何时由“民权革命”转变为社会主义革命，“只有阶级力量的对比能够决定”。

在农村经济方面，《政治议决案》将农村的资本主义经济成分定位为“小农经济”。认为“中国农村的资本主义化的道路是资本主义式的小农经济的进展”。富农经济虽然很少，可是小农经济在中国占绝大的优势。除农民经济外，差不多完全没有其他经济（其他耕作营业的方法,如地主的大经济,包括几百亩田地以上的农场,或者资本主义式的农场,在中国是很少)。因此,“历史上中国农业的资本主义道路,正是上面所说农民的资本主义式农家经济的向前发展。这是战胜封建残余的一定形式”。

正是基于上述定位,大会对作为农村资产阶级的富农,采取了相当宽松但又有原则的“联合”策略。《政治议决案》特别提出,“联合小资产阶级富农反对一切反动势力”。这里有两点值得注意:一是将富农归入“小资产阶级”,而不是资产阶级;将富农作为革命力量的一部分加以“联合”,而不是“中立”或“孤立、反对、斗争”。并且警告,“故意加紧反对富农的斗争是不对的,因为这就混乱了农民与地主阶级的主要矛盾”。① 不过这种“联合”是有原则和条件的。大会在提出“联合”富农的同时又强调,还“要知道领导劳动者反对一切的剥削者”:当工人、店员的利益与城市店东小资产阶级剧烈冲突的时候;或者乡村贫农、中农与富农相冲突的时候,“共产党永久应当站在劳动分子的方面,而反对剥削者的阶级”。② 所以,对富农的“联合”是有限度和条件的。

党的六大为土地革命所制定的纲领、方针和政策措施,包括有关资产阶级和资本主义(含农村富农和富农经济)的政策、办法,相当全面、完整。总的来说,土地革命时期各根据地基本上是按照制定的方针和相关政策执行的。在六大前曾经推行的某些“左”的或错误的政策,六大后也得到了纠正。不过由于根据地范围不大,分散数省,互不连接,没有集中统一的领导,备受敌人骚扰、“围剿”,加上错误路线(主要是“左”的思想路线)干扰,对土地革命的性质、定位,对中央方针政策的理解深浅、掌握准确度、执行力度和效果,参差不齐,初期尤为明显。

开创较早的井冈山根据地,土地革命和经济政策既受到当时“左”倾

① 大会将富农分为一般富农和“半地主富农”或“富农半地主”两部分。不要“故意加紧反对富农的斗争”,只限于一般富农。为了避免误解,大会又特别强调,不要“故意加紧反对富农的斗争”,“并不是说要抛弃对于富农半地主的阶级斗争”,中央档案馆编:《中共中央文件选集》第4册(1928),中共中央党校出版社1989年版,第322页)。

② 中央档案馆编:《中共中央文件选集》第4册(1928),中共中央党校出版社1989年版,第295—322页。

盲动路线的影响,对其又有所抵制。井冈山根据地部分地方从 1928 年 2 月开始分田。12 月颁布《井冈山土地法》,规定没收一切土地归苏维埃政府所有,分配给农民“个别耕种”。它作为中国共产党开创农村革命根据地后的首部土地法,用法律形式否定了封建地主土地所有制,肯定了农民的土地耕种权,有着划时代的意义。但同时又有“左”的、超出时代允许的错误:一是“没收一切土地而不是只没收地主土地”,不但侵犯了富农的利益,而且侵犯了占有零星土地的广大贫苦农民的利益;二是“土地所有权属政府而不是属农民,农民只有土地使用权”,“禁止土地买卖”。① 这就完全超出了“资产阶级民权革命”的范畴。不过也有对“左”倾盲动冒险主义路线的抵制。如毛泽东同志曾上书中央,批评湖南特委关于“使小资产阶级变无产,然后强迫他们革命”的错误口号;红四军第六次代表大会上曾作出“禁止盲目烧杀”和“保护中小商人利益”的决议,明确保护民族资产阶级的利益。因此,井冈山根据地的土地斗争,曾受到中央的好评。②

广东海陆丰(海丰县和陆丰县的习惯合称)、琼崖(海南岛的昔称)、湖南醴陵、福建永定溪南区 4 处根据地,在党的六大以前的分田运动,也都是在“左”倾盲动冒险主义路线的指导下开展的。1927 年 11 月,海丰县临时革命政府宣布“执行土地革命,一切土地皆归农民”。海丰、陆丰两县工农兵代表大会制定的《没收土地案》,强调不劳动者不得田地,不革命者不得田地,实行没收一切土地的政策,并得到中共中央的高度肯定。③ 中共琼崖特委所在地的乐会县第四区,1928 年 1 月颁布《乐四区土地问题临时办法》,规定“土地权归农会,耕种权归农民”,以乡为单位,在全区进行土地分配。以各户原耕种之田为基础,“余数抽出,不足者补之(视肥瘦而抽补)”。田产分配后,“死者将田收回,生者供

① 毛泽东:《毛泽东农村调查文集》,人民出版社 1982 年版,第 37 页。

② 《中共中央政治局向国际的报告》(1928 年 11 月 28 日)中说:“惟朱毛在湘赣边境所影响之赣西数县,土地革命确实深入了群众。”

③ 赵效民主编:《中国土地改革史(1921—1949)》,人民出版社 1990 年版,第 132 页。

给”。[①] 由于受“左”倾思想路线的影响,有的乡更实行“共同生产,共同消费”的农业生产模式。[②] 湖南醴陵,1927年年底建立的泗汾等八个区级苏维埃政府,分配土地的办法是:一切田地和土豪劣绅及反动派的家产“一概没收,分给农民”。[③] 有的也实行类同琼崖乐四区“共同耕作、共同消费”的农业生产模式,并受到中共湘东特委的赞许,认为是解决土地问题的“最好形式”。中央也默许这一做法,认为“当农忙与战争之时,不必一定要变更形式”。[④] 平江、浏阳等根据地,也一度实行“共耕制”。不过因被农民反对而“中止”。[⑤] 福建永定溪南区,1928年8月苏维埃政府分配土地的办法与琼崖相似,即没收一切土地,以乡为单位按人口平均分配,以原耕土地为基础,抽多补少;地主、富农与贫农、中农一样分田;山林为各乡各村公有。[⑥] 这些地区土地革命的一个共同做法,是没收一切土地,实行土地国有的政策,把农民的小块土地也列为没收的对象,这就影响了持有小片田地的下层农户的利益,让他们心存芥蒂。不过在“以原耕土地为基础,抽多补少”的原则下,他们毕竟抽得少,补得多,并未吃亏。这一做法更严重侵犯了富裕中农特别是富农的利益。因为他们占地较多,抽得多,补得少,必然引起这部分农户对土地革命的不满,直接影响工农革命政权的阶级和社会基础。

1928年党的六大制定的“纲领”中,将原“没收一切土地”的方针改为“没收地主一切土地,耕地归农”,不过“归农”的只是土地使用权,而不是所有权,尚未完全改变土地国有的政策。

土地政策和有关富农的政策的较大改变,始于闽西根据地。1929年

---

① 赵效民主编:《中国土地改革史(1921—1949)》,人民出版社1990年版,第135页。

② 赵效民主编:《中国革命根据地经济史(1927—1937)》,广东人民出版社1983年版,第92页。

③ 赵效民主编:《中国革命根据地经济史(1927—1937)》,广东人民出版社1983年版,第92页。

④ 赵效民主编:《中国土地改革史(1921—1949)》,人民出版社1990年版,第137页。

⑤ 赵效民主编:《中国土地改革史(1921—1949)》,人民出版社1990年版,第137页。

⑥ 邓子恢、张鼎丞:《闽南暴动与红12军》,《星火燎原》第1卷第1集,人民文学出版社1962年版。

7月,中共闽西第一次代表大会通过的《土地问题决议案》,规定对大、中地主区别对待;视革命发展情况,对作为农村"小资产阶级"的富农采取相对灵活的政策:在革命初期,"不没收其土地,并不派款,不废除其债务";革命发展后,则应"帮助贫农分配富农的土地",但"不是要过分的打击他们"。"富农凡亲自参加劳动者可以参加政权"。① 1930年6月,中共红四军前委和闽西特委在汀州南阳召开的联席会议(史称"南阳会议")上,讨论通过的《富农问题》的决议,在原来的"抽多补少"之外,增加了"抽肥补瘦"的规定,限制了富农把持肥田、分田不公问题的发生。在湘鄂西根据地,1930年10月湘鄂西特委制定、通过的《关于土地问题决议案大纲》和《土地革命法令》,明确规定要严格区分中农和富农,规定"中农土地不动",对富农只没收"所余出佃的土地",并"不禁止雇佣耕种"。② 在如何对待富农的问题上,更加明确了。

不过这期间也有反复。1929年6月7日,共产国际执委会给中共中央发信,指责中共六大提出的"不要故意加紧反对富农"的政策,是"机会主义的","犯了最大的错误"。强调"中国的富农在大多数情况之下,都是小地主,他们用更加束缚和更加残酷的剥削形式去剥削中国农民基本群众"。共产党必须"反对一切的剥夺形式",以"巩固自己的政治影响而走到新的农民运动的高潮"。这种"策略路线",不仅是应用于"半地主式的富农",还要应用于"自己进行生产的富农"。③ 1929年8月,中共中央通过《中央关于接受国际对于农民问题之指示的决议》,承认六大提出的"不要故意加紧反对富农"等政策是"走上机会主义的道路",全党充分认识到,富农"一般地说不是纯粹的乡村资产阶级而是兼有或多或少之半封建半地主的剥削",对革命的态度是"动摇妥协以至反革命",而且"雇农贫农对富农的斗争已经日益激烈起来"。所以全党"应坚决的

① 中央档案馆编:《中共中央文件选集》第5册(1929),中共中央党校出版社1990年版,第720—721页。

② 赵效民主编:《中国土地改革史(1921—1949)》,人民出版社1990年版,第161页。

③ 中央档案馆编:《中共中央文件选集》第5册(1929),中共中央党校出版社1990年版,第688—699页。

反对富农”。[①] 不过一些根据地对这一决议的执行尚有保留和抵制。1930年5月,全国苏维埃区域代表大会通过的《土地暂行法》,对富农仍然只规定没收其“出租部分的土地”。

就在这时,在党内出现了李立三“左”倾盲动冒险主义路线。当时蒋冯阎大战爆发,主持中共中央工作(周恩来已去苏联向共产国际报告工作)的李立三等认为“革命时机”已在全国范围内成熟。1930年6月11日召开的中共中央政治局会议,通过了李立三起草的《新的革命高潮与一省或几省首先胜利》的决议案,在武装暴动和对国民党武装斗争问题上采取盲动冒险主义的策略,而不巩固根据地,不积极推动土地革命,又不顾社会成分胡乱扩大红军。结果,“不但富农,甚至于小地主却钻到苏维埃里来,钻到新的政权机关里来,钻到红军里来”了。一些富农式的口号,如“按照生产工具分配土地”,并未遇到抵制;有些地方提出,只没收50亩以上的地主土地,对于50亩以下的地主高利贷者,“仍旧应当还债”。[②] 在土地问题上,以“左”的面具,即“集体农庄”“苏维埃农庄”,掩盖极右倾的“富农路线”,即不没收富农多余的及好的土地,向富农让步。吉安“二七会议”虽然反对了露骨的富农路线,虽然在土地问题上进了一步,但其“抽多补少”“抽肥补瘦”“分配土地给一切人”的非阶级路线是苏区大部分地方的普遍现象。中央局在8月通过土地问题决议后,“非阶级的‘分配土地给一切人’的路线”开始纠正,但仍旧有向地主豪绅及富农让步的右倾机会主义错误。不过最严重的还是反对中农、破坏与中农联盟的“左”倾错误。[③] 同时,在赣西南和闽西根据地,对富农仍然实行“抽多补少”“抽肥补瘦”的办法。

共产国际对上述情况很不满意,专门为此通过决议,指责这是“对解

① 中央档案馆编:《中共中央文件选集》第5册(1929),中共中央党校出版社1990年版,第446—460页。

② 中央档案馆编:《中共中央文件选集》第6册(1930),中共中央党校出版社1989年版,第644—655页。

③ 中央档案馆编:《中共中央文件选集》第7册(1931),中共中央党校出版社1991年版,第448、454—455页。

决土地革命任务的动摇态度”;“在分配土地中之右倾的富农倾向”。要求实行平分土地的范围,不仅地主、富农的土地,还“要包括每一个乡村所有的一切土地,包括各种占有形式的土地——农民的私有土地亦在其列”。共产党应将“一切土地和水利收归国有,这不但是最彻底的资产阶级民权主义的手段,而且是走向社会主义的初步使农村经济进到社会主义发展的道路的出发点”。不过在农业经营模式上,共产国际坚决反对集体经营的做法,明确指出,“应该克服跳过阶段的‘左’倾倾向,就是在目前革命发展的阶段上,就企图自上而下的组织苏维埃农场与集体农场”。①

红军和中央苏区政府忠实地执行了共产国际上述“左”的路线,全部没收“胜利区域地主阶级的土地,并实行平分土地”。不过中央还不满意,指责苏区政府“对于消灭地主阶级与抑制富农政策,还持着动摇的态度”,容许地主残余租借土地耕种;对于富农只是“抽肥补瘦”“抽多补少”,而不实行“变换富农肥田给他坏田种的办法”。强调一切任务的执行,必须“站在国际路线之下来完成”。②

1931 年 11 月,中华苏维埃共和国成立后,《中华苏维埃共和国土地法令》(以下简称《土地法令》)将上述过“左”的土地政策和有关富农政策,用法令的形式固定下来。关于富农的定性,《土地法令》不提富农的资本主义因素,只是强调:“富农的特性,是兼地主或高利贷者”,富农的土地全部没收,只能分得“较坏的劳动份地”,并有附带条件,即“必须用自己的劳动力去耕种这些土地”。至于封建地主、豪绅、军阀、官僚以及其他大私有主的土地,无论自己经营或出租,“一概无任何代价的实行没收”;被没收后的旧土地所有者,“不得有任何分配土地的权限”。还要一切封建主、军阀、豪绅、地主的“动产与不动产、房屋、仓库、牲畜、农具等”。富农在分得土地后,“多余的房屋、农具、牲畜及水磨、油榨等,亦须

① 中央档案馆编:《中共中央文件选集》第 6 册(1930),中共中央党校出版社 1989 年版,第 629—638 页。

② 中央档案馆编:《中共中央文件选集》第 7 册(1931),中共中央党校出版社 1991 年版,第 357、360—361、366 页。

没收”。经此两轮“没收”,作为农村资本主义经济的富农经营,实际上被废除。不过富农被没收的房屋、生产工具等,只限于“多余的”部分,而非全部;并且还可分得“较坏的劳动份地”。另外,《土地法令》有一个重要原则:“平均分配一切土地”,认为这是“消灭土地上一切奴役的封建的关系及脱离地主私有权最彻底的办法”。不过《土地法令》同时规定,“中等农民阶级的土地不没收”,并规定“平均分配一切土地”的原则和办法,“无论如何不能以威力实行,不能由上命令”。如大多数中农不愿意时,他们可不参加平分。[①]

中华苏维埃共和国成立时,李立三已离开中央,“立三路线”受到严厉批评,但又受到王明“左”倾错误路线的影响,“地主不分田,富农分坏田”的过“左”土地政策,不仅完全掐断了地主的活路,铲除了富农经济,中农和其他富裕农户亦因此惶恐不安,农业和农村经济受到破坏。中央根据地在执行此项政策时,曾考虑规定允许地主租用土地,后又规定允许地主开垦荒地,但一概被临时中央指责为对消灭地主阶级“还持动摇的态度”,强调“地主残余必须消灭”,“富农必须反对和抑制”。[②] 1931 年 11 月 25 日,中央苏区人民委员会发布《训令》,将地主组成劳役队去做苦工,但参加的只限于有劳动能力的地主,而家属及其他无劳动能力的地主仍无生活出路。富农只能分坏田,实际上消灭了富农经济赖以存在的正常条件。同时,“平分一切土地”必然要把中农的一部分土地拿来平分,从而侵犯中农的利益,扩大了打击面。

《土地法令》颁布数天后,中央在对 1931 年 8 月苏区中央局通过的《关于土地问题决议案》批复信中,已对《土地法令》中某些条款包括有关富农的条款,作出修订,或实际否定了《土地法令》的相关定性、表述。如中央局决议案关于富农的定性称,“据有较多土地,自己耕种一部分,而以一部分出租或放高利贷及经常雇用雇农的人,才叫富农”。“中国的富

---

① 中央档案馆编:《中共中央文件选集》第 7 册(1931),中共中央党校出版社 1991 年版,第 777—780 页。

② 中央档案馆编:《中共中央文件选集》第 7 册(1931),中共中央党校出版社 1991 年版,第 372、373、374 页。

农是兼地主和高利贷者,所以他们的土地应当没收”。批复信批评说,“照这样看来,那不兼地主,不兼高利贷,只是经常雇用雇农的人,就不是富农他们的土地就不应该没收了。这当然是很大的错误。中央第六次大会已经明确指出,凡是剥削一个雇农或一个以上的农民,都是富农,不论他们兼不兼地主,放不放高利贷”。这实际上否定了《土地法令》关于富农的定性。批复信还说,过去苏区提出“没收一切土地”的口号不准确。现在共产国际更进一步指明,“平分一切土地”的口号,“也同样含有危险性”。正确的口号仍当是 1930 年 7 月共产国际对中国问题决议案所指:没收一切地主阶级及大私有主、祠堂、庙宇、教堂的土地,将其彻底平分给贫农雇农与中农,否定了《土地法令》中关于“平分一切土地”的原则和意义分析。①

为了防止因“平分一切土地”而妨碍中农利益,把中农赶到富农那边去,加紧了对富农的斗争,特别动员雇农贫农对富农进行斗争,中央发文件强调:“苏区的各级党部必须向广大的雇农贫农群众解释,他们要保持他们所分得的土地要扩大与巩固苏维埃政权,要坚决地去战胜反革命与富农”。将富农与反革命并列,可见对富农打击的严厉程度。与此相联系,在思想路线方面,凡是被认为错误的,不论“左”的或右的思想路线,从地方到中央,往往会被扣上“富农路线”的大帽子。如皖西北特委的一项决议说,“有些地方是离开了没收豪绅地主阶级的土地与实行彻底分配一切土地的原则,形成了一贯的富农路线”。中央上揭文件则强调,在“平分一切土地”的口号下,强迫平均分配中农的土地,“这种‘左’的反中农的路线,是富农路线的另一表现,实际上同拥护富农利益的机会主义,根本没有丝毫的不同”。② 为了避免被扣上“富农路线”的帽子,唯一的办法自然就是强化对富农的斗争。

“左”倾经济政策的推行,给根据地经济的恢复和发展造成了巨大

---

① 中央档案馆编:《中共中央文件选集》第 7 册(1931),中共中央党校出版社 1991 年版,第 500—502 页。

② 中央档案馆编:《中共中央文件选集》第 7 册(1931),中共中央党校出版社 1991 年版,第 568、572—573 页。

的困难。肉体上消灭地主,经济上消灭富农,挫伤了中农的生产积极性,严重削弱了农业生产力。到1932年下半年,根据地的经济形势日益恶化,汀州、上杭、雩都、瑞金等县更发生粮荒。① 根据地政府不得不对经济政策进行调整,强调对富农和地主区别对待,反对侵犯中农利益。中央土地部颁布的《关于实行土地登记的布告》,肯定农民对土地的所有权,解除农民对分田不定的疑虑;临时中央政府《关于土地斗争中一些问题的决定》规定:对地主和富农兼营的工商业及其相关财产不予没收。②

不过当时"左"倾错误路线在中共中央占统治地位,1933年1月,临时中央由上海迁入江西苏区后,使其"左"倾错误路线得以在中央苏区和其他苏区加大推行力度,在1933—1934年间开展的查田运动中,推行更加"左"倾的土地政策。1933年6月2日苏区中央局拟定的《关于查田运动的决议》,认为土地革命中实行"不正确的路线(如'抽多补少,抽肥补瘦','小地主的土地不没收'等)",强调富农"大半是半封建的阶层,是敌视土地革命彻底进行的阶层",要求通过查田运动挖出"隐藏的地主与分得好田的富农","收回富农的好田",无情消灭地主残余,没收富农多余的农具与好田,分给他们坏的"劳动份地",直接"削弱富农经济上的势力与打击他们窃取土地革命果实的企图"。③ 当时担任临时中央政府主席的毛泽东,在瑞金等8县查田运动大会报告中,强调不要侵犯中农利益,"使富裕中农稳定起来",要区别富农与地主,不要把"富农弄成地主",指出"消灭富农的倾向是错误的"。④ 不过当时毛泽东同志被撤销了党和红军中的领导职务,虽然参加了对运动的领导,但没有决策权,很难对运动进行有效控制。中央针对毛泽东同志的正确主张作出第二次决议,强调"一切借口反对侵犯中农利益和对富农过火政策,来实行对地主

① 亮平:《怎样解决粮食问题》,《斗争》1933年第11期。

② 刘克祥、吴太昌主编:《中国近代经济史(1927—1937)》下册,人民出版社2010年版,第2227—2228页。

③ 中央档案馆编:《中共中央文件选集》第9册(1933),中共中央党校出版社1989年版,第602—210页。

④ 毛泽东:《查田运动的初步总结》(1933年9月),《斗争》1933年第24期。

富农妥协的企图,都应严厉的打击”。[①] 在这种情况下,查田干部往往宁“左”勿右,导致“左”倾错误路线盛行。

在1933年7—9月间,各地出现了把富农划成地主,将中农划成富农,侵犯中农利益的错误,有的地方查田,专门查中农,说“中农中最容易躲藏富农”。[②] 当时有中农跑到苏维埃来请求把自己的成分改为贫农,说:“中农危险得很,捱上就是富农,改为贫农咧!隔富农就远了一点”。甚至“一部分中农恐慌逃跑,躲到山上”。鉴于以上情况,苏区中央局不得不于1933年9月8日作出第二个决议,承认查田运动犯了某些错误,并责成临时中央政府负责纠正。1933年10月,临时中央政府通过了毛泽东同志起草的《怎样分析农村阶级》和《关于土地斗争中一些问题的决议》两个历史性文件。提出了划分农村各阶级的标准,以及地主、富农、中农、贫农、雇农各阶级间的质的区别。并从量的方面规定了地主与富农、富农与中农之间的标准,特别是将小土地出租者与地主、富裕中农与富农在剥削量上的界限加以规定。各地以上述两个文件为标准,纠正了错划阶级成分的错误。

不久,查田运动又出现了反复。1934年3月15日,第二届人民委员会发布了《关于继续开展查田运动的问题》的训令,指责纠正错划成分是“右倾机会主义”,“给了地主、富农以许多反攻的机会”,地主、富农“企图拿‘算阶级’来代替查阶级,拿数字的玩弄来夺回他们过去所失去的土地财产”。因此“必须坚决反对拿‘算阶级’来代替查阶级,拿百分数的计算代替阶级斗争”。并宣布“在暴动后查田运动前已经决定的地主与富农,不论有任何证据不得翻案,已翻案者作为无效”。这样,已经纠正了的“左”倾错误,再次复原。不仅如此,1934年5月12日,人民委员会发布第三号训令,决定将地主编入“永久的劳役队”,富农编入“临时的劳役队”,在必要时,“地主富农可以编入同一劳役队内”,地主家属“一律驱逐

---

① 中央档案馆编:《中共中央文件选集》第9册(1933),中共中央党校出版社1989年版,第336—339页。

② 中央档案馆编:《中共中央文件选集》第9册(1933),中共中央党校出版社1989年版,第337页。

出境或迁移别处”。使对地主和富农的过“左”的政策进一步升级,查田运动走入歧途,最后不了了之。

王明“左”倾机会主义路线直接导致第五次反“围剿”失败,中央红军被迫放弃中央苏区,实行战略转移,北上抗日救国。1934 年 7 月 26 日,党中央决定派遣先遣队北上。[①] 经过二万五千里艰难跋涉,1935 年 10 月,中央红军胜利地到达陕甘革命根据地。为了停止内战,团结一切可以团结的力量,一致抗日救亡,中共中央决定对在苏区推行的阶级路线和经济政策作出适当调整。1935 年 12 月 6 日,中共中央颁布《党中央关于改变对富农策略的决定》,审时度势,总结经验,发现在过往加紧反对富农的斗争中,常常造成消灭富农的倾向,以致影响到中农群众,使他们不安,发展生产力的兴趣降低。这不但推动富农同豪绅地主联合反对苏维埃政权,而且造成附和他们的中农群众。同时,在目前民主资产阶级革命的阶段,资本主义必然要相当发展。这种发展,不是可怕的,而是有利的。因此“从这些方面来讲,加紧反对富农的策略,也已经不适当了”。基于这些原因,当苏区土地革命深入时,应当集中力量消灭地主阶级,对于富农,只取消其封建剥削部分(没收其出租地,取消其高利贷);富农所经营的(包括雇工经营)土地、商业,以及财产,则不能没收。苏维埃政府并应保障富农扩大生产(如租佃土地、垦辟荒地、雇用工人等)与发展工商业的自由。除统一的累进税外,苏维埃地方政府不能对富农另增捐款或征发。当然,政策的改变是有限度和原则的:第一,富农无权参加红军及一切武装部队,且无选举权;第二,依照过去的政策,已经处理过的富农“不必翻案”,但如某乡某村有多余的土地时,可给以“相当的补偿”;第三,政策改变只限于经济方面,政治思想方面严防死守,以消除因政策改变产生的消极作用。“在党内党外加紧反对富农的思想,在思想上使富农陷于孤立”。[②]

为了推动抗日民族统一战线的建立,1936 年 7 月 22 日,中共中央发

---

① 中央档案馆编:《中共中央文件选集》第 10 册(1934—1935),中共中央党校出版社 1991 年版,第 376 页。

② 中央档案馆编:《中共中央文件选集》第 10 册(1934—1935),中共中央党校出版社 1991 年版,第 583—588 页。

出《关于土地政策的指示》,进一步放宽了对富农的政策。富农的土地及其多余的生产工具(农具、牲口等),“均不没收”。如果在“基本农民”要求之下,实行平分土地时,富农土地也当拿出一起平分,但富农应照一般平分条件得到土地(即与一般农民得到同等土地)。对“大私有主”的土地政策也改变了。《关于土地政策的指示》规定,对于大农业企业主(主要不依靠地租剥削而依靠大量雇农经营土地或畜牧的业主)的土地,因其生产方式带有进步的色彩,应按照对待富农的政策办理。这一政策的重大改变是十分正确的,但留了一个错误和危险的“活口”:大农业企业主的土地、牲口、粮食等,如多数农民群众要求平分时,“应拿出平分之”。另外,商人兼大地主时,其土地部分照一般地主办理,但不得侵犯他的商业部分。上述各项政策决定,必须在新开创的苏区“立即执行”。但在老苏区已经分配土地的,“照原办法不变更”。①

在革命根据地,与土地问题和土地政策、富农问题和富农政策同样重要的,还有工商业问题和工商业政策、商人问题和商人政策。党和根据地政府对商业、商人及小作坊主采取何种方针、政策、措施,直接取决于党对土地革命的性质、任务、前途的定位,直接关系到根据地的工业手工业生产、城乡商品流通和物资供应,也直接关系到根据地民族资产阶级和民族资本主义的命运。

与没收和分配土地、打土豪筹款过程中普遍侵犯富农利益的情况不同,根据地政府在处理商业流通问题时,对保护商人利益、调动商人的积极性不敢掉以轻心,也取得了较好的效果。

在革命根据地创建之初,一些地区也曾出现侵犯商人利益、破坏商业的“左”倾错误,如1929年上半年,闽西、湘鄂赣等根据地曾出现没收商店、烧家簿账,禁止白区商人到根据地做生意等损害商人利益的过“左”行为。②

---

① 中央档案馆编:《中共中央文件选集》第10册(1934—1935),中共中央党校出版社1991年版,第58—59页。

② 中央档案馆编:《中共中央文件选集》第5册(1929),中共中央党校出版社1990年版,第712页;赵效民主编:《中国革命根据地经济史(1927—1937)》,广东人民出版社1983年版,第185页。

同时由于国民党反动派的军事围剿和经济封锁,一些根据地商品流通阻塞,工业品短缺,农民有粮无处卖,油盐布匹与日用品无处买,工农业产品价格剪刀差扩大,严重损害农民和商贩的经济利益,挫伤他们的生产积极性。

对此,中共中央和各根据地政府采取各种措施,以尽快改变这种困难局面。其中首要一项是纠正"左"倾盲动主义错误,保护商业贸易和商人利益,鼓励商人从事根据地商业和对外贸易。1929 年 1 月,毛泽东同志领导的红四军在向赣南进军途中,颁发的《红军第四军司令部布告》,就明确宣布了"平买平卖"、反对"乱烧乱杀"、允许进行正常贸易的商业政策;3 月在解放长汀城时又颁布了《告商人和知识分子》的文告,强调"共产党对城市政策是:取消苛捐杂税,保护商人贸易"。同年 2 月和 9 月,中共中央两次发出指示,批评没收和平分商人财产的错误,指出这是"农民意识的表现"。在敌人严密封锁,一切生活必需品都不能公开运入苏区的情况下,只能"利用小商人作中介",不要"将一切外来的小商人都认为敌人的侦探"。[①] 必须使小商人"设法贩运货物进来"。[②] 以上指示中提出的只是保护"小商人",到 1929 年 9 月 28 日《中共中央给红军第四军前委的指示信》中,进一步将保护对象扩大到中产商人,提出保护"中小商人"的政策,"为实现党的政纲所规定及为工农经济流通与贫民利益,在城市不举行经济没收"。[③]

各根据地政府根据中共中央的指示,结合本地情况制定了保护中小商人的政策、办法。如 1930 年 10 月《湘鄂西特委第一次紧急会议关于苏维埃经济政策决议案》规定:"允许中小商人正当营业。对中小商人不要苛刻限制";农产品输出与工业品输入,苏维埃不要企图垄断,也不要幻

---

① 赵效民主编:《中国革命根据地经济史(1927—1937)》,广东人民出版社 1983 年版,第 205 页。

② 赵效民主编:《中国革命根据地经济史(1927—1937)》,广东人民出版社 1983 年版,第 205 页。

③ 中央档案馆编:《中共中央文件选集》第 5 册(1929),中共中央党校出版社 1990 年版,第 485 页。

想赤区的工业品由苏维埃以全力来供给。[①] 11月初，共产国际东方部发出关于中华苏维埃政府经济政策的建议，提出“苏维埃政府应该保证商业的自由，不妨碍商品市场的关系，这是一般的规律”，但同时要求苏维埃政府组织商业店员实行阶级联合，而解散商会等团体（同业公会、资本家行会、银行公会、钱业公会等），禁止“大商人”用同业公会的“意志”来调节物品价格的一切企图。共产国际又对苏区统制对外贸易提出批评。认为组织“对外贸易的独占”是“不适宜的”，最适宜的是采取“登记制度或他种监督的方式”，同时设法保证“这种对外贸易能按照各地的情形供给苏维埃区以最必需的商品”。共产国际的这些建议、批评，对根据地政府的经济政策特别是有关处理资产阶级及其工商企业的政策举措，产生重大甚至制约性影响。[②]

1931年11月，中华苏维埃共和国颁布的《中华苏维埃共和国关于经济政策的决定》中，关于工商业政策规定：中国资本家的企业及手工业，“尚保留在旧业主手中，尚不实行国有”，但由工厂委员会由工人监督生产；苏维埃保证商业自由，不干涉经常的商品市场关系，但禁止商人投机，禁止大小商人以商会名义垄断价格，应解散商会；还不能实行“对外贸易垄断”，但苏维埃政府应“实行监督”，以保障苏维埃区域“必须商品的供给”。[③] 1934年1月，第二次全国苏维埃代表大会确定，资本主义经济是苏维埃经济的一个组成部分，毛泽东同志在大会报告中指出，根据地经济由国营经济、合作社经济和私人经济三部分组成。对于私人经济，只要不超出“政府法律范围之外，不但不加阻止，而且加以提倡和奖励。因为目前私人经济的发展，是国家的利益和人民的利益所需要的”。它不仅现时“占着绝对的优势，并且在相当长的期间内也必然还是优势”。[④] 大会

① 刘克祥、吴太昌主编：《中国近代经济史（1927—1937）》下册，人民出版社2010年版，第2213页。

② 中央档案馆编：《中共中央文件选集》第6册（1930），中共中央党校出版社1989年版，第639—643页。

③ 中央档案馆编：《中共中央文件选集》第7册（1931），中共中央党校出版社1991年版，第631页。

④ 《毛泽东选集》第一卷，人民出版社1991年版，第133、134页。

通过的《关于苏维埃经济建设的决定》指出,必须发展小手工业生产,除了组织生产合作社,容许并鼓励私人资本家在钨矿、煤铁、石灰、纸、硝盐、布匹、樟脑、药材、烟、油、糖、木材、农具等生产上"投资与扩大生产",甚至可将没收来的企业出租或出卖给他们。这些私人资本企业,在工人自愿、改善工人生活,在苏维埃政府与工会监督的条件下,"亦得增加劳动生产率"。在对外贸易方面,苏维埃政府除以关税来调剂各种商品的输出入外,"保证商业的自由,并鼓励各种群众的与私人的商业机关的自动性,去寻找新的商业关系与开辟通商道路"。在粮食流通方面,苏维埃政府不禁止商人的粮食买卖。《关于苏维埃经济建设的决定》同时强调,苏维埃政府对地主、资本家干扰、破坏苏维埃经济的企图和行为,保持警惕,坚决斗争;对在苏维埃经济机关和合作社忠实为苏维埃及民众工作的地主资产阶级的专家与知识分子,苏维埃政府则"给他们以优待"。① 显然,苏维埃政府对民族资产阶级采取的是既容纳、联合又斗争的政策。

1935 年 10 月,中共中央率领中央红军胜利地到达陕甘革命根据地,建立广泛的民族革命统一战线,已成为中国共产党的基本策略任务。为此,在调整对富农政策的同时,也开始调整城镇民族资产阶级的政策,包括对富农的政策,改为只取消其封建式剥削的部分,即没收其出租的土地,并取消其高利贷。而不没收富农所经营的(包括雇工经营的)土地和商业经营,保障富农扩大生产和"发展工商业的自由"。②

在民族资产阶级的政策方面,着力纠正过去的"左"倾工商业政策。在主力红军到达陕北以前,陕北根据地因受王明"左"倾错误路线的影响,曾发生过没收商店和商人货物、禁止赤白区商人往来贸易的情况,以致商品市场萧条,流通阻塞。主力红军到达陕北后,1935 年 11 月 25 日,临时中央政府西北办事处张贴布告,宣布实行贸易自由的政策。根据地的大小商人有充分的营业自由,"白区的大小商人也可以自由到苏区来

① 中央档案馆编:《中共中央文件选集》第 10 册(1934—1935),中共中央党校出版社 1991 年版,第 336—339 页。

② 中央档案馆编:《中共中央文件选集》第 10 册(1934—1935),中共中央党校出版社 1991 年版,第 589—592 页。

营业”，除粮食及军用品外，根据地的生产品均可自由输出。同时宣布在工业方面实行投资开放政策。允许苏区内外正当的大小资本家投资各种工业。为了促进私人工商业的发展，宣布取消一切捐税，甚至连关税、营业税等也“一概免收”。[①] 12 月 1 日，西北办事处又宣布，外出办货商人可将“苏票”（根据地银行发行的纸币）或现金到根据地银行兑换“白票”（国民党统治区钞票）。如需要携带现金出境的，亦可照数兑换。[②] 同时还规定：“为着发动商人输出苏区农产品，与运输食盐出口，银行可给予低利贷款”。[③]

民族资产阶级的政治地位也明显提高。在王明“左”倾错误路线影响下，根据地的工商业资本家和军阀、官僚、地主豪绅以及富农等一样，“是没有选举代表参加政权和政治上自由的权利的”。[④] 1936 年年初，西北办事处颁布的《西北苏维埃选举法》规定，“雇佣劳动在十人以下，资本在五千元以下之工商业主亦有选举权”。[⑤] 这一规定使中小工商业者有了选举权。1937 年 5 月公布的《陕甘宁边区选举条例》规定，除汉奸卖国贼、因犯罪被剥夺公民政治权利者和精神病患者外，“年满十六岁的，无论男女、宗教、民族、财产、文化上的区别，都有选举权和被选举权”。[⑥] 所有工商业者都有了公民权。这些都极大地调动了工商业者的积极性。

为鼓励私人工商业的发展，1936 年 8 月，根据地政府在拟定的积极开发池盐和定边盐业计划中，宣布“除陈请中央政府拨给款项外，并欢迎国外华侨及国内资本家来投资”。[⑦] 上述政策，解除了工商业者的顾虑，

---

① 《目前只有苏区才是经营工商业最好的地方！》，《红色中华》第 242 期，1935 年 12 月 1 日。

② 中国社会科学院经济研究所中国现代经济史组编著：《革命根据地经济史料选编》上册，江西人民出版社 1986 年版，第 188 页。

③ 中国社会科学院经济研究所中国现代经济史组编著：《革命根据地经济史料选编》上册，江西人民出版社 1986 年版，第 189 页。

④ 中央档案馆编：《中共中央文件选集》第 10 册（1934—1935），中共中央党校出版社 1991 年版，第 91 页。

⑤ 《红色中华》第 247 期，1936 年 1 月 16 日。

⑥ 《新中华报》第 359 期，1937 年 5 月 23 日。

⑦ 《苏维埃政府积极开发花定盐业》，《红色中华》第 292 期，1936 年 8 月 9 日。

使他们能积极参与根据地的工商业经营。

抗日战争时期,民族矛盾成为国内主要矛盾,中国共产党为了维持和扩大抗日民族统一战线,不仅对民族资产阶级和本国资本主义的方针、政策又做了新的调整,而且在关于新民主革命同资本主义两者之间的关系,在理论、思想方面更趋深刻、成熟。

随着抗日民族统一战线政策的实施和策略的转变,鼓励私人工商业发展的方针得到切实实行,而且在政治上承认工商业资本家享有公民权。在抗日战争的背景下,如何正确处理资产阶级和资本主义问题,不只是基于抗日民族统一战线的需要,而是必须清醒估量,中国作为一个生产力落后的农业国,资本主义及其发展,在新民主主义革命乃至社会主义革命某个阶段的历史地位和重大价值。

正是基于这种认知,中国共产党的领导人曾将新民主主义定性为"新民主主义的资本主义"或"新式资本主义""新资本主义",并确信资本主义在中国尚有相当大的发展空间。"中国也要发展资本主义",提倡和发展"新民主主义的资本主义"。①

"新式资本主义"的概念最初是由张闻天提出来的。1942 年年初,张闻天率"延安农村工作调查团"赴陕北、晋西北农村进行了 9 个多月的社会调查,1942 年 10 月,根据晋西北兴县农村的实际情况撰写《发展新式资本主义》一文,认为"资本主义生产方式,是现时比较进步的,可使社会进化的","发展新式资本主义是新民主主义经济的全部方向和内容,也是将来社会主义的前提"。中国社会"将来才是社会主义和共产主义,今天则要实行新民主主义,就是新式资本主义"。为发展新式资本主义,"不要怕晋西北资本家多",现时"不要怕富农"。也"不要怕农民受苦,就是说,不要怕雇农多,没法安插、失业、工资低,生活恶化"。因为中国太落后,"只有走过新式资本主义的第一步,才能走社会主义的第二步。社会主义和共产主义,是我们的理想。发展新式资本主义,是我们现时的任

① 《毛泽东文集》第三卷,人民出版社 1996 年版,第 384、385 页。

务，也是我们当前的具体工作”。[①] 文章从理论与实际的结合高度，阐释了党的政策精髓，揭示了发展新式资本主义与实行新民主主义之间的辩证关系。

新式资本主义的发展，是在新民主主义政权下进行的。它不同于欧美的旧资本主义。新民主主义政权的革命纲领、方针、政策、法令，掌握新式资本主义的发展方向，调节新式资本主义中的经济关系和阶级关系。“凡可以操纵国民生计的工商业，均握在国家手中”。[②]

“新民主主义”和“新民主主义革命”的概念和理论，最早是由毛泽东同志创立的。1939 年 12 月，毛泽东同志在《中国革命和中国共产党》中明确指出：由于中国是一个殖民地、半殖民地、半封建社会，中国革命的敌人还是帝国主义和封建势力，中国革命的任务是推翻这两个主要敌人的民族革命和民主革命，而且有时还有资产阶级参加，革命的锋芒也不是向着一般的资本主义和资本主义的私有财产。所以，“现阶段中国革命的性质，不是无产阶级社会主义的，而是资产阶级民主主义的”。不过现时中国的资产阶级民主主义的革命，也不是旧式的一般的民主主义的革命，而是新式的特殊的资产阶级民主主义的革命。它“在经济上是把帝国主义者和汉奸反动派的大资本大企业收归国家经营，把地主阶级的土地分配给农民所有，同时保存一般的私人资本主义的企业，并不废除富农经济。因此，这种新式的民主革命，虽然在一方面是替资本主义扫清道路，但在另一方面又是替社会主义创造前提”。现时中国革命是一个“新民主主义的革命过程”。这是“在无产阶级领导之下的人民大众的反帝反封建的革命。中国的社会必须经过这个革命，才能进一步发展到社会主义的社会去，否则是不可能的”。这种“新民主主义”的革命“也和社会主义的革命不相同，它只推翻帝国主义和汉奸反动派在中国的统治，而不破坏任何尚能参加反帝反封建的资本主义成分”。现阶段的中国革命是

---

① 张闻天选集传记组等编：《张闻天晋陕调查文集》，中共党史出版社 1994 年版，第 324—325 页。

② 张闻天选集传记组等编：《张闻天晋陕调查文集》，中共党史出版社 1994 年版，第 324—325 页。

"为了完成一个新民主主义的革命而奋斗,那末,在革命胜利之后,因为肃清了资本主义发展道路上的障碍物,资本主义经济在中国社会中会有一个相当程度的发展",这是"经济落后的中国在民主革命胜利之后不可避免的结果。但这只是中国革命的一方面的结果,不是它的全部结果。中国革命的全部结果是:一方面有资本主义因素的发展,又一方面有社会主义因素的发展"。这样,"中国资产阶级民主革命的最后结果,避免资本主义的前途,实现社会主义的前途,不能不具有极大的可能性了"。①

毛泽东同志在1940年1月所写《新民主主义论》,进一步丰富和深化了"新民主主义"的概念、思想和理论,把中国革命的历史进程分为两步,第一步是民主主义的革命;第二步是社会主义的革命。"这是性质不同的两个革命过程"。民主主义的革命又分为旧民主主义的革命和新民主主义的革命两个阶段。现在中国正处于新民主主义的革命阶段,要建立新民主主义的共和国。这个共和国,政治上必须是新民主主义的,经济上也必须是新民主主义的。共和国没收大银行、大工业、大商业,但"并不没收其他资本主义的私有财产,并不禁止'不能操纵国计民生'的资本主义生产的发展,这是因为中国经济还十分落后的缘故";共和国将采取某种必要的方法,"没收地主的土地,分配给无地和少地的农民,实行中山先生'耕者有其田'的口号,扫除农村中的封建关系,把土地变为农民的私产。农村的富农经济,也是容许其存在的。这就是'平均地权'的方针。这个方针的正确的口号,就是'耕者有其田'。在这个阶段上,一般地还不是建立社会主义的农业,但在'耕者有其田'的基础上所发展起来的各种合作经济,也具有社会主义的因素"。所以,"中国的经济,一定要走'节制资本'和'平均地权'的路,决不能是'少数人所得而私'"。②

在一个时期内,毛泽东同志也把新民主主义界定为"新资本主义""新民主主义的资本主义"。1943年8月8日在中央党校第二部开学典礼上的讲话中指出,"我们要建立的新民主主义社会",虽然"破坏了封建

① 《毛泽东选集》第二卷,人民出版社1991年版,第647—650页。

② 《毛泽东选集》第二卷,人民出版社1991年版,第678页。

秩序，推翻了帝国主义和封建主义的压迫”，但“它的基本性质仍是资本主义的”。[①] 1944 年 3 月 22 日在中共中央召开的宣传工作会议上，毛泽东同志进一步阐释说，“现在中国还不是资本主义国家，资本主义不占优势”，不能说是纯粹的或一般的资本主义社会。“现在我们建立新民主主义社会，性质是资本主义的，但又是人民大众的，不是社会主义，也不是老资本主义，而是新资本主义，或者说是新民主主义”。[②] 毛泽东同志在七大口头政治报告中又指出，“我们这样肯定要广泛地发展资本主义，是只有好处，没有坏处的。对于这个问题，在我们党内有些人相当长的时间里搞不清楚，存在一种民粹派的思想。这种思想，在农民出身的党员占多数的党内是会长期存在的”。毛泽东同志解释说，“所谓民粹主义，就是要直接由封建经济发展到社会主义经济，中间不经过发展资本主义的阶段。俄国的民粹派就是这样”。列宁、斯大林、布尔什维克就不是这样。“他们肯定俄国要发展资本主义，认为这对无产阶级是有利的。列宁在《两个策略》中讲，‘资产阶级民主革命，与其说对资产阶级有利，不如说对无产阶级更有利’”。所以，毛泽东强调，“我们不要怕发展资本主义。俄国在十月革命胜利以后，还有一个时期让资本主义作为部分经济而存在，而且还是很大的一部分，差不多占整个社会经济的百分之五十。那时粮食主要出于富农，一直到第二个五年计划时，才把城市的中小资本家与乡村的富农消灭。我们的同志对消灭资本主义急得很。人家社会主义革命胜利了，还要经过新经济政策时期，又经过第一个五年计划，到第二个五年计划时，集体农庄发展了，粮食已主要不由富农出了，才提出消灭富农，我们的同志在这方面是太急了”。[③] 1945 年 5 月在中共七大所做的结论中，毛泽东同志再次强调，“中国也要发展资本主义”，但中国提倡和发展的是“新民主主义的资本主义”。[④]

因此，中国共产党领导人提出的“新式资本主义”或“新资本主义”是

---

① 《毛泽东文集》第三卷，人民出版社 1996 年版，第 56 页。

② 《毛泽东文集》第三卷，人民出版社 1996 年版，第 110 页。

③ 《毛泽东文集》第三卷，人民出版社 1996 年版，第 323 页。

④ 《毛泽东文集》第三卷，人民出版社 1996 年版，第 384 页。

对新民主主义社会基本性质的规定，根本不同于欧美式的旧资本主义。“新资本主义”受制于由无产阶级领导或参加的新政权，是在新民主主义国家掌握经济命脉条件下的资本主义，它既有资产阶级民主主义的一面，又有无产阶级社会主义的一面。它只能是新民主主义多种经济成分中的一种，而不能取代或吞并其他经济成分。因此，毛泽东同志在《新民主主义论》中强调，中国的经济，“决不能让少数资本家少数地主‘操纵国民生计’，决不能建立欧美式的资本主义社会，也决不能还是旧的半封建社会”。“这样的经济，就是新民主主义的经济”。①

“新资本主义”也不同于苏联式的、无产阶级专政的社会主义。苏联的社会主义社会不仅以政治上的无产阶级专政为特征，同时在经济上确立社会主义公有制的统治地位，消灭一切非社会主义经济成分，要求资本主义与资产阶级绝种。这种社会主义是不适合中国国情的，1944 年 7 月 14 日毛泽东同志同英国记者谈话时说，“中国现在所需要的是民主主义，不是社会主义”。目前中国需要做三件事：驱逐日本帝国主义；在全国范围内推行民主制度；解决土地问题，使具有某种进步性的资本主义能在中国得到发展，并通过引进现代生产方法提高人民生活水平。“这些就是目前中国革命的任务。在这些任务完成之前谈论实现社会主义，只能是空谈。”②故“新资本主义”不仅要有社会主义因素的广大发展，而且允许资本主义有一个广大的发展，而在发展生产力这样一个根本目标下，调节社会主义经济成分与资本主义经济成分在各个方面的关系。

“新资本主义”更不同于国民党蒋介石集团的国家资本主义。“蒋介石搞的是半法西斯半封建的资本主义”，它维护的是大地主大资产阶级的利益，是“压迫人民”的，是“买办的、封建的”，而中国共产党所提倡的“新资本主义”，是在无产阶级及其政党领导下，充分发动人民群众，破坏封建秩序，推翻帝国主义和封建主义的压迫，为社会生产力的发展扫清道路。它的性

① 《毛泽东选集》第二卷，人民出版社 1991 年版，第 678—679 页。

② 《毛泽东文集》第三卷，人民出版社 1996 年版，第 182、183 页。

质是帮助社会主义的，它是革命的、有用的，有利于社会主义的发展的。[1]

在“新民主主义的资本主义”或“新资本主义”的思想、理论指导下，党和抗日根据地民主政府审时度势，停止实行没收地主土地的政策，注重保护富农和工商业者的利益，缓和阶级矛盾。并在减租减息的同时，没收汉奸财产，没收日本帝国主义的在华资产，既孤立和打击了敌人，调动了各阶级、阶层的抗日和生产积极性，又筹措了经费，部分解决了抗日经费紧缺的问题。同时发展与调节资本主义，注意“启发小生产者和私人企业家的生产积极性和自动性”，大力发展农村手工业，提倡大规模的手工业经营，促进农家副业。

早在抗日战争爆发前，1937 年 2 月 10 日，中共中央在《中共中央给中国国民党三中全会电》中，正式提出“停止没收地主土地”的政策。[2] 在全国停止没收地主土地，并不能恢复苏区土地剥削制度，而要继续保障土地在农民手中。但在全国执行抗日民族统一战线之共同纲领，必须没收汉奸分子的土地。[3] 3 月，陕甘宁边区实际上已停止了没收地主土地的运动。以前逃跑的地主纷纷返回边区。[4] 5 月，陕甘宁边区政府颁布选举条例，规定恢复地主富农的公民权。中国共产党停止没收地主土地的政策在边区得到全面的实施。与土地政策的改变相适应，在财政政策上，对富农也不再实行没收、征收和罚款，免除一切税收，只用募捐一项。富农和工商业资本家的募捐也由过去的强制改为宣传动员，自愿捐助，并制定了对捐助者的奖励办法：资本家捐助千元以上者，给奖状及一等银质奖章，并单独登报表扬之；五百元以上者，给奖状及二等铜质奖章，并用大字登报表扬；百元以上给三等布质抗日奖章，并登报表扬。[5] 边区政府还通过

---

① 《毛泽东文集》第三卷，人民出版社 1996 年版，第 385 页。

② 中央档案馆编：《中共中央文件选集》第 11 册（1936—1938），中共中央党校出版社 1991 年版，第 158 页。

③ 中央档案馆编：《中共中央文件选集》第 11 册（1936—1938），中共中央党校出版社 1991 年版，第 161 页。

④ 《回苏区的豪绅地主要收租还债怎么办》，《新中华报》第 349 期，1937 年 4 月 23 日。

⑤ 中国社会科学院经济研究所中国现代经济史组编著：《革命根据地经济史料选编》上册，江西人民出版社 1986 年版，第 499 页。

税制改革的逐渐完善,减轻了地主、富农的负担,改善了地主、富农的经济状况。

为了防止侵犯地主富农的利益、损害其土地所有权,根据地政府在决定没收后方某些大汉奸的土地、财产时,十分谨慎,将没收对象限制在极其狭小的范围内。1940 年 7 月 31 日,《中央关于在敌后地区没收大汉奸土地财产问题的指示》强调,“这种没收,仅仅应对付个别的罪恶昭著的大汉奸”。对一切反共顽固分子,不论其罪恶如何重大,不论其勾结日军有何证据,在他们未公开投敌当汉奸前,均不应没收其土地财产。在反共顽固分子公开当汉奸以后,也只能没收其中最坏最大者的土地财产,而不应没收一切当了汉奸的反共顽固分子的土地财产。“绝不应没收一切汉奸的土地财产,绝不应把没收汉奸土地财产变成普遍的没收土地与分配土地的运动”。①

毛泽东同志特别批评了党内对待资本主义经济及一些其他经济政策上的“左”倾错误倾向,强调了应该发展资本主义经济。1940 年 10 月 18 日毛泽东同志起草的《中央关于防止执行政策中“左”倾错误的指示》指出,必须懂得“左”倾错误是当前主要危险,预防及时检查在执行政策时冒犯过“左”错误,主要是在土地政策、劳动政策、财政政策等,必须“提起全党全军注意,切勿等闲视之”。②

为了适应发展资本主义经济的要求,中共中央在劳动政策方面作出了新的规定,1940 年 12 月 3 日发出《中央关于各抗日根据地劳动政策的初步指示》,不要对雇主提出“不适合于根据地现实条件的过高要求”,例如,“工人待遇的改善,工资的增加,工时的规定,必须以发展抗日根据地之工农商业,增加抗战生产,适合战时需要为原则。否则既有碍于根据地之坚持与巩固,也就违反工人阶级的根本利益”。所以,“改善工人生活,必须估计到在持久的战争中根据地人民的生活日益艰苦,国民经济生活

① 中央档案馆编:《中共中央文件选集》第 11 册(1936—1938),中共中央党校出版社 1991 年版,第 426 页。

② 中央档案馆编:《中共中央文件选集》第 12 册(1939—1940),中共中央党校出版社 1991 年版,第 518—519 页。

一般已降低，根据地工人生活想改善得比战前更好是不可能的”。[①] 12月13日，中央又就华中根据地的各项政策作出指示，要求在政权结构上“坚决实行三三制”；劳动政策“力避过左，目前只做轻微改良”；土地政策“应实行部分的减租减息以争取基本农民群众，但不要减得太多，不要因减息而使农民借不到债，不要因清算旧债而没收地主土地，同时应规定农民有交租交息之义务，保证地主有土地所有权，富农的经营原则上不变动”；经济政策是“尽量发展工业农业生产与商业流通，力避破坏生产与商业，号召上海资本家到苏北办实业”。总之，目前政策必须“一方面保证工农小资产阶级人权政权财权及言论集会结社之自由，另一方面也应保证除汉奸以外一切资本家地主的人权政权财权及言论集会结社之自由，只要不武装暴动，任何党派阶层有活动之自由”。[②]

1942年1月28日，中央政治局通过的《中共中央关于抗日根据地土地政策的决定》（以下简称《决定》），对富农经营的资本主义性质和进步性质，给予充分肯定，给予农村富农与城市资产阶级同等的政治待遇和经济待遇。《决定》明确指出，“承认资本主义生产方式是中国现时比较进步的生产方式，而资产阶级、特别是小资产阶级与民族资产阶级，是中国现时比较进步的社会成分与政治力量。富农的生产方式是带有资本主义性质的，富农是农村中的资产阶级，是抗日与生产的一个不可缺少的力量。小资产阶级，民族资产阶级与富农，不但有抗日要求，而且有民主要求。故党的政策，不是削弱资本主义与资产阶级，不是削弱富农阶级与富农生产，而是在适当的改善工人生活条件之下，同时奖励资本主义生产与联合资产阶级，奖励富农生产与联合富农”。不过《决定》没有因此而对富农的封建剥削采取姑息和纵容的态度，同时指出，“富农有其一部分封建性质的剥削，为中农贫农所不满，故在农村中实行减租减息时，对富农的租息也须照减”。但基于富农经营的“资本主义性质和进步性质”，采

---

① 中央档案馆编：《中共中央文件选集》第12册（1939—1940），中共中央党校出版社1991年版，第570—572页。

② 中央档案馆编：《中共中央文件选集》第12册（1939—1940），中共中央党校出版社1991年版，第575—576页。

取了富农与中农贫农兼顾的政策,要求"在对富农减租减息后,同时须实行交租交息,并保障富农的人权、政权、地权、财权"。另外还规定,"一部分用资本主义方式经营土地的地主(所谓经营地主),其待遇与富农同"。[①] 总之,对富农"是削弱其封建部分而奖励其资本主义部分"。在经济上,党的政策是"以奖励资本主义生产为主,但同时保存地主的若干权利,可以说是一个七分资本三分封建的政策"。[②]

抗日战争时期,中国共产党的策略转变中,一个主要方面是对民族资产阶级政策的转变,包括减轻其租税、捐款负担。抗日根据地政府明确规定:对工商业资本家,禁止一切没收和征发,不收任何租税,只实行募捐。在抗日战争爆发前,根据地政府就强调,筹款必须注意经济政策,"没收地主的商店固然不对,没收一般的商店尤不允许"。对富农和工商业资本家的募捐也由过去的强制改为宣传动员,自愿捐助。并制定了对捐助者的奖励办法:资本家捐助千元以上者,给奖状及一等银质奖章,并单独登报表扬之;五百元以上者,给奖状及二等铜质奖章,并用大字登报表扬;百元以上给三等布质抗日奖章,并登报表扬。[③] 对富农政策的改变,不仅调动了富农的生产积极性,也消除了中农怕致富后被打成富农的恐惧心理,使其积极性空前高涨。

工商政策方面,根据地政府的相关政策,都是基于"承认资本主义生产方式是中国现时比较进步的生产方式,而资产阶级特别是小资产阶级与民族资产阶级,是中国现时比较进步的社会成分与政治力量"前提下,制定和执行的。

基本的方针、政策是鼓励私人投资、鼓励私人资本主义的发展。1939年9月8日,中国共产党的国民参政员毛泽东、董必武、邓颖超同志等7人,在《我们对于过去参政会工作和目前时局的意见》中提出:由国家资

---

① 中央档案馆编:《中共中央文件选集》第13册(1941—1942),中共中央党校出版社1991年版,第282页。

② 中央档案馆编:《中共中央文件选集》第13册(1941—1942),中共中央党校出版社1991年版,第295页。

③ 中国社会科学院经济研究所中国现代经济史组编著:《革命根据地经济史料选编》上册,江西人民出版社1986年版,第499页。

助并奖励私人投资，以扩大工农合作运动，广泛地发展各种实用工业，尽力提高农业生产。①

在边区的工业发展中，边区政府一个重要的方针，是"启发小生产者和私人企业家的生产积极性和自动性。使他们在有利于民生军需的原则下，自由自主地去从事他们的生产和贸易"。② 在节制资本的前提下，广泛动员私人资本，发展手工业工厂、作坊以满足人民群众日用工业品的需求。《双十纲领》纠正了一度发生的没有把封建经济制度与资本主义的生产在政策上严格加以原则区别的偏差，明确指出，"对于私人企业家的经营，即带有资本主义性质的生产，应让其发展而不是削弱或加以阻挠"。③ 这种把个体和私人企业赢利欲望与抗日根据地的需要相统一的政策，对边区经济建设事业的发展起了重要作用。

进入解放战争时期，国内阶级关系、阶级矛盾发生重大变化，日本投降，抗日战争结束，抗日民族统一战线也寿终正寝，蒋介石国民党由抗战时期的消极抗日、积极反共发展为"积极灭共"，将美国援助抗日的武器装备和日本投降时留下的武器装备，全都用来对付、消灭共产党和解放军。伪军、汉奸摇身一变，投靠蒋介石国民党，成为反共灭共的急先锋，地主阶级也全部倒向蒋介石国民党。民族资产阶级在政治上仍然摇摆不定。

在这种政治大背景下，中国无产阶级及其先锋队中国共产党的奋斗目标，就是坚决反对帝国主义和国内封建势力，推翻国民党反对政府，消灭国内封建剥削制度，赶走帝国主义侵略势力，实现民族独立，完成民族民主革命的历史使命。

显然，革命的性质、任务和基本政策并没有改变。中央宣传部下发指示说，"反帝反封建是中国新民主主义革命的性质，这是由中国半殖民地或殖民地、半封建或封建的社会性质所决定。北伐以来四次战争，革命性

---

① 中央档案馆编：《中共中央文件选集》第 12 册（1939—1940），中共中央党校出版社 1991 年版，第 166—167 页。

② 彭真：《关于晋察冀边区党的工作和具体政策报告》，中共中央党校出版社 1981 年版，第 77 页。

③ 彭真：《关于晋察冀边区党的工作和具体政策报告》，中共中央党校出版社 1981 年版，第 85 页。

质不变”。在各个阶段的“具体政策口号会有若干变化”,但基本政策不变。“现阶段的基本政策,是对付美蒋两个结合一体的敌人,即是又反美国帝国主义又反蒋介石封建买办集团”。[①]

在关于中国资产阶级和资本主义的问题上,现阶段的基本政策可以归结为两项:一是没收国民党国家资本(官僚资本)和买办资本;二是保护民族资本和中小工商业者。

1946年1月16日,中国共产党参加政治协商会议的代表在会上提出,必须“防止国家资本发展,严禁官吏用其权势地位,从事投机垄断,逃税走私,利用公款与非法使用交通工具的活动”,并被列入会议通过的《和平建国纲领草案》中。[②]

随着解放战争的进展、解放区的扩大和城市的占领,对国家资本的没收很快进入议事日程。1947年12月26日,毛泽东同志提出,没收以蒋介石、宋子文、孔祥熙、陈立夫为首的垄断资本归新民主主义的国家所有,并将其列为新民主主义革命三大经济纲领之一。

1948年,随着人民解放军转入战略反攻,一批城市被解放。为了防止没收国家资本的政策出偏差,中央特别强调,对官僚资本“要有明确界限,不要将国民党人经营的工商业都叫作官僚资本而加以没收”[③]。同时详细规定了接收原则、办法和注意事项。

中共中央在决定和实施没收国民党国家资本(官僚资本)的同时,规定了对民族资本的保护政策和措施。

1947年10月颁布实施的《中国土地法大纲》第十二条规定,“保护工商业者的财产及其合法的营业,不受侵犯”[④]。毛泽东同志还特别解释

① 中央档案馆编:《中共中央文件选集》第16册(1946),中共中央党校出版社1991年版,第332—333页。

② 《解放日报》1945年1月7日。

③ 《毛泽东选集》第四卷,人民出版社1991年版,第1323—1324页;中国社会科学院经济研究所中国现代经济史组编著:《革命根据地经济史料选编》下册,江西人民出版社1986年版,第237页。

④ 中央档案馆编:《中共中央文件选集》第16册(1946),中共中央党校出版社1991年版,第549页。

说，"这里所说的工商业者，就是指的一切独立的小工商业者和一切小的和中等的资本主义成分"，也是新中国的经济成分。这种小的和中等的资本主义成分，"其存在和发展，并没有什么危险。土地改革后，在农村中必然发生的新的富农经济，也是如此"。因此，不允许对上层小资产阶级和中等资产阶级经济成分采取过左的错误的政策。1931—1934 年所犯的一些"左"的错误，"是绝对不许重复的"。[①] 1947 年 12 月，毛泽东同志在米脂杨家沟会议上再次阐明和强调，"新民主主义的革命任务，除了取消帝国主义在中国的特权以外，在国内，就是要消灭地主阶级和官僚资产阶级（大资产阶级）的剥削和压迫，改变买办的封建的生产关系，解放被束缚的生产力。被这些阶级及其国家政权所压迫和损害的上层小资产阶级和中等资产阶级，虽然也是资产阶级，却是可以参加新民主主义革命，或者保守中立的。他们和帝国主义没有联系，或者联系较少，他们是真正的民族资产阶级。在新民主主义的国家权力到达的地方，对于这些阶级，必须坚决地毫不犹豫地给以保护"。新民主主义革命要消灭的对象，"只是封建主义和垄断资本主义，只是地主阶级和官僚资产阶级（大资产阶级），而不是一般地消灭资本主义，不是消灭上层小资产阶级和中等资产阶级"。而且即使革命胜利后的一个长时期内，还必须允许它们存在；按照国民经济的分工，还需要它们中"一切有益于国民经济的部分有一个发展"。它们在整个国民经济中，"还是不可缺少的一部分"。"新民主主义国民经济的指导方针，必须紧紧地追随着发展生产、繁荣经济、公私兼顾、劳资两利这个总目标。一切离开这个总目标的方针、政策、办法，都是错误的"。[②] 在整个解放战争时期，这是党中央和根据地政府对民族资产阶级和民族资本主义的基本政策。

与对民族资本和民族资产阶级的上述政策相联系，还有关于新民主主义革命和资本主义的思想、理论问题。即"新资本主义"问题。前者主要侧重经济层面，而后者更多地涉及政治、思想层面。因此，对两者的考

① 《毛泽东选集》第四卷，人民出版社 1991 年版，第 1255 页。

② 《毛泽东选集》第四卷，人民出版社 1991 年版，第 1254—1256 页。

虑和举措明显不同:在经济上要切实保护和利用民族资本,而在政治方面,要考虑到临近革命胜利和胜利后国内阶级关系、无产阶级同资产阶级关系的变化,要未雨绸缪。

1948 年,解放战争进入双方决战阶段,毛泽东同志在 9 月的一次会议上说,“关于几年胜利的问题,过去所讲的只是可能性”,现在“可以讲出带确定性的意见了”,这就是“大约五年左右根本上打倒国民党”。不仅革命胜利指日可待,而且胜利后的阶级结构和阶级矛盾问题,毛泽东同志也已心中有数,“现在点明一句话,资产阶级民主革命完成之后,中国内部的主要矛盾就是无产阶级和资产阶级之间的矛盾”。①

正因为如此,虽然资产阶级民主革命尚未最后完成,毛泽东同志已明显改变对“新资本主义”这一概念的态度。就在 1948 年 9 月政治局会议上,毛泽东同志批评了“新资本主义”的提法,他说我们政权的性质“是无产阶级领导的、以工农联盟为基础的人民民主专政。我们的社会经济呢?有人说是‘新资本主义’。我看这个名词是不妥当的,因为它没有说明在我们社会经济中起决定作用的东西是国营经济、公营经济,这个国家是无产阶级领导的,所以这些经济都是社会主义性质的。农村个体经济加上城市私人经济在数量上是大的,但是不起决定作用。我们国营经济、公营经济,在数量上较小,但它是起决定作用的。我们的社会经济的名字还是叫‘新民主主义经济’好”。这样,毛泽东同志把新民主主义经济重新界定为“社会主义经济领导之下的经济体系”。②

这一提法的改变,虽然主要出于政治层面的考虑,但也反过来影响党在经济方面对民族资本和民族资产阶级的政策定位。而且随着解放战争和革命形势迅猛发展,解放区从农村迅速扩大到城镇和工业区,经济结构发生变化,国家资本(官僚资本)大幅膨胀。在这种情况下,毛泽东同志强调,凡属“大工业、大银行、大商业,不管是不是官僚资本,全国胜利后一定时期内都是要没收的,这是新民主主义经济的原则。而只要一没收,

① 《毛泽东文集》第五卷,人民出版社 1996 年版,第 142—145 页。

② 《毛泽东文集》第五卷,人民出版社 1996 年版,第 139、141 页。

它们就属于社会主义部分”。[①] 国民经济中的社会主义成分及其支配力量明显增加，并有继续壮大的基础，对私人资本主义的依赖程度降低。因此，毛泽东同志在否定“新资本主义”这一提法的同时，提出要对私人资本主义加以“限制”。不过还不是限制私人资本主义的生产及其扩大，而是防止脱离“国计民生”的轨道。1948 年 10 月 26 日，毛泽东同志就张闻天起草并经中共中央修改的《关于东北经济构成及经济建设基本方针的提纲》的修改问题，致信刘少奇说，“此件修改得很好”，其中“‘决不可采取过早地限制私人资本经济的办法’，改为‘决不可以过早地采取限制现时还有益于国计民生的私人资本经济的办法’。因为就我们的整个经济政策说来，是限制私人资本的，只是有益于国计民生的私人资本，才不在限制之列。而‘有益于国计民生’，这就是一条极大的限制，即引导私人资本纳入‘国计民生’的轨道之上。要达到这一点，必须经常和企图脱出这条轨道的私人资本作斗争。而这些私人资本虽然已经纳入这条轨道，他们总是想脱出去的，所以限制的斗争将是经常不断的”。[②]

解放战争后期和末期，中共中央和解放区政府，对民族资产阶级和私人资本主义的基本政策，就是既利用又限制、既联合又斗争，针对民族资产阶级摇摆不定的两面性特征，争取和利用其对革命、对国计民生有利的一面，限制、避免其对革命、对国计民生不利的一面。这种既利用又限制、既联合又斗争的政策，又主要分为政治、经济两个方面。政治方面主要是斗争，但也要联合、争取。毛泽东同志在党的七届二中全会上的讲话中强调，“必须学会在城市中向帝国主义者、国民党、资产阶级作政治斗争、经济斗争和文化斗争”；同时，“争取尽可能多的能够同我们合作的民族资产阶级分子及其代表人物站在我们方面，或者使他们保持中立，以便向帝国主义者、国民党、官僚资产阶级作坚决的斗争，一步一步地去战胜这些敌人”。在经济方面，对私人资本主义和民族资产阶级采取既利用又限制的政策。中国的私人资本主义工业，占了现代性工业中的第二位，“它

① 《毛泽东文集》第五卷，人民出版社 1996 年版，第 140 页。

② 《毛泽东文集》第五卷，人民出版社 1996 年版，第 177 页。

是一个不可忽视的力量”;中国的民族资产阶级及其代表人物,由于受了帝国主义、封建主义和官僚资本主义的压迫或限制,在人民民主革命斗争中常常采取参加或者保持中立的立场。由于这些,并由于中国经济现在还处在落后状态,在革命胜利以后一个相当长的时期内,“还需要尽可能地利用城乡私人资本主义的积极性,以利于国民经济的向前发展。在这个时期内,一切不是于国民经济有害而是于国民经济有利的城乡资本主义成分,都应当容许其存在和发展”。这不但是不可避免的,而且是经济上必要的。但是中国资本主义的存在和发展,“不是如同资本主义国家那样不受限制任其泛滥的。它将从几个方面被限制——在活动范围方面,在税收政策方面,在市场价格方面,在劳动条件方面。我们要从各方面,按照各地、各业和各个时期的具体情况,对于资本主义采取恰如其分的有伸缩性的限制政策”。孙中山的“节制资本”的口号,我们依然必须用和用得着。但是为了整个国民经济的利益,为了工人阶级和劳动人民现在和将来的利益,“决不可以对私人资本主义经济限制得太大太死,必须容许它们在人民共和国的经济政策和经济计划的轨道内有存在和发展的余地”。对于私人资本主义采取限制政策,是必然要受到资产阶级在各种程度和各种方式上的反抗的,特别是私人企业中的大企业主,即大资本家。“限制和反限制,将是新民主主义国家内部阶级斗争的主要形式”。如果认为我们现在不要限制资本主义,认为可以抛弃“节制资本”的口号,这是完全错误的,这就是右倾机会主义的观点。但是反过来,“如果认为应当对私人资本限制得太大太死,或者认为简直可以很快地消灭私人资本,这也是完全错误的,这就是‘左’倾机会主义或冒险主义的观点”。①

显然,从利用和限制或节制的角度观察,在解放战争后期,毛泽东同志对私人资本主义的政策,已开始比较多地强调“限制”和“节制”了。毛泽东同志在给刘少奇的前述信件中,也已经明白指出,“就我们的整个经济政策说来,是限制私人资本的,只是有益于国计民生的私人资本,才不

① 《毛泽东选集》第四卷,人民出版社 1991 年版,第 1427、1428、1431、1432 页。

在限制之列”。这既是解放战争后期，毛泽东同志对民族资本和民族资产阶级政策的基本原则，也是中共中央和解放区政府相关政策的指导原则和基本界限。

五、中国近代资本主义的发展水平和特点

中国近代资本主义是在半殖民地半封建的特定历史条件下，以特别甚至畸形的程式、途径发生、发展和延续的。正是这种特定历史条件和特别甚至畸形的程式、途径，直接影响、制约着中国近代资本主义发展，并决定或注定它的发展水平或水平极限：中国近代资本主义处于一种似乎有所发展但又不能顺利和正常发展的态势，而且即使时间再长，也不可能达至完全和发达的资本主义社会，成为正常、独立的资本主义国家。

中国近代资本主义的产生，并非出现于明清之际的资本主义萌芽生根、成长，同明清资本主义萌芽没有直接传承或因果关系，而是帝国主义侵略的产物，是“西风东渐”的结果。西方列强的经济侵略和对传统经济生产的破坏，客观上为在中国国内资本主义的产生提供了某种条件。这是一方面。但是另一方面，西方列强不断加深的侵略、扩张，不断的掠夺、压榨，强加在中国头上的一系列不平等条约，等等，又严重阻碍、窒息中国新式工业和资本主义的正常生存与发展，并从根本上堵死了中国发展为完全和独立的资本主义国家的道路。中国近代资本主义始终在外国帝国主义和本国封建主义的夹缝中跋涉和挣扎。

西方列强工业品在中国市场的销售，洋商在中国建造工厂，从事工业生产，对中国商人和士大夫阶级，起到了某种“示范”作用。鸦片战争后，在中国领土上最早出现的新式工业并非本国企业，而是直接为洋商经济掠夺服务的外国资本企业，如便于茶叶、蚕丝运输出口的机器打包业，为了提高茶叶加工效率的机器焙茶业、砖茶业，为洋商修理船舶的船舶修造业，为供应洋商船舶用煤的机器采煤业，为供应租界洋人照明用电、工厂

动力用电的热力发电厂,为进行蚕茧加工的机器缫丝业等。这些对中国商人和士绅阶层,无疑是一种刺激和启发,让他们产生一种效仿的冲动。

不过口岸商人和士绅阶层最初兴办工业,并不顺利,一开始就受到封建官府的阻挠和压制。19世纪后半期,在旧的经济结构遭到外国势力破坏的同时,萌发资本主义新式企业兴起的契机,在航运业上表现得异常突出。在外国侵略势力大举侵夺江海航运业务、旧式航运业遭到严重破坏的情势下,通商口岸的商人大多租搭洋轮载运货物。某些资力比较雄厚的华商以及士绅阶层,则自购洋船运输,或开始附股于外国轮船公司,或向清政府申请筹办新式航运。首先提出筹办新式航运请求的是曾经留学美国的候补同知容闳。他倡议"设一新轮船公司,俱用中国人合股而成"①。他所拟的章程中关于集资办法、公司管理、股东地位和利润分配等都仿照资本主义制度,因此遭到了总理衙门和两江总督曾国藩的非难和冷遇,不能付诸行动。在工矿企业部门,企图运用机器生产的活动,购买机器开采煤矿等,也同样受到压制。早期的商办工业企业活动,同样因封建势力的干扰而处境十分困难。继昌隆缫丝厂和广州、顺德、三水一带的中小型缫丝厂在成长过程中都遇到过封建势力的骚扰。当这些中小企业刚刚步上正轨时,首先遇到的是经济地位日见陵替的手工丝织业者的反对,继则又遭清政府的压迫,勒令停工,以致这些企业为逃避摧残而不得不迁入澳门。

带有讽刺意味的是,清政府对口岸华商和某些封建士大夫提出兴办新式航运、采矿、工业的要求,百般刁难、阻挠,但最早开办带有某种资本主义因素(至少是资本主义的生产力——使用机器生产)的生产单位的恰恰是清朝统治集团高层,包括曾国藩、李鸿章、左宗棠等。为了镇压太平天国农民起义,由使用洋法、洋枪训练和装备封建军队,进而购买机器,自己制造洋枪洋炮。清朝统治者认为,"自强以练兵为要,练兵又以制器为先"。② 1861年,曾国藩还提出了"先购后制"的具体步骤,谓"购成之

① 容闳:《西学东渐记》,河南人民出版社1987年版,第86页。

② 《筹办夷务始末·同治朝》,北京故宫博物院1930年印本,第25卷,第1页。

后，访募覃思之士，智巧之匠，始而演习，继而制造，不过一二年，大轮船必为中外官民通行之物”。[①] 事实上，早在镇压太平天国战争的相持阶段时，清朝统治者便决定仿造新式军器了。

虽然李鸿章曾意识到，洋机器“原不专为军火而设”。[②] 不过近代中国最早的机器工业，还就是“专为军火而设”。1861 年，曾国藩首先设立“安庆内军械所”，仿制“洋枪洋炮”；次年，李鸿章在上海设“上海洋炮局”，“铸造开花炮弹”；1863 年，清军攻陷昆山，李鸿章又派洋员马格里在松江附近一所庙宇中雇用 50 名工人制造弹药。清军攻陷苏州后，李鸿章又命马格里将其主持的弹药厂移至苏州，加以扩充，设立“苏州洋炮局”，制造枪支和炮弹。1864 年，太平天国运动虽被镇压，人民大众反抗清朝封建压迫的斗争仍在华中、西北和西南广大地区继续进行，清政府未敢松懈，乃加紧兴办新式军用工业。从 1865 年设立江南制造总局起，到 1895 年中日战争结束的 30 年中，清政府共建立了 21 个大小不等的军用工业单位。[③]

这些军工单位，“西学中用”，使用机器生产，不采行资本主义的经营管理制度：不是私人合股，民间集资，而是官府拨款；没有股本、股息、股东、董事会，而是官办官营，实行衙门式管理；没有成本核算、资产负债，产品不计成本、价格，不计盈亏，产品不经市场流通，直接配给军队使用。这就是早期军工单位生产和经营管理的基本模式。清政府早已国库空虚、财政竭蹶、挪掇无方，这种“实报实销”外加贪腐舞弊、假公济私的官办官营模式，绝非久远之计。随着时间的推移、军工生产向军民兼用和民用生产转换，军工单位及相关企业的经营管理模式由官办向官商合办，再向官督商办，最后向商办转化。从某个角度说，这是近代中国资本主义企业经营管理模式发展变化的缩影。在中国资本主义经济发展初期阶段，官督商办成为资本主义新式企业的主要经营模式，对中国近代资本主义发展产生了重大的影响：一方面，资本主义形式企业

---

① 《复陈购买外洋船炮折》，《曾文正公全集·奏稿》光绪二年刻本，第 17 卷，第 6 页。

② 李鸿章：《李文忠公全书·奏稿》光绪三十一年刻本，第 9 卷，第 31 页。

③ 严中平主编：《中国近代经济史（1840—1894）》上册，人民出版社 1990 年版，第 652—653 页。

由于封建势力的介入,企业所受外部压力略有所减轻;但另一方面,而且是更重要的方面,在企业内部,资本主义和封建主义既联系又矛盾的局面更加错综复杂。其实这种情况十分普遍,并不限于官督商办企业。除了西方列强的侵略、压榨,这也使企业和资本主义的进一步发展遭到了重大的阻碍。

关于中国近代资本主义发展的实际水平,日本全面侵华战争和第三次国内革命战争时期,属于战争破坏和剧烈变动的非常时期,不能反映近代资本主义发展的正常状况,尤其是日本全面侵华战争期间,民族资本和整个本国资本企业,均处于被全面劫夺、破坏和摧毁状态,更不能代表中国近代资本主义发展的一般水平,姑且以抗日战争前 1936 年为节点,取其若干数据,窥测中国近代资本主义发展的一般水平。

中国近代资本主义发展的一般或整体水平,可以从两个方面进行观测或评估:一是国民经济中资本主义经济的资本数量;二是资本主义经济在国民经济中所占的比重。

资本主义经济的资本数量,除农业资本主义经济的资本数量难以考察和评估外,主要包括产业资本、商业资本和金融资本三大部门。表 0-12 是关于中国产业资本结构及其中外资本比较的统计。

表 0-12 中国工业资本和交通运输业资本结构及其中外资本比较(1936 年)

(单位:法币万元;%)

项目 \ 区域 / 数量			全国(含伪满辖区)		关内地区		伪满辖区	
			实数	占比	实数	占比	实数	占比
产业资本总额			999056	100	554593	100	444463	100
工业资本	合计		500380	50.09	324001	58.42	176379	39.68
	外国资本		253878	25.41	145128	26.17	108750	24.47
	本国资本	小计	246502	24.67	178873	32.25	67629	15.22
		国家资本	57563	5.76	34034	6.14	23529*	5.29
		民族资本	188939	18.91	144839	26.12	44100	9.92

续表

项目＼区域／数量			全国（含伪满辖区）		关内地区		伪满辖区	
			实数	占比	实数	占比	实数	占比
交通运输业资本	合计		498676	49.91	230592	41.58	268084	60.32
	外国资本		317880	31.82	50796	9.16	267084	60.09
	本国资本	小计	180796	18.10	179796	32.42	1000	0.22
		国家资本	164891	14.70	164891	29.73	(147060)	—
		民族资本	15905	1.59	14905	2.69	1000	0.22

注：* 指伪"满洲国"资本。括号内数字系委托南满洲铁道株式会社经营的财产，已计入外国企业资本，而未计入本国资本总数、国家资本总数。

资料来源：许涤新、吴承明主编：《中国资本主义发展史》第3卷，人民出版社1993年版，据第722—723页表6-1"产业资本估值"摘编、综合改制。百分比引笔者计算。

资本主义产业资本，包括工业资本和交通运输业资本两部分。1936年，全国（含伪满辖区）工业资本总额500380法币万元，关内地区和伪满辖区分别为324001法币万元和176379法币万元；交通运输业资本总额为498676法币万元，关内地区和伪满辖区分别为230592法币万元和268084法币万元，伪满辖区超过关内地区。前者相当于后者的1.16倍。因为日本帝国主义为了掠夺东北资源，强化对东北民众的法西斯统治和奴役，把东北建成占领和灭亡整个中国的"根据地"，其重要前提是能够快速调运物资和军队，故交通运输业更为发达。资本内部结构方面，工业和交通运输业、关内地区和伪满辖区，情况各不相同。中外资本比较，关内地区工业的外国资本高于本国资本，但不甚悬殊，前者相当于后者的1.03倍，而交通运输业的外国资本则远低于本国资本，前者只有后者的28.25%。至于伪满辖区，无论工业或交通运输业，外国资本均远高于本国资本。工业的外国资本相当于本国资本的1.61倍，交通运输业的外国资本相当于本国资本的267.1倍。不过这庞大的外国资本（日本资本），原来大部分或绝大部分都是本国资本，日本通过强盗手段，使其统统变成了日本资本。本国资本内部结构，在关内地区，国家资本（官僚资本）和民族资本各自所占比重,工业和交通运输业差异悬殊。因1936年时,国家资本(官僚资本)尚在起步阶段,工业中的国家资本比重尚低,只相当于民族资本的23.5%。抗日战争期间,后方民营工业有较大的发展,资本约合战前币值3.58亿元,但国家资本(官僚资本)膨胀幅度更大,资本总额达到3.85亿元,明显超过民营资本。① 到1947/1948年,国民党统治区工业的国家资本(官僚资本)升至民族资本的1.06倍。至于交通运输业,因铁路、航空等早已国有化,1936年的关内地区国家资本已远高于民族资本,相当于民族资本的3.41倍。到1947/1948年,国民党统治区交通运输业的国家资本(官僚资本)进一步升至民族资本的20倍。② 在伪满辖区,"国家资本"名义上属于伪满政府,实质上与外国资本(日本资本)毫无区别。民族资本则所剩无几。工业因大部分变成了外国资本,民族资本稍高于"国家资本",至于交通运输业,全部被日本直接掌控,已经没有伪满"国家资本",民族资本亦微乎其微,只占交通运输业资本的0.37%。

将工业资本和交通运输业资本合并为产业资本,中外资本比较和本国资本结构状况见表0-13。

表0-13 中国产业资本及其中外资本比较(1936年)

(单位:法币万元;%)

项目 \ 区域 / 数量	全国(含伪满辖区)		关内地区		伪满辖区	
	实数	占比	实数	占比	实数	占比
资本总额	999056	100	554593	100	444463	100
外国资本	571758	57.23	195924	35.33	375834	84.46

① 许涤新、吴承明主编:《中国资本主义发展史》第3卷,人民出版社1993年版,第541、518页。

② 1947/1948年相关数据,见许涤新、吴承明主编:《中国资本主义发展史》第3卷,人民出版社1993年版,据第731—732页表6-1"产业资本估值"计算。

续表

项目 \ 区域 数量		全国（含伪满辖区）		关内地区		伪满辖区	
		实数	占比	实数	占比	实数	占比
本国资本	国家资本	222454	22.27	198925	35.87	23529	5.29
	民族资本	204844	20.50	159744	28.80	45100	10.15
	小计	427298	42.77	358669	64.67	68629	15.44

资料来源：许涤新、吴承明主编：《中国资本主义发展史》第3卷，人民出版社1993年版，据第722—723页表6-1“产业资本估值”摘编、综合改制。百分比系引者计算。

如表0-13所示，关内地区和伪满辖区情况差异悬殊。从全国（含伪满辖区）范围看，产业资本总额999056法币万元，其中外国资本571758法币万元，超过一半，占57.23%；本国资本427298法币万元，占42.77%。地域比较，关内地区的外国资本和本国资本分别占35.33%和64.67%，而伪“满洲国”辖区，外国资本和本国资本分别占84.46%和15.44%。亦即日本帝国主义直接掌控的资本，达到资本总额的8成半，间接控制的“本国资本”只占1成半，这大概是半殖民地同殖民地附属国的重要区别。至于本国资本内部，在关内地区，国家资本（官僚资本）和民族资本分别占35.87%和28.80%，前者相当于后者的1.25倍。到1947/1948年，国家资本（官僚资本）更升到民族资本的2.6倍。① 伪满辖区的“国家资本”与民族资本比较，因绝大部分资本已转为日本资本，其比较已无实际意义。

商业贸易主要从事物资交换、流通，本身职能和资本状况与产业资本不同。商业资本额及其中外资本比较情况见表0-14。

① 1947/1948年数据，见许涤新、吴承明主编：《中国资本主义发展史》第3卷，人民出版社1993年版，据第731—732页表6-1“产业资本估值”计算。

表 0-14　中国商业资本额及其中外资本比较(1936 年)

(单位:法币万元;%)

项目 \ 区域 / 数量		全国(含伪满辖区)		关内地区		伪满辖区	
		实数	占比	实数	占比	实数	占比
资本总额		561227	100	500295	100	60932	100
外国资本		138227	24.63	119295	23.84	18932	31.07
本国资本	国家资本	3000	0.54	3000	0.60	—	—
	民族资本	420000	74.84	378000	75.56	42000	68.93
	小计	423000	75.37	381000	76.16	42000	68.93

资料来源:许涤新、吴承明主编:《中国资本主义发展史》第 3 卷,人民出版社 1993 年版,据第 731 页表 6-4“资本估值”摘编、综合改制。百分比系引者计算。

如表 0-14 所示,全国(含伪满辖区)商业资本总额达 561227 法币万元,其中关内地区 500295 法币万元,分别相当于产业资本的 56.18%和 90.20%。相对于产业资本而言,商业流通资本数额很高。关内地区的情况尤为突出。马克思说,生产越不发达,商人资本的比重就越大。“真正的货币资本大部分掌握在商人手中”①。这种情况,正是近代中国生产落后的表现。相对而言,伪满辖区则是另一种情况,商业资本数额奇低,只占产业资本的 13.71%。这是日本侵略者以“粮谷出荷”“粮谷统制”“农业仓库”等各种手段进行粮食和农副产品搜刮,对农产品统一“收集”“交易”“保管”,取缔农副产品交易,导致商业流通凋敝而出现的畸形状态。中国的商业资本是以媒介农副产品和手工业品的交易为主,据估计,1936 年,这两种产品合计占国内市场商品交易量的 70.92%。② 它的绝大部分必然是掌握在中国商人之手,因而民族资本中所占比重最大,高达

① 《马克思恩格斯文集》第 7 卷,人民出版社 2009 年版,第 309 页。

② 许涤新、吴承明主编:《中国资本主义发展史》第 3 卷,人民出版社 1993 年版,第 732—733 页。

75.56%。表0-14中所列国家资本的比重特别低,这是因为一些经营贸易的“国营”机构如中央信托局、资源委员会、中国植物油料厂以至农本局等,已被列入其他部门。外国资本比重相对较高,因为它们并不是按“一次交易”原则估计的,而是包括一些服务业在内。①

金融业资本是近代资本主义经济中最重要的资本形态,在1936年这一节点上,也是数额最大的资本形态。表0-15反映的是金融业资本额及其内部结构和中外资本比较。

表0-15　中国金融业资本额及其中外资本比较(1936年)

(单位:法币万元;%)

项目 \ 数量 \ 区域		全国(含伪满辖区)		关内地区		伪满辖区	
		实数	占比	实数	占比	实数	占比
资本总额		995939	100	957156	100	38783	100
外国资本		193691	19.45	183456	19.17	10235	26.39
本国资本	国家资本	587818	59.02	563700	58.89	24118	62.19
	民族资本	214430	21.53	210000	21.94	4430	11.42
	小计	802248	80.55	773700	80.83	28548	73.61

资料来源:许涤新、吴承明主编:《中国资本主义发展史》第3卷,人民出版社1993年版,据第731页表6-4“资本估值”摘编、综合改制。百分比系引者计算。

如表0-15所示,金融业资本总额,全国和关内地区分别为995939法币万元和957156法币万元,相当于甚至大大高于产业资本,分别相当于产业资本的99.69%和172.59%。这主要有两方面的原因:一是统计数据除了银行资本,还包括票号、钱庄资本在内。票号、钱庄虽然带有某些封建性和投机性,但毕竟与商业尤其是批发商业以及作坊手工业联系密切,而与封建经济即土地财产和地租没有直接关系。“近代农村金融业在从民间传统合会、典当高利贷向新式银行、信用合作社发展、演变过程中”,

① 许涤新、吴承明主编:《中国资本主义发展史》第3卷,人民出版社1993年版,第733页。

钱庄(还包括票号)"留下了自己的脚印"。[①] 将票号、钱庄资本计入金融业资本是合适的。二是与资本集中和垄断相关,是1928年后国民党政府建立国家金融垄断资本主义的结果。事实上,在全部银行资产中,中央、中国、交通、农民四家国家银行的资产占了将近60%的份额。

银行业资本的内部结构,外国金融资本实力雄厚,不过所占比重不是太高,增长速度不是很快,甚至在金融资本总额中所占比重呈下降趋势。因为外国在华银行主要是垄断外汇、外债,控制城市金融市场,干预政府财政,同众多的华人工商业者的关系并不密切。故在第一次世界大战期间,中国工商业发展颇盛,而外国金融资本的增长率反而甚低。1920—1936年间,外国金融资本的增长,主要是因为外国在华投资增加。其时外商银行的存放款业务中,有70%—80%是同在华外商往来,因而银行资本大增。此后,在20世纪30年代经济危机中,除东北外,外国投资基本停滞,外商银行的资本也无甚增长。抗日战争后,外国资本在华银行数量减少,但资力增强,业务扩大。[②] 本国资本中,增长最快的是国家资本(官僚资本),1928年后更为明显。是年国民党政府建立中央银行,又在1935年攫取中国、交通和其他几家银行之后,国家资本急剧膨胀。在关内地区,1936年国家资本已占到58.89%的比重。到1947/1948年,其比重更高达88.85%。

至于民族资本,其银行、钱庄与工商业关系密切。尽管开歇频繁,有不少是因为投机失败而倒闭,但总的来说,它的发展基本上与工商业的发展同步。1912—1925年间,华商银行的实收资本一直保持着两位数年增长率,与同期民族产业资本的增长率基本一致。迄至1920年,民族资本始终占着全部金融业资本70%以上的比重,并基本上延续到20世纪30

① 刘克祥:《近代农村钱庄的资本经营及其特点——近代农村钱庄业探索之二》,《中国经济史研究》2009年第9期。

② 据中央银行稽核处统计,1947年10月,上海13家外国资本银行的总资产,占上海行庄、信托及储蓄业总资产的26.2%,而147家中国银行的总资产,所占比重为54.2%;1947年8月,外国银行减至12家,其资产占上海金融总资产的比重反而升至36%,而145家中国银行所占比重降至50%(《中国近代金融史》编写组编:《中国近代金融史》,中国金融出版社1985年版,第312—313页)。

年代初。但自1935年那场“银行风暴”后，1936年民族资本所占比重陡降至21.53%。抗日战争以后，民族资本金融业就日益没落了，其特点是银行户数增加，而资力萎缩。战后，私营银行户数比1936年增加10倍，1948年私营行庄的资力仅有战前的5‰。民族资本银行资力急剧萎缩，加上恶性通货膨胀，只能依靠投机取利，而且除自身投机外，还为一些商业行号提供投机资本。恶性通货膨胀已经完全破坏了正常的金融和经济秩序，出现了“工不如商、商不如囤，囤不如金、金不如汇（外汇）”的局面，民族资本行庄已失去其为金融业的基本职能而走向末途。①

将产业、商业和金融业三大部门的资本总额整合、汇总，可视为近代中国除农业外的资本主义发展的整体或一般水平。表0-16是三大部门汇总后的资本总额及其资本结构。

表0-16　中国产业、商业、金融业资本总额及其中外资本比较（1936年）

（单位：法币万元；%）

项目 \ 区域 / 数量		全国（含伪满辖区）		关内地区		伪满辖区	
		实数	占比	实数	占比	实数	占比
资本总额		2580387	100	2014543	100	565844	100
外国资本		927841	35.96	501174	24.88	426667	75.40
本国资本	国家资本	813272	31.52	765625	38.00	47647*	8.42
	民族资本	839274	32.52	747744	37.12	91530	16.18
	小计	1652546	64.04	1513369	75.12	139177	24.60

注：*指伪“满洲国”资本，其产业资本中未包括由南满铁道会社托管的财产14.706亿元。

资料来源：许涤新、吴承明主编：《中国资本主义发展史》第3卷，人民出版社1993年版，据第731页表6-4“资本估值”摘编、综合改制。百分比系引者计算。

全国（含伪满辖区）产业、商业、金融业资本总额为2580387法币万元，关内地区2014543法币万元。这就是1936年工矿商业和金融业资本

① 《中国近代金融史》编写组编：《中国近代金融史》，中国金融出版社1985年版，第307—308页。

主义的发展高度和整体水平。从资本结构看,关内地区以本国资本为主,占75.12%,外国资本占24.88%;伪满辖区情况刚好相反,外国资本占75.40%,而本国资本仅占24.60%。至于本国资本的内部结构,尚处于起步阶段的国家资本(官僚资本),其比重与民族资本相近,分别占总资本额的31.52%和32.52%,只相差1个百分点。到1947/1948年,全国经济严重破坏、衰退,资本主义经济亦大幅度萎缩,国民党统治区三大部门的资本总额只有1424518法币万元。但国家资本空前膨胀,占总资本额的比重猛升至53.85%,而民族资本的比重降至38.31%。

关于近代农业资本主义的发展状况和水平问题,难以进行全面、系统的数量统计和分析,只能进行某些零散的、描述性的文字说明。

相对于欧美各国,近代中国的新式工矿业、交通运输业、邮电通信业的资本主义发展水平已经很低,而近代中国农业的资本主义发展水平和工矿交通、邮电通信等产业部门的资本主义发展水平,又不可同日而语。与工矿、交通、通信等产业部门的资本主义首先是从西方输入资本主义生产力(机器生产力和新的生产方法)不同,农业的所谓资本主义,主要还是明清时期农业资本主义萌芽的延续和某种程度的扩散。延续的基本态势是只有量的增加,而没有出现质的飞跃。原来作为农业资本主义萌芽载体或象征的富农和经营地主,经过了一二百年甚至更长的时段的延续、发展、变化,总的趋势是,1937年日本全面侵华战争爆发前,富农和经营地主在地区上扩散,数量增多。日本全面侵华战争爆发后,随着农业生产的严重破坏、农村经济的凋敝和整个农民阶层的贫困化、赤贫化,富农经营和经营地主相应萎缩,数量或有减少。根据土地改革档案资料,对江苏等27省988县43099625户、541069255亩耕地所做的统计,富农为1280429户、占地54132317亩(不含公地),分别占总数的2.97%和10.0%。[①] 这一统计数据,县域、户数、土地,大约都占当时全国总数的一半,富农占有和耕种的土地占耕地总面积的10%[②],约为11000万亩。

① 参见本书第十二章第一节,见表12-7。

② 这里估计富农(含佃富农)的出租土地和租入土地大体相等,互相抵消。

经营地主情况比较复杂,更难进行系统的数量统计。根据上述统计,地主为 10017894 户、占地 152363558 亩(不含公地),分别占总数的 5.20%和 28.16%。[①] 中国地主尤其是南方地主,土地经营的基本方式是招佃收租,但会或多或少雇工自营部分土地,当自营土地达到一定比例,或以自营土地为主时,则称为经营地主。同时,由于佃农贫困化,不断丧失生产资料,须由地主以某种方式或条件垫借。佃农身份或性质发生变化,由原来自备生产资料的普通佃农演变为只出劳力的"帮工式"佃农或"分益雇役式"佃农。近代时期,"帮工式"租佃在北方各地明显扩大,种类、名目增多。有的接近租佃关系,也有的接近雇工经营。若由地主提供全部生产资料,并以地主为生产单位对土地进行集中统一经营,佃农家庭不再构成一个生产单位,而完全演变为地主的"产品分成制雇工",有的地主还雇有长工或"产品分成制雇工"一起耕作。这种类型的土地经营,在性质上属于雇工经营,经营者应归为经营地主。在北方部分地区,这类经营地主是地主的主体。[②] 20 世纪三四十年代,这类经营地主的数量还呈增长态势。根据相关资料综合估计,地主(含经营地主)自营地相当于占有土地的 5%,约为 15000 万亩,经营地主(含部分采用"分益雇役制"的地主)经营的土地占 1/3,即约 5000 万亩。

近代时期,尽管富农和经营地主数量有所增加,地域上有所扩散,但在生产力方面,除某些地区有少量农具的改良和新式农具的试验、使用(如电力灌溉、柴油抽水机、打谷机等),并无引进、使用机器生产或其他新的生产方法。并且始终没有脱离家庭,生产单位和消费单位合二而一,使用的雇工也是农业劳动力兼做家庭仆役。在生产性质和目的方面,虽数量多寡不等的产品投放市场,但大多是家庭消费后的剩余,并非真正意义上的商品和商品生产。因此,富农和经营地主始终停留在"萌芽"状态,最多由"胚芽"长为"幼芽""嫩芽",并没有长成树木,没有发生质的变化。

---

① 参见本书第十二章第一节,见表 12-21。

② 刘克祥:《试论近代北方地区的分益雇役制》,《中国经济史研究》1987 年第 2 期。

新式农场、养殖场、奶牛场、林场、菜园、果园等,作为真正意义上的资本主义农业企业,为数不多,参差不齐,能较长时间维持生产,获得效益,屈指可数;有的有头无尾,昙花一现,或雷声大雨点小,名不副实。清末民初,苏北盐垦,名噪一时,但虎头蛇尾,有始无终,甚至挂羊头卖狗肉,有的名为“农牧垦殖”,实际寸地未垦,而是囤地倒卖,从中牟利;一些公司即使垦地植棉,也并未集中统一经营,而是沿用封建租佃办法,分散招佃,产品分成收租,或者小部分直接经营,大部分分散出租。抗日战争期间,在后方地区,国民党政府为了安置难民和复员、伤残军人及其眷属,满足粮食供应,同时便于统制,组织垦荒生产,采用国营、省营、民营等多种形式,开办了一批农场、垦殖场、合作社。经营管理体制不一,难民垦殖多采用“集团农场制”。这类农场,不少带有某种赈济性能,亦有资本主义农业企业性质。据 1948 年国民党政府农林部垦殖司统计,当时尚有抗战时期存留的公私“垦场”(农场单位)178 处,垦种土地 999485 亩。①

近代时期各类农场中,生产经营状况较好的是一些城市郊区或周边地区的资本主义小型农场。这类农场大量兴起于 20 世纪初,种类包括综合农场、养殖场、奶牛场、鸭棚、菜园、果园、养鱼场、蜂房、花园等,直接供应城市居民的菜蔬、肉类、禽蛋、鱼虾、花卉等需求,开办和管理人,多为经验丰富的老农或农校毕业生。农场等规模不大,寸地寸金,实行集约经营,讲求经济效益,注意引进、采用国外先进技术和优良品种,他们可说是中国近代农业资本主义企业中的佼佼者。这类农场经营的土地面积很小,据对上海郊区、辽宁安东等 4 地 38 家农场、养殖场经营面积计算,平均经营面积约合 60 亩左右。② 这类中小农场的数量和总的经营面积,难以准确统计。各类大小农场(包括采用资本主义方式经营的农牧垦殖公司)的土地经营面积,暂以前述“垦场”垦种总面积的 5 倍估算,即约 500 万亩。

① 朱玲主编:《中国农业现代化中的制度实验:国有农场变迁之透视》,经济管理出版社 2018 年版,第 43 页。

② 刘克祥:《近代城市的发展与资本主义中小农场的兴起》,《中国近代经济史研究》1998 年第 3 期。

这样，富农、经营地主（含资本主义性质的分益雇役制）和各类农场（含采用资本主义方式经营的农牧垦殖公司）的经营土地面积合计约为17000万亩，约占当时全国耕地总面积11亿亩（按全国新编地方志收集、整理的土地改革档案资料统计推算）的15%。[①] 剔除富农家庭劳动力承担经营的耕地面积部分，全部进行资本主义经营的土地约为13333万亩，占耕地总面积的12%。

近代中国资本主义的发展水平或高度，还可从资本主义新式企业的生产总值和传统行业生产总值的比较，从资本主义新式企业的生产总值在整个国民生产总值中所占比重，进行观测、评估。解放前有学者估计，1933年，作为传统产业的农业和手工业总产值分别为1558602万元和562686万元，合计2121288万元；作为新式产业的工厂制造业和矿冶业总产值分别为207632万元和36744万元，合计244376万元。[②] 传统产业和新式产业两项总计为2365664万元，是为国民生产总值。据此计算，新式产业的生产总值占国民生产总值的10.33%。这就是近代中国资本主义到1933年为止的实际发展高度。资本主义经济约占整个国民经济的10%成为通识。毛泽东同志在党的七届二中全会的报告中也曾指出，“在抗日战争以前，大约是现代性的工业占百分之十左右，农业和手工业占百分之九十左右。这是帝国主义制度和封建制度压迫中国的结果，这是旧中国半殖民地和半封建社会性质在经济上的表现”。[③]

1933年正值经济恐慌高峰期，国民经济处于低迷状态，不能准确反映近代中国资本主义发展的正常水平或高度。不妨仍以1936年为节点，运用相关统计数据，以期观测近代中国资本主义发展的实际水平和高度。1936年新式产业和传统产业的产值统计数据见表0-17。

① 这里没有扣除富农家庭劳力承担的土地耕作面积。按平均计算，富农使用的雇佣劳动与家庭劳力大体相等，但家庭劳力并非全部用于农业生产。雇工、家工的土地经营面积比较，雇工约占2/3，家工约占1/3。

② 巫宝三：《中国国民所得，一九三三年》，商务印书馆2011年版，据第49、53、56、62、758、71、786、96、86页数据汇总。

③ 《毛泽东选集》第四卷，人民出版社1991年版，第1430页。

表 0-17　中国新式产业和传统产业的产值比较(1936 年)

(单位:法币万元;%)

项目 行业	总产值	新式产业		传统产业	
		总产值	占总产值比重	总产值	占总产值比重
农业	1450506	—	—	1450506	100
工业	973277*	315992	32.46	657355	67.54
交通运输业	141659	82037	57.91	59622	42.09
总计	2565442	398029	15.51	2167483	84.49

注:*原表错为 973347,现据细数核正。

资料来源:许涤新、吴承明主编:《中国资本主义发展史》第 3 卷,人民出版社 1993 年版,据第 740 页表 6-10"新式产业和传统产业所占产值比较"摘编、综合改制。"总计"系引者计算。

同对 1933 年产业结构的评估方法一样,表 0-17 中统计对新式产业和传统产业的界定,也是以生产方法或使用动力为标准,即以机器生产为新式产业,手工生产为传统产业,并未特意考虑资本主义生产关系的因素。所以,农业固然全部属于传统产业,工业(包括个体手工业和工场手工业)中的传统产业也超过 2/3。人民生产生活所需的全部农产品和 67.54%的工业品,都来源于传统产业。将工业和交通运输业的产值相加,其中新式产业所占比重为 15.51%,而传统产业的比重达 84.49%;剔除交通运输业(和对 1933 年产业结构评估采用同一标尺),新式产业的产值只占工农业总产值的 13.04%(高出 1933 年的 2.71 个百分点),传统产业的产值比重达 86.96%。在整个国民经济体系中,传统产业占绝对统治地位。

这样,近代中国资本主义经历了长达半个多世纪的艰难跋涉和煎熬,结果令人沮丧。到 1937 年日本全面侵华战争爆发前夕,全国资本主义发展的整体水平极低,总量很小,发展极不平衡:从行业、部门分布看,资本主义主要分布在工矿和交通、通信部门,在广大农牧林业部门,资本主义只是零星存在,而且大多只带有资本主义生产关系的某些因素,资本主义的生产力更是稀若晨星。从地域看,资本主义主要分布在东南沿海和华北沿海地区,占国土面积 2/3 以上的广大中西部地区几乎是一片空白。

抗日战争期间，中西部地区的新式工矿业虽然有所发展，部分改变了该地区的空白状态（抗日战争结束后，内迁工厂"复员"或关闭，接近恢复原状），但东部沦陷区的所有工矿、交通、通信和商业、金融企业，惨遭日军破坏、摧毁、攫夺，陷入灭顶之灾，东北地区更早在1931年"九一八事变"后，就已落入日本魔掌。从工业内部结构看，主要是轻工业，重工业尤其是机器制造业十分薄弱，只能生产一些小型机械或配件、工具，大型或成套机器设备均须进口，根本没有独立建厂和发展工业的能力。在工矿业内部，一些行业或工厂，如卷烟、火柴、制皂以及一些化工行业等，机械化的水平甚低，同工场手工业区别不大。在工农业关系上，一方面，因为工业本身结构不合理，重工业薄弱，工业的主体是农产品加工业；另一方面，农业经营规模狭小，农民经济贫困，并不断加剧，往往连简单再生产也难以维持，根本无力置备和添置农具，特别是一些性能较好但价格昂贵的改良型农具、器具和运输工具。因此，工业未能在装备农业方面发挥应有的作用，制约农业生产技术和装备的改良、革新，阻碍农业生产的发展、进步。反过来，农业生产的落后，农民经济的贫困，又从原料、口粮副食供应和工业品销售两个方面阻碍和制约了工业的发展。

所有这些，既是近代中国资本主义发展的突出特征，也是帝国主义列强侵略扩张、攫夺压榨的需要。从根本上说，是由近代中国的半殖民地半封建的国家地位决定的。正如毛泽东同志所指出的，"这是帝国主义制度和封建制度压迫中国的结果，这是旧中国半殖民地和半封建社会性质在经济上的表现"。①

当时的中国是一个拥有4亿多人口、5000年历史的大国和文明古国，从鸦片战争开始的百余年间，侵略、蹂躏它的大小列强及其喽啰，数以十计，但没有比它人口更多、历史更悠久的。大小列强为了侵略、奴役和掠夺的需要，可以在中国发展、维持某种数量与水平的资本主义和新型生产力，但如何发展、由谁发展（洋商抑或华商），必须以方便列强掠夺，以外国资本利益最大化为前提。中国资本主义发展的决定权掌握在列强和

① 《毛泽东选集》第四卷，人民出版社1991年版，第1430页。

外国资本集团手中。列强不会允许中国资本自由发展,更不允许中国发展成为与其平起平坐的资本主义发达国家。这还不算,在列强眼中,中国这样一个东方大国,既令人妒忌,更令人垂涎欲滴,故此,长期以来特别是鸦片战争后,中国就成为被列强蚕食、切割、肢解的对象。中国领土不论海岛、陆地,大片大片地被列强切割、挖走。与此同时,帝国主义列强又在国内物色、培植走狗、卖国贼和民族分裂主义分子,从内部肢解和分裂中国。因此,近代中国不仅不能正常发展资本主义,连作为一个完整、统一的国家延续生存,也不可能了。

近代中国不可能正常发展资本主义,这是"帝国主义制度和封建制度压迫中国的结果",是近代中国半殖民地半封建的国家地位所决定的。千万不要因为近代中国在社会不断半殖民地和殖民地化的过程中出现了资本主义的些微发展,就据此认为,中国的近代化即资本主义化与半殖民地和殖民地化同步,中国完全殖民地化之日,就是中国实现资本主义现代化之时。以为鸦片战争后,中国人民遭受的侵略、压榨、屈辱和苦难,只是分娩前的阵痛,阵痛过后,一个令人羡慕的欧美式资本主义"胖娃娃"就会呱呱坠地。甚至提出,中国要以充当帝国主义几百年的殖民地的代价,来达到实现资本主义的目的。这无异于天方夜谭。要当帝国主义的殖民地并不困难,但资本主义的梦想却无法实现。不要将美国、加拿大、澳大利亚、新西兰等国的例子,来证明中国可以通过充当帝国主义殖民地并大幅度延长被殖民时间,实现资本主义现代化的目的。这里有一个带根本性的问题必须弄明白:那就是无论美国、加拿大,还是澳大利亚、新西兰,实现的都是西方殖民主义国家移民的资本主义,是西欧资本主义在地域上的扩大,是西欧白种人的资本主义在地域上的平行移动,而不是在不同人种和民族间的传播。这是"鹊巢鸠占",而不是资本主义在不同人种之间的无私传授。西方殖民主义者对这些国家的土著民,或实行灭绝人性的大屠杀,或驱赶到深山老林。同时大量移民,并掠买奴隶和招募雇佣劳动者,直接从本国移植资本主义。结果,西方国家的移民及其后裔成了这些国家居民的主体,而残存下来的土著民反倒成了"少数民族",大多至今在深山老林或贫瘠地区过着封闭或半封闭的贫苦落后生活,始终与资本主义的现代文明无缘。①

历史证明，在半殖民地殖民地条件下，中国决不可能实现资本主义现代化。退一万步说即使实现资本主义现代化，中国人民也品尝不到资本主义的“鲜果”。因为早在资本主义现代化到来之前，中国和中华民族已被灭亡。事实上，疆域狭窄、资源贫乏的日本，自明治维新特别是中日甲午战争后，就一直梦想以中华大地为载体，推行美、加、澳、新的资本主义发展模式。1931年发动“九一八事变”、侵占东北、炮制伪“满洲国”，1937年发动全面侵华战争，实施烧光、杀光、抢光“三光政策”，将中国人杀光，将中华民族灭绝，在中华大地上建立单一日本民族或以日本人为“盟主”的所谓日、满、汉、蒙、朝“五族协和”架构下的美、加、澳、新的资本主义发展模式。在这种模式下，作为一个普通的中国人，连当亡国奴的资格都没有，甚至主动投降卖国，也难免一死。② 总而言之，即使能保住性命，跟随殖民统治者进入资本主义世界，也是亡国奴，是奴隶、贱役，与资本主义的繁荣、享受无缘。好比登峨眉山，有坐滑竿的，有抬滑竿的，真正观赏山色美景的是坐滑竿的。作为亡国奴的中国“原住民”，能够抬滑竿登峨眉山，就算是最好的结局。③

在近代中国半殖民地半封建条件下，不可能实现资本主义现代化，除了帝国主义列强出于自身利益考虑，不允许中国成为独立的资本主义发达国家与之平起平坐、分庭抗礼外，还有一个十分重要的原因，帝国主义变本加厉的侵略、掠夺、压榨，早已将中国洗劫一空，导致政府财政枯竭，负债累累；人民两手空空，一贫如洗，既无资本开办企业，又无现金购买产品，从资本和市场两个方面堵死了资本主义的发展道路。

---

① 刘克祥：《〈中国近代经济史（1840—1894）〉评介——兼谈如何评价帝国主义侵略的历史作用》，《中国经济史研究》1991年第1期。

② 1937年10月8日晨，日军兵临崞县城关。为避免日军屠城，商会主动组织“治安维持会”，由商会会长田杰带领城内商民200余人，手持日本旗，扒开城门，跪地迎接日军，表示愿当“顺民”，并保证“不是兵，都是商民”。日军官示意田杰等3人带领日军进城，其他商民全部留在原地，不准回城。正当汉奸田杰等人给日军号房子找住处的时候，留在西门外的200多商民，早已被一一连锁捆绑，全部用机枪扫射屠杀，一个不留。

③ 刘克祥：《究竟应该怎样看待帝国主义侵略》，《近代史研究》1996年第6期。

帝国主义的掠夺手段主要是勒索赔款、高利贷剥削、公开盗窃(包括盗窃和破坏文物古迹)和不等价交换(包括对中国雇佣劳动者的残酷压榨)等。仅赔款一项,给中国财政和经济造成的损失就无法估量。自鸦片战争至清朝覆亡,帝国主义列强向中国勒索的赔款总额近13亿两白银,比中日甲午战争前的1885—1894年10年间清政府的财政收入总和还多4亿两。[①] 如果用这笔赔款来创办企业,洋务派最大的综合性近代军工企业江南制造总局,可办2394家[②],洋务派最大的民用企业汉阳铁厂,也可办223家。[③] 如此巨大的财富流入帝国主义的腰包,中国焉能不穷?中国资本主义和整个国民经济发展的资金又从何而来?然而,巨额赔款和各种外债利息还只是帝国主义掠夺的中国财富的一小部分,它们更主要和经常的掠夺手段是凭借条约特权和经济优势,在原料收购和工业品倾销中,进行不等价交换,获取超额利润,对中国小生产者尤其是广大农民进行敲骨吸髓的剥削。在这种商品交换中,中国的生产者不但普遍得不到赢利,连生产成本也收不回,以致不能维持简单再生产。从表面上看,帝国主义的侵略刺激了中国商品经济的发展,但这种商品经济是一种萎缩的、畸形的商品经济。生产者的生产规模不断缩小,生产条件每况愈下;投入市场的不少商品是生产者的消费必需品或生产资料。例如,卖给面粉厂的小麦是农民的口粮,卖给蛋厂或直接出口的禽蛋,是农民可怜的一点"营养品",出口的生牛皮不少是农民因无法维持简单再生产而忍痛宰杀耕牛的结果。因此,往往出现这样的奇特现象,某地区一场天灾过后,临近口岸的生牛皮出口就明显上升。如此等等。在这种不断萎缩的商品经济条件下,希冀发展资本主义,不啻南辕北辙。

两极分化是商品经济的普遍规律,是资本主义发展的必由之路。近

---

① 1885—1894年清政府的财政收入总额为85359万两白银。见刘克祥:《太平天国后清政府的财政整顿和搜刮政策》,《中国社会科学院经济研究所集刊》第3辑,中国社会科学出版社1981年版,第102页。

② 江南制造总局的创办经费约54.3万两。见严中平主编:《中国近代经济史(1840—1894)》上册,人民出版社1990年版,第654页。

③ 汉阳铁厂的创办经费为582万余两。见严中平主编:《中国近代经济史(1840—1894)》下册,人民出版社1990年版,第1393页。

代中国在帝国主义侵略下的商品经济发展，自然也加速了生产者的贫富分化和两极分化。但由于大部分商业和工业利润流往国外。[①] 结果这种贫富和两极分化主要是贫困一极的积累，极少甚至没有货币一极的积累，形成贫富和两极分化的“一头沉”。这种畸形的贫富和两极分化在农村阶级结构上，表现为佃农的阶级属性从清朝前期的“中农化”演变为近代时期的“贫农雇农化”，整个农村阶级结构由原来中间粗两头细的“擀面杖型”演变为上(富)细下(贫)粗的“宝塔型”甚至“金字塔型”。[②]

无数农民失去了生产资料，但没有相应的货币资本来雇用他们。论者往往认为，劳动力的充裕和劳动力价格的异常低廉，是中国发展资本主义的一个十分有利的条件。其实不然，在资金异常短缺的情况下，数量过多和价格过度低廉的劳动力，反而成了资本主义发展的一个不利因素，它不仅严重阻碍手工业和工场手工业向机器工业的过渡，也影响现有企业对先进机器设备的采用和资本中不变资本比重的提高。在某些场合，甚至连役畜的饲养和使用，在经济上也变得不合算，导致农业耕作由犁耕向锄耕的倒退和农业劳动生产率的下降，阻碍农业生产技术的改进、提高，最终影响到资本主义的发展。

帝国主义侵略对中国近代资本主义发展的阻碍作用，最严重和最深远的还是它对农民的掠夺，以及这种掠夺对农业生产、农村经济所造成的严重破坏。农业是近代中国最主要的生产和经济部门，其人口和产值都占80%—90%。农民是国家赋税的主要负担者，也是帝国主义掠夺和压榨的最主要的对象。赔款和外债本息主要由农民负担，不等价交换的物质形态是工业品和农产品的交换，是工业对农业、城市对农村的剥削。外国洋行和企业主都是通过对农民和农业的剥夺来维持高额利润的，形成从农村到城市，再到国外的现金单向流动。最后导致农村金融的枯竭、农业生产的萎缩、农村经济的凋敝和广大农民的赤贫化。随着帝国主义侵

① 在商业流通过程中，中国的买办商人、地主也获取了一部分利润，但相对于外国侵略者所得，不过一杯羹而已。这一杯羹也因购买洋货流向了国外。

② 刘克祥：《二十世纪三四十年代的租佃结构变化与佃农贫农雇农化》，《中国经济史研究》2016年第5期。

略的深入,近代农村经济发生了相当大的变化,一些地区的商业性农业扩大,农产品的商品化程度明显提高。但值得注意的是,由于农民的普遍贫困和农村金融的枯竭,农村中的资本主义生产关系并没有伴随商业性农业的扩大和农产品商品化程度的提高而得到相应的发展。甚至越是商业性农业发达的地区,作为近代农业资本主义经营的主要形式的富农经济,在当地农业经济中所占的比重越小,出现富农经济同商业性农业发展的明显背离。① 富农经济和农业资本主义极度虚弱,又反过来限制和窒息城市资本主义即新式工业的顺利发展。富农经济的不发展和农民的普遍赤贫化,无情剥夺了农民的生产力和购买力,使他们既不能给工业提供充足的商品粮和原料,也无力购买工业品,从原料供应和产品销售两头卡住了工业发展的脖子。在帝国主义和国内封建主义的联合统治下,中国资本主义的这种市场条件和整个外部环境,不可能得到改善,只会越来越严峻。当19世纪七八十年代中国近代资本主义起步时,上述情况就普遍存在,而到20世纪30年代,已严重到无以复加的程度。接着,日本狗急跳墙,实施烧光、杀光、抢光"三光政策",妄图杀光中国人、灭绝中华民族,在中国土地上推行没有中国人的美、加、澳、新资本主义发展模式,但在中国人民和世界人民的顽强抗击下,最终失败投降;以蒋介石为首的国民党在抗日战争胜利后,冒天下之大不韪,挑起以消灭共产党人为目的的反革命内战,又同帝国主义侵略势力一起,被愤怒的中国人民赶出了中国大陆。半殖民地半封建条件下的近代中国资本主义也就走到了它的尽头。

① 刘克祥:《论中国富农经济(1894—1927)》,《中国社会科学院经济研究所集刊》第9辑,中国社会科学出版社1987年版。

第　一　篇

日伪占领下的战争和殖民掠夺经济

第一章

伪“满洲国”和关内汉奸政权辖区的殖民掠夺经济

1937年,日本帝国主义制造“七七事变”,以伪“满洲国”为“根据地”和“大本营”,悍然发动全面侵华战争,旨在完全占领和彻底灭亡中国。虽然日本恨不得一口将中国吞掉,但因关内地区的面积太大、人口太多,不可能在短时间内将关内地区全部占领和直接控制,无法在关内地区炮制一个统一的、与伪“满洲国”平行的汉奸傀儡政权,所以只能采取大片切割和肢解的方式,每占领一处较大地方,如县城或市以上地方,即网罗汉奸成立“治安维持会”,维持社会“治安”,负责侵华日军军需和相关机构的物资供给。随着侵略战争和占领地区的扩大,在各地“治安维持会”的基础上,侵华日军在华北、晋北和察哈尔绥远、华中华南三地,相继成立了3个地域性的汉奸傀儡政权,即北平的王伪“中华民国临时政府”(后改称“华北政务委员会”)、张家口的伪“蒙疆联合自治政府”(后改称伪“蒙疆自治邦政府”)和南京的梁伪“中华民国维新政府”(后被汪伪“中华民国国民政府”替代)。与此相联系,在3个汉奸傀儡政权所辖区域,逐渐形成了相应的日本法西斯殖民掠夺经济实体。这样,日本全面侵华战争期间,连同1932年出笼的伪“满洲国”,不算已经被割占和并入日本版图的台湾和澎湖地区,在中国领土上存在着4个汉奸傀儡政权和相应的日本法西斯殖民掠夺经济实体。这4个汉奸傀儡政权和相应的日本法西斯殖民掠夺经济实体,分别隶属关东军或各自地域日本派遣军/方面军总司令直接辖管,各自相对独立,不相统属。北平的王伪“临时政府”和南京的梁伪“维新政府”都自诩为“中央政权”,互不认同对方的“中央”地位。1940 年 3 月,在日本侵略军的直接操纵下,成立汪精卫伪“中华民国国民政府”,取代伪“中华民国维新政府”,“钦定”为“中央政府”,受命接管和合并王伪“临时政府”、梁伪“维新政府”及伪“蒙疆联合自治政府”3 个傀儡政权的辖区,王伪“临时政府”改称伪“华北政务委员会”,但仍有相当高的独立性。1941 年 8 月,伪“蒙疆联合自治政府”经日本许可,对内改称伪“蒙疆自治邦政府”,变相“独立”,汪伪政权在名义上统辖伪“蒙疆”,但并无实际管治权。不过这些并不妨碍日本侵略者对这些汉奸傀儡政权的掌控和对这些地区的经济统制与掠夺,因为这些汉奸政权的全部实权都掌握在日本侵略军手中,汉奸不过是在前台表演的傀儡。

1931 年开始的侵华战争、1937 年开始的全面侵华战争,标志着日本对华军事和领土侵略进入了一个新的阶段,中国和中华民族到了生死存亡的关键时刻。日本为这次战争进行了精心的和长时间的思想、战略和全日本范围的舆论、宣传准备。按照日本的战略决策,此次战争是对华的最后一战,明治维新后半个多世纪的对华战争扩张将要画上句号,中国和中华民族也将从地球上消失。20 世纪 20 年代,日本在全面总结明治维新以来对华军事侵略扩张的经验基础上,确立了“以战养战”“以华制华”、利用中国的人力、物力占领和灭亡中国的“基本国策”,其精髓和奥秘就是将日本历史上久盛不衰的海盗(史称“倭寇”)劫掠提升到国家生存和发展战略的层面,强调解决国内问题,要“把眼光从国内转向外部(中国)”,而且是“必须在日本国内不出一分钱的方针下进行作战”,切实做到所有“出征打仗的部队必须依靠占领地的征税、物资和武器来自给自足”。①只有这样,才能把日本国内的战争费用和国民负担降到最低,实现战争扩张和军事掠夺利益最大化。关内外 4 个汉奸傀儡政权和相应的法西斯殖民掠夺经济实体的建立,就是为日本侵略扩张能够一本万利、无本万利和

---

① [日]加藤阳子:《从满州事变到日中战争》,徐晓纯译,香港中和出版有限公司 2016 年版,第 122 页。

利益最大化提供保证。就地劫夺、确保军队就地“自给”是日本侵华战争期间贯穿始终的基本方针。然而，不论日军打到哪里，军需物资的基本取给点始终是中国，尤其是被视为“根据地”的华北。1942 年年末，太平洋战争爆发一年后，日本军队遍及南亚和太平洋诸岛，日本为完成“大东亚战争”而制定的策略仍然是逼迫蒋介石投降，同华北汉奸政权合流，为日本在华北、伪“蒙疆”和更大范围加强经济统制和掠夺提供更好的条件，保证日本“于占领区域内重点地并有效地取得重要的国防物资，同时积极地获得敌方的物资”，“取得为完成帝国的战争所必要的更多物资，确保军队的自给”；汪伪“国民政府”、华北汉奸政权同日本“同心协力为完成战争而迈进”。① 更加离谱的是，还要求中国对日本作出“赔偿”。1939 年 12 月 30 日汪精卫同日本政府签订的《日支新关系调整要纲》规定，准备成立的“新中央政府赔偿事变以来日本臣民在华所受权利利益之损失”②。1945 年年初，日本帝国主义已经濒临覆亡的边沿，准备退回日本老家，进行“本土决战”。即使在这种形势下，日本军国主义者仍然不愿放弃“必须在日本国内不出一分钱的方针下进行作战”这一基本国策，而是通过大规模的经济劫掠，预先将所有军备和后勤物资，全部运回日本国内，准备在日后“本土决战”时，“长期确保军队自给”。③

日本“国内不出一分钱”、利用中国的人力、物力占领和灭亡中国的“基本国策”的出笼，既是“明治维新”以来历次对华战争扩张的经验总结，又有其特殊的历史背景。20 世纪 20 年代中后期，正处于世界资本主义经济大危机的前夜，在日本，农民因缺乏土地，生活贫困，阶级矛盾尖锐，“左翼公会”要求平等分配土地，改善农民经济状况。正是在这种背景下，日本军国主义强调，解决国内问题，要“把眼光从国内转向外部（中国‘满蒙’）”，加快了对华侵略、占领东北，以解决农民土地问题、缓和国

① 复旦大学历史系编译：《日本帝国主义对外侵略史料选编（1931—1945）》，上海人民出版社 1983 年版，第 417—420 页。

② 黄美真、张云编：《汪伪政权资料选编 · 汪精卫国民政府成立》，上海人民出版社 1984 年版，第 424 页。

③ 复旦大学历史系编译：《日本帝国主义对外侵略史料选编（1931—1945）》，上海人民出版社 1983 年版，第 487—489 页。

内矛盾的战争步伐。日本陆军省派遣一批青壮年军国主义分子下乡开大会、搞宣传、造声势,引导农民睁大眼睛“看看‘满蒙’的沃土”,并且煽动说,“即便把日本所有的耕地平等地分配给所有的农民,所获得的额度也只有5反步”(1反步约合992平方米)。“大家拿着五反步的土地,能把儿子送去中学念书吗?能让女儿读上女子学校吗?不行吧”。既然如此,“就让我们去拿下那片‘满蒙’的沃土吧”。日本军国主义者向农民保证:只要占领了“满蒙”,“大家就不止五反步,而是一跃成为十町步(1反步的100倍,约合10公顷)的地主啦,大家都可以做东家了”。[①] 1931年5月,日本发动“九一八事变”前夕,驻扎东北部队高级参谋板垣征四郎更是明确提出,要占领“满蒙”,将其并为日本“领土”,声称为“确保(日本)国民经济的生存,……完全解决满蒙问题使之成为我国领土,实乃当务之急”。[②] 日本军国主义者就是通过这种宣传鼓动,将日本农民的目光和希望统统聚焦“满蒙”,在全日本迅速掀起了一股到“满蒙”发横财、“当地主”“做东家”的狂热。

日本军国主义者紧接着就是研究如何用“日本国内不出一分钱”的战争,将“满蒙”拿到手,着手拟定《关东军满蒙占有计划》。他们认为,现代战争是“经济战”,而“日本的致命弱点”是物资贫乏,大部分军需原料都要仰仗国外进口,不可能像欧洲国家那样进行“总力战”[③],日本即使在武力战上取胜,在持久的“经济战”中也无法获胜。因此,彻底“解决满蒙问题”,是“回转国运的根本策略”。而“解决满蒙问题的唯一方法就是将满蒙占为己有”,而且是“必须在日本国内不出一分钱的方针下”尽快拿下“满蒙”,所以只能“以战争养战争”,所有“出征打仗的部队必须依靠占领地的征税、物资和武器来自给自足”,以进行持久的“经济战”。如此则“无需军费也可进行战争”,“日本内地不出一分钱也可以进行战争”,即

---

① [日]加藤阳子:《从满州事变到日中战争》,徐晓纯译,香港中和出版有限公司2016年版,第26—27页。

② 章伯锋、庄建平主编:《抗日战争》第1卷,四川大学出版社1997年版,第75页。

③ “总力战”原是日语词语,指的是动员国家一切力量投入战争,属于衡量一个国家总体实力的战争。

使战争拖而不决,"持久战(也)并不可怕"。[①]

日本就是按照这样的战略构想和"基本国策",1931 年发动"九一八事变",开始一场新的侵华战争,而且从准备到发动战争、夺得"满洲",次年 3 月炮制伪"满洲国"傀儡政权,肢解中国,都是在"日本国内不出一分钱的方针下"完成的。伪"满洲国"面积相当于日本本土的 3 倍,地上地下物产资源十分丰富,远非日本本土可比。日本实现了"回转国运"的关键目标。

日本拿下了"满蒙沃土",不仅农民可以前去"当地主""做东家",而且国力猛增,既能打"武力战",也敢打"经济战",野心恶性膨胀。1937 年日本以伪"满洲国"为"根据地",悍然发动"七七事变",将 1931 年开始的侵华战争扩大和升级为全面侵华战争,不只是切割和肢解中国,而且要完全占领和彻底灭亡中国,灭绝整个中华民族。日本发动全面侵华战争不到两个月,9 月 4 日,华北方面军司令官寺内寿一大将给特务部部长喜多诚一少将下达训令,"为了削弱中国方面的斗志,以迅速结束战局为目的,对敌军后方采取相应的谋略"[②]。这为后来灭绝人性的烧光、杀光、抢光"三光政策"埋下了伏笔。9 月 6 日,华北方面军参谋长冈部直三郎给喜多诚一下达指示,"直接供作战用的中国方面交通、通信机关,统由军方直接使用,并指导中国方面机关使其协力为原则"[③]。这就确保日本国内不出一分钱,还能顺利作战。不仅如此,日本还要在彻底灭亡中国、灭绝中华民族的同时,利用中国的人力、物力资源,完成占领和统治世界的总目标。在华北、华中、伪"蒙疆"政权和殖民掠夺经济建立不久,日本立即以此为"根据地",开始新的侵略扩张战争,"以陆制海",北打苏联,1939 年 5 月爆发了诺门坎之战。日本原以为打苏联不难,"只要几个师团就足够了",比日俄战争时更好打。不过日本低估了苏联的军事和经

---

① [日]加藤阳子:《从满州事变到日中战争》,徐晓纯译,香港中和出版有限公司 2016 年版,第 121—126 页。

② 日本防卫厅战史室编:《华北治安战》(上),天津市政协编译组译,天津人民出版社 1982 年版,第 50 页。

③ 章伯锋、庄建平主编:《抗日战争》第 6 卷,四川大学出版社 1997 年版,第 220 页。

济实力,历时 135 天的诺门坎之战,以日本失败告终。经过一段时间的心理和战略调整,日本决定转换策略和方向,实施更大的冒险计划,以在中国的整个占领区为“根据地”,向南向东攻打英国和美国,1941 年 12 月袭击珍珠港,由此爆发了太平洋战争,打一场准备占领和统治世界的“持久战”。在日本的战略构想中,“掌控中国是前提”,“如果以整个‘中国’为根据地进行充分利用的话,哪怕二十年、三十年都可以把战争持续打下去”,对日本都不构成问题。[①] 关键是如何“充分利用”中国这个“根据地”,将中国领土完全“占为己有”。

日本对于将中国领土完全“占为己有”的长期性和艰巨性,早有思想准备。在“九一八事变”前,日本军国主义者就警告,“通常战争的目的是将敌方的野战军主力歼灭”,但“下一场”对中国的战争,“即便歼灭了敌方的军事力量,战争也不会结束”,因为“要从中国手中夺取满蒙,必然是场持久战”。[②] 原因很简单:日本侵略军要将这片土地上生长、繁衍的数千万中国民众全部处置,将土地交到日本农民手中,让其毫无干扰、舒舒服服地“当地主”“做东家”,绝非一朝一夕之功。资料显示,截至 1945 年日本战败投降为止,日本在东北共强占土地 3900 多万垧[③](合 3.9 亿多亩),但交由日本移民“经营”(实际由中国农民佃种或无偿耕种)的只 221550 垧(合 221 万余亩),只相当于强占土地总面积的 0.57%,绝大部分土地仍由中国农民耕种,没有真正交到日本移民手中。从这个角度说,日本“要从中国手中夺取满蒙”,将其完全“占为己有”,确是一场“持久战”,而且是一场血淋淋的甚至血流成河的“持久战”。其实不只是在伪“满洲国”,也不只是日本移民“开拓”和土地劫夺,在伪“满洲国”和关内华北、华中、华南各沦陷区,除了土地,还有一切经济、财政、金融和物产资源的掠夺,殖民掠夺经济的形成和功能行使,都是血淋淋的、血流成河的“持久战”。

---

① [日]加藤阳子:《从满州事变到日中战争》,徐晓纯译,香港中和出版有限公司 2016 年版,第 121—126 页。

② [日]加藤阳子:《从满州事变到日中战争》,徐晓纯译,香港中和出版有限公司 2016 年版,第 123—124 页。

③ 本书所用的垧,是旧时地积单位,各地不同。东北地区 1 垧一般合 15 亩,西北地区 1 垧合 3 亩或 5 亩。而且东北地区习惯用晌来表示。

灭绝人性的烧光、杀光、抢光“三光政策”的实行，就是这场“持久战”的核心内容。“三光政策”中的“杀光”，既有快速屠杀，也有慢性屠杀。侵华日军在夺城掠地、扫荡、清乡、制造“无人区”、围剿抗日队伍、镇压抗日民众或支前民众时，以快速屠杀为主；通过伪满和关内沦陷区汉奸傀儡政权以征收、征购、征借、预征、预借、摊派或武力劫夺、集中统一“保管”等手段，进行农产品和其他财物劫掠时，则快速屠杀和慢性屠杀同时并行，或以慢性屠杀为主。因为这种农产品和其他财物劫夺，既满足了日军、伪军实行“三光政策”的军需给养，间接实行快速屠杀，又将农民的口粮、种子全部抢光，再加上“集家并村”、圈占耕地、制造“禁耕禁住地带”，将农民驱离耕地；加重劳役榨取，缩短“集团部落”大门开放和外出生产劳动时间，从根本上切断农民生存条件，直接实行慢性屠杀。日本的基本战略是快速屠杀与慢性屠杀双管齐下，两者交替或同时进行，消灭中国的有生力量，以最快的速度减少中国的人口数量，并最终将其全部灭绝，为日本农民在“满蒙”和关内地区毫无障碍地“当地主”“做东家”创造条件。这就是日本为从中国“夺取满蒙”以及关内地区、将其完全“占为己有”而进行的“持久战”的基本内容和目标。由此亦可窥见伪“满洲国”和关内沦陷区的法西斯殖民掠夺经济的基本性质和主要功能。在这场“持久战”中，沦陷区民众既是“作战”费用的承担者，又是日本快速和慢性屠杀、加速灭绝的主要对象。这也正是伪“满洲国”和关内沦陷区日本法西斯殖民掠夺经济的本质特征。

第一节　伪“满洲国”的行政架构和经济体制及其特征

伪“满洲国”是日本帝国主义继割占台湾、澎湖列岛，将其并入日本之后，在中国大陆炮制的一个傀儡政权。日本吞并“满蒙”的野心由来已久。日本对“满洲”的觊觎、图谋甚至可以追索到德川幕府时代。幕府末期的日本思想家佐藤信渊(1773—1850年)在其1823年完成的《宇内混同秘策》一书中,就记录了如何通过先占领满洲,再制服和吞并中国的策略。认为日本"欲制他邦,必先以吞并中国为始";而制服和吞并中国,"必由其弱而易取处始";而"易于攻取之处,舍中国之满洲外无他"。"故皇国(日本)之征满洲,迟早虽不可知,但其为皇国所有,则属无疑。满洲一得,中国全国之衰微,必由此而始。故取鞑靼,始可逐次而图朝鲜、中国"。书中除了侵略计划,还有侵略计谋和详细办法,并最后打保票说,"苟能用此策,十数年间必能平中国全国"。[①] 当时觊觎"满蒙",持有此种侵略主张和野心者在日本学者中并非个别,但如此狂妄和系统、完整,则不多见。这本书写成后并未即时刊印,只被转抄,传播和影响有限。明治维新后,日本迅即成为对外侵略扩张的封建帝国主义,该书被刊印成册,并从1894年中日甲午战争开始,将其所绘侵略蓝图付诸实施,以其扩张谋略和办法为行动指南,而且每发动一次侵略战争,就会将其重印,在军内外散发,并作为士兵们的必读教材。[②] 1937年,日本以伪"满洲国"为"根据地"发动全面侵华战争前夕,作为侵华急先锋的南满洲铁道株式会社总裁松冈洋右,总结吞并和经营"满蒙"的"艰辛"称,"满洲之有今日",乃"日本朝野倾注心血""三赌国运"的结果。[③] 所谓"三赌国运",指的就是三场侵略战争,即中日甲午战争、日俄战争和1931年"九一八事变"开始的侵华战争。由此可见,日本对"满蒙"的觊觎、占取,伪"满洲国"的炮制,图谋由来之久。

伪满政府成立于1932年3月1日,范围包括东北三省和热河、内蒙古东部地区,面积1133437平方公里(相当于日本国土面积的2.96倍),1937年有人口36933206人。东北土地肥沃,地下矿藏丰富,是19世纪末20世纪初发展起来的工业和农业新区,新式工矿业、交通运输业和商业性农业比较发达,原是华北地区商品粮的主要来源地、手工棉织品和富余劳动力的主要消纳地。1931年日本侵占东北、建立伪"满洲国",将其从

---

① 汪向荣:《中国的近代化与日本》,湖南人民出版社1987年版,第170—173页。

② 汪向荣:《中国的近代化与日本》,湖南人民出版社1987年版,第168—169页。

③ 吕万和:《简明日本近代史》,天津人民出版社1984年版,第287页。

中国分离出去。1932 年 9 月 15 日，日本关东军司令官兼驻满“全权大使”武藤信义和伪“满洲国”“总理”郑孝胥在长春签订《日满议定书》，正式承认伪“满洲国”。《日满议定书》规定，伪“满洲国”确认并尊重日本及其臣民在伪满境内根据以往日中两国间的条约、协定、其他条款以及公私契约所享有的“一切权益”；日“满”双方“合作以维持彼此‘国家’之安全”。为此，日本军队应驻扎在伪满境内。[①]《日满议定书》尚有多个密约作为附件，规定：伪满“国防”及治安，全部委托日本负责，所需经费则由伪满负担；伪满的铁路、港湾、水路、航空及新路修筑，由日本管理；日本军队所需各种物资、设施，由伪满尽力供应；日本人可以充任伪满官吏，由关东军司令官推荐和解职；日本有权开发“满洲”地区的矿业资源，其采掘权俱无期限规定；等等。这些密约附件使关东军的侵略进一步具体化。伪满的政治、政府机构、军事、国防、财政、海陆空交通、通信及矿业资源，一句话，伪满的全部主权都以条约的形式，变成为关东军和日本财阀予取予求的囊中物，伪“满洲国”进而成为日本发动全面侵华战争、占领和灭亡中国的“根据地”。

一、伪“满洲国”的炮制出笼和傀儡行政架构

伪“满洲国”汉奸傀儡政权，是日本帝国主义发动“九一八事变”、侵略和肢解中国的产物，是日本征服和最终灭亡中国的一个关键步骤。日本作为一个后起的、疆域狭窄、资源贫乏的封建帝国主义，其侵略扩张野心及贪欲，更甚于老牌殖民帝国主义，其最终目标不仅要完全占领和灭亡中国，而且要灭绝整个中华民族。但日本地狭人寡，而中国幅员广众，日本无法将中国一口吞下。唯一可行的办法是，通过持续切割、肢解，化整为零的手段，由岛屿而大陆，由关外而关内，由沿海而内陆，将中国领土、人口、资源，一整块一整块、一部分一部分地收入日本囊中。将台湾、澎湖列岛归入日本版图，已成功在先，再将“满蒙”从中国版图切割出来，不论

---

① 章伯锋、庄建平主编：《抗日战争》第 6 卷，四川大学出版社 1997 年版，第 7 页。

是否直接归入日本版图,对日本来说,其意义远非吞并台湾可比。日本军国主义者在研究和策划侵华战争时就强调,现代战争是“经济战”,如果单凭日本本土现有的资源和经济基础,即使“武力战”取胜,也无法赢得持久的“经济战”,但若拿下“满蒙”和华北,“依仗着满蒙及华北资源的日本”,则不仅可以打“武力战”,还可以打“经济战”,即使“持久战(也)并不可怕”。[①] 日本军国主义的如意算盘是,以“满蒙”为“根据地”,则可夺取华北,以“满蒙”、华北为“根据地”,则可进而占领和征服中国。这样,彼消此长,彼蚀此盈;中国日衰,日本日盛,日本灭亡中国,只是时间问题。伪“满洲国”就是在这样的历史背景和日本帝国主义侵华“基本国策”下炮制出笼的。

(一) 伪“满洲国”的构思蓝图和傀儡政权的出笼

伪“满洲国”的出笼,离“九一八事变”仅5个多月的时间,肢解速度惊人,不过事先还是经过反复考虑和周密设计。早在1928年6月3日关东军采取暗杀手段炸死张作霖时,就有建立“新政权”、扶持清朝末代皇帝溥仪为帝,取代张作霖的初步设想。[②] 1929年关东军着手制定武装侵占东北的作战方案,就已同时考虑占领后的东北统治和奴役方案。驻扎东北日军作战参谋石原莞尔在其《关东军占领满蒙计划》中的构想是,同中国台湾、朝鲜、“关东州”殖民地一样,在东北设立军政合一的“总督府”,地址可选长春或哈尔滨,“总督”由日本现役大将或中将担任,下设幕僚长、道尹、宪兵司令官、师团长等。石原莞尔还主张,东北原有行政体制不作重大变动,以推行“以华制华”的统治方针。同时在东北常驻日军4个师团,以作“防卫”。这还只是一个大致的框架设计,具体方案则由关东军参谋部第三课负责,并为此专门成立了“满蒙占领地区研究会”,满铁调查课亦参与和通力合作。另外,日本参谋本部每年都提出一份《形

---

① [日]加藤阳子:《从满洲事变到日中战争》,徐晓纯译,香港中和出版有限公司2016年版,第121—126页。

② [日]加藤阳子:《从满洲事变到日中战争》,徐晓纯译,香港中和出版有限公司2016年版,第113页。

势判断》,1931 年的《形势判断》包括中央军部对武装占领东北的统治方针与步骤,有一个分三步走的计划,每一步(阶段)建立相应的殖民统治形式,即第一步为取代张学良政府的亲日政权,但形式上仍置于中国中央政府的主权之下;第二步改为“满蒙组成一个政权”,并从中国中央政府独立出来,建立由日本控制的“国家”;第三步为全面占领“满蒙”,并将其纳入日本版图。

实际上这所谓的三步设想只是提供了三种可供选择的形式,因“九一八事变”急剧爆发,在事变爆发的几乎同时就必须作出选择。“九一八事变”次日,关东军参谋片仓衷大尉找到刚从日本来沈阳的日本参谋本部作战部长建川美次少将,并同板垣征四郎、石原莞尔、花谷等会谈。建川美次本来是代表陆军中央前来制止关东军起事的,现在摇身而成为关东军制造事变的同谋。针对板垣征四郎、石原莞尔坚持主张实行第三步的占领方案,建川美次主张按《形势判断》规定的第一步方案实施,但表示对关东军的行动不加约束,并向关东军司令官本庄繁建议,应建立以溥仪为首脑、由日本支持的政权。1931 年 9 月 20 日,以关东军奉天特务机关长土肥原贤二为伪市长的奉天市军政府成立,作为过渡。22 日,土肥原贤二又抛出以日本为“盟主”的“满蒙五族共和国”方案。最后经板垣征四郎、石原莞尔、片仓衷等人策划和敲定的《满蒙问题解决方案》规定,建立由日本支持、以清朝末代皇帝溥仪为首领、统辖东北四省(东三省加上热河省)和“蒙古”的“新政权”,掌管内政和若干地方性事务,起用熙洽、张海鹏、汤玉麟、于芷山、张景惠,分别担任吉林、洮索、热河、东边道、哈尔滨等地“镇守使”。当日下午,关东军即通知日军驻天津司令官,把宣统帝置于其“保护”之下,大规模网罗汉奸,汉奸政权组班正式启动。

南满洲铁道株式会社(“满铁”)一批侵略成性的文人和社内右翼组织“满洲青年联盟”的狂热分子、关东军幕僚和日本参谋本部要员也都积极出谋划策:1931 年 10 月 21 日,满铁社员、关东军法制顾问松木侠抛出《满蒙共和国统治大纲草案》,将即将出台的汉奸政权划分为 6 个“行政区”,日本除了因袭其所谓“条约上的诸权利”外,还要与伪政权签订军事协定,并令伪政权招聘日本顾问;关东军幕僚同正在东北视察和慰问关东军的日本参谋本部的白川义则大将、今村均大佐谋划,由片仓衷起草,石原莞尔、板垣征四郎修改,关东军参谋长批准,向日本陆军大臣和参谋总长提出《解决满蒙问题的根本方策》,要求建立一个与中国本土绝缘、由日本掌握实权、以东北四省及"蒙古"为领域的"独立新满蒙国家"。具体步骤是,先在辽宁建立由日本内部支持的特别的新政府,同时迅速确立吉、黑两省的亲日政权,热河暂时等待时机;吉、黑两省亲日政权成立后,立即与辽宁省新政府"联合统一",宣布成立承认日方要求的"新国家",并以奉天为"首都";热河则一有条件必须"使之加入联合统一"。白川义则大将回国后,11 月 7 日即将此方案向日本天皇上奏。不过在这之前,11 月 5 日陆军大臣对关东军已下达指示,因顾虑国际关系,并不完全认同关东军"方策"中关于伪政权与"中国本土绝缘"等文字。关东军则强硬回应:关于"满洲政权不与中国本部绝缘之件,绝难以承服"。同时还上报了关东军法制顾问松木侠起草的《满蒙自由国建设方案大纲》。在此之前,1931 年 10 月 23 日"满洲青年联盟"理事长金井章次还炮制了一份《东北自由国建设纲领》。内容与《满蒙自由国设立大纲》基本相同,声称不成立"满蒙国",而只搞个亲日政权,便不能"按帝国意图行事"。因此,只有两个选择:或者建立一个"国家";或者"满蒙作为我(日本)领土之一部,实属上策"。只是顾忌于"国际间的物议",炮制一个傀儡政权进行殖民统治,作为过渡。①

《满蒙自由国建设方案大纲》出笼后,关东军在炮制伪"满洲国"、加速扩大领土占领和向关内进逼,以及自身机构的改组、强化等方面,采取了一系列重大步骤:1931 年 11 月 8 日偷解溥仪出津,将其带入东北;向北占领齐齐哈尔后,在 12 月 15 日日本参谋本部批准关东军进攻锦州的同一天,关东军决定,将原来同"幕僚部"并立的行政、财务、产业、交通、交涉 5 课合并,设立"统治部",接替掌管司令部第三课有关政治谋略、炮制殖民统治方案、夺取经济命脉等业务。这样不仅统辖了伪满政府的

---

① 中央档案馆等合编:《日本帝国主义侵华档案资料选编·九一八事变》,中华书局 1988 年版,第 372—386 页。

建立工作，而且成为伪满政府出笼前的代行机构。[①]

1932年1月3日关东军占领锦州后，认为拼凑傀儡“中央”政权的时机完全成熟，决定立即派遣司令部参谋板垣征四郎赴东京进行交涉。关东军所拼凑的“满蒙中央政权”，是完全脱离中国本土的所谓“独立”国家，并实行“中央集权制”，首脑冠以“大总统”一类头衔，避免给人以“复辟”的印象，各行政长官以现任各省长担任；傀儡政权必须赶在国际联盟调查团到“满洲”之前建立。具体步骤是，先由各省派出“代表”设立“政务委员会”，筹备政府机构；然后由各省的所谓“民意”机关“推戴”首脑；政务委员会拟于板垣征四郎回东北后成立，傀儡政权至迟在1932年3月末、即国际联盟调查团到达满洲之前建立。日本关东军认为，此事如果由日本直接去做，使之从中国本土分离，无论是《九国公约》[②]，还是国联规约都是不允许的，但由中国人自身从内部进行分离，与上述诸条约精神是不相背离的。所以，这一切都只能操纵汉奸去做。使板垣征四郎喜出望外的是，在他到达东京之前，日本陆军省和参谋本部业已制定了《时局处理要纲案》，且其主张要旨与关东军方案不谋而合。荒木贞夫陆相急于要求关东军派人赴京，就是为了尽快落实这一方案。因此，板垣征四郎很快于1932年1月6日得到由日本陆军省、参谋本部和外务省一致商定的《处理满蒙问题方针纲要》，并于1月13日将其带回沈阳，按照《处理满蒙问题方针纲要》具体部署，推进“满蒙”独立建“国”。事后于1932年3月12日公布的《处理满蒙问题方针纲要》，共有7条，明确提出了“满蒙”独立建“国”的宗旨和方针、政策、步骤。日本统治集团一向将“满蒙”视

---

① “统治部”七八十名部员大部分来自满铁和关东厅。部长驹井德三亦系满铁出身，“九一八事变”后经陆军省军务局长小矶国昭推荐，1931年10月任关东军财务顾问，实际上是政治、经济最高顾问，他参与了关东军的一切重要策划与谋略。按他建议而成立的统治部，1932年1月9日改称“特务部”。

② 《九国公约》，即《九国关于中国事件应适用各原则及政策之条约》，1922年2月6日美国纠集英、法、日、德、比、荷、葡和中国北洋政府在华盛顿会议上签订，从1925年8月5日起生效。条约虽然宣称“尊重中国的主权和独立及领土和行政的完整”，不承认日本在中国的“特殊权益”和垄断地位，但又重弹“门户开放”“机会均等”等殖民主义侵略老调，以实现帝国主义列强共同侵华、“自由竞争”的目的。

为日本的“生存地”“生命线”,《处理满蒙问题方针纲要》第一条规定了对“满蒙”政策的宗旨,就是“使该地在政治、经济、国防、交通、通信等各种关系上体现作为帝国生存的重要因素的作用”。第二、三、四条规定了“满蒙”立“国”的政策、基本步骤及注意事项:由于“满蒙”的现状可以“脱离中国本土政权而独立”,成为一个“政权统治下”的地区,下一步应当“逐步诱导,使它具有作为一个国家的实质”,亦即独立建“国”;现在主要由日本维持“满蒙”的治安,将来要改为“新国家”的“警察”或类似警察的“军队”来担任。为此必须建立或改革“新国家”的治安机关,但要注意,“特别要使”日本人成为各机关的“领导骨干”;“满蒙”作为日本对华、对俄的“国防第一线”,不允许有“外来的捣乱行为”。为达此目的,应增加日本陆军驻“满洲”的兵力,还应置备必要的“海军设施”,但不允许“新国家”的正规陆军存在。第五条强调,恢复日本在“满蒙”的“权益”,“并加以扩充”。但应以“新国家”为“谈判的对象”,亦即尽力保证这种“权益”的“合法”外形。第六、七条再次强调,贯彻日本有关“满蒙”的政策、措施,需要注意的事项和必须采取的相关措施,即须竭力避免与国际法或国际条约相抵触,其中关于“满蒙”政权问题的措施,由于《九国公约》等关系,应尽量采取由“新国家”方面“自动提议”的形式。同时,为了贯彻日本有关“满蒙”的政策,必须迅速设置“统制机关”,但是“目前应维持现状”。① 看来日本当务之急还是所谓“新国家”的建立。

正是基于这一目的,日本关东军进一步加紧物色和网罗汉奸、走狗,拼凑傀儡政权。

其实,日本关东军一发动“九一八事变”,也就同时开始物色和网罗汉奸、拼凑傀儡政权、“以华制华”的罪恶活动。“九一八事变”后第3天,1931年9月21日即宣布成立以关东军特务机关长土肥原贤二为首的伪奉天(沈阳)市“军政府”,当天下午强迫沈阳市市长李德新交出政权,随即在闲散旧官僚、旧军阀和形形色色的亲日分子及流氓、地痞中,开始物

① 复旦大学历史系编译:《日本帝国主义对外侵略史料选编(1931—1945)》,上海人民出版社1983年版,第65—66页。

色、网罗汉奸。9 月 25 日，辽宁省“地方维持会”应运而生。委员长是袁金凯，副委员长是阚朝玺，都是闲居原籍的张作霖旧部下、旧官僚（袁金凯为避免张家嫌忌未就任）。委员中包括原中日合办弓长岭铁矿公司总办丁鉴修、曾任东三省保安司令部参议的于冲汉等。他们大都有亲日、媚外的丑史，心甘情愿卖国求荣。“地方维持会”的真正主宰是由满铁地方部卫生课长、满铁社内右翼组织“满洲青年联盟”理事长金井章次担任的“最高顾问”。“地方维持会”名义上是“维持地方秩序和地方金融”，实际上是日本侵略者拼凑伪政权的工具。1931 年 10 月 20 日关东军即将沈阳市政务移交给了辽宁省“地方维持会”，并成立了以赵欣伯①为市长的伪奉天市政府，取代刚成立一个月的“军政府”。12 月 16 日，“九一八事变”当天被奉天日本宪兵队逮捕的奉天省长臧式毅，在敌人的威逼利诱下，举手投降，担任日伪辽宁省省长，伪辽宁省政府随即取代该省“地方维持会”。金井章次又担任伪辽宁省政府“最高顾问”。

吉林、黑龙江的日伪政权也相继出台。在吉林，清朝爱新觉罗皇族、时任省军参谋长的熙洽，“九一八事变”后开门揖盗，主动降敌，1931 年 9 月 28 日在关东军的导演下，宣布“独立”，成立军政合一的伪吉林省“长官公署”，熙洽自任“长官”，在大迫通贞等日本“顾问”的操纵下，行使军政职能。熙洽降敌和组建伪吉林省“长官公署”后，关东军在大迫通贞的指令和布置下，又策动间岛（延边）延吉镇守使吉兴（吉兴与熙洽系皇族兄弟）“独立”，将“延吉镇守使公署”改为“延吉警备司令部”，吉兴任“司令官”，由关东军植野宪兵大尉担任“顾问”，掌管大权。

在黑龙江，由于哈尔滨的特殊地位②，关东军采取的是控制哈尔滨以攫取黑龙江全省的侵略方针。“九一八事变”爆发时，东省特别区长官张景惠（满人）正在沈阳，很快被关东军招降为夺取东北北部政权的大走

① 赵欣伯曾留学日本，获法学博士，曾任日本陆军大学汉语讲师，当过张作霖的法律顾问，是与日本侵略者过从甚密的亲日派。

② 哈尔滨位于松花江之滨和中东铁路与东北南部铁路交接点，是东北北部地区重要农业区、工业中心和交通枢纽。虽在行政区划上并不属于黑龙江省，但政治上、经济上对包括黑龙江省在内的整个东北北部的地位至关重要。

狗。1931年9月22日,板垣征四郎即派人与张景惠接头,要求张景惠与日本"合作"和"负责维持北满治安",答应让其成为黑龙江省"最高负责人",并可拨给3000支步枪(9月30日交付)。张景惠即刻允从,9月24日返回哈尔滨,连夜召开各方代表会议,决定极力维持治安,对日军绝对采取不抵抗主义。9月27日成立东省特别区"治安维持会",张景惠自任会长,宣布对东省特别区之政务及治安负完全责任。随即于10月初成立以其心腹于镜涛(原东省特别区警务处副处长兼警察学校校长)为队长的警察队,既维持哈尔滨"治安",更主要用来对付当地中国驻军的抗日活动。关东军尚未侵入哈尔滨,走狗已经先期立足、扎根,主动引狼入室。12月28日,张景惠同板垣征四郎签署了军事、铁路、日本人居住和设置日警等一系列"备忘录"。1932年1月1日,张景惠在板垣征四郎等策划下,进而仿照辽、吉两省汉奸政府的办法,以个人名义发出通电,宣布黑龙江"独立"。1月6日,关东军哈尔滨特务机关长会见原黑龙江省政府代理主席兼军事总指挥马占山。在日敌威逼利诱下,马占山表示同意与张景惠合作建立东北政权,并拥戴溥仪为"首领"。张景惠受命连夜赶往省会齐齐哈尔,7日晨会见日军、日本领事和满铁代表,随即由关东军和满铁公所长导演,宣布就任伪黑龙江省省长,但就职而不上任,并将伪省署的大部分职位空缺,自己连夜返回哈尔滨。这些全是关东军的安排,意在引诱马占山出山,因为关东军需要马占山手中的武装力量维持黑龙江局势。1月中旬马占山部队入驻齐齐哈尔,马本人出任伪黑龙江省警备司令,2月就任伪黑龙江省省长。至此,关东军完成了黑龙江省傀儡政权的炮制。

这样,辽宁(奉天)、吉林、黑龙江3省伪政权全部组建就绪,作为傀儡头目的溥仪亦已被教塑成型,可以任其摆布,万无一失。余下的就是采取具体步骤,将3省合在一起,构建一个单独的政权实体,从中国版图分离和独立出去。

1931年年末,关东军将溥仪从旅顺海滨大和旅馆转移到旅顺肃亲王府安顿,1932年1月3日占领锦州,即开始由军事进攻转为以炮制伪"满洲国"傀儡政权为重点;2月5日占领哈尔滨,关东军在东北的大规模军事进攻暂告一段落，全面转入伪满政府的炮制，成立的具体时间确定为2月中旬，至迟不晚于国际联盟调查团到达之前，并按照这一时间表进行准备。从1月15日起，关东军邀请日本国内“学者”召开了一系列有关经济、产业、金融等方面的“咨询会议”，分别就“满蒙”占领区的币制、金融、关税、税制、矿业、农业、畜产、工业、商业等方面进行摸底、评估，为未来伪满政府的殖民统治和经济、财税劫夺出谋划策。

日本预料，炮制伪满政府，将相当于日本本土近3倍的中国领土吞并，并从中国版图分离出去，必定遭到全中国人民的坚决反对和国际舆论的强烈谴责。为了转移国际舆论视线，掩盖炮制伪“满洲国”的罪恶阴谋，日本帝国主义于1932年1月28日策划、发动了“一·二八”淞沪事变。上海既是国民党统治区的经济中心，又是欧美列强对华投资的主要集中地，挑起淞沪大战，不论能否占领上海，都可以进一步逼迫国民党政府妥协投降，更刺痛欧美列强的神经，使其将注意力转向上海，从而减轻对伪满“建国”的国际压力。同时为了欺骗和愚弄中国人民，缓和及压制中国人民的抗日情绪，转移中国人民的斗争目标，关东军要求傀儡政权的炮制，必须装扮成是当地居民依照“民族自决”的原则从国民党政府中独立出来，是中国内部自行分裂、自我瓦解，“表面上看是中国自己分裂作用的结果”“看似出于中国方面自主发起的形式”。① 为此，关东军特别炮制了“建国促进宣传运动计划”，要求县、省、伪满“中央”都要相应编造“宣传运动大纲”，由关东军司令部、各地特务机关、伪省政府日本人顾问、自治指导部、伪奉天市政府日本人顾问等组成“特别委员会”，作为“宣传本部”，指导、监督各团体的运作。除了利用报纸、广播大造舆论外，还逼迫商会、农会、教育会、慈善、宗教等团体进行集团宣传；所谓“民意”则须由县、省以至“全满”大会或联合大会体现出来。宣传运动分三期进行，第一期在各县团体中进行；第二期各县开大会或联合会，作出决议、通过宣言、选出代表；第三期筹备和召开“全满”大会，组织团体请

① ［日］加藤阳子：《从满州事变到日中战争》，徐晓纯译，香港中和出版有限公司2016年版，第36、39页。

愿。[①] 如此,炮制伪满政府的目标、要求、步骤、程序、礼仪、形式等,全部由关东军谋划、设计、幕后操纵,而后由汉奸到前台严格按关东军审定的剧本表演。

按照关东军参谋长板垣征四郎及高级幕僚的谋划,伪满"建国"的基本步骤和议程是:首先,奉天、吉林、黑龙江三省汉奸"主席"组成"中央政务委员会",具体负责"建国"筹备工作,内容包括确定国号、国旗、宣言(实际由满铁御用文人拟草)、首都和人选分配;筹备妥当后,由"中央政务委员会"作出"决议"(必要时取得各省"民意"机关之同意),各地以"请愿"和"推举"的方式,"推选大总统";"大总统"顺应"民意"建立"中央政府",发布"宣言",正式宣布与中国中央分离,伪满独立成"国";最后,将热河纳入伪满,热河派代表参与"中央政务委员会"。[②]

由张景惠领头的一群汉奸,就是按照关东军谋划的上述步骤、程序,进行伪满汉奸政权炮制的。为了早日正式启动伪满"建国"的筹备工作,在尚未将"关键人物"马占山纳降的情况下,关东军就迫不及待地纠集一批汉奸成立了"政务委员会",不过并未行动。直到 1932 年 2 月 16 日获得马占山的同意,才于当晚 8 时至次日凌晨 3 时在沈阳(奉天)通宵召开第一次会议,并作出决定:为避免与中国原东北政务委员会名称混同,改为"东北行政委员会"。"东北行政委员会"于 17 日正式成立,设委员长,人选待定,随即发表"宣言","首都"设于长春。接着于 17 日晚和 20 日先后召开第二次、第三次会议。第二次会议次日午后以汉奸张景惠名义发表关东军草拟的《满蒙新国家独立宣言》,宣称"从此与党国政府脱离关系";第三次会议讨论伪满国体、国号、国都等事项,其间出现分歧:吉林的熙洽坚持主张帝制;奉天的臧式毅要求实行立宪民主制;张景惠则表示哪种国体都无妨。当然,这种分歧纯属唇舌之争,因关东军早有既定方案,并已告知溥仪。2 月 24 日板垣征四郎通知"东北行政委员会",令其作为"决议"通过:"国家首脑"称"执政";"国号"为"满洲国";"国旗"为

---

① 解学诗:《伪满洲国史新编》,人民出版社 2015 年版,第 73—75 页。

② 解学诗:《伪满洲国史新编》,人民出版社 2015 年版,第 72 页。

“五色旗”;“年号”用“大同”。因时间紧迫,包括宣传在内的伪满“建国”加快步伐,前两期宣传在“东北行政委员会”第一、二次会议时已同步进行。2 月 25 日板垣征四郎把“国体”“国旗”“国都”等决定通知“行政委员会”并令其通过后,宣传随即进入第三期。2 月 29 日奉天市和吉林市分别举行所谓的“新国家成立庆祝游行大会”。至此,关东军导演的伪满“建国”,关键性程序只差溥仪就位“典礼”。原拟计划全部在 2 月完成,后因关东军夺取哈尔滨的军事侵略行动,令计划延迟到 3 月。

1932 年 3 月 1 日,由关东军和日本军国主义政府一手炮制的伪“满洲国”这个怪胎终于出炉。上午 10 时,汉奸张景惠发表《满洲国建国宣言》,宣布“与中华民国脱离关系,创立满洲国”,斥责“东北军阀”和国民党政权、咒骂“赤匪横行”、污蔑工农革命“自陷亡国灭种”、诽谤孙中山的“天下为公”和“三民主义”思想;又公然篡改和伪造历史,胡说“满蒙旧时,本另为一国”;同时,认贼为父,卖国求荣,对日本帝国主义和关东军兽兵夺城掠地、烧杀掳掠、灭我中华的侵略罪行歌功颂德。如此等等,已罪不可赦,竟然不知羞耻,侈谈“建国之旨”,自诩“顺天安民”“不容私见之或存”,跪在日本主子膝下,高喊“实行王道主义”,是非、黑白、荣辱之颠倒,未有如此之甚者。日本帝国主义为了掩人耳目,将伪满傀儡政权的炮制装扮成源自“民意”的中国“自主行为”,甘当“无名英雄”,“宣言”从头至尾不露“日本”二字,连汉奸们的歌功颂德,亦只谓“假手邻师……”云云。伪满“建国”的谋划、制作,明明是关东军、满铁御用文人一手操办,也说成了“奉天、吉林、黑龙江、热河、东省特别区、蒙古各盟旗官绅士民详加究讨”。其实,一小撮汉奸的所谓“详加究讨”,不过是如何不折不扣、不偏不倚落实和执行日本主子的谋划、设计。

汉奸们“恭请”溥仪出任伪“满洲国”“执政”,即所谓“请驾”一幕,是伪满“建国”政治闹剧的“重头戏”,是“闹剧”中的“闹剧”。按关东军的设计,伪满的“国体”是“共和制”,溥仪甘当奴才、汉奸,但又一直梦想复辟当皇帝,一度态度坚决,板垣征四郎和汉奸们为了让其打消“皇帝梦”,大费周折。板垣征四郎一看软的不行来硬的,令郑孝胥、罗振玉向溥仪传达,关东军军部要求不能更改。溥仪如果不接受,“只能被看作是敌对态度”。郑孝胥提醒溥仪,不要忘记张作霖的下场,他顿时像泄了气的皮球,瘫软了、彻底屈服了。

因当时溥仪尚在旅顺,按关东军的设计和导演程序,“请驾”分作两次进行:1932 年 3 月 1 日“建国宣言”发表的当天中午,奉天、吉林、黑龙江、内蒙古、呼伦贝尔、东省特别区各派 1 人(共 6 人),前往旅顺“请驾”,溥仪假作“婉辞”;3 月 4 日“请驾”者增至 32 人,此次溥仪宣读早已准备好的“答词”,表示“勉竭愚昧,暂任执政一年”,正式粉墨登场。3 月 6 日午后,溥仪在郑孝胥父子(子郑垂)、罗振玉父子(子罗振邦)以及日本人上角利一、工藤铁三郎等人陪同下,一行 43 人抵达汤岗子翠阁温泉旅馆,与刚刚到那里的张景惠等 10 余名“迎接使”会合,翌日上午 8 时一道乘车前往长春。其间列车中途停靠公主岭时,有熙洽、张海鹏、荣厚等上车迎接;3 月 8 日下午 3 时,火车到达长春。为防止出现意外,长春全市实行特别戒严,日伪军警倾巢出动,并进行全市大搜捕,数以千计的中国民众被关进监狱。

溥仪的“执政”就职典礼,于 1932 年 3 月 9 日举行,地点选在原长春道尹衙门。典礼中,汉奸张景惠和臧式毅分别将用黄绫包裹的伪“满洲国”国玺和伪执政玺捧献给溥仪,而后由汉奸郑孝胥代溥仪宣读了不足百字的“执政宣言”。整个典礼 15 项仪程,仅用 25 分钟全部完成。作为伪满“建国”闹剧落幕前的压轴戏、作为“民意”象征的民众“庆贺”一场,更因中国人民的抗拒、抵制,无法上演。①

溥仪就任“执政”典礼的翌日,举行了任命傀儡政权首脑的“特任式”,伪满“中央”政府宣告成立。一大批清朝遗老、军阀、官僚、汉奸随同溥仪加官晋爵,成为伪满首脑、高层,伪满成为藏污纳垢之地。溥仪“特任”的伪满“内阁”主要构成人员如下:伪“国务总理”郑孝胥(清室遗老、铁杆复辟派);伪“参议府议长”张景惠(东北军阀、日本忠实走狗);伪“参议府副议长”汤玉麟(热河省主席);伪“立法院长”赵欣伯(铁杆亲日派、拼凑汉奸政权干将);伪“监察院长”于冲汉(奉系官僚、老牌汉奸);伪

---

① 解学诗:《伪满洲国史新编》,人民出版社 2015 年版,第 72—75 页。

“民政部总长”臧式毅（奉系实力派官僚、汉奸）；伪“外交部总长”谢介石（复辟派、亲日派）；伪“军政部总长”马占山；伪“财政部总长”熙洽（爱新觉罗氏、铁杆复辟派、汉奸）；伪“实业部总长”张燕卿（张之洞之子、吉林亲日派骨干成员）；伪“交通部总长”丁鉴修（清朝遗老、汉奸）；伪“司法部长”冯涵清（奉系文治派成员、汉奸）等。

伪满“内阁”成员，出身、仕途经历各异，但全是亲日派、卖国贼。因为不当汉奸，不亲日、不卖国，根本进不了也不愿意进伪满“内阁”。“内阁”成员职务的分配、安排，既是对过往卖国罪孽的论“功”行赏，更是对今后进一步卖国投降的团体“具结”。因此，溥仪签署“内阁名单”之后，郑孝胥就让他立即签署一项密约，即关东军司令官本庄繁与溥仪的换文。这是地地道道的卖国条约，也是关东军代为溥仪和全体内阁成员拟具的集体卖身契。其要点是：伪满的“国防及维持治安”交付日本，“所需经费”则“均由”伪满负担；伪满“已修铁路、港湾、水路、航空路等之管理并新路之布设”，全部交给日本或日本所指定的机关；凡日本军队认为“必要”的“各种设施”，伪满“竭力援助”；伪满参议府须选日本“有达识名望者为参议”，其他中央及地方各官署之官吏“亦即任用”日本人，各项人选均由关东军司令官保荐、任免。上开各项“宗旨及规定”，是将来两国正式缔约时的立约“根本”。① 这等于是扣在溥仪和其他汉奸头上的“紧箍咒”。

当时日本迫于国际压力，不敢立即承认伪“满洲国”，但并不妨碍它加速扩大军事侵略和经济掠夺。日本正是以非正式的私法性契约形式，通过傀儡政权巩固和扩张既得权益，全面掌控伪满政治、经济，顺利贯彻了它既定的“基本国策”：既不要日本国内出一分钱，又不要直接武装劫夺、就地筹饷，就可以在整个伪满“作战”，还可以伪满为“根据地”，将战争推向关内。这一切在伪“满洲国”一出笼就已成为事实。同时，“换文”还为日本直接操控伪政权提供了契约依据。事实上，日本侵略者不仅仅

---

① 中央档案馆等合编：《日本帝国主义侵华档案资料选编·伪满傀儡政权》，中华书局1994年版，第3页。

幕后操控,一开始就在一些重要部门担任前台正职、掌握实权。伪满内阁组成当天,关东军特务部长驹井德三就被任命为伪满“国务院”总务厅“长官”。其他重要部门也一开始就为日本人所控制,只是没有立即公布任命。他们是:“参议府”秘书局长荒井静雄;法制局局长松木侠;兴安局次长菊竹实藏;“外交部”总务司长大桥忠一;“财政部”总务司长阪谷希一;“财政部”税务司长源田松三;“交通部”总务司长大迫幸男;“交通部”铁道司长森田成之;“司法部”总务司长栗山茂二;“实业部”总务司长牧野克己;“民政部”总务司长中野虎逸;“民政部”警务司长甘粕正彦;奉天省警察厅长三谷清。另外,还有230名日本人官吏被派进伪满政府各部门。①

伪“满洲国”出笼后,国际联盟曾组织调查团到东北进行调查。1931年“九一八事变”发生后,蒋介石和国民党政府实行不抵抗政策,幻想通过国际联盟制裁日本,请求国际联盟组织调查团来华调查事变真相。英、美等国控制的国际联盟为维持各国在华均势,于1932年1月21日成立了以李顿为团长,美国麦考益、法国克劳德、德国希尼、意大利马柯迪为成员,中国顾维钧、日本吉田为顾问的调查团。3月14日调查团抵达上海,4月21日齐集沈阳,先后在沈阳、长春、吉林、哈尔滨等城市进行了45天的调查,6月4日离开东北,10月2日同时在南京、东京、日内瓦公布了《国联调查团报告书》。该报告书承认东北三省为中国领土的组成部分,否认日本发动“九一八事变”是“合法自卫”,确认伪“满洲国”是日本违背东北人民意愿而强力炮制的工具,是“不合法的政权”,国联“不能予以承认”。该报告书认为,无论在法律上、事实上将东北三省等自中国割离,恐将“危及和平”。因此,维护和平的必要条件就是“维持中国主权及领土与行政之完整”。然而,报告书并未要求日本侵略势力完全退出东北,真正恢复“中国主权及领土与行政之完整”,而是提出对中国东北进行“国际共管”的荒谬方案:成立东三省“自治政府”,由“行政长官”指派相当数额的“外国顾问”,并且日本人应占“一定比例”;由“自治政府”组

① 解学诗:《伪满洲国史新编》,人民出版社2015年版,第76—77页。

织"特别宪警"作为东三省境内"唯一武装实力"。其他一切武装力量全部"退出东三省境内"。国联调查团企图以"国际共管"取代日本独占,实际上是在无法遏制日本侵略和独占中国东北的情况下,以"国际共管"办法达至列强在中国权益均衡的目的。这是对中国主权的严重侵犯,遭到了中国人民的强烈反对。

日本因国际联盟通过了根据《国联调查团报告书》起草的《关于中日争端的决议》,宣布退出国际联盟,并以侵占热河,扩张和正式确定伪"满洲国"的正式版图作为对国联调查团《关于中日争端的决议》的回答。

热河同辽宁、吉林、黑龙江三省一样,一开始就是日本帝国主义志在必得的整个"满蒙"的一个重要组成部分,只是何时、以何种方式和手段占取的问题。日本曾一度试图劝降汤玉麟,不战而取。但汤玉麟始终态度暧昧。① 关东军在对汤玉麟不断施展诱降策略的同时,又通过各种方式,多次发动武装进攻,只是进攻兵力、规模有限,一直未达目的。1932年冬,日伪再次对汤玉麟进行胁迫利诱,提出"满热一体",汤玉麟根据张学良的电令,仍然全部拒绝,关东军决心武装夺取热河。1933 年 2 月 23 日,即国际联盟通过对日本的"劝告"方案、日本代表表示退出国联的前一天,日本关东军分北路、中路、南路同时发动进攻。中国守军或指挥不统一,或根本无心抗战,纷纷丢地弃城南逃,节节败退。3 月 4 日日军占领承德,热河沦陷。

日本占取热河全境后,随即建立伪热河省,伪"满洲国"的省一级伪政权全部到位,日本帝国主义按预期目标完成了伪"满洲国"的版图建制,日本军国主义梦寐以求的"满蒙"全部掠夺到手。伪"满洲国"的建立和伪"满洲国"疆域的最后确定,为日本帝国主义进一步发动全面侵华战

---

① 汤玉麟原为张作霖同伙,曾任第二十七师五十三旅旅长,因参加张勋复辟曾一度亡命于内蒙古,后与冯麟阁一道又回归到张作霖麾下,1920 年任东边镇守使兼右路巡防队统领,曾参加第一、第二两次奉直战争,并于 1926 年进入热河,成为热河都统,后又以热河省主席资格兼任东北边防军副司令长官。"九一八事变"后,日本关东军对汤玉麟施展劝降策略,但汤玉麟始终态度暧昧。他镇压民众的抗日斗争,却不参加伪政权。1932 年 2 月 16 日,关东军网罗汉奸召开所谓"建国会议"时,汤玉麟只发出一纸表示"服认会议决定"的电报,而未参加会议。他后被任命为伪满"参议府"副议长和伪热河省长,但并未正式履职。

争、完全占领和最终灭亡中国提供了条件。

(二) 伪“满洲国”的政治体制与行政架构及其傀儡实质

日本武装侵占中国东北,蓄谋已久,将其并入日本版图,也是早就确定的战略方针,炮制伪“满洲国”,扶持溥仪重登皇位,实行君主制,也是早有预谋。而且为早日并入日本版图铺平道路,一开始就规定,伪“满洲国”的政治体制、行政架构及一切组织,“须以日本为模范,不但政府机关须仿效日本,即民间风俗习惯,亦须与日本同化”。[①] 这不只是政权机构完全傀儡化、从属化,还要强制磨灭占领地民众历史形成的民族习性、文化传统和民间风俗、地方习惯,为进而灭亡中国和中华民族提前做准备。

在“满蒙”建立“帝国”,实行君主制是日本帝国主义的既定国策,不过 1932 年 3 月 9 日炮制出笼的却是让溥仪担任“执政”的伪“满洲国”,并非“满洲帝国”,溥仪并未“黄袍加身”。因为拼凑伪政权时,关于政治体制和行政架构问题,熙洽等清朝皇族遗老和郑孝胥、罗振玉等复辟派极力主张实行帝制,而且意在复辟;民国后兴起的地方官僚实力派臧式毅等人则坚持共和制。两派势均力敌,互不退让。日本帝国主义既反对实行共和制,更不准许清朝复辟。作为一种折中和过渡形式,关东军并未采纳任何一派的主张,没有让溥仪重登“皇帝宝座”,而是实行既非帝制又非共和的“执政”制。

按照伪“满洲国”“组织法”,“执政”制实际上是介乎帝制、共和制两者之间的政治体制。“组织法”规定,执政“由全国国民推举”产生,并无国家“元首”“首领”一类名分,但权力或威权甚大,执政“代表”伪“满洲国”,独揽立法、司法和行政、军事大权:“得立法院之协以行使立法权”;“依据法律组织法院以执行司法权”;“统督国务院以执行行政权”;并“统率陆海军及空军”,握有军权;等等。在伪满政府中,似乎只有“参政府”与“执政”大体平行。“参政府”由“参议”(人数不详)组成(“参议”产生办法不详),可以就法律、训令、预算、与列国之交涉约束并以“执政”名义

---

① 章伯锋、庄建平主编:《抗日战争》第1卷,四川大学出版社 1997 年版,第 5—6 页。

之对外宣言、任免重要官吏和其他重要国务等事项,"提出意见,以待执政之咨询",以及关于重要国务,对"执政提出意见"。"立法院""国务院""法院""检察院"等均属"执政"的下属机构或相对独立的机构。"立法院"的职责是"通过"法律案及预算案;就"国务"向"国务院"提出建议;并得"受理人民之请愿"。"国务院"的职责是"承执政之命以掌理一切行政事宜",下设民政、外交、军政、财政、实业、交通、司法及文教各"部";"国务院"设"国务总理"及各"部"总长;"法院"的职责是依据法律而审判民事及刑事诉讼;"法院"独立行使其职务;法官除受刑事或惩戒之裁判外,不得免其职务,又不得反其意停职、转官、转所或减俸。"检察院"设置检察官及审计官;"检察院"的职责是执行检察或审计事宜;检察官及审计官除受刑事或惩戒处分外,不得免其职务,如不得其同意,不得停职、转官或减俸。①

"国务总理"的直属机构中,总务厅是中枢机关,按 1932 年 3 月"国务院"官制规定,总务厅乃"国务总理"为直接主宰部内之机密、人事、会计及需用有关事项而设置的,初设时由秘书、人事、会计、需用 4 处组成,而后几经调整、裁撤、新设等变化,迨至后期,除官房(即办公厅)外,包括企画、法制、人事、弘报(按即宣传)、地方等处。总务厅的长官(中间一度改称"总务厅长")称"总务长官",由日本人充任。总务厅不仅发挥决定各"部"、局领导方针及调整、统一政策的作用,而且掌控构成"国政"核心的"人、物、财"三大权力,这些大权又集于作为日系官吏的总务长官一身。后因各"部"次长全部以日系官吏充任,撤销总务厅,改设官房(按即办公厅)。

各种委员会中,最重要的有"企画委员会",设于 1938 年 7 月,其职责是综合审议有关产业经济及其他统制经营的重要政策,由会长及若干名委员组成,会长为总务长官,委员来自各官厅、特殊会社、银行官吏或具有经验的名流,由"国务总理大臣"任命或委托。企画委员会内部,按政策所涉范围、行业不同,分为劳务、金融贸易、物资物价、汇兑、产业开发计

① 章伯锋、庄建平主编:《抗日战争》第 6 卷,四川大学出版社 1997 年版,第 9—11 页。

划、开拓等多个委员会,分别设干事长及干事,以掌管总务,干事长由总务厅企画处长充任。

1932 年 3 月伪“满洲国”出笼时,“国务院”设民政、外交、军政、财政、实业、交通、司法 7 个“部”。其后因应形势变化需要,几经调整、增设、裁并变化,迄至日本战败投降,计有军事、厚生、国民勤劳、文教、外交、司法、兴农、经济、交通 9 个“部”。按“国务院”官制及“国务院”各部官制规定,“国务总理”(国务总理大臣)负责指挥监督各“部”大臣。同时,“国务院”设置日系顾问。1933 年 1 月 19 日,任命原日本内阁资源局长官宇佐美胜夫为“国务院顾问”,其职责是接受“国务总理大臣”及各“部”大臣的咨询,就有关“国务”提出建议,可参加“国务院”会议,并出席“参议府”会议。1934 年 11 月 1 日,宇佐美胜夫辞职后,顾问制中断。1937 年 7 月,根据第二次行政机构改革,顾问制废除。但作为日系顾问的军政部现役顾问制,一直延续至日本战败投降。

伪“满洲国”地方行政分为省(及特别市)、市县旗、街村等三级。省是地方行政中最上一级官署。省设公署,由省长掌理。省长受“国务总理”的指挥监督,执行法律命令,管理省内行政事务,发布省令,同时指挥监督省内的市长、县长、旗长及警察厅长。作为省长的辅佐机关,设置总务厅长(后为省次长),其下设官房及各厅。特别市享有与省同等的地位。伪满出笼之初,地方区划为奉天、吉林、黑龙江 3 省,新京、哈尔滨两特别市及东省特别区。1933 年 5 月 3 日增设热河省。其后为避免发生急剧变革,确立中央集权制,并缩小省一级的地域范围。1934 年 12 月 1 日,将伪满除兴安省外,改划为奉天、安东、锦州、热河、间岛、吉林、滨江、龙江、三江、黑河 10 省。废除省长由大臣兼职,以防止其权限扩大。其后,省级建制几经裁撤、归并,1943 年 4 月机构“改革”时,计为 1 特别市、19 省。① 相当于省级行政区划的还有“东省特别区”,原为俄国中东铁路(北铁)附属地,俄国十月革命后由中国收回。1933 年 6 月 21 日改为“北

① 特别市为新京;19 省为奉天、吉林、龙江、热河、滨江、锦州、东安、间岛、三江、通化、牡丹江、安东、北安、黑河、兴安东、兴安南、兴安西、兴安北、四平。

满特别区”。后因收买北铁，1936年1月1日，“北满特别区”撤销。省以下的地方行政基本单位是县、市，由县（市）长掌理，在法令范围内处理其公共事务以及属于县（市）的事务，并在有关行政事务上，指挥监督管区内的街、村长。在兴安省以及伸展至锦州、热河及其他省一部分蒙古人原居住地区，实行“旗”制，设置与县同等地位的旗公署，以掌理该区域的行政事务。街、村是地方基层团体，分别按街制、村制，处理管区内的公共事务。

“执政”制是一种过渡性的体制，只实行了两年，1934年3月1日改行帝制，在日本侵略者的精心准备和导演下，溥仪黄袍加身，由“执政”改称“皇帝”。随着政治体制的变化，行政机构及其政务、职位、职能等，亦进行了相应改革。

按照新的“组织法”，“国务总理”改为“国务总理大臣”，这是唯一的“国务大臣”，其职责为“辅弼”皇帝；各部总长改为各部“大臣”，为各部“行政长官”。“国务总理大臣”指挥、监督各部大臣，具有取消或订正各个大臣命令及处分之权限。另外新增皇帝直属机关尚书府、宫内府，分别设置大臣。尚书府专司保管“御玺”“国玺”，执掌有关诏书、敕书及其他文书的用玺事务，相当于日本的“内大臣府”。为加强对蒙古族聚居地区和蒙古族民众的统治，1934年11月9日将“国务院”的兴安总署升格为兴安局，改为“蒙政部”，并设置大臣。同年12月1日，“国务院”新设恩赏局。1935年11月8日，将总务厅需用处改为修建需品局，同时在总务厅内设置企画处、法制处（原为“国务院”法制局）、统计处（原隶属法制局）。企画处的职责为担任各总局的联系调整、施策的综合统一工作，以强化总务厅“中心主义”的作用。同年3月22日，为开发利用资源、扩大经济掠夺，设立“大陆科学院”，作为综合科学研究的机关。伴随日本大规模“开拓移民”的实施，同年7月23日于“民政部”设置“拓政司”，执掌日本“开拓移民”事业的计划调查及对移民事业的统筹安排。为确立殖民土地制度，全面筹划日本的殖民土地掠夺，1936年3月26日新设“地籍整理局”，采用全新的航空测量技术，进行土地测量、整理。

伪满政府为配合日本撤销治外法权及“转让”满铁附属地的新形势,同所谓“第二期建设”相适应,1937 年 7 月 1 日对行政机构进行了多项“改革”:(1)将原来的“实业部”改归“产业部”,“财政部”改归“经济部”,“军政部”改归“治安部”,“民政部”警察司的业务转归“治安部”,撤销“文教部”,并入新设的“民生部”。这样,“国务院”原来的 9 个“部”归并为治安、民生、司法、产业、经济、交通 6 个“部”。(2)在“国务院”下设置内务、外务、兴安 3 个局,作为独立于总务厅的“外局”,并将原“民政部”地方司转归内务局,“外交部”转归外务局,“蒙政部”重新转归兴安局,军政部的马政局并入“产业部”外局的畜产局。(3)撤销“检察院”,其行政监察转归总务厅官房,会计检查转归新设的审计局专管。(4)为适应、增强一些地方以“开发建设”为名的经济掠夺,新设通化、牡丹江两省,改哈尔滨特别市为普通市(特别市仅限“国都”新京)。至此,伪满计设 18 省、1 特别市。(5)各“部”次长均由日本人充任。

1937 年全面侵华战争爆发,“满蒙”和伪“满洲国”不仅是日本“回转国运”的关键所在,又成为日本帝国主义全面占领和灭亡中国的“根据地”,其重要性空前上升。为适应全面侵华战争的新形势,保证战争物资的充分供应,推行“以矿工部门重点主义为基础”的经济统制和掠夺,加强工矿业开发,促进农产品的增产,强化协和会运动,相继对伪满行政架构进行了新的“改革”、变动:对“产业部”和“经济部”进行调整,将原来的“产业部”改称“兴农部”,将矿山、工务两司及水力电气建设局、特许发明局移交“经济部”,“兴农部”下新设农产、家政 2 个司及 1 个特产局;“经济部”亦相应进行内部调整,调整总务厅,将企画处由第一到第五参事官室加上调查官室,扩充为 6 个室。1937 年 7 月撤销“国务院”内务局,在总务处设立地方处。

全面侵华战争进入相持阶段,特别是 1941 年年底太平洋战争爆发后,海上通道被美英盟军封锁,日本物资供应发生困难,在伪满和关内占领区全面实行“战时体制”(亦称“临战体制”)。为了适应这一新的形势,日本对伪满行政机构又做了某些调整:对皇帝直属机关,1939 年 1 月

4日设置皇帝直辖的军事咨议院，以供皇帝对有关重要军务的咨询。同年10月设置侍从武官处，其职责是侍奉皇帝近侧，担任有关军事方面的上奏、奉答及命令传达。1940年7月15日，因设立“建‘国’神庙”及“建‘国’忠灵庙”，修改“组织法”，设置隶属皇帝的祭祀府，执掌祭祀及建筑物的管理事务。对“国务院”机构，也做了多次增并、调整：1941年1月将恩赏局并入总务厅人事处（1944年1月恢复恩赏局建制）；1942年4月再次将外务局升格为“外交部”；为扩大劳力掠夺、强化对民众的劳役压榨，于1942年10月设置作为“民生部”外局的“国民勤劳奉公局”；1943年4月撤销“治安部”改为“军事部”，于总务厅外局新设警务总局，执掌原“治安部”的警察业务，同时恢复“文教部”；同年9月，设置作为“司法部”外局的“司法矫正总局”，撤销行刑司；1944年2月设置作为“交通部”外局的土木总局；同年8月，总务厅下设置“防空部”；1945年3月，改“民生部”为“厚生部”，将劳务司和外局国民勤劳奉公局移交于新设的“国民勤劳部”，同时撤销外局禁烟总局，在“厚生部”设禁烟局，“兴农部”的马政局再次并入畜产司；同年5月15日，将总务厅企画处、统计处、地方处合并改为企画局。

地方行政亦有调整变化。1934年11月29日，继兴安总署升格为兴安局、改为“蒙政部”后，公布兴安各省官制，将原来的地方官属兴安东、南、北三分省改为东、南、西、北4个省；1937年后，随着全面侵华战争的不断扩大，同时实施北边“振兴计划”，增强对苏联的战略防御和战略进攻，1939年5月15日增设北安、东安两省；1941年4月1日新设四平省；1943年9月20日，出于“国防”需要，设置东满、兴安两个“总省”，分别统一管辖东满牡丹江、东安、间岛3省和兴安东、西、南、北4省；1945年5月28日，撤销东满总省，将原东安省、原牡丹江省合并为东满省，恢复原间岛省建制。这时离日本帝国主义战败投降，已经不足3个月。①

伪“满洲国”名义上“独立”，但完全是傀儡，同直接吞并无二样。日本帝国主义武装侵占中国东北的最终目的，本来就是要将其同中国台湾

① 章伯锋、庄建平主编：《抗日战争》第6卷，四川大学出版社1997年版，第22—31页。

一样并入日本版图,使“小日本”膨胀为名副其实的“大日本”,炮制伪“满洲国”只是一种过渡。按照日本帝国主义的设计,伪“满洲国”名义上是一个“独立国家”,但它是脱离中国中央政府的管辖而“独立”,只是“独立”于中国,但依附、从属于日本,伪“满洲国”从“中央”到地方的全部政权架构都是傀儡,从伪满“皇帝”溥仪到中央和地方大小汉奸头目,都不过是供日本侵略者演戏的木偶。

事实上,不仅伪“满洲国”的主要官吏要由日本择选、任免,而且各重要部门一开始就为日本人官吏所控制。尤其是掌握实权“内阁”及各“部”的“总务司(厅)”,正职都是日本人。伪“满洲国”“参议府”“中央”以及地方官署官吏,均须任用日本人,而且遴选、任免、人数变动等全部由关东军司令官定夺。

为了确定日本、伪“满洲国”之间的主从关系,日本主子、汉奸奴才之间的主仆关系,加强对伪满汉奸政权和溥仪及大小汉奸的控制,除了关东军司令官本庄繁与溥仪换文,日本还立有多项方针、规矩、条约,令溥仪及大小汉奸不敢越雷池半步。

1932 年 3 月 12 日,溥仪签署卖国密约后第二天,日本公布了《处理满蒙问题方针纲要》,核心是明确和强调伪满对于日本生存、发展的地位和作用,为了保证这种地位和作用的更好发挥,就要明确和保证伪“满洲国”既独立于中国又依附、从属于日本的双重定位。

在 1931 年“九一八事变”前,日本军国主义者早已将“满蒙”视为日本的“生存线”“生命线”,认为“解决满蒙问题”,是日本“回转国运的根本策略”。[①] 因此,《处理满蒙问题方针纲要》第一条强调,务必使“满蒙”在“政治、经济、国防、交通、通信等各种关系上体现作为帝国生存的重要因素的作用”。“满蒙”对日本“生存”的重大意义,体现在多个方面,第四条写明,“满蒙地区”乃日本“对俄对华的国防第一线”,自然不仅要以“满蒙”为“根据地”扩大对华侵略和占领中国,还要北上进攻苏联;第五条载

---

① [日]加藤阳子:《从满州事变到日中战争》,徐晓纯译,香港中和出版有限公司 2016 年版,第 121—126 页。

明,要迅速恢复日本在“满蒙”的权益,“并加以扩充”。这既是为了推行“日本国内不出一分钱的方针下进行作战”的基本国策①,也是维持和发展日本国内经济所急需的。

日本的目的是多重的。为了达到不同的目的,需要伪满以不同的面目出现:一方面,为了将“满蒙”从中国肢解出来,使其完全脱离中国;为了“扩充”日本在“满蒙”的权益,加大经济掠夺力度,并完全“合法化”,应以伪满为“谈判的对方”;在实行上述措施时,须避免与国际法或国际条约相抵触,其中关于伪满政府问题的措施,由于《九国公约》等的关系,“尽量可以采取”由伪满“方面自动提议的形式”。为此目的,就必须对伪满“逐步诱导,使它具有作为一个国家的实质”。另一方面,对“满蒙”治安的维持、“南满”铁路以外各路的保护,要逐渐改为由伪满“国家”警察或类似警察的“军队”来担任。这需要“建立或改革”伪满“维持治安的机关”,但是“特别要使日本人成为领导骨干”。更重要的是,日本将“满蒙”地区作为“对俄对华的国防第一线,不允许有外来的捣乱行为”。为了达到以上目的,不但应增加日本陆军驻“满洲”的兵力,还要“进行必要的海军设施”。然而,绝对“不允许”伪满的“正规陆军存在”,以保证万无一失。有了这些,还觉得不保险,最后第七条又规定,“为了贯彻帝国有关满蒙的政策,必须迅速设置统制机关”,对伪满中央和地方傀儡政权的施政、运作进行全面“统制”和监控。只因傀儡政权刚刚搭建框架,职能班子尚未配套,设置统制机关未免过于仓促。同时,国际联盟调查团已前来中国着手调查,日本侵略者不得不有所收敛,只得暂缓实施,目前“维持现状”。②

1932 年 5 月,关东军司令官本庄繁草订的《日满密约》,最能说明伪“满洲国”的傀儡和殖民地本质。《日满密约》第一条开宗明义规定,“日本为满洲国之管理国,对该国负指导保护及开拓富源之责。日本除在“满蒙”仍有集中其事业之权利,对于满洲国尤有无限之特权,该国须绝对服从

① [日]加藤阳子:《从满洲事变到日中战争》,徐晓纯译,香港中和出版有限公司 2016 年版,第 122 页。

② 复旦大学历史系编译:《日本帝国主义对外侵略史料选编(1931—1945)》,上海人民出版社 1983 年版,第 65—66 页。

其指导”。日本和伪满的关系定位十分清楚,日本不仅是伪满的“管理国”“指导保护”国,而且对伪满“尤有无限之特权”,不受国际条约或人道、人性底线的任何约束,伪满“须绝对服从”,没有任何商量、宽容的余地。第五条规定,伪“满洲国”“整体及一切组织,须以日本为模范,不但政府机关须仿效日本,即民间风俗习惯,亦须与日本同化”;司法裁判“须仿日本成规”(第九条),一切均以日本为标准,其目的就是要将伪满变为日本不可分割的一部分。①

1932 年 6 月,关东军参谋长桥本虎之助又代表关东军草拟了《指导满洲国纲要(草案)》。该纲要草案一开头就说,“随着旧军阀的覆灭,满洲国已经作为一个独立国家出现于世,但就其将来与帝国的相互关系,见解因人而异,在对策上未尝不因此产生种种矛盾,因此必须确立根本方针,以求在指导和设施方面得以顺利进行”。② 桥本虎之助所拟的“根本方针”是,要使伪“满洲国”发展为“适应”日本“国策的独立国家”。而日本的“基本国策”是以“满蒙”为“根据地”,全面占领和最终灭亡中国。为了使伪满“适应”上述“国策”,桥本虎之助的办法是不另设“文治机关”,而“专使关东军担当其任”,亦即不搞溥仪“文治”,实行关东军的“武治”。只是仍要“努力保持”伪满政府作为“独立国的体面”,同时“在‘满洲国’名义下通过日本人系统的官吏,特别是通过总务长官以求实现”日本的侵略“国策”。在时间上,按照桥本虎之助的方法设计,日本“承认”伪满之前和“承认”伪满之后,操纵伪满的具体方法略有差异:在“承认”伪满之前,完全“以关东军为中心”,在日本驻伪满“政治机关的合作下”,直接由关东军“担任满洲国的指导与谈判”;在“承认”伪满之后,相应改组或废除日本驻伪满的旧有“行政官署”,改为在关东军司令部内部设置驻伪满“政治指导机关”,由关东军司令官“担任指导满洲国政府”。另外,伪满“外交”方面,由关东军司令官兼任日本驻伪满“全权大

---

① 章伯锋、庄建平主编:《抗日战争》第 1 卷,四川大学出版社 1997 年版,第 5—6 页。

② 复旦大学历史系编译:《日本帝国主义对外侵略史料选编(1931—1945)》,上海人民出版社 1983 年版,第 67 页。该草案也有人译作《满洲国指导要纲(草案)》(解学诗:《伪满洲国史新编》,人民出版社 2015 年版,第 146 页)。

使”,使领馆官员均为其下属。同时,关东军司令官仍然保留关于伪“满洲国”日系高级官吏的人事决定权。[①] 这样,操纵伪满政府的关东军或曰“行政官署”或“政治指导机关”,由前台转入幕后,更加凸显伪满汉奸政权所谓“独立国家”的傀儡本质。

桥本虎之助的《指导满洲国纲要(草案)》上交后,日本陆军省和参谋本部以桥本虎之助“纲要草案”为蓝本,几经增删修改,并特别征求关东军的意见,于 1933 年 3 月 24 日出台了《满洲国指导方针要纲》。[②] 1933 年 8 月 8 日,日本内阁会议在《日满议定书》和“要纲”的基础上,审定通过了《满洲国指导方针要纲》(一般简称“八八决议”),制定了控制与操纵伪“满洲国”的政策纲要,最后确定了伪满政府的性质和地位。

《满洲国指导方针要纲》出台距离桥本虎之助的“纲要草案”有一年多的时间,在这期间,日本政府于 1932 年 9 月 15 日正式“承认”伪满政权,建立了所谓的“外交关系”,当天日本政府发表了关于承认伪“满洲国”的“声明”,由日本驻伪满“大使”武藤信义和伪“满洲国”“国务总理”签订了《日满议定书》,声称“日本国已经确认这一事实:满洲国是一个根据居民意思而自由成立的独立国家”。[③]《满洲国指导方针要纲》与此相呼应,开头说,日本对伪“满洲国”“指导的根本方针是,根据《日满议定书》精神,使满洲国作为与大日本帝国具有不可分关系的独立国家”。[④] 伪“满洲国”的性质仍然是“独立国家”,但“独立”的条件,由一年多前《指导满洲国纲要(草案)》的“适应我国(按指日本)国策”,变成了“与大日本帝国具有不可分关系”。所谓“不可分关系”,说穿了就是,伪“满洲国”乃“大日本帝国”或“日满共同体”的一个组成部分。这样,伪“满洲国”在日本“国策”中的地位,由原来的“从属化”向“一体化”跨进了一大步。

在《满洲国指导方针要纲》出笼之前,日本内阁为了对伪“满洲国”地

---

① 复旦大学历史系编译:《日本帝国主义对外侵略史料选编(1931—1945)》,上海人民出版社 1983 年版,第 67 页。

② 解学诗:《伪满洲国史新编》,人民出版社 2015 年版,第 146 页。

③ 复旦大学历史系编译:《日本帝国主义对外侵略史料选编(1931—1945)》,上海人民出版社 1983 年版,第 70 页。

④ 解学诗:《伪满洲国史新编》,人民出版社 2015 年版,第 146—148 页。

区侵略、攫夺"事务之统一",于1932年7月26日议决出台了《驻满机关统一要纲》,规定关东军司令官、关东长官和日本"派遣满洲之特派全权大使"归并由一个人"充任",并明确了相关机构的官制:"特派全权大使"的职责、权限是,在外务大臣下,掌管外交事项,并对日本驻"满"领事进行"指挥监督";"特派全权大使"附有"随员";关东军特务部"仍然存在",但其"部员"得由"特派全权大使"的随员兼任;满铁之教育、卫生、土木等事项,则仍由满铁施行。①

关东军司令官兼日本驻伪满全权大使,被称为"二位一体"的伪满殖民统治体制。它是《驻满机关统一要纲》的直接产物,是进行了一番所谓"在满机构改革"的结果。

这种所谓"在满机构改革",实质上是日本统治集团在殖民地伪"满洲国"的统治权力再分配,并在日本陆军、外务、拓务三省之间出现了激烈争夺,"八八决议"之所以迟迟未能实行,原因就在这里。日本新内阁所提出的折衷方案是以陆军方面坚持的方案为基础的,最后还是军部占了上风。这也是日本军国主义化的反映,故在日本统治集团内部,称日本的"满洲统治是实行陆军中心主义"。② "改革"后实行的"二位一体"制,关东军司令官兼驻"满"全权大使;关东军参谋长兼任大使馆的行政事务局长和参事;关东宪兵队司令官兼任大使馆行政事务局警务部长和关东军交通监理部长,联系到日本内阁"对满事务局"总裁、次长也都由日本现役军人充任的事实,不难看出,日本军部作为日本帝国主义统治势力的总代表实现了对伪"满洲国"的全面掌控。在"二位一体"的体制下,关东军司令部与日本驻伪满大使馆,乃两块牌子一套人马。给关东军司令官加上一个驻"满"全权大使的头衔,无非是为了保持伪"满洲国"的所谓"独立国家"的虚假"体面"。关于这一点,在日本1934年的一份绝密文件《帝国在满洲国政务机关的调整问题》中毫不隐讳:"实质上,日本是把满洲国的铁路、经济、政治、军事和其他一切方面当作高于保护国地位的

---

① 章伯锋、庄建平主编:《抗日战争》第6卷,四川大学出版社1997年版,第6页。

② 解学诗:《伪满洲国史新编》,人民出版社2015年版,第149页。

性质加以处理，作为满洲国的独立形态而唯一保留下来的，只是在满洲国和日本之间交换外交官而已。如果把这块唯一的独立国的招牌取了下来，那么，就无法承认我国的国策是把满洲国当作独立国而建立起来”。[①]既然如此，日本对伪“满洲国”的所有“指导”，仍然“不能公开，而是内部的”。而这种“内部指导”，当然是“以关东军为中心利用其威力进行”的。[②] 这是实行武装占领和殖民统治的合一。唯其如此，所谓“内部指导”也难保不被公开，而实行关东军司令官兼驻“满”全权大使的“二位一体”制，恰好有利于“公开表态和内部指导的协调一致”。[③] 具体实施此种“内部指导”的是关东军司令部的第三课（后来为第四课）。[④] 关东军司令官对伪“满洲国”的所谓“内部指导”范围，无所不包，举凡一切政策、法令、人事、预算以及施政方面的任何措施等，如不向关东军请示，未获关东军司令官允准，伪满政府不得采取任何行动。这就是伪“满洲国”作为所谓“独立国家”的实质。[⑤]

当然，关东军的这种凌驾一切和范围无所不包的所谓“内部指导”及其实施，并非通常的口头训示或行政命令、指令，而是凭借日本“不断地保持发挥幕后的指导威力”。这种“威力”就是作为枪炮、刺刀化身的日本关东军。当时的关东军司令官本庄繁说得十分透彻，“只要由国军（即日军）负责国防及治安维持，则关东军之威力将来必将永远存在”。[⑥] 所谓“幕后的指导威力”，就是本庄繁所说的“关东军之威力”，亦即“枪炮、刺刀威力”，而且是派生其他一切“威力”的源头，是日本帝国主义侵占东北、炮制伪“满洲国”并对其为所欲为地实施“幕后指导”的根本所在。《满洲国指导方针要纲》的各项条款清楚说明，“关东军威力”或“枪炮、刺

---

① 复旦大学历史系编译：《日本帝国主义对外侵略史料选编（1931—1945）》，上海人民出版社 1983 年版，第 86—87 页。

② 解学诗：《伪满洲国史新编》，人民出版社 2015 年版，第 150 页。

③ 中央档案馆等合编：《日本帝国主义侵华档案资料选编 · 伪满傀儡政权》，中华书局 1994 年版，第 83—84 页。

④ 1934 年 12 月，关东军特务部撤销，恢复第三课；后来第三课的职能改为教育训练，新成立第四课承担伪“满洲国”事务。

⑤ 解学诗：《伪满洲国史新编》，人民出版社 2015 年版，第 150 页。

⑥ 解学诗：《伪满洲国史新编》，人民出版社 2015 年版，第 151 页。

刀威力”如何像母鸡孵雏一样派生其他“威力”,对伪满进行全面“幕后指导”:关东军司令官为了“通过日本官吏进行实质性的指导”,规定日本官吏是伪满政府“运营的核心”;在行政架构上“保持以总务厅为中心的现行体制”(第三条)。对伪满治安,规定“应特别建立调查机关”,并同关东军“保持联系”,对各种破坏活动“防患于未然”(第七条)。对伪满的“外交”政策,规定全部以日本“外交政策为依据,并与之采取同一步骤”(第八条)。对伪满经济政策的制定,规定以日本“对世界经济实力发展为基础”,以“融合日满两国经济为目标”(第九条)。对伪满经济开发,规定“以日满共存共荣为指导思想,凡属受到帝国(按指日本)国防要求制约的部分,均应置于帝国的实权之下”(第十条)。伪满的交通和通信,因其同国防及治安密切相关,规定“应在帝国之实权下”(第十一条)。关于伪满财政,规定“应负责分担帝国的驻满军费”(第十二条)。对伪满民众的所谓“教化”,规定应使其“充分认识满洲国同帝国之不可分的关系”,并培养其“五族协和的理想。以劳动教育为重点,振兴实业教育”(第十三条)。所谓“劳动教育”,就是“劳动奴役”,男女民众全部沦为奴隶。关于伪满司法,规定“迅速健全体制,充实机构,培养普遍遵守法纪之良好风尚”(第十四条)。亦即从体制、机构两个方面迅速建立和强化法西斯殖民统治,把民众一个个驯化为百依百顺的亡国奴。这样,凭借关东军亦即枪炮、刺刀的“威力”,以及由此孵化、派生出来各种“威力”,日本帝国主义对所谓“有关‘满洲国’的‘国家’根本组织、‘国防’、治安和‘外交’事项,日‘满’经济活动中特殊重要基础事项,以及国本奠定的有关重大问题”,全部“给予积极指导”和“实质性的指导”。[①] 其实这种“指导”也根本不是“幕后的”,而是前台的,因为上揭《满洲国指导方针要纲》条款已经说得十分明白,日本官吏是伪满政府“运营的核心”,必须成为伪满政府的“活动中心”,并已“决定保持以总务厅为中心的现行体制”。从伪“满洲国”一成立,真正掌管内阁(“国务院”)实权的就是“总务厅”;真正掌管各部实权的就是各部“总务司”,而“总务厅”“总务司”的正职全部

---

① 解学诗:《伪满洲国史新编》,人民出版社 2015 年版,第 146—148 页。

是而且必须是日本人。因此,不仅“指导”是“积极的”“实质性的”和“前台的”,而且日本人官吏处于舞台的中心。这一切的结果是伪“满洲国”作为所谓“独立国家”的彻底傀儡化和殖民地化、日本帝国主义殖民统治的法西斯化。

1936 年,日本帝国主义正在加紧准备发动全面侵华战争,其最终目标不仅是全面占领和彻底灭亡中国,而且要利用中国的人力物力主宰亚洲、称霸世界。日本军国主义者预计,届时日本的“国土”面积成倍增加,在全世界上的地位和“影响力”也今非昔比。同时,日本对“满蒙”的武装占领已经 6 年,伪满汉奸政权从“中央”到地方的殖民统治已经全面建立和基本稳固,加上 6 年的经济“开发”和掠夺,伪“满洲国”已按预期目标建成发动全面侵华战争的“根据地”,又通过“地籍整理”和土地航测,直接掌握和控制了大量农地牧地,已经或计划大规模移民,日本农民到“满蒙”这片沃土“当地主”“做东家”的梦想已部分实现。占领“满蒙”作为日本“回转国运的根本策略”,现在到了全面应验的关键时刻。在这种情况下,1936 年 9 月 18 日关东军司令部炮制了题为《满洲国的根本理念与协和会的本质》的内部文件,将伪“满洲国”的定位上升到“世界史发展”和“以天皇为大中心的皇道联邦”的新高度。认为伪满“建国”使日本“以皇道为依据的世界政策大放异彩”,不过“只是负有实现八纮一宇理想使命之大和民族在世界史发展过程中迈出的第一步而已”。为了将“以皇道为依据的世界政策”推行于世界,充分发挥伪“满洲国”的“示范效应”,必须明确伪满的性质、地位。“内部文件”规定,伪满“属于以天皇为大中心的皇道联邦的一个独立国家”,“皇帝”虽系“独立国家”的“主权者”,但“宗主权”属于日本天皇,伪满“皇帝”秉承“天皇意旨”即位,直接“服务于”天皇;关东军司令官“作为天皇的代表,是皇帝的师傅和监护人”,“秉承天皇之意旨”,“永远承担指导满洲国之重任”。① 十分清楚,关东军司令官就是伪满的太上皇和法西斯殖民统治者。《满洲国的根本理念

① 中央档案馆等合编:《日本帝国主义侵华档案资料选编 · 伪满傀儡政权》,中华书局 1994 年版,第 165—166 页。

与协和会的本质》内部文件出笼后,伪满进一步陷入了殖民地、附属国的深渊。

在关东军凭借其“威力”进行“实质性指导”、日本人官吏作为伪满政府“运营的核心”和“活动中心”的情况下,伪满政府大小汉奸官吏全是傀儡,作为汉奸“首脑”的伪“满洲帝国”所谓的“皇帝”,则是最大的傀儡。据溥仪自己总结:“十四年中,我所需要做的事就是:在日本关东军司令部替我拟订好的卖国条约或者‘诏书’上签名,按照日本关东军替我写出的台词发言……为了使我的一言一行都不至于稍违日本主子的意志,日本关东军参谋吉冈安直,从1934年开始十年来一直以‘皇室御用挂’(即‘皇帝’的私人秘书)的身份,几乎寸步不离地‘监护’着我。他曾经用严厉的口吻告诫我说:‘日本天皇陛下就是你的父亲,关东军是代表天皇的’,所以你得事事听它的话。”[①]溥仪不仅是傀儡,还是名副其实的“儿皇帝”。不仅日本天皇是溥仪的“父亲”,连吉冈安直本人,也以溥仪之“严父”自居,他有时对人吹嘘说,“他(按指溥仪)就如同是我的孩子一个样”。[②] 情况确实如此。据溥仪供称,吉冈安直作为“御用挂”的8年中,“一步也不离开我。他忠实地执行日军关东军司令官的命令,管理我的内外一切公私事务,干涉我的一言一动,禁止我自由发言,无论在宴会上,临时和伪‘总理’、伪总务长官的谈话,以及对伪省长、伪军管区司令官的所谓‘上奏’的训示,还有其他,都由吉冈预先写出字纸,限制谈话的范围,丝毫不许变更”。[③]

溥仪这种“儿皇帝”地位及其实质,上揭《满洲国的根本理念与协和会的本质》内部文件说得更加全面、深透。文件第三款专门分析了天皇、关东军司令官和溥仪之间的关系,称伪“满洲国”是属于“以天皇为大中心的皇道联邦内一个‘独立国家’”,溥仪是“秉承天意,即天皇之意旨即

---

① 溥仪:《从我的经历揭露日本军国主义的罪行——纪念“九一八”事变三十周年》,《人民日报》1961年9月17日。

② 中央档案馆等合编:《日本帝国主义侵华档案资料选编・伪满傀儡政权》,中华书局1994年版,第169页。

③ 中央档案馆等合编:《日本帝国主义侵华档案资料选编・伪满傀儡政权》,中华书局1994年版,第173—174页。

帝位"，以服务于皇道联邦的中心之天皇，以天皇之意旨为己心作为其在位的条件；永远是居于天皇之下的满洲国民之中心；是为实现建国理想而设置的机关（其状宛如月亮借太阳之光而放射光辉）。在这里，日本帝国主义明确将伪"满洲国"作为所谓"皇道联邦"的一员，即"大日本"不可分割的一个组成部分。溥仪秉承"天皇之意旨"，是永远"居于天皇之下"的"儿皇帝"；天皇好比太阳，溥仪最多不过是借太阳发光的月亮。因此，溥仪必须百依百顺，死心塌地效忠日本天皇，"一旦皇帝违背建国理想，不以天皇意旨为己心时，则将立即丧失其地位"，而且是杀是剐，只能任凭天皇处置，"不允许根据民意进行禅让或放伐"。[①] 1941 年 11 月 8 日关东军参谋片仓衷在奉天"协和会"的一次会上也称，"'满洲国'皇帝享受日本天皇的天意，对'满洲国'皇帝是绝对性的。例如，如把可畏的日本天皇作为太阳，'满洲国'皇帝乃是依靠太阳之光而辉耀的月亮"。[②]

对于日本天皇，溥仪是"儿皇帝"，处于"君要臣死不得不死，父要子亡不得不亡"的"子臣"的双重卑贱地位。作为"傀儡戏操线人"（溥仪语）的关东军司令官，则是作为"天皇的代理人"，是"皇帝的师傅和监护人"。[③] 实际上是溥仪的"太上皇"。其实还在 1935 年 4 月 13 日，即溥仪访日期间，关东军炮制的《关于人事事项》中就强调，"要确保（关东）军司令官对皇帝的师傅的地位"。[④] 实际上，历任关东军司令官，不仅是"傀儡戏操线人"和"天皇的代理人"，同时也是溥仪的"父亲"。吉冈安直告诫溥仪说："关东军司令官是日本天皇的代表，你应当把他看成父亲一样。"[⑤]而关东军司令官也同样以溥仪的"父亲"自居，无时无刻不以"彻底掌握""完全支配"和"确实奴化"溥仪"为己任"，始终对溥仪采取"既

---

① 中央档案馆等合编：《日本帝国主义侵华档案资料选编・伪满傀儡政权》，中华书局 1994 年版，第 166 页。

② 解学诗：《伪满洲国史新编》，人民出版社 2015 年版，第 155 页。

③ 中央档案馆等合编：《日本帝国主义侵华档案资料选编・伪满傀儡政权》，中华书局 1994 年版，第 166 页。

④ 解学诗：《伪满洲国史新编》，人民出版社 2015 年版，第 154 页。

⑤ 中央档案馆等合编：《日本帝国主义侵华档案资料选编・伪满傀儡政权》，中华书局 1994 年版，第 174 页。

防范,又利用;既限制,又抬捧”的管教方针,并订有一个“定期输毒”和管教、测试的具体计划,总是又打又拉,软硬兼施。越是末期拼命挣扎阶段,越是故意对溥仪所做的“以全东北的人力、物力、财力支援”日本侵略的种种努力表示“嘉勉”。[①] 显然,这是为了防止溥仪产生二心,令其与日本侵略者共存亡,最后拉人殉葬垫背。

1937 年 3 月 1 日,溥仪即帝位不足 3 年,关东军以溥仪名义匆匆炮制了《帝位继承法》(由伪满“国务总理”、宫内府大臣副署),详细规定了帝位继承办法。[②]《帝位继承法》的匆匆出笼,背后隐藏了日本军国主义不可告人的险恶用心。因溥仪并无子嗣,嫡弟溥杰就成了日本军国主义改换伪“满洲国”皇室血统的最佳突破口。果然,《帝位继承法》出笼刚刚 33 天,即 1937 年 4 月 3 日,宣布溥杰同日本女子嵯峨浩子[③]结婚。不论溥杰同嵯峨浩子感情如何,日本帝国主义匆忙撮合这桩婚姻的政治意图都昭然若揭。溥杰本人曾称,日本帝国主义的真正企图是“想抄袭日寇对李垠——朝鲜的前国王的老法子,想偷梁换柱地把所扶植起来的汉奸伪帝进一步换成中日混血儿的伪帝”。正因为如此,在颁发《帝位继承法》的文告中,关东军以溥仪之名强调,“朕自登极以来,仰体眷命所本,俯念国脉所系,所有守国之远途,经邦之长策,悉与日本帝国协力同心,以益敦两国不可分离之关系”,并称,“今兹制定帝位继承法,于继体付托之重,定厥法典,示诸久远。……实日本天皇陛下保佑是赖”。[④] 溥仪对日本主子如此死心塌地、感恩戴德,是否真心自愿,不得而知。不过可以肯定的是,嵯峨浩子一经产子,溥仪将随即失去其利用价值,性命亦同时终

① 中央档案馆等合编:《日本帝国主义侵华档案资料选编 · 伪满傀儡政权》,中华书局 1994 年版,第 163—165 页。

② 《帝位继承法》规定:伪满“帝位”由溥仪“男系子孙之男子永世继承”。继承顺序为:“帝位传帝长子”,长子不在传长孙;帝长子及其子孙皆不在,则传帝次子及其子孙;帝子孙继承帝位,“先嫡出”,帝嫡子孙皆不在,方轮及帝庶子孙;帝子孙皆不在,则传帝兄弟及其子孙。由此类推(中央档案馆等合编:《日本帝国主义侵华档案资料选编 · 伪满傀儡政权》,中华书局 1994 年版,第 159—160 页)。

③ 嵯峨浩子系日本侯爵嵯峨实任之女,同明治天皇存在血缘关系。

④ 中央档案馆等合编:《日本帝国主义侵华档案资料选编 · 伪满傀儡政权》,中华书局 1994 年版,第 159 页。

结。按《帝位继承法》继位的伪满“幼帝”，不只是名义上的“儿皇帝”，而是有着日本天皇血统的真正“儿皇帝”了。

二、中央集权的法西斯殖民掠夺经济体系及其变化

日本帝国主义一手导演、炮制的伪“满洲国”，在行政架构和政治体制上，实行关东军司令官兼日本驻伪满“全权大使”的“二位一体”法西斯殖民统治体制。以此为前提，在经济体制和管理经营上，实行中央集权的法西斯殖民掠夺经济体系。

中央集权的法西斯殖民掠夺经济体系，是在关东军、满铁、日本财阀、大小资本家，以及浪人、移民，夺城掠地、入户和拦路搜掠、抢劫的血腥过程中，形成、演变和持续完成的。

“九一八事变”后，由于国民党政府采取不抵抗政策，日本关东军快速占领了奉天、吉林、黑龙江、热河四省和内蒙古地区，就在武装侵占中国城乡领土的过程中，满铁和关东军一道，明火执仗，占领和抢劫各省、县（市）财政厅局及金库，铁路、公路及附属机关、车站，银行、钱庄、典当等金融机构，海关、港口码头、盐税等税收部门，邮局、电话局、电报局等邮电通信机构，工厂、商店、金银首饰店及作坊，政府机关、学校、医院，尤其是这些机构的财务、会计部门。关东军和满铁对这些机构、单位，或强行接管，或任意占据，并大肆搜掠抢劫。

在这次武装侵略和强盗劫夺合二而一的反人类罪孽中，作为侵华急先锋的满铁，既是强盗劫夺的主力和行家里手，又是武装侵略的同谋和后勤、运输保障。正如曾任满铁总裁和外交大臣的松冈洋右所称，“发动满洲事变是关东军与满铁的共同行动”。[①] 事实上，满铁不但为关东军提供军事政治谋略，充当夺取经济命脉的内行、中坚，而且全力保障关东军的后勤军需，特别是军队和军用物资、劫掠物资的运输。“九一八事变”当

① 解学诗：《伪满洲国史新编》，人民出版社 2015 年版，第 79 页。

晚,特别成立“关东军满铁联合临时线区司令部”,立即组织特大规模的军队运输:其中奉天方向,1931 年 9 月 19 日凌晨 1 时 10 分至下午 18 时 26 分,编发了 13 次列车,20 日又编发了 4 次列车;长春方向,19 日编发 5 次列车,20 日编发 3 次列车。这就为关东军快速占领东北赢得了时机。事变期间,满铁除使用直接控制的“南满”铁路各线(即所谓“社线”)外,还强行使用包括中国自资和中外合资的东北全部铁路,进行空前大规模的紧急军运。据满铁统计,1931 年 9 月至 1932 年 3 月间,共编发军运列车(不含军用装甲列车)4056 次,亦即平均每小时有 1 列军车编成并投入运行。满铁向“社外线”派遣的军运人员,1931 年为 144758 人次,1932 年达 328918 人次。关东军司令官在给满铁的“感谢状”称,“关东军的神速行动,可以说是以帝国实力为背景的满铁的俨然存在之所赐”。① 这说明了满铁在日本关东军武装占领东北的罪恶行动中所充当的关键角色。

满铁的行动当然不仅限于军运,列车运送的也不只是关东军,还有大量满铁人员。事实上,作为侵华急先锋的满铁,柳条湖的爆炸声一响就立刻下达了《非常动员令》,1931 年 10 月 6 日,满铁总裁内田康哉、副总裁江口定条与关东军司令官本庄繁及其幕僚商量后一致决定,让满铁赶紧趁关东军武装夺城掠地之机全面夺取“利权”。满铁于是倾巢出动,数以万计的头目、社员、职工等,紧随关东军之后,进行经济劫掠,夺取“利权”,占领和控制各地要害部门。②

为了在最短时间内夺取整个“满蒙”,夺取和控制铁路运输是其关键。“九一八事变”后第 3 天,即 1931 年 9 月 21 日,抚顺日本守备队首先占领了东北地区中国自资铁路之一的沈海线(沈阳至海龙)抚顺车站。9 月 24 日,关东军宣布对沈海线沈阳总站实行“军管”。紧接着又唆使汉

① 解学诗:《伪满洲国史新编》,人民出版社 2015 年版,第 79 页。

② 从日本陆军部门对满铁参加事变人员按现役军人进行奖赏一事,可以大致看出满铁配合关东军进行武装侵略和经济掠夺的人数规模和掠夺罪行。当时满铁直营部门的“社员”职工将近 4 万人,因参加事变而“立功”者即达 22254 人,占社员总数近 60%,其中绝大部分是日本人。按日本陆军部门规定,这些“立功”者均按现役军人办理:将官 29 人,佐官 220 人,尉官 631 人,下士官 4547 人,士兵 10457 人(解学诗:《伪满洲国史新编》,人民出版社 2015 年版,第 80 页)。

奸炮制“沈海铁路保安维持委员会”，由关东军大特务土肥原贤二充当监事长，劫夺和操纵该路的全线经营权。10 月 10 日，关东军又指示满铁，利用“此次事变的绝好机会”，尽快实行“满铁会社拥有借款关系的铁路以及其他中国各铁路的委托经营”。并表示关东军一定“极力支持和协助”。于是满铁的两名理事十河信二、村上义一，与关东军一起谋划，于 10 月 23 日拼凑了伪“东北交通委员会”，由汉奸担任名义上的正、副“委员长”，而由两名满铁理事掌握实权，以该委员会作为“各铁路的经营管理主体”，相继“和平占领”了那些未能以军事进行占领的中东、洮昂、吉海、齐克、北宁、打通等铁路线。“东北交通委员会”是日本以“中央集权”的方式统制、掠夺铁路运输资源的肇始。

北宁铁路关外段的奉山（奉天至山海关）线，因有英国借款和英国人参与经营，事变后日本虽然未敢遽然夺取路权，1931 年 12 月关东军进攻锦州时，却强行使用该路进行军运。锦州沦陷后，关东军即于 1932 年 1 月 5 日命令伪奉天省政府设立“奉山铁路局”，并口头通知英国驻奉总领事：奉山铁路已经接管，将负责偿还该路对英借款。于是，满铁抽调 700 余人，全面控制奉山线。在吉林，由于原吉林省主席熙洽、原吉敦铁路局长金璧东等汉奸的叛卖，关东军和满铁以“合同”“换文”形式，轻而易举地夺取了全部已成和拟修铁路的路权。在黑龙江，四洮铁路原系日本借款铁路，铁路技师长、会计主任和运输主任均为满铁派出人员，经营权实际为日本人所操控。1931 年 12 月 1 日，满铁总裁与四洮铁路局局长阚铎签订合同，只是一种形式。黑龙江省的其他路权，则由该省特别区长官、汉奸张景惠亲手送给了日本侵略者。

“九一八事变”后，日本侵略者只用二三个月的工夫，就完成了中东铁路以外的既有铁路和待修铁路全部路权的强盗式攫夺。不过这还只是一种过渡性措施。伪“满洲国”成立第二天，1932 年 3 月 10 日关东军司令官与满铁总裁签订了《关于铁路港湾河川委托经营及新设之协定》，将铁路、港湾、河川全部委托满铁经营。与此相配合，伪满“执政”溥仪与关东军司令官本庄繁在同一天签署的“换文”（《溥仪致本庄繁函》）中，溥仪表示“敝国承认贵国军队凡为国防上所必要将已修铁路、港湾、水路、航空路之管理并新路之布设均委诸贵国或贵国所指定的机关”。① 通过这道手续,关东军对东北铁路的武力攫夺完全“合法化”。1932 年 4 月 11 日、15 日日本内阁两次会议后,通过《关于满洲国铁道港湾河川处理方针》,声称“对于满蒙新国家”,日本“虽暂时不予承认,但努力以新国家为对象尽可能采取非正式的方法与之结成事实上的关系,以便实现和扩大帝国权益,并造成既成事实”。为使文件对满铁正式有效,“采取由政府给会社绝对极密指令的形式”。不过当时国际联盟调查团在东北地区进行调查,只得暂时搁置下来。及至 1933 年 2 月 9 日,伪满“国务总理”和满铁总裁终于签署了《满洲国铁道借款及委托经营契约》《松花江水运事业委托经营细目契约》《敦化图们江及其他二铁路建造借款及委托经营契约》等一系列契约。1933 年 3 月,满铁在奉天设立“铁路总局”,通过武力劫夺,实现对伪满全部“国有”铁路的“委托经营”。由此实现了日本对伪满全部“国有”铁路的“集权经营”,而且经营掠夺权集中于满铁。至于当时仍归苏联所有的中东铁路,日伪经过长期谈判,亦于 1935 年 3 月以 1.7 亿日元将其收购,1936 年 11 月统置于新设的“铁路总局”之下。这样,日本帝国主义终于完成了全“满洲国”铁路的“中央集权”一元化统制与经营管理。②

对于航空、邮电通信和银行、财政、海关、税收等,日本侵略者也都相继采用武力劫夺,而后按不同情况和特点,分别控制、运营,并逐步发展为“中央集权”或“集权”的掠夺和统制管理。

航空和空运事业,因其在国防和侵略战争中的重要和特殊作用,日本早在“九一八事变”前就将掠取“满蒙航空权”作为“紧要任务”,1930 年 11 月 18 日并由内阁会议作出决定,向中国进行交涉。1931 年 11 月 11 日,在关东军已经侵占东北大部分地区的情况下,日本内阁再次开会,“为奠定获得满蒙航空权的基础,并使关东军属下部队相互联系可靠”,

① 满铁经调会:《满洲国关系条约集》,1934 年打印本,第 9—11 页。解学诗:《伪满洲国史新编》,人民出版社 2015 年版,第 77 页。

② 解学诗:《伪满洲国史新编》,人民出版社 2015 年版,第 102—104 页;章伯锋、庄建平主编:《抗日战争》第 6 卷,四川大学出版社 1997 年版,第 35 页。

决定“在军事联络的名义下”，由日本航空运输株式会社在大连、奉天、长春间及汉城、平壤、奉天间开始定期飞行。占领东北全境、伪“满洲国”出笼，不仅为日本扩大侵略，将“上述军事飞行永久”化创造了条件，而且“有助于完成欧亚航空联络、产业开发和为获得中国关内航空权做准备”。[①] 故此，关东军并未将攫夺到手的航空经营权，连同铁路、河川交通一起交给满铁。1932 年 8 月 7 日，关东军司令官本庄繁与伪满“国务总理”郑孝胥签订《关于设立航空会社的协定》，规定航空会社为“日满合办”，资本金 350 万元，日方满铁出资 150 万元，住友会社出资 100 万元；伪满政府将出资 100 万元（相关设施折价）。协定还规定，伪满政府不经关东军同意，“不得允许航空会社以外的单位经营满洲国内的航空事业”。协定还附有必须在 1933 年以前建成的 21 个飞机场和 53 个中间降落场的清单，其中相当一部分位于鲜为人知的偏僻地方。显然多属关东军军事设施。1932 年 8 月 12 日，日本内阁会议通过的《关于满洲航空问题》特别强调，航空会社“必须以使其符合国防上要求为最高方针”；日满“合办会社”只是形式，“实质上由我方（日方）掌握其指导和监督权”，保证“使其在帝国政府的完全指导与监督之下进行经营”。[②] 由日满“合办会社”发展为日本政府单方“集权”统制经营。

日本侵略者对邮局、电信两者的掠夺、统制的时间、方法略有不同。

东北三省邮务，早期全属奉天邮务局管理，1921 年才拆分成奉天、吉黑两个邮务管理局。1931 年“九一八事变”后，关东军迅即开始了对邮政管理机构和邮政局所的占领、破坏、劫夺。9 月 19 日凌晨，关东军 20 人破门窜入沈阳辽宁邮政管理局，夺走邮用卡车和自行车；同日早晨，日军又闯入沈阳邮政支局，将保险柜贴上关东军司令部封条，并掳走钥匙；同日一群日本兵窜入营口“一等邮局”，其中数人把守大门，又架机关枪于柜台示威，声称“奉令封锁邮局”。由他处运来的 36 袋邮件亦被扣留；同

① 中央档案馆等合编：《日本帝国主义侵华档案资料选编 · 东北经济掠夺》，中华书局 1991 年版，第 10—11 页。

② 中央档案馆等合编：《日本帝国主义侵华档案资料选编 · 九一八事变》，中华书局 1988 年版，第 672—674 页。

日又占据营口河北邮政支局,胁迫停办邮务。日军又任意扣留、开拆、检查邮件信函,指为“反动”,立即逮捕相关官员,并随意拘禁、审讯邮政、邮局负责人,劫取邮政汇款和邮政公款现洋,禁止将邮政公款存入银行,等等。无所不为。①

关东军在对邮政管理机构和营业局所进行侵占、查封、洗劫、破坏过程中,一方面,自行建立临时性邮政:1931 年 11 月 13 日设立“军事邮便局”,规定日兵向日本国内寄发普通信件,不超过 20 公分者,或因公寄发信件、包裹,一律免收邮费;12 月上旬设立“航空邮便公司”,企图创办沈阳、滨江、龙江、洮南及四平街等处航空邮便业务;另一方面,在伪“满洲国”出笼前后,开始着手全面劫收邮政。1932 年 3 月 2 日,日本人出版的《奉天每日新闻》放出风声,“奉天日本邮便局长接收三省邮政”。4 月 1 日,关东军利用原辽宁邮政管理局日籍邮员田中勘吾前往滨江吉黑邮政管理局,威逼邮务长西密斯将该局“移交”;同日,伪满又派“委员”若干人,劫收辽宁邮政管理局;等等。②

日本侵略者劫收辽宁、吉黑两邮政管理局后,伪满随即迅速展开对各地邮局的“接收”、劫夺。③ 邮局和职员稍有异议或配合不力,或不顺眼,即遭枪杀或严惩(额穆邮电局长杨甲辰即遭日本人枪杀)。同时任命了奉天、吉黑等邮务局局长。不仅局长多系日本人,又向邮政系统委派多名日籍“邮务检察官”及“视察员”;在沈阳,更出动日本警察监视邮局职员,甚至包围局长住宅。日伪还印制了邮票,宣布从 1932 年 7 月 1 日起开始贴用(实际为 8 月 1 日开始贴用)。对此,中国国民党政府外交部曾于

① 中国国民党中央委员会党史委员会编印、秦孝仪主编:《中华民国重要史料初编 · 对日抗战时期》第 6 编,傀儡组织(1),中国国民党中央委员会 1981 年刊本,第 783—784 页。

② 中国国民党中央委员会党史委员会编印、秦孝仪主编:《中华民国重要史料初编 · 对日抗战时期》第 6 编,傀儡组织(1),中国国民党中央委员会 1981 年刊本,第 785—788 页。

③ 自 1932 年 4 月 1 日起,伪满“接收委员”逐日威逼辽宁邮务长马立地将三省邮政移交,并要求停止汇解总局款项;4 月 2 日,伪满“交通部”电辽宁邮务局长巴立地,将热河省邮权归该局管辖;6 月 16 日,日交通局长藤原任伪满邮务局长;伪满派员“强迫接收”东北邮政;7 月 19 日,伪满向邮政系统委派日籍邮务检察官及视察员多人(中国国民党中央委员会党史委员会编印、秦孝仪主编:《中华民国重要史料初编 · 对日抗战时期》第 6 编,傀儡组织(1),中国国民党中央委员会 1981 年刊本,第 767—768、788 页)。

1932年6月23日向日本驻华公使重光葵发出照会，抗议日伪强迫中国邮局改用日伪年号、“破坏中国邮务行政完整”“攫夺中国政府在东省之邮政权”，并指出“伪组织”之所为“纯系日本政府所指使”。[①] 伪满“交通部”秉承关东军旨意，于1932年7月16日强行接管东北各地邮局。在这种情况下，东三省全体邮务员工早在4月5日即发出通电，抗议日伪于4月1日接收沈阳邮政管理局，而邮政总局投降“以图瓦全”。毅然宣布，“宁为玉碎，不为瓦全”，决定“通告停止东三省一切邮务”。国民党政府交通部亦于7月23日发布宣言，关闭东北地区的邮局，“封锁东三省邮政”，“绝不承认”日伪在东三省所发行的邮票。日本侵略者则相应采取对策：宣布从7月25日起开始伪满邮政事务启用新邮票；武力强迫邮局职员开工，在沈阳，日本警察“监视邮局人员，并包围局长住宅”，强迫上班。在关内，上海、天津、北平、临榆（山海关）等地，日本人、日本工部局自行办理邮务，交日轮或日本车辆发送东北。临榆（山海关）日军更用武力威迫榆关邮局收送日伪邮件，局长被殴伤拘捕。[②]

日本侵略者将大、中型邮局和电话、电报局所劫夺到手以后，即开始着手“集团”经营和“中央集权”统制。1933年9月1日，垄断伪满电报电话事业的“满洲电信电话株式会社”正式成立。与此同时，伪满“交通部”邮务司也开始执掌有关业务。1933年9月，原来分别设在奉天、哈尔滨的奉天邮政管理局和吉黑邮政管理局，改为奉天、哈尔滨两邮便管理局。前者以伪奉天、热河、兴安西分省、兴安南分省，后者以伪吉林、黑龙江、兴安东分省、兴安北分省为辖区。该二局除管理邮件、小包、汇款、储蓄等业务外，还对该地区各有线无线电报电话进行监督。当时伪满还异想天开，企图加入万国邮政联盟，无奈国联已于1933年6月作出不承认伪“满洲国”的决议，加入邮政联盟之请成为泡影。伪满又秉承日本旨意，切断了同关内的通邮。

---

① 中国国民党中央委员会党史委员会编印、秦孝仪主编：《中华民国重要史料初编·对日抗战时期》第6编，傀儡组织（1），中国国民党中央委员会1981年刊本，第771页。

② 中国国民党中央委员会党史委员会编印、秦孝仪主编：《中华民国重要史料初编·对日抗战时期》第6编，傀儡组织（1），中国国民党中央委员会1981年刊本，第767—768、770、775、777—778页。

伪满在完成对邮电"集团"和"集权"统制经营后,立即将伪满邮权集中于日本政府。1934年10月5日,《日"满"邮政条约》在长春签字。"条约"规定"满"日两"国""邮费划一";伪满进行"邮局整理";满铁附属地与伪满之间邮件传递废止"二重设施";"满"日两"国"包裹、小汇兑、普通汇兑、电信汇兑,"直接邮递";两"国"邮票"通行使用"。[①] "条约"的签订,明白宣示,伪满在作为日本殖民地附属的深渊中,继续和加速沉沦。同时,"条约"的一些核心条款,如"满"日两"国"信函、包裹、汇兑等一切"邮费划一",邮票"通行使用",包裹和各种汇兑"直接邮递"等,更是极大地方便了关东军官兵、满铁高层和"社员",以及其他日本侵略者,为他们用各种野蛮手段劫夺的各类赃物,能够运回日本国内,提供了一种及时、简便、廉价、快速、安全的邮递机制。

电报、电话设施同军事关系密切,事变之始即被日军侵占,并直接为其军事侵略服务。1931年前东北地区的电气通信设施,已达较高水平。19世纪末20世纪初,俄国、日本相继在中东、"南满"铁路及沿线附属地,掠取和加建通信设施,设置通信机构,这些机构统由关东厅递信局管理,与关东州的通信设施构成统一体系。1931年,东北的日本电报局、所达214处,电话局254处。大连至日本佐世保、长崎已敷设海底电缆,与日本、朝鲜的许多大城市都设有直通电话。1884年后,东北亦有中国自资的电气通信事业,1931年东北共有电报局156家,还在若干大城市开创了无线电报业务。电话事业相对落后,但至1931年也已有长途电话局165家。此前于1928年2月建成奉天广播电台,开始播音营运。这些电报局、电话局和无线电台统归东北电信管理处管理。"九一八事变"后,东北电信业的职工拒绝为日伪效劳,拆毁设备、线路,纷纷撤离,电气通信系统陷于瘫痪。关东军为了劫夺和全面控制东北电信,迅速恢复运作,网罗汉奸临时拼凑"东北电政监理处",汉奸金璧东任处长,原奉天日本邮政局局长岐部与平兼任"顾问",并由岐部与平负

① 中国国民党中央委员会党史委员会编印、秦孝仪主编:《中华民国重要史料初编·对日抗战时期》第6编,傀儡组织(1),中国国民党中央委员会1981年刊本,第804—805页。

责指挥修理电报电话和恢复运作。据岐部与平供称：当时被纳入监理处属下的电报电话局，仅奉天城内就有 13 家，另外在满铁沿线各城市还有 30 个局。[①] 由此关内地区与东北的电信全部被阻断，所有沈阳、长春、吉林、营口以及被占各地发往关内电报，概由日方接收，交由烟台、大连间水线转递，其地名末尾加有 Jap（日本局）字样。实际上关内与东北的电信业务完全中断。[②] 1932 年 3 月伪满政府出笼后，7 月撤销伪“东北电政监理处”，另在奉天、哈尔滨两地新设电政管理局，管理全伪满约 300 家电报局、电话局和无线电台，并对外宣称，东三省与各外国间往来电报，可由日本经转。[③] 不过此时满铁附属地和关东州的电信与邮政机构仍自成体系。

日本为了全面劫夺和统制伪满通信权，进行“集团”和“中央集权”经营管理，并牢牢掌握决策权，决定设立“日满合办”的电信电话会社，但必须“使会社的实权把握在日方手中”，日本内阁于 1932 年 12 月 9 日作出决定，并以“附件”要求日“满”秘密换文，规定日“满”两“国”政府都对会社的业务进行监督、发布命令和作出认可，但意见分歧时以日方意见为准；日“满”“最高机关”对会社都可进行指示、监查和提出要求，但伪满方面这样做时，“须事先取得驻满日本国军部最高机关的同意”。[④] 1933 年 3 月 26 日，日本政府与伪满政府签署了《关于设立日满合办通信会社的协定》。不过名曰“日满合办”，实乃“日方独办”。1933 年 9 月 1 日，满洲电信电话会社成立，投资 5000 万元，其中，日本政府以其关东州的电信设施作为现物投资，作价 1650 万元；而伪“满洲国”以其电信设施出资，仅作价 600 万元。电信电话会社将关东州、满铁附属地和伪“满洲国”行政

---

① 中央档案馆等合编：《日本帝国主义侵华档案资料选编 · 九一八事变》，中华书局 1988 年版，第 416—418 页。

② 中国国民党中央委员会党史委员会编印、秦孝仪主编：《中华民国重要史料初编 · 对日抗战时期》第 6 编，傀儡组织（1），中国国民党中央委员会 1981 年刊本，第 769 页。

③ 中国国民党中央委员会党史委员会编印、秦孝仪主编：《中华民国重要史料初编 · 对日抗战时期》第 6 编，傀儡组织（1），中国国民党中央委员会 1981 年刊本，第 778 页。

④ 中央档案馆等合编：《日本帝国主义侵华档案资料选编 · 九一八事变》，中华书局 1988 年版，第 12—15 页。

区的有线、无线通信事业连成一体。因而伪满的电气通信监督和事业机关伪“交通部”邮务司电务科及工务科,以及奉天、哈尔滨两电政管理局等全部撤销,代之以在伪“交通部”邮务局内设电政科,在奉天、哈尔滨两邮政管理局内设电政处,作为电信电话会社和各专用电报电话的监督机关。但是,监督实权是在日方关东军手中。①

“九一八事变”后,日本帝国主义对东北银行和金融业的劫夺、统制,首先是吞并和洗劫东三省官银号、边业银行、黑龙江省官银号、吉林永衡官银号(总称“四银号”),设立伪“中央银行”,为下一步大规模的金融掠夺和“中央集权”统制准备条件。

“九一八事变”的翌日,关东军就派兵荷枪实弹地占领和查封了位于沈阳的东三省官银号,并在官银号大门前构筑工事,头戴钢盔的日本兵站岗守卫。官银号金库所存巨额黄金、银洋,官商富贾们存藏的金银珠宝、贵重首饰、手表、古董字画等,全都成了侵略强盗们的囊中物。其他中方银行也是同样命运。吉林永衡官银号是关东军侵入吉林市当日即1931年9月21日被查封和占领的。黑龙江省官银号也在关东军占领齐齐哈尔时被查封。

关东军在武装占领和封闭“四银号”,对其大肆搜掠、疯抢面上“浮财”的同时,从满铁和正金银行、朝鲜银行抽调人力,进驻“四银号”,对公司资产、人员结构、行内业务、往来客户、会计账目、盈亏状况等,全面进行所谓“检查”,不仅摸清底细,对银行资财进行洗劫,而且通过银行往来客户和会计账目,顺藤摸瓜,进行更大范围的资财劫夺。

日伪洗劫和直接控制“四银号”后,又通过“四银号”职员劫夺和控制中国银行,剥夺中国银行的原有业务。1932年3月28日,安东、营口两海关监督、伪满日本顾问及东三省官银号职员向两地中国银行提交伪满命令,要求中国银行将所存关税款及自3月26日起所收税款,均须解交东三省官银号;同日,东三省官银号职员强行接收营口中国银行账册。不久,6月19日、20日,伪满日本顾问将安东、营口两海关存于中国银行的

① 解学诗:《伪满洲国史新编》,人民出版社2015年版,第107页。

税款，强行提走。① 这样，完全切断和剥夺了中国银行的业务。

日伪占领和洗劫“四银号”与中国银行，掠得了大量现金，窃取和掌握了“四银号”与中国银行的业务及客户网络，为建立伪“中央银行”和新的货币与金融制度、“中央集权”控制金融货币市场准备了条件：1931 年 10 月上旬，由奉天大汉奸袁金铠充当头目的伪组织“金融研究会”出笼，装模作样探路；1932 年 1 月 4 日，关东军委托满铁职员安盛松之助和南乡龙音拟订伪满币制统一和伪“中央银行”设立方针；2 月 5 日，《货币与金融制度方针要纲》拍板定案，据此而炮制的“中央银行法”和其他有关法规，也于 2 月 11 日完成；1932 年 3 月，关东军统治部财务课长五十岚保司承管拼凑伪“中央银行”的一切事务，与伪满头目臧式毅、熙洽等就合并“四银号”和建立伪“中央银行”“做了政治性决定”，同时任命满铁参事竹内德三郎、朝鲜银行酒井辉马、正金银行市松（当时均为关东军派驻东三省官银行号的“监理官”或“顾问”）等为“创立委员”（委员中尚包括原“四银号”头目），五十岚保司自任“委员长”；1932 年 5 月 6 日，伪满从朝鲜银行借款 2000 万元，将其转贷与筹备中的伪“中央银行”充做准备金；1932 年 6 月 6 日，伪满“国务院”和“参议府”通过“满洲‘中央银行法’”和该行“组织法”；1932 年 7 月 1 日，伪满“中央银行”总行、分行、支行共 128 个机构全部开始营业。

日本帝国主义继武装侵占、洗劫“四银号”之后，又通过建立伪满“中央银行”，拆解原“四银号”及其附属机构，收缴原“四银号”发行的各种纸币及代用券，统一币制，进行第二次大规模的经济和金融掠夺。

原“四银号”所涉及的总行、分行及 20 个行业的附属事业单位共 133 家，按照日伪规定，必须在一年内全部拆解、处理，为此在伪“中央银行”内设立“中央实业局”作为临时过渡组织，以将原“四银号”大小企业全部并吞：从 1933 年 4 月起，当铺、烧锅、油坊、杂货、代理店等，移交给在“中央实业局”基础上建立的大兴公司；粮栈撤销；面粉业移交给日满制粉会

---

① 中国国民党中央委员会党史委员会编印、秦孝仪主编：《中华民国重要史料初编 · 对日抗战时期》第 6 编，傀儡组织（1），中国国民党中央委员会 1981 年刊本，第 734—736 页。

社;矿业移交给满洲炭矿会社和满洲采金会社;航运业移交给满铁铁路总局;林业移交给伪满实业部。对市面流通的“四银号”纸币和其他有价票券,则一律贱价收缴。当时东北地区的货币制度复杂,币种繁多,不仅中外银行发行货币,一些机关、团体、银炉、商号也发放有价私帖,仅“四银号”发行的币、券就有15个币种和136个券种。日本侵略者为了牢固控制金融货币市场,扩大金融掠夺,建立和稳固殖民地经济体系,就必须统一币制。而且,废除原有货币、统一发行新的货币本身,就是一本万利的大掠夺。因此,在伪满“中央银行”正式开业前,伪满政府相继于1932年6月11日和6月27日抛出“货币法”和“旧货币整理办法”。前者规定由伪满“中央银行”发行的伪满统一货币为银本位;后者规定在两年内伪满用新货币收回由“四银号”发行的15种旧货币。此外还要收缴其他“特殊通货”,即马大洋票、热河票、私帖、过炉银、镇平银、现小洋、十进铜元和旧铜元、中国银行和交通银行两行发行的哈大洋票、现大洋,等等。结果,伪满“中央银行”只用14223万余元便收回了原“四银号”发行的15种货币。[①] 它们通过极力压低原有货币的比价,制造原“四银号”亏损,并发行“补偿公债”3300万元,继贱价收缴“四银号”旧币之后,再一次残酷劫夺民众血汗。同时,日伪一方面停止以金银为基础的“特殊通货”流通,趁机大肆劫取金银;另一方面日本正金银行和朝鲜银行等所发行的金票、钞票却丝毫不受影响,依然照常流通。因此,伪满政权作为日本操控下的傀儡,伪币的发行目的,并非真正实现也不可能实现货币的统一,只是通过废除和收缴原有货币、票券,进行敲骨吸髓的搜掠、劫夺,同时,人为设定不可兑换的银本位伪币与金本位日元等值,伪满的伪币沦为日元的附庸,将伪满的货币制度纳入日元体系,使伪“满洲国”在金融和货币制度方面沦为日本的殖民地、附属“国”。[②]

“九一八事变”后,日本帝国主义在武力占领和劫夺银行、废除旧币和发行伪币的同时,另一个重要目标是接管盐务、海关,劫夺盐款、关税。

---

① [日]栃仓正一:《满洲中央银行十年史》,1942年印本。解学诗:《伪满洲国史新编》,人民出版社2015年版,第112页。

② 解学诗:《伪满洲国史新编》,人民出版社2015年版,第149页。

“九一八事变”发生后的第二天，1931年9月19日，关东军部属即赶往辽宁盐务稽核分所，缴去守卫警枪械，“监视一切盐款”，将其视为囊中物，予取予求。[①] 据统计，截至1932年4月12日，日本侵略者从营口盐务稽核分所等处，攫夺的盐务款项超过700万元。1932年3月伪满汉奸政权出笼后，强行撤销盐务、盐税两个机构，以伪“盐运使署”取代，并发布通告，迫令盐商向伪“盐运使署”请领运盐执照，向营口“东省银行”（按即东三省官银号）缴纳盐税。当月28日，两名日本人率同4名“盐运使署”职员及20名警察，强行“接收”辽宁盐务稽核分所；4月15日，一名日本侵略者，复率同数名伪“盐运使署”职员、盐务缉私队及20余名盐警，强行占据辽宁及各分局。[②] 至此，东北盐务管理，盐税稽核、征缴大权，完全落入敌手。

海关、关税不同于盐务机关、盐税。“九一八事变”前的东北海关，同关内地区中国其他海关一样，由英国人担任的总税务司独揽海关业务大权。当时，东北除大连海关外，其他如安东、营口、滨江、延吉、瑷珲等海关，都设有两套平行的机构：隶属于国民党政府财政部的海关监督和由上海英国人总税务司管辖的税务司；海关业务大权掌握在税务司手中，海关监督无权过问，日本侵略者于是从海关监督寻找突破口。1932年2月，由奉天省临时傀儡政权向各关派驻海关“顾问”，命令各关停止向上海总税务司汇送税款。伪“满洲国”出笼后，日本开始策划强行夺取海关。3月28日，安东、营口、哈尔滨3处海关日本人“顾问”率同东三省官银号职员，迫令中国银行将全部关税提交给东三省官银号。[③] 1932年6月9日，伪满向大连海关福本海关长发出决定“接收”海关的通令。6月18日伪

---

① 10月30日、11月6日、11月23日分3次劫走存款672709.56元、哈洋269590.08元、盐款94487.52元。12月3日，还在营口中国银行强行提取吉林、黑龙江所存盐款1739420元。4次合计劫走盐款2776207.16元（中国国民党中央委员会党史委员会编印、秦孝仪主编：《中华民国重要史料初编·对日抗战时期》第6编，傀儡组织（1），中国国民党中央委员会1981年刊本，第719页“日人攫取我东北盐税简表”）。

② 中国国民党中央委员会党史委员会编印、秦孝仪主编：《中华民国重要史料初编·对日抗战时期》第6编，傀儡组织（1），中国国民党中央委员会1981年刊本，第720—722页。

③ 中国国民党中央委员会党史委员会编印、秦孝仪主编：《中华民国重要史料初编·对日抗战时期》第6编，傀儡组织（1），中国国民党中央委员会1981年刊本，第721、734页。

满发表"声明",宣布将大连及东北其他海关,划归伪满"统治";以关税为担保的外债偿还,愿意从由海关收入项下划拨分担,但伪满得扣留其余额。6月26日,福本海关长、中村副税务司和其他日本职员共同宣布,断绝同中国海关的关系。6月27日,伪满发布"声明",宣布伪满"已接收其领域内之各海关",并决定"于接收内地各海关时,即在大连开始征税,倘不能达此目的,即在瓦房店另行设关征税"。① 6月28日、29日,接连强行接收安东、满洲里、龙井村、哈尔滨4处海关。6月30日,伪满对东北各海关全部强行接管完毕。同时,又将各关税款劫走。② 此前,中国国民党政府财政部长宋子文曾于6月22日发布"宣言",谴责日伪攫取大连海关收入,要求日本"应负责关东租借地内大连海关安全";外交部于6月26日,就日伪劫取海关收入、干涉大连海关、逼令存放税款各银行停止向总税务司解款事,向日本驻华公使重光葵发出抗议照会,根本无济于事。日伪当局不但强行夺取东北各海关,并于1932年9月15日公然宣布,9月25日以后,对东北和关内地区的往来贸易课税。③ 同年10月,伪满海关一律改称"税关"。这样,日本帝国主义强行接管海关、劫取关税的侵略目的全部达到。

"九一八事变"后,日本侵略者在东北通过夺城掠地,武力占领和抢劫政府机关、团体、工矿企业、商店、医院、学校,占领和洗劫银行、钱庄、典当,接管海关、盐务局,劫夺关税、盐税,废除和收缴原有货币、票券,发行新纸币、推行新的货币制度,在日本侵略者大发横财的同时,还迅速建立起了"中央集权"的殖民地财政和税收制度,不仅直接为关东军提供后勤军需、支撑敌伪政权,还为以后更大规模的军事侵略和经济掠夺提供财力支援。

---

① 中国国民党中央委员会党史委员会编印、秦孝仪主编:《中华民国重要史料初编 · 对日抗战时期》第6编,傀儡组织(1),中国国民党中央委员会1981年刊本,第745页。

② 1932年6月19日、20日,伪满日本顾问,相继将安东、营口两关存于中国银行的关税,强行提走;9月4日,日本人将安东海关余款,强行提走;等等(中国国民党中央委员会党史委员会编印、秦孝仪主编:《中华民国重要史料初编 · 对日抗战时期》第6编,傀儡组织(1),中国国民党中央委员会1981年刊本,第734—735页)。

③ 中国国民党中央委员会党史委员会编印、秦孝仪主编:《中华民国重要史料初编 · 对日抗战时期》第6编,傀儡组织(1),中国国民党中央委员会1981年刊本,第739—740、743、755页。

“九一八事变”前的东北，财政税收方面，除关税收入和盐税收入被收归国民党中央政府外，整个东北地区和各省都没有统一的财政税收制度。“九一八事变”后，各省汉奸临时组织因袭旧的财政预算，并借助日本侵略者的力量，强制利用原有的盐务署、榷运署等以搜取部分财政收入，苟延残喘。1932 年 3 月伪满政府出笼后，与政治上的“中央集权”的殖民统治相适应，极力推行集中统一的财政制度。不过伪满“中央”的财政实权不在伪“财政部”，而是属于伪满“国务院”总务厅。按伪满“国务院”官制，“财政部”掌管税务、专卖、货币金融、“国有”财产；总务厅则主管预决算、“国家”资本的计划运用和“国库”收支管理。亦即前者是事务管理，而后者是决策权力。伪“满洲国”在财政上推行的是以总务厅主计处为中心日本人掌管财政的体制，总务厅主计处是伪满真正的“财政部”。主计处原为满铁人员的天下，不久成了日本内阁大藏省的实际分号，以主计处长松田令辅为首的大藏省派遣官僚充斥主计处，他们把持伪满财政决策权，并事事唯日本大藏省的马首是瞻。

在财政预决算和财会制度方面，伪满初时仍沿用民国时期的财政年度，即当年 6 月 30 日至翌年 7 月 1 日为一个财政年度。故 1932 年 3 月至 6 月是伪满第一个财政年度，亦称“建国年度”。初时仍采行分治财政，主要财源就是截留原东北盐务署的盐税、吉黑榷运署的利润和来自伪“中央银行”前身的借款。所谓“财政预算”也只是伪满“中央政府”的财政预算，各省伪政权仍然沿袭旧的财政传统，固守各自的财权。但从 1932 年 7 月起的第二个财政年度开始，日本侵略者开始改变财政分治状态，剥夺各地汉奸实力派的财权。1932 年 6 月末 7 月初，“货币法”颁布实施，伪满“中央银行”开业，并夺取了包括大连海关在内的东北各海关。以此为契机，伪满政府采取了旨在建立“中央集权”的殖民掠夺财政的两项重要措施：一是撤销各省财政厅，设置隶属于伪“财政部”的税务监督署，使之承担对税捐局及其他征税事务的监督。① 吉林

① 当时共设立滨江、龙江、热河等 5 个税务监督署。其中除滨江税务监督署外，基本上分管奉天、吉林、黑龙江、热河四省税务。滨江税务监督署则主管哈尔滨及其周围各县，即滨江、阿城、双城、呼兰、兰西、肇东等县税务。

省印花税处和吉林省烟酒事务局亦同时被撤销。二是制定发布《国税地方税划分案纲要及其办理方法》,废除省税,将其大部分转为“国税”,小部分转给县市作为地方税,并将奉天省上年11月10日已转给地方的田赋、营业税,又收回作为“国税”,从而在主要税种上统一了“国税”和地方税的划分标准。

废除省级财政的目的是建立伪满中央集权财政。1932年10月18日推出的伪满第一个财政预算即“大同元年度预算”,标志这种集权财政已具雏形。继而于1933年1月在追加预算的同时,把“国都建设局”“国道局”“专卖公署”“关税及盐税担保旧外债整理基金”和“需品资金”等,另列为“特别会计”,与一般会计分开。从此,伪满的财政预算始终是特别会计与一般会计并列,并越来越以前者为重点,这也是伪满殖民掠夺财政的一个特点。伪满汉奸政权出笼之初,财政或傀儡政权权力所及范围有限,基本上只是关东军得以占领的铁路沿线和交通比较便利的部分地区,当时汉奸政权的地方税收从一个侧面反映了这种情况。[①] 尽管如此,伪“满洲国”的财政自始便呈现出为日本帝国主义殖民统治服务的殖民掠夺财政的性质。伪满1932年财政年度收支数据显示,租税总收入占经常收入的87%,从捐税的结构和性质看,包括关税、盐税以及其他税种在内,直接或间接由民众负担的消费税占90%以上,而收益税和交通税分别只占3.6%和4.6%。从财政支出来看,军警费和行政费分别占39%和34%,合计占73%。亦即接近3/4的财政开支用于扩大和强化对民众的法西斯殖民统治。

伪满这种“中央集权”法西斯殖民掠夺经济体系的建立,在伪满傀儡政权范围内,是破坏、调整地方机关,健全和强化中央机关。1932年5月,关东军司令官提出,必须尽快建立与健全中央行政机关,从地方实际情况出发,完成“行政经济机关的重大改革”,“有步骤有计划地逐步实现中央集权”。不过这种“中央集权”并非“集权”于伪满中央的汉奸头目,

① 据《第一次满洲国年报》,1932年9月,税务监督署能完全控制并可靠解到税款的税捐局只有24个;解款虽不可靠但已开始征税业务的税捐局为35个;情况不明的税捐局为96个。

而是集权于日本人官吏。所以关东军司令官特别强调,“‘满洲国’政府中的最高级日本人官吏有责任统制所有日本人官吏”。① 这就可以通过伪满政府中最高级日本人官吏,再“集权”于日本关东军和日本内阁。为此,在这之前,1932 年 4 月 11 日日本内阁出台的《关于帝国对满蒙新国家的具体援助与指导问题》明确规定,伪满必须从日本聘用“有权威的顾问”,作为财经问题及一般政治问题的“最高指导者”;伪满的“参议府”“中央银行”及其他机关的领导岗位,“须任命能干的我国(日本)人”;伪满的铁路和其他交通机关,“须由我方(日方)掌握管理实权”。② 当然,这些不单是日本方面的方针、要求,而且大多立有条约或合约、协议。

伪满傀儡政权的建立,标志着日本帝国主义在东北的掠夺,由明火执仗劫掠改为按条约、协议进行“开发经营”。对日本来说,肆无忌惮地进行经济掠夺,是条约赋予的权利;而对伪满汉奸来说,允诺和协助日本进行经济掠夺,不过是履行条约义务。对日本帝国主义在炮制伪“满洲国”傀儡政权的同时,精心炮制了一份被称为“换文”的契约文件。1932 年 3 月 10 日,即伪“满洲国”出笼第二天,溥仪签署“内阁名单”之后,伪“内阁”总理郑孝胥就让他立即在“换文”上签字。这样,日本帝国主义将志在必得的政治、经济权益作为伪满傀儡政权必须履行的条约义务记录在案。“换文”保证:“敝‘国’承认,贵国军队凡为国防上所必要,将已修铁路、港湾、水路、航空等之管理并新路之布设,均委诸贵国所指定之机关”;“敝‘国’对于贵国军队认为必要之各种设施竭力援助”。伪满“国防”和“国”内治安所需经费、水陆空的所有设施、资源,全部由溥仪拱手奉送给日本主子,还要乞求其“允可”、笑纳,切勿拒绝。③

伪满傀儡政权不同于其他殖民地,有外表“独立”的假象,关东军凭

---

① 中央档案馆等合编:《日本帝国主义侵华档案资料选编 · 伪满傀儡政权》,中华书局 1994 年版,第 9 页。

② 中央档案馆等合编:《日本帝国主义侵华档案资料选编 · 伪满傀儡政权》,中华书局 1994 年版,第 6—7 页。

③ 中央档案馆等合编:《日本帝国主义侵华档案资料选编 · 伪满傀儡政权》,中华书局 1994 年版,第 3—4 页。

借强大的武装和“威力”,通过所谓“指导”的方式进行法西斯政治统治和经济掠夺。伪“满洲国”成立不久,这套法西斯政治统治和经济掠夺的方针、措施随即出笼。不过从1932年5月到1933年8月,经历了一年多的修改、讨论,才正式形成正式文件。1932年5月21日,日本关东军司令部发布的《对满蒙方策(第四次方案)》提出,伪满“既实行中央统制(集权)”,前提是“以日籍满洲人为中心,对中央行政进行指导,但须坚持由少数(日本)人控制要害部门的原则”。[①] 这是最早提出对伪满傀儡政权“中央”的所谓“指导”问题。接着6月由关东军参谋长桥本虎之助起草的《满洲国指导要纲(草案)》,规定日本的“方针”是,“支持”伪满,并使之发展成为“适应”日本“国策”的“独立国家”;设定了日本“承认”伪满前和“承认”伪满后的“指导”主体,以及不同产业的指导原则:“承认”伪满之前,关东军作为“中心”,并与日本驻满政治机构合作,担任伪满的“指导”;“承认”伪满之后,在关东军司令部内设置驻满政治指导机关,由关东军司令官“担任指导”,并由关东军司令官兼任日本驻满“全权大使”,使领事等均为其下属,掌握“外交”事务,同时保留对伪满日系高级人事的决定权。属于伪满的铁路、主要水路港湾和航空,“由帝国加强管理,并委任某公司负责经营”。一般产业开发,根据同日本国防和国民经济生活的关系,分为由日本“掌握指导”和属于伪满“经营管理”两个部分。其中制铁、制钢、炼油、重要煤矿、电力、轻金属、烧碱、硫铵工业,以及日本农业移民,由关东军“统制、指导”,由伪满政府“经营”。[②]

1933年3月24日,日本陆军省对桥本虎之助《指导满洲国纲要(草案)》进行修订和增删补充,出台了《满洲国指导方针要纲》。关于“指导”方式,陆军省的“草案”提出,日本的“指导威力”暂时仍保持“潜在活动”;关于“指导”范围,认为对伪满国防、外交和日满经济运营方面的“基础事项”,以及重大内政事项,“应积极加以指导”,其他方面尽量任伪满

① 中央档案馆等合编:《日本帝国主义侵华档案资料选编·伪满傀儡政权》,中华书局1994年版,第11—17页。

② 中央档案馆等合编:《日本帝国主义侵华档案资料选编·伪满傀儡政权》,中华书局1994年版,第17—18页。

“要人自由裁量”；对伪满的“指导”，应在关东军司令官内部统一指导之下，“通过日籍官吏实际进行”。日籍官吏是“指导”伪满的“枢轴”，故应维持“总务厅中心的现行体制”；伪满经济开发，制约日本国防要求者，“置于帝国的实权之下”，其中交通、通信与国防及治安维持有特殊紧密关系，故在“帝国政府实权下，尽快整备各种设施期其发展”，其他原则上处于伪满“实权之下”。①

1933 年 4 月 3 日，关东军司令部又对陆军省的“草案”提出多条修改意见。4 月 6 日，陆军省作出回应，完全接纳其中一条修改意见，即关于对伪满的“指导”，将“要纲”草案第四条中的“通过日籍官吏实际进行”，改为“主要通过日籍官吏实质进行”；将“日籍官吏是指导满洲国的枢轴”，改为“日籍官吏应为满洲国国政运营的中坚”，保证关东军司令官的“指导”专利。并参照其他修改意见作若干文字变动。其后日本内阁会议，将陆军省的“要纲”第九条，即“满洲国的经济开发，制约帝国国防要求者，置于帝国的实权之下；其他方面原则上使之处于满洲国的实权之下”，修改为“满洲国的经济开发，以日满共存共荣为指导思想，凡属受到帝国国防要求制约的部分，均应置于帝国的实权之下，除此之外，应在满洲国的实权下，适当地由国内外人士从事公正自有的经济活动”。同年 8 月 8 日，最终由日本内阁会议决定出炉了《满洲国指导方针要纲》。②

关于对伪“满洲国”的所谓“指导方针”，在一年多的讨论、修改中，一些内容、条款，多有修改或反复，唯有关于经济、企业的管理和经营模式，除某些文字表述外，并无歧义和修改、反复，都是置于日本或伪满的“实权”之下。实际上就是置于关东军、关东军司令官的“实权”之下。

日本在拟定、修改、完善法西斯政治统治和经济掠夺的方针、措施的同时，对日本在“满洲”的统治和掠夺机构进行调整、归并。伪满傀儡政

① 中央档案馆等合编:《日本帝国主义侵华档案资料选编 · 伪满傀儡政权》，中华书局 1994 年版，第 19—21 页。

② 中央档案馆等合编:《日本帝国主义侵华档案资料选编 · 伪满傀儡政权》，中华书局 1994 年版，第 21—28 页。

权成立之初,日本在满机构,关东军、关东厅和外务省机关“三足鼎立”,此外还有势力巨大的满铁,被称为满洲“四头政治”。当时处于主导地位的军部极力主张“四头政治”归并统一,内阁希望在不变更官制的前提下解决问题。1932年8月,陆军大将武藤信义接任关东军司令官,同时兼任驻满特命“全权大使”和关东厅长官,关东军司令官“三位一体”,满铁也为关东军所掌握。“四头政治”集中于关东军司令官一身,问题得以解决。

关东军武力侵占了全东北,也同时控制了政治、经济。在被占领地区,所有行政和经济措施,都必须得到关东军的批准。在筹备、炮制伪满汉奸政权的同时,关东军就在建立和实施对伪满的“内部指导权”,进行法西斯政治统治和经济统制、掠夺。起初并无行使“内部指导”的专门机构,主要由板垣征四郎高级参谋等以伪“国务院”为中心行使这一权力。1932年8月,关东军司令官“三位一体”架构形成后,关东军司令部专门成立第三课(后改为第四课)作为负责有关伪满政务的机构,担任所谓“内部指导”。凡是伪满重要事项,必须先经第三课同意,再由副参谋长、参谋长和关东军司令官批准。特别重要或同日本有关的事项,关东军还须通过陆军省请求日本政府批准,履行一系列“正式”程序和手续。总之,关东军司令官的“内部指导权”是极其严密而无孔不入的。凡涉及日满之间的一切事项,都必须通过日本驻满“最高机关”关东军,不允许直接进行联系和交涉。因此,有关同伪满关系的问题,关东军的意图在日本政府以及政界、财界中都有强烈的反映。同时,陆军省对此也有强有力的发言权。

“三位一体”制在实行过程中,关东军在日本国内受陆军、拓务、外务三省监督,满铁在现地和日本中央分别受关东军和拓务省、外务省监督,由于监督者“各自主张其权力”,中央命令明显陷于混乱。这种状况,“日本军国主义,特别是它的核心陆军部是不堪忍受的”。日本在满机构及其对满方针实施的再次调整,势在必行。

1934年7月,冈田内阁成立之际,陆军参谋本部郑重提出对满政策问题,主张日本在伪满的军事、外交、行政由关东军司令官一手掌管,中央直接由首相执行监督,排除拓务、外务二省监督。而拓务、外务二省则仍然主张拥有“监督权”,并提出了各自的调整方案。不过9月10日冈田首相拟定的方案却是以陆军参谋本部的方案为基础，并据以进行机构调整：拓务省将原来属下的关东厅移交给驻满“大使”，改为“关东局”；关东军司令官兼驻满“全权大使”的下属机关关东州，设关东厅长官，由驻满“大使”监督。于是原来的“三位一体”制变为“二位一体”制。关东军司令官兼驻满“全权大使”，它以日本在满机关唯一代表的资格，完全掌握了日本帝国主义的军事、外交、行政三权。从此关东军与满铁的关系也进一步加强了。同时，拓务省、外务省也相应修改官制，关东局有关事务和南满洲铁道会社、满洲电信电话会社业务，脱离拓务省，转归内阁首相管理下的对满事务局掌管。该事务局由日本各省分派官吏组成，而由陆军大臣兼任总裁，并形成惯例；其下设次长兼任参事官，由现役陆军少将担任；其他职务也全都由现役军官充任。因而日本陆军参谋本部的势力和发言权很大。有关“满蒙”的由日本陆军省掌握主导权的机构建立起来了。关东军和陆军省对满铁的统制、指导力飞跃增强，重要事项都主要按陆军参谋本部的意志来决定。①

这样，自伪满傀儡政权出笼后，经过近3年的筹划、确立、争斗、调整，日本在伪满辖区中央集权的法西斯殖民掠夺经济体制正式建立并不断强化。而且这种“中央集权”，既不是集中于伪满的名义“中央”或实际“中央”总务厅，也不是日本内阁，而是日本关东军、陆军省，最后集中于日本陆军参谋本部，并由陆军大臣兼任垄断伪满经济的满铁总裁，其他职务全由现役军人充任。1934年12月10日接任关东军司令官的南次郎强调，关于对满政策的执行，“应以关东军为核心，实行一元化统制”，指导事项“由关东军司令部掌管”。至于内容、范围，“有关国家根本组织、国防、治安、外交、日满经济经营的特殊重要基础事项、涉及国本奠定的重大内政事项，均由关东军进行指导”；“坚决反对不通过关东军对‘满洲国’进行指导”。如此种种，无不凸显其法西斯特征。虽然南次郎假惺惺地声称，“关东军在指导时，为避免军人专断之嫌，拟利用文官及其他拥有特殊技能者”。② 这不过是“此地无

① 战犯古海忠之等所写日本侵华史料，见中央档案馆等合编：《日本帝国主义侵华档案资料选编·伪满傀儡政权》，中华书局1994年版，第29—31页。

② 中央档案馆等合编：《日本帝国主义侵华档案资料选编·伪满傀儡政权》，中华书局1994年版，第69、75页。

银三百两”,欲盖弥彰,丝毫不能淡化其经济管理和掠夺的法西斯特征。

日本虽然在行政架构方面,有让伪满傀儡政权“保持其独立的体面”的虚伪承诺或文件词句,但在经济管理和统制方面,并不允许所谓“独立的体面”存在。日本的目标就是要将伪满同日本合为一体。南次郎在其“意见书”中提出,对伪满“应保持其独立的体面”,但“必须明确日满不可分的关系,并使之拥有正确的对日观念,从而在日满一体的关系下,实现五族协和与安居乐业”。为此,南次郎在其“意见书”中提出设立“日满经济会议(委员会)”的主张。①

1934 年年末南次郎接任关东军司令官后,立即紧锣密鼓筹办“日满经济联合委员会”成立事宜。1935 年 7 月 15 日,南次郎以日本驻伪满“全权大使”的身份,与伪满“外交部”大臣张燕卿共同签署《关于设置日满经济联合委员会的协定》,标志着在经济上“日满一体”化的实现。该协定开头特别说明,“日本政府及满洲国政府为永远巩固现存于日满两国之间的经济上互相依存的关系,希望实现日满合理的经济融合”,“两国政府根据昭和七年九月十五日即大同元年九月十五日签订的日本国与满洲国的议定书的宗旨,认为日满两国对于相互间的重大经济问题,有充分而密切地实现共同目标的必要”,为此设立“日满经济联合委员会”。会址设于“新京”(长春);“日满经济联合委员会”对于有关日满两“国”经济联系事项及有关合办特殊公司的业务监督事项,应按照两“国”政府的咨询向两“国”政府呈报其意见;两“国”政府关于上述规定的事项,事先应向委员会咨询,等提出意见后加以处理;必要时,委员会对有关两“国”经济融合事项,向两“国”政府提出建议。② 按照协定,“日满经济联合委员会”由 8 名委员组成,日本、伪满各出 4 名③。7 月 15 日“日满经济联合委

① 中央档案馆等合编:《日本帝国主义侵华档案资料选编 · 伪满傀儡政权》,中华书局 1994 年版,第 71、74—75 页。

② 复旦大学历史系编译:《日本帝国主义对外侵略史料选编(1931—1945)》,上海人民出版社 1983 年版,第 91—92 页。

③ 8 名“委员”名单:日方为关东军参谋长西尾寿造、日本驻“满”使馆参事官谷正之、关东局总长大野绿一郎、关东军经济顾问竹内可吉;伪满为“外交部”大臣张燕卿、“财政部”大臣孙其昌、“实业部”大臣丁鉴修、“国务院”总务厅长冈隆一郎。

员会”成立当日，在长春举行的首次会议上，“咨询”的重要问题有：关于撤废领事裁判权之调查事项与条约案；日“满”通货统制事项；关税问题；调整及统制两国产业，“为日‘满’经济集团”强化之第一步；创设日“满”合办特殊公司之监督等。①

“日满经济联合委员会”的成立并作为常设机构，显示伪满和日本两者经济已经或正在“合二而一”，伪满经济正在开始成为日本经济“不可分离”的一个有机组成部分。标志着伪满在经济上的“独立”名义完全消失，由原来名义“独立”下的法西斯殖民掠夺经济体系，变为地地道道的日本殖民地经济体系。

1937年年初，日本全面侵华战争已箭在弦上，即将爆发，目标是全面占领和最后彻底灭亡中国。伪“满洲国”是日本占领和灭亡中国的“根据地”。在这种情况下，1937年4月，关东军司令部又草拟了《关于对满洲国实行内部指导问题》的“内部文件”，从三个方面论证了关东军对伪满实行“内部指导”的“理由”：一是基于所谓“建国原委的理由”。伪满傀儡政权直接由关东军炮制，伪满汉奸头目由关东军一手栽培扶植，故伪满“领导机关”视关东军为其“生身父母、事实的支柱”，因而予以“信赖”、服从“领导”；皇帝以关东军司令官为“师长，接收其辅导”。关东军的“威信和作用”，证明它是伪满“最为合适的指导者”。二是基于“实际需要”的“理由”。伪满各族民众，往往容易同“毗邻的阴谋活动（按指中国抗日运动）相勾结，进行离间中伤”，对其“指导时，必须经常把握强大的威力”，监视其“阴谋活动，恩威并施，及时地采取妥善措施”。尤其是根据当前“治安情况”和“邻国的形势”（按指陕北工农革命根据地的建立和“西安事变”后的抗日新形势），更需要在政治、外交、军事、经济等各方面进行“全面指导”。这样，才能使“符合满洲目前形势的国务”得以顺利开展，“日满共同防卫的宗旨”得以彻底体现（按即以伪满为“根据地”发动全面侵华战争）。换言之，当务之急就是“建设国防国家”，由关东军司令

---

①　中国国民党中央委员会党史委员会编印、秦孝仪主编：《中华民国重要史料初编·对日抗战时期》第6编，傀儡组织（1），中国国民党中央委员会1981年刊本，第808—811页。

官对此“进行指导是绝对必要的”;“以强大的武力为背景进行指导,也是必要的”。三是“制度上的理由”。伪满“建国”的意义首先在于“满足(日本)帝国国防的要求”(按即占有和攫取丰富的国防资源,使日本“在国内不出一分钱”的条件下,进而发动全面侵华战争,占领和最终灭亡中国),同时借以解决民族问题,谋求“东亚之安定”,成为“实现八纮一宇理想”的一个阶段(按即大规模移民,为日本农民到中国东北“做地主”“当东家”,缓解日本国内阶级矛盾,解决“民族问题”)。① 因此,“内部指导”是超出对“国务或统率”进行辅佐的范围,基于实际需要而采取的行为。实际上由处于最适当地位的关东军司令官执行此项任务,不仅毫不违背宪法规定的制度,相反,这一做法最能透彻地体现“满洲建国”的“根本意义”。同时,除了上述“内部指导”,还以公开或秘密的条约或协定为基础,采取公开或秘密的地方进行“指导”,在具体执行时,根据工作的性质和内容,主要是由外务大臣通过“全权大使”,或由统率系统通过关东军司令官执行。这是“制度”规定的原则。为了使“国务”和“统率”协调一致,决定“全权大使”由关东军司令官兼任。再次强调“二位一体”制的不可动摇性。

这样,日本陆军省和关东军的一切侵略、攫夺、奴役乃至烧杀掳掠,都是在“内部指导”的掩盖下进行,而“内部指导权”全部操诸关东军司令官一人之手。按照所谓“内部指导”内容、性质的不同,关东军司令官时而以“司令官”的身份进行“指导”,时而以“全权大使”的身份进行“指导”,或同时须以“司令官”和“全权大使”两种身份进行“指导”,都是关东军司令官表演双簧。“内部指导”成为日本帝国主义一切侵略阴谋、行径的“代名词”,成为日本帝国主义对东北进行法西斯殖民统治和攫夺、奴役的遮羞布。日本帝国主义正是在行使“内部指导权”的掩盖下,迅即将伪满建成为发动全面侵华战争的“根据地”。

1937 年全面侵华战争爆发后,日本随即再次对伪满“中央”和地方行

---

① 中央档案馆等合编:《日本帝国主义侵华档案资料选编 · 伪满傀儡政权》,中华书局 1994 年版,第 84—86 页。

政机构进行了“改革”、调整，将伪满政府和日本本国一样，一齐改为“战时体制”。

为了适应全面侵华战争的需要，强化日本帝国主义对伪满汉奸傀儡政权的直接掌控，日本进一步加强“中央集权”。首先强化伪满“国务院”的统制权，将各“部”的法规制定权集中隶属于伪“国务院”，使各“部”变为单纯的行政部门，并将作为伪“国务院”核心组织的核心人物总务厅长，升格为总管伪“满洲国”一切“政务”、权力的“总务长官”。其次将原有的总务厅机构，除继续保留企划、主计、法制、人事四大处之外，更增设弘报处、统计处，1938 年又增设地方处，将企划处升格为企划局，将“军事部”（“治安部”）的警务司升格为警察总局，隶属总务厅。同时将各“部”的总务司长升格为部级“次长”，名副其实地总揽该“部”一切权力。最后对占重要地位的司长，以及人事、文书、经理等科长，全部改为日本人担任。在地方，将县参事官升格为副县长，警务指导官升格为警务科长，等等。这就全面强化了日本法西斯殖民政策和制度、法令、行政管理，同时强化了制定和执行命令的组织系统。为实现各种法西斯殖民制度、法令及行政审议与决定，1937 年 7 月，在法律和行政程序上规定了所谓“总务厅次长会议”。①

“总务厅次长会议”，亦称“火曜会议”“火曜会”（最初为“水曜会”），其产生、确定有一个过程。按伪满“国务院”官制规定，为了便于行政事务的联系和统一，保持全局之平衡，设置“国务院”会议，由“国务总理”主持，各“部”总长、总务长官、兴安局总长（后改为“总裁”）、法制局长（后废除）或上述人员代表组成，原则上每周举行一次例会，重要“国务”须经该会议审议决定。因此，“国务院”会议是伪满政府的最高决策机关。但是，关东军司令官对伪满具体行使“内部指导权”，凡属有关伪满重大事项的提案，在提交“国务院”会议审议之前，须经关东军司令官批准。换言之，未经关东军司令官批准的提案，绝对不能提交“国务院”会议审议；

① 中央档案馆等合编：《日本帝国主义侵华档案资料选编·伪满傀儡政权》，中华书局 1994 年版，第 316 页。

凡经关东军司令官批准的提案,“国务院”会议审议时也不能修改。实际上,关东军司令官为了对伪满高效行使“内部指导权”,批准合乎自己要求的提案,在“国务院”会议之外,还有一个由真正掌握伪满大政实权的最高日系官吏所组成的审议、决策机构。这就是“火曜会议”,或称“总务厅次长会议”。它由总务长官主持,由总务厅次长、各部次长(初期为总务司长)、总务厅各处处长、兴安局参事官,以及关东军第四课课长(参谋)组成。凡是提交“国务院”会议的提案,全部都需由火曜会议审议决定。火曜会议是公开的常设会议。“它作出的决定就是日本人最高官吏的意旨体现,是以关东军司令官批准作为其保证的”。因此,伪满的“最高决策机关就是火曜会议”。而“作为‘满洲国’最高决策机关的‘国务院’会议完全有名无实,只有火曜会才是真正的‘满洲国’最高决策机关”。这在不定期的秘密会议上体现得尤为明显。需要保密的事项,诸如有关“国家”机密或军事机密的计划、方针和措施,以及其他不让“满”系官吏知道的事项,都提交秘密会议讨论、议决。① 因凡是伪满的所谓“根本大计”、一切法令均由火曜会议制定,原来不定期的秘密会议逐渐定期化,并固定于每周二召开,故火曜会议又称“定期次长会议”或“次长秘密会议”。凡经火曜会议决定的议案、决议,全是“铁案”,丝毫不能改动,一路畅通无阻。②

“总务厅次长会议”或“火曜会议”的确立和常规化,标志着日本对伪满傀儡政权的控制由“内部指导”进而正式转变为直接控制。“定期次长会议”是实质上的“阁议”,是决定伪满侵略方针最重要的会议。不过并非所有的重要议案都提到“定期次长会议”,然后再依次提到“阁议”“参议府”并分别被表决通过,一些有关关东军机密事项和伪满

① 中央档案馆等合编:《日本帝国主义侵华档案资料选编·伪满傀儡政权》,中华书局1994年版,第329—330页。

② 一般的具体程序是:议案由火曜会制定或决定后,交“国务院”会议无条件通过;再经“参议府”的皇帝咨询机关无条件通过;再由“总理”“议长”分别向皇帝做形式上的报告;而后由“国务院”总务厅交“皇帝”“裁可”,签名盖印,最后才转回总务厅发布施行[《溥仪检举武部六藏》(1954年7月19日),见中央档案馆等合编:《日本帝国主义侵华档案资料选编·伪满傀儡政权》,中华书局1994年版,第337—338页]。

“国家”机密事项，都是临时或随时召开日籍次长会议和日籍次长扩大会议，审议、决定。这样，在常规和固定（定期）的次长秘密会议之外，又另增临时秘密会议。属于这类临时秘密会议的议案，有关东军按日本的物资动员计划，要求伪满政府动员煤、木材、洋灰、粮谷等的物资，提供劳工等；有伪满“国家”机密事项（重要物资的生产设备能力、实际生产成就、减少因轰炸、火灾及其他事故所蒙受的生产力的损害、物资动员计划、资金动员计划和劳务动员计划的内容等）；还有关东军所命令的机密事项（收买军用地、在关东军监督管理下的工厂情况、国防线路计划等）。此外，在总务厅审议伪满重要政策的过程中，还时常由总务长官召集各“部”司长、次长和有关总务厅处长、次长开会酝酿、磋商，而同汉奸“国务总理大臣”、各汉奸“部”长毫无关系。① 这样，不仅伪满“国务院”会议完全形同虚设，整个伪满汉奸政权也彻头彻尾地傀儡化。

1937 年全面侵华战争爆发前，日本为加紧部署全面侵华战争，充当日本全面侵华战争“根据地”的伪满，从出笼之日起，其“经济统制始终是以相当高度的计划性进行运营的”。1937 年全面侵华战争爆发后，日本很快从“准战时体制”过渡到“战时体制”。伪“满洲国”自然紧紧跟随，并根据“日满共同防卫原则”，为了全力向日本提供物资支援，呈加速度加强相关职能部门，强化经济统制、掠夺，连珠炮般地制定、颁布统制法令、措施：1937 年 12 月 9 日敕令公布“贸易统制法”；1938 年 2 月 26 日敕令公布“总动员法”；4 月 1 日敕令公布“钢铁类统制法”；12 日“经济部”“治安部”及“产业部”共同“部令”公布《关于取缔暴利之件》；等等。另外还公布了经过多次修订的“汇总管理法令”“临时资金统制法”，以及其他有关物资、物价、贸易、汇总资金等战时法令，或对旧的法令进行修订。这样，伪满的“战时体制”，在“日满一体”的原则指令下，急剧强化和扩大。

① 中央档案馆等合编：《日本帝国主义侵华档案资料选编·伪满傀儡政权》，中华书局 1994 年版，第 331—332 页。

1939年日本全面侵华战争进入相持阶段后,战争时间和战线拉长,侵华日军和日本国内物资需求量不断增加,为了进一步强化"战时体制",加大物资掠夺力度,延续和扩大侵略战争,复于1940年2月发布《物资动员计划与物资统制文件》。其目的就是"为了完成当前的战争任务而充分保证提供必要的军用物资"。为此必须"节约消费""加强生产力和出口能力"双管齐下。日本军需工业扩大生产所需要的铁、煤、铅、锌、盐、亚麻、蓖麻等重要物资,"必须竭尽全力地向日本提供"。这就是为什么要特别强调"提高出口能力"的原因。这一切都是以"日满为一体的计划性"为前提。而"物资动员计划是以确保(日本)军需器材为最高目的"。该文件严格规定了各类物资的配给顺序:(1)军需;(2)准军需;(3)官需;(4)特需;(5)准特需;(6)重要民需;(7)纯民需。军需是重中之重。为了满足"几乎无限制增大的军需及准军需",其他需求必须加以控制。但"特需"是指完成"产业五年计划"所需资材,绝大部分产品仍是军需,其重要性"仅次于军需,必须尽可能地充分供应"。官需是日伪政权机关需用资材,"也与特需同样"。至于一般民需(纯民需),配给顺序排在末尾,是否配给、配给多少,无关宏旨。虽然该文件假惺惺地称"不能允许通过极端的压缩民需而给国民大众的生活带来不安"。但可以肯定的是,在军需"几乎无限制增大"的情况下,此消彼长,民需必然"无限制缩小"。① 越到后来,"纯民需"的份额、数量越小,几乎微乎其微。如口粮配给,1943年7月,奉天成人仅7公斤,少年4公斤,幼儿2公斤;鞍山成人6.5公斤,抚顺成人6公斤;1943年4月,哈尔滨成人口粮配给量仅5公斤。东北民众只能吃用橡子面蒸的所谓"满洲馒头",喝豆饼渣掺糠秕、杂谷的"协和粥"。②

在太平洋战争爆发后,日本再次对伪满行政机构进行"改革",借以强化战时经济体制,在此过程中,经济职能机构的调整是其重点或重点之一。从1939年起,伪"满洲国"的"战时经济"就出现了严重危机。

① 章伯锋、庄建平主编:《抗日战争》第6卷,四川大学出版社1997年版,第100—106页。

② 章伯锋、庄建平主编:《抗日战争》第6卷,四川大学出版社1997年版,第21—22页。

为了适应经济资源向“重点主义”转轨和开始强化粮食掠夺的需要，自1940年6月1日起，伪“满洲国”再次进行以经济职能部门为重点的行政架构调整，将原来的“产业部”改为“兴农部”；原属“产业部”的矿山、工务司和水电局等划归“经济部”。日伪之所以如此突出农业，是因为他们感到：“中国事变之长期化与国际情势之紧迫，日满华‘三国’粮食、饲料之自给对策，骤为当前之重要问题。满洲国之农业政策，不止于‘国内’自给自足，而尤为东亚食粮供应之基地，成为特殊农产物之供给渊源。”①新成立的兴农部下设官房、农政司、农产司、粮政司、畜产司，以及独立的所谓外局开拓总局。这样，就从汉奸“中央”政权和伪满全境的层面，全面建立起战时法西斯殖民政治统治和经济掠夺体制。

同伪满“中央”机构一样，在地方，伪满省、县级行政机构也都施行“临战体制化”。太平洋战争爆发后，不但整个伪“满洲国”沦为日本进行侵略战争的基地，而且始终处于对苏备战的前沿，尤其东、西两侧和北部边境，属于军事第一线，一旦战争爆发，首当其冲。因此，1943年10月1日，伪“满洲国”对这些边境地区，采取了特别的临战行政措施：在东部，将东安、牡丹江、间岛3省合并设立“东满总省”；将兴安北省、东省、南省、西省合并，设立“兴安总省”。② 与其他“省”不同，对该二“总省”的管治，并不借助和使用汉奸，而是直接由日本人充当“总省长”，并被赋予比一般伪省长大得多的权力。他们不但“指挥监督”总省内包括省长、市长在内的“所属官吏”，而且“为保持安宁秩序需要兵力时，得向地方驻扎军队之长请求出兵”。并可先斩后奏，只须“直接向国务总理

① 解学诗：《伪满洲国史新编》，人民出版社2015年版，第304页。

② 东满总省、兴安总省的设立，除了防备和应对苏联，还另有直接导因：前者直接起因于关东军下方面军的设置。原来牡丹江、东安两省分别属于不同军的管辖区，牡丹江设立以山下奉文大将为军司令官的方面军时，东安的军被纳入他的指挥之下，因此这是为方面军的管辖区与省的行政区划一而设立的；后者有对蒙政策的考虑，满足蒙古民族素有的要求，借东满总省设立之机而实施的（《东满总省和兴安总省的设立》，见中央档案馆等合编：《日本帝国主义侵华档案资料选编·伪满傀儡政权》，中华书局1994年版，第477页）。1945年夏初，日本帝国主义穷途末路，各条战线自顾不暇，5月28日撤销东满总省，以原伪东安省和牡丹江省设立东满省，伪间岛省恢复原状。

大臣报告”即可。①

市、县、旗伪政权,是“整备”机构、强化“战时行政体制”的重点。就机构及其职能而言,主要是推进伪政府同协和会及兴农合作社的“三位一体”制,以便“一元化”地统治、奴役和掠夺、搜刮民众。同时对伪政权同协和会、兴农合作社三类伪机构的人事配备实施交叉、合流。此项措施从1940年和1941年即已开始实行。为了进一步推进“三位一体”体制和加强日本人官吏对地方行政的集中控制,又自1943年7月起,担任副县长和旗参事官的日本人,兼任县、旗兴农合作社的副社长。至于县、旗以下街、村的“三位一体”体制,也早在1941年2月,伪满“国务院”颁布《国民邻保组织确立大纲》后,即已逐步实行。

太平洋战争爆发后的伪满政府临战体制化,继续沿着强化日本人官吏控制权的方向演化,并且,在伪满“中央”还显现为“总务厅中心主义”的进一步强化。1942年,还把“强化总务厅中心主义”写进当年12月8日伪满政府的所谓《基本国策大纲》之中,俨然成为一项“基本国策”。于是,总务厅的权力和机构,膨胀再膨胀。权力方面统辖全伪满“几乎所有的重要行政事务”,成为实际上的“国务总理”;机构方面到日本战败投降前夕,已膨胀到拥有7处(企划、主计、人事、法制、地方、弘报、统计)1部(防空部)1局(警务总局)的特大规模。日本人官吏控制权的扩大,还反映在“次长制”的变化上。许多部处、省的“次长”甚至正职,都改由日本人担任。如前揭新设东满总省和兴安总省,总省长和省次长全由日本人出任;边境地方的许多县,如东宁、绥阳、穆棱、鸡宁、密山、虎林、珲春、孙吴、林西等县,也都是由日本人任县长。其他如副县长和掌管人事、文书、经理、警务、交通等部门职位,也全由日本人把持。伪满官制原本实行满系官吏和日系官吏的双重体制。日本人“次长”名义上是副职,但是掌握实权。现在不少“部”、省,连满系名义上的正职官位也被废除了,日本直接实行百分之百的军事殖民统治,且有加速发展之势。与此相联系,作为

① 中央档案馆等合编:《日本帝国主义侵华档案资料选编·伪满傀儡政权》,中华书局1994年版,第478、482页。

“次长制”统治的组织机构“次长会”，即“火曜会”，也进一步公开化和极权化。过去次长会议决定的法案与事项，一般均须经伪“国务院”形式上的审议并通过，然后由伪满政府出面公布和推行。太平洋战争爆发后，直接以火曜会名义公布的法案愈来愈多。次长会议不仅实质上，而且名义上也公开成了伪满的“国务”会议。特别是与扩大侵略战争直接相关或关系密切的事项，次长们和次长会议无不直接审议执行，伪满汉奸头目和傀儡机构完全被甩在一边。①

三、日本在伪满的经济统制和经济掠夺

日本帝国主义在伪满辖区的大规模领土侵占和经济、财税、经济资源掠夺，始自20世纪初。1905年9月，日本在争夺东北权益的日俄战争中战胜了俄国，后者被迫将旅顺口、大连湾及其附近领土领水之租借权以及有关其他特权，将由长春（宽城子）至旅顺口之铁路及一切支线（即“南满”铁路），以及所属之一切权利、财产和煤矿，全部“移让”与日本。自此，日本“名正言顺”地开始了在东北南部（即“南满”）的军事占领和治安管理，随即着手进行经济攫夺。1906年6月，日本政府“敕令”设立“南满洲铁道株式会社”（以下简称“满铁”），自此，满铁作为日本“国策会社”和对华侵略的急先锋，在中国东北、内蒙古地区开始了疯狂的经济侵略。1931年“九一八事变”前，经营范围以铁路运输为主，兼营仓库业、旅馆业（包括旅馆即餐车营业）、铁道工场、港湾业、采煤业、石油业等，另据日本政府“命令书”，于铁路沿线附属地垄断土地、建筑物、市街设施、社会设施，以及教育、卫生、警备、产业等相关设施的建造、管理，并对附属地内的住民、机构征收赋税、手续费，当年即“赢利”201.7万元，1929年增至4550.6万元，增长21.6倍。② 到1931年，满铁已拥有4.4亿元资本，1100公里铁路，480平方公里的铁路附属地，近4万名职工和50多个关

① 中央档案馆等合编:《日本帝国主义侵华档案资料选编・伪满傀儡政权》，中华书局1994年版，第307—308页。

② 章伯锋、庄建平主编:《抗日战争》第6卷，四川大学出版社1997年版，第32—37页。

系会社。在铁路附属地,一切行政、经济、社会及治安等事务,都由满铁一手操纵、包办,犹如“国中之国”。①

1931年“九一八事变”和1932年3月伪“满洲国”出台后,日本帝国主义进行经济掠夺的条件和手段发生了两个根本性的变化:一是“九一八事变”后,明火执仗的武装劫掠成为经济掠夺主要或唯一形式;二是伪“满洲国”出台后,相当一部分或大部分经济统制和掠夺,是通过汉奸傀儡政权(包括与汉奸政权二位一体的“协和会”)进行的,披上了伪“满洲国”的“合法”外衣。一些重要经济资源的掠夺,并订有条约、契约,因而完全条约化、契约化和“合法”化。

从1931年发动“九一八事变”到1932年3月伪“满洲国”出台,日本帝国主义夺城掠地、烧杀掳掠、入室或拦路劫夺,就地补给,“在日本国内不出一分钱的方针下进行作战”②,且大发横财,金银财宝、首饰细软、绫罗绸缎、文物古董,源源不断运往日本。同时大肆网罗汉奸,物色走狗、代理人,积极炮制汉奸傀儡政权,既肢解中国,又明火执仗地为经济掠夺“合法”化创造条件。

1932年3月10日,伪“满洲国”成立的第二天,伪满“执政”溥仪在与关东军司令官本庄繁的秘密“换文”中承诺:(1)日本负责伪满的“国防及维持治安”,而由伪满承担“所需经费”;(2)伪满“承认”,凡是国防“必要”,一切“已修铁路、港湾、水路、航空等之管理并新路之布设”,统统委诸日本“所指定之机关”;(3)伪满“竭力援助(提供)”日本军队“认为必要之各种设施”。不仅如此,溥仪还承诺,将来日满“缔结正式条约”,即以上述宗旨及规定为“立约之根本”。③ 这是伪满政府成立后日本依据条约行使军事侵略和经济掠夺的开始。

秘密“换文”后,日本帝国主义马不停蹄,接连制定“指导”、操控傀儡

① 解学诗:《伪满洲国史新编》,人民出版社2015年版,第79页。

② [日]加藤阳子:《从满州事变到日中战争》,徐晓纯译,香港中和出版有限公司2016年版,第122页。

③ 中央档案馆等合编:《日本帝国主义侵华档案资料选编·伪满傀儡政权》,中华书局1994年版,第3页。

政权和统制伪满经济的方针、纲领。“换文”两天后，即 1932 年 3 月 12 日，日本内阁会议通过、发布《中国问题处理方针要纲》和《满蒙新国家成立后对外关系处理要纲》。前者规定，日后伪满治安和满铁以外的铁路保护，主要由伪满军队或警察性质军队负责，故须建立和改进伪满治安机关，但“尤应以日本人充任其领导核心”；因伪满乃日本“对苏对华的国防第一线”，日本驻满陆军须相应增加兵力，并拥有“必要的海军设施”，而不允许伪满“正规陆军的存在”；日本在满蒙权益的“恢复和扩大”，应以伪满为“对手进行”；最后，为贯彻日本关于“满蒙”的政策，“必须迅速设置统制机关”。[①] 这对于日本加快经济掠夺是最为重要的。在未有外交承认伪满的情形下，应尽可能采取“非正式方法”（如以私法契约的形式，由日本官员同伪满或其官员签订“地方性协定”），借以“实现并扩大帝国权益”，造成“事实上的既成状态”；关于外交及内政的“实权掌握问题”，初期尽可能采用少数日本人担任官吏或顾问，逐步加以充实。末期强调，上述方针一经决定，立即通报派驻伪满的日本“官宪”，令其对伪满“进行彻底指导”[②]，以便在政治、军事特别是经济上牢牢控制伪满，以保证“上述方针”的顺利实施。

日本接着要解决的问题是具体如何通过“彻底指导”，牢牢控制伪满的财政、经济，实施其经济掠夺和权益扩张。为此，1932 年 4 月 11 日日本内阁会议决定和发布《关于帝国对满蒙新国家的具体援助与指导问题》，着手解决这一问题。该文件规定，为确定伪满的财政经济政策，进而施行“日满两国的合理的产业统制，实现日满统一的自给自足经济”，需要有“权威的指导者”。故要求伪满从日本“聘用有权威的顾问”，作为财经问题及一般政治问题的“最高指导者”；伪满参议府、中央银行及其他机关的领导岗位，“须任命能干的我国（日本）人”。同时，鉴于日本及伪满的国防及经济方面的需要，伪满铁路和其他交通机关，须由日本“掌

---

① 中央档案馆等合编：《日本帝国主义侵华档案资料选编 · 伪满傀儡政权》，中华书局 1994 年版，第 4—5 页。

② 中央档案馆等合编：《日本帝国主义侵华档案资料选编 · 伪满傀儡政权》，中华书局 1994 年版，第 5—7 页。

握管理实权”。①

这样,在伪“满洲国”成立后,日本帝国主义通过“秘密换文”,大量派驻“官宪”“权威顾问”,进行“彻底指导”和强力“统制”,很快掌管伪满“中央”与地方机关,以及各职能部门实权,基本控制了伪满的财政经济。在这种情况下,日本进一步提出了“实现日‘满’融合、共存共荣”的新方针、新目标。1932 年 5 月 21 日关东军制定的《对满蒙方策(第四次方案)》中,其基本方针是:在伪满作为“独立国家”、顺应日本“国策”而发展的宗旨下,日本对其治安“恢复”、经济“开发”、行政“刷新统制”等,“提供必要之协助”,在政治、经济、国防等各方面“实现日‘满’融合、共存共荣”,从而“在实质上体现其作为帝国存亡之重要因素的性能”。②

为了紧密配合日本的掠夺“方策”和紧随的“指导要领”,伪满于 1933 年 3 月 1 日制定公布了《满洲国经济建设纲要》,提出所谓“经济建设”的“四大根本方针”,强调“为有效开发国内资源,谋经济各部门之综合的发展计划,重要经济部门应加强国家的统制”;在同日本关系上,须以“东亚经济之融合”为目标,“侧重于与该国协和,俾互相扶助之关系,益加紧密”,不过第一款强调,“所有开拓利源,振兴实业之利益,不容一部分阶级垄断,而由万民共享之”。本想讨好日本资本家,不料刺激和得罪了日本资本垄断集团。伪满傀儡政权嗣“以此种国家统制主义与国家社会主义的精神相混同,有使日本资本趑趄不前之虞,为免误会计”,准备发布“声明”进行检讨。就在这期间,日本政府更从中发现了伪满经济统制、掠夺方面的严重缺漏,亟须就伪满经济“开发”、统制、掠夺问题,制定一项完整、详细、周密的方针策略。因而在 1934 年 3 月 30 日,日本内阁会议通过了《日满经济统制方策要纲》。而 1934 年 6 月伪满政府发布的检讨“声明”,已是在《日满经济统制方策要纲》出笼两个多

① 中央档案馆等合编:《日本帝国主义侵华档案资料选编 · 伪满傀儡政权》,中华书局 1994 年版,第 6—7 页。

② 中央档案馆等合编:《日本帝国主义侵华档案资料选编 · 伪满傀儡政权》,中华书局 1994 年版,第 11 页。

月以后了。①

经济掠夺特别是有计划的、大规模的或规模不断扩大的经济掠夺，必须以经济统制为前提。从某个角度说，统制力度同掠夺规模成正比。不过经济统制的目的不仅仅是经济掠夺特别是眼前的经济掠夺。《日满经济统制方策要纲》所确立的经济统制目标是：在伪满作为与日本“有着不可分关系的独立国家”，本着两国“共存共荣精神”的前提下，“确立帝国(日本)的世界性经济力的发展基础，并强化满洲国的经济力”。② 在日本的《日满经济统制方策要纲》中，虽说伪满同日本“有着不可分关系”，“共存共荣”，但两者的目标大不相同。对日本是要“确立”其“世界性经济力的发展基础”，而伪满只是“强化”其“经济力”。这最多表明，对伪满不打算“杀鸡取卵”，还要留着母鸡为日本继续“下蛋”。值得注意的是，所要“确立”的日本“经济力”，不是通常所说“发达的”或“高度发达的”，而是“世界性”的。而且也不是最终“确立”日本的“世界性经济力”，而只是“确立”日本的“世界性经济力的发展基础”。因为日本深知，单靠“满蒙”的“经济力”，无法直接使日本“确立”为“世界性经济力”。所以，这并不是日本经济统制的终极甚至远期或中期目标，只是标志日本“回转国运”的开始。日本帝国主义的长远或战略目标是，通过对伪满的经济统制和掠夺，将伪满建成为进攻华北、发动全面侵华战争的“根据地”，全面占领和灭亡中国，同时利用中国的人力物力和经济资源，占领和统治亚洲，称霸和奴役世界。那时也就最终达到了“确立”日本的“世界性经济力”的目标。

---

① 伪满傀儡政权发布的“声明”称，“政府”的“建设方针”中，“关于可由民间经营之事业范围或尚欠明确，民间事业家似不无未能彻底明了其趣旨者，现经政府征询关系方面之意向，重行慎重审议，除国防上之重要产业、公共公益的事业及一般产业之根本的产业，即交通、通信、钢铁、轻金属、金、煤炭、石油、汽车、硫磺、采木等事业外，所有其他之一般企业，因事业之性质虽有时或加以行政的统制，而大都希望民间普遍参加经营”(《满洲国经济建设纲要》，见中国国民党中央委员会党史委员会编印、秦孝仪主编：《中华民国重要史料初编・对日抗战时期》第6编，傀儡组织(1)，中国国民党中央委员会1981年刊本，第805—806页)。这样，伪满傀儡政权关于经济“统制”范围和产业经营主体的划定、提法，同其日本主子的《日满经济统制方策要纲》完全一致了。

② 章伯锋、庄建平主编：《抗日战争》第6卷，四川大学出版社1997年版，第64页。

为了实现上述经济统制目标,《日满经济统制方策要纲》提出实行如下统制“方策”:将日本、伪满作为“同一经济体”,合理融合,再考虑两者资源状况、既有产业状况和经济发展态势,“实行适地适应主义”;适应国际形势,确立平时和非常时期之日满“组织性经济”。

以上述统制“方策”为指导方针,对伪满各经济行业、部门,主要实行下列统制“要纲”:其一,满洲交通、通信及制约日本国防的其他事业,“置于帝国(日本)之实权下,适当统制,以其迅速发展”;其二,非属前项范围的满洲事业,在伪满行政管辖下,“任内外人进行公正自由的经济活动”,但重要基础事项,“适当采取统制措施,以期有秩序的发展”;其三,对满洲金融进行“适当的统制”,使之保持日满金融组织间的“充分协调”,并体现日本资本与满洲资源之间“有效地恰当地联系”;其四,为供应满洲产业发展所必需的技术或劳力,在一定统制下,向满洲移殖“多数日本人”。

按照“实行适地适应主义”的方策,根据不同行业和不同部门的不同情况,日本采取行政性乃至资本性的不同统制措施和方法:交通和通信业,钢铁、轻金属、石油、代用液体燃料、汽车、兵器、硫铵、碱等工业,铅、亚铅、镍、石棉、煤炭、金等采矿业,以及电业、采木业,由“特殊会社”经营,直接或间接接受日本政府的“特别保护监督”;制盐、纸浆、面粉、油脂、制麻等工业,棉花种植、绵羊饲养等事业,按奖励、扶助的宗旨,采取适当行政乃至资本统制措施;纤维工业、种稻、养蚕、轮船拖网渔业、机船拖网渔业,考虑到日本相关产业的实际情况,“按限制的宗旨,采取行政性限制措施”;上述以外的满洲事业,除邮政“国营”、鸦片等专卖外,主要任其自由发展。[①] 1934 年 7 月 5 日,前揭“日满经济共同委员会”的成立,则在组织机构上保证了“适地适应主义”的顺利推行。

既有明确、详尽的方针、措施指引,又有汉奸机构和人员广开渠道、助纣为虐,日本侵略者的经济掠夺,开始部分放弃原来在夺城掠地期间入户搜掠和拦路抢劫的明火执仗攫夺模式,改为凭借军队震慑和国家暴力,在统制和垄断生产资料与经济、财税资源的前提下,采用税捐搜刮、工农产

① 章伯锋、庄建平主编:《抗日战争》第 6 卷,四川大学出版社 1997 年版,第 64—68 页。

品征购、劳役摊派作为主要掠夺手段，而以入户搜掠和拦路抢劫为补充或兵寇个人收益。

不过尽管有纲领、有计划、有步骤地进行经济统制和掠夺，而且统制和劫夺规模加速扩大，手段残酷变本加厉，但因强制生产、经营的产品，远远不能满足其需要和欲壑，日伪“杀鸡取卵”式的经济掠夺难以为继。在这种情况下，日本帝国主义为加紧准备发动全面侵华战争，一方面继续加大掠夺规模和力度；另一方面，不得不对经济统制、掠夺策略做某些调整，试图通过“开发”“增产”，实行“五年计划”，改“杀鸡取卵”为“养鸡下蛋”，为更大规模的掠夺提供条件。

1936 年年底出笼的伪满“产业开发五年计划”，标志着有计划的“开发”掠夺正式开始。

1936 年春，日伪开始拟定“产业开发五年计划”。其后，伪满、满铁各就其主管部门进行审议，又多次召开会议讨论计划框架。在这期间，日本关东军和陆军省曾制定《满洲国第二期经济建设要纲》，强调“要以一旦有事时，大陆的军需能够自给自足为目标”，“便于满洲开发而又必须的产业，尽量在满洲开发，特别要集中力量开发煤、铁、石油、电等基础工业”。其后二者归并。“产业开发五年计划”于 1937 年开始实行，将准备“开发”“增产”或“建设、发展”的产业，分为重工业、交通业和农牧业 3 个部分。表 1-1 所列，是该计划的产业增产目标及所需资金状况。

表 1-1　伪满“产业开发五年计划”一览表（1937—1941 年）

项目 行业部门		增产数量	所需资金（万元）	备注
重工业	液体燃料		31000	含煤炭液化费 8100 万元
	煤炭	1000 万公吨	16000	—
	钢铁	300 万吨	18900	—
	铝	14000 公吨	4000	—
	火力水力发电	80 万“基罗”	15000	—
	军用汽车	—	15000	—

续表

行业部门 \ 项目		增产数量	所需资金(万元)	备注
交通业	新线路建设	—	18000	—
	港湾设施	现有线路改良	未定	经费未定
农牧业	米、大小麦、大豆、亚麻	增产	未定	经费未定
	绵羊、马匹、畜类	增产	15000	拟施行“街村共同组合”
总计	—	—	132900	

资料来源:中国国民党中央委员会党史委员会编印、秦孝仪主编:《中华民国重要史料初编·对日抗战时期》第6编,傀儡组织(1),中国国民党中央委员会1981年刊本,第806—807页。

在重工业、交通业和农牧业3个产业部门中,重工业同战争的关系最为密切,也是“产业开发五年计划”中重点“开发”、增产的产业,这些产业直接生产杀人武器或军用设备,或为生产杀人武器、军用设备提供动力。计划中的大部分资金都用于这些行业。表1-1中有数可计的13.29亿元资金中,6个重工业行业为9.99亿元,占75.2%,即3/4强。“产业开发五年计划”的所有项目的全部产品不是直接用于侵华战争,就是运往日本,保证日本国内工农业生产原料和国民生活资料的充分供给,而“开发”“增产”使用的全都是中国的原料、材料和人力、物力资源。然而,这还远远不够,伪满政府还须为计划项目提供现金投入。日本规定伪满对计划项目承担的现金投资是:电业公司“增资”6000万元;昭和制钢公司债券10100万元;满炭公司债券8600万元;满化公司债券1500万元,合计26200万元。① 日本的“基本国策”既然是必须在“日本国内不出一分钱的方针下进行作战”,用中国的人力物力占领和灭亡中国,那么,在中国就地取材,凡生产武器、军火和战备物资所需现金,自然也要由中国提供了。

各个“计划”项目,尤其是重工业、交通和部分农牧项目的“开发”、增

① 中国国民党中央委员会党史委员会编印、秦孝仪主编:《中华民国重要史料初编·对日抗战时期》第6编,傀儡组织(1),中国国民党中央委员会1981年刊本,第808页。

产,都是在日本帝国主义的严格"统制"下进行的。1937 年 5 月 1 日,"产业开发五年计划"刚刚开始实施,日本即"敕令"公布《重要产业统制法》,规定以"敕令"的形式界定"重要产业"的种类。按照该"统制法",几乎所有的重工业和轻工业行业、企业,均被归入统制的"重要产业"。[①] 这些"重要产业"分别由主管部大臣负责管辖,统制该项事业的计划、生产进度、经营和财务状况等,经营者须依照命令,于每个"事业年度"向主管部大臣提交"事业计划书及事业报告书"。必要时,主管部大臣得令经营者"报告其业务或财产之状况",或派员"检查金库账簿及其他各种文书物件"。经营者的事业或法人、机构有任何变动,均须即时报告主管部大臣。[②] 这样,每个相关企业的资金、财物、生产经营,从原料供给到产品配给,乃至经营者和生产者的人身自由,全都在"主管部大臣"的严密掌控之中。

日本全面侵华战争爆发后,为了应付新的战争形势,在全面统制的基础上,为了进一步强化对重工业的统制和"开发",1937 年 10 月 19 日,关东军司令部又出笼了《满洲国重工业确立要纲》,决定"在满洲国政府出资下,设立以综合经营新兴重工业为目的的有力的国策会社",不过并未真正设置新的会社,而是将成立于 1933 年的日产会社(现有资本 2.25 亿元,日本财阀鲇川义介为会长)提升为新的"国策会社",特许日产对钢铁业、轻金属工业、重工业(汽车、飞机等制造业)和煤矿业,进行"支配性投资",并担任"经营指导",允诺"该会社的经营一任鲇川义介进行"。此外,该会社还附带投资经营金、亚铅、铅和铜等矿业。[③] 该会社所需资金则由伪满政府和日、"满"民间各半提供。12 月 1 日,日产将其总部由日本迁至伪满。12 月 20 日,伪满公布"满洲重工业开发株式会社法",日产原有的 2.25 亿元资本,加上伪满政府等额追加出资,合计 4.5 亿元资本的满洲重工业开发株式会社(以下简称"满业")宣告出台。自此,伪满的

---

① 章伯锋、庄建平主编:《抗日战争》第 6 卷,四川大学出版社 1997 年版,第 77 页。

② 章伯锋、庄建平主编:《抗日战争》第 6 卷,四川大学出版社 1997 年版,第 75—76 页。

③ 中央档案馆等合编:《日本帝国主义侵华档案资料选编·东北经济掠夺》,中华书局 1991 年版,第 155—156 页。

钢铁业、轻金属工业、汽车制造业、飞机制造业和煤矿业的“开发”、经营,全部为日产、满业两家财团所垄断,日本帝国主义对伪满经济尤其是重工业的统制和垄断,又提升到了一个新的高度。①

截至日本全面侵华战争转入相持阶段前后,日本在伪满实施经济统制的统制物资类别、统制机关、统制范围及手段,见表1-2。

表1-2 伪“满洲国”经济统制情况一览表(截至1939年10月)

项目 物资类别	统制机关	统制范围、手段
钢铁类	日“满”商事株式会社	配给、价格、进出口
有色金属	日“满”商事株式会社	配给、价格、进出口
轻金属	满洲轻金属制造株式会社	配给、价格
煤炭	日“满”商事株式会社	配给、价格、进出口
水泥	满洲共同水泥株式会社	配给、价格、进出口
木材	满洲林业株式会社	采伐、配给、价格
橡胶	全满橡胶工业联合会	进口、配给
皮毛皮革类	满洲畜产株式会社	皮毛皮革采购、价格、配给
	皮毛输入组合	毛皮进口
	皮革输入组合	皮革进口
	丹宁剂输入组合	丹宁剂进口
羊毛	满洲羊毛同业会	收购、配给、价格
棉花	满洲棉花株式会社	(改良繁殖)、生产、配给
原棉、棉制品	满洲棉业联合会	收购、配给、进出口
柞蚕	满洲柞蚕株式会社	收购、加工、销售、出口价格
米谷	满洲粮谷株式会社	生产、配给、价格、进出口
饲料	满洲粮谷株式会社	收购、出口、配给、价格
小麦、面粉	满洲制粉联合会	小麦采购、面粉生产、进口、销售

① 中央档案馆等合编:《日本帝国主义侵华档案资料选编·东北经济掠夺》,中华书局1991年版,第134—137页。

续表

项目 物资类别	统制机关	统制范围、手段
重要特产品	满洲特产专管公社（未成立）	大豆、豆粕、豆油的收购*
棉籽	满洲棉籽输出组合	以出口为目的的棉籽收购及出口
苏子	满洲苏子组合	收购、配给、出口、价格
蓖麻子	蓖麻子共同收集事务所	收购、配给、出口、价格
青麻	满洲青麻取缔商组合	收购、配给、价格
洋麻	农事合作社	收购、配给、价格
烟叶	满洲烟草株式会社	收购、配给、价格、进出口
麻袋	满洲特产中央会▷	进口、配给、价格
	关东州特产中央会▷	
生活必需品	满洲生活必需品株式会社	进口、采购、配给、价格

注：* 预定 1939 年 11 月 1 日实施。

▷后演变为满洲麻袋组合及新京、奉天、哈尔滨各麻袋配给组合等多个统制机关。

资料来源：据章伯锋、庄建平主编：《抗日战争》第 6 卷，四川大学出版社 1997 年版，第 106—107 页整理、编制。

截至 1939 年 10 月 1 日，伪满汉奸政权辖管地域内的所有工业、手工业、农业、林业、畜牧业产品，所有生产资料、生活必需品，已先后全部被纳入统制范围，无一漏网。表 1-2 中未列具体名称的农产品分别包括在米谷、饲料中，而表 1-2 中的“生活必需品”则涵盖了各类生活资料。另外，除表 1-2 中所列物资外，盐、石油类、酒精、火柴等，均属“专买”，其生产、配给、价格，全部实行统制。掺有酒精的汽油（现为 10%）等没有单独的法令依据，也早已实行统制。① 总之，伪满地区所有物资，全部由日本侵略者直接统制、掌控，可以随时“依法”调拨、劫夺。

日本帝国主义的经济统制和掠夺，主要是通过建立特殊会社或准特殊会社来实际运行的。

早在伪“满洲国”出台之初，关东军已通过建立特殊会社或准特殊会

① 章伯锋、庄建平主编：《抗日战争》第 6 卷，四川大学出版社 1997 年版，第 107—108 页。

社来进行对经济的掠夺和统制、垄断。如根据 1932 年 6 月 11 日“满洲‘中央银行’法”建立的伪满“中央银行”,就是最早的特殊会社,是统一伪满币制、统制伪满金融的职能机构;最早的准特殊会社是 1932 年 9 月 26 日由满铁和住友联合投资设立的满洲航空公司。另外还有少数特殊会社、准特殊会社的相继建立。不过特殊会社、准特殊会社作为经济统制的一种企业体制来推行,应该说始于 1933 年 3 月 1 日《满洲国经济建设纲要》的发布。该纲要明确提出,“重要经济部门应加强国家的统制”,对“具有国防或公共、公益性质的事业”,实行“公营或特殊会社经营”。① 所谓“特殊会社”,就是根据伪满的特殊“立法”,或伪满同其他国家(主要是日本)签订的条约而设立的会社;准特殊会社不像特殊会社那样有特殊的立法形式,但与日伪政府有特定的权利、义务关系:或由政府出资;或在政府批准设立时附以命令性条款;或在会社章程中规定有政府的干涉权。就政府干预经营和作为“国策”代行机关的性质而言,二者并无质的差别,都由国家特殊立法进行统制,不受《重要产业统制法》的制约,均属“国策会社”。特殊会社实行“一业一社”体制,即一个行业建立一个特殊会社或准特殊会社,进行垄断经营,以达到统制每个行业的目的。《满洲国经济建设纲要》出笼后,特殊会社和准特殊会社快速发展,到 1936 年,已有特殊会社和准特殊会社 13 家,名义资本达到 12819 万元。到 1937 年“七七事变”时,伪满特殊会社增至 28 家,资本总额 4.8 亿多元。到 1943 年 9 月 1 日,伪满的特殊会社、准特殊会社分别为 42 家和 62 家,合计 104 家。这些会社控制了伪满的各行各业。连宣传文化部门也建立起了一批“特殊会社”,诸如“满洲电影协会”“满洲新闻社”“满洲国通讯社”等。1943 年 3 月,伪满的工矿、交通部门公司企业实缴资本总额为 61 亿元,其中特殊会社、准特殊会社的实缴资本占 59%强。这充分显示特

① 中国国民党中央委员会党史委员会编印、秦孝仪主编:《中华民国重要史料初编 · 对日抗战时期》第 6 编,傀儡组织(1),中国国民党中央委员会 1981 年刊本,第 805 页;解学诗:《伪满洲国史新编》,人民出版社 2015 年版,第 221—222 页。

殊会社、准特殊会社在伪满经济中的垄断地位。①

日本帝国主义一方面大力组建特殊会社、准特殊会社，统制和掠夺采矿和冶炼业、轻重工业、发电和电器业、交通运输业、金融和银行业；另一方面不断增设、调整各种职能机构，从综合管理和垄断的角度，进行、加强经济统制和经济掠夺。全面侵华战争和太平洋战争期间，日本对伪满"中央"和地方职能机构的增设、改革、调整，一个最重要的目的就是推行和强化经济统制。

伪满从"中央"到地方的临战体制化、军事殖民统治的实施和不断加强，为的就是实施和强化战时经济统制和掠夺。太平洋战争爆发后，伪满立即宣布，同日本一道"与美英进入战争状态"，"专任锁护后方之重任并竭力完遂兵站基地之使命"。② 核心就是防备苏联，准备对苏战争，同时全面提供战争所需物资。用伪满"国务总理"大臣张景惠的"训谕"说，也就是"举总力协助盟邦之圣战"。太平洋战争爆发 5 天后，1941 年 12 月 13 日，关东军司令官梅津美治郎、伪满总务长官武部六藏和伪"国务总理"大臣张景惠，在伪满省长会议上，进一步确定"从物质上协助日本的战时体制的方针"。

1941 年 12 月 22 日，伪满"国务院"总务厅为此抛出了《战时紧急经济方策要纲》（以下简称《要纲》）。《要纲》由"方针"和"要领"两部分组成。"方针"要求伪"满洲国"竭尽全力支持日本，应对"大东亚战争"爆发而出现的"紧急事态"，为此必须进一步"整备并强化"伪满经济的"战时体制"；"发挥"伪满"自给资源"的作用；"加强"伪满同"大陆各地区"（即朝鲜和中国华北、华中、华南沦陷区）的"经济联系"。同时考虑到伪满"国防的特殊地位"，必须"以及时满足日本战时紧急需要作为各项经济政策的唯一目标，以迅速征服战时的紧张局势"。

为了落实上述"方针"，接着《要纲》提出了统制经济、增加生产、劫夺资源、搜刮劳力、压榨民众等 11 项具体措施。头条措施就是强化"经济统

① 章伯锋、庄建平主编：《抗日战争》第 6 卷，四川大学出版社 1997 年版，第 83 页；解学诗：《伪满洲国史新编》，人民出版社 2015 年版，第 224—225 页。

② 解学诗：《伪满洲国史新编》，人民出版社 2015 年版，第 477 页。

制”,对以往的“经济统制方式”进行“深入的探讨和研究”,强调“应以根据人民的生活及文化程度实行有效的经济统制目标”。亦即针对人民的生活和不同阶层的人群,最大限度地压缩其物质和精神消费,并搜刮其家中的器材、用品,用作军品生产原料。接着第二条规定,必须“在有可能实现的范围内制定生产力扩充计划”,计划内容“只限于战时紧急需要而又能立见成效的产业”。而对于主要原材料,“彻底进行库存调查和回收,或使用代用品,以便实现生产力扩充计划”。这里的“回收”和“代用品”源泉,全都在民间。农产品的生产、“配给”方面,主要是对原有相关措施的强化和极端化。即增加生产和收购,极大限度地压缩“配给”,而且通过压缩“配给”,对东北人民实行慢性屠杀,减少人口和自给性消费,提高农产品的收购率。同时,日本所需农产品和战时急需物资,应“加强限制国内的使用消费,而强制推行各种积极的增产措施,极力扩大对日本的贡献”。极力扩大对日出口的物资包括:钢铁、煤炭、液体燃料、轻金属、有色金属、农产品。对可缓办事业和日常业务所在行政机关、企业人员进行调整,不仅可在本部门内流动,也可调往国内其他急需人才的部门。《要纲》此处特别强调,“对于日本方面提出的要求,应尽可能地给予满足”。日伪借此机会,将东北劳工劫往日本。日本还考虑到,《要纲》的实施,会导致运往日本的货物量大增,因而规定,为使《要纲》顺利实施,应制订适应《要纲》的日本伪满间“战时紧急运输计划,并彻底贯彻执行”。最后,《要纲》要求,除紧急建立通过上述各项以扩大对日贡献为目标的“产业经济体制”之外,还应与战时紧急事态下的日本各项政策相呼应,“与之保持有机的联系”。①

《要纲》制定和实施时,特别提到要准备并强化“经济的战时体制”。

这种“经济的战时体制”,以及《要纲》结尾声称要紧急建立的以扩大对日贡献为目标的“产业经济体制”,核心都是经济统制。在1941年12月22日《要纲》出笼的所谓“官民联合协议会”上,总务长官日本人

---

① 章伯锋、庄建平主编:《抗日战争》第6卷,四川大学出版社1997年版,第111—112页。

武部六藏说，由于形势急剧变化，不能将以往推行的经济统制制度和机构“固定化”，不能“采用一律的统制方式”；“政府”过去曾决定“刷新”特殊会社职能，今后仍将坚决改组重要的特殊会社及其他法人，并对生产、配给、物价等各方面的统制，进行全面调整，废除“重复、无用”的统制方式。由此可见，所谓强化战时经济体制，也还是主要在经济统制上做文章。

一年后，1942 年 12 月 8 日《满洲国基本国策大纲》公布时，进而明确提出以“完成国防经济体制”为目标，对经济统制亦有新措施，声称要贯彻有计划的“统制经济原则”。在统制方式上，强调“特殊会社只限于高度要求国家参划的特殊企业”，“一业一社主义除企业的性质上不得已而需要者外不再采用”；“革新、强化特殊会社和统制团体的职能，在行政适用上谋求合理的运用”。该大纲还再三强调“统制企业”的“核算性”“企业性”和“经营的合理化”，等等。[①] 核心还是经济统制、掠夺。

为强化战时产业统制，《满洲国基本国策大纲》公布前不久，1942 年 10 月 6 日公布了《产业统制法》，取代 1937 年 5 月制定的《重要产业统制法》，统制的产业部门和产品扩大，从原来的 21 种扩大为 85 种。这 85 种分为：“产业开发五年计划”产业、计划产业的重要附带产业、军需工业、纤维工业和重要生活必需品工业、其他需要统制的产业。实际上已将各种产业包罗无遗，就连麦酒、豆酱、酱油等的生产，也未能幸免。对被统制企业的监督明显加强，明确了伪满政府对受统制产业的指导权限，主管“部”大臣对企业的生产设备和技术、生产方法、生产原料、产品的规格和数量、产品的配给等广泛事项，均得发布命令或作出处理。主管“部”大臣根据相关条款，还得命令经营者设立、变更、取消统制协定和加入统制协定。同时，在企业统制或产业整顿上，主管“部”大臣认为特别必要时，得发布命令，合并事业全部或转让、委托一部，或者转让、租赁事业设备或

① 解学诗：《伪满洲国史新编》，人民出版社 2015 年版，第 479—480 页。

属于事业的权利等。① 由此可见,特殊会社体制虽然基本停止发展,但是行之于特殊会社的那一套统制办法却扩大到几乎整个产业界,完全达到了"纠正产业上无统制之弊"的目的。②

除了《产业统制法》和产业统制外,还有所谓"事业统制组合"。后者系协助伪政权负责生产、征收物资、进出口、配给等,据称"责任非常重大"。③ 伪满政府效仿日本的统制会,以民间自主统制为标榜,广泛建立"统制组合",并于1942年11月25日公布"事业统制组合法",规定统制组合以"协助政府施策"进行统制为目的,实际上是《产业统制法》的配套法规,其覆盖范围更超过《产业统制法》。凡矿业、工业、配给业、贸易业、运输业等都建有"统制组合"。统制组合系非营利性法人。组合领导人虽规定由组合员大会选任,但其正式任免须经"主管部大臣批准";主管部大臣"指定的业种","组合"领导人还得由"主管部大臣任命"。可见,"统制组合"实质上就是日伪官方统制机关,或官方机构的替身。至于组合种类,有以"全国"为区域的"事业组合";以省行政区为单位的"地方组合";以市、县、旗行政区为单位的"地区组合";按部门进行"综合统制指导"、以"全国"为区域的"事业联合会"。从而形成了自上而下、囊括伪满各地区、各部门的经济统制管理网络。④ 事业统制组合分布广泛、数量繁多、系统复杂,但因权力、责任"非常重大",伪满中央对各地方及地区事业统制组合的管理、控制也十分严密。强调各地方及地区事业统制组合的成立、解散、合并、人员任免、事业经营等方面,"必须与中央取得密切联系"。⑤ 这样,最后形成了由伪满"中央"集中统一而又覆盖伪满全境和全行业的经济统制局面。

经济统制的目的是物资劫掠、资源攫夺、脂膏搜刮。"战时经济体制"(或曰"经济的战时体制")、"国防经济体制""产业统制""事业统

① 解学诗:《伪满洲国史新编》,人民出版社2015年版,第481—482页。

② 章伯锋、庄建平主编:《抗日战争》第6卷,四川大学出版社1997年版,第114页。

③ 章伯锋、庄建平主编:《抗日战争》第6卷,四川大学出版社1997年版,第114页。

④ 解学诗:《伪满洲国史新编》,人民出版社2015年版,第482页。

⑤ 章伯锋、庄建平主编:《抗日战争》第6卷,四川大学出版社1997年版,第114页。

制”“事业统制组合”的相继建立，为变本加厉的经济掠夺和维持不断扩大规模的侵略战争创造了条件。

日本帝国主义在东北的经济掠夺，无论资源掠夺还是产品（物资）掠夺，相当一部分必须通过增加生产和产品配给这两个环节进行。就在“战时经济体制”和不断强化经济统制的条件下，日伪相继于1937年、1942年制订和实施了两个“产业开发五年计划”，《满洲产业开发五年计划纲要》（即第一次“产业开发五年计划”）中的“方针”称，“产业开发五年计划，是根据日满经济统制要纲的根本方针，以有事之时所需要的资源之现地开发资源为重点，尽可能力求实现国内的自给自足和供给日本所缺乏的物资，为将来满洲国的生产发展奠定基础”。① 所谓“产业开发五年计划”，从一个侧面清晰反映出日本经济掠夺的规模和手段。伪满第一次“产业开发五年计划”1937年开始执行后，由于全面侵华战争爆发，1938年5月进行修改，计划规模扩大1倍。1939年年初为适应日本内阁通过的《生产力扩充计划大纲》（日本战时扩大生产计划），伪满第三次修改计划。计划指标亦即日本掠夺规模上升到一个新的高度。表1-3反映的是伪“满洲国”第一次“产业开发五年计划”的主要指标及修改情况。

表1-3　伪“满洲国”第一次“产业开发五年计划”主要指标及修改情况（1938—1943年）

（1941年原计划=100）

项目 行业	单位	原计划指标				1938.5 修订指标		1939.4 修订指标			
		1941年		1943年		1941年		1941年		1943年	
		实数	指数	实数	指数	实数	指数	实数	指数	实数	指数
生铁业	千吨	2600	100	5150	198.1	4850	186.5	7450	286.5	10000	384.6
钢锭业	千吨	0	—	2640	—	3390	—	3390	—	6030	—
纯铁业	千吨	420	100	1000	238.1	—	—	420	100.0	1000	238.1
矿石业	千吨	9510	100	17290	181.8	15990	168.1	25500	268.1	31800	334.4

① 中央档案馆等合编:《日本帝国主义侵华档案资料选编 · 伪满傀儡政权》，中华书局1991年版，第227页。

续表

项目/行业	单位	原计划指标				1938.5 修订指标		1939.4 修订指标			
		1941 年		1943 年		1941 年		1941 年		1943 年	
		实数	指数	实数	指数	实数	指数	实数	指数	实数	指数
煤炭业	千吨	5090	100	21090	414.3	34910	685.9	40000	785.9	56000	1100.2
煤炭液化业	千吨	1230	100	90	7.3	1770	143.9	540	43.9	1860	151.2
页岩油业	千吨	150	100	500	333.3	650	433.3	500	333.3	1150	766.7
铝业	千吨	0	—	50	—	30	—	30	—	80	—
铅业	千吨	21	100	46	219.0	29	138.1	50	238.1	75	357.1
亚铅业	千吨	1	100	8	800.0	50	5000	51	5100	58	5800.0
铜业	千吨	28	100	31	110.7	3	10.7	31	110.7	34	131.4
金业	千元	—	—	—	—	304012	—	—	—	649679	—
曹达灰业	千吨	152	100	152	100.0	72	47.4	224	147.4	224	147.4
电力业	千千瓦	—	—	1231	—	2570	—	—	—	3801	—

资料来源:据中央档案馆等合编:《日本帝国主义侵华档案资料选编·伪满傀儡政权》,中华书局1991 年版,第 235—236 页“满洲国生产力新扩充计划总括表”摘要、整理、改制。表中指数系引者计算。

日伪第一次“产业开发五年计划”拟订和关东军定案于 1937 年 1 月,实施不久,是年 7 月全面侵华战争爆发,而且日本帝国主义妄图以闪电式的速度结束战争,全面占领和彻底灭亡中国,军备需求和战争物资消耗大大增加,按原定计划指标,根本无法满足战争需要,于是 1938 年 5 月对计划指标进行全面修正,增产幅度大幅提高,钢铁、煤炭、页岩油、铅(亚铅)等的升幅尤大。钢锭、铝、黄金、电力,其生产或升幅更是从无到有。因日本的基本国策是“以华制华”、用中国的人力物力占领和灭亡中国,物资和资源掠夺与战争规模、战争残酷程度成正比。不过日本并未因此达到速战速决、一举占领和灭亡中国的目的。到 1938 年年末 1939 年年初,战争进入相持阶段,战线拉长,物资消耗进一步增加。1939 年 4 月,日本只得再一次修改“产业开发五年计划”,更大幅度提高指标,加大物资和资源掠夺力度。如表 1-4 所示,修改后的 1941 年生产指标,除纯铁、铝等两种产品外,比原计划中 1943 年的生产指标还要高得多。

1941 年太平洋战争爆发后,日本为了强化伪满经济的“战时体制”,

加紧扩大经济掠夺，支持和扩大侵略扩张战争，很快制订了伪满第二次"产业开发五年计划"，开始了新一轮更大规模的经济掠夺和搜刮。第二次"产业开发五年计划"的主要指标，见表1-4。

表1-4　伪"满洲国"第二次"产业开发五年计划"主要指标(1942—1946年)

(1942年=100)

项目/行业	单位	1942年(第1年)		1943年(第2年)		1944年(第3年)		1945年(第4年)		1946年(第5年)	
		实数	指数	实数	指数	实数	指数	实数	指数	实数	指数
生铁业	千吨	1600	100	1910	119.4	2010	125.6	2220	138.8	2590	161.9
钢坯业	千吨	705	100	975	138.3	1045	148.2	1045	148.2	1318	187.0
钢材业	千吨	517	100	589	113.9	606	117.2	726	140.4	952	184.1
煤炭业	千吨	27500	100	31450	114.4	35780	130.1	40230	146.3	44930	163.4
铝业	吨	10000	100	10000	100.0	13000	130.0	15000	150.0	15000	150.0
镁业	吨	1000	100	1000	100.0	1000	100.0	1000	100.0	2000	200.0
铜业	吨	1100	100	1200	109.1	1300	118.2	5100	463.6	5200	472.7
铅业	吨	9000	100	11000	122.2	12000	133.3	12000	133.3	12000	133.3
亚铅业	吨	3820	100	4250	111.3	6800	178.0	8920	235.5	8920	235.5
石棉业	吨	7000	100	7500	107.1	8000	114.3	9000	128.6	10000	142.9
页岩油业	吨	282000	100	282000	100.0	474500	168.3	474500	168.3	667000	236.5
煤液化业	千公升	268500	100	468500	174.4	468500	174.4	525500	195.7	625500	233.0
曹达灰业	吨	68000	100	83000	122.1	98000	144.1	113000	166.2	128000	188.2
硫氮业	吨	246400	100	250300	101.6	273100	110.8	295400	119.9	301400	122.3
盐业	千吨	1262	100	1490	119.0	1823	144.5	2105	166.8	2332	184.8
人造丝业	吨	29000	100	29000	100.0	31000	106.9	33000	113.8	40000	137.9
纸浆业	吨	92700	100	105400	113.7	137100	147.9	144800	156.2	138300	149.2
金业	吨	3436	100	3754	109.3	3918	114.0	7107	206.8	7032	204.7
水泥业	千吨	1862	100	2440	131.0	2450	131.6	2670	143.4	2890	155.2
水力发电业	百万千瓦	970	100	1710	176.3	2938	302.9	4250	438.1	5000	515.5

资料来源：据中央档案馆等合编：《日本帝国主义侵华档案资料选编·伪满傀儡政权》，中华书局1991年版，第285—286页表格整理、改制。表中指数系引者计算。

第二次"产业开发五年计划"的目的,是要在第一次"产业开发五年计划"增产、掠夺的基础上,进一步加大增产、掠夺的力度和数量。1943年,太平洋战争已进入第二年,日本军国主义者认为,为了完成第二年的所谓"圣战"目标,"必须扩大生产,即使牺牲一切亦在所不惜。因为生产的扩大,是取得战争胜利的主要因素"。[①] 在矿业和动力方面,"开发"和增产钢铁、煤炭、轻金属尤其是电力,仍然是重点。在所有增产指标中,电力最为突出。第一次"产业开发五年计划"中,1943年的包括水力、火力在内的整个电力生产(掠夺)指标是380.1万千瓦,而第二次"产业开发五年计划"中,1943年的电力生产(掠夺)指标,单水力发电就达171000万千瓦,扩大了近449倍,而且飞速膨胀,1944年增至293800万千瓦,到日本战败投降的1945年复增至425000万千瓦,两年间膨胀了3倍多。如果加上火力发电,整个电力的生产、掠夺指标就更为庞大了。[②] 而且,这样庞大的电力,并非简单直接掠夺、消费(如普通的生活照明),而是作为动力,生产、制造其他产品,包括没有列入"产业开发五年计划"的大量产品。同时,列入计划掠夺范围的重点部门、产品明显增多。镁、硫氮、盐、人造丝、纸浆、水泥等,都被列入了计划。这些都表明,随着太平洋战争的爆发和"战时体制"的强化,日本帝国主义在中国东北地区的经济掠夺加速扩张和深入。

第二次"产业开发五年计划"的执行中,经济掠夺的加速扩张、深入和法西斯化,除了产品增多,范围扩大,突出表现为所谓"金属类特别回收",即所谓铜铁"现用品特别回收",并最后演变为地毯式的铜铁器皿掠夺、搜刮。

太平洋战争爆发后不久,日本帝国主义很快陷入了更深的战争泥淖,特别是美英集团的经济封锁,使日本帝国主义一方面战线延长,战争物资消耗大增;另一方面物资供应链条断裂,战备物资短缺日益严重。日本军国主义者原本以为只要占领了"满蒙",再加上华北,凭借其丰富资源和

① 章伯锋、庄建平主编:《抗日战争》第6卷,四川大学出版社1997年版,第113页。

② 第一次"产业开发五年计划"中,380.1万千瓦发电量的构成是,水力发电198.5万千瓦,占52.2%,火力发电181.6万千瓦,占47.8%。

人力物力，不仅能打“武力战”，而且能打“经济战”，能北攻苏俄，南打美英；不仅能打“速决战”，也不怕打“消耗战”和“持久战”。正是基于这样的信条，先是于1939年5月发动进犯苏蒙的诺门坎之战。继而在诺门坎受挫两年多之后，又怀着更大的贪欲，突袭珍珠港，发动太平洋战争。结果随着战争形势和时局的急剧变化，即使花多大的气力进行“开发”“增产”，各类战争物资尤其是铁、铜及金属类战争物资，紧缺状况日益严重。单靠传统的采矿、冶炼“增产”，根本无法满足战争需求，因此从1942年执行第二次“产业开发五年计划”开始，日伪就强制实行所谓铜铁“废品和闲置品”的“回收”，谓之“一般金属类回收”。然而，“随着时局的发展，仅靠废品和闲置品的回收，很难满足需要”。因此从1943年起，开始实行“金属类特别回收”。尤其是铜，因供应异常紧张，“必须积极地施行现用品特别回收的方针”。因为是“现用品”，让持有人“自动”缴出是“不可能的”。只能采用强制“金属供出报国”的极端手段。同时“整顿”回收机构，对有关部门加以“指导督促”。① 这就直接导致物资掠夺手段的法西斯化。

主子一声令下，大小汉奸、奴才立即行动。溥仪带头，首先将宫中的铜铁器具，门窗上的各种铜环、各式金属挂钩、铜吊灯及一些金属装饰品之类全部献出。随后又主动拿出了许多白金、钻石等首饰及银器交给日本关东军。后来听说关东军司令部将地毯都捐献了，溥仪便毫不犹豫地将宫中所有地毯，正在铺用的也好，储存备用的也好，一股脑儿全部“捐”了出去。溥仪仍感不足，顺便又将自己的数百件衣服也一起“捐献”了。

“皇帝”溥仪为支持“大东亚圣战”，如此“慷慨”，作为“总理大臣”的张景惠岂甘落后。他为了满足日本帝国主义对钢铁的需求，不仅通过伪“国务院”制定了《金属类回收法》，又下令将国务院机关15吨重的铁门、门灯及门窗上铜拉手、楼梯蹬板等一起卸下捐纳。对民众家中的各种金属制品，更是悉数搜掠，如门拉手、汤匙、点心模子、乐谱架子、炉箅子等，无论大小，凡是沾上金属边的，都列在《金属类回收法》的清单中，连老太

① 章伯锋、庄建平主编：《抗日战争》第6卷，四川大学出版社1997年版，第114页。

太平时嘴叼的铜烟袋锅也是回收对象。当时德都县为响应张景惠“献纳金属”的号召,还专门举行仪式,将187尊明朝以来铸就的大小铜佛全部献了出来,以此“协力圣战”。①

日本的战争物资尤其是铜铁类金属物资需求无限制地扩大,而生产能力尤其是铜铁类金属物资生产能力的扩大,受到诸多条件的限制。日本战争物资尤其是铜铁类金属物资的供需关系严重脱节。日本已经等不及“养鸡下蛋”,迫不及待地“杀鸡取卵”。从“开发”“增产”到铜铁“废品和闲置品”的“一般金属类回收”,再到铜铁“现用品”的“金属类特别回收”,说明伪满不断强化的“战时体制”、日本加速法西斯化的物资和经济掠夺,以及凭借物资和经济掠夺支撑的侵略扩张战争,都已到了日薄西山、穷途末路的境地。结果,还不到1946年完成第二次“产业开发五年计划”,1945年就已战败投降。

日本帝国主义一方面大力组建特殊会社、准特殊会社,统制和掠夺采矿和冶炼业、轻重工业、发电和电器业、交通运输业、金融和银行业;从中央到地方增设、改革、调整职能机构,发布五花八门的“统制法”,推行宏观和综合性的经济统制、经济掠夺;连续制定和执行第一个、第二个“产业开发五年计划”,疯狂掠夺工农业和能源经济资源,增加能源和工农产品的生产,并严格“配给”;另一方面又明火执仗、杀人放火、巧取豪夺,统制、掠夺农地和土地、农牧林业和农牧林产品,搜刮农民,掠夺和摧残劳动力。

对中国东北和内蒙古地区的土地掠夺,是日本帝国主义经济掠夺的重点,是所有经济掠夺的前提。因为不占领这片土地,就不可能在这片土地上进行工矿业、电业、交通业、金融业等的掠夺。更主要的是不仅要通过掠夺土地来生产、劫夺粮食和其他农牧林产品,还要为日本移民,为保证日本农民到“满蒙”“做地主”“当东家”创造条件。

1931年“九一八事变”前,日本在辽东半岛、“南满”铁路沿线和内蒙古一些地区,就以不同方式、手段开始了土地掠夺。1905年日俄战争后,

① 章伯锋、庄建平主编:《抗日战争》第6卷,四川大学出版社1997年版,第21页。

日本从俄国手中承接了旅顺、大连的租借权，设立“关东都督府”，旅顺、大连地区成为日本殖民地；日本又从俄国手中承接“南满”铁路，以及铁路两侧沿线土地，全部转交满铁，称为“满铁附属地”，成立武装守备队，进行军事化管理，向地段民众征收地租、赋役，并享有“治外法权”。在内蒙古一些地区，日本派遣退伍军人打入图什业图王府和其他王府管区，充当蒙古王府的“顾问”，设法“到处安置”退伍军人，“操纵其旧王公”，左右王府政策和政治倾向，并千方百计取得“满蒙”的土地“商租权”（实为占有权），一俟人数增多，即用“十把一束之贱价”买下土地所有权。再视其情况，或垦为水田，种植食米，以济日本食料不足；或设牧场，养殖军马、牛畜，以充军用及食用，剩余者制成罐头运贩欧美，毛皮亦供日本不足之用。“待时期一到则内外蒙古均为我（日本）有”。①

1931 年日本侵华战争爆发特别是 1937 年全面侵华战争爆发后，土地掠夺有计划有步骤并扩大规模加紧进行。无论蒙地还是东北民地、官地，莫不如此，对作为特殊官地的蒙旗地的劫夺，尤为明显。

1932 年伪“满洲国”成立后，1933 年 3 月，日本侵略军迅速侵占热河，立即加快了直接劫夺蒙旗地的步伐。1936 年 3 月成立以所谓“整理”蒙旗地“地籍”为目的的“地籍整理局”，1937 年 4 月至 11 月，由伪热河省次长负总责，伪锦州、热河两省“荐任官”（均为日本人）分别为首组成伪锦州、热河两个“调查班”，对两“省”蒙旗地进行为期 8 个月的集中“调查”。就在调查中途，日本全面侵华战争爆发，加速掠夺蒙旗地的时机更加成熟。1938 年 10 月，由伪满“总理大臣”张景惠导演，30 多名蒙旗王公、旗长代表呈递“奉上书”，将过去在本地区内拥有的蒙地地权和基于地权的征租权全部“奉献”给伪满“皇帝”，谓之“土地奉上”。“奉上”地区包括 32 县 1 市 1 特别市，面积大约相当于日本北海道、四国的总和。② 不过这次“土地奉上”尚未包括伪锦州、热河两省。在 10 月的一次蒙旗王公会

---

① 刘克祥、吴太昌主编：《中国近代经济史（1927—1937）》，人民出版社 2010 年版，第 8 页。

② 中央档案馆等合编：《日本帝国主义侵华档案资料选编 · 伪满傀儡政权》，中华书局 1994 年版，第 462 页。

议上,伪满总务厅长官日本人星野直树对此特别加以说明,“因诸种原因”,锦州、热河两“省”这次不在“奉上”范围,但“彼等所受恩惠,为时亦不远矣”。[①] 果然,不到一年,次年9月,伪锦州、热河两省“土地奉上”丑剧就在张景惠办公室上演了。[②] 蒙旗王公“奉上”的蒙旗地所有权内容包括:(1)札萨克对蒙民及土地管辖自治权;(2)“国税”十分之三的提成;(3)矿山、窑业、森林、药材出产物之提成;(4)山川、河流、牧野之所有权。[③] 这样,通过一纸“土地奉上书”,热河蒙旗王公贵族、蒙民、箭丁的蒙旗地收租权和其他相关权益,瞬间统统被日本帝国主义劫夺净尽。不仅如此,汉民佃农也同时失去了土地“佃权”,流行二百余年蒙旗地永佃制彻底消失。在蒙旗地“奉上”之前,蒙地永佃农已是入不敷出、只能以草根树皮果腹,但毕竟原有蒙旗地永佃制关系、农业经营模式暂时得以维持,现在蒙旗地统统收归伪满“皇帝”亦即日本侵略军所有,汉民佃农因为没有了“佃权”,随时可能失去土地耕作,流离失所。即使暂时耕种,但苛捐杂税多达数十种,所获产品还不够交税,时刻“处在水深火热之中”。[④]

日本在“满蒙”掠夺的土地用途,主要分为军事用地、工业用地、日本移民和朝鲜移民用地三种。军事用地中,面积最大的一片是东自吉林省牡丹江的绥芬河,西至黑龙江省的满洲里,长达1000多公里、宽约20公里与苏联接壤的国境地域,面积约500多万公顷,划为“无住地区”,即不许人民往来居住的“禁地”。该处居民的土地被没收,房屋被烧毁,居民被驱逐出境,流离死亡者不计其数。工业用地多半在沈阳、鞍山、辽阳、抚顺、本溪、营口、安东、长春、吉林、哈尔滨、齐齐哈尔等城市附近,原来多为农民菜地,日伪以相当于市场价格几分之一到几十分之一的极低价格强

---

① 佟佳江:《伪满时期“蒙地奉上”研究》,《民族研究》2003年第4期。

② 佟佳江:《伪满时期“蒙地奉上”研究》,《民族研究》2003年第4期;宁城县志编纂委员会编:《宁城县志》,内蒙古人民出版社1992年版,第417—418页;宋海:《平泉县志》,作家出版社2000年版,第174页。

③ 喀喇沁左翼蒙古族自治县志编纂委员会编:《喀喇沁左翼蒙古族自治县志》,辽宁人民出版社1998年版,第158页。

④ 刘克祥:《中国永佃制度研究》,社会科学文献出版社2017年版,第826—827页。

行收买。“农民叫苦连天却无处诉冤”。[①]

除了军事和工业用地，更主要的是日本和朝鲜移民用地。日本向“满蒙”移民，不仅仅是要解决日本“过剩人口”问题，更主要的是通过移民，把“满蒙”土地真正占为己有，认为只有推行“农业移民”，才能直接掠夺到自己“所缺乏的物资”和“所需要的资源”。[②] 1931 年“九一八事变”前，日本主要采用“韩民移满，日民移韩”的方式，向东北实行间接移民[③]，“九一八事变”后，日本在加速移遣韩民的同时，开始向东北直接移民，而且移民规模、人数急剧扩大。到 1932 年，东北已有日本移民 26 万余人。同年，日本拓务省及“满洲移民研究会”拟订了向“满蒙”移民的《殖民计划大纲》，并同伪“满洲国”合组“日满移民会社”，负责募集移民，准备和分配耕地，处理移民垦殖问题。自此，大批有组织的日本“开拓团”陆续进驻各地。为了提高移民的“自卫”能力，减轻对移民的保护负担，日本开始移遣受过严格训练的在乡军人。[④] 日本政府还规定在 5 年内，每年移殖数万户在乡军人家族，在东三省各地组织日本人独自的村落，并发给枪械弹药，一旦有事，即将全体移民编为军队。1933 年 6 月，日本陆军省还开始训练移民团，武装全体移民。

除上述移民外，还有教团移民、渔业移民和铁路沿线移民等。教团移民方面，1934 年募集日本国内天理教民移殖东北。渔业移民有“渔业移民团”，并计划在东北北部建设“家族移民村”。第一次募集渔民 500 户，移殖同江、锦江等沿江地区，1935 年春节开江后，即以机器大规模捕取江鱼，贩行东北全境。还准备在松花江、混同江、黑龙江交汇区筹建一家大型江鱼罐头公司，产品销往世界各地。铁路移民主要移往日本新建的吉敦、敦图、拉宾、锦承各路沿线。为此，在日本国内特设“铁路附属地移民

---

① 章伯锋、庄建平主编：《抗日战争》第 6 卷，四川大学出版社 1997 年版，第 56 页。

② 顾明义等主编：《日本侵占旅大四十年史》，辽宁人民出版社 1991 年版，第 342 页。

③ 至 1931 年，已累计移遣韩民 60 万人，占垦稻田 97 万余亩（赵惜梦：《沦陷三年之东北》，天津大公报社 1935 年版，第 70 页）。

④ 1932—1935 年间，这种被称为“特别农业移民”的在乡军人，先后移遣 4 批，共 1813 人（王检：《东三省日本移民的过去和将来》，《东方杂志》第 30 卷第 17 号，1933 年 9 月，第 48 页）。

指导部”,预计15年内向这些地区移住20万个家族。①

到1936年7月,东北的日本移民共达717795人,但日本政府嫌移民速度太慢,又设立“满洲拓殖股份公司”,以加快日本移民速度。同时,为了统制和加速朝鲜移民,同年日本又设立了“鲜满拓殖股份公司”和“满鲜拓殖股份有限公司”。前者是投资公司,后者是事业公司。“鲜满”资本2000万元,其中1500万元是“满鲜”的总资本。加速朝鲜移民的目的不仅是解决朝鲜农村过剩人口问题,将移民作为朝鲜的“安全阀”,而且要将每年流往日本的10多万朝鲜人转往东北,解除由此而加重的日本社会负担。② 到1936年6月,东北共有朝鲜移民857701人。日本和朝鲜移民合计1575496人。③

为了尽快让更多的日本农民到“满蒙”“做地主”“当东家”,日本于1936年5月9日又制定发布了《向满洲移住农业移民百万户的计划》,即从1937年开始,20年移民100万户500万人。移民分为甲、乙两种:甲种移民由政府直接派遣;乙种移民主要由民间进行。共分4期,人数逐期递增:首期10万户,二期20万户,三期30万户,四期40万户。首期于1937年开始,预定当年移民1.2万户。按照计划设计,每户移民需地10町步(1町步约相当于1公顷),100万户需要土地1000万町步,约相当于1000万公顷(15000万亩)。④ 伪满政府为讨主子的欢心,准备提供的土地更多达2650万公顷。当时全东北耕地面积约为1500万—1600万公顷,加上1300万—1400万公顷的可耕荒地,共计2800万—3000万公顷。⑤ 这就是说,100万户日本移民用地约占当时东北现有耕地的2/3,占东北全部

① 王检:《东三省日本移民的过去和将来》,《东方杂志》第30卷第17号,1933年9月,第47页。

② 李隆:《日本政府东北的移民计划》,《中国农村》第3卷第7期,1937年7月,第53—59页。

③ 《中国农村》第3卷第7期,1937年7月,第53页。

④ 复旦大学历史系编译:《日本帝国主义对外侵略史料选编(1931—1945)》,上海人民出版社1983年版,第92—94页。

⑤ 刘克祥、吴太昌主编:《中国近代经济史(1927—1937)》,人民出版社2010年版,第499页。

耕地和可耕地的1/3。伪满政府准备提供给日本移民的耕地数量,更超过当时已开垦耕地的1倍以上。

面对数量如此庞大的日本移民用地,计划书假惺惺地宣布,将伪满“国”有土地(包括“敌产地”在内)、公有地、无主或田主不明的土地、其他未利用土地“尽先作为移民用地,尽量考虑不致对原居民造成不良影响”,并按省或地区、地带及其用地面积列出一个粗略的账单①,责令伪“满洲国政府加以准备”。

当然,实际完全是另一种情况,而且日伪为日本移民准备土地,也并非从“移民百万户的计划”开始。“九一八事变”后,特别是伪满汉奸政权成立后,为了解决日本移民用地问题,为日本农民一踏入东北就可以“做地主”“当东家”,成立专门机构,制定法规和计划,快马加鞭掠夺农地。日伪政府先后设立“土地局”和“地籍整理局”,对全东北130万平方公里土地中71万平方公里田野、3000万宗民地进行所谓“整理”。通过“整理”,剥夺农民土地所有权;又以处理旧有官地、公地为名,将所谓清皇室残留地、吉林旗地、驿站地、官仓地、奉天官地,东省特别区官地,以及“国有荒地”“国有林”等,全部“清理”出来,以供日本移民使用。1932年、1933年,先后颁布了《外人租用土地章程》和《商租权登记法》,前者规定“外国人(即日本人)在东北可获得永久承租权”;后者规定日本人在东北农工商需用土地,得以自由“商租”,租期30年,而且期满后得延长。实际上也是“永租权”。1932年,日伪又共同成立“日满土地开拓公司”,专职从事东北土地掠夺。② 东北土地的管理,各县原设有土地局,1934年,日本关东军认为,土地局已不适应形势需要,必须废弃,另组织“强有力

① 计划所列移民地区及其用地面积为:三江省地带300万町步、小兴安岭南麓地带100万町步、齐齐哈尔以北松花江上游地带200万町步、黑河瑷珲地带50万町步、旧中东铁路东部线地带20万町步、京图线及拉滨线地带80万町步、大郑线地带50万町步、辽河下游地带50万町步、洮索线地带50万町步、三河地带50万町步、西辽河上游地带50万町步。共计1000万町步(复旦大学历史系编译:《日本帝国主义对外侵略史料选编(1931—1945)》,上海人民出版社1983年版,第92—93页)。

② 谢劲健:《九一八后日本对华之经济侵略》,《中国经济》第2卷第5期,1934年5月,第5页;沈越石:《日军占领下之满洲》,《东方杂志》第31卷第20号,1934年10月,第50页。

之土地统制机关”,专责执行土地政策和全满土地的测量和民有土地的清丈。① 因东北在开垦过程中,土地登记均有“浮多”,于是日本侵略者令伪满“民政部”土木司重行测量清丈,清得的土地,悉数没收充公,以供日本、朝鲜移民使用。清丈前,由伪满“民政部”派员赴各县进行土地调查,从 1934 年 9 月 1 日起,实行不动产登记,限令年内报齐,并包藏祸心地规定了业主除自行填报不动产的种类、亩数、座数、四至及自拟价格外,还须注明三年内的产量以及各年天灾状况,房屋则注明建筑年代及渗漏状况。不动产登记甫毕,日伪即于 1935 年 2 月开征“不动产价值税”,报价高者多纳税,报价低廉者则由日伪按报价收购,以供“拓殖”之用。同时,日本拓务省与伪满政府合资设立“土地保有会社”,资金 2000 万元,满铁、东洋拓殖会社、东亚劝业会社提供现金 1000 万元,伪满政府以指定土地为资金 1000 万元,这些土地即来自清丈所得。② 原本属于农民的土地,现在又变成了“购买”农民剩下土地的资本。

事实上,日伪在 1935 年 2 月开征“不动产价值税”之前,已开始贱价强购农民土地。如 1933 年,日军第十军团在黑龙江阿城县强买土地 14500 町步(合 14500 公顷);1934 年贱价收买了虎林县农民的全部土地;同年四五月间,日本组织第三次武装移民团和天理教武装移民团,又将黑龙江依兰等肥沃区 7 县作为移垦区,强制收买各县土地 320 万亩。③ 1935 年 2 月开征“不动产价值税”后,许多报价低廉的土地均被日本侵略者按报价“收买”;1937 年,日本人在黑龙江汤原县即“收购”土地 42 万垧(合 420 万亩);另外,日本铁路“自卫”队在辽宁阜新县强购土地 488 垧(合 4880 亩),以供 25 户武装移民使用④,辽宁安东农民,也被迫低价将土地卖给日本侵略者。⑤

① 赵惜梦:《沦陷三年之东北》,天津大公报社 1935 年版,第 137 页。

② 赵惜梦:《沦陷三年之东北》,天津大公报社 1935 年版,第 137—139、141 页。

③ 虎林县志编纂委员会编:《虎林县志》,中国人事出版社 1992 年版,第 143 页;中国经济情报社:《中国经济年报》1934 年第 1 辑,第 235—236 页。

④ 中央档案馆等合编:《日本帝国主义侵华档案资料选编 · 东北经济掠夺》,中华书局 1991 年版,第 712—714、718—721 页。

⑤ 中国农村经济研究会编:《中国农村动态》,1937 年,第 160 页。

还有暴力强占和大面积圈占。“九一八事变”后不久,日本侵略军就开始在沈阳、富顺、辽阳和海城等地,分文不给,暴力圈占土地。① 1933年10月,日本向黑龙江武装移民,圈占佳木斯附近200公顷的生熟耕地,作为移民垦殖区。② 1934年勘定和圈占辽宁浑河、太子河两岸土地100万亩,作为朝鲜移民区。③ 同年10月,强占黑龙江穆棱县民田2万垧(合20万亩),并强“借华人房屋,供日本移民居住”。④ 辽宁旅顺、大连地区,到1935年,被日本掠夺的耕地占全部耕地的36.1%,被掠夺的荒地山林占78%。⑤

为了整村成片地掠夺农民耕地和日本移民集中居住,1933年后,日伪又在各地强力推行“归村并屯”政策,将分散居住的农民强迫迁至指定的“集团部落”。原村限期拆除,逾期烧毁。腾出的土地全部没收,改为“开拓地”,分给日本“开拓团”移民,或者充当军用。如吉林舒兰,1935—1941年迁入日本“开拓团”13个,计1597户、5594人,强占60个自然屯、16.5万亩耕地。1933年后,勃利等县还在县公所内设立“开拓科”,专职掠夺耕地和粮食,供给日本“开拓团”。同时封锁山林、河川,断绝农民的渔业、副业生路,将其慢性消灭。未及迁移的农民,则作为日本移民的“附庸”,充当其佃户、长工和苦力。如此等等,不一而足。⑥

“移民百万户的计划”,因移民人数和所需土地面积异常庞大,为了便于土地掠夺和移民安置,1937年7月13日,伪满“国务总理”张景惠为配合、支援全面侵华战争,同时保证日本百万户移民的土地需求,在“国务院”会议上提出的“‘满洲国’重要产业统制法案”(7月25日正式发布),特别加强了对土地的统制,规定“对于政府指定收买的土地,土地所

---

① 王检:《东三省日本移民的过去和将来》,《东方杂志》1933年第30卷第17号,第47页。

② 赵惜梦:《沦陷三年之东北》,天津大公报社1935年版,第75页。

③ 中国经济情报社:《中国经济年报》1934年第1辑,1935年印本,第235—236页。

④ 《银行周报》1934年第18卷第45期,国内要闻,第4页。

⑤ 顾明义等主编:《日本侵占旅大四十年史》,辽宁人民出版社1991年版,第343页。

⑥ 舒兰、虎林、勃利、穆棱、饶河、汤原、鹤岗、甘南、德都、克山、嫩江、木兰、富裕、嘉荫、扎兰屯等县(市)新编县(市)志。

有者不得拒绝,违犯者依法没收其土地”。[①] 接着1937年8月,日伪当局将原来的满洲拓殖株式会社扩大为日本政府和伪满政府“合办”的满洲拓殖公社,使其掌管日本移民移入地区的各项设施、移民输送、移民金融、移民物资的购销,提供移民用地,进行移民训练等。对计划规定的移民用地,民有地在伪满政府的“斡旋”下,由满洲拓殖公社“收买”;“国”有地和伪“蒙疆”政权无偿收取的土地,满拓公社则以“政府”购买的形式加以管理。所以,这些移民用地,不论圈占或“购买”,实际上都是暴力或强制攫取。据统计,满拓公社从其前身满鲜拓殖会社继承的235万余公顷土地,相当于“百万户移民计划”的1000万公顷用地的23.5%,价格为2470余万元,平均每公顷10.61元,平均每亩仅7角钱。截至1939年年底,满拓公社拥有的土地已达571万多公顷;到1941年4月,伪满政府和满拓公社为日本移民用地而“整备”的土地合计达到2002.6万公顷,相当于“百万户移民计划”原定总目标的2倍有余,相当于日本耕地总面积600万町步的3.7倍。这批土地,46%未支付地价,其中70%,即643.6万公顷系所谓“官公有地”;30%,即278.8万公顷为民有地,至于已付地价标准,民有耕地平均每公顷80元,民有荒地8元,“国”有地4元。即使支付价格,也微乎其微。当时所定的标准是,民有熟地每公顷80元,“荒地”[②] 8元,“国”有地4元,还不到时价的1/10。[③] 实际支付的价格更低。如黑龙江饶河为熟地每亩2—5元,“生荒”0.3元;阿城县熟地每亩2.4—5.6元,“生荒”0.8—1.6元,有的还不够到哈尔滨领取地价的往返旅费。[④]

显然,为日本移民“整备”的土地无论是收购、圈占,也无论是荒地、熟地、官地或民地,全都是地地道道的暴力攫夺。在“整备”过程中,土地持有者稍有异议,即以“通匪罪”处死。在移民移入地,日伪在移民到达

---

① 章伯锋、庄建平主编:《抗日战争》第6卷,四川大学出版社1997年版,第51页。

② 日本侵略者将农民因躲避而未及时耕种的耕地,全都定为“荒地”。中央档案馆等合编:《日本帝国主义侵华档案资料选编·东北经济掠夺》,中华书局1991年版,第714页。

③ 解学诗:《伪满洲国史新编》,人民出版社2015年版,第397页。

④ 饶河县志编纂办公室:《饶河县志》,黑龙江人民出版社1992年版,第423—424页;中央档案馆等合编:《日本帝国主义侵华档案资料选编·东北经济掠夺》,中华书局1991年版,第713—714页。

之前，即在该地设立“拓殖办事处”，以伪县长为“处长”，伪县参事官（日本人）为“副处长”，负责移民的接待、安置。农民不仅要交出土地，还要交出屋院、房舍乃至家具、器物：农民或被驱赶，整座房屋移交日本移民；或将房屋拆毁，房屋建材转给日本移民建房使用；甚至全部烧毁，只留下宅基地供日本移民使用，如此等等。在武装移民和圈占过程中，日本侵略军更是动用飞机、大炮、机枪，整村驱赶和屠杀原居民。1934 年 3 月，日本侵略者在向依兰土龙山地区武装移民时，出动部队千余人，轰炸机 10 余架以及大炮、机关枪，对无处撤离的农民进行惨无人道的大屠杀，把土龙山附近 17 个村庄夷为平地，轰毙农民 5000 余人①，在整个依兰县，日本武装移民团在掠夺民田过程中，共惨杀农民 2 万余人，被迫迁离而无家可归者数十万人。② 在某些移民区，被允许留下的中国农民则沦为日本移民的佃户，受其残酷奴役和压榨。据统计，日本移民和满洲拓殖会社雇用或租给中国农民耕种的土地共 14 万余公顷。③

除了给日本移民“整备”现成熟地和可耕地，从 1939 年开始，又强迫农民开展大规模垦荒，为日本移民“整备”更多的优质农地。1939 年 6 月 1 日，伪满政府出资设立了“满洲土地开发株式会社”，计划自 1940 年起，第一年开荒 11 万公顷；第二年开荒 20 万公顷；第三年以后每年开荒 40 万公顷。日本移民的耕地结构，当时规定为水田与旱田之比为 1∶9，但开荒计划执行后，到 1942 年，共开荒 29255 公顷，其中水田 16276 公顷，旱田 12976 公顷，水田比例大大高于计划标准。此为所谓“国营”开荒。此外，还有在日本农业移民用地以外的未耕地上进行了所谓“省营”开荒。后者在伪三江省、牡丹江省和滨江省进行，计划开荒 368200 公顷，供 39000 户中国移民使用。此种开荒由伪满省、县政权组织进行，领得开垦地的中国移民，有的暂作“县有地”的佃户，准备将来使之成为“自耕农”；

---

① 中国农村经济研究会编：《中国农村动态》，1937 年，第 158—159 页。

② 陈正谟：《各省农民雇佣习惯及需供状况》，第 80—81 页；中国经济情报社：《中国经济年报》1934 年第 1 辑，1935 年印本，第 235—236 页。

③ 姜念东等：《伪满洲国史》，吉林人民出版社 1980 年版，第 350 页。

有的则沦为"县有地"的永久佃户,向伪县(旗)交纳佃租。[①] 原来的自耕农被迫沦为佃农。

由于日伪为日本移民"整备"的土地数量庞大,已移入的日本移民所用土地,只占日伪"整备"土地的很小一部分。据统计,1941 年日本农业移民耕地面积为 12.5 万公顷,而满拓公社"整备"的土地达 651.5 万余公顷。在这种情况下,满拓公社将多余的土地出租。资料显示,1939—1941 年间,满拓公社出租的土地达 40 万—50 万公顷以上,佃户达 85000 户以上。而这些佃户大部分就是原来耕种该地的老佃户。满拓公社的出租地,一部分由满拓总社直营,另一部分实行"承包租佃",两者都由指定的代理人具体掌管租佃事务。据满拓统计,1940 年满拓总社和设在佳木斯、牡丹江、哈尔滨、齐齐哈尔、吉林、东安等地的满拓事务所所统辖的租佃管理人为 936 名,平均每人管理佃农 93 户、土地 792 垧。这些管理人大都是老地主、"屯牌长"、恶霸、警察等。他们同日本侵略军、汉奸狼狈为奸,为虎作伥,残酷压榨、勒索佃农,同时利用管理人的地位,享受免出劳工等特权。伴随日本农业移民的不断移入,满拓公社的租佃土地呈减少之势,但至日本战败投降为止,数量仍相当可观。在满拓土地集中的地区,例如密山县,60%的居民处于满拓的统治与盘剥之下。[②]

日伪在农业掠夺方面,和土地掠夺同样重要的是农产品掠夺。而掠夺的主要手段是"粮谷出荷"和"粮食配给"。前者是强制农民贱价售卖粮食;后者是强制减少农民粮食消费。两项政策,一个目的就是保证日本最大限度地获取粮食。

日本全面侵华战争爆发后,1937 年 7 月 13 日,伪满"国务总理"张景惠提出的"'满洲国'重要产业统制法案"规定,"关于粮食和其他经济作物,除政府收购数量外,所余的产品方能自行处理,违犯者按经济取缔规程处罚"。[③] 然而,日伪的粮食"收购"却是个无底洞。1937 年日本侵略军实施"粮谷统制法"后,由伪满政府和日本财阀共同出资 2000 万元资

---

① 解学诗:《伪满洲国史新编》,人民出版社 2015 年版,第 381 页。

② 解学诗:《伪满洲国史新编》,人民出版社 2015 年版,第 398 页。

③ 章伯锋、庄建平主编:《抗日战争》第 6 卷,四川大学出版社 1997 年版,第 51 页。

金，设立“满洲农产公社”，在伪满“兴农部”指挥下，负责农产品的运输、保管、调拨、配给任务。而核心环节是抢粮。据伪满汉奸后来供述，“每年的抢粮举动规模很大，几乎全‘国’上下一齐动员，如临大敌，所有各项措施皆周到缜密，务其把农民一年辛勤生产的粮食颗粒不留一网打尽”。1940 年后，征购的粮食数量直线飙升，由每年 500 万吨飙升至 1943 年的 1000 万吨。粮食掠夺指标、任务越来越严酷，掠夺手段越来越残忍，汉奸官吏、警察、特务“一齐动员，像饿狼疯狗般到村屯沿家逐户翻箱倒柜，不论粮食种子颗粒不留地抢夺一空。农民稍有争执，除受到打骂之外，或罚跪在冰天雪地之上，或被抓起来关押在监狱之中，并不给饮食，甚至纵火烧掉房屋”。“农民流尽一年血汗，换来的是家破人亡”。①

东北地方过去粮食外销不超过 400 万吨，以年产粮 2000 万吨计，尚余 1600 万吨在境内。自从东北沦陷、伪“满洲国”成立后，华北农民不得入境，农业劳动力、耕地面积下降，而日本侵略军进入东北人数和粮食出口大增。因此，农民全年 750 万吨口粮、400 万吨种子饲料全无着落。同时，日伪收购价格极低，粗粮细粮平均每吨 100 元，而生产费用为 120 元，农民每吨亏折 20 元。不仅如此，农民卖粮，日伪走狗又多刁难、需索。明明 100 斤粮，却只算八九十斤，稍有异议，即遭打骂，而且拒绝称量给单；好不容易拿到凭单取款又强扣 10%的“义务储蓄”，稍有不服，即全部拒绝付款。即使得到粮款，也不到应得粮款的零头。除了掠夺粮食，1941 年后，日本侵略军对高粱秸秆、谷草等副产物以及猪鸡鸭等畜禽产品的劫夺也不遗余力。规定每顷高粱地须缴高粱秸秆 500 公斤，谷草尽数缴纳，每户还须交出鸡蛋 100 个和 65 公斤以上肥猪 1 头。无草、无蛋、无猪可交者，就得按时交钱。农民无法，只得再借高利贷，债台又增高一层，离死路又近一步。②

太平洋战争爆发后，日本帝国主义的对外侵略扩张进入生死决战阶段，经济上被美英集团包围封锁，军需倍增，物资匮乏，货币贬值，外

① 章伯锋、庄建平主编：《抗日战争》第 6 卷，四川大学出版社 1997 年版，第 57—58 页。

② 章伯锋、庄建平主编：《抗日战争》第 6 卷，四川大学出版社 1997 年版，第 59—60 页。

汇告绝,库存空虚。日伪除了加倍掠夺工农业产品和各类军需、战备物资,又大肆搜刮黄金白银,强行收买金店的金银存货,禁止制作金银器皿首饰,命令金店代收金银,强迫人民“献纳”金银,私藏者有罪,告密者受奖,并于交通路口设置关卡,车船暗置特务,搜翻行人旅客的行囊腰包,甚至搜查肛门阴户,打骂侮辱,发现金银首饰一律抢走,即使多年来父传子、母传女的纪念遗品,夫妇间的信物,也毫无例外地抢个干干净净。①

劳力掠夺方面,日本帝国主义疯狂掠夺和残酷役使中国劳动力,始终抱着尽快榨干油脂、实现役使利益最大化和加快减少与灭绝中国人口的双重目的。如在日本直接控制的工矿企业及军事工程中,以武力驱使大量劳工,在非人的劳动条件下,从事超强度的劳动,劳动力缺乏,即以抓捕劳工或诱骗招募劳工为补充,而劳工主要来源于华北各省。日本“人肉开采”政策的驱使,加以日本监工虐待迫害与杀戮,劳工大批非正常死亡。以辽宁北票煤矿为例,在日本统制下的12年5个月中,先后进矿劳工56530余人,共采掘精煤8639638吨,被摧残致死矿工31200余人(不包括伤残者及其家属),占进矿总人数的55.2%,平均每生产277吨煤,就付出一名矿工的生命。② 据资料记载,矿山劳工的死亡率,一般在50%以上。特别是从事军事工程的劳工,在极端恶劣的自然和气候条件下,从事露天作业,死亡率更高。尤有甚者,被迫从事保密军事工程的劳工,往往在工程完竣后,全部遭日军屠杀灭口,分布东北各地的“万人坑”,数量多达60处,就是大批劳工被集中屠杀或非正常死亡的铁证。③

东北沦陷、伪“满洲国”出笼后,特别是日本全面侵华战争爆发后,日伪大力加强了对劳力的统制和掠夺。日本驻伪满关东军原为100万人,自1937年全面侵华战争爆发后,关东军入关人数增多,伪满境内空虚,日本在伪满进一步加紧推行“以华制华”的基本国策。1937年7月25日伪

① 章伯锋、庄建平主编:《抗日战争》第6卷,四川大学出版社1997年版,第61页。

② 孙邦主编:《伪满史料丛书·经济掠夺》,吉林人民出版社1993年版,第520页。

③ 章伯锋、庄建平主编:《抗日战争》第6卷,四川大学出版社1997年版,第6页。

满“国务总理”张景惠发布的“‘满洲国’重要产业统制法案”，规定人民服兵役和劳役的义务为每年征集“国”兵一次、劳役一二次，“违犯应征法令者依法处理”。1938年正式实施“‘国’兵法”，强制东北青年填补关东军留下的空虚，规定凡年满20—23岁都有服3年兵役的义务，每年春季征集20万人，进行军事训练，留在伪满境内，充当工兵，修筑军事堡垒，同时维持地方治安。又强令组织协和会“义勇奉公队”，作为便衣警察，此外还有“协和青年团”“协和少年团”。参加“义勇奉公队”的年龄为20—35岁，“协和青年团”为15—19岁、“协和少年团”为10—14岁。“义勇奉公队”均从社会摊派，“协和青年团”20万人，“协和少年团”30万人。“义勇奉公队”属于军事化组织，每周要训练3—4次，每次三四个小时以上，甚至一整天。一些商人因耽误正常营业，被迫每月花八九十元雇用专人替代。① 1939年日伪又制定“勤劳奉公法”，凡年满20岁至23岁的青年未入选“国”兵者（即所谓“‘国’兵漏”），从中抽调50万—100万人（初时50万人，最后目的达到100万人），编为“勤劳奉公队”，分为大队、中队、小队，各级队长即以经过协和会训练的人员担任。“勤劳奉公队”在日伪“勤劳奉公局”统一指挥下，派往各地从事挖掘沟渠、开垦水田、修筑道路、建筑营房等劳役。“勤劳奉公队”的劳动强度高于“国”兵，物质生活极其恶劣。“‘国’兵漏”青年为避免被编入“勤劳奉公队”，纷纷逃往他乡。若被抓回，除罚款外，则押往矿山服役，因而惨死者“不计其数”。同时因劳工不敷需要，1939年开始施行“劳动统制法”，大幅扩张劳工抓征的“法定年龄”范围，规定凡年满25岁至55岁的男子，均有服役义务，每年抽出100万至150万的上述年龄段劳工，以经过协和会训练过的“协和义勇奉公队”队员为基本干部，在伪“勤劳奉公部”（“勤劳奉公局”改组为“部”）的统一调度下，派往矿山、工厂、森林（采伐木材）和日本侵略军军事工地服役。他们在日本侵略军棍棒皮鞭打骂下，在物质生活、劳动环境极端恶劣的条件下，从事强度极高、时间极长的牛马般的劳动，“惨死的不计其数”。②

---

① 中央档案馆等合编：《日本帝国主义侵华档案资料选编·伪满傀儡政权》，中华书局1994年版，第633—635页。

② 章伯锋、庄建平主编：《抗日战争》第6卷，四川大学出版社1997年版，第51、62—63页。

1941年12月太平洋战争爆发后,因紧急生产战时急需物资和扩大对日支援,劳工需求大增,劳务问题成了战时最重要的问题之一。扩充、强化劳务职能部门,建立战时劳务新体制,成为压倒一切的急务。日本侵略者认为,过去的伪满"民生部"劳务司不足以应付当前的局面,决定"改革"劳务机构,加大劳工抓捕力度,除实施"劳务动员计划""劳工供出制""勤劳奉公制"等外,又实施所谓"劳工手册制度"。在行政架构方面,废除民生部劳务司,新设"勤劳部",下设勤劳司和整备司。又特设独立的"国民勤劳奉公局",为扩充、加强"勤劳奉公队"做准备。"国民勤劳奉公局"直接采用军队编制,局长即是总队长,由"勤劳部"次长、日本人半田敏治充任。另外还扩充了奉天省、安东省、吉林省及其他重要省份有关劳务方面的职员队伍。为强化劳力统制,从1942年7月开始实施"国民手册制度"。这是束缚劳工自由的一项重大措施,规定每个劳工必须随身携带按有本人指纹,记有本人姓名、年龄、住所、职业等项内容的手册,以便随时出示,以供查验,"在防止劳工移动、强化劳务统制方面万无一失"。同时,日伪为推行战时高压"思想矫正"措施,根据"司法部"的"机构改革",还新设了隶属于伪"司法部"而又自成体系的"司法矫正总局"(同时撤销原伪"司法部"的行刑司),以及在它管辖下的"矫正辅导院",收容、抓捕"厌恶劳动之人"或流浪者,以便将其网罗一尽。另外,1945年3月改"民生部"为"厚生部",将劳务司和外局国民勤劳奉公局移交于新设的"国民勤劳部",下设完全军事化的"勤劳奉公队",由日本人出任正、副"总司令"。① 其目的是"强化劳工政策,要把东北人民完全劳工化"。② 日本军国主义的这类凶残和伤天害理的侵略行径,日本战犯也不得不承

① "勤劳奉公队"从"中央"到省县地方和厂矿,有一套十分完整、严密的组织系统。在"中央",勤劳部和勤劳奉公队"司令部"有职员200余人。在省市县地方,由省市县兼任省司令、市司令和县司令,省次长、副市长和副县长分别兼任副司令。各厂矿"勤劳奉公队",由厂长、矿长和劳动科长分别兼任队长、分队长或队附(《于镜涛笔供》(1954年8月30日),见中央档案馆等合编:《日本帝国主义侵华档案资料选编 · 伪满傀儡政权》,中华书局1994年版,第302页)。

② 中央档案馆等合编:《日本帝国主义侵华档案资料选编 · 伪满傀儡政权》,中华书局1994年版,第302页。

认:日伪机构的这些设置、调整,再配以残酷的法西斯执行措施,使“中国劳工在质、量各个方面遭到彻底的摧残”。①

第二节　伪“蒙疆”政权的行政架构和经济体制

1936—1945年间,在侵华日军的直接指挥和操纵下,在内蒙古西南部和华北接壤地区,包括察哈尔、绥远两省,内蒙古大部分地区(东三盟被划归伪“满洲国”)及山西北部(晋北)地区,先后设立、更替多个以伪“蒙疆”冠名的区域性汉奸傀儡政权,作为为虎作伥、奴役蒙汉人民、掠夺地区物资和经济资源的工具。日本帝国主义对内蒙古地区觊觎已久,武力占领“满蒙”早就成为日本帝国主义的基本国策,“贯彻满蒙分离政策”,将其“从中国分离出来”,是占领和灭亡整个中国的前提条件。1931年发动“九一八事变”,武装侵占东北,建立伪“满洲国”傀儡政权,将“满洲”从中国分离出去,是日本帝国主义鲸吞“满蒙”的第一步。随即启动第二步,南下、西进,蚕食华北,将侵略魔爪伸向察哈尔、晋北、绥远和西蒙,建立如同伪“满洲国”一样的伪“蒙疆”傀儡政权,将内蒙古从中国分离出去。这一切都在按部就班地进行。1937年全面侵华战争爆发之前,日本已于1936年5月利用和操纵苏尼特右旗世袭札萨克亲王德穆楚克栋鲁普(以下简称“德王”),成立伪“蒙古军政府”傀儡政权。

“七七事变”之前,内蒙古部分地区已为日本帝国主义所控制。全面侵华战争爆发后,因内蒙古地区既是羊毛、皮毛、马匹(战马)、肉类、煤铁等战略、民用物资的重要供应地,又是“反共前驱”“防共特殊地带”,是攻打外蒙、苏联的前沿阵地,还可借以阻挡和切断中国与苏联的联系,日本

① 中央档案馆等合编:《日本帝国主义侵华档案资料选编·伪满傀儡政权》,中华书局1994年版,第301—302页。

占领和稳固控制这一地区的急迫性愈加突出。“七七事变”后不久,日军占领平绥铁路重镇张家口、大同和沿线地区,紧接着马不停蹄,相继设立伪“察南自治政府”、伪“晋北自治政府”两个地方汉奸政权。1937 年 10 月占领包头后,日本一方面让德王将伪“蒙古军政府”公开改组成立伪“蒙古联盟自治政府”,其性质、地位与察南、晋北两个地方政权相同;另一方面,日本侵略军暗地里亲手筹组所谓伪“蒙疆联合委员会”,为伪“蒙疆建国”做准备。到 1939 年,日本已在北平、南京两地分别出台王伪“中华民国临时政府”和梁伪“中华民国维新政府”两个傀儡政权,炮制独立的伪“蒙古国”或伪“蒙疆联合自治国”傀儡政权,时机已经成熟,7 月,日本开始酝酿筹建“蒙古国”。但此时情况发生变化,继日本首相近卫文麿发表“善邻友好,共同防共,经济提携”三原则声明后,汪精卫与日本新任内阁总理大臣平治骐一郎秘密订立了卖国协定,此时日本更想利用汉奸汪精卫诱降蒋介石,对现已推行分而治之侵华政策相应变更,伪“蒙疆建国”的活动暂停。9 月,日本将察南、晋北、内蒙古三个伪政权合流,设立伪“蒙疆联合自治政府”,察南、晋北两个傀儡政权分别改为“政厅”。该伪政府虽名为区域性和地方性政府,但却有作为“独立国”的相关标识和政府架构。① 实际上是日本炮制的怪物。它的怪诞还在于设有专门为日本人准备的“最高顾问”和“专门顾问”。实权都掌握在这类顾问手中。1941 年 6 月,德国废约攻打苏联,苏德战争爆发,国际局势剧变,日本认为伪“蒙疆”政权已经不能适应新的国际形势和其侵略政策的需要。是年 8 月,将伪“蒙疆联合自治政府”改组为伪“蒙古自治邦政府”。12 月,太平洋战争爆发后,为了应付再次剧变的国际形势,1942 年 8 月,在日本军部参谋长的主持下,日本再次对伪“蒙疆”政权的行政机构和人事安排,进行了改组和调整。除了增加和强化经济、产业“管理”方面的职能部门,就是将日本人的职位由原来的“顾问”改为正式职官,由后台转为前台。

日本一方面或暗或明地推进伪“蒙疆建国”,加快把内蒙古从中国分

---

① 如政府所在地称“首都”;政府有自己的“国旗”“年号”(采用“成吉思汗纪元”);政府架构也类同国家政权,政府首脑称“首长”,政府总部为“政务院”,下面设若干“部”;法院、检察院均冠以“最高”二字。

离出去;另一方面为通过汪伪加强对蒋介石的诱降,抛出所谓"对华新政策",声称要加强汪伪南京政府对地方政权的"指导"。汪精卫信以为真,摆出一副伪"国民政府"主席的架势,准备加强对伪"蒙疆"政权的"指导",并拟定"蒙古自治法"3 章 18 条,于 1943 年 3 月派人面交德王。不巧此时日本在太平洋战争中严重失利,日本为了防止苏联袭击,亟须加紧对伪"蒙疆"的直接控制,日本军部在张家口看了汪伪的"蒙古自治法"草案条文,大为恼火。不但"蒙古自治法"草案胎死腹中,而且不许南京汪伪再过问伪"蒙疆"政权的任何事情,转而让伪"蒙疆"政权俨然以"独立国"的傀儡政权出现,同伪满一道,北面抵抗苏联,南面遏制中国内地。

为了加强对伪"蒙疆"政权的直接控制,日本于 1943 年秋再次对伪"蒙疆"政权进行机构改组,从行政架构和经济体制两个方面基本完成了地方性政权傀儡向变相"独立"的"国家"傀儡的演变程序。

一、德王的"自治运动"和日本鲸吞内蒙古的狼子野心

伪"蒙疆联合自治政府"的策划和形成,肇始于 20 世纪初的内蒙古"自治运动"。最初并没有直接与日本发生关系。伪"蒙疆"政权的领袖人物德王是成吉思汗"黄金家族"的嫡系后裔,自小"憧憬成吉思汗的伟业,立志要振兴蒙古"。1919 年,德王年满 18 岁,加冕承袭苏尼特右旗札萨克王位,开始主持全旗政务;1924 年,锡林郭勒盟盟长杨桑,因年迈多病离职,副盟长索特拉木诺布坦(以下简称"索王")继任盟长,副盟长一职空缺。时年 23 岁的德王,凭借父荫升迁补任副盟长。当时正值军阀混战、官场腐败、南北大乱之际,刚刚登上政治舞台、执掌盟旗两级大权的德王,血气方刚,野心勃勃,狂言"当今之世,能出而收拾蒙古事者,舍我而其谁"①,并分析此前历次内蒙古自治运动失败的原因,认为必须打破清

① 卢明辉:《中华民国史资料丛稿 · 蒙古"自治运动"始末》,中华书局 1980 年版,第 4 页。

朝的“分旗统治”局面,团结各盟旗,建立统一的政治组织。这是德王策动内蒙古“自治运动”的初衷,是伪“蒙疆”政权出现的重要历史背景。

清朝和民国时期,作为伪“蒙疆”政权辖区内蒙古西部地区,行政区划和管理体制多有变化。辛亥革命后,1912 年北洋政府公布的《蒙古待遇条例》中规定,各蒙古王公原有之管辖治理权“一律照旧”,维持清朝时封建王公的统治体制。但 1914 年发生重大改变,是年 7 月,北洋政府在内蒙古西部地区设立了热河、察哈尔、绥远 3 个特别区,行政长官称为“都统”,下设道,并领有各蒙旗。这是在内蒙古西部地区实行双重行政建置的开始。国民党政府统一北方之后,为使边疆地区与内地一致,“实边”以御外侮,1928 年 9 月宣布设立热河、察哈尔、绥远等新 6 省。

由于民国时期开始实行的同化政策,尤其是日益扩大的移民垦殖运动,逐渐影响到内蒙古各阶层的切身利益,由此引发了内蒙古部分贵族和平民的抗垦与“自治运动”。1928 年 7 月,察哈尔部代表赴南京请愿,要求“蒙旗联合自治”;11 月,“蒙古代表团”赴京反对改省。1930 年国民党政府在南京召开内蒙古会议,准备正式解决内蒙古问题,但是内蒙古自治方案最终未得实现。①

1931 年“九一八事变”和伪“满洲国”建立后,德王策动的蒙古“自治运动”正好为日本军国主义扩大侵略、加速西进提供了一个现成的缺口。由于日本侵略者的策划和操控,内蒙古“自治运动”的性质发生本质性的变化,由日本侵略者一手策划和先后建立起来的伪“蒙古联合自治政府”、伪“蒙疆联合自治政府”和伪“蒙古自治邦政府”,演变为彻头彻尾的分裂和卖国傀儡政权。

日本对内蒙古地区觊觎已久,并将内蒙古和东北(“满洲”)放在同等重要的位置。通过中日甲午战争攫取台湾和澎湖列岛后,日本的下一个目标就是攫取东北、内蒙古;通过 1904—1905 年日俄战争战胜沙皇俄国、夺得“南满”后,即视“满蒙”为日本的“利益线”“生命线”。进入 20 世纪

---

① 祁建民:《从蒙古军政府到蒙古自治邦——“蒙疆政权”的形成与消亡》,《内蒙古师范大学学报》(哲学社会科学版)2009 年第 5 期。

20年代,日本国力越强,野心越大,武力占领“满蒙”开始成为日本帝国主义的基本国策。1927年6月27日至7月7日田中义一主持召开“东方会议”确定:必须“贯彻满蒙分离政策”,将“满洲从中国分离出来”;为“确保在满蒙特殊的地位权益”,决心维持满蒙“治安”。7月25日,田中义一向天皇呈递专谈日本“对于满蒙积极根本政策”的奏折(史称《田中奏折》),把“征服满蒙”作为灭亡中国和征服世界的前提。谓“欲征服中国,必先征服满蒙,如欲征服世界,必先征服中国”。因此,“握执满蒙利权”是日本征服整个亚细亚大陆的“第一大关键”。①

1931年“九一八事变”后,日本侵占东北,并建立了伪“满洲国”,接着夺取了热河,内蒙古的东三盟落入日本侵略军魔掌,日本关东军马不停蹄,在内蒙古西部地区抓紧进行各种阴谋活动,进一步加强了对以德王为首的内蒙古“自治”的支持和操纵,将其作为日本侵占内蒙古的工具。1932年,关东军参谋田中玖到锡林郭勒盟劝诱盟长索王去伪“满洲国”参观。索王对日本怀有戒心,称病推辞。日本把目标转向副盟长德王,频频派人到德王府活动。同年,日本特务笹目,经陆军大将林铣十郎等人介绍到苏尼特右旗“游历”,后在德王掩护下,潜入寺庙,冒充喇嘛,长期进行间谍和策反活动。同时,盛岛角芳等也潜入苏尼特右旗,加紧与德王勾结。德王、李守信等的内蒙古“自治”分裂分子,不惜认贼作父,卖国投降,完全按照日本主子的旨意行事,内蒙古“自治”运动迅速蜕变为民族分裂运动,民族“自治”政权蜕变为汉奸傀儡政权。

1933年4月28日,李守信按照日军的指令进犯热河邻近的察哈尔地区。次日占领察哈尔重镇多伦,并以多伦为中心,建立了伪“察东特别自治区”,由李守信任“行政长官”,悬挂日本国旗(同年多伦一度被察哈尔民众抗日同盟军收复);7月,在日本帝国主义的策动下,德王到百灵庙联络乌兰察布盟盟长等,共同倡导“内蒙古高度自治”运动,发起召开所谓“自治筹备会议”,并以锡、乌、伊(克昭)3盟各旗王公联名致电国民党中央,又派遣“代表团”赴南京请愿,要求“自治”。关东军承德特务机关长松室孝良也在

① 章伯锋、庄建平主编:《抗日战争》第1卷,四川大学出版社1997年版,第23—24页。

多伦召开蒙古王公会议,表示支持内蒙古“独立”。百灵庙会议经得国民党政府同意,设立“蒙古地方自治政务委员会”(以下简称“蒙政会”)和“蒙古地方自治指导长官公署”。蒙政会由蒙古王公组成,乌兰察布盟盟长任委员长,德王任委员,因其年轻能干,颇有影响力,成为蒙政会的实权人物。

以德王为代表的内蒙古“自治运动”兴起后,日本进一步加大了拉拢、扶持德王的力度,将其作为控制内蒙古西部地区的主要工具。1933年1月16日,日本关东军参谋部提出的《暂行蒙古人指导纲要》,即旨在策动内蒙古西部地区和外蒙古“转向亲满亲日”,其基本方针是,“在西部内蒙古,排除苏中两国势力的影响,促进建立自治政权;在外蒙古,使其逐渐脱离苏联的羁绊,转向亲日满”。①

德王为了进一步与国民党政府对抗,在日军特务机关的拉拢、操纵下,急速走上了联日与独立的分裂、卖国之路。1933年9月,德王等再次召开蒙古“自治会议”,并成立“蒙古自治会议筹备委员会”,起草通过“要求自治的呈文通电”和“自治政府组织大纲”两个文件。同月,日本关东军承德特务机关长松室孝良和驻多伦特务机关长浅昭弥五郎,“邀请”牛羊群等8旗总管赴多伦参加“察哈尔八旗总管会议”,讨论所谓“日后复兴重要关系事项”。会后,多伦日本特务机关宣布成立“察哈尔蒙古各盟旗联合办事处”。同年10月,松室孝良又抛出《建设蒙古国之意见书》,鼓吹要在日本的“大亚洲主义”旗帜下,建立一个在日本卵翼下的“蒙古国”。②

1935年11月,德王访问伪“满洲国”,标志着正式开始与日本合作。12月,日本关东军经由张家口赠给德王步枪5000支、子弹200万发。得到关东军有力支持后,德王完全摒弃“蒙政会”的招牌,另起炉灶,分三步建立起自己的内蒙古政权机构,即伪“察哈尔盟公署”、伪“蒙古军总司令部”和伪“蒙古军政府”。

“察哈尔盟”的建立是德王走向独立的第一步。察哈尔部原为内蒙

① 余子道、曹振武等:《汪伪政权全史》上册,上海人民出版社2006年版,第155页。

② 余子道、曹振武等:《汪伪政权全史》上册,上海人民出版社2006年版,第155—156页。

古的一大部落,是元室后裔,明代划察哈尔部为林丹汉部,由酋长掌握军政大权。清朝曾试图削弱林丹汉部,该部起兵抗争而遭失败,清廷遂将林丹汉部划为察哈尔部 12 旗,改为总管制。民国时期,察哈尔部依旧实行总管制,但在建立新 6 省时,将其右翼 4 旗划归绥远省,将左翼 4 旗和 4 牧群划归察哈尔省。1931 年,国民党政府决定在各蒙旗设立保安长官,察哈尔部的保安长官由牛羊群总管卓特巴扎布担任。"蒙政会"成立后,察哈尔 12 旗要求改盟,并要求将右翼 4 旗划回察哈尔。1934 年 2 月,国民党中央政治会议通过了设立察哈尔盟案,并内定卓特巴扎布为盟长。

1935 年 4 月 1 日,李守信部及日军再次攻占多伦,关东军又支持李守信部占据察东;其后又因张北事件和《秦土协定》的签订,国民党军队被迫退出察北,国民党政府还保证不阻止日方对德王的工作,失去对察哈尔部的控制,察哈尔部的大部已经处于日军的控制之下。在侵华日军支持下,德王决定以"蒙政会"名义成立察哈尔盟。这时的卓特巴扎布也已经投靠日军,成为日本的合作对象。1936 年 1 月察哈尔盟成立,2 月 1 日在张北举行伪"察哈尔盟公署"成立典礼。为了保证察哈尔盟执行亲日政策,关东军冒充宋哲元的部队杀害了反对与日本合作的蒙古族政治家尼冠洲,察哈尔部的蒙人 8 旗遂全部为德王所控制。

继"察哈尔盟公署"之后,1936 年 2 月,在德王府成立了"蒙古军总司令部",由德王担任总司令,李守信为副司令;由日本人组成的顾问部,负指导军事、政治之责。顾问部主任村谷彦治郎、军事顾问山内源作、财政顾问稻次义一、文教顾问掘井德五郎,均为日本人。在总司令部下另设军务部、政务部和秘书处,不但初具政权架构,而且"蒙古军总司令部"明确宣布这是一个"独立政权"。同时更改年号,实行成吉思汗纪年,确定 1936 年为成吉思汗 731 年,并制定了蓝地右上角红、黄、白 3 条的蒙古旗,以此表示完全走上了独立建国之路。

第三步是建立"蒙古军政府"。由于伪"蒙古军总司令部"设在苏尼特右旗,地处荒僻牧区,交通和通信不便,无法全面展开工作,影响力有限。特别是在百灵庙暴动之后,"蒙政会"已经名存实亡,需要另立统一有力的军政机关。为此德王决定建立“蒙古国”,责成吴鹤龄拟具“蒙古军政府”和建立“蒙古国”的草案,强调“蒙古国”必须主权独立、领土完整,要以原有的蒙旗(包括东、西各蒙旗)为领域,以葫芦岛为出海口。德王将草案交给田中隆吉转报关东军,田中隆吉满口答应,表示支持,只是由于他忙于策划进攻绥远,并未向上转交。

“蒙古大会”于1936年4月24日召开,经过德王事先同关东军接洽、请示,会议讨论、决定的议案主要包括:关于以内外蒙古和青海蒙古为一体建立“蒙古国”案;设立君主制案(目前暂且采用“委员制”);设立“蒙古国会”案;在嘉卜寺成立“蒙古军政府”、以资整军经武收复内蒙古固有疆土案;与伪“满洲国”缔结互助协定案;关于实行征兵、扩编军队组织“蒙古军”案;关于实行统制经济、开发资源案;关于成立蒙古生计会、组织救济新村案;关于将化德县(嘉卜寺)改为“德化”市①,并由察盟划出归由“蒙古军政府”直辖案等。田中隆吉代表关东军与会,表示“大日本帝国政府体念蒙古民族的落后,要帮助蒙古独立进步,以继承成吉思汗的事业”。他还宣布,因伪“满洲国”兴安北省省长凌升私通苏联被皇军枪毙,借此恫吓蒙古王公。

会议通过的《蒙古军政府组织大纲》规定:蒙古为筹备“建国”,设立“蒙古军政府”,至“蒙古国”成立时,改组为“蒙古国政府”。军政府主席为政府首领,由蒙古全体会议公举年高德劭之蒙古领袖担任。总裁兼承主席总揽蒙古统治权,统率所属机关及军队,掌理关于“建国”一切事宜,对主席负责,总裁由主席慎举不负众望、具有“建国”能力的内蒙古领袖担任。政府委员由总裁慎选,提请主席任命。会议选举云王为军政府主席,索王和沙王为副主席。云王以主席的名义任命德王为总裁,担负实际责任。《蒙古军政府组织大纲》还规定:政府设1厅(办公厅)、2部(参议

① 化德县隶属察哈尔省,所在地原叫“嘉卜寺”,和德王所辖的苏尼特右旗接壤。因德王名字汉语译音“德穆楚克栋鲁普”,头一个字为“德”,他认为化德县的设置,就是要把他“化”掉。为避免误会,国民党政府内政部曾通令将化德县改为新民县。但不久因侵华日军和伪“蒙古军”进犯绥东,改名未及实现。伪“蒙古军政府”成立时,德王即首先将化德县改为“德化市”,并将其由察哈尔盟管辖划出,升格为伪“蒙古军政府”的直辖市。

部、参谋部）、7 署（内务署、教育署、财政署、交通署、实业署、司法署、外务署）。政府设“顾问室”，置主任 1 人，顾问 8—16 人，并置助理员、翻译员。1936 年 5 月 12 日[①]，伪“蒙古军政府”在嘉卜寺宣告成立，在典礼大会上正式使用成吉思汗纪元 731 年的年号，悬挂蓝地红黄白条旗作为“蒙古军政府”的旗帜，以为“独立建国”之先声。德王在成立典礼上讲话宣称，成立“蒙古军政府”的意义在于，“为蒙古建国之前，作好进军之准备，积极从事训民养民，扩充兵力，以谋在友邦日本帝国的热心帮助下，驱逐党国，实现蒙古建国”的目的。[②] 关东军副参谋长今村均表示要支持“蒙古军政府”完成使命。原“蒙古军总司令部”的日籍顾问继续成为“蒙古军政府”的顾问。

伪“蒙古军政府”成立后，德王的首要任务是组建“蒙古军”。此前虽建有“蒙古军总司令部”，但只是一个空架子。伪“蒙古军政府”成立后，即由德王亲自招兵买马，组建和扩充军队。兵源除李守信旧部和从伪满东三盟各旗招来的新兵外，又从锡林郭勒、察哈尔两盟各旗征来一批新兵。德王将其合总重新编为两个军，分别由李守信和德王担任（兼任）军长，计 8 个师、一个警卫师和一个炮兵团、一个宪兵队，全部为骑兵。伪军编成后，每个师号称 1200 人，实则八九百人；两个军总兵力号称 1 万余人，实际五六千人。伪“蒙古军”不论新旧，全是侵华日军的喽啰，军费、武器多由日本关东军供给，预定军费每月 3000 万日元，战事补助“讨伐费”30 万日元。从军部至连队，多配备有日本顾问、指导官、教官执行监督和指挥。到后来，甚至札青札布（第八师师长）、包海明（警卫师师长）等皆受日本特务机关的直接指挥、控制，连德王、李守信的命令有时亦不发生效力。[③]

伪“蒙古军政府”的另一重要活动是在日本操控、导演下实现“满蒙合作”。根据日本关东军的建议，德王率领李守信、吴鹤龄等人访问伪

---

① 另据哈斯瓦齐尔《德穆楚克栋鲁普与日本帝国主义的勾结》一文，伪“蒙古军政府”的成立时间为 1936 年 5 月 23 日。

② 卢明辉编著：《德王“蒙古自治”始末》（上），内蒙古自治区蒙古语文历史研究所 1977 年印本，第 159 页。

③ 卢明辉编著：《德王“蒙古自治”始末》（上），内蒙古自治区蒙古语文历史研究所 1977 年印本，第 161—162 页。

“满洲国”,拜访了关东军参谋长板垣征四郎和伪“满洲国”“皇帝”溥仪、“国务总理”张景惠,德王被溥仪封为“武德亲王”。“满蒙”之间缔结了以“共同防共、军事同盟、互派代表、经济提携”为内容的《蒙满协定》,双方互派驻对方代表,建立“外交关系”。在协定签字仪式上,作为日本走狗老大的伪“满洲国”“外交部”大臣张燕卿,致辞强调“应以日本为中心,达成蒙满合作”。[①] 在以日本为中心的前提下,伪“满洲国”“中央银行”在德化设立办事处,发行伪“满洲国”纸币。日本关东军规定,“鉴于军政府开始时的实力,满洲国的诸机关、满铁、善邻协会、大蒙公司等,都要在关东军指导下参加支援,伴随着军政府实力的发展进行指导”。[②]

在南边,伪“蒙古军政府”还同河北冀东汉奸势力加紧勾结。德王等在长春签订“满蒙协定”后,便又按照田中隆吉的建议,派“外交署长”陶克陶赴“冀东防共自治政府”访问,与殷汝耕签订了“政治上共同防共,经济上互相支援”为内容的《蒙冀协定》。根据该协定,田中隆吉居中交涉,从伪“冀东防共自治政府”弄到“协款”100万元,充作对伪“蒙古军政府”的支援经费。

这样,日本帝国主义为推进其“欲征服中国,必先征服满蒙”的侵华国策,将先行扶植起来的伪满、伪蒙等傀儡政权实行分立,而后直接操纵,令其“缔结协定”,结成相互牵制的“同盟”,以所谓“盟邦相结,同志相契,以协助东亚新秩序的建设”[③],成为日本占领和灭亡整个中国的马前卒。

二、从伪“蒙古联盟自治政府”到伪“蒙古自治邦政府”

日本全面侵华战争爆发前,伪“蒙古军政府”在日本关东军的扶植下,

---

① 卢明辉编著:《德王“蒙古自治”始末》(上),内蒙古自治区蒙古语文历史研究所1977年印本,第168页。

② 祁建民:《从蒙古军政府到蒙古自治邦——“蒙疆政权”的形成与消亡》,《内蒙古师范大学学报》(哲学社会科学版)2009年第5期。

③ 卢明辉编著:《德王“蒙古自治”始末》(上),内蒙古自治区蒙古语文历史研究所1977年印本,第174页。

已有一定实力,1936 年 10 月间,日本关东军为了加强对伪“蒙古军政府”的控制,调来田中隆吉接替田中玖担任德化市“特务机关长”。因德王和田中隆吉急图“蒙古独立建国”,11 月贸然进犯绥远,绥东红格尔图(村名)一役惨败,百灵庙一役再败,锡拉木伦一役第 7 师全军覆没,王英部伪军精锐起义反正。“蒙古军”遭到沉重打击,德王被迫龟缩察北。当时内蒙古一些地区流传着一首歌谣:“百灵庙里德王逃,佳讯传来兴倍高;四万万元空一掷,‘大元帝国’梦魂消。”[①]伪“蒙古军政府”由此一蹶不振,日本驻阿拉善旗特务机关亦因无力再行动而撤离,德王的“蒙古独立建国”计划近乎绝望。但是,半年多后,日本全面侵华战争爆发,关东军发动察哈尔作战,相继占领察南、晋北和绥远,伪蒙古军汉奸政权得以东山再起,变本加厉。

(一) 伪“蒙古联盟自治政府”及其行政架构和民族分裂行径

1937 年日本全面侵华战争爆发后,伪察南、伪晋北两个“自治”傀儡政权,尤其是伪“蒙古联盟自治政府”的炮制出台,是日本帝国主义鲸吞蒙古、掠夺蒙古物产资源的一个重要步骤。

日本全面侵华战争爆发前夕,日本已着手整顿、恢复伪“蒙古军”和伪“蒙古军政府”,并多次调换德化市特务机关长。先是派关东军第二课课长武藤章替代进犯绥远失败的田中隆吉,嗣另派森岗大佐替换武藤章,不久又换河崎大佐。河崎到任后,为加强伪“蒙古军”的军事指挥机构,一手主持调整、充实了伪“蒙古军”组织,在伪“蒙古军政府”之下,设立伪“蒙古军总司令部”,德王任总司令,李守信任副司令,乌古廷为参谋长,李寒星为副参谋长;取消一、二两军的原有建制,由总司令部直接统辖各师,并将原警卫师改称第 9 师,部分师长亦做了重大调整、更换。经过调整、充实的伪“蒙古军”,又伺机而动。

1937 年“七七事变”后的一段短时间内,日本关东军因集中兵力攻占

① 卢明辉编著:《德王“蒙古自治”始末》(上),内蒙古自治区蒙古语文历史研究所 1977 年印本,第 194 页。

平津等中心城市和平汉、津浦等铁道干线及沿线地区,无暇顾及察、绥和伪蒙政权。绥远傅作义部队乘机向察北的伪"蒙古军"发起进攻,伪"蒙古军"无力抵御,商都失陷,部分伪蒙军不仅起义投诚,还率部进攻德化。察哈尔省主席李汝明也派部队进驻万全坝上。伪"蒙古军政府"人员不知所措,乱作一团;日本德化特务机关长慌忙焚烧文件,准备退却。德王向关东军紧急呼救求援,关东军只得又把田中隆吉从朝鲜调回德化主持军事。但田中隆吉亦无回天之力。伪"蒙古军政府"一干人员只得向多伦仓皇撤退,不仅枪支弹药、重要文件来不及带走或处理,连苦心孤诣训练多时的军乐队也未顾得撤走,以致在 8 月 14 日绥远军进占德化时,德王军乐队竟整装奏乐、列队欢迎。这时已乘飞机溜回苏尼特右旗王府的德王,获悉绥远军马占山部已接近苏尼特右旗边境,让人赶忙在王府门前挂起"察境蒙古地方自治政务委员会"的旧牌子,权作应付之计。

德王和伪"蒙古军政府"的上述窘境当然是其日本主子不愿见到的。卢沟桥事变后,1937 年 7 月 11 日,日本天皇即主持御前会议,决定向华北北部出兵。先是板垣征四郎师团攻陷南口,进犯张家口;继而东条英机机械化部队北出古北口,经多伦、张北,从背后向张家口进犯,于 8 月先后占领万全、张家口,建立伪"察南自治政府";接着又沿平绥铁路西进,9 月占领大同,10 月成立伪"晋北自治政府"。这时,德王、李守信等立即纠合伪"蒙古军"乘机沿平绥线西进反攻,作为侵华日军的前锋进入集宁,伪"蒙古军政府"人员随后到达张北,经过德王调整后,随同伪"蒙古军"西进,进行部队慰问和接收工作。德王则召集和集中各旗保安队,组成所谓"蒙古各蒙旗联军",同伪"蒙古军"第 9 师和侵华日军一起,于 10 月 14 日占领绥远省城归绥。日军占领归绥后,旋即指令归绥本地商人贺秉温,以商会会长资格,担任"维持会"委员和伪归绥"市长"。①

日军既已占领归绥,并指令和安排汉奸就绪,这才同意德王及伪"蒙古军政府"人员前来归绥,准备策划成立伪"蒙古联盟自治政府"事宜。继 1937 年 10 月 14 日李守信率领伪"蒙古军"随日军到达归绥后,伪"蒙

① 章伯锋、庄建平主编:《抗日战争》第 6 卷,四川大学出版社 1997 年版,第 248 页。

古军政府”头目吴鹤龄、陶克陶、王宗洛、德古来等，率同伪“蒙古军政府”职员，由张北迁至归绥；驻在百灵庙的德王，亦乘飞机赶到归绥会合，商讨“建国大计”。

侵华日军指令德王以伪“蒙古军政府”的名义通知各地于 1937 年 10 月 27 日在归绥召开“第二次蒙古大会”（是年春季在乌珠穆沁右旗所开蒙古大会算作第一次蒙古大会），讨论建立新的蒙古伪政权问题。

长期妄想蒙古独立的德王，要求“蒙古独立建国”。“独立”不成，则退而求其次，仍以伪“蒙古军政府”的名义运作，暂不成立新的政权机构，但德王的上述意图，均不获日本允准。因为此时，日军自东向西在占领的平绥沿线张家口、大同等地，已经采取化整为零、分而治之的策略，相继在张家口、大同两地，分别建立伪“察南自治政府”和伪“晋北自治政府”两个汉奸政权。归绥刚刚占领，尚不具备蒙古“独立建国”的条件，因而只能沿引前面的先例，成立与察南、晋北相同形式的汉奸政权。并指定参加这次蒙古大会的除伪“蒙古军政府”和伪“蒙古军司令部”的头目和内蒙古西部地区各盟旗王公外，还应包括绥远省属各县、市所指派的伪县、市长或“维持会”委员。此外，邀请出席这次会议的还有日本顾问村谷彦治郎，日本驻绥远特务机关长桑原中佐，伪满驻蒙代表玉春，伪“察南自治政府”委员于品卿，伪“晋北自治政府”委员田汝弼等，共 300 余人。

在筹备会上，德王等再次提出“蒙古独立建国”问题。村谷彦治郎当即回复说，“蒙古独立建国问题，关系重大，牵涉到国际上的《九国公约》问题，需要关东军和日本国内慎重研究，一时不能确定”。德王认为村谷彦治郎职位不高，不敢决断，又找驻扎归绥的日本关东军部队长酒井隆居中帮助，并怂恿盟旗代表向村谷彦治郎集体要求蒙古“独立建国”，但都全无结果。

德王等要求蒙古“独立建国”的如意算盘落空，于是决定成立伪“蒙古联盟自治政府”，拟定的“组织大纲”规定，政府设主席、副主席，下设“政务院院长”管理政务、“蒙古军总司令”管理军事；以归绥为伪政府“首都”，并将归绥改“市”，更名为“厚和豪特”（后简化为“厚和”）。日本关东军同意建立伪“蒙古联盟自治政府”，但“首脑”设置、人事安排，蓄意越组代庖:“首脑”设置有“主席”而无“副主席”;并指定德王为伪“政务院院长”,李守信为伪“蒙古军总司令”。德王、吴鹤龄等虽明知日本存心挑拨,心有不忿,亦无可奈何。

“第二次蒙古大会”通过的《蒙古联盟自治政府组织大纲》规定,伪政府设主席及副主席;伪政府暂以乌兰察布盟、锡林郭勒盟、察哈尔盟、巴彦塔拉盟、伊克昭盟及厚和市、包头市为辖管区域。不过在日本全面侵华战争期间,乌兰察布、伊克昭两盟均在重庆国民党政府所属绥远省管辖下,仅小部分地区落在侵华日军手中;伪蒙政府以“防止共产、协和民族”为基本方针,以“生、聚、教、兴、养、卫”六事为施政纲领。该组织大纲还规定,伪蒙政府设于厚和豪特,沿用“蒙古军政府”时期之旗章,沿用成吉思汗年号,但改用阳历等。大会于 1937 年 10 月 28 日还通过了“蒙古联盟自治政府暂行组织法”,规定“政务院”“总司令部”由“主席”统辖,“主席”由大会“推戴之”,对“蒙古联盟统治负一切责任”,任期 5 年;副主席辅佐主席,主席有事故时代理其职务,副主席经大会议决,由主席任免之,并特别规定,政府置“政务最高顾问”及“军事最高顾问”,均由日本人充任。

“第二次蒙古大会”闭幕一个多月后,日本才将“蒙古联盟自治政府暂行组织法”审议、核定,伪“蒙古联盟自治政府”才正式组建和开始运作。日本核定后的“蒙古联盟自治政府暂行组织法”规定,政府设“主席”及“副主席”。主席为政府之主权者,遇有事故不能执行职务时,由副主席代行之。日本指定乌兰察布盟盟长云端旺楚克亲王(“云王”)为伪政府“主席”,德穆楚克栋鲁普亲王(“德王”)为“副主席”。云王因一直住在达尔罕旗王府家中,称病谢客,未有参加大会,实际由德王“副主席”代行“主席”职务,并兼“政务院长”。政府下设“政务院”,掌管诸般行政,具体运作实行“政务院长负责制”。政务院下设总务、财政、保安三“部”,每个“部”下设若干“处”。“总务部”下设总务、法制、建设、内务、教育、外交等处;“财政部”下设会计、税务 2 处;“保安部”下设警务、司法 2 处。与“政务院”平行机构有“蒙古军总司令部”和咨询性质的“参议会”,吴鹤龄任参议会“参议长”。另外还设有秘书处、司法局等。日本关东军为了直接、全面掌控伪蒙政权及各个部门，特设“日本顾问部”，日本金井章二任“最高顾问”，实际操纵和行使军政大权。不过金井章二当时正在张家口搞伪“蒙疆联合委员会”，迄未赴任，而由次最高顾问宇山兵士代行职务。军事最高顾问为高场损藏。“行政院”下三个“部”，也均有日本顾问。[①] 这些日本顾问都是伪蒙政府和伪“蒙古军总司令部”的太上皇，全部实权都掌握在他们手中。

在地方上，乌兰察布、伊克昭、察哈尔、巴彦塔拉（后设）、锡林郭勒 5 个“盟公署”与厚和豪特、包头 2 个“市公署”为“政务院”下辖地方行政机关。

德王为了取得各盟旗王公上层的拥护与行动配合，巩固其权位，加强了各盟旗的行政机构及其设置，明确和强化了盟的行政领导地位。在清朝，“盟”只是各旗“会盟”之地，并不构成一级行政组织；国民党政府时期，蒙藏委员会虽制定了盟、部、旗组织法，但未及付诸实施。伪“蒙古联盟自治政府”成立后，除对锡林郭勒、乌兰察布、察哈尔（1936 年由察哈尔省改设察哈尔“盟公署”时，已确定为行政组织）3 盟分别确定为行政单位、设置“盟公署”外，同时调整盟的设置，扩充了盟的辖区范围，加强了盟的实力，提高了盟的领导地位：将原绥远省所辖的 16 县和相当于县的 2 设治局重新划分，将部分县划归乌兰察布、伊克昭 2 盟。

同时，伪“蒙古联盟自治政府”成立后，将原归化城和绥远城这两个名称取消，改为归绥市，旋即又改为“厚和豪特”市，并升格为特别市，作为伪“蒙古联盟自治政府”首府。又将原包头县，改设为包头市，以加强对内蒙古地区的物资掠夺。因包头是平绥铁路的终点，黄河上游的主要水运码头，西北畜产品的主要集散地。当时更为重要的是，它是日伪与绥远傅作义军队所占据的河套地区在军事上对峙的前哨，因而也是日本侵略军和伪“蒙古军”的集中驻地。日本帝国主义为了掠夺战略物资，掌握西北地区的经济命脉，作为供应军队所需，更必须加强对包头的控制。因此，将其同厚和豪特市一起，直辖于伪“蒙古联盟自治政府”。

① “总务部”顾问中岛万藏；“财政部”顾问节部正晖；“保安部”顾问大圆长喜。

伪"蒙古联盟自治政府"还重新任命了各盟、旗行政部门首脑,根据各盟公署管辖区域大小不同,分别设立了"总务"(1938年秋后一律改为"官房")、民政、保安、教育、畜产等厅,并尽量任用蒙古王公上层人士担任"厅长",以示笼络。调整后的伪"蒙古联盟自治政府"管辖区域为5盟2市。土地面积为350万平方公里,人口约250万人,其中蒙古族30万人,占总人口的12%;回族3.7万人,占总人口的1.5%,其余为汉人。①

伪"蒙古联盟自治政府"对于旗、县并存,蒙汉杂居的地方采取"蒙、汉分治"的政策。土默特旗和正黄、正红、镶红、镶蓝绥东4旗同巴彦、集宁、陶林、丰镇等县,长期以来就是旗、县并存的区域,在这些旗、县境内多属蒙汉杂居、农牧并存。伪"蒙古联盟自治政府"成立后,德王曾提出以平绥铁路为界,将蒙、汉民众分离,即将居住在平绥铁路以南的蒙古族民众,移至铁路以北;居住在铁路以北的汉族民众,移至铁路以南。因巴彦塔拉盟的正、副盟长都坚决反对,未有实行。对这类地区,最后仍然采取"属人主义"的蒙、汉分治政策,蒙民归旗管理、汉民归县管理。同时德王为了拉拢汉族中一些上层人物,对各个市、县长的安排上,多数任用汉族中的绅士富豪;而各蒙旗总管则任用蒙古族中的原任官吏,为的是驾轻就熟、便于统治。

在军事上,虽由李守信担任"总司令",但德王仍将伪"蒙古军"置于他的直接控制之下。他只将由汉人编成的第一、第二、第三师交给李守信直接指挥,其余6个由蒙古人组成的师,统由自己直接指挥。其后侵华日军明确提出,"蒙古军各师一律要蒙古化",把由汉人编成的第一、第二、第三师,改编为驻各县的伪警察队,用于镇压各地的汉族民众。而把伪"蒙古军"各师主要力量,都部署在包头、百灵庙和锡、乌两盟边境地区,以配合侵华日军共同防御绥远西部地区傅作义部队的反攻,并切断中国共产党与苏联方面的联系。

德王为了扩大其军事实力,还大力扩充各盟旗保安队,配备新式枪

---

① 卢明辉:《中华民国史资料丛稿·蒙古"自治运动"始末》(上),中华书局1980年版,第199—228页。

械，充实装备，并派伪蒙古军官学校毕业的学员充任教官，进行军事训练，借以掌握各盟旗保安队的官兵，令其效忠自己。早在伪“蒙古联盟自治政府”成立之前，德王为了配合侵华日军占领绥远，就组织起了“各蒙旗联合军”，自任“总司令”。此次组建、扩充、训练盟旗保安队，实际上是“各蒙旗联合军”的延续。除了按规定编制征招、按指定地点集训，同时还规定了伪保安队的服装和臂章、旗帜、印信等，均由伪“蒙古联盟自治政府”以条例的形式颁行。在以汉族居民为主的各县，日本侵略军和伪蒙政权除派有大量警察队进行统治、镇压外，同时还实行保甲制度和“十家连坐”法，并在各县、区、乡还训练大批“自卫团”等伪地方军事武装力量，作为供日本侵略军、伪蒙政权驱使的统治工具。

伪“蒙古联盟自治政府”成立后，德王还在经济文化方面，办理或试图办理若干“蒙古化”设施。不过经济设施和经济资源全部沦为日本侵略军的囊中物，根本没有德王插手的余地，所谓“蒙古化”设施，基本上限于文化方面。

德王曾经幻想，日本既然表示要“帮助蒙古”，想必会帮助发展经济文化事业。因此很想将旧绥远毛织厂接收过来，并已物色合适的经理人选。同时把原有工科学校等文化教育机构也恢复起来，借以收买人心，巩固统治。不料占领绥远不久，日本侵略军即把旧绥远毛织厂一手劫夺，拨归“满铁”经营，并将旧工科学校的机器也拆卸给了毛织厂；绥远省立第一幼儿园，则做了侵华日军御用的“厚和旅馆”。其他产业、金融、交通事业，全都归伪“蒙疆联合委员会”直接掌管，分别交由日本企业经营：平绥铁路由“满铁”管理；伪“蒙疆”银行、邮电事业、矿业开发、土产收购等都由日本资本家投资直接经营。

德王作为“泛蒙古主义者”，经济方面既无立锥之地，也就只能着手文化设施。为了培养所需“人才”，他主张优先发展“蒙古”教育，将原绥远省在大台什村所办农科学校，改为“蒙古学院”，并亲笔题写“勤敬忠诚”院训，于 1938 年 2 月间招收 150 名学员，专业方面设有旗务、师资、师范、电报、补习班等；又在绥远省大会堂后设立“蒙古文化馆”，从“发展旧文化，介绍新文化入手，从事蒙古文化发扬工作”。其后又于 1938 年 4

月,将原绥远省立图书馆、民众教育馆、通志馆等统归该馆接收,并筹备开办印刷所。此外,德王还在百灵庙设有“乌盟蒙古青年学校”,在苏尼特右旗设有“锡盟蒙古青年学校”及包头青年学校、察盟青年学校和巴盟师范学校等,均从小学开始,次及中学,并加设各种职业班次,招收学龄儿童和失学或未就学青年,授以普通常识,逐渐培养学习基本学科知识。①

1938 年 3 月,名义上担任伪蒙政府主席的云端旺楚克(以下简称“云王”)病死。7 月,德王主持召开“第三次蒙古大会”,会上被推选继任伪“蒙古联盟自治政府”主席,仍兼“政务院”院长,李守信继任副主席。德王借就职宣言之机,向日本主子表忠心,宣称“本严防共产,协和民族之基本方针,生、聚、教、兴、养、卫六项施政纲领”,与日本“友邦”“互惠互助共存共荣”,“完成建国之大业,实现东亚之和平”。②

德王继任主席后,对伪蒙政权机构进行了调整、扩充,将原“政务院”下的总务、财政、保安 3“部”制,改为 1 厅 4“部”制,即总务厅及民政、财政、保安、畜产 4 个“部”。“总务厅”下设总务处、人事处、主计处、外交处等;“民政部”下设内务、教育、建设 3 个处;“财政部”下设税务、理财 2 个处;“保安部”下设警务、司法 2 个处;“畜产部”下设牧业、畜产 2 个处等,令其形成初具“国家”性质、规模的体制。直属“政务院”的机构还有地政局、司法局、参议会、政务委员会等。后两者意在笼络蒙古王公上层和对“兴蒙运动有功者”及有代表性的汉族人士,作为其咨询机构。这些都是德王“完成建国大业”的重要步骤。

(二) 伪“蒙疆联合委员会”、伪“蒙疆联合自治政府”的炮制和行政架构

正当德王踌躇满志,欲借“蒙古联盟自治政府”“主席”和“行政院长”的职位大干一场,“完成建国大业”的关键时刻,侵华日军却未经商议

① 卢明辉编著:《德王“蒙古自治”始末》(上),内蒙古自治区蒙古语文历史研究所 1977 年印本,第 236—239 页。

② 卢明辉编著:《德王“蒙古自治”始末》(上),内蒙古自治区蒙古语文历史研究所 1977 年印本,第 224—225 页。

和知会，突然用伪“蒙疆联合委员会”取代了伪“蒙古联盟自治政府”。

事实上，就在德王、吴鹤龄等紧锣密鼓筹建伪“蒙古联盟自治政府”时，作为伪蒙军政府和后来伪“蒙古联盟自治政府”最高顾问的金井章二，却正在张家口炮制伪“蒙疆联合委员会”，既无暇顾及伪“蒙古联盟自治政府”的筹划，又没有参加“最高顾问”的就职典礼和履行职务。因而伪“蒙古联盟自治政府”成立、运作还不到一个月，侵华日军就出台了凌驾于“蒙古”、察南、晋北三个傀儡政权之上的伪“蒙疆联合委员会”。

不过这只是日本帝国主义在“以华制华”策略上的技术性调整。侵华日军在一路占领张家口、大同的过程中，为了稳住阵脚，采取化整为零、分而治之的策略，先后建立察南、晋北两个地方傀儡政权；待到占领巴彦、包头，德王准备成立“蒙古”傀儡政权时，日本侵略者的策略已经改变，由“化整为零”改为“合零为整”。因为察南、晋北、“蒙古”三个伪政权所辖区域，均属平绥铁路沿线，交通、经贸、金融等相互之间关系密切，但三个伪政权在行政上各自为政，不相隶属，不利于日本帝国主义全面和直接控制整个区域。为了快速有效地对这一地区进行大规模的和整体性的经济掠夺，必须对三个地方傀儡政权尽快进行整合。

在这种情况下，1937 年 11 月 22 日，由日本方面直接指派“蒙古”、察南、晋北三个伪政权的代表，由金井章二自行主持在张家口召开会议，签署“协定”，成立伪“蒙疆联合委员会”（这是伪政权首次使用“蒙疆”一词），“处理有关产业、金融、交通及其他重大事项”。伪“蒙疆联合委员会”设“总务委员会及产业、金融交通各专门委员会”，金井章二任“最高顾问”兼“总务委员长”。伪“蒙疆联合委员会”并非一般的协商或协调机构，而是一个权力机构。它的权力来源或前提，就是三个伪政权原有权力的放弃。“协定”共计 10 条，第一条规定，“各政权将原有权力的一部分，委交本会行使之”。这还不够完全、透彻，第六条又进一步补充，“联合会发布有关指导、统制，均以命令行之，各政权为援助，得分担义务”。还有第八条规定，“联合委员会受各政权之委托，得掌握其共同财产”。显然，伪“蒙疆联合委员会”完全凌驾于三个伪政权之上，控制了三个伪政权所辖地区有关产业、金融、交通等全部经济命脉，而金井章二则是伪“蒙疆联合委员会”的实际和唯一掌权人。

日本帝国主义强使三个傀儡政权合流,保证“最高顾问”金井章二独自一人直接把持,除了更便捷掠夺物产资源之外,同时为了加强对平绥铁路地区的军事控制,图谋进一步加速对中国整个西部地区的侵略和劫夺。

伪“蒙疆联合委员会”成立不久,日本侵略军又迅速谋划其机构的进一步加强与扩充。1938 年 8 月 1 日,在金井章二一手操纵下,强行通过所谓“联合委员会会议决议”,将原总务、产业、交通、金融等“专门委员会”改组、扩大为总务、产业、财政、保安、民生、交通 6 个“部”。各“部”部长、顾问、理事官除个别外,全是日本人,其目的就是让日本人统一指挥,承担所谓“防共前驱”之责,以缓解日本兵力不足的矛盾。同时,为防止三个伪政权互相角逐,伪“蒙疆联合委员会”不设“委员长”或其他最高长官之职,“最高顾问”独揽大权,仅以“委员”的名义,就将三个伪政权集合一起,供其驱使。

调整、扩大了的伪“蒙疆联合委员会”,其权力被进一步强化、扩张,变成高居于“蒙古”、察南、晋北三个傀儡政权之上发号施令的殖民统治独裁机构。德王作为伪“蒙古联盟自治政府”主席和“政务院”院长,变成了没有丝毫权力的傀儡。不过他似乎不懂得日本帝国主义侵略的目标是要灭亡中国,灭亡整个华夏民族,也包括蒙古族在内,因而仍在与虎谋皮,争取日本帮助他实现“蒙古独立建国”的幻想。1938 年秋,伪“蒙疆联合委员会”改组后,德王同原三个伪政权头目由金井章二带队赴日本访问期间,仍不忘利用机会进行伪“蒙古独立建国”的活动,并且不用伪“蒙疆”,而继续沿用“蒙古”一词。德王等人回到张家口、参加完伪“蒙疆联合委员会”成立周年纪念典礼后,回到厚和豪特,得知日本陆军大臣板垣征四郎同意他的“蒙古建国”主张,并由日本陆军省通知张家口日本军部实行,于是准备以正式公文的形式,提出反对伪“蒙疆联合委员会”的呈文。日本为了进一步利用和控制德王,让其担任伪“蒙疆联合委员会”总务委员长,而且是采取突袭和预设圈套的卑劣手段强迫他宣誓就职。此时德王感到既不能同日本主子公开对抗,而甘当走狗的滋味也不好受,只得同蒋介石暗中勾结,以观动静。当时适逢汪精卫发表《举一个例》一文,显示对日妥协投降原系蒋、汪共同主张。德王觉得此时如再同日本公开决裂,利少害多,乃使出“狡兔三窟”之技,一方面暗中与蒋介石继续保持联系,另一方面则公开完全顺从日本军部的决定。不过这样做也并非易事。日本的侵华策略往往因形势变化而不断调整,德王有时根本不知道日本主子葫芦里到底卖的是什么药。

1939 年 6 月 1 日,德王按照金井章二嘱咐,邀同察南、大同两个傀儡政权头目于品卿、夏恭前往日本军部面见蓬治藩兵团司令官,当时一致表示,三个伪政权愿意合并。不过蓬治藩对这个表态已不感兴趣。这时日本侵略军在北平推出了王伪“中华民国临时政府”,在南京炮制了梁伪“中华民国维新政府”。侵华日军鉴于其分割统治政策的发展需要,不妨继伪“满洲国”之后,再制造一个伪“蒙古国”,或伪“蒙疆联合自治国”,令其在日本帝国主义的直接操纵下,脱离中国版图。日本主子这一策略,自然是德王梦寐以求的。因此,1939 年 7 月在日本酝酿筹建伪“蒙古国”活动时,德王亦派其心腹赴日递交所拟“蒙古自治国”(吴鹤龄后将“蒙古自治国”改为“蒙古自治邦”)草案。然而日本的侵华策略又有了新的变化。当时继日本首相近卫文麿发表“善邻友好,共同防共,经济提携”的三原则声明后,汪精卫又与日本新任内阁总理大臣平治骐一郎秘密订立卖国协定。此时日本更想利用汉奸汪精卫诱降蒋介石,对原先推行分割统治中国的策略相应作出变更,伪“蒙疆建国”的活动暂时取消,只能建立地方和区域性的伪“蒙疆联合自治政府”。德王的“蒙古独立建国”梦想又落空了。

1939 年 9 月 1 日,经过日本军部和金井章二精心策划,由伪“蒙疆联合自治委员会”演变而来的伪“蒙疆联合自治政府”正式宣告成立。原伪察南、晋北两个自治政府改为两个“政厅”,隶属伪“行政院”;原伪“蒙古联盟自治政府”所辖巴彦塔拉、察哈尔、锡林郭勒、乌兰察布、伊克昭五盟,也直隶伪“政务院”。伪“蒙疆”政权所辖区域包括:伪察南政厅所辖 1 市(大同)8 县(万全、宣化、蔚、阳原、怀来、涿鹿、龙官、赤城);伪晋北政厅所辖 1 市(张家口)12 县(朔、浑源、应、阳高、天镇、左云、怀仁、山阴、灵丘、广灵、右玉、平鲁);原伪蒙古政权所辖地域最广,计伪巴盟公署辖2市(厚和豪特、包头)5旗11县,伪察盟公署辖8旗8县,伪锡盟公署辖10旗,伪乌盟公署辖6旗1县,伪伊盟公署辖7旗4县。不过伊盟伪政权当时仅能到达黄河以东的准格尔、达拉特的局部地区。

与原来三个伪政权相比,经过综合、扩充和改组的新伪政权,有两个明显的特点:一是从事人身奴役和经济掠夺的行政机构建制更加庞大、完整和严密,新伪政权在作为"首长"的"主席"及掌握实权的"最高顾问"之下,设有"参议府""蒙古军总司令部""最高法院""最高检察院"和作为"中央政府"的"政务院"。成立会上根据日本军部内部以推定的方式,由金井章二主持选举德王为"主席",于品卿、夏恭二人为"副主席";金井章二仍为"最高顾问",吴鹤龄、李守信仍分别任"参议长""蒙古军总司令"。卓特巴扎普任"政务院长"(后由吴鹤龄继任),补英达赉、刘继光等分任"最高法院院长""最高检察院院长"等职。"政务院"扩大架构,下设总务部、民政部、治安部、司法部、财政部、产业部、交通部、牧业总局、电报局、榷运清查总署、税务监督署、兴蒙委员会、"蒙疆"银行、经济监察署、"蒙疆"学院、蒙古文化馆、中央警察学校、地政局、审议局、"蒙疆"新闻社、各政厅盟公署21个"部"级机构,完全具有国家机器的规格和功能。二是日本人以正式职官出现。除了最高顾问、顾问,还有部长、次长、局长、处长等,而且不论正职副职,均由日本职官直接"操纵"各个机构。"中央"如此,盟市、旗县地方亦然。如旗县长官安排,仍采蒙、汉分治,旗札萨克、总管由蒙人担任,日本人以参与官的名义操纵;县长多由汉族或回族担任,日本人以副县长之名实际操纵。同时在伪"蒙疆联合自治政府"之上,设立日本帝国政府"兴亚院联络部",日本军部兵团司令官蓬治藩和兴亚院联络部长酒隆井,成为高居于伪"蒙疆联合自治政府"之上的两个太上皇,德王等只不过是他们导演之下的傀儡而已。

金井章二还为伪政权煞有介事地订有"组织大纲"和"施政纲领"。"组织大纲"规定,伪政权"以蒙疆地域为中心,以'东亚民族'构成之","首长"称"主席","首都"为张家口;"组织大纲"还装模作样地宣称,伪政权"本东亚之'道义',施政以民意为'大本'";"施政纲领"更是说的比唱的还好听，诸如“宣扬‘东亚道义精神’，并期其实际”；“大同协和诸民族，大施经伦”；“新兴民生，确保安宁，以保障人民幸福”；等等。又宣称，“从共产主义毒害中解放诸族，以资强化世界‘防共’战线”；“团结诸友邦，同志相契，以奠定‘东亚新秩序’之建设”；等等。伪政权的旗帜为黄、蓝、白、赤四色七条旗：黄色象征汉族、蓝色象征蒙族、白色象征回族、赤色象征日本。从上至下七条的次序是黄、蓝、白、赤、白、蓝、黄。即以日本为中心，“大同协和”汉、蒙、回各族，作为代表政府的“表征”。德王之流在国难当头、面临亡国灭种的危急时刻，反对和离间以汉族为主体的华夏民族大家庭，卖国投降，开门揖盗，认贼作父，自掘坟墓，无耻而又愚蠢至极。

1940 年 3 月 30 日，汪精卫在南京建立汪伪“国民政府”之后，1941 年春天，在日本指使、操纵下，伪“蒙疆”政权与汪伪政权签订“协定”，伪“蒙疆”政权承认汪伪政权为继承“正统”的新“中央”政府，汪伪则承认伪“蒙疆”为“高度自治”的地方政权。汪伪政权并以协定“附件”的形式，同意伪“蒙疆”政权沿用成吉思汗纪元年号；承认伪“蒙疆”政权四色七条旗为该政权旗帜；承认伪“蒙疆”政权在长城各口的“驻兵权”。

其后，1941 年 6 月，汪精卫访日回国不久，经日本军部同意，曾到张家口访问视察。德王称病，拒绝到机场迎接，亦不愿相见。后日本军部施压，由军部大桥雄熊政治参谋长从机场驱车前往王府，德王才出来勉强会见 20 分钟。德王的这次行动表明，汪伪在名义上拥有伪“蒙疆”，而实际上并无管辖权。

（三）伪“蒙古自治邦”的出台及其行政架构

德王不愿蛰伏于汪伪南京政权之下。他的梦想是蒙古“独立建国”。1941 年春，吴鹤龄自日本留学回到伪“蒙疆”，德王让其接替卓特巴扎普，担任“政务院院长”，助其完成“蒙古建国”之业。吴鹤龄也一直在为“蒙古建国”卖命效力。早在伪“蒙古军政府”期间，吴鹤龄即为迎合当时德王心愿，草拟过“蒙古基本法(类似宪法)和蒙古建国计划”。后来他在日本考察学习期间，又为“蒙古建国”多方钻营活动。根据他在日本所探日本军界对“蒙古问题”的既定方针，向德王建议，“蒙古建国”可分两步走：

第一步先建立“蒙古自治邦”;第二步建立“蒙古国”。关于国体、政体问题,若仿照日本和“满洲国”,宜采取君主国体或君主立宪政体;若仿外蒙古建立“大蒙古国”,则宜采用“民主共和”国体。但不论采用何种国体、政体,德王还是当然的“国家元首”。如建立“民主共和国”,德王乃“终身总统”;如建立“蒙古帝国”,德王则是“民选皇帝”。当时在伪“蒙疆”政权内政部一个名叫木村佑次郎的日本人亦向德王献策称,如“蒙古建国”,连年号都想好了,就是“成德”,即分别取成吉思汗和德王的头一个字,意为继承成吉思汗之“德”,如同“满洲国”溥仪采用“康德”年号,表示继承康熙之“德”。①

德王虽欲急图“蒙古建国”,但自知一时难以实现,经与吴鹤龄研究,先将伪“蒙疆联合自治政府”改称“自治邦”,作为过渡。德王与日本兴亚院伪“蒙疆”联络部长官竹下义晴和日本军部参谋长高桥等多次讨价还价,迨希特勒德国进攻苏联,国际形势激变,日本感到伪“蒙疆”政权已不能适应其侵略政策的需要,遂允准伪“蒙疆”政权对内改称“蒙古自治邦”,但对外仍称“蒙疆联合自治政府”。随后为了缓解德王等上层首脑人物的对立情绪,发挥其“防共地带的特殊作用”,经伪“蒙疆”临时政务委员会会议决定,于1941年8月4日正式悬挂“蒙古自治邦”招牌,算是宣告“蒙古自治邦”的正式成立。不过这次伪蒙政权改组,既未举行庆祝典礼,亦未大事宣传,几乎是偷偷摸摸进行的。

太平洋战争爆发后,为了应付急剧变化的国际形势,1942年8月,在日本军部参谋长高桥的主持下,对伪蒙政府的行政机构和人事安排,进行了改组和调整。

1942年8月31日,伪“蒙古自治邦政府”在张家口召开“第五次蒙古大会”,会上推选德王连任伪主席,于品卿、李守信任伪副主席。行政机构进行改组,撤销原“政务院”所属的总务、民政、司法、财政、产业、交通7“部”,改设1厅(总务)、2部(内政、经济)、3局(弘报、交通、审计)、4委员会(兴

① 卢明辉编著:《德王“蒙古自治”始末》(下),内蒙古自治区蒙古语文历史研究所1977年印本,第321—323页。

蒙、总力、回教、司法)。原“总务部”改组为总务厅,原民政、治安两“部”合并为“内政部”;原财政、产业两“部”合并为“经济部”;新设兴蒙委员会;另设直属机构蒙古文化研究所、牧业试验场、种畜牧场、家畜防疫处、宗务筹备处、军务普及部等;又另设总力委员会、回教委员会等;将原“司法部”改为司法委员会;原“交通部”和邮电总局合并为交通总局;另设审计局。

这次伪蒙政府行政机构和人事改组的一个显著变化是,大批日本人因原来的顾问、参与官等幕后牵线人的地位,继而更多地变为直接担任各级领导,成为现身前台的官吏,而将原有各厅、部、院、委中的一批高、中级伪蒙官吏,从各级岗位上排挤了出去,完全变成了闲散傀儡。改组后的伪蒙政府行政机构中,有的新增机构,名称晦涩、费解,如“总力委员会”,由日本人内哲武夫担任主任,由伪蒙政府中各部、局、厅、会中日本领导骨干官吏兼任委员,作为核心。主要职责是对各个时期的各项重要方针、政策进行审查、监督;并通过其分布在各部、局、厅、会的党羽,对伪蒙政府中的各级活动和人员的思想情况,进行严格监视和掌控,使政府官吏、军队将士以及各蒙旗王公贵族皆俯首听命、任其摆布。

这次机构调整中,日本帝国主义为了推行蒙、汉、回分治的政策,还新设了“回教委员会”“兴蒙委员会”。各盟公署亦设立“回教班”,专司联络回教和拉拢西部地区的回族工作。日本为了利用回教为其殖民统治服务,早在“回教委员会”出台前,就成立了“西北回教委员会”,在张家口、大同、厚和豪特等地均设有分会。至于“兴蒙委员会”的设立,是日本利用所谓“复兴蒙古民族”,进一步笼络伪蒙政权和伪“蒙古军”等傀儡组织及其官吏,继续充当其帮凶。

伪“蒙疆”政权同汪伪政权的关系比较微妙。1943 年年初,日本帝国主义为通过汪伪加强对蒋介石的诱降,抛出所谓“对华新政策”,声称要加强汪伪南京政府对地方政权的“指导”;交还租界,废除治外法权,考虑修订《日华基本条约》等,于是汪精卫便摆出伪“国民政府”主席的身份,准备加强对德王的伪“蒙疆”政权的“领导”,并拟定“蒙古自治法”3 章 18 条,于是年 3 月间,派伪“和平建国军”第四路总指挥杨中立携带“自治法”文本飞往张家口面交德王。不巧此时日本在太平洋战争中严重失利,日本为了防止苏联袭击,亟须加紧对伪"蒙疆"的直接控制,日本军部在张家口看了汪伪的"蒙古自治法"草案条文,对汪伪的"越权"行径极为不满,"蒙古自治法"草案胎死腹中。自此,张家口日本军部不许南京汪伪再过问伪"蒙疆"政权的事情,转而让伪"蒙疆"政权俨然以"独立国"的面目出现,充当日本直接控制下的傀儡,同伪满一道,北面抵抗苏联,南面遏制中国内地。

日本鉴于伪"蒙疆"作为"防共特殊地带"的重要性越来越突出,为了加强对伪"蒙疆"政权的直接控制,1943 年秋再次对伪"蒙疆"政权进行机构改组。将"经济部"扩充为经济、财政、产业 3 个"部";在"政务院"下增设"军事联络部",办理有关军事联络事宜。同时对部分委员会,厅内的科、处也进行了调整,决定把察南、晋北两个"政厅",分别改为宣化省、大同省。张家口市改为"特别市",直辖于"政务院"。地方官吏亦做了较大调整。察南政厅改为宣化省后,省会由张家口迁至宣化,其政厅办公地改作德王的"主席府",察南政厅长官陈玉铭调任伪"蒙古自治邦政府"参议,其他各省"长官"一律改称"省长"。

三、"为虎作伥"的经济体制与日本的经济统制和经济掠夺

伪"蒙疆"傀儡政权及其前身,其基本职能及其运作,就是为虎作伥,充当日本侵略者的帮凶和代理,对所辖地区蒙汉人民进行政治压迫、人身残害和经济劫夺,为日本帝国主义"以华制华",用中国的人力、物力占领和灭亡中国的基本国策效劳,对国家和民族犯下了严重罪行。在伪政权的实际运行中,政治压迫、人身残害和经济劫夺三者紧密结合。政治压迫、人身残害是经济劫夺的前提条件,而经济劫夺又是对民众进行政治压迫、人身残害的暴力基础。

1936 年 5 月成立的伪"蒙古军政府",起初并无完整编制的军队,早先设立的"蒙古军总司令部"只是空架子,徒有其名;政府机关亦相当粗陋。伪"蒙古军政府"成立后,首要任务就是招兵买马,组织武装力量,为统治和压迫蒙汉民众、搜刮和劫夺物资提供暴力后盾,而且,不仅军队装

备、饷需也需通过搜刮和劫夺物资来解决，尤为重要的是要供养日本侵略者，满足日本侵略军的无穷欲壑。德王为筹备军政费用，提出向日本借款1000万元，德化市特务机关长田中隆吉当即回答说，“你们蒙古有石油矿藏吗？如有石油等矿源时，借一千万元那是容易办到的”。[①] 因此，伪“蒙古军政府”的迫切任务就是搜刮物资、出卖资源。德王在组织武装力量的同时，加紧组建和充实政府职能部门，以“蒙古军”为后盾，加强政治统治和经济劫夺。

不过伪“蒙古军政府”虽然设有军事署、财政署、交通署、实业署等相关职能部门，但大权全部掌握在日本“主任顾问”和“专门顾问”手中，这些部门的职官、职员只是干事、跑腿的，并且几乎全是外行，不懂经济和经济管理，更不懂生产、建设，一切只能求助和依赖伪“满洲国”。而这正中日本帝国主义的下怀。于是在日本的直接操控、以日本为中心的前提下，伪“满洲国”（实为日本）的政府职能机构、经济组织、“中央银行”、大型企业，堂而皇之地进入内蒙古地区。伪满“中央银行”在德化设立办事处，发行伪“满洲国”纸币。日本关东军明文规定，“鉴于军政府开始时的实力，满洲国的诸机关、满铁、善邻协会、大蒙公司等，都要在关东军指导下参加（支援），伴随着军政府实力的发展进行指导”。[②] 1936年1月后，满洲航空公司、邮电局、《满洲日日新闻》等都在德化、多伦等地建立分支机构，正式营业兼行“指导”。伪“满洲国”是日本的傀儡，“蒙古军政府”则是伪“满洲国”的傀儡，是傀儡的傀儡。

1937年日本全面侵华战争爆发后，日本侵略者一经占领平绥铁路沿线地区，9—10月间接连建立察南、晋北、“蒙古”三个地方傀儡政权，作为日本军部的“后勤部”，接着就马不停蹄，开始了有组织、有计划、有步骤的物资、金融掠夺和财政、税捐搜刮。

1937年8月27日，日军攻占张家口，9月4日在张家口“维持会”基

---

① 卢明辉编著：《德王“蒙古自治”始末》（上），内蒙古自治区蒙古语文历史研究所1977年印本，第158页。

② 祁建民：《从蒙古军政府到蒙古自治邦——“蒙疆政权”的形成与消亡》，《内蒙古师范大学学报》（哲学社会科学版）2009年第5期。

础上建立的伪“察南自治政府”,其基本架构是在作为政府“首领”的两名“最高政务委员”之下,设总务处及民生、财政、保安、民政四厅。处设处长,厅设厅长。日本于各级官署担任“顾问”,总揽大权。而民生、保安两个厅,更由日本人直接担任厅长。因为民生厅的职能是劫夺民生物资(首先是粮食),保安厅的职能是保证物资劫夺的顺利进行。①

伪“察南”傀儡政权在进行赤裸裸的物资劫夺的同时,还匆忙设立银行,空手套白狼。1937 年 9 月 27 日组建的“察南银行”,名义资本总额 100 万元,一部分资金由伪“察南自治政府”筹措,另一部分资金为伪满洲“中央银行”拆借。总行设于张家口,10 月 10 日正式营业,发行“察南纸币”,与日元、伪“满洲元”等值行使。不过该银行并没有自己印制纸币,而是将原东三省官银行号的纸币,加盖伪满洲“中央银行”和“察南银行”字样后投放市场,俗称“双加盖票”,面值分 1 元、10 元两种,共发行 500 多万元。这样连印刷工本都省了,真不愧是“空手套白狼”。

成立于 1937 年 10 月 15 日的伪“晋北自治政府”,也是政治压迫、人身奴役、经济劫夺三管齐下。伪政府一成立,伪公安厅就开始推行“户口编闾制度”,在辖区内清查人口、调查抗日人员家属及知识分子的来往;侵华日军在各地城门口遍设岗哨,每个岗哨都有一名日军士兵和一名警察检查来往行人,出门的行人都须向日军士兵脱帽致敬,旨在羞辱中国民众,污辱其人格,消弭其民族尊严和个人自尊心;民生厅工商科则监督管理绸缎商、棉布商、粮食商等大商业,实行商业管理制度;公安局负责按照营业类别编组管理小商贩,为勒索、劫掠做好组织准备。②

由伪“蒙古军政府”改组、演变而来的伪“蒙古联盟自治政府”,尤其是后来将原察南、晋北、“蒙古”三个傀儡政权合流先后炮制的伪“蒙疆联合自治政府”、伪“蒙古自治邦政府”,存续时间最长,在日本侵略军的直接掌控下,对当地蒙汉人民的政治压迫、人身虐害也最残忍,经济压榨和劫夺最严酷。

---

① 全国政协文史委员会编:《文史资料存稿选编 · 日伪政权》,中国文史出版社 2002 年版,第 640 页。

② 《山西文史资料》1988 年第 56 期,第 47 页。

伪“蒙古联盟自治政府”成立后头件大事，也是设立银行，印行纸币。伪蒙政权于1937年10月28日成立，随即将察南银行改组，同时并入绥远丰业银行及平市官钱局，11月13日在张家口设立“蒙疆银行”，资本金1200万元。由3个傀儡政权均摊，筹款1/4后先行营业。实际资金情况据德王《回忆录》称，伪“蒙疆”汉奸政权出资占11%；“蒙疆银行”出资占9%；日本出资占57%；现场土地出资占2%。① “蒙疆银行”在伪“蒙疆”政权辖区各主要城镇大同、厚和、包头、平地泉、丰镇、宣化、怀来、沙城、涿鹿、张北、多伦、延庆、朔县以及北平、天津等地设立分行，在东京、长春、贝子庙设办事处。1937年12月1日，“蒙疆银行”于张家口开业，印发“蒙疆券”3500万元，分纸币、铸币两种；纸币面额计壹元、伍元、拾元、百元四种；铸币计伍厘、壹分、伍分、壹角、伍角五种。纸币由日本及“蒙疆银行”印刷厂承印。该纸币与日元及满洲“中央银行”纸币等值流通。由于当时国民党政府在该地区货币尚未统一，因此在一个短时期内“蒙疆银行”纸币成为当地流通的主要货币。

1938年年初，日本先后唆使伪“晋北自治政府”没收西北实业公司在大同所设之兴农酒精厂（资本100万元）、西北洋灰厂（资本200万元），复设立“蒙疆木材公司”（资本100万元），垄断建筑木材；设立“蒙疆石油公司”，包办石油买卖；设立“蒙疆运输公司”，操纵运输事业；“蒙疆机制面粉厂”（资本200万元），控制察绥民食。又由“蒙疆”、三井、大仓3个公司集资20万元，设立出口公司，经营平绥沿线驼羊毛、皮革、蛋粉、油脂等原料输出欧美。1939年9月底，日本还成立了“蒙疆商业株式会社”，资本1000万元，由伪“蒙疆”政府及华北开发公司各半出资，专销日本商品，垄断一切。②

1939年伪“蒙疆联合自治政府”成立后，为了确立和巩固法西斯殖民统治，进行和扩大经济掠夺，日伪以“确立治安，增加生产”为名，开展镇压活动，实行“三光政策”；动员各级伪政权机关，整备警察队，编练“靖乡

---

① 卢明辉：《中华民国史料丛稿·蒙古自治运动始末》，中华书局1980年版，第296页。

② 陈真等合编：《中国近代工业史资料》第2辑，生活·读书·新知三联书店1958年版，第452页。

青年队”,加强乡、镇、街、村基层伪组织,实行“保甲连坐法”,一人有事,全保问罪;以“剿共”为名,疯狂镇压、杀戮、残害广大民众。平时对民众稍不顺眼,即以“国事犯”抓捕问罪,动辄施以各种酷刑:灌冷水、压滚杠、熏辣椒面、烙红铁条、喂军犬、铁钉钉脚骨、灌煤油辣椒水、剥皮、割舌等,野蛮、残忍至极。慑于日伪淫威,民众日常三人对坐,不敢谈及时事,两人同行,亦不敢低声共语。商店、饭馆墙壁贴满“莫谈国事”的纸条,以避祸患。行人须随身携带“良民证”,注明邻里铺保,粘贴免冠相片,以备随时查验;居民昼夜皆不得闭户,日伪军警可随时入内检查。倘若人口偶有加多或减少,皆须问罪。故亲友临门,亦不敢轻易招待。日伪还在各处遍布特务、侦探,各家日常生活大小事情,皆了如指掌。农村情况更惨,日伪强行“粮谷集局”,强迫“劳动奉仕”,苛捐杂税名目繁多,一年中,所付出的捐税数目,已几度超过其劳动所获数倍。①

政治压迫、人身虐害是经济压榨、财物劫夺、劳力奴役的前提和保证。经济压榨、财物劫夺、劳力奴役的名目、数量、残酷程度,同政治压迫、人身虐害、酷刑拷讯的名目、数量、残酷程度成正比。相对于伪“察南”、伪“晋北”两个傀儡政权,伪“蒙古”、伪“蒙疆”傀儡政权的政治压迫、人身虐害、酷刑拷讯的名目、数量更多,更残酷,经济压榨、财物劫夺、劳力奴役的名目、数量、残酷程度亦然。

日本帝国主义在经济上把伪“蒙疆”所辖的地区,作为它夺取原料、销售商品、输出资本的殖民地。当时日本国内少数大垄断资本家及金融寡头,已成为日本帝国主义国家经济和政治的主要操纵者,日本侵略者为了便于就地廉价采购原料,特在伪“蒙疆”设立各种银行和株式会社或股份公司,直接垄断原料产地、投资市场和商品市场,操纵各项经济命脉。当时京包铁路已由日本华北铁道株式会社直接经营管理,为了控制京包铁路沿线各地的金融、矿产等主要经济资源,先后设立了由伪“蒙疆联合自治政府”统辖的“蒙疆银行”、“蒙古联盟实业银行”、晋北实业银行、察

---

① 卢明辉编著:《德王“蒙古自治”始末》(上),内蒙古自治区蒙古语文历史研究所1977年印本,第342—343、358—359页。

南实业银行4家银行,“蒙疆电气通信设备株式会社”“蒙疆电业株式会社”,大同炭矿株式会社,龙烟铁矿株式会社和“蒙疆不动产股份有限公司”“蒙疆汽车股份有限公司”“蒙疆食料股份有限公司及株式会社”“蒙疆新闻社”等13所特殊会社,同和实业银行、“蒙疆石油股份有限公司”、“蒙疆运输股份有限公司”、“蒙疆矿产贩卖股份有限公司”、“蒙疆兴业股份有限公司”、下花园炭矿股份有限公司等10余所准特殊会社,以及“蒙疆畜产股份有限公司”、“大蒙股份有限公司”、“蒙疆木材股份有限公司”、“蒙疆火柴股份有限公司”、“满蒙皮革工业股份有限公司”、“蒙疆酿造股份有限公司”、晋北化工业股份有限公司、大青山炭矿股份有限公司、日蒙制粉股份有限公司、满蒙纤维化学股份有限公司等58所普通会社。这些会社虽然挂着“蒙疆”的名称,而实际上绝大多数都是由日本各财团投资控制,并且各会社的理事长、经理等主要负责人绝大多数也是由日本人直接担任,其中虽有少数会社由蒙古人担任理事长,但也是由日本人的副理事长总揽大权。

京包铁路沿线物产丰富,资源众多,尤其以察南宣化等地的铁矿,晋北大同等地的煤矿,厚和、包头等地之皮毛畜产品,闻名遐迩。日本帝国主义垂涎已久,早在“九一八事变”前,日本就派遣大批特务、间谍,往来于长城内外,实地调查、勘测,一面搜集军事情报,一面调查各地矿产资源,为其推行殖民掠夺政策打下了基础。1937年日本全面侵华战争爆发后,日本侵略军迅速占领了察、绥、晋北等京包沿线地区,随即派出各种调查团等组织,进行勘察,加速掠夺开发的准备工作。当时派来的有日本东京工业大学师生调查团,调查范围涉及察、绥、晋北各地的资源情况;有以伪“察南自治政府”名义派出的所谓“国际第一资源调查队”,在日本教授森田日子等率领下,对察哈尔省的幸窑区铁矿、晋北的煤矿资源进行了全面调查;还有以伪“蒙古联盟自治政府”名义派出的绥远境内资源调查队,在日本人小岛育南的率领下,对绥远境内的大青山区及乌兰察布、伊克昭两盟境内的煤、铁、盐、铅、油页岩、石棉等矿产资源及其蕴藏量做了大量详细的调查测访。

日本侵略军为了掠夺原料,垄断察南、绥远、晋北等地的矿产资源,制定了所谓“蒙疆四年产业计划”,首个掠夺目标,就是察南的铁矿和晋北的煤矿。日本侵略者以察南、晋北两个汉奸政权的名义,首先对当地已经开发和初具规模的民族资本工矿业,肆意破坏,而后占领、没收。如当时颇有名气的大同的保晋公司、晋北矿物局等;再如大同的同宝、宝恒,张北的恒升,宣化的宝兴、天兴、协丰、华北、厚丰及怀来、赤城等诸煤矿公司,资本多者达数百万元,少者亦数十万元或数万元以上,日本侵略军凡兵力所及,皆加以破坏,后又一概没收,或彻底加以摧毁,以达到由日本金融资本完全垄断该地矿业方才罢休。

日本侵略军在夺城掠地的同时,对占领地的重要厂矿、企业进行劫夺和“军管理”。日军占领张家口后,东条兵团很快没收了察哈尔龙烟铁矿。为了进行开采和掠夺,由满铁于1935年投资成立的“兴中公司”,1937年10月劫收龙烟铁矿,不久便建成宣化至水磨间的铁路,将所存6万余吨铁矿石运往日本九州八幡制铁所。1938年,兴中公司在张家口特设支社,由山际满寿一任支社长,设置“经济煤炭课”,并在大同、口泉、厚和、阳高、丰镇、下花园等地遍设出张所或办事处。伪“蒙疆”政权成立后,龙烟铁矿继续委托兴中公司经营。在驻蒙日军授意下,1939年7月,伪“蒙疆”政权成立了龙烟铁矿株式会社,伪“蒙疆”政权和华北开发株式会社各半出资,主要职务则由日本人充当,1944年计资本18000万元(实缴9600万元)。①

兴中公司在1937年10月劫收龙烟铁矿后,又紧锣密鼓劫夺、盗采煤矿。12月先在大同口泉镇开设“蒙疆”煤矿第一厂,资本300万元,日产煤1300吨;继而在宣化下花园设第二厂,资本100万元,日产煤300吨。②为了加强对煤炭资源掠夺的统制、垄断,日伪成立了“蒙疆矿业贩卖株式会社”,从事铁矿石、煤炭的委托收买贩卖,以及铁矿石、煤炭之外的矿产

① [日]《华北建设年史》,见居之芬主编:《日本对华北经济的掠夺和统制——华北沦陷区资料选编》,北京出版社1995年版,第177—178页;刘敬忠:《华北日伪政权研究》,人民出版社2007年版,第216页。

② 1939年6月,该矿改由日本久恒矿业株式会社经营。1941年2月,由久通出资独资经营,改名下花园煤矿株式会社。1939年该矿产煤40739吨;1940年107846吨;1941年50716吨;1942年93028吨(刘敬忠:《华北日伪政权研究》,人民出版社2007年版,第216页)。

品的委托贩卖及其附带事业。[①] 1938年元月，在北京石景山开设钢厂，资本定为1900万元，冶炼宣化、龙烟铁矿所采矿石。1939年2月，复在大同口泉设立“蒙疆煤炭液化厂”，额定资本1亿元，以提炼煤炭中的石油。1940年后，日本为开采绥远石拐沟的煤矿，更增修包头至石拐沟的铁路。原属晋北矿务局和保晋公司的大同煤矿，被关东军没收后，即行委托满铁经营。1940年1月成立大同煤矿株式会社，满铁出资1000万元，伪“蒙疆”政权出资6000万元，华北开发株式会社出资1000万元。总社位于大同永定庄，张家口、北平设有分社。1943年，大同煤矿资本追加到12000万元（实缴7400万元），其中伪“蒙疆”政权出资6000万元。该会社除理事长夏恭为汉人外，副理事长、各部部长、次长、处长均为日本人。日本职员包括武装保安人员为1559人，中方职员仅800人，主要是技术人员和小把头；中国劳工最多时达15000人。1944年2月又设立大青山煤矿株式会社，资本2000万元（实缴500万元），总社位于石拐子，从事煤炭采掘、贩卖及附带事业。[②]

日本侵略者除没收原有厂矿、企业，对煤炭、石油资源进行统制、掠夺经营外，还建立了新的统制企业，对绥远、察南、晋北地区出产的金、银、铅、石棉、云母、硫磺、石膏、油页岩等稀有金属及非金属矿，大肆采掘、掠夺。1938年，兴中公司在张家口开办“蒙疆橡胶厂”，生产胶板、橡胶零件和再生胶，修补汽车轮胎等。1939年，日本大东亚株式会社在宣化下花园建立“蒙疆东亚电气化学工场”，生产电石。1938年5月26日，伪“蒙疆”政权与满洲电气株式会社兴中公司、东亚电力兴业株式会社合资600万元（1944年额定资本增至10000万元，实缴6032万元），在张家口成立“蒙疆电业株式会社”，从事伪“蒙疆”地区的电灯、电力、电热供给、电气

① 1944年10月，因“蒙古矿产配给统制会社”创立，被“发展性地取消”。见［日］《华北建设年史》，见居之芬主编：《日本对华北经济的掠夺和统制——华北沦陷区资料选编》，北京出版社1995年版，第177页。

② ［日］《华北建设年史》，见居之芬主编：《日本对华北经济的掠夺和统制——华北沦陷区资料选编》，北京出版社1995年版，第174、176页；刘敬忠：《华北日伪政权研究》，人民出版社2007年版，第216—217页。

机械器具的贩卖与赁贷,及其附带事业。该会社在兼并张家口华北电力株式会社、大同西北实业公司兴农酒精厂电灯部、厚和绥远电灯株式会社、包头电灯公司后,又在大同、厚和、张家口、宣化设立支店,在丰镇、萨拉齐、新保安、涿鹿、天镇、朔县设立营业所,在北平、天津设立办事处。1941 年,"蒙疆电业株式会社"撤销张家口、宣化支店,将业务划归社部营业课。营业课辖宣化营业所,涿鹿、沙城、新保安出张所,张家口发电所,下花园发电所,宣化变电所,并新设大同支店、厚和支店、东京办事处。1944 年,"蒙疆电业株式会社"又进行了人事和机构调整,会社辖大同、宣化、厚和、包头 4 处支店、张家口营业所和天津、东京两处办事处。此外,会社又以伪"蒙疆"政权的名义增设发电厂。如设下花园发电厂,下辖三所:一所 2800 千瓦,二所 4000 千瓦,三所 12000 千瓦。张家口南菜园发电所 2280 千瓦。①

据不完全统计,1938—1944 年间,日本在伪"蒙疆"政权辖区共设立电力和重轻工业公司、工厂 55 家,资本 17293.4 万元。其中除 4 家(资本 22 万元)为"中日合办"(包括日本与"蒙疆银行"等合办者 1 家)外,全部为日本独资。行业涵盖电力、电气、机械、化工、耐火砖和建筑材料、木材加工、甘草采掘炼制,更多的是砖瓦和建筑材料(12 家)、面粉和淀粉(7 家)、制酒和酱油酱料(5 家)、纺织和被服等加工(3 家),以及火柴、造纸印刷、蛋品乳品加工(各 2 家)等,统制和垄断了民众的衣食住必需品的生产和分配供给。②

日本财阀三菱集团,也在伪"蒙疆"政权辖区,大肆进行经济掠夺,为此在张家口设有支店、宣化设有"出张所"(办事处),直至 1945 年年底,日本战败投降 3 个多月后,三菱集团天津支店同张家口支店的往来会计

① 居之芬主编:《日本对华北经济的掠夺和统制——华北沦陷区资料选编》,北京出版社 1995 年版,第 177 页;河北省地方志编纂委员会编:《河北省志·电力工业志》,河北人民出版社 1996 年版,第 2、10—12 页。

② 据陈真等合编:《中国近代工业史资料》第 2 辑,生活·读书·新知三联书店 1958 年版,第 455—456 页表格综合统计。

账目显示,仍有经营业务,惜内容、范围不详。①

绥远、察哈尔两省北部地区各盟旗,畜牧业发达,皮毛、皮革等畜产丰富,日本帝国主义亦垂涎已久。在扶植德王建立伪“蒙古联盟自治政府”之初,即设有畜产部。至伪“蒙疆联合自治政府”成立,更设立牧业总局。这些机构都是日本专为掠夺蒙古牧业产品及资源而设。同时日本规定,各类牲畜及畜产品都直接由钟纺、三井、三菱、白毛、兼松、大蒙、满蒙等几家大公司完全垄断经营权,他人不得染指。有违反规定者,即判处监禁并罚款。

日本将掠夺的各类畜产物资,除大批直接运回日本外,又于 1937 年 3 月在张家口设立大公毛织厂;同年 12 月在厚和豪特设立“蒙疆毛织厂”;1939 年 2 月,又在包头设立钟纺毛织厂,专织各种毛呢毛毯。同时还在包头设立“蒙疆制革株式会社”,专制各种皮革用品。这些毛呢、毛毯、皮革用品,大都是直接供给侵华日军的军需用品。

日本帝国主义不仅对伪“蒙疆”的金融和煤炭等矿产品、皮毛皮革等畜产品及资源全面垄断控制,还直接掌控电力、交通、食品、石油、烟草、面粉、水泥、砖瓦、木材、火柴等所有行业。1937 年 12 月,日本在张家口开设“蒙疆电气株式会社”,作为垄断察南、绥远、晋北地区电气事业的总机关,厚和、集宁、包头等地皆设有分社。1938 年年初,日本指使伪“晋北自治政府”没收西北实业公司在大同设立的兴农酒精厂、西北洋灰厂,由日本直接经营,后者改为“蒙疆洋灰厂”。1938 年年初,日本又在张家口设立“蒙疆木材公司”,以统制、掠夺察绥各地的建筑木材。是年 4 月,日本又在大同设立“蒙疆电制面粉厂”,统制面粉的生产经营。

1938 年以后,日本更进而渗入和垄断平包铁路沿线的商业贸易,相继成立“大蒙”“蒙疆”两大公司,专司控制、垄断商品的业务。大蒙公司初设伪满长春,后移至张家口、多伦、贝子庙、张北、大同、厚和、包头等地,凡输出输入的各种货物,皆由其统制。此外,还有“蒙疆石油公司”“蒙疆

① 居之芬主编:《日本对华北经济的掠夺和统制——华北沦陷区资料选编》,北京出版社 1995 年版,第 189—190 页。

矿产贩卖公司”、蒙疆畜产股份公司,分别垄断石油、煤油、矿产、畜产交易;“蒙疆运输公司”,以操纵各地运输业务。日本对各种商品的运输销售,总期锱铢归己,巨细不漏。即使一些商贾欲向京津、上海等地购货,也必须由日本富士洋行代办,不得私自迳购。为了便于稽查,日本侵略者还强制各个行业均得设立“组合”(合作社),凡商贾货物转移,金钱出纳,都须由组合随时转报日本侵略军特务稽查机关,而且每日收入款项,均须存入日伪银行。稍有隐匿,即严厉惩处。农村情况更惨,日伪强行“粮谷集荷”,强迫“劳动奉仕”,苛捐杂税繁多,一年的捐税负担,往往超过其劳动所获数倍。①

尤为恶毒者,日本以鸦片为杀人武器,从精神和肉体上摧残、毒害中国民众,同时保障和增加日伪财政收入,从根本上削弱和瓦解中国人民的抗日意志与力量,于是大力鼓励和强制农民种植鸦片,免费发放罂粟种子,有的还按种植面积大小,对种植者给予免征地租、免服兵役、授予“荣誉证书”等多种奖励,同时规定严厉的惩罚条例,如种植者的鸦片种植面积应占其土地面积的1/4或1/3,每亩要缴纳生鸦片50—100两,违者严厉惩罚。如1943年9月间,绥远丰镇县伪警察署,派出大批军警到各村催缴公粮,逼要烟土,迫令农民连夜送交,无力缴纳者,都被严刑拷打。②为了加强鸦片统制和专卖管理,又指使伪“蒙疆联合自治政府”公布《鸦片管理令》,并设立“榷运总署”“土药公司”等专门机构,专责收购、贩运鸦片。而鸦片组合和吸烟馆,遍设城乡各地。借以达到毒害民众、搜刮钱财的目的。1938年,鸦片种植、生产急剧扩大,三个汉奸政权的鸦片收入达420多万元,占全年总收入的25%以上,鸦片的输出量9054779两,金额达43821175元,占伪“蒙疆”输出总金额的41%。③ 此外,伪“蒙疆”各

① 陈真等合编:《中国近代工业史资料》第2辑,生活·读书·新知三联书店1958年版,第456页;卢明辉编著:《德王“蒙古自治”始末》(下),内蒙古自治区蒙古语文历史研究所1977年印本,第358—359页。

② 卢明辉编著:《德王“蒙古自治”始末》(下),内蒙古自治区蒙古语文历史研究所1977年印本,第343—344页。

③ 《张家口文史资料第26—27辑·抗战时期的张家口》,张家口市政协文史资料委员会1995年编印本,第351—355页。

地的县、市公署，还在城乡各地设立官营赌博场，美其名曰“娱乐部”，公然设赌抽头，聚敛民财，为此而倾家荡产、鬻儿卖女者不知凡几。

日本在以鸦片为杀人武器，大肆摧残、毒害中国人民的同时，加强了对劳力的调查、直接掌控和统制。1940 年 8 月 1 日，日本兴亚院“蒙疆联络部”下达《关于调查苦力动向之件》，并对所谓“苦力动态”发出紧急调查命令，称伪“蒙疆地域内各矿工业开发计划树立之基础条件之最要者，首推劳务对策问题，更具有彻底研究调查之必要，故此本联络部先驱实行地域内之苦力实态调查，详细添记之后限于 8 月 15 日提出为荷”。[①] 随后，兴亚院“蒙疆联络部”对察哈尔宝兴煤矿的下属矿“苦力动态”进行专门调查。编制题为《中国人劳动者及苦力调查》的调查报告，并在此基础上，制订了矿产扩充计划，将苦力调查落实为更大规模的矿产掠夺。[②]

太平洋战争爆发后，军费和战争物资消耗愈加浩繁，日本为了加紧横征暴敛、搜刮民财，巧立名目，随意加征各种税收，民众不堪其重负，往往妻离子散，家破人亡。1939 年后，为了加强粮食统制、掠夺，伪“蒙疆”政权相继公布《粮谷管理令》《主要食料品搬出取缔令》及《家畜搬出取缔令》等，强令农民粮谷“集荷”，垄断牧区的畜产收购，以极为低贱的价格强购农牧产品，劫夺农牧民财富。而主管收购的伪官吏和奸商，还要进一步压价，敲诈勒索，借饱私囊。当时伪“蒙疆”所辖地区，严禁当地民众食用大米、白面等细粮。当地所产大米、白面，全部强行征购，全数拨归日本侵略军军用和驻在各地的日本人食用。而产粮区农民和各地城镇平民，却只能按定量配给掺砂掺假并且发霉的杂合面。日伪还实行棉布统制，收购价格极低，出售价格成倍高涨，黑市价格尤其昂贵。广大民众因无力购买，许多家庭数口人没有一床被子，十八九岁的大姑娘赤身露体连一条破裤子都没有。在伪“蒙疆”政权管辖区内，人民处于饥寒交迫、无以为生的苦难深渊中。[③]

---

① 刘敬忠：《华北日伪政权研究》，人民出版社 2007 年版，第 219 页。

② 刘敬忠：《华北日伪政权研究》，人民出版社 2007 年版，第 219—220 页。

③ 卢明辉编著：《德王“蒙古自治”始末》（下），内蒙古自治区蒙古语文历史研究所 1977 年印本，第 365—370 页。

1943年后,美国等盟军开始反攻,日本帝国主义在战场上处于被动,经济上进一步被封锁,物资供应愈加困难,只得把伪满、伪“蒙疆”、华北占领区作为获取战争物资的最主要的来源地。经济政策的重点也加速从“开发”“增产”转向对现有物资的“回收”“配给”。从1943年起,日本在伪“蒙疆”设置了对各类物资实行严密统制的中心机构“蒙古交易会社”,下设几十个行业分支统制机构,不仅对国防产业产、供、销、输入、配给实施绝对统制,而且对以往自由经营的民营工业之产、供、销业务实行绝对统制和垄断。① 同时,在城乡加强“亲日防共、蒙日亲善”,强化“大东亚共荣圈”和“东亚新秩序”等反动宣传,在城乡广泛组织和扩大“勤劳奉公队”,强迫各族民众修公路、挖工事、运送物资,在准备负隅顽抗的同时,进行地毯式的物资搜掠、劫夺。

第三节　华北汉奸政权的炮制、变化过程和行政架构与经济体制

日本帝国主义发动全面侵华战争,曾一度妄想采用闪电战术在极短时间内完全占领和灭亡中国,让整个中国,继中国台湾之后,全部并入日本版图,成为日本人的真正家园,日本人特别是渴望土地的日本农民,可以在东北和关内地区世世代代“做地主”“当东家”。② 不过随着全面侵华战争的推进和深入,日本侵略者强烈感觉到,日本虽然在军事、武器方面具有明显优势,但地狭民寡、资源贫乏,根本不可能在短时间内全部占领和彻底灭亡中国,即使在占领区也无足够的人力直接进行统治和奴役,只得“以华制华”,采用切割和肢解的办法,每占领一处地方,立即网罗汉

① 居之芬:《日本的“华北开发产业计划”与经济掠夺》,《天津市纪念抗日战争胜利50周年论文集》,北京出版社1955年版,第167页。

② [日]加藤阳子:《从满州事变到日中战争》,徐晓纯译,香港中和出版有限公司2016年版,第26—27页。

奸和社会渣滓,组织“治安维持会”和各级傀儡政权。利用和操纵汉奸,对区内民众进行法西斯统治和物资劫夺与财政搜刮,并以占领区为“根据地”,发起新一轮的夺城掠地和侵略攻势,不断扩大占领区范围,最终占领和灭亡中国。华北汉奸政权就是日本这种侵华、灭华策略的产物。

华北汉奸政权经历了从王伪“中华民国临时政府”(通称伪“临时政府”)到汪伪南京汉奸政权下的伪“华北政务委员会”、从“中央政权”到地方政权的演变过程。在王伪“临时政府”出台之前,曾在平津两地“治安维持会”的基础上成立“平津地方治安维持会联合会”,作为过渡。王伪“临时政府”直接由日敌北平“特务机关长”负责筹组,急急忙忙成立于国民党政府都城南京陷落的第二天,即 1937 年 12 月 14 日。其定位是取代国民党政府的“中央政府”,拟有“国旗”“国歌”,并非华北地方政权,而是作为未来“中国新中央政府”的基础,并拟将华中、华南等地区纳入其管辖的范围之内。不过日本军国主义当局鉴于侵华的日本各军事集团意见不一,为慎重起见,还是将王伪“临时政府”的政务活动暂时限定在华北地区,辖区大致为河北、山东、山西 3 省及察哈尔省的一部分,取消和合并“冀东防共自治政府”,并将察南、晋北两个汉奸政权也纳入其中。但因日本关东军及其控制下的伪“蒙疆联合自治委员会”强调自己的“特殊性”,此议亦未能付诸实施。1938 年 3 月 28 日在南京成立的梁伪“中华民国维新政府”,亦自诩为“中央政府”,形成南北两个“中央”汉奸政权并立的局面。为了改变这种状况,南北两个“中央”汉奸政权实行形式上的“联合”,9 月 20 日在北平共同组设伪“中华民国政府联合委员会”,作为象征性的“中央”汉奸政权。1940 年 3 月,汪伪“国民政府”成立并“还都”南京,王伪“中华民国临时政府”改称为伪“华北政务委员会”。伪“华北政务委员会”名义上隶属于南京汪伪“国民政府”,但实际上拥有“高度自治”权,甚至“国旗”“国歌”都没有取消。

无论“维持会”还是伪“中华民国临时政府”和后继的伪“华北政务委员会”,都是由侵华日军掌握实权,进行直接操纵。既派有多名“顾问”,又安置“日系官吏”(“辅佐官”),双管齐下。而且各色主要职官,全由日酋或“特务机关长”推荐、审定。“中央”或区域性汉奸政权,均被直接掌控在侵华日军手中,汉奸首脑对政策、方针和对外关系,固然无权置喙,对省县地方事务亦无管辖权。日本侵略者炮制、扶持和操控华北汉奸政权,就是稳固、永久占领和统治华北,以伪“满洲国”和华北为“根据地”,通过对华北经济资源的统制、掠夺,利用华北的人力、物力,持续并加快向中国其他地区的侵略步伐,并进而北攻苏联、南打英美。

1937年“七七事变”后,随着全面侵华战争的爆发和扩大、深入,日本为使华北很快成为向南向西占领和灭亡中国、向北进攻苏联的“根据地”,在疯狂烧杀抢掠的同时,迅速修改、调整、加强原有机构及方针、计划、办法,进一步明确了华北经济统制、“开发”、掠夺的目标,加大了经济统制、掠夺的力度和规模。在整个全面侵华战争期间,华北不仅是日本侵华战争和太平洋战争军备物资、后勤军需和日本国内所需原料、劳动力的主要承担者,1945年日本侵略者濒临末日,准备坚持“本土决战”前夕,为了确保日本军队(包括侵华日军和日本国内留守军)“长期自给”和日本全国的经济需求,1月11日,日本“最高战争领导会议”通过了一个庞大的对华经济洗劫计划,将洗劫军备和民用物资全部运回日本。① 实际上,华北还成为日本战败投降前夕和战败投降后全国储备物资的主要供应地。

一、从“治安维持会”到王伪“中华民国临时政府”、伪“华北政务委员会”

华北地区汉奸傀儡政权的出台,经历了从各地分散的“治安维持会”到王伪“中华民国临时政府”,再到伪“华北政务委员会”的变化过程。

为了尽快占领和灭亡中国,并在占领区迅速有效行使对中国民众的残酷统治和奴役,全面侵华战争爆发一个多月后,日本陆军省于1937年8月12日制定的《华北政务指导要纲》,提出要“从长远考虑,尽量保存引导地方固有的社会组织与习俗”;占领区后方的政治机关“要由居民自发

① 复旦大学历史系编译:《日本帝国主义对外侵略史料选编(1931—1945)》,上海人民出版社1983年版,第487—489页。

组成,其机构运营也要靠居民积极参与”。8 月 14 日,日本关东军司令部制定的《对时局处理要纲》,强调要“解决华北问题”,必须在占领区“树立拥有自主独立性的地方政权”。[①] 在地方上,侵华日军每占领一处地方,即由随军的日军特务机关协同“宣抚班”[②]搜罗汉奸和地痞、流氓,成立“维持会”之类的伪政权,维持地方“治安”,为侵华日军筹粮筹款。事实上,早在策划“卢沟桥事变”两年前策动的“华北自治运动”中,日本驻屯军和日本在北平、天津的特务机关就已在冀察地方当局和蛰居平津的北洋政府遗老遗少中物色了一批亲日分子,并将其牢牢控制在手中,适当时候令其在前台充当傀儡,直接为日本帝国主义服务。

北平、天津作为华北地区两个最大城市和政治、经济、文化中心,全面侵华战争爆发后不到 1 个月,就成立了“维持会”。1937 年 7 月 29 日,宋哲元第 29 军撤离北平城,日本驻北平使馆陆军助理武官今井武夫少佐即与北平“特务机关长”松井太久郎大佐秘密协商,由曾经代理过北洋政府国务总理的江朝宗出面组织“北平地方维持会”,并很快制定了《北平市地方维持会简章》,挂羊头卖狗肉,规定该会“以维持地方安宁,保持人民福利为宗旨”。7 月 30 日,“维持会”在中南海怀仁堂召开成立大会,由江朝宗出任会长(主席)。

天津的“维持会”早在天津沦陷前已暗中进行。1937 年 7 月 25 日,日本驻屯军特务头目就纠集北洋政府的旧官僚、军阀孙传芳的旧部下等开会,暗示日军不久将攻占天津,要求他们尽快成立组织,协助日本占领

① 王士花:《日伪统治时期的华北农村》,社会科学文献出版社 2008 年版,第 2 页。

② “宣抚班”是日本一开始发动全面侵华战争就组织设立的,隶属日军特务部长,被派遣至各军及方面军直辖兵团的各个管区。其主要任务:一是随军充当作战部队的辅助和前导,包括抓夫、找向导、搜集情报、管理俘虏等,每占领一处城镇,即有一个“宣抚班”随同日军驻守部队留驻下来;二是到军事前沿地带从事宣传和搜集情报等活动;三是在占领区内进行宣传活动,招抚流亡人众返回城镇,胁迫工商各户复业,组织市场贸易;四是物色和拉拢地方士绅及其他头面人物出面并收买汉奸建立基层政权组织;五是扶植成立日语学校,推行奴化教育。“宣抚班”日本人华人各半。日本人大多是知识分子,华人多是懂日语的东北人。“宣抚班”职员(包括“班长”),对内统称为“班员”,对外则称“大日本军宣抚官”,所佩戴的白地红字袖章上,都标有这种职衔。日本人职员领导和监督华人职员。日本人“宣抚官”,因侵华有功,后来有不少人被提升为伪县公署“顾问”。“宣抚班”一直存在到 1940 年 3 月与“新民会”合流。

军的行动,旋即敲定了“维持会”的组成班子。在日军特务头目直接操纵下,“天津市治安维持会”于 8 月 1 日宣告成立。“维持会”采用“委员制”,曾当过北洋政府农商总长的高凌霨任“委员长”,另有 10 名“委员”,聘有多名日本顾问,由顾问坐镇指挥,自当傀儡。高凌霨又以“维持会”名义发布“宣言”,谓“此次天津忽启战端,以至战事推演,波及无辜市民。迨保安队四散,各机关人员亦放弃职务,陷津市于无政府状态。高凌霨等或分属乡人,或久居津土,不忍漠视,乃从市民之请,出而组织天津治安维持会,以期恢复秩序”,并特别强调,“警察关系公安,尤为重要。已责令刻日照常执行职务,期于即行恢复平常状态”。[①] 高凌霨等以此向日本主子宣誓效忠,为日本主子的法西斯殖民统治保驾护航。

由于天津是日本中国驻屯军司令部所在地,日本驻屯军司令部及日军驻津特务机关对“天津维持会”的直接控制更紧,一些较重要的会议,日军特务机关长均亲自主持,“维持会”汉奸们唯有卑躬屈膝、俯首听命。高凌霨更在《天津市治安维持会施政工作报告·序言》中,对天津日本陆军特务机关长长岭中佐及其继任者中野大佐、仪我大佐、大本中佐等感恩戴德,谓“本会获有微末成绩,市民得庆安居乐业者,皆出自诸公之所赐”;肉麻称颂茂川少佐为筹组“天津市治安维持会”而“奔走联络、缔造经营”,其“丰功伟绩尤有足多”。[②] 活灵活现一副奴颜婢膝、卖国求荣的汉奸嘴脸。

北平、天津两地“维持会”相继成立后,日本侵略军对汉奸、走狗经过一段时间考察、试用、调教,汉奸和两地“维持会”的工作,渐入轨道;平津周边各县“维持会”也相继筹组就绪。华北日军遂又策划将两市“维持会”加以“联合”,1937 年 9 月 22 日,“平津地方治安维持会联合会”宣布成立,发布“宣言”,制定“章程”,规定由北平、天津“地方治安维持会”各派 2 名代表组成,“处理平津共同有关事项及对外问题,与冀东政府采取

---

① 郭贵儒等:《华北伪政权史稿:从“临时政府”到“华北政务委员会”》,社会科学文献出版社 2007 年版,第 145—146 页。

② 郭贵儒等:《华北伪政权史稿:从“临时政府”到“华北政务委员会”》,社会科学文献出版社 2007 年版,第 148—149 页。

密切联络”。伪“冀东防共自治政府”亦被拉了进来，在伪“联合会”中派驻“联络员”。伪“联合会”以高凌霨为“首席代表”；设秘书局作为伪“联合会”的办事机构，“综理议事”。“秘书局长承首席代表之名，处理平津地方治联会事务，并综理秘书局事务”。该会并有日本“顾问”实际操纵。12 月 14 日，伪“中华民国临时政府”在北平成立当日，“平津地方治安维持会联合会”发布“宣言”，宣布解散。①

随着日本侵略的迅速扩大、深入，除了平津及周边地区，在河北、山西、山东、河南等地，也都相继出现了数十个大大小小的“维持会”之类的汉奸机构。有的还在县“维持会”的基础上，成立了区域性的“联合会”，如冀南地区就由石家庄日本陆军特务机关“援助指导”成立了“冀南各县治安维持会联合会”。这类“维持会”汉奸机构，更是由侵华日军及其特务机关直接操控。如“冀南各县治安维持会联合会”每次召开全体委员会议，不仅该会“顾问”井上藤次、阿部良次、渡边龙次等务必参加，就是石家庄日军特务机关长笠井半藏也是每会必到，并且每次会议必做“指示”，对“联合会”重要工作事项作出安排。② “联合会”的汉奸头目只能唯命是从。其他各地汉奸“维持会”的情形也大同小异。

“维持会”之类的汉奸傀儡机构，虽然架构、功能类同政府机关，有的甚至俨然以政府自居，但毕竟只是侵华日军“以华制华”的临时性和过渡性办法，一旦时机成熟，就会以相对正式的汉奸政府机构取代。在全面侵华战争爆发之初，日本帝国主义内部对侵华日军占领区统治的具体手段或方式，意见不完全一致，日本陆军中央部曾提出“以较稳健的方式进行局部地区解决”的方针，可考虑“依靠民众自治，进行善后工作”，并于1937 年 8 月 12 日制定“华北政务指导大纲”，将其方针“稍加具体化”；而日本华北方面军尤其是关东军，则极力主张“实行军管或建立新政权”。③

① 中国第二历史档案馆编：《中华民国史档案资料汇编》第 5 辑第 2 编附录上，江苏古籍出版社 1997 年版，第 18—20 页。

② 郭贵儒等：《华北伪政权史稿：从“临时政府”到“华北政务委员会”》，社会科学文献出版社 2007 年版，第 154—155 页。

③ 日本防卫厅战史室编：《华北治安战》（上），天津市政协编译组译，天津人民出版社1982 年版，第 48—49 页。

侵华日军占领平津地区后,“主张在占领区实行军管或建立新政权的意见抬头”①。随着伪平津治安维持会的成立和冀察政务委员会的解散,日本华北方面军加快了筹建汉奸傀儡政权的步伐。关东军司令部1937年8月14日拟定的“对时局处理大纲”中,提出了对“华北政权”的设想:最终目标为“五省自治”,具体步骤是先将河北、山东2省(将来包括山西)组成一个政权;另将察南、察北合并建立一个政权,分别设于北平、张家口。两者各配“日本顾问”。日军专门负责各地治安,有关政治、经济、外交、内政等,由设在北平、张家口的“大特务机关长”通过日本顾问进行“幕后指导”。在华北占领区内,北平、天津、通州的日军特务机关原本归日本中国驻屯军参谋长统辖。但日本华北方面军司令部成立后,在参谋部之外另设“特务部”,具体筹划华北汉奸政权的炮制。

1937年9月4日,华北方面军任命喜多诚一少将为特务部部长,司令官寺内寿一大将给喜多诚一下达训令,让其指挥所属部员在日军占领区(包括冀东)“统辖指导中国方面的机关”,使该地区成为“实现日满华合作共荣的基础”,并逐步进行准备,“将来在华北建立政权”。寺内寿一特别强调,“为了削弱中国方面的斗志,以迅速结束战局为目的,对敌军后方采取相应的谋略”;“有关细节由参谋长指示”。9月6日,华北方面军参谋长冈本直三郎按照上项训令指示喜多诚一,为建立华北政权进行准备,暂时建立“政务执行机关”,以统治现在及将来的日军“占领区的中国方面各机关,且尽量使之成为将来华北政权的基础”;保证直接供作战用的中国交通、通信机关全部由日军“直接使用”,并指导中国机关协助;关于占领区后方的“警备”,虽然依靠日军兵力,但亦应“指导中国机关使之尽量减轻军队的负担”。② 冈本直三郎不仅进一步明确了喜多诚一筹建华北汉奸傀儡政权的任务,并且规定了汉奸傀儡政权的一些主要功能。

除了华北方面军在参谋部之外专设“特务部”,还有侵华日军在各沦

① 日本防卫厅战史室编:《华北治安战》(上),天津市政协编译组译,天津人民出版社1982年版,第48页。

② 日本防卫厅战史室编:《华北治安战》(上),天津市政协编译组译,天津人民出版社1982年版,第50—51页。

陷地区早已设置“特务机关”，也有筹组、指导和操纵各地汉奸政权组织的任务。1937 年 10 月，喜多诚一接替松井太久郎，担任北平“特务机关长”，立即着手物色汉奸人选，筹组华北汉奸政权。喜多诚一原任日本驻华大使馆武官，旅居中国多年，熟悉中国政治、社会情况，与北洋军阀政府的官僚、军阀多有来往。他深知这些官僚、军阀在政治上反复无常，国家观念淡薄，其中一些人并有相当潜在势力和号召能力。喜多诚一针对这一特点，定出了选拔汉奸政权组成人员的标准：元首须以曾任总统、总理的一流人物任之；政府首长须以曾任总理、总长的一流人物任之。而选拔标准是：素无抗日言行，又非二十九军出身者；有相当资望而反抗国民党者。① 但几经寻觅，喜多诚一们属意的“一流人物”如靳云鹏、吴佩孚、曹汝霖等，因种种缘故，均不愿应命，喜多诚一只得退而求其次，策动避居香港的王克敏出山。

1937 年 12 月上旬王克敏抵达北平后，很快成立了一个以朱深为主干、俞家骥为幕后军师和祝书元掌握日常工作的“政府筹备处”，一面筹组汉奸政府，一面继续寻觅“一流人物”充当汉奸政府“元首”，两次去天津恳请靳云鹏出山。同时，日本华北方面军为蒙骗和蛊惑人心，大造舆论，强奸民意，日伪直接控制的汉奸报刊、卖国团体叫嚷，“从速建立华北新政权”；“新政权要树立华北人之华北”，发起“建设华北人之华北”运动，为华北汉奸政权的出台鸣锣开道。②

华北汉奸政府原定于 1938 年 1 月 1 日成立，但由于 1937 年 12 月 13 日南京陷落，日本军事当局认为这是国民党政权的溃灭，在这敏感时刻抓紧建立华北汉奸政权，对中国国民党政府有重大的心理打击作用，在政治上具有新陈代谢的意义，于是通知王克敏等，汉奸政权提前于 12 月 14 日成立。由于一时难以找到一号头目的合适人选，政府“元首”暂时空缺，汉奸政权暂称“中华民国临时政府”。12 月 14 日的成立会上宣布，以北

① 中国人民政治协商会议全国委员会文史资料研究委员会编：《文史资料选辑》第 39 辑，中华书局 1980 年印本，第 140 页。

② 郭贵儒等：《华北伪政权史稿：从“临时政府”到“华北政务委员会”》，社会科学文献出版社 2007 年版，第 162—163 页。

京政府时期的五色旗为“国旗”,以“卿云歌”为“国歌”,“定都”北平,改北平为“北京”。会议发表《中华民国临时政府成立宣言》,颠倒黑白,攻击、谩骂国民党守土抗日,反对投降,不与汉奸、卖国贼同流合污,“遂至构衅邻邦,同种相噬”,又厚颜无耻宣称“天下兴亡,匹夫有责”,乃成立“临时政府”,“旨在恢复民主国家,煎[湔]涤污秽党治,同时绝对排除共党主义,发扬东亚道德,辑睦世界友邦,开发产业,使民生向上,厘定权责,使中外相安”,并要求国民党“悟容共之非,谢罔民之罪,自承失败,引咎下野”。[①] 伪“临时政府”虽然宣告成立,但因临时提前,时间仓促,筹备未绪,许多官员尚未任命,迟至1938年元旦才举行就职典礼。1月4日,伪“临时政府”才正式公布政府“组织大纲”,各委、部机关开始陆续办公。

伪“临时政府”成立当日,“平津地方治安维持会联合会”即发表宣言,自认已“无存在之必要”,即日起“宣告结束”,“所管事务均移交临时政府办理”。该会自1937年9月23日成立,12月14日结束,实际存续100天。[②] 华北其他各地“维持会”也都先后纳入伪“临时政府”系统,有些后成立的“维持会”虽然继续保持其名目,但已成为伪“临时政府”系统管辖下的地方行政组织。

伪“临时政府”成立不久,日本内阁在1937年12月24日确定的“事变处理大纲”中,“华北处理方针”强调,对伪“临时政府”,要促进其“逐渐扩大和加强,指导新中国逐步形成新的中心势力”,并决定“撤销冀东自治政府使之与新政权合并”。[③] 伪“冀东防共自治政府”是日本为肢解中国在关内地区最早策划炮制的汉奸傀儡政权,“资格”更比伪“临时政府”老。在北平“特务机关长”喜多诚一等的直接策划和操纵下,伪“冀东防共自治政府”和伪“临时政府”经过多个回合的会谈和讨价还价,1938年1月30日才达成协议,2月1日发表两伪政权合并协定,宣布“解散冀

① 中国第二历史档案馆编:《中华民国史档案资料汇编》第5辑第2编附录上,江苏古籍出版社1997年版,第20—21页。

② 中国第二历史档案馆编:《中华民国史档案资料汇编》第5辑第2编附录上,江苏古籍出版社1997年版,第19—20页。

③ 日本防卫厅战史室编:《华北治安战》(上),天津市政协编译组译,天津人民出版社1982年版,第56—57页。

东防共自治政府，将其与中华民国临时政府合并"，冀东汉奸政权的官吏应尽快编入伪"临时政府"；伪"临时政府"明确承诺，"完全尊重"冀东汉奸政权"建立之意义，以及对内外宣言、声明的义务"；对于冀东汉奸政权"基于其权限行使的一切行政行为"，伪临时政府"承认其有效，并予以尊重"；日本、伪满与冀东汉奸政权之间"缔结的契约上之义务"，由伪"临时政府""继承，并竭诚履行"。[①] 至此，在喜多诚一的直接策划、操纵下，两个伪政权的合并终于完成，冀东汉奸政权管辖的河北22县，纳入了伪"临时政府"的行政管辖范围。两伪府合并后，冀东汉奸政权"代理长官"、汉奸池宗墨因得到日本主子赏识，被特任为伪"临时政府"的"参议"。

伪"临时政府"成立后，除了并入平津"维持会"、冀东汉奸政权外，后来成立的山东济南、青岛两"维持会"，以及山西、河南两汉奸政权，亦被先后并了进去。日军占领济南后，1937年12月29日成立"济南治安维持会"，1938年3月6日并入伪"临时政府"，改为伪"山东省公署"；1938年1月10日炮制的"青岛治安维持会"，1939年1月10日归属伪"临时政府"，改为伪"青岛市公署"；伪"河南自治政府"出台较早，1937年11月27日在彰德（安阳）成立，不过只是一个空架子，1938年2月日军占领豫北各县后，才开始对各县发号施令，1938年5月1日归属伪"临时政府"，改称伪"河南省公署"；1938年1月1日，伪"山西省自治政府"在阳曲成立，后迁太原，6月2日归属伪"临时政府"，改称伪"山西省公署"。另外，1938年1月17日在"天津治安维持会"的基础上建立了伪"河北省公署"，直接隶属伪"临时政府"。1939年3月，为方便日军对河北全省的统治，伪省署由天津迁往保定。

伪"临时政府"对地方管治采用省、道（市）、县（市）三级建制，相应设有"公署"作为管治机构。随着日本侵华战争和占领区域的不断扩大，伪"临时政府"相继建立了河北、山东、山西、河南4个伪"省公署"，北平、天

---

① 郭贵儒等：《华北伪政权史稿：从"临时政府"到"华北政务委员会"》，社会科学文献出版社2007年版，第170—171页。

津、青岛3个伪“特别市公署”,24个伪“道公署”,8个伪普通“市公署”,329个伪“县公署”,威海、龙口2个伪“特别区公署”,1个伪“苏北行政公署”。在伪政权管辖下的基层普遍建立了保甲组织。山东建有保甲473081个。河南豫北、豫东两道及河北省和天津市(华界)共建有联保9094个,保53948个,甲537236个。华北伪政权控制地区的人口约达1亿多。①

关于伪“临时政府”的定位和管辖地域范围,在最初策划时,日本华北方面军和日本陆军省都是将其定位为准备取代南京国民党政府的“中央政府”,而非华北地方政权。1937年10月,喜多诚一在给日本陆军省军事课的报告中称,“我们并不打算建立一个像冀察政务委员会那种委员式的政权机构”,而是先建立各省省政府,然后建立“中华民国联省政府”,喜多诚一随后又在10月28日签署的《关于建立华北政府的研究》中明确提出,新成立的华北政权应成为一个“取代南京政府的中央政府”,并获得陆军省同意,军务课建议“扩大并加强在华北的政权,以期建立一个有生命力的中央政府”,计划要求首先在河北、山东、山西和察哈尔建立“自主的”省级政权,然后把这几个省组成一个联合体,最后再建立一个把在华中、华南都联系在一起的机构。但这一主张遭到其他几个日本派遣军司令部尤其是关东军的坚决反对。关东军已在内蒙古建立了自己的傀儡政权,绝不希望看到自己的地盘被其他政权或日军派遣军接管。何况关东军长期以来一贯主张中国应在政治上保持分裂状态。关东军东条英机建议建立一个松散的、“仅仅具有政府基本象征”的“联省政府”。华中派遣军正想建立自己的傀儡政权,因此也反对“一开始”就决定把华北“当作政治中心”。为了造成既成事实,占取先机,喜多诚一加快步伐,使其华北伪政权赶在华中派遣军占领南京和建立政权之前就行使职权。无奈一时找不到新政权头目的合适人选,故只能先成立伪“临时政府”。② 鉴于中国各地侵华日军在建立

① 郭贵儒等:《华北伪政权史稿:从“临时政府”到“华北政务委员会”》,社会科学文献出版社2007年版,第181—182页。

② [美]约翰·亨特·博伊尔:《中日战争时期的通敌内幕1937—1945》(上),陈体芳、乐刻等译,商务印书馆1978年版,第120—122页。

“中央政府”问题上存在严重分歧，日本政府只好将其暂时搁置，留待以后随形势发展再行解决。所以，伪“临时政府”成立后，日本政府并没有立即给予其公开外交承认，实际上仍把它当地方政权看待。不过伪“临时政府”仍以“中央政府”自居。1938 年 3 月 28 日，以梁鸿志为首的伪“中华民国维新政府”在南京成立，亦自诩为“中央政府”，两者互不相让，而且各有后台主子。

日本帝国主义为了改变这种状况，尽快建立统一和有威信的全国性傀儡政权，以此威逼国民党政府求和投降，并且最后取代国民党政府，1938 年 1 月 11 日，日本“御前会议”出台了《处理中国事变的根本方针》，其核心是南京陷落后，威逼国民党求和投降，并详细列出了求和投降的条件。① 如果中国现中央政府不向日本求和投降，则今后日本“不以此政府为解决事变的对手，将扶助建立新的中国政府”。因此，梁伪“维新政府”的成立，只是作为过渡。该伪政权出笼不久，日本即着手促进王伪“临时政府”和梁伪“维新政府”合流。在日本操纵下，1938 年 4 月，两个傀儡政权即在北平会谈，并确定了合流的方针和具体形式：必须迅速整备两政府合流上所需的“一切设施”，除去阻滞合流的“一切障碍”。当两政府合流后，“维新政府”及其所属地域必须归属于“临时政府”最高主权之范围内；国税中的关税、盐税、统税及其他一切收入，必须归于“临时政府”之管辖范围内；关于金融及通货政策，“维新政府”必须基于“临时政府”既定方针，努力整备现用通货金融制度，以南北一致通货体制为目的；产业政策方面，两政府必须依据日华两国间紧密之提携决议，“迈进友邦（按即日本）经济产业之开发及建设”。双方还商定，两伪政府分别设立“联

① 求和投降的条件是：中国正式承认伪满；中国放弃“排日及反满政策”；在华北和内蒙古划定“非武装地区”；在华北设立为实现日满华三国共存共荣的适当机构，赋予广泛的权限，特别是要实现日满华的经济合作；在内蒙古设立“防共自治政府，其国际地位和现在的外蒙古相同”；中国应确立防共政策，并协助日满两国实行同一政策；在华中占领区，划定一个非武装地区，在大上海市区域内，日华两国共同协作维持治安，发展经济；日华满三国就开发资源、关税、贸易、航空、交通、通信等项，“签订必要的协定”；中国对日本进行必要的赔偿；为了在华北、内蒙古和华中的特定地区“起保证作用”，在必要时间内驻扎日本军队。黄美真、张云编：《汪伪政权资料选编 · 汪精卫集团投敌》，上海人民出版社 1984 年版，第 73—75 页。

络机关”,并将设置东京办事处,由日本政府直接协调。①

1938年6月,日本占领徐州,并准备攻占华中重镇汉口,随着战争形势的发展,日本决心尽速击溃国民党政府,灭亡中国,加速建立统一的“中央”汉奸政权。日本政府为避免陆军、海军、外务三省各派出机关的矛盾,以促使“中国中央政府”的成立,决定组成一个“对华特别委员会”,负责策划组成“统一中国中央政权”的工作。由土肥原贤二出面负责(对外称“土肥原机关”)。同月,日本首相智囊团昭和研究会中国问题研究所抛出的《关于处理中国事变的根本办法》强调,日本“推行大陆政策②,当前的目标在于迅速解决中国事变”;对国民党政府,“必须以击溃为根本方针,明确除此以外别无有效的解决办法”。为此必须攻占汉口,切断国共统治地区的联系,“摧毁抗日战争的最大因素——国共合作势力”。同时,对华北“临时政府”、伪“蒙疆”政权和南京“维新政府”,“根本目标在于加强和扶持”,“促进产业和经济的顺利发展,并确立以日本为中心的日满华政治集团的基础”,华北“临时政府”是“集团的一根支柱”,将“成为中国统一政府的核心”,必须坚定、积极“援助”,并“力求建立必须的日本势力”;伪“蒙疆”政权有其民族特点和“防共第一线的使命”,必须采取特殊政策,但从整个华北政治经济大局看,应归属于华北的“中央政府”;南京“维新政府”是“亲日满政权中的一个重要的部分,并起着置国民政府于死地的作用”。但“归根到底,应该和华北政府合并”。因此,当前的“根本方针在于适应日满华的政治集团体制,向形成日满华的经济集团、通货集团的目标前进”。③

---

① 郭贵儒等:《华北伪政权史稿:从“临时政府”到“华北政务委员会”》,社会科学文献出版社2007年版,第384—385页。

② 日本“大陆政策”,亦称“大陆经略政策”,是指作为岛国的日本,在明治维新后确立和着手实施的占领中国、朝鲜周边大陆地区,进而以中国为“根据地”占领亚洲、征服全世界的侵略总方针。按其方针和实施过程,分为五步:第一步占领中国台湾;第二步占领朝鲜;第三步占领“满蒙”;第四步占领和灭亡整个中国;第五步,在占领和灭亡整个中国的同时,以中国为“根据地”,占领亚洲、征服全世界。

③ 复旦大学历史系编译:《日本帝国主义对外侵略史料选编(1931—1945)》,上海人民出版社1983年版,第263—270页。

为加快新的汉奸"中央政府"的建立,1938 年 7 月 15 日日本"五相会议"出台《建立中国新中央政府的指导方针》,拟定了建立中国"新中央政府"的具体办法,即"尽快先使'临时'及'维新'两政府合作,建立联合委员会。其次,使伪'蒙疆联合委员会'与之联合。以后上述各个政权,逐渐吸收各种势力,或与他们合作,使之形成真正的中央政府"。其时间和条件是,"在汉口陷落后,蒋政权不发生分裂和改组时,以现成政权建立中央政府",并规定了"联合委员会"的机构形式和组织办法:"联合委员会"由伪"临时"、伪"维新"两政府及伪"蒙疆联合委员会"的代表组成,采取"简单的委员制",地点暂设北平;各地方伪政权境界,大致保持现状;在各伪地方政权中实行"自治";关于交通、通信、邮政、金融、海关、统税、盐税、文教及思想政策,以及"维持地方"等,在"联合委员会"的统制下,由伪地方政权负责。① 8 月下旬,日本华北方面军与华中派遣军派人员在日本福冈拟定了成立"联合委员会"的方案,并经 9 月 9 日日本"五相会议"决定,形成《联合委员会树立要纲》。同日,土肥原贤二将南北两汉奸政权头目、伪"蒙疆联合委员会"的德王及三方的日军代表召往大连,商讨三方"合流"问题。土肥原贤二曾拟就新的汉奸政权人选名单,但关东军坚持保持伪"蒙疆"的独立地位,不许德王加入新的汉奸政权;而华中派遣军司令官畑俊六也对新政权表示不同意。土肥原贤二只得商定成立由王伪"临时政府"与梁伪"维新政府"组成的"联合委员会"。

1938 年 9 月 20 日,南北两汉奸政权组成的伪"中华民国政府联合委员会"在北平成立。伪"联合委员会"由南北两汉奸政权各出 3 人组成,以王克敏为主席委员,朱深、温宗尧为常任委员,地点设在北平。伪"联合委员会"主要协议关于交通、电信、邮务、金融、海关、统税、盐务、文教及思想等需要"统制"之事项。②

王伪"临时政府"与梁伪"维新政府"实行了形式上的"联合",发表

---

① 黄美真、张云编:《汪伪政权资料选编・汪精卫集团投敌》,上海人民出版社 1984 年版,第 90—91 页。

② 郭贵儒等:《华北伪政权史稿:从"临时政府"到"华北政务委员会"》,社会科学文献出版社 2007 年版,第 388—389 页。

了“宣言”,设立了联合办事机构;王伪“临时政府”的组织大纲也做了相应的修正。但这种“联合”不过是侵华日军对占领区各个伪政权实行“分治合作”的一种手段。王伪“临时政府”既没有上升为“中央政府”,也没有“成为中国统一政府的核心”,还是日军玩弄于掌股之上的华北地方性傀儡政权。

伪“联合委员会”成立后,秉承日本主子的旨意,举行了几次会议。1938年11月2日第二次会议,审议通过吸收伪“蒙疆自治政府”加入伪“联合委员会”,并发布“宣言”,宣布由“维新”“临时”两政府从速准备建立“中央统一政权”,由第三次“联合委员会”决议设立强力统一政府。另外,会议议决并推委员二人赍函敦请吴佩孚出任伪“中央绥靖委员会”委员长,不过并无下文。1939年1月24日,伪“联合委员会”在北平举行第三次会议,会议主题是“两政府协力强化反共救国运动”,不过未见关于“设立强力统一政府”的决议。1939年3月30日,伪“联合委员会”在南京举行第四次会议。会议的议程和发布的“宣言”,都是猛力抨击第三国援蒋行动,欲求中国速亡。这次会议后,日伪打通了北平与南京之间的铁路交通,南北两汉奸政权的政治经济联系加强,但在权利和利益分配上的矛盾加深。

1938年冬,抗日战争进入战略相持阶段后,日本在无法迅速击溃国民党政府、全面占领和灭亡中国的情况下,调整了侵华方针,由过去对国民党政府以军事进攻为主、政治诱降逼降为辅,改为以政治诱降逼降为主、军事进攻为辅,加紧了对中国抗日统一战线的离间、瓦解,并从国民党内部寻找代理人,加强对中国沦陷区的经济和资源掠夺,以达到“以华制华”“以战养战”的目的。日本的侵华新方针,导致汪精卫公开卖国投敌和汪伪汉奸政权的出台,华北“临时政府”的地位亦因之发生变化。

汪精卫是国民党副总裁,国民党内老牌亲日派。抗日战争初期,汪精卫就极力反对和诋毁全国人民的抗战要求,宣扬“战必大败”“抗战必亡”等失败、投降主义言论,并同日本秘密勾搭。广州、武汉沦陷后,汪精卫对抗日战争的前途更加悲观失望,加快了卖国投敌步伐。1938年10月,在一次对英国记者的谈话中，他公开声称“如日本提出议和条件，不妨害中国国家之生存，吾人可接受之，为讨论之基础”①。12 月 18 日，汪精卫等人秘密离开重庆，经昆明叛逃越南河内，29 日发出“艳电”，完全赞同和接受《日本近卫内阁第三次对华声明》，公开叛国投敌②，并拉拢纠集一批人组成汉奸集团，作为建立卖国政权核心班底。1939 年 5 月 28 日，汪精卫在拜会日本首相平沼骐一郎和其他主要阁员前，拟定了《有关收拾时局的具体办法》，确定了建立卖国政权的基本原则和办法，即“不变更政体和法统，而以变更国策收拾此次时局为要务”，并提出了建立新政权的三个基本步骤：召开国民党全国代表大会；召开中央政治会议；伪“国民政府”“还都南京”。③ 这是汪精卫集团筹建汉奸政权的一项纲领性文件。虽然没有从日本方面获得任何承诺，6 月 18 日，汪精卫还是带着对日本主子的一丝幻想乘船回国，不是直返上海，而是经塘沽、天津于 6 月 26 日抵达北平，紧急会晤日本华北方面军司令官杉山元和伪“临时政府”头目王克敏，力图说服王克敏支持其成立“中央政府”的各项主张；取消伪“临时政府”和王克敏参加“中央政府”等问题，加速“中央政府”的成立。显然，王克敏作为傀儡，不可能也不愿意明确回答这样的问题，因而会晤毫无结果。不过这没有关系，因为决定权在日本人手里，而对日本来说，汪精卫的“分量”和用处远比王克敏大，并不影响汪精卫的卖国进程。

果然，1939 年 7 月 12 日在青岛举行的伪“中华民国政府联合委员会”第五次会议上，“临时”“维新”两伪政府都表示愿意倾全力协助汪精卫。这表明汪精卫集团已从日本主子获得成立“中央政府”的“许可证”。9 月 13 日，接替平沼骐一郎内阁的阿部信行内阁，一上台就表示，“处理中国事变，有前所决定之确固不动之根本方针”，对汪精卫成立“新中央

---

① 黄美真、张云编：《汪伪政权资料选编 · 汪精卫集团投敌》，上海人民出版社 1984 年版，第 190 页。

② 黄美真、张云编：《汪伪政权资料选编 · 汪精卫集团投敌》，上海人民出版社 1984 年版，第 373—375 页。

③ 佘子道、曹振威等：《汪伪政权全史》上册，上海人民出版社 2006 年版，第 322—324 页。

政府",当进而"予以援助与协力"。[①] 紧接着,9 月 18 日,汪精卫、周佛海、梅思平、陶希圣、高宗武等人前往南京,与王克敏、梁鸿志举行正式会谈,就召开"中央政治会议",成立汪伪"中央政府"等问题进行谈判。其实汪精卫、周佛海等人早就提出,1939 年 10 月 10 日在南京成立"新中央政府"。因此,对此次与王、梁的会谈,抱有极大的期望。

不过在伪"新中央政府"的权位及同"临时""维新"两伪政府的关系问题上,与王克敏、梁鸿志,更确切地说同华北方面军、华中派遣军和日本政府存在重大差异。按照汪精卫的设定,"中央政治会议"由 24—30 名委员组成,但分配给"临时""维新"两伪政府的名额合共只有 6 人,仅占 1/5—1/4;取消伪"临时政府",代之以伪"华北政务委员会",其权力只限于处理华北地区"剿共"、地方绥靖、经济建设等事项,其成员由"中央政府"派遣和任命;梁伪"维新政府"更面临被解散的危险。这个方案,不仅梁鸿志、王克敏等汉奸头目不愿接受,更关键的是日本不会允准。按照日本"五相会议"决定的《树立新中央政府的方针》,"新中央政府"以"分治合作"为原则,南北两"政府"只是取消其名称而保存其实体。汪精卫的"方案"并不符合日本的"原则"。

在建立"新中央政府"的问题上,汪精卫和其日本主子各怀鬼胎,汪精卫梦想建立有某种"独立性"的"中央"统一政权,以便获得沦陷区更多的民众支持,将更多的国民党高官拉到自己旗下,孤立蒋介石;而日本政府则要利用汪精卫加速瓦解和摧毁重庆国民党政府,抓住他急于建立"新中央政府"的紧迫心情,采用哄骗手段,逼其就范,以出卖国家、民族利益为代价,换取"新中央政府"成立的许可证。1939 年 12 月 30 日,汪精卫和日本政府签订《日支新关系调整要纲》卖国密约[②],随后按照密约相关"原则"(如在华北设置伪"华北政务委员会"等),加紧准备"青岛会谈"和成立伪"新中央政府"。

---

① 黄美真、张云编:《汪伪政权资料选编·汪精卫国民政府成立》,上海人民出版社 1984 年版,第 387 页。

② 密约见黄美真、张云编:《汪伪政权资料选编·汪精卫国民政府成立》,上海人民出版社 1984 年版,第 421—427 页。

关于伪“临时政府”的前途、地位，同汪伪“新中央政府”的关系，按照1940年1月“青岛会谈”的决定、日本内阁“五相会议”拟定的《树立新中央政府的方针》，以及汪精卫与派遣司令部参谋板垣征四郎第二次会谈的结果，伪“中央政府”在华北设置“华北政务委员会”，废除“临时政府”的名称，其政务由“华北政务委员会”继承。

1940年3月30日，汪伪“国民政府”举行“还都”典礼当天，伪临时政府“解消”，伪“华北政务委员会”成立。当天伪“临时政府”在北平举行最后一次会议，议决“解消”伪“临时政府”；发布“解消”宣言；降下五色旗，更易新“国旗”。随后召开伪“华北政务委员会”第一次会议，宣布伪“华北政务委员会”成立，王克敏任“委员长”，并举行就职仪式，发布《政府联合委员会宣言》《临时政府宣言》和《华北政务委员会布告》，伪“华北政务委员会”正式取代伪“中华民国临时政府”。

不过这种取代，基本上是名称改换，而非汉奸政权的实质或行政职权、职责变化。依照侵华日军“分治合作”的原则，《日支新关系调整要纲》规定，“华北政务委员会”的权限和职责运作为：在伪“中央政府”规定范围内，处理华北地方与日中协作事项有关的“防共”和“治安合作”事项，包括与日军驻扎有关事项、有关“防共和治安协作”必要事项及其他军事协作事项。在伪“中央政府”规定范围内，处理华北地方与日中协力事项有关的经济合作，特别是国防上必要的地下资源的开发、利用及“日、满、蒙疆”和华北之间的物资供求事项，包括对日本“开发”和“利用”地下资源，提供特别的“便利”；为“日、满、蒙疆”和华北之间的物资供求提供便利，并使之合法化；协力于华北与“日、满、蒙疆”间的通货和汇兑，有关联络、航空、通信、主要海运的协作。处理有关聘请任用日本顾问和职员事项。但在必须保留“中国联合准备银行”制度和与此有关的汇兑制度基础上，伪“中央政府”并予以必要的推进。亦即伪“华北政务委员会”继续保持伪“联银券”的发行与使用，并维持其币制稳定。伪“华北政务委员会”所需经费，由伪“中央政府”统筹支付；关税、盐税和统税为“中央”税。但在一定期间，关税收入剩余的5成、盐税收入剩余的7成及统税收入的全部，为伪“华北政务委员会”的财源；税务及监督，由伪“中央”

或伪“华北政务委员会”分别办理;关于官吏的任免,特任官和简任官①由伪“中央政府”任免,但是在一定期间内,简任官可由伪“华北政务委员会”加以推荐;伪“华北政务委员会”有权与日“满”进行处理纯粹地方性问题的交涉,处理“和蒙疆地方的关系事项”。②

伪“华北政务委员会”名义上隶属于南京汪伪“中央政府”,但实际上拥有所谓“高度自治”之权力,从人事任命到对内施策,对外交涉,汪伪都无权过问。甚至“国旗”“国歌”及“政党”“主义”,也都不是汪伪采用的“青天白日旗”和“国民党”“三民主义”,而仍是其前已使用的五色旗、“卿云歌”和“新民主义”。伪“华北政务委员会”的辖区,自然是华北地区。而“华北”的区域范围的界定权,既不归伪“华北政务委员会”,也不属于汪伪“中央政府”,而是侵华日军和日本政府说了算。按照日本分步切割和肢解、最后彻底灭亡中国的侵华战略部署,所谓“华北”,是指内长城线及其以南的河北、山西和山东3省地区,其中山西北部的13县地区则被划为伪“蒙疆”辖区,另将黄河以北的河南省地区划归华北。③ 这样,伪“华北政务委员会”的实际辖区仍为河北、山东、山西、河南四省的沦陷区,以及北京、天津、青岛三个所谓“特别市”,石门(石家庄)等7个普通

---

① “特任官”是指伪“中央”各部的部长、驻外国的大使等;“简任官”是指伪“中央”各部的次长、局长及各省的厅长级官员。

② 黄美真、张云编:《汪伪政权资料选编·汪精卫国民政府成立》,上海人民出版社1984年版,第424—425页。

③ 关于华北区域范围的界定,将山西北部的13县地区划为伪“蒙疆”辖区,只将黄河以北的地区划入华北,而不包括黄河以南地区等问题,日伪曾有争执。周佛海在会谈中提出,为防备蒙古独立,必须把长城线保留在华北。如果把它划给蒙古,河北门户洞开,没有任何理由向中国民众作解释。但日本要的正是蒙古独立,河北门户洞开,最后灭亡整个中国,所以态度强硬。日方代表本影佐祯昭(日军上海特务机关长、日本驻汪伪政权最高代表)说,“诸位也不要固执,决心把晋北划归‘蒙疆’,这是聪明的”;“我想再强调一下,在考虑这个问题时,除了采用日本方面的解决办法,没有其他办法”。汪伪只得屈服。关于黄河以北河南省地区划入华北的问题,周佛海说,“以妥协闻名的我,也认为这是非常困难的”。汪伪代表反复申辩、诉求,欲以晋北13县划归伪“蒙疆”的让步,换取日本的相应让步,不将黄河以北的河南省地区划归华北。不过换来的仅仅是影佐祯昭对汪伪代表的苦衷“可以谅解”,不对其申辩、诉求进行训斥罢了。结果不仅河南省,就连江苏省北部的徐州地区,都成了日本华北方面军的直辖区。黄美真、张云编:《汪伪政权资料选编·汪精卫国民政府成立》,上海人民出版社1984年版,第481—484页。

市，两个“特区”，25 个道，349 个县。

同伪“临时政府”一样，伪“华北政务委员会”的一切行政和财政经济权力，实际上都是由日本华北方面军直接掌握。伪“华北政务委员会”设有日本“最高顾问”，在最高顾问之下设有“顾问”若干人，协助其指导和监督各种政务，此外还有参议、咨议若干名。这些所谓参议、咨议之流，一部分是各伪组织的汉奸首脑，一部分是由日军拉拢出来为其支撑门面的失意官僚、政客，也同样是傀儡，不过徒有虚名而已。

由于伪“华北政务委员会”的“独立性”过大，汪伪“中央”无法辖管，汪精卫与王克敏之间的矛盾加深。1940 年春，王克敏的后台喜多诚一被调回日本，汪精卫决定借机赶走王克敏。1940 年 6 月 6 日，汪伪“国民政府”发布命令，以批准王克敏“辞职”的方式，将其解职，由王揖唐代替。自后，伪“华北政务委员会”主要头目频繁换人。1943 年 2 月 8 日，王揖唐辞职，伪“华北政务委员会”常务委员朱深接任委员长。朱深就职时，已是重病缠身，7 月 2 日病亡，履职不到 5 个月。当天下午，日本公使堀内干城往访周佛海，谓除了王克敏，“委员长”无其他相当人选。4 日，汪伪“国民政府”只得按日本主子的旨意，于 7 月 4 日“特派”王克敏继任伪“华北政务委员会”委员长。次日，王克敏赶赴北平履任。7 月 6 日，王克敏复兼任“华北剿共总会”委员长一职。王克敏再任伪“华北政务委员会”委员长后，对其机构和人事进行了调整，并借机清理门户、排除异己。

王克敏再任伪“华北政务委员会”委员长时，已体弱多病，难以履职。加上他同伪“委员会”常委、总务厅长官王荫泰之间矛盾不断加深。1944 年年末，王荫泰原来作为王克敏的推举人，却急欲取而代之。1945 年 2 月 8 日，汪伪“国民政府”指定王荫泰接替王克敏任伪“华北政务委员会”委员长兼“新民会”中央总会会长。2 月 18 日，王荫泰对伪“华北政务委员会”进行改组。3 月 8 日，汪伪“国民政府”指定王荫泰为“新国民运动促进委员会”委员、常务委员。王荫泰接任伪“华北政务委员会”委员长时，日本败局已定，但甘愿自落陷阱，直至日本投降，作为汉奸头目接受审判。

二、华北汉奸政权的行政架构和傀儡本质

华北汉奸政权,从“治安委员会”到伪“中华民国临时政府”,再到伪“华北政务委员会”,都是侵华日军直接控制下的傀儡机构,其政治架构、经济体制都是由侵华日军设计、授意、决定,直接制定方针、政策,操纵政治、经济、民事、文化、对外联络等各方面的事务,连具体承办机构的主要头目,也都由侵华日军指定、推荐或批准。

直接操控华北汉奸政权及其大小事务的是日军华北方面军特务部和后来的日本“兴亚院”。1937 年全面侵华战争爆发后,日军中国驻屯军和日军华北方面军内设有“特务部”,北平、天津均设有陆军“特务机关”。华北方面军有关政治、经济等方面的工作交由“特务部”和“特务机关长”负责,由特务部、平津“特务机关长”“指导”、操控平津“治安维持会”和伪“中华民国临时政府”、伪“华北政务委员会”的筹建和汉奸班子的网罗、搭建。因日本主子包办、干涉过多,使得某些卖国求荣的汉奸一时难以适应。前揭“北平地方维持会”会长江朝宗,即对日本特务机关在该会筹设过程中干涉过多“略有微词”,作为会长,曾一度“称病请辞”,在该会成立时并未立即到会就职。①

“北平地方维持会”的章程,机构和汉奸班子组成等,即出自北平“特务机关长”松井太久郎等之手。“北平地方维持会”的政治架构采取“委员制”,除北平市各局长、处长等均为当然委员,并由市内各士绅自治团体、商会、银行公会、文化团体等各出代表若干人为委员外,又延聘“顾问”60 余人,其中 1/4 为日本人,掌握全部实权。“委员会”下分设 5 组办公,分别主管社会、经济、公安、交通、文化事务。每组设主任 1 人、副主任 1—2 人、专门委员若干人、组员 1—3 人、雇员若干人。每组另有两三个日本“顾问”。同“委员会”日本“顾问”一样,权力远比组主任大,“可以

① 戴溶江:《北平伪地方维持会的透视》,《大公报》1937 年 11 月 21 日。

不用公文手续直接向市属一切机关征取任何材料及事务效果”。[①] “北平地方维持会”除分设五组掌理各有关事项外，还设有北平物资、金融、学校保管、文化机关保管、管理公私产业5个“委员会”和“北平维持会临时财政总监理处”，分管相关事务。如“北平物资委员会”的主要职责是，“防止食粮、燃料及其他必需品之恐慌”；“北平金融委员会”的主要职责是，“防止金融混乱、安定市场”；“北平维持会临时财政总监理处”，为北平地方财政的监督管理机关。“北平地方维持会”《组织条例》规定，北平所有收入机关，包括征收之国税地方税各局所、铁路邮政电报电话各总分局、公营公用及其他附属机关之财务行政，全部属于维持会，其出纳监督各事务由总监理处办理。《组织条例》还规定，举凡有关“各收入机关整理改善事项”，“裁定税捐设置、废止及税率增减事项”，“管理各收入机关之统收统支事项”，“审定各行政机关、学校、团体等之收支概算及报销事项”，“设置金库事项”，“调整地方金融及监理钞票发行准备事项”，“办理债券及特别捐输事项”等，均由该“总监理处统辖之”。[②] 这说明，“北平地方维持会”刚一成立，就通过总监理处把全市财政税收大权抓在自己手里，以为该汉奸组织的运行奠定财政物质基础。“北平地方维持会”临时财政总监理处的职权范围，甚至超过了原北平市财政局，无论是国税还是地税，无论是行政机关还是学校、团体，各方面财务税收行政均在其管辖之下。

“天津市治安维持会”的组织机构与“北平维持会”稍异，但辖管范围更大。该会初设总务、公安、社会、财政等四局，“总务局”类似秘书处，掌管庶务、人事、文书、交际等事务；“公安局”掌管警察行政及司法事务；“社会局”掌管救济、食粮、教育、卫生、宣传等事务；“财政局”掌管金融、财政事务。其后不久，增设“教育局”“卫生局”“工务局”“长芦盐务管理局”等机构，分别掌管相关方面的事务。又另设“金融调整委员会”“物资调整委员会”等专门委员会。此外，还任命了“电话局”“电政监理处”“新闻检查所”“内河航运局海上公安局”“北运河河务局”“商品检验局”

---

① 戴溶江：《北平伪地方维持会的透视》，《大公报》1937年11月21日。

② 郭贵儒等：《华北伪政权史稿：从“临时政府”到“华北政务委员会”》，社会科学文献出版社2007年版，第144—145页。

“天津市高等法院”“天津县公署”等机构头目。该会并指令或协调筹组周边各县“维持会”,任命了静海、文安、霸县、固安、武清、大城、任丘、永清、东光、新镇、衡水、河间、交河、安次、沧县、南皮、盐山、庆云、景县、吴桥、新海设治局21县(局)的“维持会”主席,令其“前往治理各县县政”。另外还对一些政府部门的归属作出明确规定,如将天津县公署特别第一、二、三区公署,以及新闻事业管理所,划归“维持会”总务局管辖;将天津县公安局水上分局、海上公安局划归“维持会”公安局管辖;将商品检验局、内河航运局、天津市第一图书馆划归“维持会”社会局管辖;等等。①该会俨然成了天津市政府,把原市府的人事任免、治安管理、司法行政、财政经济、社会救济、文教卫生、市政建设、新闻宣传等主要权限,全部囊括在手。

伪“中华民国临时政府”的政体和行政架构,摒弃了国民党政府的行政、立法、司法、监察、考试的“五院制”组织架构,由王克敏、朱深等抄袭英美等国模式,实行所谓三权分立、责任内阁体制。按照《伪中华民国临时政府组织大纲》规定,以行政、议政、司法三个“委员会”分别执掌汉奸政权的行政、立法、司法三权。伪“行政委员会”委员长代表伪“临时政府”。② “行政委员会”除委员长外,设委员5人。“行政委员会”下设秘书厅及行政、治安、教育、法部、赈济五部,总长由行政委员会委员兼任,另设外务、实业、交通各局,作为行政委员会直属机构。下列事项应经由“行政委员会”议决:“议政委员会”提出的法律案;预算及决算案;宣战、媾和及缔结条约案;特赦、减刑及复权案;所属各机关简任官吏之任免;所属各机关权限事项;“行政委员会”认为应行议决之事项。③

“议政委员会”为“临时政府”最高议政机关。经由“议政委员会”议决的事项有:施政方针;法律案;预算案及决算案;特任官之任免;宣战、媾

① 郭贵儒等:《华北伪政权史稿:从“临时政府”到“华北政务委员会”》,社会科学文献出版社2007年版,第146—147页。

② 中国第二历史档案馆编:《中华民国史档案资料汇编》第5辑第2编附录上,江苏古籍出版社1997年版,第21页。

③ 中国第二历史档案馆编:《中华民国史档案资料汇编》第5辑第2编附录上,江苏古籍出版社1997年版,第22页。

和及缔结条约案；该“委员会”认为应行议决的事项。[①]

“司法委员会”为“临时政府最高司法机关”。经由“司法委员会”议决的事项有：统一解释法令；变更判例；“议政委员会”提出的主管事项；所属各机关简任人员之任免；该“委员会”认为应行议决之事项。[②]

伪“中华民国临时政府”和后继的伪“华北政务委员会”，不论使用什么名称，采用何种行政架构，同伪“满洲国”一样，也完全是侵华日军直接操控下的汉奸傀儡政权。前揭“华北处理方针”规定，日本“对该政权的指导，应停止大纲中有关日人顾问的幕后指导，而改为配备日系官吏，但以不干涉行政细节为方针”。[③] 后来的实际做法是，既派“顾问”，又安置“日系官吏”（“辅佐官”），双管齐下。而且主要汉奸职官，全由日本北平“特务机关长”推荐、审定。日本对伪“临时政府”的具体操控，外有日军特务机关，内有派驻的日本“顾问”和“辅佐官”。早在伪“中华民国临时政府”成立前，喜多诚一就准备向即将成立的“新政府”派遣十六七名日本“顾问”。1938 年 4 月，日军华北方面军司令官寺内寿一与王克敏达成了一项关于向伪“中华民国临时政府”派遣日本顾问的《政府顾问约定》及《附属约定》。《政府顾问约定》规定，“日本军最高指挥官应中华民国临时政府之请”，得向伪“中华民国临时政府”派遣“中央顾问及其所用之辅佐官”，“协力援助中华民国之行政、法制、军事、治安及警务等事项”；“临时政府为推广及改善技术家、专门家之必要业务起见，所需专员技术官、教授、教官、教导官等，由日本军最高指挥官之推荐，任用或聘请日本人充任之”。[④] 关于配置“顾问”及“辅佐官”的名额，协议规定，议政及行政委员会置“行政顾问”1 名、“辅佐官”约 5 名；议政及行政委员会法部，

---

① 中国第二历史档案馆编：《中华民国史档案资料汇编》第 5 辑第 2 编附录上，江苏古籍出版社 1997 年版，第 23 页。

② 中国第二历史档案馆编：《中华民国史档案资料汇编》第 5 辑第 2 编附录上，江苏古籍出版社 1997 年版，第 24 页。

③ 日本防卫厅战史室编：《华北治安战》（上），天津市政协编译组译，天津人民出版社 1982 年版，第 56—57 页。

④ 中国国民党中央委员会党史委员会编印、秦孝仪主编：《中华民国重要史料初编——对日抗战时期》第 6 编，傀儡组织（3），中国国民党中央委员会 1981 年刊本，第 129—130 页。

置“法制顾问”1名、“辅佐官”约4名;行政委员会治安部,置“军事顾问”1名、“辅佐官”约4名;地方方面,省公署及特别市公署,置“地方顾问”各1名、“辅佐官”约4名;各顾问之下,置“通译”及“事务员”若干名。[①]这就形成了一支庞大的所谓“顾问”队伍。

按照这项协议,伪“中华民国临时政府”聘请了以前日本内务次官汤泽三千男和前伪“满洲国”总务厅厅长大岛茂雄为首的行政、法制、军事等多名“顾问”,并由日方派遣的15名官佐分驻伪“临时政府”各部。尽管协议明确要求双方在任命顾问之前要进行磋商,但据称实际情况却是,“只要司令官决定某某去当顾问,那就可以了”。协议规定是“重要事项”才向管事顾问请示,“率直相谈”;“日系官吏”也应“以不干涉行政细节为方针”。实际上“芝麻大点的事情也得同这位顾问商量。中国官吏在点头之前必须同别人商量”。[②] 这些无要事可管、无要公可办的伪“中华民国临时政府”官员,不过是俯首帖耳、听凭日本顾问摆布的木偶。

不仅如此,伪“中华民国临时政府”和伪“华北政务委员会”,甚至对各省县地方事务亦无管辖权。伪“华北政务委员会”在所辖河北、山东、山西、河南分别设立伪“省公署”(1943年1月改称“省政府”和县政府);省下设“道”,置“道尹”;道下设“县”,有伪“县公署”(1943年1月改称“县政府”),“县”下设“区(乡)”,管辖和办事机构称“区(乡)公所”,在农村最底层还有“保甲”和“保甲连坐”。从伪“华北政务委员会”到农村最底层的“保甲”,汉奸政权机构和行政体系十分完整而且严密。但这个统治和指挥系统体系只属于侵华日军。据日本战犯古海忠之等供称,实际情况是,河北、山东、山西、河南等华北四省和所谓伪“蒙疆”地区,直接“掌握在华北方面军司令官手中”,在其指挥下,第一军负责山西省,第十二军负责山东省和河南省,伪“蒙疆”则由“蒙疆军”控制。“华北政务委员会无权按照自己的意图操纵各省”。伪省长对于日军司令官是绝对服从

---

① 中国国民党中央委员会党史委员会编印、秦孝仪主编:《中华民国重要史料初编——对日抗战时期》第6编,傀儡组织(3),中国国民党中央委员会1981年刊本,第131页。

② [美]约翰·亨特·博伊尔:《中日战争时期的通敌内幕1937—1945》(上),陈体芳、乐刻等译,商务印书馆1978年版,第131—132页。

的，如果伪华北政务委员会向伪省长下达命令，而该项命令没有作为华北方面军的命令或指示下达给当地的日军司令部或日军特务机关，那么伪“华北政务委员会”的命令“便如同一纸空文，毫无效力”。只要当地的日本军队反对，而伪省长要执行伪“华北政务委员会”的命令，“那是无论如何也行不通的。从省直至基层，都是这种关系”。道尹如果按照省长的命令指挥县长，只要军司令部没有给师、旅团司令部，省特务机关没有给地方特务机关下达同样的命令和指示，那么道尹也是无能为力的。无论是道或县，如果不按照各自地方特务机关和日军部队长的意图行事，便一事无成。这种体制基本上遍及整个占领地区，“军方的要求”成为绝对至上的命令。①

华北方面军对省及其以下地方汉奸政权的操控更加严密，直接由日军的“军司令官”控制，他们在地方“拥有最高权力”。河北因为情况特殊，不是由地方驻屯军操控，而是由华北方面军“直辖”。省内设有若干伪“华北政务委员会”“直辖行政区”，那里掌握最高权力的是该地区作为“整备地区的师团长或旅团长”。在华北其他 3 省，除军事外，负责有关政治、经济、文化等问题策划，操纵汉奸政权，命其执行的是陆军特务机关。

在“七七事变”前，日本早就在中国各主要地方就开始设置“特务机关”，日本利用威逼中国签订的不平等条约中规定的驻兵权和外交馆员武官的地位，以这些人员组成“特务机关”，在各地包括条约规定的城市之外进行间谍活动，为全面侵华战争做准备。如战争爆发前的太原“特务机关”，不顾中国政府一再反对和要求其撤退的再三交涉，一直赖在太原市内，修筑鸟瞰太原车站的瞭望楼，侦察过往列车，调查中国的运输能力和运兵等情况；派出人员侦察忻口镇附近的阵地构筑。由天津特务机关派出的间谍，冒充制药公司技工，以生产药品进行调查为名，沿京汉线到处调查各村水况，包括水井数量、出水量、是否适宜饮用等，侦察日军进

① 中央档案馆等合编：《日本帝国主义侵华档案资料选编 · 汪伪政权》，中华书局 2004 年版，第 282 页。

攻时各地的给水能力。全面侵华战争爆发后,这类“特务机关”的任务改为组建、扶持和操控汉奸政权。

华北方面军第一军配属有山西省特务机关,第十二军配属有山东省特务机关和河南省特务机关,其下还设有若干地方特务机关。华北方面军直辖的河北省,在保定设有河北省陆军“特务机关”。北平、天津、青岛3个特别市设有冠以三市地名的“特务机关”,由华北方面军直辖。

第一军将山西崞县、阳泉、榆次、太原、汾阳、临汾、潞安、运城等各地方“特务机关”配属给当地的师团和旅团。故其指挥系统为军司令官——师团长(独立旅团长)。“特务机关长”是军司令官、师(旅)团长的幕僚,直接受其指挥。因此,省“特务机关长”不能向地方“特务机关长”下达命令,或随意处理人事问题。不过“有关业务问题”可以用“省特务机关长通牒”的形式进行指导。“特务机关”是日军的“窗口”,直接同省政府、道公署、县政府等傀儡机构进行接触,加以操纵,军司令官是集军事、政治、经济、文化、教育等一切大权于一身的最高权力者,上面各方面工作虽然采取由傀儡政权进行的形式,而“实质上无疑是由日本军实施的军事管制”。

为了更加直接和严密操纵汉奸政权,山西日军“特务机关”设有与之对应的职能机构。该省汉奸政权除伪省公署外,设有财政厅、民政厅、警务厅、教育厅、建设厅及宣传处。与之相对应,该省日军特务机关设有财政班、民政班、警务班、教育班、建设班和宣导班,外加农政班、经济班。通过它们将日军的要求传达给伪省公署。例如,日军命令增强某地警力时,便由警务班起草《关于增强某地警力之件》的公文,送交伪省公署警务厅。而警务厅又有日本人“专员”,根据上述公文制订具体计划,迫使警务厅中国人厅长批准,再由厅长提交省政会议“通过”。然后以省长的名义下达给县(市)。伪省公署如果准备采取某种新的举措,如要组织行政官训练时,需要一一起草文件,向省“特务机关”进行请示。省“特务机关”由翻译将该公文译成日文后交民政班,民政班长若认为可行,便在公文原稿上批复“同意”,加盖“特务机关长”印章打印后,作为省“特务机关长”的通知送交伪省公署。伪省公署收到批复后方可开始进行实际训练。

尽管如此,日军仍不放心,便让省“特务机关长”兼任伪省公署顾问,截至1942年,都是如此。各班长兼任省顾问“辅佐官”,同各厅厅长相结合,出席省政会议。一切法令如不通过省政会议便不能生效。顾问或辅佐官,如有一人反对,就不能在省政会议上“通过”。中国人厅长如不同辅佐官联系,擅自提出议案,就有被扣上“反日”帽子的危险,不仅要受到免职处分,且有生命危险。

第十二军虽然未将地方“特务机关”配属给所属兵团,但河南省一度宣布“军事管制”;虽然不将地方“特务机关”配属给方面军司令部的直辖师团或旅团,但规定其间的关系是“合作”关系。尽管形式各异,但实质则一。换言之,“只有日本军才是最高统治者”。① 山东省公署,各厅均有日本“顾问”及日籍职员,公务员每日到值、散值及一切事务均加干涉,省长以下对于用人行政,诸凡措施,甚至用、舍一差役,均须取得同意,否则即生问题。②

地方“特务机关”同伪道、县公署之间的关系也一样,而且再加上是否收到省特务机关的指示或批准,情况变得更为复杂。

道公署和县公署分别各有一名日本人“特务机关”人员担任道联络员或县联络员。联络员是领取薪俸的日军文职人员,是“特务机关长”的部下,受其指挥。他们钻进中国的地方行政机关,成为“指挥一切的独裁者”。凡属道、县公署的全部往来公文,如果未经联络员审阅盖章,一律无效。

至于县公署或区公所和村公所同日本驻屯军的关系则略有不同。县联络员是“特务机关”人员,从“特务机关”领取工资,个人的人事任免权也全都掌握在“特务机关长”手中。所以,有关县内的情况,必须一一向“特务机关”汇报,并请求指示。只是一般情况下,县同“特务机关”所在

① 中央档案馆等合编:《日本帝国主义侵华档案资料选编 · 汪伪政权》,中华书局2004年版,第283—284页。

② 中央档案馆等合编:《日本帝国主义侵华档案资料选编 · 汪伪政权》,中华书局2004年版,第380页。

地距离相当远,不可能每天都去向“特务机关”汇报请示,实际操控权掌握在当地驻扎的日军手中。驻扎在县里的日军多数是中队或大队。这些日军头目,“无论大事小事都横加干预”,至于日军本身的要求,更是“不容分说,必须予以满足”。例如,命令提供稻草充作马料;修筑汽车公路,摊派民工、木料;供应日军蔬菜、肉类;等等。如不按命令执行,立即由宪兵队或日本兵将县、区、村的中国人干部逮捕,并“闯进村中到处肆意掠夺”。上述要求的提出无需一一通过“特务机关”,实际上日军驻地与“特务机关”相距数十甚至数百公里,也无法一一通过“特务机关”。一般情况下,日军的这些要求,首先召来县联络员,或叫来村长,直接下达命令。日军将这些要求说成是“作战和警备工作的需要”,所以规定驻地日军“可以任意行事”。①

三、经济统制和掠夺、破坏

华北汉奸政权作为日本帝国主义“以战养战”“以华制华”“以华灭华”的工具,同伪满及其他汉奸政权一样,有两个最基本的职能或功能:一个是镇压和消灭民众一切反抗言行,限制和取缔民众自由,维持和巩固沦陷区日本殖民主义的残酷统治和社会秩序;另一个是通过经济统制和攫夺,保障日军的军需和后勤补给、日伪政权和其他日伪机构的经费和物资供给,满足日本国内的生产原料和生活用品需求。就其本质而言,前者属于反人类的法西斯功能,后者是“杀人越货”的强盗功能。两者手段相同,密不可分,互为依托。

华北地理位置特殊,物资资源丰富,不仅在日本“以战养战”“以华制华”“以华灭华”的基本国策中,占有异常重要的地位,而且是日本战胜美苏、征服世界的“根据地”。在日本帝国主义的侵华战略中,占领和掌控“满蒙”、华北后,“依仗着满蒙及华北资源的日本”,不仅可以应付来自美

① 中央档案馆等合编:《日本帝国主义侵华档案资料选编·汪伪政权》,中华书局2004年版,第290—291页。

国的经济封锁，还可以向北攻打苏联，以陆制海。而且即使打“持久战”也“并不可怕”。[①] 事实上，1939 年 5 月爆发的“满”蒙边境的诺门坎之战，1941 年 12 月发生的袭击珍珠港事件和由此爆发的太平洋战争，以及旨在称霸世界的“持久战”，都是以“满蒙”、华北为“根据地”。因此，日本扶植华北汉奸政权和对华北的经济统制和资源掠夺，有其更加特别的重要性。当然，并不是日敌所有的经济统制和掠夺都要借助或通过汉奸政权。事实上，日本侵华战争和全面侵华战争期间，大部分或绝大部分的经济统制和掠夺没有也无须借助或通过汉奸政权。特别是某些特大规模的经济掠夺计划，甚至无须通过华北方面军，由日本中央直接策划和组织实施。

（一）经济统制和掠夺的职能机构、方针计划及其变化

日本对华北经济的统制、攫夺，蓄谋、策划已久。日本发动“九一八事变”侵占东北、建立伪“满洲国”后，旋即将侵略魔爪伸向热河、长城沿线和关内地区。一步步地开始了对华北经济的调查、控制、统制和掠夺、破坏。1933 年，《塘沽协定》签订后，日本在冀东地区建立了“非武装地带”，日本中国驻屯军司令部会同满铁经济调查会制定了《华北经济工作计划》草案，其目标旨在掠夺华北物资资源，加强日本在华北的经济实力，进而形成“日满华经济势力圈”。是年 11 月，“满铁”制定了《华北经济调查计划》。12 月，满铁经济调查会在天津、青岛等地设立分会，在北平、山海关、滦州、张家口、济南等地设立办事处，专门调查开滦煤矿、井陉煤矿和冀东等地的工矿业与华北各种资源的供求关系等情况，为日本向华北地区的经济扩张及日后实施经济统制政策创造条件。天津日军参谋长也请满铁人员对华北经济情况进行调查，把主要方面集中在铁路、港埠、矿产、棉花、盐业等方面，并准备统一华北货币，制定《华北投资大纲》和《开发华北产业纲要》等，准备将河北省银行办成地区性的“中央银

① ［日］加藤阳子：《从满洲事变到日中战争》，徐晓纯译，香港中和出版有限公司 2016 年版，第 125—126 页。

行”,以盐税、关税等为基金改革华北币制,将华北搞成其第二个“满洲”。1934 年 10 月,华北日本驻屯军司令部制定的《华北重要资源经济调查方针及要项》,提出了调查、开发华北资源的计划与方针;规定在华北掠夺的目标,是获取国防资源,强化日本在华北的经济统制;着手建立“日满华北经济圈”。“调查要项”将矿产资源尤其煤炭资源放在重要地位。1935 年 3 月,“满铁”石井俊之所拟《对华经济政策的根本方针》的调查报告,除“提议华北独立”外,还首次提出对中国实行“经济统制政策”的主张,认为“对华事业应由国家统制,因事业竞争引起的资本势力的分割有害无益”,并提出组织“满华经济统制委员会”。在石井俊之报告的基础上,“满铁”很快确定了对华经济“统制”方针和机构、方法,即“对华经济工作由直接实行机关依直接方法进行”,以“统制对华经济工作,使之归于一途”。所谓“直接实行机关”,是指“国策机关”而非民间企业,并决定由“满铁资本”设立“兴中公司”,作为对华经济工作的“统一机关,直营、斡旋或中介中国经济诸事业及对诸事业进行投资”。①

1935 年,日本在周密计划华北经济“统制”的同时,加紧策划“华北五省自治”,接连制造事件,着手和加快对华北土地侵蚀和切割、肢解,两者彼此依托、相互促进。1 月中旬,日军制造“察东事件”,迫使国民党政府承认察哈尔沽源以东地区为“非武装区”。5—7 月,华北驻屯军司令官梅津美治郎和关东军奉天特务机关长土肥原贤二利用“河北事件”和“张北事件”,胁迫国民党政府批准北平军分会代理委员长何应钦与梅津签订的《何梅协定》及察哈尔代理主席秦德纯与土肥原贤二签订的《秦土协定》,取消河北、察哈尔两省境内的国民党党部,导致河北、察哈尔两省的主权大部丧失。随后,7 月,华北日本驻屯军司令部制定了《随着华北新政权产生的经济开发指导案》,提出“应利用一切机会,促进对交通、资源及金融方面的投资”,以“满铁”为主的“会社”投资于交通(铁路、公路、航空、水运、港口)及矿产资源的煤、铁;制盐、化工、发电、冶金“也要逐次

① 郭贵儒等:《华北伪政权史稿:从“临时政府”到“华北政务委员会”》,社会科学文献出版社 2007 年版,第 273—275 页。

加以统制”。其他方面“任日本投资者自由行之”。① 10月,日军继“丰台夺城事件”后,又收买汉奸、流氓发动“香河暴动”,同时加紧策反平津卫戍司令宋哲元等国民党政权上层。11月11日,土肥原贤二向宋哲元提出《华北高度自治方案》,允其出任“华北共同防赤委员会委员长”之职,限11月20日前宣布。因宋哲元未如期宣布“自治”,土肥原贤二转而策反滦榆区兼蓟密区行政督察专员殷汝耕在通县成立脱离南京中央政府的“冀东防共自治委员会”(一个月后改称“冀东防共自治政府”),同时继续对宋哲元及国民党政府施压。在日本的威逼利诱下,12月18日,终于在北平正式成立了以宋哲元为委员长,王揖唐、王克敏等为委员的“冀察政务委员会”,河北、察哈尔和北平、天津变相“自治”,日本对华北特别是冀察、平津地区的经济统制,不仅扫除了地方政权方面的障碍,而且转而成其帮手,现在可以名正言顺地统制华北经济(至少统制河北、察哈尔和北平、天津地区经济)了。12月20日,经日本政府批准,由满铁投资的“兴中公司”正式成立,总部设在大连,并在天津、济南、上海、广州等地分设事务所。兴中公司的设立是日本帝国主义对华北进行经济侵略的重要步骤。它是日本政府、军队和满铁密切合作的产物,是在日本关东军与华北驻屯军的直接支持下对中国华北实施经济侵略和统制政策的“国策机关”。②

此后,日本政府和日本中国驻屯军相继对华北经济统制和掠夺,发布了多项纲领性文件。1936年1月16日,日本政府根据军部和“满铁”的方案,公布了《处理华北纲要》,决定在经济方针上,驻屯军司令部的开发华北要以“顾问”的方式,重点放在财政经济(特别是金融)的“指导方面”。对经济部门的扩展,“以依靠私人资本自由渗入为原则”,并指定“处理华北由日本中国驻屯军司令官负责”,确定了日本中国驻屯军作为制定华北政治、经济方针政策主持者的地位。这样,日本中国驻屯军有日

① 居之芬、张利民主编:《日本在华北经济统制掠夺史》,天津古籍出版社1997年版,第29页。

② 王士花:《“开发”与掠夺——抗日战争时期日本在华北华中沦陷区的经济统制》,中国社会科学出版社1998年版,第6—7页。

本政府撑腰,联合各种势力,抓紧筹划统制和掠夺华北经济的政策和计划。3月,日本中国驻屯军发布《华北产业开发指导纲领案》,送军政各部门反复磋商修改,6月报军政当局批准。由于已有“负责”制定华北政治、经济方针政策的“尚方宝剑”,该纲领案也就是“驻屯军司令部的开发华北最高指导方针,各方面皆据此执行”,以“便于顺应国策”,日商在华北创设和经营统制性企业,“均要遵从驻屯军司令部制订计划而行之”。该纲领案强调,对需要迅速开发而中国自身难以开发的国防“重要企业”,日本要积极投资促进开发。而日本投资,要以“日华合办”为原则,“要努力确保日方的权益,企业经营及技术上的要害要由日本人掌握”。“对现在不能着手开发但认为对将来极为重要的资源和产业等,日方要努力获得其权利”。该纲领案并且确定了实施统制的基本方法和范围,将华北企业分成禁止、统制和自由3类。矿业、交通、通信、工业(即发电、冶金、化工、建材等业)、商业中特殊商品的专买与包销等,是“对日满经济或国防有重大影响的企业”,统统列入统制性企业,不论其资本来源和所在地,“均根据国防的观点加以统制”。同时根据《华北产业开发指导》中“创办日中合办的强有力的特殊投资会社”的宗旨,日本中国驻屯军还制定了《华北产业开发机关——计划设立华北兴业有限公司纲领案》,目的是“能根据国策合理地促进国防上必要的产业的开发”,“能以最少的投资,发挥最大的效益”。[①] 8月11日日本政府又公布了《第二次处理华北纲要》,要求各界加快侵夺华北经济、攫取五省“分治”主权的步伐,并将其提高到战略和国防的高度,要在华北“建立巩固的防共亲日满地带,同时有利于获得改善资源和扩充交通设备,以防备苏联的入侵”;对华北的经济开发的目的,在于私人资本的自由参加,扩大日本权益,“形成一种以日本人和华人共同一致的经济利益为基础的日华不可分割的情况,以有利于华北无论在平时战时都能保持亲日态度;特别是在国防上必需的军需资源(如铁、煤、盐等等)的开发,以及与此有关的交通、电力等设备

① 居之芬、张利民主编:《日本在华北经济统制掠夺史》,天津古籍出版社1997年版,第29—30、68页。

方面”，都必须用日本的资本，“迅速求其实现”。为了达到以上目的，必须对该地区政权采取“从内部领导的方式”，使南京政权“确实承认华北的特殊性，对华北分治不采取牵制行动”。而“分治”的目标在于：使华北政权在财政、产业、交通等方面行使“实质性的权限”，并在政治和经济方面以华北民众的安居乐业和日满华合作互助为目的的各项措施中，不受南京政权及其他排日工作的影响。[①] 显然，日本对华北经济的统制、攫夺，所制定的这一系列方针、要纲、政策、措施、办法，等等，目标既不限于一般经济权益，地域范围也不限于华北。对野心勃勃的日本军国主义者来说，所有这一切，特别是1931年“九一八事变”以来得寸进尺的军事和领土侵略，都只是最终灭亡中国和中华民族的全面侵华战争的预演。

1937年日本通过制造“七七事变”，悍然发动全面侵华战争，夺城掠地，狂轰滥炸，烧杀奸淫掳掠，很快占领了华北大部分地区，国民党军队溃退，国民党地方政权崩垮，城市、矿山各类工矿和商业企业，或被炸毁、烧毁，或落入日本侵略军、日本浪人手中，为日本帝国主义全面实施蓄谋已久的统制、掠夺、“开发”华北经济资源计划创造了旷古未有的大好机会。不过在战争初始阶段，日本帝国主义并没有将原已相当成熟和完善的有关方针、策略、办法，即时全面付诸实施。这主要有三方面的原因：第一，日本中国驻屯军司令官及其幕僚忙于夺城掠地、以最快的速度扩大占领区、打垮国民党政府，来不及考虑对华北经济资源的统制、掠夺；第二，日本一度梦想可以在最短时间内占领和灭亡中国，战争很快可以结束，届时整个中国都是日本的，无须急于对华北经济资源进行统制、掠夺；第三，最重要的是，侵华日军上上下下，全部沉浸在烧杀奸淫掳掠的血腥狂热和一天暴富的美梦中。日军闯入一切公私府邸宅院居室（包括机关、学校、银行、商店、医院、寺院、仓库、民居等）烧杀、破坏、奸淫、抢掠，又到处拦路杀戮奸淫抢劫，将其海盗（“倭寇”）祖先的“杀人越货”传统继承、光大，达到登峰造极的程度，同时迅速和大幅度提升了日军的士气、贪欲。

① 复旦大学历史系编译：《日本帝国主义对外侵略史料选编（1931—1945）》，上海人民出版社1983年版，第206—208页。

对侵华日军来说,入室和拦路杀戮奸淫抢劫比对经济资源进行统制、掠夺,更为简单、直接、痛快,且见效迅速,能随时补充军需给养。而这正是日本军国主义者所要求和期许的。即“出征打仗的部队必须依靠占领地的征税、物资和武器来自给自足”,保证“在日本国内不出一分钱”的前提下发动和持续进行战争。① 通过暴力和武装抢劫,征税(现成税款、银行现金、民众钱财等)、物资和武器(兵库武器和民间私藏武器等)全都可以解决。正因为如此,日军的后勤物资补给,大部分始终是通过劫掠或就近向保甲及基层民众摊派的手段解决的,如据前揭日本战犯供述,即使逐级建有日伪政权,沦陷区城乡经济亦经全面统制并不断强化,各地驻扎的日军所需各项工程和后勤物资,如马料稻草,修路民工、木料,日军所食蔬菜、肉类,等等,既不通过市场采购、雇募,也不由日伪政权或日军后勤定额补给,而是就近首先召来县“联络员”,或叫来村长,“直接下达命令”。如不执行,立即由宪兵队或日本兵将县、区、村的中国人官吏逮捕,并“闯进村中到处肆意掠夺”。日军头领认为这些都是“作战和警备工作的需要”,规定驻地日军“可以任意行事”。② 尽管日军发有军饷、伙食费,但“大半亦归经手人中饱”。所以“各县人民疾苦,以此为最”。③

侵华日军狂轰滥炸、烧杀奸淫破坏,加上入室和拦路抢劫,多管齐下,更根本的目的,还是妄图以最残酷的手段、最快的速度摧毁中国的有生力量,瓦解中国人民的反抗意志,在最短时间内完全占领和灭亡中国。同时,以最省事的方法最大限度地满足了日军官兵个人贪欲,不仅日军上上下下大发“横财”,也很快解决和大大改善了日军国内眷属的家庭经济和生活。20世纪20年代和随后资本主义世界经济危机期间,日本军国主义者在国内大肆宣传鼓动,要日本国民“把眼光从国内转向外部(中国

① [日]加藤阳子:《从满州事变到日中战争》,徐晓纯译,香港中和出版有限公司2016年版,第122页。

② 中央档案馆等合编:《日本帝国主义侵华档案资料选编·汪伪政权》,中华书局2004年版,第290—291页。

③ 中央档案馆等合编:《日本帝国主义侵华档案资料选编·汪伪政权》,中华书局2004年版,第382页。

‘满蒙’）”，齐心合力“拿下那片‘满蒙’的沃土”，并向农民保证：只要占领了“满蒙”，大家就可以到那里去“做地主”“当东家”了。[①] 日本占领东北、建立伪“满洲国”，日本农民的确一批接着一批移居东北做起了“地主”、当起了“东家”。1937 年日本全面侵华战争初期，日本农民移居关内“做地主”“当东家”的数量不多，但日军头目和士兵，将掠夺的金银钱财、珠宝首饰、布匹绸缎、古董字画，等等，大量寄回国内，其眷属一夜暴富，也很快在日本国内做起了“地主”、当起了“东家”。这样，在金银财宝和一夜暴富的诱惑下，日本国民尤其是青年农民，或者按照日本政府的“移民计划”，一批批前往东北“做地主”“当东家”，或者加入侵华日军，也无须打着土地“开拓”的旗号挂羊头卖狗肉，直接烧杀奸淫抢掠、杀人越货、一夜暴富。正因为如此，日本虽然国小民寡，却持续进行 14 年的侵华战争和全面侵华战争，而无兵源匮乏之虞。

由于烧杀奸淫抢掠、杀人越货、一夜暴富的强力诱惑，以及全面侵华战争本身对这种烧杀奸淫抢掠的内在需求，1937 年全面侵华战争爆发后，日本对华北经济资源的统制、掠夺策划及其实施，似乎有一段极短时间的停歇。但为了加快全面侵华战争的进程，迅速占领和灭亡中国，必须把华北尽快建成“以战养战”“以华制华”“以华灭华”的资源和战略基地，日本侵略者很快恢复了对华北经济资源“开发”、统制和掠夺策划及其实施，而直接抢劫、“杀人越货”变本加厉，入户和拦路抢劫与统制、“开发”掠夺，二者并重，双管齐下。8 月 12 日，日本陆军省制定的《华北政务指导纲要》，强调“华北政务指导主要在于对作战后方地区（含冀东）的各项政务工作进行统一指导，使该地区成为实现日满华提携共荣之基础”，同时要求“开发”经济，谓“上述地区之经济开发，当前以冀东地区为主，在幕后指导冀东政权实施之”，但指定兴中公司具体进行统制，强调“该地区之经济开发，应尽量由兴中公司负责直接执行或调整”。[②] 9 月 4 日，

---

① ［日］加藤阳子：《从满洲事变到日中战争》，徐晓纯译，香港中和出版有限公司 2016 年版，第 26—27 页。

② 章伯锋、庄建平主编：《抗日战争》第 6 卷，四川大学出版社 1997 年版，第 218—219 页。

作为“负责”制定华北政治、经济方针政策主持者的华北方面军①司令部,设立“特务部”,天津特务机关长喜多诚一转任特务部长。特务部的主要职责,除了筹建汉奸政权,就是依据8月12日日本陆军省起草的《华北政务指导纲要》,负责主持、策划、指挥华北经济资源统制、掠夺大计。9月6日,华北方面军参谋长冈部直三郎就“华北政务指导等问题”给喜多诚一的指示中,明确将华北的经济统制列为特务部的职责,并强调“关于交通、经济等的建设,应注意与作战用兵方面的关系及国防资源的获得,努力促使日、满资本的流入”,并且注意“特务部与军方有关方面配合”,确保“直接供作战用的中国方面交通、通信机关,统由军方直接使用”。②

随着全面侵华战争的爆发和扩大,对日本来说,华北的战略地位和政治、经济形势,发生了根本性的变化,由原来的侵华前沿地带,与伪“满洲国”一同变成了向南向西占领和灭亡中国、向北防范和进攻苏联的“根据地”,建立、调整相关机构的同时,必须对全面侵华战争爆发前所定统制、“开发”、掠夺华北经济资源的方针、办法进行修改,二者同时或交替进行。1937年9月中旬,日本制定《华北产业基本对策要纲草案》,强调“开发华北产业的根本”,应是“获得以扩大日本生产力所必需的资源和必要程度的加工”,“以弥补日满经济的缺陷为目的”,因而必须“以把华北包容在帝国经济圈为目标”。③ 日本政府接着对国内政治、经济、军事体制和政府机构进行相应调整,10月15日决定采取临时内阁参议制,任命军界、政界、财界头面人物为内阁参议,参与谘议、筹划侵华战争事宜,25日将原企划厅和资源局合并为企划院,负责制订和执行战争总动员计划。11月6日,内阁设置第三委员会,负责对华经济事务进行调查研究,制订计划上报总理大臣,并联络调整各厅对华经济相关事务,成为日本政府内专

① 日本全面侵华战争爆发后,日本中国驻屯军扩充改编为“华北方面军”,是侵占华北侵华日军主力部队,是日本全面侵华战争期间华北占领区政治、经济等方面一切事务的最高指挥机构。

② 章伯锋、庄建平主编:《抗日战争》第6卷,四川大学出版社1997年版,第219—220页。

③ 居之芬、张利民主编:《日本在华北经济统制掠夺史》,天津古籍出版社1997年版,第71页。

门负责策划对华经济统制的机关。11 月 16 日,第三委员会制定《华北经济开发方针》,强调设立“国策会社”,以便“开发、统制华北经济”。规定“主要交通运输业、主要通信业、主要发送电事业、主要矿产业、盐业及盐利用工业等重要产业由该公司负责开发经营或调整”,制定了设立“国策会社”、统制华北经济的方针,明确了“国策会社”统制、经营的职责范围。①

1937 年 12 月 24 日,日本内阁会议决定的《处理中国事变纲要》中,“华北处理方针”提出,华北“在政治上以成立防共亲日政权、经济上以建立日满华不可分割的关系为目标”;“华北经济建设的目标,在于加强与日满经济的综合关系,以确立日满华协作共荣的基础。为此,要使当地中国资本与我方资本和技术紧密结合,使经济各部门发展完备,以维持秩序,安定生活”。而这一切的前提和目的是“扩充日满两国广义的国防生产力”。为了实施和强化经济统制,《处理中国事变纲要》再次强调,应成立“国策会社”,由该会社“发展、经营和调整”有关主要交通运输事业(包括港湾及道路)、主要通信事业、主要发电事业、主要矿产事业、盐业及其化学工业等。而且,会社“适应日满两国主要产业计划,并经常考虑我国实情,根据轻重缓急进行经营”,“以体现举国一致的精神和全国产业动员的宗旨”。②

此后不久,日本又接连制定和发布《华北产业开发计划草案》《华北资源需要数量计划委员会报告》《华北产业开发第一次五年计划》《日满华经济建设要纲》等多项关于华北产业“开发”计划和经济资源报告。其目的是加速开发和攫夺华北煤铁矿产、电力、交通、盐碱工业、棉花、羊毛等资源,把华北建成日本的原料供应地,为日本“加强国防,发展生产”服务,加快全面侵华战争的进程。③

日本帝国主义对华北经济的统制、掠夺,来势如此凶猛,连刚上任不

① 王士花:《“开发”与掠夺——抗日战争时期日本在华北华中沦陷区的经济统制》,中国社会科学出版社 1998 年版,第 9—10 页。

② 日本防卫厅战史室编:《华北治安战》(上),天津市政协编译组译,天津人民出版社 1982 年版,第 56—57 页。

③ 郭贵儒等:《华北伪政权史稿:从“临时政府”到“华北政务委员会”》,社会科学文献出版社 2007 年版,第 279 页。

久的伪“临时政府”行政委员会委员长、一心卖国求荣的王克敏,也“对日本人坚持全面和不受约束地控制华北经济特别感到忧虑”,曾“反对日本人完全垄断所有工业和经济计划,他虽然准备同意在重工业方面让日本人占有稍多于一半的份额,但却坚持把其余经济部门分摊给中国资本”和“中国政府”(按即汉奸政权)。为了让王克敏放心,日本华北方面军司令官寺内寿一虚晃一枪,1938 年 3 月 26 日和王克敏签订协议,成立“中日经济委员会”(“日华经济协议会”),由中日双方各出 5 名委员组成,让王克敏自任主席,日本经济顾问平尾八三郎任副主席。王克敏以为此后经济事务将交北平的“中日经济委员会”考虑解决,而不再按东京下达的单方面决定行事。然而,王克敏高兴得太早了。他的幻想很快破灭。王与寺内寿一订立上述协议的第二天,即被迫同寺内寿一达成一项“谅解”,规定“华北最高经济顾问将根据军事需要控制交通、运输和空运”,因为这些企业中的大多数都属于国民党政府所有,而“临时政府”还没有被承认为国民党政府的主权继承者,无权要求取得这些企业的所有权。这样,这些最重要的经济部门就从“中日经济委员会”的权限中划了出去,并划归日本陆军和日本企业联合经营。①

1938 年,国民党军队在各主要战场节节败退,华北、华中、华南主要城镇和工农业资源富庶地区相继沦陷,随着全面侵华战争和日本在华占领区不断扩大,投入的兵力越来越多,而且战争有长期延续的趋势,由华北方面军特务部统制、调整和掌控产业,已不能适应新的形势的需要。从 1938 年 6 月起召开的以近卫首相为中心的“五相会议”(亦称“五大臣会议”),已制定和确定了“长期战体制”的方针。提出了“在以庞大的军队实行军事占领的情况下,要将中国作为殖民地加以统治”。也从这时开始便在“五相会议”上将设置“对华中央机关”问题付诸审议,经多次审议,于 12 月内阁增设“兴亚院”,作为对中国进行殖民地统治的“大总管”。②

---

① [美]约翰·亨特·博伊尔:《中日战争时期的通敌内幕 1937—1945》(上),陈体芳、乐刻等译,商务印书馆 1978 年版,第 137—138 页。

② 中央档案馆等合编:《日本帝国主义侵华档案资料选编·汪伪政权》,中华书局 2004 年版,第 281 页。

“兴亚院”的设立，在日本统治集团内部，经过了一个激烈的争斗和较量过程。设立“对华中央机关”，除了适应“长期战体制”，还有一个重要原因是，日本内阁第三委员会、日军特务部经济委员会等对华侵略的经济决策机构明显重叠，且军部亦想专注于扩大侵华战争行动。在这种情况下，日本统治集团于是准备成立“对华院”，促成上述对华侵略的经济决策机构的归并、统一。但在如何统一以及新设机构的职能范围上，各既得利益集团之间存在严重分歧：陆军主张新机构只负责占领区的经济事务，政治方面则仍由当地军队“特务机关”控制，以期政治战略一致；外务省则主张新机构统括政治、经济、文化等一切事务，与军部主张明显对立。但外务省最终失败，宇垣外相被迫辞职，首相近卫文麿兼任外相。后经多次审议，日本内阁于 1938 年 10 月 1 日通过《对华院设置要纲》，决定设置以内阁总理大臣为总裁，外务、大藏、陆军、海军四大臣为副总裁的“对华中央机关”，名称为“对华院”，处理日本在华一切政治、经济及文化等相关事务。《对华院设置要纲》规定日军特务部及其他在华统治机关事务均移交该机构处理；涉及与第三国关系的事务，对华院总裁须与外务大臣协商；原来专门负责审议对华经济侵略事项的内阁第三委员会及对华事务局也都并入该机构。12 月 15 日经日本天皇“裁可”，又将“对华中央机关”改名为“兴亚院”，敕令发布《兴亚院官制》，宣布“兴亚院”正式成立。①《兴亚院官制》规定，除总裁和 4 名副总裁外，另由天皇“敕任”总务长官 1 人，部长 3 人，分别执掌总裁官房及政务、经济、文化 3 部，并分设联络委员会，以负责与相关各厅间的联络。另外，兴亚院设有“兴亚委员会”，由军部、官僚及财界代表作为委员或干事组成，作为“对华政策的最高咨询机关”。②

根据《兴亚院官制》，以总裁柳川平助中将为首的高层头目，直到各

① 王士花：《“开发”与掠夺——抗日战争时期日本在华北华中沦陷区的经济统制》，中国社会科学出版社 1998 年版，第 17—18 页。

② 具体成员为企划院次长、对满事务局长、兴亚院总务长官、兴亚院联络部各长官、外务次长、大藏次长、海军次官等各有关机关的代表及乡诚之助、池田成彬、小仓正恒等财界代表。此外，兵龙马（三井合名）、太田文雄（东洋纺织）、田中完三（三菱商事）、长冈德治（三菱合资）、向井先晴（三井物产）等财界代表作为干事参与委员会活动。见王士花：《“开发”与掠夺——抗日战争时期日本在华北华中沦陷区的经济统制》，中国社会科学出版社 1998 年版，第 18 页。

联络部长官及其部属,全部由现役军人担任,虽然特务部被取消,但都原班人马转入“兴亚院”的联络部。华北方面军特务部部长喜多诚一成为华北联络部长官,关东军特务部部长酒井隆成为“蒙疆联络部”长官。在兴亚院联络部官制中,也明文规定,各联络部长官及派出所所长“对与军事与警备有关的事项,应分别受该地区的陆军和海军的最高指挥官指挥”,兴亚院“俨然是一个军部机关”。另在部长一级头目中,有大藏、商工的官僚参加;而“兴亚委员会”又网罗军部、官僚和三菱、三井、住友等垄断资产阶级“代表”等“大人物”,承担军部、官僚和财阀之间的协调,确保“军部机关”的顺利运转。兴亚院成为集日本天皇、军队、内阁、财阀意志于一体的对华经济、政治统治的“中央机关”。①

1938 年 12 月 22 日,“兴亚院”正式成立刚刚一周,新的侵略部署已经就绪,日本又发表了《第三次近卫声明》(以下简称《声明》),旨在扩大侵略、反共灭华、将包括内蒙古在内的华北地区彻底殖民地化和建成“防共”、反苏的“根据地”,并恫吓国民党政府、威逼其彻底投降。《声明》强调,日本政府已一再声明,“决定始终一贯地扫荡抗日的国民政府”。国民党政府必须“清除以往的偏狭观念,放弃抗日的愚蠢举动和对满洲国的成见”;在中国“不容有‘共产国际’势力存在”,因此,“签订日华防共协定”,是“调整日华邦交之急务”。同时,“为充分保证达到防共的目的”,中国必须承认,“在特定地点驻扎日军进行防共,并以内蒙古地方为特殊防共地区”;《声明》的重点是,在日华经济关系上,中国必须承认日本“臣民在中国内地有居住、营业的自由”,“特别在华北和内蒙古地区在资源的开发利用上积极地向日本提供便利”。《声明》最后还大言不惭地说,“日本出动大军的真意”,“在中国所寻求的,既不是区区领土,也不是赔偿军费,其理自明”。② 的确如此。时至 1938 年年底,侵略野心极度膨

① 中央档案馆等合编:《日本帝国主义侵华档案资料选编 · 汪伪政权》,中华书局 2004 年版,第 281 页;居之芬、张利民主编:《日本在华北经济统制掠夺史》,天津古籍出版社 1997 年版,第 69—70 页。

② [日]外务省编:《日本外交年表和主要文书(1940—1945)》下卷,1969 年再版,文书第 407 页,见复旦大学历史系编译:《日本帝国主义对外侵略史料选编(1931—1945)》,上海人民出版社 1983 年版,第 288—289 页。

胀的日本军国主义，在中国寻求的当然不再是“区区领土”和“赔偿军费”，而是比中国台湾、伪“满洲国”和日本本土加起来还要大的华北和整个内蒙古地区，乃至全中国。

在日本全面侵华战争采行“长期战体制”阶段，兴亚院作为集日本政府、军队、财阀意志于一体的对华统治的“中央机关”，在华北沦陷区，华北联络部作为连接日本政府、当地汉奸政权和日军华北方面军的殖民机构，在军部的所谓“一元化领导”下，是华北方面军强化“治安”、扩大经济统制和经济掠夺的得力工具，发挥了不可替代的作用。1939年8月，兴亚院总务长官前往华北方面军司令部商讨统治华北的方案，军方肯定了联络部的工作方法，强调“华北的治安是第一位的”，今后仍然要“以武力为背景才能够达到目的”；为了充分发挥华北作为全面侵华战争“根据地”的作用，“经济建设也有必要加强华北在综合日满华的意义上的总动员态势”，并“特别需要”军部的“一元化领导”。为此，在“华北现在情形下，为了政治特别是经济工作，有必要绝对加强兴亚院联络部的人力方面，特别是作为日元圈内的华北，要进行更强有力的指导”。[①] 兴亚院和所属华北联络部就是在日本军部“一元化领导”和华北方面军司令部“指导”下进行运作，直到1942年11月被“大东亚省”取代。

1941年年末，太平洋战争爆发后，华北沦陷区又成为日本南打英美、侵略亚洲太平洋地区、称霸世界的首要“根据地”和战争物资供应地。随着战场范围的急剧扩大和欧美的经济封锁，日本的后勤军需和物资供应日益吃紧。为了“以战养战”，有效维持和延续“长期战体制”，在加大对华北地区经济统制和劫夺力度的同时，又要实行和加强对亚洲和太平洋地区的殖民统治与劫夺，需要对原来作为对华统治之“中央机关”的兴亚院，作出调整，以适应新的战争和殖民扩张形势。1942年9月1日，日本内阁会议通过《大东亚省设置案》，规定新省的宗旨为“集中发挥大东亚

---

① 居之芬、张利民主编：《日本在华北经济统制掠夺史》，天津古籍出版社1997年版，第70页。

全区的总体力量以增强战斗力”。11 月 1 日,根据天皇敕令,正式成立了“大东亚省”。根据同日公布的《大东亚省官制》,其职责是“管理有关大东亚地区(除日本本土、朝鲜、中国台湾、库页岛外)的各种政务的实施(除纯外交外),帝国在该地区对各外国商行的保护,有关各外国与帝国居留于该地区的侨民事务,和有关该地区移民殖民、海外开拓事业以及对外文化事业等事务”。大东亚省下设总务局、满洲事务局、中国事务局、南方事务局 4 局,同时废止对满事务局、兴亚院、兴亚院联络部及拓务省等机构及官制;有关关东局、南洋厅的事务,亦划归大东亚大臣“统辖管理”。① 原兴亚院华北联络部变为北京公使馆,但工作内容不变。②

太平洋战争爆发和大东亚省成立后,日本已深陷不断扩大的侵略战争泥淖。1942 年年底,日军在瓜达耳卡纳耳岛遭到失败,东条内阁企图把被牵制在中国关内战场上的 70 余万兵力调去对付美军,唯一办法仍然是采取措施引诱和逼迫蒋介石投降,为日本在华北、华中、伪“蒙疆”和更大范围加强经济统制和掠夺提供更好的条件,保证日本“于占领区域内重点地并有效地取得重要的国防物资,同时积极地获得敌方的物资”,“取得为完成帝国的战争所必要的更多物资,确保军队的自给”,汪伪政权、华北汉奸政权同日本“同心协力为完成战争而迈进”。③

进入 1943 年,日本在侵略战争泥淖中越陷越深,几乎到了惶惶不可终日的程度,但侵略扩张野心继续膨胀,5 月 29 日制定发布《大东亚政略指导大纲》(以下简称《指导大纲》),除了加速版图扩张,“决定把马来、苏门答腊、爪哇、婆罗洲、苏拉威西作为帝国的领土,作为重要资源的供应地”,就是“政治策略的整顿充实”,并定下期限,最迟在当年 11 月之前“完成指标”。而整顿充实政治策略的“重点”,在于加强各国

① 复旦大学历史系编译:《日本帝国主义对外侵略史料选编(1931—1945)》,上海人民出版社 1983 年版,第 415—417 页。

② 中央档案馆等合编:《日本帝国主义侵华档案资料选编 · 汪伪政权》,中华书局 2004 年版,第 281 页。

③ 复旦大学历史系编译:《日本帝国主义对外侵略史料选编(1931—1945)》,上海人民出版社 1983 年版,第 417—420 页。

各民族在战争方面同日本的“合作”。这里重点中的重点仍然是完全占领和灭亡中国，《指导大纲》强调“特别要解决中国问题”。除了继续和强化经济统制和掠夺，就是由汪伪政权“对重庆进行政治工作”，引诱和逼迫蒋介石投降，蒋汪合流，最终达到完全占领和灭亡中国的目的。①

从《指导大纲》出台到限定“完成指标”，只有 5 个月的时间。到 9 月底只剩下 1 个月的时间，离“完成指标”尤其是“解决中国问题”，希望愈加渺茫。在这种情况下，只得天皇亲自出马，9 月 30 日由“御前会议”决定，抛出《今后应采取的战争指导大纲》，要求对重庆“继续不断地加强压力”，“并乘机迅速设法解决中国问题”，但已经不是重点。重点是要“特别制止从中国大陆到我国（按指日本）本土来的空袭和对海上交通的骚扰”；在日本国内则要“设法振奋举国赴难的士气”，显然已开始从进攻转入防御。② 又过了将近一年，1944 年 9 月 5 日，日本出台《实施对重庆政治工作方案》，企图通过国民党政府“迅速停止对日抗战”、美英军队撤出中国，“完成大东亚战争”，保留日本的侵略成果。但为此不得不作出某些让步，如同意蒋介石返回南京，建立统一政府；蒋汪关系、延安政权及其抗日武装等处理，均属“中国的国内问题”，等等。③

1945 年年初，世界反法西斯战争已进入最后决战阶段，德、日法西斯已濒临毁灭的边沿。在中国战场，抗日根据地和解放区迅速扩大，敌占区不断缩小，日敌、伪军大多被压缩到少数中心城市，末日为期不远。在这种形势下，贪婪成性的日本军国主义者，为了垂死挣扎，最后退回日本，准备进行所谓“本土决战”。日本军国主义者为了自始至终推行“以战养战”“以华制华”“以华灭华”的基本国策，即使失败，无法达到“以华灭华”和以中国的人力物力占领和称霸世界的目的，也要保证“在日本国内

① 复旦大学历史系编译：《日本帝国主义对外侵略史料选编（1931—1945）》，上海人民出版社 1983 年版，第 427—429 页。

② 复旦大学历史系编译：《日本帝国主义对外侵略史料选编（1931—1945）》，上海人民出版社 1983 年版，第 442—444 页。

③ 复旦大学历史系编译：《日本帝国主义对外侵略史料选编（1931—1945）》，上海人民出版社 1983 年版，第 474—476 页。

不出一分钱的前提下进行作战”,要提前从中国取得所有军备物资供给和后勤储备,始终保有“在战争中的自给自足能力”。不仅如此,即使最终失败,也要确保比“胜利者”享有更加优裕的生活条件。正因为如此,日本军国主义者在覆灭前夕,策划和制订了一个庞大而周密的物资资源洗劫计划。

1945 年 1 月 11 日,日本政府分别以“最高战争领导会议决定”和“最高战争领导会议报告”的形式,紧急通过《确保大陆重要运输线的政策》《确立中国战时经济的对策》《在中国统筹物资的要点》3 个文件。这 3 个文件是一个整体,其宗旨和核心是,为了“长期确保军队自给与日、‘满’的需求”,在中国大陆设置日本陆军省、海军省和大东亚省“三位一体的强力统治机关”,“确定对中国的征调要求,由(日本)中央统一命令,为军队征调物资运回日本”。为此在机构统辖、物资征缴和调度运输上,高度强化经济统制和集中指挥。由于是次掠夺确保日本军队(包括侵华日军和日本国内留守军)“长期自给”和日本全国需求,掠夺的地域范围广、规模大、时间长,掠夺的物资种类、数量多得惊人,而且全部运回日本,集结、转运的环节多、路途远,工程无比巨大,根本不可能单靠日军“方面军”“驻屯军”单独或联合完成,只能由日本军政联手统筹,以“三位一体”的领导机构为核心,“根据统一的征调计划,实行分别负责征调,进行地区及品种的分配”,并由日本“中央统一命令”,集中指挥。由此可见这项掠夺计划规模有多大,对挽救日本命运有多关键。在生产和物资准备方面,除了正常的工农业生产,计划文件还强调,“特别要重视粮食、生活必需品及煤的增产,发展轻工业”,是运输掠夺计划的关键。文件还强调,“在日、‘满’需求上,使海陆运输能力及当地供给能力相符合,求得指挥命令的统一”。亦即凡是中国工人农民生产出来的物资,都要尽可能运回日本。因此,“确保大陆和内地的重要运输线是极其重要的事情”。具体地说,就是“有效地运用大陆的运输能力,将日本需要的总动员物资(包括对大陆总动员物资)输送到大陆海港准备出口(到达后),剔除非军需品,根据一元化的军事输送法处理”。与此相配合,必须全面统制和加强海陆运输,包括加强大陆铁路干线及海上航线,加强大陆铁路输送事务局，继续保持与有关铁路的军事机构的紧密联系，在大陆各条铁路运输线的一元化完成后，首先把朝鲜铁路委托满铁经营。同时，立即开设博釜（博多至釜山）的轮船和货车联运，同时加强日本海航线。①

1945 年 1 月 25 日，日本政府公布的《决战非常措施纲要》（最高战争领导会议报告第九号），是日本帝国主义在崩溃前夕，又一份庞大的掠夺计划，其中部分应该是 1 月 11 日计划的补充和具体化。主要是向中国及东南亚各地劫掠钢、铁、铝、锡、液体燃料、橡胶、船舶、车辆以及各类粮食、食糖、油脂等战备物资。按照计划，1945 年上半年必须生产和装备各类飞机 2 万架，下半年 2.4 万架，全年合计 4.4 万架；“千方百计完成”普通钢材 300 万吨的产量，为此必须“加强‘满洲’和中国的炼铁事业”；“千方百计达到”250 万千公升的“日本、‘满洲’、中国液体燃料生产的奋斗指标”；“须研究对策，以促进日本、‘满洲’、中国方面砂糖的增产”（因中国台湾砂糖无法运往日本）；“同时力求日本、‘满洲’、中国油田的彻底开发，甘薯、马铃薯等的大增产，并运用煤炭干馏设备的剩余能力，以取得中国的油脂”。这些战备物资几乎都是集中运往日本，为“本土决战”做准备。因此，在千方百计增产、劫掠上述战备物资的同时，必须增产海陆运输的车船设备，增强海陆运输力量。1945 年海上运输“保证指标”为 3200 万吨（“努力指标”为 3500 万吨），陆上为 8500 万吨。因此，要千方百计制造和增产各种船舶、车辆：1945 年的造船目标为 159 万吨，货船、油船的建造比例，货船优先；为了应付燃油困难，必须将以柴油为燃料的货船改成煤炭为燃料；车辆制造为机车 207 辆、货车 7500 辆，指标必须“提前完成”，并须最大限度压缩旅客列车，增加货物运输；小型运输车辆的制造，指标为运货汽车 5500 辆、轻便车 14.9 万辆，“特别要增加货车数”。②

---

① 复旦大学历史系编译：《日本帝国主义对外侵略史料选编（1931—1945）》，上海人民出版社 1983 年版，第 487—489 页。

② 复旦大学历史系编译：《日本帝国主义对外侵略史料选编（1931—1945）》，上海人民出版社 1983 年版，第 494—502 页。

为了防备空袭,继续安全生产,并将产品安全运往日本,必须对各直属重要企业有关防空、企业方式、劳动体制等,采取有组织的、根本的措施。为了克服劳动力不足的困难,必须“加强劳动总动员”,“同时加强学徒工的动员和女劳动力的征用,积极促进用他们来代替成年男工”。为了保证和提高运输力,必须“加强海陆运输的综合利用”,对日本、“满洲”、中国的陆海交通路线,“采取特别措施,加以保护和经营”,有计划地使用内地帆船,统一管理大陆运输,“加强海陆运输的综合经营”,等等。为了上述各项措施能够顺利实施,万变不离其宗,杀手锏还是“坚决实行各部门的统制措施及现行各种统制法规”,并且极力“谋求军需生产行政的一元化以及有关劳动和资金的行政一元化”。① 随着日本帝国主义的末日加速临近,生产和运输统制继续强化和具体化。1945年3月15日发布《关于使用民船作战及确保运输能力的文件》,从“有计划地使用内地帆船”升级到“为确保运输能力,国家船舶及港湾实行一元化的管理”;②次日发布《中国铁路军营、军管要点》,规定自4月1日起,华北交通股份公司及华中交通股份公司的经营业务,“由中国派遣军总司令官管理”。随着“军管”的实施,为求运输与生产的“综合和统一的计划化及经营上毫无缺陷,在军队管理下的运输业务与当地政治经济领导机关指导下的生产,保持密切的联系和协调”,以侵略战争和资源掠夺为目的的生产、运输一气呵成。③

从现有材料看,这1945年1月11日计划一起,明显是日本帝国主义战败投降前最后一项大规模的、全面的战备物资“增产”、运输计划书。由于其末日的加速到来,掠夺计划并未全部如愿实现,或所获物资尚未来得及全部运回日本,但充分反映了日本军国主义者覆灭前的疯狂和垂死挣扎。

---

① 复旦大学历史系编译:《日本帝国主义对外侵略史料选编(1931—1945)》,上海人民出版社1983年版,第494—502页。

② 复旦大学历史系编译:《日本帝国主义对外侵略史料选编(1931—1945)》,上海人民出版社1983年版,第511页。

③ 复旦大学历史系编译:《日本帝国主义对外侵略史料选编(1931—1945)》,上海人民出版社1983年版,第512—513页。

（二）经济统制、掠夺的具体实施和不断扩大

日本帝国主义实施对华北的经济统制和掠夺，开始于 20 世纪 30 年代初，但大规模和全面实施经济统制和掠夺，是在全面侵华战争爆发后，并且随着侵略战争迅速扩大，经济统制和掠夺变本加厉。

在全面侵华战争爆发前，作为日本帝国主义对华侵略急先锋的满铁，对华北进行了大范围的社会和经济调查，搜集情报，为进行经济统制和掠夺做准备，经日本政府批准，于 1935 年 12 月 20 日成立“兴中公司”，由身兼满铁理事、满铁经济调查会委员长和关东军顾问的十河信二任社长。它是“作为对华经济工作的统一机构”，“负有统制和推行对华经济工作的使命”，在对华经济入侵中占有垄断地位。兴中公司的经营范围极广，工业、农业、金融、贸易等无所不包。同时兼有“国策会社”的使命，在财务、人事和政策等方面直接受日本内阁大藏省、外务省的监督、指导，是当时日本对华北进行经济侵略的先驱机构。①

兴中公司成立后，很快实施对华北的经济统制和掠夺，全面侵华战争爆发前，主要集中于发电、烟叶、采矿、交通等国防资源行业和棉花等农业部门：1936 年 8 月收购天津市电业新公司，建立中日合办的天津电业股份有限公司，在海河边建立新的发电厂，保证了周围日商纱厂的电力供应。1936 年又出资合并了山海关、秦皇岛、昌黎、滦县、唐山、芦台、通县等 7 家电灯公司，建立中日合办的冀东电业股份公司，还收买了北平电车公司、北平华商电车公司的股票，从而控制了平津和冀东地区的电力生产。盐是重要战备物资，日本此前多高价从北非、北美等地进口，急需新的货源。华北盛产海盐，渤海湾白河两岸，自古以长芦盐著称，长芦盐即是日本新的盐业掠夺目标。1936 年 6 月，日本陆军、海军、外务、大藏 4 省共同决定，由日本专卖局发布长芦盐进口命令，进口业务统由兴中公司办理。尽管中国食盐自古为国家专卖品，禁止自由交易，但兴中公司按日

① 居之芬、张利民主编：《日本在华北经济统制掠夺史》，天津古籍出版社 1997 年版，第 41—42 页。

本政府指令,通过冀东伪政权,干预和统制盐的产销,废除生产限制,增加长芦盐的产量,并假借华人名义建造精盐洗涤厂,长芦盐输日完全由兴中公司决定,1936年当年向日本输出长芦盐7万吨。①

作为最重要的战备物资煤铁矿方面,兴中公司首先决定将井陉、正丰的开采经营"收归我手,以资炼铁"②。井陉煤矿的利权早为德国资本所夺,第一次世界大战德国战败,1922年矿权收归省有,签订改办合同,中国占股3/4,德国占股1/4。兴中公司按照日本政府指示,先"继承"德国股份,然后假借"中日合办"之名,将煤矿夺入手中。1936年,日军华北驻屯军司令官田代中将与伪"冀察政务委员会"谋求签订所谓《华北经济开发备忘录》时,要求兴中公司先买妥井陉股份。经与德方代表巴尔交涉,8月签订合同,但135万元价款至1937年才支付。当时井陉探明的可采储煤量11000万吨,拥有年产150万吨的生产设备,实际产量约80万吨。毗邻井陉的正丰、宝昌两座煤矿,均由中国资本经营。1937年4月,兴中公司用24万元买下了正丰煤矿。铁矿的掠夺对象主要是察南龙烟铁矿。该矿由龙关、烟筒山两个矿区组成,铁矿石藏量号称亿吨。1914年发现后,由陆宗舆、段祺瑞创设官商合办的龙烟铁矿公司,资本500万元,1917年投产,日产铁矿石500—700吨,供应汉阳铁厂。满铁对之觊觎已久,1934年后成为其华北经济调查的主要目标。1936年8月,日本政府决定由兴中公司出面,满铁协助,夺取龙烟铁矿。但伪"冀察政务委员会"已决定将其"国有化",并任陆宗舆为"恢复委员会"督办,于是兴中公司以天津日军为后盾,强行策动所谓"中日合办"。1936年年末,伪"冀察政务委员会"被迫妥协照办。不过正在筹办中,日本帝国主义已经迫不及待,发动了全面侵华战争。

铁路和交通运输方面,兴中公司主要图谋修筑津石(天津—石家庄)铁路。该路计划由来已久,1912年中国曾拟定沧石(沧州—石家庄)铁路修筑计划,后因筹资未果和有外资渗入之嫌,被吊销许可。1920年再次

① 解学诗:《兴中公司与"七·七"事变》,《社会科学战线》1987年第3期;居之芬主编:《日本对华北经济的掠夺和统制——华北沦陷区资料选编》,北京出版社1995年版,第538页。

② 解学诗:《兴中公司与"七·七"事变》,《社会科学战线》1987年第3期。

计划以京汉、津浦两路结余款修建，勉强完成土方，终因需款过巨中断。1924 年后外资渗入。1929 年满铁因垂涎山西煤炭开始染指该路，并坚持以大沽为终点，以利于晋煤外运。同年 7 月末，满铁特别设立华昌公司，令其与沧石铁路局签订了 1900 万元的贷款合同，从中获取种种利权，不过后来中方取消了合同。1936 年夏，中日关系突告紧张，"日本痛感有必要在华北确保一条权利属于自己的铁路"，沧石铁路计划再次被提上日程。因天津系华北经济中心，邻近海口，又是日本侨民聚居地和日本驻屯军司令部所在地，所以，驻天津日军决定改为修筑津石铁路，并直接向宋哲元交涉。虽"七七事变"前未能签订协定，但兴中公司已拟定了 3000 多万元的津石铁路及其延长线——井陉运煤线的修筑计划。另外，兴中公司为从事港口运输，1937 年 2 月作为直营事业设立了塘沽运输公司，资本 300 万元，大连汽船会社和国际运输会社各投资 20%。①

1937 年全面侵华战争爆发后，日本对华北经济的统制、掠夺，人数急剧增加，规模空前扩大，手段更加残忍、毒辣，目的更加明确、深远。经济统制、掠夺不只是通常意义上的发展和壮大自己，而且是"以战养战""以华制华"，利用中国的人力和物力资源占领和灭亡中国。为了加速中国和中华民族的灭亡，几乎每一项经济统制、掠夺措施或行动，都有一个直接目的，即消灭中国的有生力量。为此，日本侵略者将经济统制、掠夺同经济破坏、摧毁相结合，甚至以后者为主；将经济统制、掠夺同人口屠杀（包括快速屠杀和慢性屠杀）、消灭相结合，甚至以后者为主。这是全面侵华战争期间日本对华北经济统制、掠夺的突出特点。

全面侵华战争爆发后，日军中国驻屯军经过大幅扩编，改称"华北方面军"，成为统制、掠夺、破坏、摧毁华北经济的主力军。侵华日军不仅狂轰滥炸、烧杀奸淫、夺城掠地，攫占厂矿商店、田地山林、铁路公路港口邮电等运输通信设施，为日敌专业队伍的统制、掠夺提供条件和后盾，而且大肆烧杀、奸淫、掠夺、破坏。单就掠夺、破坏而言，可分为两个部分或两种类型：一种是驻扎或打仗、行军的日军的集团式劫掠，目的主要是解决伙食给养

① 解学诗：《兴中公司与"七·七"事变》，《社会科学战线》1987 年第 3 期。

和辎重运输,劫掠物资、劳力种类包括粮食、蔬菜、鱼虾,各类家禽、禽蛋、肉类、柴薪、马料、车马、民夫(包括车夫、挑夫、伙夫、苦力、杂役等)等;另一种是日军单个、或三五个一伙、或三五十人成群结队,入室和拦路劫掠、杀人越货,甚至像一窝马蜂,往往整村被劫掠、毁坏一空。劫掠的财物都是质轻价重和便于往日本国内邮寄、携带的钻戒首饰、金银细软、字画古玩、绸缎布匹等贵重物品,多是城乡民众家庭财富的结晶,甚至是传世珍宝。

华北方面军(其他侵华日军也一样)这两种经济掠夺从 1937 年“七七事变”爆发开始,直至 1945 年战败投降,贯穿全面侵华战争的全过程。本来无论临时性的“治安维持会”还是取代它的伪“中华民国临时政府”、伪“华北政务委员会”,一项最重要的任务,就是搜刮民财,供给华北方面军的所谓“工作费”。据战犯古海忠之供述,华北汉奸政权“从各省搜刮的税金”,主要“充作华北方面军的特别工作费”。[①] 日军既有“特别工作费”,且“饷金充足”,按时发放“工资、伙食费”,只是大半“归经手人中饱”。[②] 然而不论汉奸政权如何竭力搜刮民脂民膏孝敬日本主子,也不论日军“特别工作费”和军饷是否充足,工资、伙食费是否准时发放,凡是日军相关所需,始终是向所在地民众直接掠夺。古海忠之供称,虽然华北沦陷区逐级建有日伪政权,沦陷区城乡经济亦经全面统制并不断强化,各地驻扎的日军所需各项工程和后勤物资,如马料稻草,修路民工、木料,日军所食蔬菜、肉类,等等,既不通过市场采购、雇募,也不由日伪政权或日军后勤定额补给,而是就近首先召来县“联络员”,或叫来村长,“直接下达命令”。如不执行,立即由宪兵队或日本兵将县、区、村的伪职吏役逮捕,同时“闯进村中到处肆意掠夺”。日军首领则强调,所有这些都是“作战和警备工作的需要”,故此“可以任意行事”。[③] 这样一来,各地日军的烧杀劫掠有增无已,变本加厉。

---

① 中央档案馆等合编:《日本帝国主义侵华档案资料选编 · 汪伪政权》,中华书局 2004 年版,第 394—395 页。

② 中央档案馆等合编:《日本帝国主义侵华档案资料选编 · 汪伪政权》,中华书局 2004 年版,第 382 页。

③ 中央档案馆等合编:《日本帝国主义侵华档案资料选编 · 汪伪政权》,中华书局 2004 年版,第 290—291 页。

同时，侵华日军上述两种形式的经济掠夺，又与经济破坏、经济摧毁紧密结合，甚至以后者为主。如日军炊饮，烧火不用柴薪，而用农具、家具、门板、窗扇等；垒灶架锅不用砖块土坯，而用猪头；一头百多斤重的大肥猪只吃十几斤肉，其余全部销毁糟蹋；既大量掠夺军马饲料，又将马匹赶入正待收割的稻田麦地喂饲，任其践踏糟毁；若逢天雨，驻扎地道路泥泞，即以稻谷等铺路防滑，等等；日军入室和拦路劫掠，烧杀、奸淫、破坏随之。入室劫掠，必用刺刀、枪托、硬器将门窗、箱柜、家具、锅碗、器皿、食品、衣物、卧具等，统统破坏、捣毁，最后往往还要放一把火，将房屋烧为灰烬；在劫掠财物的过程中，既贪得无厌而又见异思迁，往往边劫掠边破坏边丢弃、糟毁，即使自己不能运走和邮寄回国，也绝不能留给物主或其他人，这种心态与其先祖海盗“倭寇”一脉相承。

上述两种劫掠参与人数多、规模大、地域范围广、持续时间长，它让日本侵略军劫取了无法估量的巨大财富，不仅实现了“在日本国内不出一分钱的方针下进行作战”的“基本国策”，而且使日军不少头目、士兵的国内眷属一夜暴富，很快在日本国内做起了“地主”、当起了“东家”。尽管如此，但还不是华北方面军和侵华日军夺城掠地和经济统制、掠夺要达到的重点目标。其重点目标是将华北地区的经济命脉夺取并牢牢控制在自己手中，最大限度地摧毁国民党政府和共产党抗日队伍的经济支撑。

日本侵略军在夺城掠地过程中，其基本做法，先是凭借空中和武器优势，对城市、厂矿、乡镇和交通设施狂轰滥炸、杀人放火，进行破坏摧毁，然后疯狂劫掠，最后由军队或专业队将炸后、烧后和劫掠后残留的工矿、商行、企业和交通、通信、运输设施，统统占领、没收。作为近代侵华急先锋的满铁及其子公司，就是这样一支专业队。“七七事变”后，满铁派出 2 万名社员和 5000 辆车，占领了华北近 5000 公里铁路。作为满铁子公司的兴中公司，和满铁一样，也变成了一支担负特殊任务的不穿军装的日本侵略军，从华北、内蒙古以至华中，“奉军部命令参与了作战上所需的种种事业”①。

① 解学诗:《兴中公司与“七·七”事变》,《社会科学战线》1987 年第 3 期。

在管理经营上,侵华日军将占领、没收的工矿、电力、交通等企业分成两类,煤铁矿、电力、交通、盐产化工等实行"军管理",大部分交给兴中公司"开发经营";纺织、面粉等民用轻工企业,则委托钟纺、东洋纺、上海纺、日东、日清等日本私人资本经营。① 在日本全面侵华战争爆发后最初几个月里,华北沦陷区有关资源开发的所有工矿企业,包括煤、铁、电力等等,都处于兴中公司的控制之下。兴中公司是被准许经营这些企业唯一的公司。

兴中公司因资本、技术有限,对受托经营的"军管理"工矿产业,多采用"协作公司制"的形式,由日本国内三井、三菱、大仓等财阀和资本集团协助其经营。三井因受托经营纤维、煤矿、水泥、化学、盐业、面粉等军管产业,发展为全面侵华战争期间掠夺中国经济资源的最大日本财阀。煤炭是日本经济掠夺的重点之一,"军管理"煤矿原来多由中国民族资本经营,其中最大的中兴煤矿,即交由三井财阀经营。贝岛、安川、松本等煤业财阀,也作为兴中公司的协作公司,参与了对沦陷区煤炭资源的掠夺。所夺各矿相继于 1938 年年初恢复生产,竞相进行破坏和劫夺式开采。1939 年兴中系统产煤 409 万吨,1940 年计划增至 738 万吨,超过开滦而居首位。"军管理"煤矿成为兴中公司的主业。② 兴中公司接管和经营华北各煤矿大致情况如表 1-5 所示。

表 1-5　日本在华北"军管理"煤矿一览(1938 年)

项目 矿名	所在地	没收年月	事变前产量(千吨)	1938 年产量(千吨)	投资额(日元)	协作公司
井陉煤矿	河北井陉	1937 年 10 月	880	306	283114	贝岛煤矿
正丰煤矿	河北井陉	1937 年 11 月	432	101		

① 王士花:《"开发"与掠夺——抗日战争时期日本在华北华中沦陷区的经济统制》,中国社会科学出版社 1998 年版,第 11 页。

② 王士花:《"开发"与掠夺——抗日战争时期日本在华北华中沦陷区的经济统制》,中国社会科学出版社 1998 年版,第 11—12 页;解学诗:《兴中公司与"七・七"事变》,《社会科学战线》1987 年第 3 期。

续表

项目 矿名	所在地	没收年月	事变前产量（千吨）	1938 年产量（千吨）	投资额（日元）	协作公司
阳泉煤矿	山西阳泉	1937 年 11 月	300	127	20939	大仓矿业
寿阳煤矿	山西寿阳	1938 年 2 月	32	21		
六河沟煤矿	河南安阳	1937 年 12 月	597	227	约 38000	—
中兴煤矿	山东峄县	1938 年 3 月	1801	427	51059	三井矿山
华丰煤矿	山东宁阳	1938 年 1 月	100	43	40860	三菱矿业
华宝煤矿	山东泰安	1938 年 1 月	19	20		
西山煤矿	山西太原	1937 年 12 月	120	118	27791	大仓矿业
焦作煤矿	河南修武	1938 年 2 月	910	200	0	—
凭心煤矿	河南修武	1938 年 2 月	—	—	0	—
柳泉煤矿	江苏铜山	1938 年 10 月	347	58	195239	—
磁县煤矿	河北磁县	1938 年 5 月	224	80	0	—
下花园煤矿	“蒙疆”宣化	1938 年 10 月	68	120	200000	（满铁）
大同煤矿	山西大同	1938 年 10 月	542	1000	400000	（满铁）
淮南煤矿	安徽怀远	1938 年 9 月	528	65	150000	（三井矿山）
洪洞煤矿	山西洪洞	1937 年 12 月	—	—	0	—
孝义煤矿	山西孝义	1937 年 12 月	—	—	0	—
富家滩煤矿	山西灵石	1938 年 11 月	—	—	10000	大仓矿业
总计	—	—	6900	2913	—	—

资料来源：王士花：《“开发”与掠夺——抗日战争时期日本在华北华中沦陷区的经济统制》，中国社会科学出版社 1998 年版，第 13—14 页。

表 1-5 列出大小煤矿 19 座，在不到 1 年的短短时间里，晋冀鲁豫 4 省及苏北、皖北各主要煤矿被日敌劫夺一空，由兴中公司及其母公司满铁以“军管理”的形式，相继恢复生产，进行破坏和劫夺式开采。如表 1-5

所示,到1938年年末,19座煤矿的出煤量已达战前的42.2%,下花园、大同两矿的煤产量更将近战前的两倍,不仅直接支撑了侵华战争,还出口至日本国内。

电力是重要经济命脉,兴中公司为扶助天津日资纺织业,“七七事变”前即着手筹建天津电业公司,妄图垄断天津动力供应。全面侵华战争爆发后,兴中公司在“军管理”名义下,直接控制了河北保定、石家庄,河南彰德、新乡,山西太原、榆次、平遥、临汾,江苏徐州等15家发电厂和电灯厂,又按日本军部指令,利用日本国内电力联盟和山西电力企业人力,占领了京绥、京汉、津浦等铁路沿线的电力设施。[①] 为了控制大城市和重要地区的电力供应,兴中公司还加快了“七七事变”前即已筹建并导入日本电力联盟五企业资本的天津电力公司的建设速度;将原中国官商合办的北京电车公司和华商电灯公司强行改为“中日合办”;设立资本为300万元的冀东电业股份有限公司,并通过该公司吞并通县电业公司、芦台济光电气公司、唐山启新电力厂、滦县新明电灯公司、昌黎昌明电灯公司及伪满电力会社投资的山海关、秦皇岛两电灯公司;在吞并济南电灯公司基础上,设立“中日合办”齐鲁电业公司;参与设立“蒙疆电业株式会社”,等等。兴中公司对盐业的掠夺也不遗余力,专设盐业部,垄断和统制长芦盐的“开发”和对日输出,到1939年年底,对日输出达120余万吨。同时还设有傍系会社、渤海盐业公司,计划分两期开辟盐场12000公顷,设立汉沽、大沽两个洗盐厂,又对永利化学工业公司和久大制盐公司两家有名的化工企业实行“军管理”。另外,日本国内大日本制盐、三井物产、三菱商事3家商社设立的山东盐业株式会社,对山东盐业进行统制、掠夺,1939年的出口量为15万吨。[②] 1938年3月,兴中公司以300万元资金独资设立“华北棉花公司”,在华北主要产棉区河北、山东、河南3省设有4个棉花打包厂和仓库,统制和垄断华北棉花收购和对日输出,1938年年底,对日元集团输

① 解学诗:《兴中公司与“七·七”事变》,《社会科学战线》1987年第3期。

② 居之芬主编:《日本对华北经济的掠夺和统制——华北沦陷区经济资料选编》,北京出版社1995年版,第7页。

出棉花近百万公担。[1] 兴中公司统制经营的产业尚有：冀东铝矾土矿业所，到 1938 年年底，月产矾土矿石 7000—10000 吨，全部输往日本、伪满；塘沽运输公司，1938 年年底有 300 吨位驳船 3 艘，一般驳船 20 艘，并收购英资大沽造船厂。在 1940 年前日本尚未修复青岛、连云港，秦皇岛尚被英国控制的情况下，这对日本在华北的军事侵略和经济统制、掠夺，起着不可或缺的作用；“华北军用材料运输委员会”，有汽车 200 余辆，统制了华北的汽车和公路运输，保证了日军军用物资的短途运输；冀东遵化一带的“采金公司”，统制和垄断金矿开采；等等。[2]

兴中公司受托经营管理“军管理”产业，统制、掠夺华北经济资源，野心勃勃、急剧膨胀，不过公司本身带有过渡性质。满铁在 1936 年 3 月该公司成立不久，研究“华北经济开发投资机关”问题时就决定，一俟“亲日中央政权”成立，即结束作为“权宜之计”的“对华工作”，兴中公司也将随之由其他机构取代。[3] 华北方面军在指令兴中公司接管“军管理”产业时，也明确指出，“这只是适应当前的暂时变通办法，至于将来由谁正式进行开发和经营，正在研究之中”[4]。

全面侵华战争的爆发和扩大，中国人民激烈和顽强的反抗斗争，使日本在关于究竟如何统制、掠夺华北经济资源的问题上，面临的局势和矛盾变得十分微妙和复杂。“七七事变”后，日本国内各种经济势力紧跟着侵华日军涌进中国，抢夺侵略成果；以国家资本为背景、业已全面垄断伪满经济的满铁，更是认为由满铁或其旁系会社控制整个华北经济资源统制、掠夺天经地义，甚至提出“有必要设立可称之为第二满铁的强有力的半官半民的综合性国策会社，统制投资和经营，以防止浪费资本和谋求迅速而又合理地开发”。[5] 日本政府一则因日本“国内资本家拼命反对满铁垄

① 居之芬主编：《日本对华北经济的掠夺和统制——华北沦陷区经济资料选编》，北京出版社 1995 年版，第 7 页。

② 居之芬主编：《日本对华北经济的掠夺和统制——华北沦陷区经济资料选编》，北京出版社 1995 年版，第 7 页。

③ 解学诗：《兴中公司与“七·七”事变》，《社会科学战线》1987 年第 3 期。

④ 解学诗：《兴中公司与“七·七”事变》，《社会科学战线》1987 年第 3 期。

⑤ 解学诗：《兴中公司与“七·七”事变》，《社会科学战线》1987 年第 3 期。

断大陆”;二则出于“缓和中国民心与对外国权益的刺激”考虑,拒绝满铁直接进入华北。[①] 但是,全面侵华战争的急剧升级和演变,不断加深日本军国主义与日本财阀的相互勾结。更确切地说,日本军国主义发动的全面侵华战争,就是代表了日本财阀要求急剧扩张的利益和要求。因此,对华北经济资源统制、掠夺政策的任何调整和改变,都不能违背或损害日本财阀的利益。日本政府就是在这一前提下,在日本财阀和“民间资本”之间取得平衡,确定的基本方针是,“一般产业”采取“自由投资”形式;“基础产业及国防产业”,包括通信、交通、港湾、发电配电、铁、煤、制盐等,进行某种程度的统制,经营主体按“冠军、内行”原则,由各个资本集团瓜分:炼铁为日本制铁会社;煤炭为日本煤炭联合会;交通运输为满铁;电力为日本电力联盟;电报电话为满洲电信电话会社;盐业为兴中公司;棉花为日本纺织联合会、在华纺织联合会和兴中公司。承担各该行业的企业或集团当然要筹措所需资金、技术和人力。如此,华北沦陷区的工矿、电力、交通、通信、港口等,除耕地、牧场、森林以外的全部产业,统统瓜分尽净,日本财阀和民间大小资本全都有份,强盗、窃贼皆大欢喜。为了调整这些行业和承担这些行业的企业或集团的关系,设立能够进行“计划、鼓励、统制、监督的最高统制机构”,而这一统制机构由各该行业的代表参加。这个机构就是1938年3月成立的“国策会社”,作为日本特殊法人的“华北开发株式会社”(亦称“华北开发公司”),由其统制、监督上述会社分别对上述事业“负责开发、经营或调整”。[②] 华北开发公司资本为3.5亿日元,总裁由原拓务大臣大谷尊由充任,资本由“日本政府及日本政府以外者”各半出资。“日本政府以外者”的投资,向社会“公募”。会社的特权之一,是可以发行相当于实缴资本5倍的“社债”。[③] 3.5亿日元公司资本的构成,如表1-6所示。

---

① 解学诗:《兴中公司与“七·七”事变》,《社会科学战线》1987年第3期。
② 解学诗:《兴中公司与“七·七”事变》,《社会科学战线》1987年第3期。
③ 解学诗:《兴中公司与“七·七”事变》,《社会科学战线》1987年第3期。

表 1-6　华北开发公司资本构成(1938 年)

项目 资本构成	股本形式	资本金额(万日元)	缴纳股数	每股金额(日元)	实收金额(日元)	实收金额占总额比重(%)
政府	现金	17500	2888280	8.65	24983622	25.16
	现物		611720	50.00	30586000	30.80
民间	现金	17500	3500000	12.50	43750000	44.04
总计		35000	7000000	—	99319622	100

资料来源:据居之芬、张利民主编:《日本在华北经济统制掠夺史》,天津古籍出版社 1997 年版,第 115 页改制。

表 1-6 列 3.5 亿日元资本、99319622 日元实缴资本金,无论出自日本政府还是日本“民间”,全是中国资财和人民膏脂,没有一分一毫来自日本本土。所谓“民间资本”固然是日本财阀和资本集团窃夺中国物资资源、榨取中国工人血汗所得;日本政府所缴现金亦是来自汉奸政权的财税搜刮或日敌直接掠夺。所谓“现物”,则是将侵华日军“没收”的中国工矿企业,特别是铁路运输设施,由临时拼凑的“评议委员会”估价、折值而来。

除了额定股本,华北开发公司还通过“中日合办”等形式搜罗汉奸政权资金,强行掠取民营工厂。该公司成立后,兴中公司持有的关系公司或股份,也相继转让或独立,1940 年年末解散,华北开发公司成为统制和掠夺华北经济资源的殖民国家托拉斯。华北开发公司并不直接经营产业或企业,而是对子公司的投资、融资,业务计划(包括资金、原料、劳力调拨)、指导、监督、检查、调整等措施,据此将其统统归于华北开发公司的直接统制之下。

华北开发公司成立后,日本帝国主义在华北地区开始了更大规模有计划、有步骤的破坏和掠夺式“开发”,进行杀鸡取卵的“开发”掠夺。

华北开发公司“开发”、掠夺华北经济资源的头等大事,就是实施华北产业开发计划。1938 年 6 月,日本政府出台了 1938 年至 1942 年的《华北产业开发第一次五年计划》,但前后拖延一年才定案,1938 年已过,只得将计划修改、调整为1939年至1942年的《华北产业开发四年计划》。① 华北开发公司实施的就是这个“四年计划”。这两个计划如表1-7、表1-8所示。

表1-7 《华北产业开发第一次五年计划》指标(1938—1942年)

计划指标 / 行业	计划指标			所需资金(万元)
	现时指标(万吨)	5年后指标(万吨)	增加幅度(%)	
制铁业	6	100	1567	14000
钢材业	—	50	—	
煤炭业	800	3000	275	—
煤炭液化业	—	100	—	46600
火力发电业	16(万千瓦)	41(万千瓦)	156	14400
水力发电业	—	19(万千瓦)	—	
制盐业	112	250	123	—
制碱(纯碱)业	4	14	250	3600
制碱(烧碱)业	0.5	2.8	460	

资料来源:居之芬主编:《日本对华北经济的掠夺和统制——华北沦陷区经济资料选编》,北京出版社1995年版,第24页整理、计算、编制。

① 日敌华北产业开发计划的出台经历了一个复杂的过程:在华北开发公司的筹组过程中,华北方面军特务部、满铁和兴中公司共同商定了以五年为期的生产计划。这是第一次五年计划的雏形。即所谓“现地案”,日本陆军省在此基础上,提出了一个“陆军省军务局案”,但日本政府方面多不同意,引起所谓“现地案”与“内地案”之争,即军部与政府之争。后经企划院调解,由企划院第三委员会拟定了1938年至1942年的《华北产业开发第一次五年计划》,但拖延了一年始成定案,1938年已过,不久复修改为1939年至1942年的《华北产业开发四年计划》。

表 1-8　《华北产业开发四年计划》指标(1939—1942 年)

年份/指数/行业	1939		1940		1941		1942	
	实数(万吨)	指数	实数(万吨)	指数	实数(万吨)	指数	实数(万吨)	指数
钢材业	—	—	—	—	—	—	13	—
生铁业	4.5	100	11.2	248.9	21	466.7	57.1	1268.9
铁砂业	29	100	62.2	214.5	126	434.5	168.9	582.4
煤炭业	1410	100	1790	127.0	2270	161.0	2930	207.8
挥发油业	—	—	—	—	2.5	100	21.5	860.0
重油业	—	—	—	—	—	—	8.5	—
纯碱业	4.2	100	5.5	131.0	12.5	297.6	12.5	297.6
烧碱业	—	—	—	—	1.8	100	2.2	122.2
盐业	107.6	100	126.6	117.7	153.2	143.4	182	169.1
羊毛业	0.8	100	0.9	112.5	1	125.0	1	125.0
电力业	48*	100	84*	175.0	229*	277.1	269*	560.4

注:＊原资料单位为“千瓦”,错。似应为“万千瓦”。羊毛为日本所希望之数额;电力不包括内蒙古。
资料来源:居之芬主编:《日本对华北经济的掠夺和统制——华北沦陷区经济资料选编》,北京出版社 1995 年版,第 25 页整理、计算、编制。

按照“五年计划”、修改调整后的“四年计划”和公司本身的事业计划,华北开发公司的经营范围是,矿产、钢铁冶炼、发电配电、制盐制碱、交通通信、羊毛劫夺,以及“为促进华北经济开发之特别必要的统合调整事业”。公司将满铁、兴中公司编入自己的子公司名单,接收其在华北的产业,很快控制了华北的经济命脉,分别交由相关公司经营。

华北开发公司通过对其子公司投资或融资统制华北沦陷区矿产资源和其他产业的“开发”,在兴亚院华北联络部的直接监督下,执行日本政府制订的掠夺计划。1938 年 9 月日本政府最后定案的“开发计划”规定,以日本“战时体制所必需的重要资源的开发和补给为重点”,以煤、铁、液体燃料、铝矾土、盐、碱为开发中心。①

煤炭是日本政府“开发”掠夺矿产资源的重点,掠夺的基本目标和方针

① 王士花:《“开发”与掠夺——抗日战争时期日本在华北华中沦陷区的经济统制》,中国社会科学出版社 1998 年版,第 25 页。

是,“确保对华北煤炭资源的控制力;充分补给日本之不足;开发资金控制在最新数额”。为此,1939 年 2 月决定成立 7 大集团,瓜分华北煤矿的开采权,分别承担各矿区的煤炭“开发”掠夺。瓜分情况如表 1-9 所示。

表 1-9 日本各财团/煤矿集团瓜分华北矿区开采权情况统计(1939 年)

资本财团 \ 矿区瓜分		瓜分之矿区
满铁	大同集团	大同集团一带矿区
山东矿业	胶济集团	山东境内以淄川、博山矿区为中心的胶东、鲁北一带矿区
三井矿山	中兴集团	山东境内以中兴煤矿为中心的矿区
三菱矿山	大汶口集团	山东大汶口附近矿区
明治矿业	京汉集团	京汉铁路沿线包括河北磁县中和、怡立等矿区
贝岛煤矿	井陉集团	河北井陉、正丰,以及包括河南下河沟诸煤矿
大仓矿业	太原集团	山西阳泉、寿阳、西山、东山、轩岗镇、富家滩、孝义、洪洞、介休诸矿所在矿区

资料来源:王士花:《“开发”与掠夺——抗日战争时期日本在华北华中沦陷区的经济统制》,中国社会科学出版社 1998 年版,第 26 页。

这种煤矿开采权的瓜分,基本上是以原兴中公司推行“协作公司制”时划定的开采权为准,只做了某些调整,煤矿开采权或煤矿产权完全为日本各财阀、财团所掌控,但资本结构发生变化。按照煤矿公司的设计计划,除胶济集团外,其他各集团所设公司,汉奸政权一方出资比例为 50%。① 这样,煤矿开采权和煤炭掠夺不但披上了“中日合办”的“合法”外衣,还可名正言顺地逼迫汉奸政权真金白银“投资”(日方“投资”则以所攫矿产或“技术”折合),得以维持和加速煤矿的“开发”、掠夺。据不完全统计,日本在华北劫夺煤炭,1939 年计划 1433. 95 万吨,实际产煤 1409 万吨;1940 年计划 2726 万吨,实际产煤 1835. 4 万吨;1941 年计划 2451. 5 万吨,实际产煤 2388. 4 万吨。②

① 王士花:《“开发”与掠夺——抗日战争时期日本在华北华中沦陷区的经济统制》,中国社会科学出版社 1998 年版,第 27 页。

② 王士花:《“开发”与掠夺——抗日战争时期日本在华北华中沦陷区的经济统制》,中国社会科学出版社 1998 年版,第 13—14 页。

华北开发公司在统制华北煤炭“开发”的同时，设立华北煤炭销售公司、“蒙疆矿产销售公司”及山东矿业产销公司等分公司，统制华北煤炭运销，计划将所产煤炭的65%运往日本和伪“满洲国”。1940年、1941年两年由华北煤炭销售公司销售的煤炭，对日、“满”输出量分别占其总销售额的76%和72%。①

铁矿开采和钢铁冶炼方面，日本在华北的计划目标，是为日、“满”攫取足够的铁矿石，并生产华北当地所需要的铣铁。华北开发公司计划1942年后开采铁矿石300万吨，生产铣铁80万吨、钢材40万吨，其中一半输往日本。② 为此，1939年7月，华北开发公司和伪“蒙疆联合委员会”出资2000万元设立龙烟铁矿公司；1940年年底，华北开发公司与日本制铁公司各半出资，将1938年兴中公司和日本制铁公司合资兴建的石景山制铁所扩大规模，改设为“组合”。③ 在山西，1940年由华北开发公司和大仓矿业公司各半出资，山西制铁所扩建为“组合”。龙烟铁矿公司1939—1941年3年间，分别开采铁矿石60万吨、70万吨、100万吨。除部分运往石景山制铁所外，全部运往日本八幡制铁所。1942年还将资本增至6000万元，以增大矿石掠夺规模。石景山制铁所在1938年11月已开炉出铁，年产铣铁5万余吨，全部运往日本。

电业方面，日本的统制和“开发”、掠夺力度更大。1936年华北各发电厂及厂矿自用发电设备的总发电能力为147170千瓦，《华北产业开发第一次五年计划》要求1942年后火力发电增至41万千瓦，外加水力发电19万千瓦，合计60万千瓦，相当于1936年发电能力的4倍。但到1939年的发电量还仅有96146千瓦，只相当于战前的65.3%。华北开发公司认为，在华北“恢复治安和产业开发，要依靠与之相关的丰富低廉的电力的供应”，而欲加速恢复、“开发”华北电力，必须对电力产业实行“一元

① 王士花：《“开发”与掠夺——抗日战争时期日本在华北华中沦陷区的经济统制》，中国社会科学出版社1998年版，第27页。

② 王士花：《“开发”与掠夺——抗日战争时期日本在华北华中沦陷区的经济统制》，中国社会科学出版社1998年版，第27页。

③ 按照日本法律规定，两个以上的公司可以共同出资筹建企业“联合体”，谓之“组合”。

化”亦即“一业一社”(一个产业或行业统归一家“会社”经营)的“统制”,于是,1939年8月由兴亚院制定了《华北电业株式会社设立纲要》,1940年1月设立“华北电业股份公司”,对华北地区各主要电厂进行统制经营和管理。[①] 公司资本1亿元,名义上“中日合办”,对半出资,公司总裁亦由中方担任。[②] 不过公司大权均为日本人甚至直接为日本政府所掌控,故为此在东京特设“事务所”。该公司的主营业务十分明确,就是“以谋华北电业事业之发达,统制经营发电、送电、配电等事业及各种附带事业,并对其他同种事业的投资及融资为目的”。[③] 正是基于“对其他同种事业的投资及融资”目的,华北电业公司成立后,很快合并了北平市公用局电气局管理的华商电灯公司和兴中公司所属的天津、冀东两个电业公司,1940年3月又继承了兴中公司受托经营的各“军管理”电灯厂,统一调配购置华北各地发电厂的发电设备和送电、变电工程。华北电业公司成立后,立即开始扩大各发电厂的发电能力,调整变电和送电设备。1940年7月后,公司推行“重点主义”掠夺政策,调整华北电业“开发方针”,确保煤炭增产所需电力;水力发电以供给冀东地区矿产开发和井陉煤田所需电力为目标,将滦河和滹沱河水电发电工程的计划具体化。1940年年末,华北地区的发电量已达战前水平,1941年年末华北地区的总发电能力增至263430千瓦,比战前扩大了64.9%。[④]

交通运输是战争和经济的大动脉,是侵华日军夺占、统制、劫夺的重点。先是满铁倾巢出动,以2万名社员和5000辆车的人力物力,紧随日本侵略军,夺占、抢占铁路,继而侵华日军将其作为“胜利果实”交给满铁的“华北事务局”代管。同时,侵华日军华北方面军一方面以“军管理”的

---

① 居之芬、张利民主编:《日本在华北经济统制掠夺史》,天津古籍出版社1997年版,第188页。

② 公司资本,日方由华北开发公司出资3000万元,东亚电力兴业会社(即日本各电气电业公司组建的专门从事在华电力事业会社)出资2000元;中方由伪“临时政府”和华商(包括4家中日合办企业中的华股)出资。公司总裁由中方章仲和担任,副总裁为日本人内藤熊喜。

③ 居之芬、张利民主编:《日本在华北经济统制掠夺史》,天津古籍出版社1997年版,第189页。

④ 居之芬、张利民主编:《日本在华北经济统制掠夺史》,天津古籍出版社1997年版,第190页。

形式牢牢掌控铁路运输大权，另一方面积极筹划成立“公司”，全面统制、掠夺。华北方面军不仅与日本政府多次讨论、研究建立交通公司的原则、方针和方式，还代表日本政府与华北汉奸政权反复交涉。① 1939 年 4 月，华北方面军直接操纵成立“华北交通股份有限公司”，额定资本 30000 万元，中日合办，华北开发公司以攫夺的“现物”出资 15000 万元，满铁出资现金 12000 万元，华北汉奸政权出资现金 3000 万元。华北开发公司投资的“现物”，即华北方面军和满铁攫夺的华北铁路等交通运输设施，原本是华北开发公司成立时，日本政府的“现物”投资：《华北开发株式会社章程》载明，日本政府以华北“铁道；桥梁及建筑物；机车及其他车辆；轨道及枕木；其他铁道设施及附带物品”等“财产出资”，会社将其财产折价 3058.6 万元“全额缴纳”，计为 61.172 万股。② 现在摇身一变，又成了华北开发公司投资“华北交通股份有限公司”的“现物”。该公司名为“中日合办”，但总裁由 1 名满铁理事充任，两名副总裁亦有 1 人来自满铁，另一名副总裁为华北汉奸政权的建设总署署长，实际上一切大权全部为满铁所掌控。

根据公司章程，其业务范围为全面统制铁路和水陆交通运输，经营铁路和公路运输、国内水运、港口及其他附带事业。同时修复和扩建铁路、港口，延长交通线路，扩大华北交通网络；并于 1939 年接管和增资兴中公司的塘沽运输公司，1941 年接管原属兴中公司的新港临时建设事务局及连云港业务，公司资本亦由 30000 万元增至 40000 万元（其中华北开发公司 23500 万元，满铁 12000 万元，伪“华北政务委员会”4500 万元）。又对成立于 1938 年的日资“青岛码头株式会社”（设立资本 200 万元）增资 2200 万元（华北开发公司 1000 万元，华北交通公司 550 万元，东亚海运

① 据统计，1938 年 9 月、10 月和 1939 年 3 月、4 月，仅华北方面军特务部长与伪“临时政府”委员长王克敏的“会谈”就达 33 次，计时 65 小时。见张利民：《日本对华北铁路的统制与抗日军民的破击战》，见居之芬、张利民主编：《日本在华北经济统制掠夺史》，天津古籍出版社 1997 年版，第 118 页。

② 居之芬主编：《日本对华北经济的掠夺和统制——华北沦陷区资料选编》，北京出版社 1995 年版，第 157—158 页。

550 万元),继续青岛港修补扩张工程。① 所有这一切,直接为日本大批和快速调运部队及军需物资,最大限度地提高统制与掠夺华北经济资源的效率,特别是将掠夺的各类物资以最短距离、最快速度运回日本国内,创造了条件。

华北开发公司为保障其资源掠夺所需要的交通、通信、电力等所需庞大的资金,除募集社会资本,优先配备其子公司交通、通信设施和电力供应。同时调整器材和劳力分配,强征和劫掠劳工。鉴于确保华北农业生产所需劳力和满足伪满对华北劳工掠夺两者矛盾尖锐,乃于 1941 年 7 月设立“华北劳工协会”,以控制和调节劳动力的分配,谋求劳工掠夺的“有效化”。②

1941 年年末太平洋战争爆发后,日本帝国主义的侵略扩张野心极度膨胀,妄图建立“大东亚帝国”,将殖民掠夺经济体系由“日满华自给自足经济共同体”扩大为包括东南亚诸国在内的“大东亚经济共荣圈”。1942 年 2 月 14 日,日本内阁决定成立“大东亚建设审议会”,同时制定了与大东亚经济建设基本方针相适应的《日满华及南方地域综合建设计划》,其核心是强化中国和南亚地区,尤其是华北和伪满的经济“开发”、掠夺,“谋求增强战争能力”,“尽快地增强大东亚战争的完成”。故“重点要放在开发建设钢铁、煤炭、石油和其他液体燃料、铜、铝、飞机、船舶、肥料、电力上”。据此,计划除要求伪满扩充开发矿业、电力,努力实现制铁事业和化学工业的“划时期的振兴”外,在关内沦陷区,则要求“谋求矿业、制盐业的振兴,特别是在华北谋求黄河的治水发电的同时,以期依存煤炭、电力的制铁事业、化学工业等的划时期的振兴”。华北轻工业更要求“顺应”日本产业的发展阶段,进行“相互的调整和逐次的发展”。③

① [日]东亚新报天津支社编:《华北建设年史》,第 131—133 页,见居之芬主编:《日本对华北经济的掠夺和统制——华北沦陷区资料选编》,北京出版社 1995 年版,第 165、168 页。

② 王士花:《“开发”与掠夺——抗日战争时期日本在华北华中沦陷区的经济统制》,中国社会科学出版社 1998 年版,第 23 页。

③ 居之芬主编:《日本对华北经济的掠夺和统制——华北沦陷区资料选编》,北京出版社 1995 年版,第 33—37 页。

基于这一重要经济发展战略，大东亚建设审议会委员日本驻北平公使盐泽清宣，紧接着又制定了《基于大东亚经济建设基本方针的华北经济建设十五年计划》，加大了对华北经济资源的统制、掠夺范围和力度。日本设想5年内可以战胜英美联军，该计划前5年（1942—1946年）属战时经济计划，后10年是战后经济建设，妄想15年后能建立起以日本为霸主的“大东亚帝国”。为了维持和加强对正在占领的东亚地区的殖民统治，顺利实施大东亚经济建设方针，1942年11月1日在内阁特设“大东亚省”，取代拓务省和兴亚院，掌理东亚占领区殖民统治事务。“华北经济建设十五年计划”主要指标如表1-10所示。

表1-10　《基于大东亚经济建设基本方针的华北经济建设十五年计划》简表（1941—1956年）

<table>
<tr><th colspan="2" rowspan="2">生产指标
产业部门</th><th>1941年（实际）</th><th>1942年（估计）</th><th colspan="2">1946年（第一期末）</th><th colspan="2">1951年（第二期末）</th><th colspan="2">1956年（第三期末）</th></tr>
<tr><th>生产目标</th><th>生产目标</th><th>生产目标</th><th>所需资金（千元）</th><th>生产目标</th><th>所需资金（千元）</th><th>生产目标</th><th>所需资金（千元）</th></tr>
<tr><td colspan="2">铁路（公里）</td><td>6008</td><td>6019</td><td>—</td><td>—</td><td>—</td><td>—</td><td>11618</td><td>7430550</td></tr>
<tr><td colspan="2">港湾（千吨）</td><td>6282</td><td>—</td><td>27250</td><td>294800</td><td>—</td><td>—</td><td>111600</td><td>3284800</td></tr>
<tr><td colspan="2">电力（千瓦）</td><td>263430</td><td>—</td><td>671000</td><td>—</td><td>—</td><td>—</td><td>6594880</td><td>4179964</td></tr>
<tr><td colspan="2">煤炭（千吨）</td><td>24208</td><td>28410</td><td>57320</td><td>575000</td><td>136200</td><td>2570000</td><td>300000</td><td>9095000</td></tr>
<tr><td rowspan="2">钢铁（千吨）</td><td>生铁</td><td>65</td><td>96</td><td>1000</td><td rowspan="2">950000</td><td>3500</td><td rowspan="2">2300000</td><td>7000</td><td rowspan="2">1650000</td></tr>
<tr><td>钢材</td><td>11</td><td>43</td><td>1800</td><td>6300</td><td>12600</td></tr>
<tr><td colspan="2">铁矿石（千吨）</td><td>605</td><td>950</td><td>2750</td><td>61320</td><td>4600</td><td>62700</td><td>7500</td><td>78300</td></tr>
<tr><td colspan="2">盐（千吨）</td><td>1280</td><td>1450</td><td>2530</td><td>20000</td><td>4720</td><td>62000</td><td>6500</td><td>18000</td></tr>
<tr><td rowspan="2">制碱（千吨）</td><td>纯碱</td><td>38</td><td>39</td><td>150</td><td>27150</td><td>650</td><td>72020</td><td>1400</td><td>88640</td></tr>
<tr><td>烧碱</td><td>4</td><td>4</td><td>50</td><td>24710</td><td>360</td><td>84740</td><td>650</td><td>110280</td></tr>
<tr><td colspan="2">人造石油（千升）</td><td>—</td><td>—</td><td>115</td><td>181000</td><td>995</td><td>1192000</td><td>2225</td><td>1282000</td></tr>
<tr><td rowspan="2">铝（千吨）</td><td>铝氧</td><td>—</td><td>—</td><td>40</td><td>62000</td><td>160</td><td>120000</td><td>300</td><td>118000</td></tr>
<tr><td>铝</td><td>—</td><td>—</td><td>—</td><td>7500</td><td>50</td><td>125000</td><td>100</td><td>107500</td></tr>
<tr><td colspan="2">矾矿石（千吨）</td><td>285</td><td>135</td><td>497</td><td>3180</td><td>999</td><td>7530</td><td>1632</td><td>9495</td></tr>
<tr><td colspan="2">硫酸亚（千吨）</td><td>—</td><td>—</td><td>264</td><td>100000</td><td>642</td><td>164000</td><td>1320</td><td>23600</td></tr>
</table>

续表

产业部门 \ 生产指标	1941年(实际)	1942年(估计)	1946年(第一期末)		1951年(第二期末)		1956年(第三期末)	
	生产目标	生产目标	生产目标	所需资金(千元)	生产目标	所需资金(千元)	生产目标	所需资金(千元)
电石(千吨)	2	4	40	15240	205	62160	350	49210
水泥(千吨)	45	45	1195	65520	—	87200	4095	107200
棉花(千担)	3000	3680	8247	—	10000	—	10000	—

资料来源:据居之芬、张利民主编:《日本在华北经济统制掠夺史》,天津古籍出版社1997年版,第265页表4-1改制。

通过发动太平洋战争,日本掠夺的东亚领土和海洋资源猛增,但不仅没有相应减轻对华北经济资源的统制、掠夺,反而大幅上升,钢铁、铁矿石、煤炭、矾土矿石、盐、碱、棉花、电力等国防、战备物资或动力资源,尤为突出。铁矿石、铁、钢3种主要战争物资,1942年比上年依次增长57%、47.7%和290.1%,5年后进而依次增长354.5%、1438.5%和16263.6%;盐、纯碱、烧碱5年后依次增长97.7%、294.7%和1150%;棉花5年后增长174.9%;电力5年后增长154.7%。上述国防、战备物资,以及没有列入"计划"的其他物资,大多甚至全部要通过港湾出口,运往海外前线或日本国内,要求迅速提升港湾吞吐能力,5年后港湾吞吐能力增长333.8%。

同时,随着太平洋战争的爆发和扩大,美英集团对日本进行经济封锁,日本与日元集团以外国家的贸易几乎完全停顿,经济困难加剧。特别是1942年下半年,日本在中途岛海战失利,飞机、舰艇损失严重,南边海运通道阻塞,物资接济困难,经济形势愈加严峻。为了维持战争,必须重新规划,进一步强化经济统制。1942年年底制定的《1943年度大东亚共荣圈内物资动员与交流计划》规定,"军需优先""民需压缩",集中资金、人力、资材增产飞机、舰艇所需钢铁、铝、铝氧和煤炭,大力压缩"民用生产",占领区民众必须"节衣缩食"为战争服务。在上述计划中,华北又是掠夺华北农产品的重点。计划特别要求在华北增加精煤生产和输出;增加高品位铁矿石精选和低品位就地制炼生铁再运;将铝矾土和重石矿加工成铝氧和钨锰铁再运。①

上述物资动员与交流计划出笼后,日本大东亚省北平“大使馆”为执行计划,于1942年11月制定了《华北的输入及生产与配给机构整备要纲》,对华北地区的经济统制和掠夺更是不择手段,不仅大规模“整顿”、压缩和严密统制生产、生活物资的输出入贸易,和配给机构,并大规模压缩和全面统制民营轻纺工业,强迫其转产、兼并或倒闭,而后按行业组织“工业组合”,统归华北交易配给统制总会或华北生活必需品配给统制总会实行统制和指令性生产。②

经过1943—1944年两年的“整顿”、统制,华北纺织业有1/3的“闲散”机器设备被强令拆毁和用于炼铁,或转产军用物资。在拆毁纱厂的同时,日本侵略者又加强了对华北棉花和棉织品、小麦和米粉的统制、劫夺,规定华北棉花必须有一半运往日本、伪满,本地消费的棉花还必须以一半供给军需;全面统制小麦收购和面粉加工配给,除日资统制的华北麦粉制造协会所辖厂之外的华北城乡各地的手工磨坊,统统取缔;对卷烟业则统制烟叶原料配给和产品销售,绝大部分机制卷烟被日资控制的颐中公司(原为英美合办,太平洋战争后被华北开发公司接管)、华北东亚烟草公司、华北烟草公司3家大公司垄断,其产品销售占华北机制烟销量的92.8%,近50家华资中小烟厂倒闭、转产。日伪还通过提高手工卷烟税的办法,迫使原占华北卷烟产量40%的华北城乡手工卷烟业大部分停产倒闭。③

日本侵略者对华北农业和农业资源的统制、掠夺一直在不断强化中,大米、小麦、棉花产销是日本统制、掠夺华北农产品的重点。1939年就设立了“米谷统制委员会”,强力统制华北大米的生产和配给。太平洋战争爆发后,华北的粮棉短缺程度更加严重,“治安”状况不断恶

---

① 居之芬、张利民主编:《日本在华北经济统制掠夺史》,天津古籍出版社1997年版,第322—323页。

② 居之芬、张利民主编:《日本在华北经济统制掠夺史》,天津古籍出版社1997年版,第323—324页。

③ 居之芬、张利民主编:《日本在华北经济统制掠夺史》,天津古籍出版社1997年版,第324—325页。

化。1942 年后,日军在华北全境推行“治安强化”运动的同时,强化粮棉统制、“增产”和“收购”、劫夺。日伪通过新民会、华北合作事业总会、华北棉产改进会及华北交通公司在各地农村基层,组织合作社、农业仓库,统制粮棉生产、收割和保管、配给,逼迫农民将收割的粮食运到公共打谷场打场,统一存入合作社公仓,不仅按亩强征摊派,还由伪县公署、新民会、合作社等组成“收集班”,在日军指挥下专门“收购”、抢夺粮食、棉花等农产品。

然而,1942 年并未能通过上述措施完成粮食劫夺目标,1943 年日伪随即调整措施,增设机构,进一步加大粮食统制和掠夺力度。伪“华北政务委员会”设立“华北物资物价处理委员会”,由重新上任的委员长王克敏亲自挂帅督励,伪实业总署王荫泰督办,下设华北粮食局及各省市粮食分局,作为华北粮食的统一收购机关;华北粮食局及粮食分局下设华北粮食采运社及各省市粮食采运分社,由各粮食局与有经济实力的日华粮商组成官商合办的一元化粮食统制征购机构,6 月麦收时公布统一的粮食“收购价格”,还规定对提供小麦农户以低于市价 1 成的优惠价格配给棉布、砂糖、烟草、药品、盐、火柴等。同时又制定实施《华北扰乱经济统制紧急治罪条例》,严禁私自囤积粮食,凡储藏粮食超过半年消费量的商人、用户,必须在该年 6 月 20 日前自首,由当地粮食局收购,有隐匿不报、伺机逃亡者,粮食没收,并按《华北扰乱经济统制紧急治罪条例》从重惩处。尽管日伪费尽心机,但因“收购”价格不及市价的 1/3,配给棉布、砂糖、药品、盐等,均是空头支票,下乡“收购”又要冒抗日武装袭击的危险,1943 年夏粮(小麦)“征购”、抢夺仍不成功。伪“华北政务委员会”在日本主子的压力下,规定从 7 月 8 日起,对华北秋粮的征购,改由各省市行政长官直接负责,征购计划指标按省市地区强行摊派,行政长官亲自出马,各地日本驻军和特务宪警协力完成。11 月又强制发行粮食采购公债 2 亿元,采取赤裸裸的法西斯“行政供出”式攫夺手段。棉花征购机关将华北棉花公司、华北棉业公会、棉产改进会统一为“华北纤维公司”,以强化对棉麻纺织原料的一元化统制强征。不过不论日伪如何巧取豪夺,采取公开抢夺的法西斯手段,但因八路军和沦陷区民众的顽强抗击与抵制,日军的秋粮和棉花抢夺战又遭失败。日敌计划强征粮食 50 万吨，实征 22 万吨，只完成 44%；计划强征棉花 170 万担，实征 50 万担，只完成 29.4%。[①]

1944 年，日敌的华北粮棉统制、掠夺又有新花招。年初，伪“华北政务委员会”推行所谓“第二次促进华北新建设”，日敌又有农业增产新“计划”，并在河北、山东、河南 3 省划定 153 个县，作为实施增产计划和粮棉掠夺重点地区。为了进一步强化华北粮食掠夺机构，6 月新设“华北粮食公社”，作为日本开发公司直接控制的子公司，是集华北粮食进行统一抢征、储存、委托加工、输入、输出、配给等于一体的庞大统制架构。其营运经费，日方由华北开发公司、华北麦粉制造会社、华北粮食平衡仓库，汉奸政权由伪“华北政务委员会”、华北合作事业总会等日伪两方机构各半出资 1 亿元资本金，另外发行相当于资本金 10 倍的粮食公社债券。[②] “华北粮食公社”1 亿元资本金，无论出自日敌，还是汉奸傀儡政权，绝大部分原本就是农民膏脂，至于相当于资本金 10 倍（即 10 亿元）的粮食公社债券，更是一张张废纸。因此，不论用资本金还是“粮食公社债券”抢购或征购粮食，实际上全是武装和暴力劫夺。

除了这一系列经济“整顿”、统制和掠夺，又设立“经济警察”，对民众进行洗劫。据资料记载，1942 年华北开始实施“战时统制经济”，宪兵队中设“经济警察”，由伪警察的特务科掌管。宪兵队指挥伪警察，与总领事馆警察一道，疯狂掠夺民众物资，县内设若干个“检查站”，伪警察对行人携带的物品进行检查，甚至搜身，以“违禁品”为名，将所携物品全部抢走。日本战犯分析，日伪此举，其一是害怕物资流向八路军地区；其二是“日本帝国主义要将一切物资全部抢光”。1944 年，山西省政府警务厅内也设立了“经济科”，将以往由特务科管辖的经济警察独立出来，负责揭发“非法囤积”和“违法统制”。警务厅还制定了经济警察“奖恤办法”，

① 居之芬、张利民主编：《日本在华北经济统制掠夺史》，天津古籍出版社 1997 年版，第 333—334 页。

② 居之芬、张利民主编：《日本在华北经济统制掠夺史》，天津古籍出版社 1997 年版，第 334 页。

规定对发现所谓“违禁品”和“囤积物资”并上报者,从全部折价中提取一部分作为奖金发给警察本人;又将处理价格的20%按各人职责分配给有关的警察机构的职员,以引诱这些走狗为其“效劳”,防止其将物资隐藏,攫为己有。1944年6月,经济警察将太原市一名拥有价值高达70万元染料的商人以“非法囤积”的罪名予以逮捕,没收了该人库存的全部染料,警察干部都各自分得了奖金。以此为开端,平遥、新绛相继没收价值高达100万元的棉布;全省各地“没收”了石油、火柴、鸦片、吗啡、银元、金条、药品等数量庞大的物资,并将其全部集中到太原,充作特别工作队的经费,操纵警察的日本头目,用这些钱财贿赂拉拢日军军官,或设宴款待,或为参谋和高级军官支付酒馆的欠款,或为其找女人寻欢作乐,等等。①

其实在华北汉奸政权机构中,不只是“经济警察”通过检查和搜身行人,进行经济掠夺和抢劫,而是几乎所有的伪职官吏、职员、差役,无不利用职权、职务之便,对民众进行抢劫、敲诈、勒索。在山东各沦陷区,民众必须领取和随身携带“良民证”,而各县“知事”,即“借发良民证以为敛财之工具”。如邹县知事王勦宸规定的办证手续和收费项目、标准为:办证人申请“递呈”时,必须购买“呈纸”,缴纳“代书缮写费”;正式递呈时,须向收发吏交纳“茶敬”2元,再交照相费3角5分、办证费5角、缮写费2角;各县日本宪兵队,专职侦察缉捕所谓“反对思想行为之人”,为了扩大缉捕和财物劫夺,利用当地地痞流氓,委为秘密侦探,并鼓励放纵,任其攀诬敲诈。待其敲诈之财物积至巨数时,宪兵队长即将其定罪,秘密枪毙,而没收其敲诈积蓄之财;清查户籍既是日伪制造白色恐怖、强化“地方治安”的常见手段,又是日伪奸淫劫掠的一种便捷途径;“新民会”不仅为虎作伥、卖国求荣,而且演变为敲诈财物、奸淫妇女的流氓团伙。尤其是各县“新民会”头目、日籍职员,多属浪人出身,流氓成性,“借机敲诈良民,不遂即诬为通匪”;“新民会”所办“青年训练所”,学员名为“保送”,实系

① 中央档案馆等合编:《日本帝国主义侵华档案资料选编·汪伪政权》,中华书局2004年版,第377页。

各县乡镇摊派雇佣而来，其雇费和受训费，一人动辄三四百元，全是民众膏脂；伪“临时政府”通令各省招募“治安军队”，全部兵员“亦由雇佣而来”，民众因而“加重其负担”；各县把守城门的日军，对进城商贩无不“雁过拔毛”；日本兵在市面买布匹、毛巾、肥皂、香烟等物，剪裁布匹、检选许多物品，但将其“包裹提走之时，仅给一角或二角之代价”；上揭邹县知事王勷宸的敲诈、勒索，手段同样五花八门：凡受理民事、刑事诉案，并不用司法印纸，每状呈一张，索价数元不等。征收田赋，不用财政厅之四联单，而自行印发收据，每张收费2分，邹县全县7万户，合计1400元。并以其地区尚未“收复”为名，借以吞没许多赋税；伪政权又以金融尚未稳定为由，用联银票贱价强买当地粮食，运到济南高价卖出，又以半价收买“中交票”到县，仍按1元原额强买民众粮食，来往贩运，所得达“数十万元之多”。[①] 如此等等，不一而足。

第四节　汪伪“国民政府”的行政架构和经济掠夺体制

华中和南方沦陷区，在侵华日军、日本特务的直接操控和导演下，先后建立起了从“中央”到地方的各级汉奸政权，而且出现了南北两地“中央”伪政权的争宠和激烈矛盾。

1937年12月日军占领南京和进行南京大屠杀后，很快设立“治安维持会”，次年3月28日成立了以汉奸梁鸿志为首的伪“中华民国维新政府”（通称梁伪“维新政府”），取代“治安维持会”，管辖地区包括江苏、浙江、安徽三省和南京、上海两“特别市”。为缓解与北平伪政权的矛盾，梁在成立时强调，它是根据苏、浙、皖省民众的实际需要而成立的

---

① 中央档案馆等合编：《日本帝国主义侵华档案资料选编·汪伪政权》，中华书局2004年版，第382—389页。

事实上的政府,但不是中央政府,对于涉及全国性的事项,将与“临时政府”商酌办理,并准备与之合并。作为过渡性政府机构,不设“主席”,仅设行政、司法两院。同时梁伪“维新政府”又是地道的傀儡政权,以原田熊吉为首的20多名日本特派顾问直接控制着政府所有部门。即使梁鸿志的日常工作和生活也受日本监督。行政院的各项决议、政策,均按日本意旨决定。梁伪“维新政府”以卖国求荣为己任,充当日本“以华制华”的忠实走卒,成立后很快与日本帝国主义联合组织“华中开发公司”,签署《华中铁矿股份有限公司设立要纲》,为日本帝国主义统制华中工业、交通运输,扩大经济资源掠夺创造条件;极力控制和恢复华中沦陷区的经济,为虎作伥,全力贯彻日本“以战养战”方策;接收松江等地的盐务局,设立苏浙皖盐务总局,垄断盐政;制订大上海建设计划,并成立“上海复兴局”,力图发挥其“经济中枢”的作用。不过此乃秉承主子旨意办事,鼓吹“中日提携,谋东亚的自主兴隆”,均属为人做嫁衣。

梁伪“维新政府”在存续期间始终面临的问题是如何处理同北平“临时政府”的关系、两伪政权如何合并。梁伪“维新政府”在成立宣言中承诺,一俟津浦、陇海两路恢复交通,“即与临时政府合并”。1938年7月15日,日本五相会议出台了《建立中国新中央政府的指导方针》,为此要求“临时”及“维新”两政府尽快合作,建立“联合委员会”,而后使伪“蒙疆”与之联合。9月22日,“临时”及“维新”两政府宣告成立“中华民国政府联合委员会”,其目的是“统制关于政务上共通事项,使新中央政府易于成立”。1940年3月,梁伪“维新政府”被汪伪“国民政府”替代,前后存续了两年时间。

汪伪“国民政府”是日本处心积虑扶植、替代北平“临时政府”及南京“维新政府”的“中央”汉奸政权。作为国民党副总裁、国民党政府行政院院长的汪精卫,不仅自认为其汉奸政权是理所当然的“中央政府”,且以重庆国民党政府的“正统”自居。1940年3月30日,汪伪“国民政府”的出笼“仪式”,不叫“成立”,而谓之“还都”,并分别袭用国民党政府的青天白日标志、青天白日满地红旗帜、国歌作为汪伪“国民政府”的“国徽”

“国旗”和“国歌”。[①] 又遥奉重庆国民党政府主席林森为汪伪“国民政府”的“主席”，汪精卫自任“代主席”。[②] 以此作为重庆国民党政府“正统”的另一标志或“证据”。汪伪汉奸政权沿袭国民党政府五院分权制的权力和行政架构。

汪伪汉奸政权的炮制、出笼背景、过程，与北平“临时政府”和南京“维新政府”不同，它的后台或掌权人不是日本华北方面军或华中派遣军，而是日本内阁和日本军部；它准备替代的也不是“治安维持会”，而是自诩或期盼为“中央”政府的王伪“临时政府”和梁伪“维新政府”，还要成为名副其实的“中央”政府。因此，汪伪汉奸集团在筹组汉奸政权和同日本协商、谈判过程中，不惜以慷慨立约出卖或允诺出卖国家主权和民族利益的方式，证明自己比王克敏、梁鸿志有更大的利用价值。因汪精卫团伙在卖国路上走得太快太远，集团中的两名核心成员因受到良心的谴责，毅然脱离了汪伪汉奸集团。但汪精卫和集团中的顽固分子，不仅不停脚、不悔改，反而加快了投降卖国的步伐，以表示自己对主子的绝对忠诚。汪伪汉奸政权在其出笼之前，已将许多重要的国家主权、经济资源立约出卖完毕。汪伪政权成立后，一方面，履行“条约义务”，将此前出卖的国家主权和经济产品、经济资源，按“买主”要求“交货”；另一方面，进一步加大广度和深度，进行新的“拍卖”，并多由原来的“预卖”改为“现卖”，且地域范围扩大，形式、手段更新，经济产品、经济资源的“拍卖”地区由“治安”地区扩大到“治安不稳”地区（即“清乡”地区）；手段由汉奸政权为虎作伥的纯强盗式掠夺发展为各式“统制”的市场流通型掠夺。太平洋战争爆发后，日本全面实行“战时经济体制”，强迫汪伪政权向美英“宣战”，继而日汪订立《日本国与中华民国同盟条约》，进一步将汪伪汉奸政权牢牢捆绑在日本军国主义的战车上。“条约”规定为“建设大东亚并确保其

---

① 按照日本主子的指令，为了同现存重庆国民党政府相区别，旗帜左上角另加三角布片，上书“和平、反共、建国”字样。1943 年后完全恢复国民党政府的青天白日满地红旗作为汪伪政权“国旗”。

② 1943 年，林森在重庆车祸中身亡，由国民党政府军事委员会委员长蒋介石接任国民政府主席，汪精卫同时在南京“转正”，在日本支持下成为伪“国民政府主席兼行政院院长”。

安定”,日汪双方必须“紧密协作,尽量支援”。而且只要日本认为有“必要”,可以随时增加条约细节,择肥而噬。① 诸如此类,对中国国家主权和人力资源、物力资源特别是重要国防资源的攫夺,一直持续到日本战败投降。

一、从“维持会”到梁伪“维新政府”

以长江水运、水域为纽带的长江三角洲和华中地区,经济尤其是商业贸易,较北方地区繁荣,是国民党政府的政治支撑和经济命脉所在,日本侵略军的武装进攻遇到中国军民的顽强抵抗,不能像夺占平津保定那样,长驱直入占领沪宁苏杭等中心城市。不过并未改变“以战养战”“以华制华”的基本国策,凡占领一处地方,立即网罗汉奸和社会败类建立傀儡机构,负责社会治安和日军后勤,“在日本国内不出一分钱的方针下”,战略物资和后勤军需供应无误,保证侵华战争按预期目标行进。

日本在华北夺取北平、天津两个重镇后,很快在上海发动了“八一三淞沪会战”,开辟了华中战场,迅速占领淞沪和苏南地区,并在占领区成立管辖地域大小不一的汉奸傀儡机构。1937 年 9 月中旬,侵华日军首先攻占紧邻吴淞口的宝山县城,其特务机关立即推出华中占领区首个汉奸机构,于 9 月 23 日挂出了“宝山县自治委员会”的招牌,罗织汉奸为日本侵略军提供各种服务。此后,各路日军均用类似办法,在各自所占地域内扶植自己的傀儡组织。12 月 5 日,在上海浦东成立伪“大道市政府”。1938 年 3 月 27 日,分别在崇明及扬州成立“自治委员会”;等等。这类汉奸傀儡组织管辖范围大小不一,互不隶属。如 12 月 1 日,苏州地方同时出现了“吴县自治委员会”和“苏州自治委员会”两个地位和辖区相同的傀儡机构;12 月 13 日,在宝山县范围内又建立了独立的“月浦镇自治委员会”

① 复旦大学历史系编译:《日本帝国主义对外侵略史料选编(1931—1945)》,上海人民出版社 1983 年版,第 444—445 页。

和“杨行镇自治委员会”。至1938年3月28日梁伪“维新政府”出笼前夕,在长江三角洲地区,一共建立了40余个大小规模不等的汉奸傀儡政权。①

日本上海派遣军和华中方面军对这一大批汉奸组织,一时无法协调和统一指挥,但对其活动内容及范围,则有统一规定,主要有4项:(1)打倒国民党容共政权;(2)确立绝对的亲日政策;(3)谋求一般民众之“幸福”;(4)发展亚洲民族之“团结”。② 第一、第二两项清晰准确,不难明白。第三、第四两项,则是挂羊头卖狗肉的骗人鬼话。

“自治委员会”或“治安维持会”一类汉奸傀儡组织,往往是匆促拼凑而成,多有流氓地痞无赖混杂其中,只能是一种临时的过渡性机构。因此,侵华日军在拼凑自治会、维持会之类汉奸傀儡机构的同时,也在物色和网罗利用价值更高的汉奸、奴才,建立比较正式的、管治能力更强的汉奸政权。不久,日本上海派遣军的特务机关长物色到一个名叫苏锡文的汉奸③,于是令其组建一个以上海市为辖区的傀儡政权。

苏锡文等人经过一番策划准备,于1937年12月5日,在上海浦东东昌路组建“上海市大道政府”,苏锡文自任“市长”。这算是华中沦陷区第一个“正式”的地域性汉奸政权。该政权以太极图旗帜为标识④,采用日本历纪年,公告、文件均同时使用中、日两种文字,在宣布伪“市政府”成立的当天,还发布了一份《大道市政府宣言》,以“大道”“和平”一类虚伪说教为幌子,欺骗民众。并颠倒黑白,为日本帝国主义的侵略罪行歌功颂德;为自己认贼作父的倒行逆施粉饰张目,声称“组织大道市政府,更易旗帜”,目的在于“拯斯民于水火,而与举世之人,共登大同之域”。同时

① 余子道、曹振威等:《汪伪政权全史》上卷,上海人民出版社2006年版,第123—124页。

② 章伯锋、庄建平主编:《抗日战争》第6卷,四川大学出版社1997年版,第739页。

③ 此人曾留学日本,毕业于早稻田大学经济科,回国后先后在上海市政府财政局,广东大元帅府财务署、民政司,上海持志大学任职、任教。“七七事变”后,苏赶往平津投靠日本,担任“兴中公司”的“嘱托”。1937年10月,苏又潜回上海,寻找新的政治冒险机会。

④ 据称太极图旗帜是代表政府的“大道旗”,作为底色的黄色,“表示宇宙间纯洁的光芒”,中央红绿两色的太极体图案,“象征着从微小的电子到浩瀚的日月间包罗万象的事物融合在一起”。见上海市档案局编:《日本帝国主义侵略上海罪行史料汇编》上编,上海人民出版社1997年版,第309—310页。

还发布了“施政纲领”和“宣传标语”。前者宣称,“基于日满支一元化之精神”“‘一家’组织之精神”,在“谋市政之独立”,“确立自治制度”;“清扫”“国共两党思想”,“发扬普及”“东洋固有美德”。后者更是狂叫“祛除国共两党,确立东亚和平”;“打倒虐民军阀,树立世界和平”。[①] 卖国求荣,无过于此。

伪“市政府”设置警察、财政、交通、社会4个局,秘书、肃检、五区联合办事处3个处及教育科,宣称统辖全市14个区。名义上将原上海特别市的辖区范围全部纳入管辖之内并有所扩大,实际管辖权仅限浦东一隅,其他各区全部处于侵华日军直接控制之下。

伪“大道政府”声称“谋市政之独立”,“确立自治制度”,不过是投降和归附于日本帝国主义的托词。日本华中方面军淞沪特务机关组建、操控大道傀儡政权,专门成立了以西村展藏为首的特务班子,称为“西村班”,西村展藏自任伪市政府“最高顾问”。伪市政府、其下各部门和各区政府,均由“西村班”派人出任“顾问”或“指导员”,掌握实权。截至1938年1月,伪市政府各部门的日本“顾问”“秘书”“指导员”多达40人。苏锡文等汉奸,充其量不过是日本主子的看门人和收税吏。治安、税收是傀儡政权施政首务。12月7日,伪市政府在浦东成立警察局,组织警察,协助日军维持社会秩序,强化法西斯统治;紧接着成立财政局,配合日本侵略军搜刮物资、征敛税捐,全力侵华日军和所有日本侵略者的后勤补给。[②]

南京汉奸政权的建立比上海略晚。1937年12月13日,南京陷落,日本华东方面军特务机关即开始网罗汉奸,筹组傀儡政权。1938年1月1日,南京市自治筹备委员会挂牌成立,由陶锡山任会长,孙淑荣、程朗波任副会长。伪“自治筹备委员会”的首要任务就是充当日军帮凶,尽快确立

---

① 余子道、曹振威等:《汪伪政权全史》上卷,上海人民出版社2006年版,第126页;上海市档案局编:《日本帝国主义侵略上海罪行史料汇编》上编,上海人民出版社1997年版,第310页。

② 上海市档案局编:《日本帝国主义侵略上海罪行史料汇编》上编,上海人民出版社1997年版,第310页。

对大屠杀后残留民众的法西斯统治，1 月 10 日在原首都警察厅旧址设立了以王春生为厅长的伪"南京市警察厅"。该伪"警察厅"机构庞大，人员众多，在伪厅长之下设有总务、保安、财务等 6 个科，并在市内各区设有 5 个伪"警察局"。①

1937 年 12 月 14 日北平伪"中华民国临时政府"出笼后，日本华中方面军也考虑在其占领区建立一个正式的汉奸政权。这一设想获得日本政府有条件的认可。同年 12 月 24 日，日本内阁会议决定的《处理中国事变纲要》中，关于处理上海方面的方针规定：在"军事的占领区域内，考虑在时机成熟时，建立与华北新政权有联系的新政权，但目前由治安维持会以及因需要而组成的联合会，负责维持治安"②。

显然，日本政府认为，在华中地区建立类同华北汉奸政权的"新政权"，但条件尚未成熟。目前的急迫任务是要处理作为华中龙头和国际都会的上海问题和上海租界问题。为此，《处理中国事变纲要》决定，将租界以外的大上海管辖区划为"特别市"。"特别市"的行政在日本顾问"指导"下，由中国人担任市长加以管理；在特别市设置"特别警察部"。警察部长由日本人担任，警察部长以下的"首脑"，由中国人担任，但要"设置相当人数的日本人顾问"，必要时也考虑采用"外国人顾问"。对特别市内的日本人的警察权，则由日本总领事馆警察"管辖"（亦即特别警察部无权过问）。关于特别市的财政，除旧上海市征收的各种税收以外，以接收或新设的特别市范围内的税制、电信、邮政等旧南京政府直辖机关所得的各种收入加以维持。对特别市内的旧中国官方机关和土地、建筑等，全部由日本"接收，加以适当利用"；由日本掌握特别市内电话、电力、电灯、自来水、煤气、电车、公共汽车等各种公用事业的实权，并加以经营。为了经营或调整有关事业，"迅即开始采取措施"，设立"国策公司"。将来预计在建立华中"新政权"时，把"特别市"全部作为"开放港市"，承认外国人的居住、营业以及土地所有权或永租权（目前希望解决有关日本人的

① 余子道、曹振威等：《汪伪政权全史》上卷，上海人民出版社 2006 年版，第 127 页。

② 复旦大学历史系编译：《日本帝国主义对外侵略史料选编（1931—1945）》，上海人民出版社 1983 年版，第 255 页。

地产悬案)。以上措施的"目标是以上海为据点",确立日本"向华中方面经济发展的基础"。①

上海和华中地区侵华日军,按照《处理中国事变纲要》部署,组织和加强"治安维持会",发挥其临时性汉奸组织机能,调整伪"上海市大道政府"的汉奸机构,筹备成立伪"上海特别市"。同时积极物色和网罗汉奸,在华中地区加紧建立"与华北新政权有联系的新政权"。不过在实施过程中,后者的进展远远快于前者。当"上海大道市"改为"上海市";苏锡文由"上海大道市"市长改为"上海市政公署督办";"上海市政公署"由浦东迁往市中心区办公;"上海特别市"成立,傅宗耀特任"上海特别市市长",等等②,不但全都是在华中地区所谓"新政权"成立之后,而且本身就是所谓"新政权"行政措施的一部分。

事实上,日本陆军省和日本华中方面军、日本上海派遣军对华中地区汉奸政权的筹组,目标明确,并且一直抓得很紧。《处理中国事变纲要》出笼不到一个月,1938 年 1 月 18 日,日本陆军省拟定《华中政务指导方案》,强调要在华中"建立高度的亲日政权",从而"奠定以日本为盟主的中国一个地域的基础",并明确最初的行政区域,以江、浙、皖 3 省为日军占领区,逐渐加以扩大。1 月 27 日,陆军省第一厅根据上揭指导方案,具体拟定了《华中新政权建立方案》,对政权名称、办公所在地、旗帜、宣言、政纲、组织机构及建立顺序都做了规定:名称定为"华中临时政府",办公地点临时设在上海,将来拟迁南京,旗帜为五色旗。各机关建立的顺序是,首先建立伪中央政府机构,特别是立法和行政部门,然后建立上海市及各省伪政府以及县以下机构。③

关于建立华中汉奸政权的实际准备工作,1938 年 12 月侵华日军占领南京后就已经开始进行,由华中地区的日本陆军、海军、外务 3 个机构

① 复旦大学历史系编译:《日本帝国主义对外侵略史料选编(1931—1945)》,上海人民出版社 1983 年版,第 255—256 页。

② 上海市档案馆编:《日本帝国主义侵略上海罪行史料汇编》上编,上海人民出版社 1997 年版,第 312—313 页。

③ 章伯锋、庄建平主编:《抗日战争》第 6 卷,四川大学出版社 1997 年版,第 733 页。

成立“现地连络委员会”进行“指导”，并决定指导负责人和指导方法，具体组织工作则由陆军特务部负责。而须解决的首要问题是罗致一名在政治上有一定地位的汉奸人物充当傀儡政权首脑。当时日本华中方面军司令官松井石根看上了清朝、北洋政府、国民党政府三朝元老唐绍仪[①]，决定诱降“出山”，充当傀儡政权首脑。唐绍仪心有顾虑，迟疑不决，致使日军于 1938 年 1 月中旬成立傀儡政权的计划推迟。接着日本华中方面军特务部又成立以臼田宽三为首的专门机构（通称“臼田机关”），重新网罗汉奸，改以梁鸿志[②]、温宗尧[③]、陈群[④]为汉奸政权主要班底的物色对象。尤其是梁鸿志，深得原田熊吉赏识，称其为“曾经验过建立政权、解散政权这种悲喜多次的政治家”；是“进行新政权机构建设的最合适的人”。1938 年 2 月 14 日，原田熊吉在上海召集梁、温、陈 3 人开会，令其组织华中汉奸政权。15 日，梁、温、陈 3 人在原田熊吉带领下，前往上海虹口日军司令官邸，面会松井石根司令官，表示降敌决心，声称：“我等为拯救因错误国策而牺牲的悲惨民众，虽力量微薄，仍将竭尽全力，以建设新中国而求东亚的永久和平”。“臼田机关”27 日决定：（1）伪政府名称为“中华民国新政府”；（2）国旗为“五色旗”；（3）政体为“民主立宪”；（4）政府所在地南京，目前则在上海“处理政务”；（5）于 3 月 16 日正式成立。

---

① 唐绍仪（1862—1938 年），广东香山县人，曾赴美留学，1981 年归国，先后任朝鲜汉城领事、驻朝鲜总领事、清政府天津海关道、外务部右侍郎、奉天巡抚、邮传部尚书、民国首任内阁总理。1917 年参加护法军政府，任财政部长，翌年军政府改组，任七总裁之一；1919 年南北义和时充任南方总代表；1920 年退居乡里；1922 年第一次直奉战争后，黎元洪出任总统，提议唐绍仪为国务总理，因直奉军阀反对，未就任；1931 年陈济棠、汪精卫等在广州成立反蒋政府时，唐出任西南政务委员会常务委员兼中山模范县县长；“九一八事变”后，唐被任命为国民党中央监察委员、国民党政府委员，常驻上海。他与西南地方实力派张发奎、邓龙光等人有很深的关系，因此甚为日军所重视。

② 梁鸿志，北洋军阀时期官僚，安福系的中心人物，曾任安福国华参议员、段祺瑞政府秘书长，是段祺瑞的心腹。北洋政府失败后，梁先寓居上海，后蛰居浙江杭县。1937 年 8 月移居上海后，即与日军特务部勾结。

③ 温宗尧，广东台山县人，曾任清政府驻拉萨参赞大臣。1911 年参加辛亥革命，曾任广东军政府外交部长及七总裁之一；陈炯明背叛孙中山、占领广东后被革职，一直蛰居上海。

④ 陈群，福建长汀人，曾任广东大元帅府秘书、白崇禧东路军政治部主任及国民党上海军法处长，1931 年出任国民党政府内政部次长、代理部务兼首都警察厅长，不久被革职，后在上海开业当律师，曾任上海律师公会主席。日军侵占上海后，陈旋即投靠日军。

1938年3月7日,日本外务省东亚局长石射猪太郎、陆军省军务科长柴山兼四郎、海军省军务第一课长冈敬纯等开会,讨论华中伪政权成立方案。次日,日本陆军次官将会议决定电告日本华中派遣军[①]参谋长及特务部长,表示:(1)赞成建立新政权,可以起到给国民党政府以威胁的效果;(2)关于国旗、政体、政府所在地没有异议;(3)名称定为"华中民国政府"。所谓"华中民国政府",是要把该政府作为一个地方政权,以便将来与华北伪"临时政府"合并,组织伪"中央政府"。日本华中派遣军对这一决定深为不满。

关于建立伪政权问题,日本华北方面军和华中派遣军各自为了扩张自己的势力,都想树立自己的傀儡政权。当日本华北方面军在北平成立伪"临时政府"的时候,华中日军曾向华北日军特务部表示"抗议",称"在华北匆忙确立政权基础,将给上海方面的政权问题带来坏影响"。而华北日军及其傀儡王克敏也反对在华中地区成立与伪"临时政府"平行的"新政权"。矛盾的焦点实际在于南北伪政权以哪一个作为"中央政府"。

日本华北方面军为了反对和阻止将要成立的华中"新政权"为"中央政府",曾通过其傀儡"临时政府"向日本表示"抗议"。1938年3月11日,伪"临时政府"议政委员会举行会议,决定三条:(1)中华民国需要一个政府,如成立了第二政府,就立即解散"临时政府";(2)解散时,不附加任何条件;(3)"临时政府"的人选中如有不胜任者,要更换。其目的是让华中伪政权仅作为"地方政权"成立,而使自己取得"中央"的地位。这种威胁果然产生了某种作用,日本驻北平"使馆"参事官森岛守人立即将这一情况"火急"电告广田弘毅外务大臣,认为这"对我方来说,事变以来,在华北取得的成果,可以说一下子归于泡影"。他要求日本政府"早日对其进行妥善处理,是紧急的要务"。

日本华中派遣军及其傀儡、走狗梁鸿志等,则极力把华中伪政权降为"地方政权",关于南北两方"地位"问题,要求将来再行确定。他们反对

① 日本大本营于1938年2月18日下令撤销华中方面军、上海派遣军、第十军等建制,上述各部统一整编为"华中派遣军",由畑俊六任司令官。原华中方面军特务部改称"华中派遣军特务机关",由原田熊吉任特务机关长。

将其名称定为"华中民国政府",而要求取名"中华民国维新政府",所谓"维新",乃取义于日本"天命维新"的故事。这是梁鸿志等人为了粉饰其卖国投敌行径,表示成立伪政权乃是"受命于天",使其与华北"临时政府"的名称对等。

为了调和华北方面军和华中派遣军之间的矛盾,日本政府推迟了梁伪"维新政府"预定于 1938 年 3 月 16 日成立的日期,并为此召开会议。3 月 24 日,日本内阁会议制定了《调整华北及华中政权关系要纲》,规定了建立华中伪政权的方针:"华中新政权是作为一个地方政权成立的,以中华民国临时政府作为中央政权,尽快使其合并统一"。《调整华北及华中政权关系要纲》还规定,为了使"华中新政权"成立,并"尽快使其与中华民国临时政府合并统一",因此要求日本华中派遣军"须将其成立宣言做必要的修改"。对梁伪"维新政府"的组织机构和统辖的海关、统税局、盐务局等各种业务及有关人事等的措置、两政权之间联络协商等会议也做了规定。在《谅解事项》中还做了如下规定:"方针中所谓以中华民国临时政府为中央政府的宗旨,是作为中国各地政权指导上的原则而规定的,至于帝国承认它为中国的中央政府的问题,应根据另行考虑决定"。关于"合并统一时首都的选定,全由中国方面考虑"。至于经济和金融等关系问题,"今后须经充分考虑再行决定"。总之,日本政府对南北两伪政权实行的是"分治合作",即分而治之的原则。

与此同时,华中日军特务部部员楠本实隆带领预定出任绥靖部长的任援道前往北平,与华北日军及王克敏等人会谈。根据日本政府上述规定,南北日伪双方达成妥协,决定在梁伪"维新政府"成立《宣言》中增加如下内容:"维新政府"的成立,根据江、浙等省之事实,其性质为暂时的,而自始无与"临时政府"对立之意。将来中央所管事项可分者,由"临时政府"斟酌办理。且津浦、陇海两路交通恢复后便可与"临时政府"合并。盖同仁固不希望国内有两个政府对峙也。

楠本实隆与任援道于 1938 年 3 月 25 日返回上海,向梁鸿志通告了上述决定。26 日,梁鸿志前往南京,将上述决定转告在南京的温宗尧。梁、温虽对屈居"临时政府"之下的地位不满,但也只好表示"谅解"。于是日本政府决定28日在南京成立华中汉奸政权。

1938年3月28日,伪“中华民国维新政府”成立“典礼”在南京原国民党政府大会堂举行。会上宣读的《维新政府成立宣言》,攻击、污蔑中国人民的抗击日军侵略是“自杀”,汉奸政权的“唯一使命”,就是“使领土主权恢复战前状态,与邻邦折冲樽俎,以期敦睦,使国民脱离兵燹之苦,同种息阋墙之争”;声称汉奸政权辖区,现为江苏、浙江、安徽3省及上海、南京两特别市,将来还要包括中国政府现在统治下的华中、华南地区。同时发布的《维新政府政纲》,一共10条:第一条宣布傀儡政权采行所谓“三权分立之宪政制度,消灭一党专制”;第二条狂吠“极力扑灭共产主义,使赤化危险远离东亚,以定国本而清乱源”。其余各条,或卖国求荣、为虎作伥,却不忘欺世盗名,为自己的卖国行径涂脂抹粉,如恬不知耻地宣称,“外交以平等为原则,以不丧失国权为宗旨”(第三条);或欺世盗名,瞒天过海,声称对于各省灾区难民,“力筹使之归还原地之方法,俾得从事于本来业务”(第四条);或挂羊头卖狗肉,空口说白话。如高喊“救济失业,开发资源,振兴工业,改良农业”(第五条);“辅助既成商工业及金融组织,使之健康发展,增加国富”(第六条);“以中国固有道德文化为本,吸收世界科学知识,培养理智纯洁体力强健之国民,彻底肃清从来之矫激教育与浅薄之学说”(第七条);“财政注重收支适合,减轻人民负担,节省冗费,藉谋增进全国人民之福利”(第八条);“启用人才,使有学识者可充分为国尽力”(第九条);“严惩官吏紊乱政纲,励〔厉〕行赏罚,改革行政架构,以肃正吏治”(第十条);[①]等等,全都属于这一类。

傀儡政权的政府架构由立法、司法、行政3院组成。温宗尧任立法院院长;司法院院长和司法院整体空缺[②];梁鸿志任行政院院长,陈群任行政院内政部长。由梁、温、陈3人组成“议政委员会”,作为最高议政机

---

① 中国国民党中央委员会党史委员会编印、秦孝仪主编:《中华民国重要史料初编·对日抗战时期》第6编,傀儡组织(3),中国国民党中央委员会1981年刊本,第140—141页。

② 原定章士钊为司法院院长,因章拒绝出任履职,而又无其他合适人选,令司法院长和司法院整体空缺。司法院属下的司法行政部、行政法院等机构由行政院“兼管”。

关。行政院下设秘书厅和铨叙、考试、统计、典礼、印铸、侨务6局及外交、内政、财政、绥靖、教育、实业、交通7部。[①] 秘书厅秘书长吴用威;外交部部长陈箓;财政部部长陈锦涛;绥靖部部长任援道;教育部部长陈则民;实业部部长王子惠;交通部部长江洪杰。立法院设法制、外交、财政、经济、治安、审计6个委员会,由潘成锷、陈于棠、杨景斌、张韬、黄珑分别担任各委员会委员长。

梁伪“维新政府”成立后,因南京遭日军的烧杀焚掠,到处残垣断壁,一片瓦砾,而原国民党政府各机构房舍被日军占领,并无余地。同时,伪政权虽然成立,但也只是一个空架子,亦无“政务”可办,所以只好在上海日军占领区的虹口新亚饭店设立“事务所”,在日军的刺刀保护下进行活动。1938年6月21日,各部机构才陆续由上海迁往南京,自10月1日起,正式在南京办公。随着梁伪“维新政府”的迁移,日军特务部也由上海迁到南京。[②]

梁伪“维新政府”的地方行政,分设省(市)、县(区)两级,分别设省(市)政府和县政府,“特别市”设“市政督办公署”(后又改称“市政府”)。梁伪“维新政府”成立时,在确定和任命中央主要官吏的同时或稍后,已分别确定和任命省(市、特别市)长。梁伪“维新政府”成立后,即着手将原“南京市自治委员会”改组扩充,成立南京“市政公署”,1938年4月1日指令绥靖部长任援道暂行督办南京市政。4月24日,撤销“南京自治委员会”,市政公署成立。9月13日,任援道辞职,改由高冠吾担任市政督办。1939年3月,南京市市政督办公署改称“南京特别市政府”。高冠吾亦改称“市长”。上海早在酝酿成立维新伪政权时,梁鸿志等就同日军交涉,决定成立上海市市政督办公署,让伪“大道市政府”与之合并。梁伪“维新政府”成立后,于4月22日任命苏锡文为上海市市政督办。28日,上海市市政督办公署宣告成立。10月15日复取消市政督办公署名

---

① 除上述7部外,原拟设“军政部”,待任部长周凤岐,1938年3月7日在上海法租界亚尔培路(今陕西南路)自家住宅门口,被军统人员刺杀。周凤岐死后,“军政部”的建制亦随即取消。

② 章伯锋、庄建平主编:《抗日战争》第6卷,四川大学出版社1997年版,第739页。

称,宣布成立上海特别市政府,任命傅宗耀①为市长,办公地也由浦东迁往江湾。②

继南京、上海两市市政督办公署炮制出笼后,梁鸿志等人又先后筹划成立了江苏、浙江、安徽3省汉奸政权。1938年4月9日,教育部长陈则民改任江苏省省长,随即前往苏州筹划相关事宜。5月23日,江苏汉奸政权在苏州成立。省政府除省长外,设秘书、警务2处和民政、财政、教育、建设4厅。接着,沦陷各县的维持会、自治委员会一类汉奸组织,全部改称"县公署"。截至1940年4月3日,伪江苏省政府所辖伪"县公署",共计39个,5县在苏北,其余34县全在苏南,1938年5月17日,汪瑞闿被任命为伪浙江省省长,汪瑞闿即在上海成立"筹备处",月底将"筹备处"迁往杭州,6月10日接管杭州"自治委员会"。22日宣布浙江省政府和杭州市政府同时成立,省政府架构与江苏省相同。安徽省汉奸政权出台最晚,1938年10月才成立。原本早在4月初,华中日军就提出让北洋皖系军阀倪嗣冲之侄倪道烺③出任安徽省省长。但当时侵华日军正集中兵力,沿金浦路南北双向夹击徐州,战事紧急,筹组安徽汉奸政权之事,只得推后。7月上旬,日军攻占徐州、商丘、开封、庐州,沿长江西上进攻武汉。这时,倪道烺才从天津赶到上海,即被任命为伪安徽省省长。7月16日,倪道烺在上海新亚饭店组织伪安徽省政府"临时筹备处"。10月28日,"临时筹备处"从上海迁往安徽蚌埠,并宣布成立伪安徽省政府。伪省政府除为2处4厅外,并增设参事及咨议若干人。至1939年12月,安徽汉奸政权共辖有15县。④ 至此,华中梁伪汉奸政权,从"中央"到省

---

① 傅宗耀,浙江镇海人,曾任上海总商会会长、上海中国通商银行董事长兼总经理、汉冶萍公司董事长。1927年北伐军进军上海时,傅支持军阀孙传芳,遭到蒋介石通缉而亡命大连。1937年日本全面侵华战争爆发后重返上海,投靠日本,在日本华中派遣军特务机关操纵下,与伪"维新政府"的北洋军阀遗老开始二度合作。

② 上海市档案局编:《日本帝国主义侵略上海罪行史料汇编》上编,上海人民出版社1997年版,第312—314页。

③ 倪道烺(1879—1951年),倪嗣冲之侄,曾任蚌埠芦盐运销总局总办、普益公司总经理、凤阳水管监督、张宗昌直鲁联军预备军军长等职。1927年国民革命军北伐、北洋军阀落败后,倪道烺蛰居天津日本租界,与日本军方关系密切,深获侵华日军信任。

④ 章伯锋、庄建平主编:《抗日战争》第6卷,四川大学出版社1997年版,第740—742页。

(市)、县地方,基本组建完成。

华中伪"维新政府"同华北伪"临时政府"一样,从"中央"伪"政务院"及委、院、部、局,到省、县地方,各"省公署""市政公署""县公署"及其下属处、厅、科等,都是完全听命于日本政府和当地侵华日军的汉奸傀儡政权,一切实权都掌握在日本人手里。华中汉奸政权成立前夕,日本最高指挥官同梁鸿志达成了关于派遣日军顾问的协议。汉奸政权一成立,日本大小"顾问"就直接控制了几乎所有部门。1939 年 1 月 9 日,特务机关长正式出任梁伪"维新政府"的"最高顾问",由原日本华中方面军特务部改组而成的日本华中派遣军特务机关本部遂成为汉奸政权的"太上皇"。

华中汉奸政权的日本顾问构成与华北汉奸政权有所不同。后者顾问基本上来自华北方面军,即陆军方面;而前者顾问除由日本华中派遣军派遣外,上海方面的日本海军,即第三舰队也派人充当顾问。这是因为海军方面有控制和封锁长江等功能与利益,因此也要求在傀儡政权中分享若干权利。顾问部的权利是通过与伪行政院长梁鸿志签订的秘密协定规定的。1938 年 8 月 1 日,日本华中派遣军特务部长原田熊吉签发了一份致梁鸿志题为《有关顾问约定合意》的公文,内称:"附录顾问约定书已蒙同意签署,因故须将签署延期于日后进行。兹根据本约定的旨趣,即行派遣顾问,希谅解为荷"。所谓"因故",就是与日本海军之间还未达成妥协。"约定书"规定,汉奸政权未经与顾问协议,不得施行其政务,而顾问是由日军司令官决定派遣的,用不着征求伪维新政府方面的同意等。8 月 10 日梁鸿志复函,对此表示同意。12 月,日本华中派遣军特务部取消后,原田熊吉即专任伪维新政府"最高顾问"。至 1939 年 7 月,日本派充顾问总数达 27 人。[①]

华中伪"维新政府"成立后,在其存续期间始终面临和迟早必须解决的问题是,如何处理同华北伪"中华民国临时政府"的关系,在何种条件下采取何种形式同伪"临时政府"最终"合流"。因为无论梁伪"维新政

---

① 章伯锋、庄建平主编:《抗日战争》第 6 卷,四川大学出版社 1997 年版,第 739 页。

府”,还是王伪“临时政府”,都是“临时性的”“过渡性的”和“地域性的”傀儡政权。还在梁伪“维新政府”出笼之前,1938 年 1 月 20 日,日本侵华战争指挥当局拟定的《战争指导大纲》强调,“新兴政权”的建立,目的是令其“在华北、华中及华南的各个领域内培植实力,逐渐扩大自己的势力范围”,而后“俟时机成熟,再指导他们在相互谅解的情况下……自然地实行合流”。① 南北傀儡政权“合流”,只是日本侵略者的“时机”选择。梁伪“维新政府”的汉奸头目自然明白这一点。《中华民国维新政府成立宣言》更主动承诺,“维新政府之成立,系根据苏、浙等省之事实,原为暂时性质,与临时政府初无对立之心,向来中央所管事项之不可分析者,仍由临时政府商酌办理,一俟津浦、陇海两路恢复交通,即与临时政府合并”。② 汉奸政权发言人随后在答记者问时,在强调“维新政府”是“纯粹根据实际需要而成立的事实上的政府”的同时,也承认将来要同“临时政府”合并。③

为了协调南北两个傀儡政权的关系及讨论如何合并、统一的问题,梁伪“维新政府”成立活动刚刚结束,政府架构尚未搭建,1938 年 4 月 3 日,梁鸿志便在日军特务部长、伪政府顾问原田熊吉带领下,偕同陈锦涛、任援道前往北平,与伪“临时政府”行政委员会委员长王克敏等人以及华北日军特务部长喜多诚一等多次会谈,并由华北日军特务部起草了《关于新中央政府要纲》,作为成立伪“中央政府”的基础方案。只是由于南北日军双方对两政权合并的方针、时间、方式方法、合并后的组织机构与人选以及伪“中央政府”所在地等问题意见对立,而未能达成妥协。同时,日本帝国主义怀有更大的侵略野心,并不马上急于解决南北伪政权的合并和成立“中央政府”问题。

1938 年 5 月 20 日,日军攻占徐州后,进而决定攻取汉口、广州,迫使中国政府投降,同时推行军事进攻与政治诱降相结合的策略:招降和起用

① 余子道、曹振威等:《汪伪政权全史》上卷,上海人民出版社 2006 年版,第 143 页。

② 中国第二历史博物馆编:《中华民国史档案资料汇编》第 5 辑第 2 编附录下,江苏古籍出版社 1997 年版,第 43 页。

③ 余子道、曹振威等:《汪伪政权全史》上卷,上海人民出版社 2006 年版,第 143 页。

唐绍仪、吴佩孚等“一流人物”，酿成建立强有力的政权的趋势；加强临时政府、维新政府及其他反蒋政权的合并。为此专门成立了以老牌特务土肥原贤二为头子的中央直辖的特务机关“对华特别委员会”，机关本部分别设于北平和上海。7 月 15 日，日本五相会议出台了《建立中国新中央政府的指导方针》，建立所谓“新中央政府”的具体步骤，就是“尽快先使临时及维新两政府合作，建立联合委员会。其次使内蒙古联合委员会与之联合”，然后，“逐渐吸收各种势力，或与他们合作，使之形成真正的中央政府”。

关于“联合委员会”的组织机构及权限，《建立中国新中央政府的指导方针》做了如下规定：(1)“联合委员会”以临时、维新两政府及内蒙古联合委员会组织，采取“简单的委员制”，会址暂设北平；(2)各地方政权的境界，目前大致保持原状；(3)在华北、华中、伪“蒙疆”等各地方政权中，各以适应其特殊性，实行广泛的自治；(4)联合委员会及地方政权的权限，根据上项宗旨另行研究，但是关于交通、通信、邮政、金融、海关、统税、盐税、文教及思想政策等共通事项，在联合委员会必要的统制下，由地方政权负责；(5)关于维持地方，在联合委员会统制下，由地方政权负责；(6)关于外交，在一定期内，共同外交事项是联合委员会的权限。与地方有关事项，由各地方政权处理。①

1938 年 9 月 9 日，“对华特别委员会”特务头子土肥原贤二召集伪“临时政府”王克敏、齐燮元、汤尔和，伪“维新政府”梁鸿志、陈群、任援道，伪“蒙疆联合委员会”主席德穆楚克栋鲁普，以及日本华北、华中、“蒙疆”三方面军特务部长等，在大连举行会议，讨论建立联合委员会事宜。会议经过连续两天的讨价还价，但因关东军坚持其对伪“蒙疆联合委员会”的直接控制，不准参加联合委员会，所以会议无结果。于是日本政府根据土肥原贤二的意见，决定先使伪“临时政府”、伪“维新政府”两政权联合。

1938 年 9 月 20 日，南北两汉奸政权的王克敏、梁鸿志等以及各自的后台，在北平继续举行会议，并达成协议，22 日宣告成立“中华民国政府

① 章伯锋、庄建平主编：《抗日战争》第 6 卷，四川大学出版社 1997 年版，第 776 页。

联合委员会”,发表《中华民国政府联合委员会成立宣言》(以下简称《成立宣言》)和《中华民国政府联合委员会组织大纲》(以下简称《组织大纲》)。《成立宣言》,颠倒黑白,为日本帝国主义的侵略罪行开脱,污蔑中国“党府专权,轻开战衅,师徒败绩,日不绝书”。为了分化、瘫痪国民党和国民党政府,《成立宣言》采取了全力攻击和孤立蒋介石的策略,申称“共产主义不适于国情,国民政府以前之秕政,尽人皆知,勿待复说。唯昔之以党祸国,今之容共入党操纵之者,实为蒋介石一人。今虽势蹙技穷,犹以国家为孤注,又复出爪牙,肆为簧鼓,不讲立国之道,专惑在远之人,国中有识分子亦不免受其威胁利诱,堕入彀中。蒋氏遂借此负隅,延长战祸,以造成今日之局”。《成立宣言》还为自己的卖国行径涂脂抹粉、评功摆好,标榜“我两政府同人之抱负,联合委员会会务之所进行,皆不愿中国受悲惨之牺牲,华人增无穷之苦痛也。果使中国安定,即东亚立现和平,则世界举蒙其福”云云①。会议通过的《组织大纲》规定,“联合委员会”的设立,目的是“统制关于政务上共通事项,使新中央政府易于成立”,具体而言,即“对于交通、通信、邮务、金融、海关、统税、盐务、文教及思想等,其中需要统制事项协议之”。设委员 6 人,两政府各选派 3 人,由伪“临时政府”王克敏、朱深、王揖唐,伪“维新政府”梁鸿志、陈群、温宗尧组成,王克敏为“主席委员”,朱深、温宗尧为“常任委员”,以“主席委员”及“常任委员”组成“常任委员会”,在闭会期间,得处理“例行事务”,所需经费由两政府分担。②

伪“联合委员会”的成立目的,原本是要统制、协调南北两政权有关政务上的共通事项,以消除所谓“新中央政府”产生过程中的障碍。为了缩小分歧,提高“联合委员会”的统制、协调实效,《组织大纲》规定,“联合委员会”所议决事项,按其性质,由“联合委员会”或各政府执行。各政府所执行事项须报告“联合委员会”。同时,考虑到各政权的特殊利益和所

---

① 中国第二历史博物馆编:《中华民国史档案资料汇编》第 5 辑第 2 编附录下,江苏古籍出版社 1997 年版,第 58—59 页。

② 中国第二历史博物馆编:《中华民国史档案资料汇编》第 5 辑第 2 编附录上,江苏古籍出版社 1997 年版,第 57—58 页。

议决事项得以顺利执行，《组织大纲》又规定，所议事项，不得到出席委员“全体赞成，不得议决”。[①] 不过由于南北汉奸政权及其背后的主子，各有自己的利益盘算，互不相让，不但所议事项，难以获得出席委员“全体赞成”而形成决议，交由“联合委员会”或各政府执行，而且根本无法进入议事程序。资料显示，南北汉奸政权高度协调一致、迅速议决的所谓“共通事项”，就是反共、倒蒋、亲日媚日，污蔑抗日，离间抗日民族统一战线，卖国求荣。1938年9月23日，即伪“联合委员会”成立后的次日召开首次会议，会上王克敏（会议“主席”）和梁鸿志一唱一和，王提出，“联合委员会之使命系基于救国精神，实现反共，应以如何方法召集国民大会（按：为成立所谓“新中央政府”做准备），请诸君发表意见”。梁立即附和，“本会之使命在反共，如何方法召集国民大会”。陈群问，“召集国民大会之意义为何”。梁答，“意在反共亲日”。[②]

1938年11月2日，伪“联合委员会”召开第二次会议，不过并无议事内容，只是议决通过第二次《宣言》，主要内容仍是反共、倒蒋，强调“邪正不能两存，不反共不足以救国，不倒蒋不足以清共，不反共倒蒋，不足以实现和平，则吾全国人民救死不遑，安能图复兴之建设”。因日军于10月23日、25日相继攻占广州、武汉，为表示庆贺和慰问，“主席委员”王克敏提出，增加临时动议，以伪“中华民国联合委员会”名义，分别致电日本各司令长官，表示恭贺和慰问。会议当即议决通过，并推定王揖唐、陈群两“委员”即席起草电文，经全体委员火速修改、定稿。同时议决，由南北两政府各派代表携款慰问。[③] 主动献媚、卖国求荣，竟然奇离、无耻到如此地步，古今中外，实属罕见。

1938年冬，抗日战争进入相持阶段后，日本帝国主义失去了大举长驱进攻的能力，由全线进攻转为重点进攻，并对抗日根据地进行经济封锁

① 中国第二历史博物馆编：《中华民国史档案资料汇编》第5辑第2编附录上，江苏古籍出版社1997年版，第58页。

② 中国第二历史博物馆编：《中华民国史档案资料汇编》第5辑第2编附录上，江苏古籍出版社1997年版，第61页。

③ 中国第二历史博物馆编：《中华民国史档案资料汇编》第5辑第2编附录上，江苏古籍出版社1997年版，第66—70页。

和频繁的“扫荡”、破坏;国民党内部则出现新的分化,国民党副总裁汪精卫公开投敌,国民党顽固派则消极抗日、积极反共。在国际关系上,由于在华利益受损,英美苏开始实行援华制日政策,不过基本上是“象征性”的。中国人民的抗日战争进入了最艰苦的阶段。

在这种环境下,伪“联合委员会”于1939年3月1日,发布了第四次《宣言》(第三次《宣言》发布时间及内容不详),沾沾自喜,溢于言表,自夸傀儡政权“益臻巩固”,“临时”“维新”两政府“业将党政府留与民间之秕政恶税一举而扫除之,俾我水深火热之同胞重睹天日,此本联合会洵可欣然告慰于天下者也”。同时加大反共、倒蒋力度,并谴责英、俄“援蒋制日”,声称“彼等之阴谋以之利用途穷日暮之蒋介石则有余,以之欺弄我审世识时之人民则不足。数月以来,我各地民众楬橥和平救国之正义,参加反对援蒋各国之运动者日多一日,诚有沛然莫御之势。……故无论英、俄等国之阴谋如何,而两政府与友邦防共灭蒋之进行,迄不因之而稍懈。本联合委员会用再阐明斯旨,昭示天下,我四万万同胞其各努力拥护新政府既定国策,挽回历史以来未有之危局,以早现东亚之曙光世界前途庶几有豸”。① 颠倒黑白,痴人说梦。

伪“联合委员会”发布第四次《宣言》一年后,1940年3月30日,汪伪政权“还都南京”,发布《还都宣言》。同日,伪“临时政府”、伪“维新政府”分别宣布“解散”“解消”。伪“联合委员会”更于3月20日,即汪伪“中央政治会议”开幕当天或稍后,发布《中华民国政府联合委员会宣布结束公告》,宣告该会结束。按照该结束公告所做的总结,该会“历时两年,开会八次”。这就是该会的全部业绩或工作。

二、汪精卫投敌和汪伪“国民政府”出笼

汪伪政权成立于1940年3月,是关内沦陷区取代华北“临时政府”、

① 中国第二历史博物馆编:《中华民国史档案资料汇编》第5辑第2编附录上,江苏古籍出版社1997年版,第70页。

华中“维新政府”的最大汉奸政权，是日本全面侵华战争期间，唯一作为中央政权存在汉奸傀儡政权，是日本帝国主义在其占领区内的一个最重要的帮凶和代理者。

汪精卫“国民政府”汉奸政权的拟议、组建、出台，缘起于汪精卫叛变投敌。

汪精卫（1883—1944 年），本名兆铭，字季新，笔名精卫，祖籍浙江山阴（今绍兴），生于广东三水。早年留学日本，就读东京法政大学，投身反清革命活动，追随孙中山，参与创建中国同盟会，曾谋刺清摄政王载沣未遂，后到法国留学。回国后于 1919 年在孙中山领导下，驻上海创办《建设》杂志。1921 年孙中山在广州就任大总统，汪精卫任广东省教育会长、广东政府顾问，1924 年任中央宣传部长。大革命后期，汪精卫思想明显蜕变，1927 年继蒋介石发动“四一二政变”之后，汪精卫在武汉实行“七一五分共”和“宁汉合流”，残酷镇压工农革命。但旋即蒋汪又陷入激烈的权力争夺之中，愈演愈烈。

1931 年“九一八事变”和日本侵华战争爆发，国难当头，蒋汪只得暂时收兵言和，重新合作。1932 年 1 月 28 日，汪精卫出任南京政府行政院长，并一度兼任外交部长，成为国民党政府对日外交的主要决策者和直接执行者。汪精卫从年轻时就滋长了浓厚的崇日、恐日、亲日、媚日思想，现在面对武装到牙齿的日本侵略者，自然不愿意也不敢于奋起抵抗。因此，汪精卫在南京辅助蒋介石主政之初，就明确提出和推行所谓“一面抵抗，一面交涉”的对日“谋和”政策，即进行最低限度“抵抗”的同时，通过外交交涉，满足日本要求，求得妥协停战。因此，所谓“抵抗”是假，妥协投降是真。从 1932 年“一·二八事变”到 1935 年的华北事变，汪精卫的对日外交自始至终贯彻了这一条主线。从《淞沪停战协定》到《塘沽协定》《何梅协定》，都是这一政策的产物。

汪精卫的对日妥协投降政策遭到了国民党内部抵抗派和国内爱国志士的强烈反对和遣责，对其提出“不信任案”。1935 年 8 月 8 日，汪精卫被迫辞职，经蒋介石挽留留任，被爱国志士射杀击成重伤。1936 年 2 月 19 日，汪精卫被迫离沪赴欧疗伤，宣告其对日投降外交政策彻底破产。

尽管如此,汪精卫仍不甘心,1936年12月“西安事变”爆发后,汪精卫认为回国重返政坛的时机已经到来。1937年1月14日,汪精卫自德国科隆返国抵达上海。此时“西安事变”已经和平解决,蒋介石和国民党政府暂时放弃了“攘外必先安内”的政策,国内政治形势正朝着全国团结抗日的有利方向发展。但汪精卫亲日和反共思想根深蒂固,仍重弹其“攘外必先安内”的旧调,极力主张对内剿共,对日妥协,污蔑共产党是“假借抗战的名义,以保卫国土之名,而行分裂国土之实”,要大家“万不可为共匪所摇惑,中了他挑拨离间之毒计”。①

1937年“七七事变”和日本全面侵华战争爆发后,军民群情激奋,抗日怒火烧遍全国,汪精卫迫于形势,在一个短时间内也假惺惺地发表若干抗日言论,但骨子深处的恐日而又媚日的基因丝毫未减,认为日本根本不可战胜,大肆贩卖“战必大败”的“亡国论”,污蔑主张抗战,是“以国家及民族为儿戏”,争取抗战胜利完全是唱“高调”。② 强调在财力和物力上,都无法同日本相比,根本不可能坚持抗战,认为继续抗战“只有亡国”。那么,与其等待“亡国”,还不如早日与日本言和。而且不要寄希望于国际援助和同情,所谓国际援助是靠不住的。在这种情况下,唯一的办法就是“说老实话”,“不作高调”,这就不致引起“无谓的冲动”和“无聊的希望”。因为这种冲动“是易于颓废的”;这种希望“是易于幻灭的”。所以唯一之途,只有停止抗战,实现“和平”。③

除汪精卫之外,还有一批人,或被日本侵略者的嚣张气焰吓破了胆;或原本就是恐日、崇日、亲日、媚日的民族渣滓;或系仇视劳苦大众的反共分子和为虎作伥、卖国求荣的汉奸胚子。他们臭味相投,聚集一起,同汪精卫一样,对抗日战争前途极度悲观,对蒋介石的抗日言论不满,对各地爱国民众急切的抗日呼声十分反感,污蔑全国排山倒海的抗日舆论为“高唱入云”“不负责任”“不讲老实话”的“高调”。他们不但四处散布抗

① 汪精卫:《怎样救亡图存》,南京《中央日报》1937年1月23日。

② 汪精卫:《我对于中日关系之根本观念及前进目标》,《中华日报》1939年7月10日。

③ 余子道、曹振威等:《汪伪政权全史》上卷,上海人民出版社2006年版,第200—202页。

战“必败”、中国“必亡”的“低调”,并形成自称“低调俱乐部”的卖国投降团伙。①

“低调俱乐部”形成后,自然大唱“低调”,鼓吹抗战失败主义和民族投降主义,胡诌“战必大败”,但“和未必大乱”,制造以战败投降求“和平”的谬论。千方百计地阻止蒋介石抗战,接连安排教授、专家、新闻界名人和在野的中间党派首领等,游说蒋介石对日“谋和”。同时,视对抗战最为坚定、英勇的中国共产党为眼中钉。认为要停止抗战,对日谋和,就必须进行反共、反苏,恶毒诋毁中国共产党,竭力破坏国共合作,攻击共产党“唯恐天下不乱”,“以抗日为倒蒋的工具”。恶毒污蔑抗日战争,必须赶快停止抗日,否则“如此打下去,非为中国打,实为俄打;非为光明大道,实为共产党打也”。② “低调俱乐部”又多方寻求对日交涉议和的途径,力图通过秘密交涉与日本达成交易,终止抗战,实现“和平”。早在1937年8月1日,高宗武即约见日本驻华大使馆书记官高信六郎作和谈试探。此举虽无结果,但汪精卫投降派由此找到了对日投降的新途径,开始了从体制内找靠山、改路线进入直接投敌的新阶段。

从这以后,高宗武等人与日本的接触更加频密。1937年8月9日,高宗武应约到上海,与受日本外务省东亚局和参谋本部第一部委托来华诱和的船津辰一郎进行秘密会谈。同日,高宗武还约见川越大使,试探对日秘密和谈之可能办法。不过就在当天,上海发生虹桥机场事件,形势骤变,沪战一触即发。高宗武这次上海之行亦无结果。“八一三淞沪会战”爆发后,“低调俱乐部”仍不死心,频密商议向日“谋和”之法,千方百计和日本联系,甚至找人转托意大利驻华大使,探寻日本对交涉所持底线。

---

① “低调俱乐部”的核心人物为周佛海(时任国民党中央执行委员会委员、江苏省政府委员兼教育厅厅长),当时周在南京西流湾的住宅即是俱乐部的发源地及根据地。俱乐部主要成员有:陶希圣、高宗武、梅思平、陈布雷、罗君强等,还有熊式辉、顾祝同、朱绍良等国民党高级将领。胡适也一度是其骨干成员(后退出)。上述成员中,周佛海、陶希圣、高宗武、梅思平、罗君强等人,后来成为汪精卫集团或汪伪汉奸政权的主要骨干。

② 余子道、曹振威等:《汪伪政权全史》上卷,上海人民出版社2006年版,第216页。

“低调俱乐部”形成和展开活动之初,与汪精卫并无直接隶属关系。不过,因为二者志趣和政治主张相同,臭味相投,俱乐部的活动很快获得汪精卫的重视。到南京失陷前后,俱乐部上述对日谋和秘密活动,不仅要求得到汪的同意,还须力求获得蒋的最后批准。随着抗日战争局势的发展,俱乐部成员越来越认定,停止抗日、妥协谋和,唯有汪精卫充当领袖,方能达此目的。实因“周(佛海)、高(宗武)无汪,则群龙无首,通敌谋和难成气候。汪(精卫)无周、高,亦苦于投敌无门,讯息难通。他们只有狼狈相从,才能随心所欲”①。这就加快了“低调俱乐部”同汪精卫结合的进程,其骨干变成汪精卫进行所谓“和平运动”的基干力量,周佛海更成为汪精卫的心腹。

1937 年 12 月 13 日南京陷落,国民党政府西迁武汉办公,国民党政权和中华民族都陷入了更深的生存危机。1938 年 1 月 16 日,日本近卫内阁发表声明称,“今后不以国民政府为对手,而期望真能与帝国合作的中国新政权的建立与发展”,随即撤离驻华使馆人员,断绝两国之间的外交联系。汪精卫、周佛海等人求之不得,认为这正是他们停战谋和、大显身手的绝好机会,于是扩大队伍,更加拼命鼓吹“抗战必败”的亡国论,加紧谋求同日妥协的秘密途径,将原来正式招牌、固定组织形式和办事机构的小集团活动,发展为有正式招牌、固定组织形式、办事机构和目标更加明确的反共、反抗日、与日本谋和大规模活动。这个组织和活动就是所谓“艺文研究会”。

“艺文研究会”据说由蒋介石“面命”、汪精卫亲自策划,1938 年 1 月成立于武汉。其宗旨是,“第一,要树立独立自主的理论,反对共产党的笼罩;第二,要造成一个舆论,使政府可战可和”。②“艺文研究会”总会设在汉口,在长沙、广州、重庆、西安设分会,另在成都、昆明等重要城市派有通讯员。总会设有理事会,汪精卫、周佛海、陶希圣等均为理事,汪精卫负责实际指导。理事会设平行的总务、设计两个总干事,分别由周佛海、陶

① 余子道、曹振威等:《汪伪政权全史》上卷,上海人民出版社 2006 年版,第 218—219 页。

② 《胡适往来书信选》(中),中华书局 1979 年版,第 397 页。

希圣担任。总干事之下分设各组,每组设正副主任干事各1名,干事及助理干事各1名。计有研究组、总务组、调查组、出版组、人事组,以及经济考察团、编译委员会等。研究组由陶希圣兼任主任干事,梅思平任副主任干事。陶希圣还同吴景超、陈之迈共同主持编译委员会。

这样,原先没有机构、招牌和编制、经费的“低调俱乐部”,挂上了“艺文研究会”的招牌,有了编制和经费,扩大了队伍,在社会上开始了大规模的活动。“艺文研究会”首先着手编辑“艺文丛书”,由商务印书馆出版发行。“艺文研究会”在出版组之下,又成立了“独立出版社”,专门编印各种小册子。为了扩大影响,还出资津贴一些人在各地创办小报。同时,设立在香港的“国际问题研究所”和“国际编译社”(公开名称为“蔚蓝书店”),也利用那里的特殊环境,积极展开活动,出版《国际问题》《国际周报》《国际通讯》3种刊物,由汪精卫亲信林伯生主持总务,以研究国际问题为幌子,招揽同伙。后来汪精卫逃离重庆,在香港的这帮人连同他们掌握的舆论工具,一起投入了汪精卫的“和平运动”,成为汪精卫集团制造汉奸理论的吹鼓手。

“艺文研究会”一成立,即践行其对内反共、对外主和的宗旨,出版发行《政论旬刊》(后改半月刊)等期刊和各种小册子,专门刊登汪精卫、陶希圣等人鼓吹反共及对日妥协的“和平”言论,攻击共产党在统一战线中坚持独立自主的原则,是割据、分裂;通过拟定宣传方针、进行宣传指导及资助等方式,收买拉拢非国民党系统的报纸杂志,成为“艺文研究会”的“外围组织”(接受“艺文研究会”资助、指导的报纸杂志有四五十家),缩小和孤立抗日力量。同时四处散布民族失败主义,为对日“谋和”提供“依据”。1938年3月,国民党在汉口召开临时全国代表大会,通过了《抗战建国纲领》,会后周佛海被任命为宣传部副部长、代理部长。他于是利用职务之便,打着“科学”“理性”的旗号,进行歪曲宣传,破坏全民抗战。4月30日,周佛海在《民力》周刊刊登《抗战建国的两个要点》一文,以宣传、解释《抗战建国纲领》为名,疯狂反共,反对共产党在政治上和组织上的任何独立性,一切服从国民党;诋毁全民抗战是“忽略武器,单重社会运动”,极力散布“抗战必亡”的谬论。

“低调俱乐部”核心分子陶希圣,同样打着“科学”“理性”的旗号,诋毁全民抗战,狂叫“战必大败”,推行卖国投降主义。1938年4月在《民力》周刊创刊号上发布题为《宗教与科学》的文章,将抗日战争说成是发生在科学不发达的中国的“科学战争”。5月发表于《政论旬刊》的《抗战建国纲领的性质与精神》,核心还是兜售伪科学的所谓“科学战争”。宣称“现代的战争,是科学的战争”,污蔑抗日战争是“忽视科学的重要和对科学抱错误态度,都是一种缺乏理智的感情冲动,表现为一哄而起的行为”。而“一哄而起只是煽动革命的方法,不是抗战的方法,是对内的方法,不是对外的方法”。结论是:“这次的抗战必然归于失败”。[①]

“艺文研究会”成立后,汪精卫投降集团不仅组织和队伍扩大,破坏抗战、对日“谋和”活动也大幅升级,汪精卫及其同伙在继续狂吠“抗战必败”“战必大败”的同时,开始公开反对抗战。汪精卫在武昌一个训练班上发表演讲说,“打败仗要和,打胜仗也要和,到底总是要和”。还有一次,他更直截了当地对唐生智等高级将领说,“这个仗不能再打下去了,要另想办法了”。[②] 汪精卫、周佛海投降集团的骨干成员林伯生、陈春圃等人,也声嘶力竭地叫喊,“优胜劣败是绝对真理,强权就是公理”。“近百年来的历史证明,贫弱的中国和富强的外国打仗总是要吃亏。结果不是割让土地就是赔款求和。而自己没有力量,外援又靠不住,空喊抗战,这样抗下去,一定要把整个国土抗光”。[③]

至此,汪精卫、周佛海、陶希圣集团在国民党体制内阻止和破坏抗战、对日“谋和”的言论、行动,已经接近尽头,所余升级、发挥空间有限。下一步的行动就是以此为“投名状”,直接投敌,等待日本主子接纳。这也正是他们卖国投降期盼和追求的结果。

1937年12月南京陷落、1938年1月日本近卫内阁断绝同国民党政府的外交联系后,周佛海、高宗武为了打通同日本的联络渠道,1938年2

① 陶希圣:《宗教与科学》,《民力》周刊第1期,1938年4月9日。

② 中国人民政治协商会议全国委员会文史资料研究委员会编:《文史资料选辑》第15辑,文史资料出版社1961年版。

③ 余子道、曹振威等:《汪伪政权全史》上卷,上海人民出版社2006年版,第227页。

月在汉口成立了“日本问题研究所”，由高宗武（时任外交部亚洲司司长）担任“主任”，高计划经香港转往上海，并由在日本人脉广泛的董道宁①先行探路。其实，日本侵略者也正在物色和检验更合适的傀儡、走狗，急切心情丝毫不亚于汪精卫集团，而且施行诱降和物色的工作班子，诱降和物色的走狗对象，不止一个两个，或三个五个，因此，高宗武、董道宁很顺利地打通了与日本的联系渠道，在日本所提条件框架下，推动和加快“和平运动”的进程。

为了尽快与日本方面谈判实现“和平”的条件，汪精卫多次派高宗武等人同日本进行秘密谈判。高宗武在同日本的谈判中，发现日本对蒋介石既想同日谋和，又要依靠欧美的两面政策非常不满，经过谈判，1938 年 7 月曾与日本方面达成默契，由汪精卫出马，与日本方面实现“和平”。但日本的条件（曾由周佛海告知王世杰）是：(1) 承认“满洲国”；(2) 华北特殊化；(3) 中日经济合作；(4) 日本在中国若干地点驻兵（据云此项驻兵，不必含永久性，只在监督和约之履行）；(5) 汪伪“国民政府”与华北、华中伪组织合流，但仍以“国民政府”为主体；(6) 中国加入反共团体；(7) 蒋介石下野。②

日本的“和平”条件激怒了蒋介石，却更加坚定了汪精卫、周佛海等人直接与敌“谋和”的决心。而前不久召开的国民党临时全国代表大会，汪精卫只被推选为国民党副总裁，屈居蒋介石之下，也促使他下决心与蒋分道扬镳。这时汪的谋和通敌小集团，已具相当实力。其核心成员有：周佛海、高宗武、陶希圣、梅思平、陈公博、董道宁，再加上汪的亲信幕僚、国防最高会议主任秘书曾仲鸣和侨务委员会常委兼教育处处长陈春圃，汪的妻子、国民党中央监察委员陈璧君，以及立法委员、香港《南华早报》社社长林伯生等。此为 1938 年 10 月武汉沦陷前后，汪精卫集团的基本

① 董道宁，时任外交部亚洲司日本科科长，浙江宁波人，从小在日本横滨长大，在东京、名古屋、京都就读中学、大学，精通日语，熟悉日本事务。日本侵华战争前，董即同日本驻华使馆联系、交涉，又经常出入南京的满铁公馆俱乐部，与不少日本人相熟。

② 余子道、曹振威等：《汪伪政权全史》上卷，上海人民出版社 2006 年版，第 246 页。

班底。①

日本政府为配合诱降工作的实施,对原有对华方针进行了某些调整,在1938年5月20日攻陷徐州后,决定集中国力迈向直接解决"事变",并以1938年完成战争目的为前提,根据内外政策加以配合的宗旨,1938年6月30日,日本内阁"五相会议"议决《今后中国事变指导方针》,并可考虑按情况接受第三国友好斡旋的条件:如国民党政府投降②,即将其合并于新兴的中国中央政权之下;如果不投降,便全力将其击溃或迫使其投降。同时扩大和加强亲日的各个政权,尽快使这些政权集其大成统一为一个政权,形成为真正的中国中央政府,使内外各方面不得不承认新政权代替旧南京政府作为中国中央政权。③ 攻占武汉后立即建立中国"新中央政府"。"新政权"的建立部署要视国民党政权的变化情况而定。国民党政权如无分裂改组,即以现政权为基础建立"中央政府";若国民党政权分裂改组,出现亲日政权,即可参加"中央政权"的建立。日本政府在该政权具备中央政府实力时,即正式予以承认。同时,日本政府还要继续研究确定调整日华关系的基本内容,即敲定要求新政权接受的各项灭华条件,以便同新政府签订新条约。

汪精卫集团方面,为了尽早与日本谈判实现"和平"的条件,急速与之秘密交涉,多次谈判。但因某些核心问题,如日本撤兵和蒋介石下台(日本以蒋介石下台为撤兵条件),一时无法解决,谈判难以取得突破性进展。1938年10月下旬后,广州、武汉分别作为华南、华中重镇,相继陷落,国民党党政机关西撤重庆,中国东中部经济相对发达地区大部沦陷,中国抗战进入了艰难阶段。但对汪精卫集团来说,"和平运动"反而出现了新的转机。汪精卫决定亲自出马,指定梅思平、高宗武作为中国方面的

---

① 余子道、曹振威等:《汪伪政权全史》上卷,上海人民出版社2006年版,第247页。

② 关于"投降",日本列有4项"标准":(1)合并或参加建立新中央政权;(2)与上述情况相配合,旧国民政府改变名称或改组;(3)放弃抗日容共政策,采取亲日满与反共政策;(4)蒋介石下野。

③ 章伯锋、庄建平主编:《抗日战争》第6卷,四川大学出版社1997年版,第768—769页。

代表,正式开始同日本方面交涉。

日本攻占广州、武汉后,因占领区扩大,战线拉长,战略机动部队近乎枯竭,短时间内无法组织起大规模战略进攻,不得不向以“战略进攻”为主的战略方针转变。在“政治诱降”方面,在无法诱降蒋介石的情况下,只能退而求其次。而汪精卫不仅是国民党内和中国政府内仅次于蒋介石的第二号人物,而且具备了作为诱降对象所需的恐日亲日、反对抗战、反共反蒋的基本条件。于是,日本军部和内阁一致决定采取“倒蒋立汪”的方针,加快了诱降和会谈进度。

1938 年 10 月 25 日,日本参谋本部今井武夫把在香港同高宗武、梅思平的会谈内容带回东京,并向陆军大臣和参谋次长提出推动会谈的方法和建议。就在此时,相继发布了日军于 10 月 27 日攻陷武汉三镇、29 日攻陷广州的消息。在这种新形势下,日本政府曾根据《调整日华新关系方针》[①],审查、研讨了有关的声明文件,于 11 月 3 日重新发布,即第二次《近卫声明》,要求国民党政府“再考虑”。该声明凭借接连攻陷广州和武汉三镇的淫威,对国民党政府采取进一步的高压政策。宣称日本陆海军已攻克广州、武汉三镇,平定了中国的重要地区,“国民政府仅为一地方政权而已”。如国民党政府仍坚持抗日、容共政策,则日本“绝不收兵,直到打到它崩溃为止”。第二次《近卫声明》再次重弹全面侵华战争之最终目的是建设确保“东亚永久和平新秩序”的老调。与第一次《近卫声明》略有不同的是,将武力消灭国民党政府的政策修改为政治诱降政策。声称期望“中国国民”在建设“东亚永久和平新秩序”方面,与日本政府合作,“即便是国民政府,只要全部放弃以往的政策,更换人事组织,取得新生的成果,参加新秩序的建设,我方并不拒之于门外”。[②] 这是日本对国民党政府的一纸招降和逼降文告,不过招降和逼降对象并不包括蒋介石在内。因为日本的招降条件,除了国民党政府放弃以往的“抗日、容共政

① ［日］今井武夫:《今井武夫回忆录——中国事变回忆录》,《今井武夫回忆录》翻译组译,上海译文出版社 1978 年版,第 79—81 页。

② ［日］今井武夫:《今井武夫回忆录——中国事变回忆录》,《今井武夫回忆录》翻译组译,上海译文出版社 1978 年版,第 82 页。

策”,还要“更换人事组织,取得新生的成果”,亦即蒋介石下台,政府架构改组。说白了就是倒蒋立汪,因而实际上是在日汪正式会谈开始前夕,向汪精卫及其同伙发出的一纸招降文书。

日汪正式会谈开始在即,《调整日华新关系方针》和第二次《近卫声明》即成为会谈的指导方针,今井武夫带回东京的香港会谈提出的“和平方案”,经陆军省和参谋本部修订后,则作为与汪方会谈的基础,即行决定指派今井武夫、西义显、伊藤芳男等急赴上海,1938 年 11 月 12 日在东体育馆路 7 号一处偏僻的空宅子“重光堂”(曾是土肥原贤二的上海特务机关所在地),与汪精卫的代表高宗武、梅思平进行正式会谈。[①] 11 月 15 日,今井武夫带着会谈拟就的协议草案,急忙赶回东京。恰逢日本陆军省和参谋本部举行首脑会议,与会者当即全体决定,即以“协议内容为基础,大力推进日华和平运动”。同时决定陆军省重新派遣军务课长影佐祯昭大佐、参谋本部派遣今井武夫为日方代表,再加上西义显、伊藤芳男及国会议员犬养健,于 18 日赶赴上海,20 日早晨,影佐祯昭、今井武夫和高宗武、梅思平举行会谈,但据称双方已经没有什么可讨论的项目,只在词句上做了些修正,“极其简单地就结束了会谈”。下午 7 时,双方就在《日华协议记录和谅解事项》上签字盖章。[②] 汉奸汪精卫及其手下,以近乎卖白菜的速度和手续,将偌大一个中国卖给了日本帝国主义。

1938 年 11 月 20 日,高宗武、梅思平和影佐祯昭、今井武夫在上海达成的是一项“秘密协议”,内容分为两个部分,第一部分是关于日本政府解决中国“时局”的“条件”;这些条件内容暂不公开。第二部分是正式公开这些“条件”内容时,必须采取的措施。这一部分特别规定,日本政府如公开发表上述条件时,汪精卫等应立即宣布与蒋介石断绝关系,发表“实行中日合作和反共政策的声明,同时俟机成立新政府”。

“协议”第一部分,开头声称,“日华两国在共同排斥共产主义的同

---

① 该宅子在日汪会谈后,被日本特务土肥原贤二占为住宅,取名“重光堂”,后来即将此次会谈称为“重光堂会谈”。

② [日]今井武夫:《今井武夫回忆录——中国事变回忆录》,《今井武夫回忆录》翻译组译,上海译文出版社 1978 年版,第 76—85 页。

时,将东亚从各种侵略势力中解放出来。为实现建设东亚新秩序的共同理想,相互以公正的关系为准则,处理军事、政治、文化、教育等各方面的关系,为实现睦邻友好、共同防共和经济合作而加强联合”。为此,议定下列条件:(1)缔结日华防共协定,其内容以日、德、意防共协定为准则,互相协作。承认日军为防共而在中国驻军,将内蒙古地区作为防共特殊区域(驻军目的系确保内蒙古及其联络线,驻军地点为平津一带,驻军期限是以日华防共协定有效期为准)。(2)中国承认“满洲国”。(3)中国承认日本人在中国领土上有居住和营业的自由,日本同意撤销在华的治外法权,并考虑归还日本在中国的租界。(4)日华经济合作应建立在平等互惠的基础上,必须承认日本的优先权,特别是关于华北资源的开发和利用方面,给予日本特殊的方便。(5)中国应赔偿日本在华侨民因事变造成的损失,但日本不要求赔偿战费。(6)本协定规定以外的日本军队,在日华两国恢复和平之后,立即开始撤退。随着中国国内治安的恢复,将在两年内完成撤兵。中国在这期间应确保治安,而且应在双方会议上决定驻兵地点。

今井武夫和高宗武、梅思平在“重光堂会谈”中,除了上述“协议”以外,还有更长远的谋划,在日本结束“事变”、灭亡中国之后,就“两国政府今后共同执行的政策”,进行所谓“研究”,主子、奴才“取得完全一致的意见”,还草拟了一份《日华秘密协议记录》,只因尚未得到各自政府同意,暂未签字。《日华秘密协议记录》共 6 条,主要内容有:(1)为建设“东亚新秩序”,相互实施亲日、亲华的教育和政策;(2)两国针对苏联设置共同的宣传机构,“并缔结军事攻守同盟条约”,在内蒙古及与其确保联络的必要的地区驻扎日本军队;(3)日本援助中国从东亚的半殖民地地位逐步解放出来,废除一切不平等条约;(4)两国以复兴东亚经济为目的,进行经济合作(具体办法另行研究),此种经济合作在中国以外的南洋一带亦同样适用之;(5)为了实施上述条款,两国设置必要的“委员会”;(6)两国尽可能努力使亚洲其他各国也参加本协定。①

---

①　[日]今井武夫:《今井武夫回忆录——中国事变回忆录》,《今井武夫回忆录》翻译组译,上海译文出版社 1978 年版,第 85—87 页。

《日华秘密协议记录》不仅研究、拟具了中国灭亡、沦为日本殖民地后,跟随宗主国推行的政策,还要帮助日本占领南洋和亚洲各国,将这些政策推及南洋和亚洲各国。日本军国主义侵略扩张的狼子野心,处处暴露无遗。

"重光堂会谈"一结束,1938 年 11 月 21 日,今井武夫和影佐祯昭将重光堂"会谈协议"带回东京,次日五相会议审议通过,并决定在适当时候,以协议记录内容作为近卫内阁第三次声明予以发布。随即兵分两路,前往上海、香港,等待汪精卫回音。12 月 1 日,梅思平带着汪精卫的答复赶到香港。汪精卫的答复要点是:(1)承认《日华秘密协议记录》内容。(2)在近卫声明中,日本有必要明确表示不进行经济垄断和干涉中国的内政。(3)汪精卫预定 12 月 8 日离开重庆,10 日抵达昆明。在这期间,为严守秘密的需要,希望在 12 月 12 日左右发表近卫声明。(4)汪精卫在昆明、河内或香港之中任何一地宣布"下野"。日本亦即时通知汪精卫集团,对会谈协议"无异议"。下一步就是汪精卫出逃投敌了。

1938 年 12 月 18 日,汪精卫逃离重庆,前往昆明,19 日与先到昆明的周佛海,一同飞抵越南河内。这时,除先前已逃至香港的高宗武、梅思平,在此前后逃出重庆的还有汪精卫妻子、中央监察委员陈璧君,前实业部长、现四川省党务委员陈公博,中央立法委员林波生,艺文研究社主任陶希圣,中央候补委员曾仲鸣等。这就是汪精卫集团叛国投敌的基本班底。

日本政府按照既定部署,在得知汪精卫一伙已抵达河内后,急忙于 1938 年 12 月 22 日发布,即第三次《近卫声明》。基本内容总体上并未超出重光堂会谈协议的范围,但框架结构和语气词句做了较大变动。第三次《近卫声明》宣称,日本政府"决定始终一贯地以武力扫荡抗日的国民政府",同时,"日、'满'、华三国应以建设东亚新秩序为共同目标而联合起来",为此,中国必须"放弃抗日的愚蠢举动和对满洲国的成见","进而同满洲国建立完全正常的外交关系"。因为东亚不容有共产国际的势力存在,签订"日华防共协定一事,实为调整日华邦交之急务"。并"要求中国承认在防共协定继续有效期间,在特定地区驻扎日军进行防共,并以内蒙古地方为特殊防共地区"。在日华经济关系上,要求中国承认日本臣民"在中国内地有居住、营业的自由,促进日、华两国国民的经济利益,并且鉴于日华之间历史上、经济上的关系,特别在华北和内蒙古地区在资源的开发利用上积极地向日本提供便利"。①

汪精卫为响应第三次《近卫声明》,1938 年 12 月 29 日发表致蒋介石和国民党中央执行监察委员会的电报(通称"艳电"②),为第三次《近卫声明》歌功颂德、涂脂抹粉。"艳电"将第三次《近卫声明》的内容概括为三点,即善邻友好、共同防共和经济提携,要求国民党政府以此为根据,与日本政府"交换诚意,以期恢复和平"。"艳电"对所谓"日本军队全部由中国撤去",更是感恩戴德。至于所谓"为防共保留驻军",也"至多以内蒙古附近之地点为限"。认定"此为中国主权及行政之独立完整所关,必须如此,中国始能努力于战后之修养,努力于现代国家之建设"。③ 可谓痴人说梦话。

汪精卫"艳电"遭到了国民党党政机关和全国各阶层人士、各族人民的谴责和唾弃。1939 年 1 月 1 日,在国民党政府召开的中央执行委员会常务委员会上,汪精卫被罢免公职、开除国民党党籍,还仍不死心,再三向国民党政府建议"和平"。汪精卫并未达到目的,而且安全没有保障。国民党特工人员对汪进行种种威胁,汪的外甥、手下先后被暗杀身亡或重伤。日本原来估计国民党政府的一些军政要员,如何应钦、陈济棠、龙云、何键、张发奎等人应能参加汪精卫的"和平运动",但他们收到汪精卫发出的通告后,并无动静。就连一向被视为汪派人物的彭学沛、张道藩、甘乃光、王世杰等人,也不敢赞同汪的主张。法属印度支那当局对汪也渐趋冷淡,在这种情况下,汪精卫当务之急是要寻觅一个安身之处。

1939 年 4 月,在不久前从陆军省回到参谋本部的影佐祯昭谋划下,假称下野出国,前往新加坡,4 月 25 日黑夜逃出河内,先租乘"凤安号"小

① ［日］今井武夫:《今井武夫回忆录——中国事变回忆录》,《今井武夫回忆录》翻译组译,上海译文出版社 1978 年版,第 95—96 页。

② "艳"为 29 日的电报代码。"艳电"即"二十九日电"。

③ ［日］今井武夫:《今井武夫回忆录——中国事变回忆录》,《今井武夫回忆录》翻译组译,上海译文出版社 1978 年版,第 96—98 页。

轮,在汕头海面换乘从上海前来接应的日轮"北光丸",途经台湾基隆,5月6日抵达上海。

汪精卫到达上海当天,同到船上前去迎接的新任日本参谋本部中国课课长今井武夫,进行会谈,并发表谈话,借此公布其跪地投降、正式建立卖国政权的计划蓝图:汪精卫声称他一直在通过言论反驳国民党政府的抗日理论,说明只有"和平"才能救中国。本拟从外部推动政府改变政策,但事实证明很难奏效。因此决定自己建立"和平政府",真正体现"日华合作",向一般国民证实"抗战是没有意义的"。希望日本政府"不折不扣地实行第三次《近卫声明》,如实地使四亿中国民众得知日本的政策不是侵略性的"。汪精卫说,"和平政府"建立后,当然也要组织军队,不过并无用来打重庆政府、挑起内战的意图,最终目的是促使重庆政府"改变抗日政策转向和平"。因此,"将来如能使重庆政府与和平政府合并",即是"本人的运动已经达到了目的,本人预定下野"。汪精卫的打算是,尽快赶赴日本,再做最后决定。如决定建立政府,仍将继承中华民国的"法统",称之为"国民政府"。因此,考虑建立政府要采取"还都"的形式,实行"三民主义",规定"青天白日旗"作为"国旗"。①

不过日本陆军大臣和参谋次长听了今井武夫关于汪精卫的计划和谈话内容的汇报,对汪赴日一事,犹豫不决,因日本军政首脑内部对汪精卫的能力和作用,以及建立汪精卫政权对现有伪"蒙疆"、华北等傀儡政权产生的影响等,出现了严重分歧。② 为了证明自己的汉奸能力和行之有效的"方法",1939年5月28日汪精卫集团又向日本主子提交了"关于收拾时局的具体办法"函件,详细分析了关于召开国民党全国代表大会的必要性和具体办法;关于召开中央政治会议及其议程,特别论证了为何将"新政府"称为"国民政府",不提"在南京建立国民政府",而只提"还都南京",以及"新政府"建成后,对北平"临时政府"、南京"维新政府"和重

① [日]今井武夫:《今井武夫回忆录——中国事变回忆录》,《今井武夫回忆录》翻译组译,上海译文出版社1978年版,第100—101页。

② 黄美真、张云编:《汪伪政权资料选编·汪精卫国民政府成立》,上海人民出版社1984年版,第47—52页。

庆政府的处理办法,等等。① 日本军政头目经过讨论,方同意汪的赴日要求。5月31日,汪精卫才乘坐日本海军飞机,从上海到达东京。6月5日,日本陆军省和参谋本部对汪精卫集团所提“关于收拾时局的具体办法”进行了审查、修正、处理,强调在建立“中央政府”期间,应承认“临时”“维新”行政区域内的工作;虽可沿用“国民政府”名称,但须在国旗、党旗上部附以明显的“反共救国”等字样的大三角形黄地布片;在国民党最高指导方针中,须明确表示出“日满华三国睦邻友好,团结一致的内容”。②到6月10日汪精卫才开始同平沼首相③,陆军、海军、外务、大藏诸大臣以及近卫前首相进行会谈。平沼对汪精卫在南京建立“实行和平方针的国民政府”的设想,表示“坚决予以支持”。另外,汪精卫同板垣征四郎陆军大臣还就建立汉奸政权所面临的一些现实问题,如对北平“临时政府”和南京“维新政府”的处理问题、制定国旗问题等等,进行了讨论,达成了协议,关于在南京建立所谓“和平政府”获得了日本政府“切实援助的保证”。

1939年6月20日,汪精卫等人从日本乘船回国,紧锣密鼓地开始了所谓“和平政府”的筹建。汪精卫等人先到天津,27日前往北平会见日本华北方面军司令官杉山元大将和伪“临时政府”委员长王克敏,据称进一步坚定了他建立“和平政府”的决心。汪精卫随后返回上海,伪“维新政府”主席梁鸿志一听到消息,29日率同内政部长陈群、绥靖部长任援道赶往上海,进行初次会晤。至此,汪精卫同南北两个主要傀儡政权(未计伪“蒙疆”政权)头目都有了初步接触,为下一步工作做好了准备。

汪精卫为了在日军占领区以外建立汉奸政权,把目光投向两广内地,于是在1939年7月底前往广东,与侵华日军和地方实力派协商,还请逗留香港的陈公博协助,不久发现全都枉费心机,除了南京以外,无建立傀

① [日]今井武夫:《今井武夫回忆录——中国事变回忆录》,《今井武夫回忆录》翻译组译,上海译文出版社1978年版,第305—310页。

② [日]今井武夫:《今井武夫回忆录——中国事变回忆录》,《今井武夫回忆录》翻译组译,上海译文出版社1978年版,第315—316页。

③ 1939年1月初近卫内阁总辞职,由平沼骐一郎接任内阁首相。

偏政权之地。于是以所谓"整顿继承国民政府法统"的形式,重新规划、进行,自8月28日起连续在上海召开"国民党第六次全国代表大会",废除国民党的"总裁制",改为"中央执行委员会主席制",推选汪精卫为委员会"主席";并决议授权中央执行委员会主席指定中央执行委员。大会还决定以"反共"为国民党政策,调整日华关系,恢复两国"邦交"。

1939年9月21日,汪精卫前往南京,同伪"临时政府"委员长王克敏、伪"维新政府"主席梁鸿志一起,协商在南京建立所谓"中央政府"问题。不过王、梁二人对汪所提建立所谓"中央政府"的建议,均以尚未接到有关日军机关发来的任何通知为借口,拒绝表态。协商未能取得实质性效果,只决定了以下事项:(1)首先召开中央政治会议,进行建立政府的准备工作,中央政治会议的重要事项,以汪精卫的方案为基础;(2)新政府设"中央政治委员会",负责议决政策;(3)中央政治会议委员名额的分配是,国民党占1/3,"临时""维新"两政权合占1/3,其余1/3分配给伪"蒙疆"政权及其他无党派人士;(4)在中央政治会议上提出政府名称、首都位置、国旗问题等重要事项,建议对此应事先进行充分协商,以便在开会时能够一致通过;(5)由汪精卫和两政府发表声明。①

为了建立能够统辖南北地区性汉奸政权的中央政权,关键是能够统辖指挥地区性汉奸政权后面的日本侵华各军。因此,1939年10月1日,日本在南京设立了统辖侵华各军的"中国派遣军总司令部",由原任教育总监的西尾寿造大将任总司令官,前任陆军大臣的板垣征四郎任总参谋长。以如此超乎寻常的强大阵容,以便大力促进中央汉奸政权的建立。

同时,继续日本对华政策的会谈。1938年秋天的重光堂会谈协议记录,是汪精卫"和平运动"的开端,与此互为表里的第三次《近卫声明》,成为日本政府向汪精卫集团交代的对华政策基础。但部分内容过于抽象,尚须充实和具体化,并曾内定在"和平政府"建立后,以此作为两国缔结条约的基本内容。为此,日本方面任命以影佐祯昭陆军少将、须贺海军少

① [日]今井武夫:《今井武夫回忆录——中国事变回忆录》,《今井武夫回忆录》翻译组译,上海译文出版社1978年版,第109—110页。

将、矢野及清水两外务省秘书、鼓萩那华雄陆军大佐、犬养健议员为代表，由参谋本部派遣堀场一雄中佐(12月初改任中国派遣军总司令部第四课参谋)负责协助调整日本中央与日军在中国占领区当地的关系；汪精卫集团以高宗武、梅思平、陶希圣、周隆庠为代表，从1939年11月开始继续谈判。不过所谓“谈判”，只是走过场。实际上，日本虽以第三次《近卫声明》所制定的日华新关系调整方针作为基础，但其中不少条款是日本政府各部门按照各自的权益需要“乘机随便添加进去的”[①]，并企图按照新加条款，强行立约。后经双方多次谈判，到12月30日才勉强将谈判记录作为“密约试行方案”决定下来。

所谓“密约试行方案”全名《关于日华新关系调整的协议书类》。该协议书类分两个部分：即“日华新关系调整要纲”和“秘密谅解事项”。前者主要包括“附录一：关于日华新关系调整的基本原则”和“附录二：关于日华新关系调整的具体原则”两部分，总体上都是“重光堂会谈协议记录”和“第三次《近卫声明》”已有的内容。但对部分条款进行了补充和加以具体化。如“附录一”规定：须确定华北和伪“蒙疆”是“国防上和经济上日华之间紧密的合作地带”；伪“蒙疆”地方除上项规定外，“须确定为防共军事上及政治上的特殊地位”；在长江下游地域，“经济上须实现日华之间的紧密合作”；在华南沿岸“特定岛屿，须实现军事上的紧密合作”。“附录二”规定，“日、‘满’、华三国各在其领域内，铲除共产分子及其组织，同时有关防共的情报和宣传等，须提携合作”；日华合作防共，“日本须把必要的军队驻扎于伪“蒙疆”和华北的一定区域”；中国对于日军驻扎地域和与此有关地域的铁路、航空、通信、主要港口和水域，须根据另项协定规定，“适应日本军事上必要事项的要求”；日、“满”、华三国为了实现互助和防共，关于工业和经济等，“基于长短相补、有无相通的旨趣，实行平等互惠”；关于华北和伪“蒙疆”的“特定资源，特别是国防上的地下资源，根据共同防共及经济合作的观点，由日华合作开发。至于利

① 如谋求或扩大日军傀儡伪“蒙疆”政权的地盘；扩大“渗透着日本军队指导力量的华北政府”的权限；要求把铁路经营权委托给日本；扩大日本的驻兵区域。海军方面更提出在海南岛规定日本海军的权益。

用,需考虑中国的需要和对日本提供特别的便利。在其他地域,有关国防上必需的特定资源的开发利用,根据经济合作的观点,也要对日本提供必要的便利,但利用方面需考虑中国的需要";中国根据另项规定,关于日华合作事项,"须聘请日本顾问和职员"。

后者所谓"秘密谅解事项",一共包括8个大项(从第一至第八),每一个大项又包括若干小项。全是这次会谈新添加的内容。第一个大项是关于新"中央政府"和现存华北"临时政府"、南京"维新政府"及伪"蒙疆"3个汉奸政权的"关系调整要纲",规定新"中央政府"在华北成立"华北政务委员会","临时政府"的名称加以废除,其政务由"华北政务委员会"继承。在"中央政府"规定范围内,成立华北地方中与日华合作事项有关的防共和治安合作事项,如与日本军队驻扎有关事项、有关日华防共和治安合作必要事项、有关其他日华军事合作事项等。但是关于"国防军的处理",由"中央政府"在华北特设的军事机关负责。"华北政务委员会"所需经费,由"中央政府"统筹和支付,关税、盐税、统税为中央税。海关、邮政、航空,在"中央政府"成立后,须迅速置于其统一管理之下;"华北政务委员会"有权进行与日、"满"的纯粹地方处理的交涉,但须随时向"中央政府"报告;对"维新政府",虽不设"政务委员会",但须考虑其地位、面子,在"中央政府"成立前,使其继续安心政务,防止其动摇,并须考虑与"中央政府"融合为一;对伪"蒙疆"政权,"鉴于'蒙疆'是国防上和经济上日、'满'、华三国高度结合地带的特殊性,根据现状,承认其有广泛的自治权,作为高度的防共自治区域",其权限根据"中央政府"规定的《内蒙自治法》。但关于《内蒙自治法》的制定,"事先须与日本方面协议"。另外,在第一大事项中,除了对三个现存汉奸政权的"关系调整",还对上海、厦门、海南岛三地的管理做了特别规定:为实现日华在长江下游地区的"紧密合作",上海将"根据另项协定规定";"中央政府"设"厦门特别市",日、华在厦门特别市的"合作事项,由日、华之间另行协定";"中央政府"以"海南岛和附近各岛屿划为一省",由"中央政府"派驻"专员"。以期关于日、华"军事合作"事项、"经济提携"事项,"可予以圆满处理"。这是汪精卫汉奸卖国集团特别送给日本主子的大礼。

8 大“秘密谅解事项”中，其余 7 个大项（从第二至第八），依次是金融财政关系事项（第二）、经济关系事项（第三）、交通关系事项（第四）、日华在长江下游地带合作关系事项（第五）、聘请和采用日本顾问和职员关系事项（第六）、对华方要求关于尊重主权原则和实行等的回答关系事项（第七）、其他事项（第八）等。同样每一大项中包括许多小项，小项下面还有若干细项。有的除了正文，还有“备考”，项目、内容、文字，繁复细密，以充分保障日本的有效控制和权益攫夺。如第五大项规定：关于思想、教育、宣传、文化事业和警察，日华紧密联系和合作。因此，上海特别市政府的社会局、教育局和警察局，聘请日本联络专员；上海居留的日本人组织日本人协议会（名称未定），对市政府提出关于日本人的居留营业的意见，市政府对其意见“须加以充分考虑”，等等。①

作为所谓确立“日华新关系”的“密约试行方案”定了下来，也就为汪伪汉奸政权的建立提供了基础条件，新政权加快了炮制步伐。1940 年 1 月 24 日，汪精卫、王克敏、梁鸿志 3 人，在山东青岛一连两天开会，按照“密约”规定，“临时政府”改组为“华北政务委员会”，由南京“和平中央政府”授予该会以处理华北问题的权限；取消“维新政府”，其政府成员原则上吸收到“和平中央政府”中去。

不过正当汪精卫一伙兴高采烈、得意忘形之时，高宗武、陶希圣却在元月初潜逃香港，1940 年 1 月 22 日在香港《大公报》上将“密约试行方案”全部公之于众，揭露和谴责汪精卫集团在“和平运动”幌子下的卖国罪行。虽然汪精卫、周佛海之流故作镇静，我行我素，但高宗武、陶希圣两个核心人物的“反戈一击”，肯定给汪精卫汉奸集团留下了永远无法抹去的阴影。

汪精卫通过青岛会议，基本完成了中央汉奸政权的准备工作。汪精卫为了蒙骗民众，竭力让其汉奸政权披上“合法”的外衣，声称其政权并

① 黄美真、张云编：《汪伪政权资料选编·汪精卫国民政府成立》，上海人民出版社 1984 年版，第 556—575 页。

非重新建立,而是在与日本实现“局部和平”的情况下,将国民党政府“还都”南京。并决定于1940年3月26日举行伪“国民政府”的“还都”典礼。不过,日本中国派遣军司令部仍在探寻重庆国民党政府有无直接议和的可能。直到3月中旬还在等待重庆方面的答复,3月19日,日军派遣军总参谋长板垣征四郎还通知汪精卫,决定将“还都”典礼推迟到3月30日。

1940年3月22日,汪精卫以“中央政治会议”的名义,公布伪“国民政府”及各院、部、会的基本架构主要官吏名单(名单详后)。3月25日,在经过一番激烈的分赃争吵后,汪精卫又宣布,中央政治会议通过《中央政治委员会组织条例》,中央政治委员会正式成立,并公布了相关名单(名单详后)。

至此,汪伪“国民政府”的行政架构、职务安排、利益分割全部办理停当,只等主子设定的日期一到,即可粉墨登场。使人感到意外的是,在汪精卫利欲熏心,集团内部争权夺利、吵得不可开交的情况下,却将伪“国民政府”主席一职拱手留给尚在重庆担任国民党政府主席的林森,而汪精卫本人屈居“代理”。这当然并非汪精卫和汪精卫集团的本意,而是日本主子的决定。诱降蒋介石和重庆国民党政府是日本帝国主义的一招大棋,日本最理想的结局还是蒋、汪合流,并为此一直对重庆敞开大门,甚至推迟伪“国民政府”的“还都”日期,日本中国派遣军总司令部急切等待重庆的答复。直至1940年3月24日,才收到重庆的答复:“关于承认满洲国问题,政府内部意见分歧,形成对立,很难作出决定。因此,确切答复希延期到四月十五日”。[①] 日本大失所望,“还都”日期无论如何不能再延期,只得在3月30日举行“还都”典礼。

“还都”会上先后发布《国民政府还都宣言》和《国民政府政纲》。《国民政府还都宣言》声称,伪“国民政府”根据中央政治会议之决议,“还都”南京,坚决执行中央政治会议所议决的“实现和平、实施宪政两大方

① [日]今井武夫:《今井武夫回忆录——中国事变回忆录》,《今井武夫回忆录》翻译组译,上海译文出版社1978年版,第142页。

针”，“与日本共同努力、共同防共”，“以扫除过去之纠纷，确立将来之亲善关系”，“过去所采政策及法令，有违反此方针者必分别废止或修正之”；过去个人独裁，为全国人民精诚团结之障碍，必当革除。“共产党挑拨阶级斗争，尤为国家民族之大敌，必当摧陷廓清，使无遗毒”。汪精卫及其同伙，头脑发昏而又自不量力，《国民政府还都宣言》狂称，伪“国民政府”是全国“唯一的合法的中央政府”，若重庆国民党政府对内发布法令，对外缔结条约、协定“皆当然无效”；并向现在重庆及各地“服役中之公务人员及一般将士”发出“布告”，将其全部拉入汉奸队伍。声称凡属公务人员，“自此布告以后，务必于最近期间，回京报到”，一经证明确认，“概以原级原俸任用”；其有怀抱忠诚，有所贡献者，“尤当优予任用”；凡属一般将士，自此布告后，“务必一体遵守，即日停战，以待后命。其非正规军队，散在各地担任游击者，亦务必遵命停止活动，听候点验收编”。[①]《国民政府政纲》共有 10 条，内容涵盖政治、经济、军事、外交、财税、教育等诸个方面，核心是前面 3 条和最后一条（第 10 条）。即充当日本主子的忠实奴仆、走狗，“以分担东亚永久和平及新秩序建设之责任”；尊重列强各国在中国的既得“权益”，并调整其关系，增进其友谊；全力反共，“联合各友邦共同防制共产国际之阴谋及一切扰乱和平之活动”。最后第 10 条是“以防共和平建国为教育方针，并提高科学教育，扫除浮嚣空泛之学风”。[②] 其目的是彻底解除全体国民的思想武装，使其麻木不仁、甘做亡国奴，以保证其日本主子永远高枕无忧。

会上还公布了伪“国民政府”的组织系统和权力结构。汪伪政权完全沿袭国民党政府五院分权制的权力和行政架构。伪政权的最高权力机构是“中央政治委员会”。根据《中央政治委员会组织条例》，“委员会”由当然委员、列席委员、指定委员、聘请委员 4 部分“委员”以及相关“专门委员会”组成。由汪精卫任“主席”；五院院长及华北政务委员

---

① 黄美真、张云编：《汪伪政权资料选编 · 汪精卫国民政府成立》，上海人民出版社 1984 年版，第 821—822 页。

② 黄美真、张云编：《汪伪政权资料选编 · 汪精卫国民政府成立》，上海人民出版社 1984 年版，第 823 页。

会委员长为“当然委员”;五院副院长(褚民谊、朱履和、江亢虎、顾忠琛)为“列席委员”;周佛海、褚民谊、陈璧君、梅思平等18人为“指定委员”;齐燮元、朱深等11人为“聘请委员”。由周佛海任秘书长,陈春圃、罗君强任副秘书长。另外,还分设法制、内政、外交、军事、财政、经济、交通、教育、社会事业9个“专门委员会”,依次由梅思平、陈群、徐良、鲍文樾、陈之硕、陈君慧、李祖虞、蔡洪田任各“专门委员会”的“主任委员”。

“中央政治委员会”下面是伪“国民政府”,由重庆国民党政府主席林森担任“主席”,而由汪精卫“代理”。[①] 伪“国民政府”由行政院、立法院、司法院、考试院、监察院五院以及军事委员会组成。汪精卫任行政院长、褚民谊任行政院副院长、陈春圃任行政院秘书长、陈公博任立法院长、温宗尧任司法院长、王揖唐任考试院长、梁鸿志任监察院长、汪精卫任军事委员会委员长(兼)。

行政院是最高行政职能机构,由内政、外交、工商、农矿、铁道、交通等18部、委组成。其行政架构比现存的“临时政府”“维新政府”两汉奸政权要庞大得多。

为了表示对汪伪政权的支持和日汪之间的紧密合作,1940年3月30日,日本政府发表声明“庆贺”,表示对汪伪政权的发展将“给予全面的协助和支持”。“声明”宣称,“帝国为与东亚各国一起确保其生存,对于开发利用中国资源有着特殊的关心和要求。这是理所当然的”。为此,日本的对华政策是,“只要残存的容共抗日势力迷梦未醒,帝国对其就断然不能停止战争,并将以坚定的决心和不断的准备,克服与突破今后可能产生的一切障碍,以期达到神圣战争之目的”。[②] 日本首相米内还与汪精卫互相交换广播词,向对方国民进行广播。米内在广播词中,对汪精卫忠于

---

① 1943年,国民党政府主席林森在重庆车祸身亡,由国民党政府军事委员会委员长蒋介石兼任国民党政府主席,汪精卫也在南京由“代理”“转正”,在日本的支持下成为伪“国民政府主席兼行政院院长”。

② 余子道、曹振威等:《汪伪政权全史》上册,上海人民出版社2006年版,第429—430页。

日本帝国、开展"和平救国运动"、建立"新政府"的"劳苦功绩";对其"确乎不拔之信念及忧国爱民之热情,表示满腔之敬意!同时对新政府光荣之未来,亦有多大之期待"。[①] 日本中国派遣军总司令西尾寿造和驻中国的日本第三舰队司令长官及川古志郎,也分别发表谈话,表示"支持"汪伪新政权。[②]

1940 年 3 月 30 日汪伪国民政府"还都"当天,现存北平"临时政府"、南京"维新政府"同时宣布"解散""解消",分别发布《临时政府解散宣言》《维新政府解消宣言》。华北"临时政府"解散后,原行政机构保留并改组为"华北政务委员会",伪"临时政府"委员长王克敏,担任"华北政务委员会"委员长。下设内政、财政、绥靖、实业、教育、建设 6 个"总署"和政务厅。至于梁伪"维新政府"解消后,行政架构解散、消失,官吏、职员全部转入汪伪政权系统。

汪伪"国民政府"名义上合并了伪华北"民国维新政府"、伪华中"维新政府"和伪"蒙疆联合自治政府"等原有辖区(不包括伪"满洲国")。但实际上直接管辖的仅江苏、安徽、浙江、江西、湖北、湖南、广东、福建(部分日本占领地区)和伪"淮海"、伪"中原"等省份及南京、上海、汉口、厦门等"特别市",其中除江苏、安徽、伪"淮海"3 省辖区相对完整外,其他省区往往仅占有少数县域;另外,汪伪政权曾设置"浙东行政公署""苏北行政公署""苏淮特别行政区"3 个省级"特别区"。1940 年 6 月 20 日,汪伪政权"中央政治委员会"第 11 次会议决定对南京特别市政府实行改组,并定为"首都"。

伪"华北政务委员会"名义上管辖河北、山东、山西 3 省及北京(后改回北平)、天津、青岛 3 个"特别市";另外管有河南省及江苏省长江以北地区;后曾设立伪"华北政务委员会第一直辖行政区"及伪"冀东行政公署"等两个直辖省级"特别区"。

---

① 黄美真、张云编:《汪伪政权资料选编·汪精卫国民政府成立》,上海人民出版社 1984 年版,第 831 页。

② 黄美真、张云编:《汪伪政权资料选编·汪精卫国民政府成立》,上海人民出版社 1984 年版,第 832—833 页。

伪“蒙疆联合自治政府”管辖巴彦塔拉、察哈尔、锡林郭勒、乌兰察布、伊克昭5个盟与察南、晋北两“行政厅”,并先后设立厚和、包头、张家口3个“特别市”,合计10个省级单位。不过由于日本帝国主义和内蒙古民族分裂主义分子一直企图将内蒙古地区分裂出去,变成第二个伪“满洲国”。现在又因所谓国防、地理位置上的“特殊性”,有日本主子令其“广泛自治”的“尚方宝剑”,根本不理会汪伪政权的任何管辖、指令,汪伪政权对伪“蒙疆”实际上并无直接、有效的管辖权。

三、梁伪、汪伪汉奸政权的经济管理架构与经济统制和经济掠夺

梁伪“维新政府”和汪伪“国民政府”作为日本军国主义一手扶植和严密操控的汉奸傀儡政权,政治上投降日本,防共反共剿共,镇压和围剿抗日活动,反蒋和逼蒋、诱蒋投降,破坏和瓦解抗日民族统一战线,残酷压迫和摧残民众。汪伪汉奸班底,原本就是由一群野心文人、落魄军人、失势政客、投机人士拼凑而成,没有一寸地、一个兵,凭借以日本宪兵为靠山的特务组织起家,汪伪政权成立后,继续利用特务机构在其辖区内实行法西斯统治,捕杀共产党人和抗日爱国志士,并按日本主子的指令,对重庆国民党政府特务组织进行“血肉斗争”,千方百计瓦解和破坏抗日民族统一战线。1941年,为效忠、配合侵华日军对人民抗日斗争的镇压、围剿和在江、浙、皖等地的“清乡”运动,汪精卫政权从1941年5月正式成立“清乡委员会”,由汪精卫兼任“委员长”,集围剿和镇压抗日斗争、对民众进行法西斯统治和搜刮民财、统制和掠夺经济于一体。

汪伪集团、汪伪汉奸政权与北平“临时政府”、南京“维新政府”不同,不是成立汉奸政权以后,开始充当汉奸、走狗,出卖国家主权和民族利益,为虎作伥,进行经济统制和经济掠夺,而是将出卖国家主权和民族利益作为“投名状”,获得日本主子的青睐和筹组替代北平“临时政府”、南京“维新政府”的“中央”政权的“许可证”。从1938年12月29日汪精卫在越

南河内发出“艳电”正式宣布投敌起，到 1940 年 3 月 30 日汪伪“国民政府”宣布成立（“还都”）止，在长达 1 年零 3 个月的时间里，汪伪集团的主要活动就是同日本谈判，以出卖国家主权和民族利益为条件，换取成立“中央”汉奸政权的“许可证”。经过近一年的谈判，1939 年 12 月 30 日，日伪签订《日支新关系调整要纲》卖国密约①，出卖国家主权和资源范围，地域“从黑龙江到海南岛”；资源权益“下至矿产，上至气象，内至河道，外至领海，大陆上则由东南以至于西北，这一切的一切，毫无遗漏地由日本持有或控制”。② 汪精卫集团几乎将国家主权和资源拍卖殆尽，才算领到成立“中央”汉奸政权的“许可证”。汉奸政权出笼后，其核心职能，除了逐一落实卖国密约各项条款，还必须接续承办梁伪“维新政府”替日本主子经办的经济统制、资源掠夺和卖国事项，更要签订新的卖国条约，完成各项新的掠夺任务。至于按照《关于“中华民国”日本国间基本关系条约・附属议定书》第四条规定，“应补偿日本国臣民自事变发生以来在中华民国因事变所受之权益之损害”。③ 这种被冠以“补偿”之名的讹诈、劫夺，既可由日本政府统一提出，亦可随时由日本“臣民”或“臣民”团体提出，还可漫天要价，简直是一个无底洞。

随着日本全面侵华战争和太平洋战争形势的发展，汪伪汉奸政权的卖国和为虎作伥的经济掠夺任务，不断变化和持续加码。1942 年下半年后，日本开始丧失在太平洋战场上的优势和主导地位，并面临美英越来越严密的海上经济封锁，进一步加深了对中国占领区的物资和经济依赖程度。日本在进一步加紧经济掠夺，支持太平洋战争和日本国内经济的同时，1943 年 1 月 9 日下令汪伪傀儡政权对美英“宣战”，在军事上、政治上和经济上与日本“全面合作”“同生共死”。并随即建立“全国经济委员会”，制定和推行《战时经济政策纲领》，强化战时经济体制，大力增产粮食，发展“军需工业”，同时限制和节约消费，凡与军需有关的民需物资，

---

① 黄美真、张云编：《汪伪政权资料选编・汪精卫国民政府成立》，上海人民出版社 1984 年版，第 421—427 页。

② 章伯锋、庄建平主编：《抗日战争》第 6 卷，四川大学出版社 1997 年版，第 851 页。

③ 章伯锋、庄建平主编：《抗日战争》第 6 卷，四川大学出版社 1997 年版，第 869 页。

必须以代用品或代用原料替换。为此,将原已推行的经济统制扩大广度、深度和力度,令其涵盖生产、分配、交换、消费各个领域,贯穿工业、农业、金融、商业、交通运输各个行业和部门。规定各主要产业必须在政府的指导、监督下,“实行团体的经营制度”;各种产业部门,自生产以至于配给的各个环节,实行“计划运营”,进行“自治的统制”。[①] 统制的核心是“军需工业”和泛“军需工业”。为了对粮食大力增产和统制、掠夺,汪伪将粮食管理委员会改为“粮食部”,并在地方建有“粮食局”,统管粮食的生产、采办、配给事务。为了对商业流通和所有物资进行全面统制,1943 年 3 月,日本侵略者重新拟订了《扬子江下游地域物资移动统制暂行条例》,汪伪随即接连设立了“全国商业统制总会”“物资统制审议委员会”和“物资调查委员会”3 个统制机构,形成汪伪物资统制的“三鼎足”体制。[②] 物资统制空前严厉。为了加强米粮统制和掠夺,日伪双方米商联手组织“米粮统制委员会”,并由日商掌握实权。10 月 30 日,日本又同汪伪政权签订“同盟条约”,进一步将汪伪汉奸政权牢牢捆绑在日本军国主义的战车上。“条约”规定双方实行“紧密的经济合作”,以“建设大东亚并确保其安定”,并“以坚定不移的决心,铲除对此造成障碍的一切祸根”。“条约”第四条又特别规定,“两‘国’主管官员”可协商决定为实施本条约所需的“必要的细节”。为日本的军事侵略和经济掠夺提供了条约依据,使其侵略和掠夺完全合法化。[③] 此后,随着日本全面侵华战争特别是太平洋战争形势的恶化,日伪经济统制和经济掠夺机构、手段多次调整、变化。统制机构不断增加,统制越来越严密,掠夺越来越不择手段,越来越多的米粮和“军需”物资,由低价强购改为日军武装和暴力劫夺,铁路、轮船、通信也都全部改为侵华日军军用。日本侵略者通过这些措施和手段,不仅保障了战争供给,延长了侵略战争,而且最后对中国城乡物资和经济资源进行

① 中国第二历史档案馆藏,见余子道、曹振威等:《汪伪政权全史》下册,上海人民出版社 2006 年版,第 1266—1267 页。

② 《战时经济架构及其设施》,《申报年鉴》(1943 年),1944 年版,第 613 页。

③ 复旦大学历史系编译:《日本帝国主义对外侵略史料选编(1931—1945)》,上海人民出版社 1983 年版,第 444—445 页。

地毯式的大洗劫，将所劫粮食、战略物资和钱财全部运回日本，幻想在日本国内不出一分钱的前提下，撤回日本本土长期顽抗，而后东山再起。

（一）梁伪“维新政府”的经济管理架构与经济统制和经济掠夺

1938 年 3 月 28 日，伪“中华民国维新政府”在其成立“典礼”上宣读的《维新政府成立宣言》，同时也是“维新政府”的“政纲”。“宣言”和“政纲”虽然是用来装门面的，有些不会真正和完整实行，甚至根本不打算实行，不过也还是可以从中看出某些端倪，至少可以看出用来装门面的是什么东西。“宣言”和“政纲”一共 10 条，其中第四、第五、第六、第八 4 条，全部内容集中于经济管理、经济建设和民众救济、就业等方面，从中可以看出“维新”伪政权关于经济管理和经济开发、建设的一些基本政策和理念。该文件第四条规定，“对于各省灾区难民，力筹使之归还原地之方法，俾得从事于本来业务；又在未经战祸之地方，应速设保安组织，讨伐匪贼，绥靖地方”。亦即将遭受战乱地区的灾民、难民，强力赶回原地，从事原业，消灭流浪者；未经战乱之地，完善保安，消灭贼匪，绥靖地方，强化对人民的法西斯统治。第五条规定，“救济失业、开发资源、振兴工业、改良农业等问题，应在国家指导之下，极力与友邦提携，并希望外国资本之普遍投资”。这是对资源贫乏的日本投怀送抱。使其经济掠夺合法化、经常化和永久化。同时，为了以战养战、以华制华，为了“在日本国内不出一分钱的方针下进行作战”，日本在中国的经济资源和工农业产品掠夺，一天也不能中断。“维新”傀儡政权所谓“极力与友邦提携，并希望外国资本之普遍投资”，“救济失业、开发资源、振兴工业、改良农业”，其实就是为虎作伥，为日本帝国主义统制和掠夺工矿资源及工矿农业生产鸣锣开道。第六条规定，“辅助既成商工业及金融组织，使之健康发展，增加国富”；第八条规定，“财政注重收支适合，减轻人民负担，节省冗费，借谋增进全国人民之福利，凡从前不急之务及有害人民之苛捐杂税，当一律革除之”①，则

① 中国国民党中央委员会党史委员会编印、秦孝仪主编：《中华民国重要史料初编 · 对日抗战时期》第 6 编，傀儡组织（3），中国国民党中央委员会 1981 年刊本，第 140—141 页。

装门面多余实际施行。

关税、盐税和统税，是国民党政府的主要财源，日军占领上海后，即于1937年12月劫夺了国民党政府财政部税务署设在上海九江路的办事处，随即在上海大沽路设立了伪“苏浙皖路税务总局”，任命原税务署办事处职员邵式军为税务总局局长，1938年1月7日开始征收税款。随着日军占领区的扩大，苏浙皖3省沦陷区的税务机关全都落入敌伪之手。梁伪“维新政府”出笼后，伪“税务总局”也成为梁伪“维新政府”财政部属下的一个税务机构。1938年3月，梁伪“维新政府”又劫收了上海极司菲尔路的原国民党政府松江盐务管理局，改为伪“苏浙皖盐务管理局”，作为梁伪“财政部”属下的盐务管理机构。其中盐税和统税收入，除一小部分充作伪“维新政府”的开办经费外，绝大部分被日军攫夺充作军费。

除了盐税、统税，又劫收了上海海关和关税。上海海关原来一直由英国操纵，关税在偿债之后，余款(“关余”)存放于英国汇丰银行。日本在占领天津、秦皇岛、青岛之后，随后劫取了上述海关。为了从英国人手中夺取上海海关，从1938年2月起，日本外交部即与英国驻日本大使在东京开始谈判，改变关税偿债、关余存放办法。英国屈服于日本的压力，5月3日以交换公文的形式，英日双方非法签订了关于日本接收上海海关的协定，规定日本占领区的中国海关收入全部改存日本横滨正金银行；以关税支付1937年9月以后中国政府停付的庚子赔款；关税收入中有关担保外债部分，由日本横滨正金银行的总税务司计算支付。实际上在协定签订之前的4月26日，在日本指令下，梁伪“维新政府”已任命李建南为上海海关监督。5月6日，梁伪“维新政府”宣称接收上海海关。日本在攫夺上海海关后，立即通过梁伪“维新政府”降低海关进出口税及转口税。

本来从1929年起，国民党政府开始实行关税改革，提高关税税率，并从1930年2月1日起，实行按金价征收关税。1933年5月，因对日本的主要货物3年内不得加税的期限届满，国民党政府从5月22日起实施新的税则，重点提高棉货、海产品和纸张、糖等的税率，其中日本商品占多数。日本对此极为不满，认为是对日本商品的限制，因而通过武装走私，使日本商品在中国大量非法倾销。1937年12月15日，王伪“临时政府”

宣称接收天津、秦皇岛两海关后，日本即令王伪“临时政府”于1938年1月22日实行新税则，降低国民党政府所颁关税税率；5月30日，又令王伪“临时政府”及梁伪“维新政府”联合声明更正税率，从6月1日起实施；王伪“临时政府”1月22日实行的改正税则也同样在华中地区施行。由于关税降低，日本棉布、人造丝及其制成品、海产品、砂糖、机械及其零部件、建筑材料等的进口额激增。同时，中国的农副产品煤、铁矿石又以及其低廉的价格输往日本。①

在金融和银行、货币方面，日本华中派遣军在扶持、炮制梁伪“维新政府”的过程中，已同时准备好了傀儡政权的金融对策和金融统制、掠夺手段，并为此迅速发行伪币。梁伪“维新政府”刚一出笼，1938年4月1日，日本陆军、海军、外务3省驻上海联络委员会，即开会决定了《华中维新政府金融对策准备纲要》，计划成立“发行局”，先发行2500万元的小量纸币。但4月18日，日本外务省出台《华中占领地币制问题暂行处理要纲》，不同意让梁伪“维新政府”立即发行新币。因为上海情况不同于华北，上海是中国的金融中心，不仅国民党政府的法币有很深的基础，而且当时国民党政府的中央、中国、交通、农民4大银行仍在上海租界营业，同时英、美等国货币也有很大的势力。所以，日本决定军费及企业投资仍使用日元及“军用手票”。② 关于设立发钞银行，有待情况发展决定。

1938年7月中旬，中国法币与英镑比值变更，影响日元对法币的比价。日本为避免日元贬值，决定限制日元的流动和携带，在华中地区的日军军费使用“军用手票”。但军票毫无信用，沦陷区民众拒绝使用。因此，日本政府便决定让梁伪“维新政府”筹设发钞银行，并定名为“华兴商业银行”。

日本政府为了取得英、美等国对这一举动的支持和合作，曾对英、美、德、意等国进行拉拢和引诱，不仅由外务省出面对英、美各国外交使节游

---

① 章伯锋、庄建平主编：《抗日战争》第6卷，四川大学出版社1997年版，第744—745页。

② “军用手票”亦称“军票”，是1937年11月5日日军在杭州湾登陆后，在陇海铁路以南地区强行使用的一种纸币。

说,表示"对第三国利益充分加以考虑",欢迎各国投资和协助,而且在上海的日本工商联合会会长吉田政治,也曾出面正式邀请在上海的英、美等国银行参加。但是,日本的这一企图未能如愿。除其盟国德国、意大利两国银行表示"保留"外,其他各国银行均拒绝参加,所以日本只好独家经营了。

1939年5月1日,"华兴商业银行"在上海乐安路2号成立,15日开始营业。日伪声称,银行资本金法币5000万元,其中由梁伪"维新政府"出资2500万元;日本兴业、朝鲜、中国台湾、三井、三菱、住友等银行共出资2500万元。其实"羊毛出在羊身上"。所有资本全都来自存入日本正金银行的上海海关关余,日本并未支付分文。

"华兴商业银行"以伪"维新政府"为法人,设总裁、副总裁各1人,理事5人、监事2人。总裁为财政部长陈锦涛(陈不久病死,由梁鸿志接任),副总裁由日本人、原伪"洲国国"中央银行理事鹫尾矶一充任。其业务范围,除发行钞票、代理"国库"和公债事务等特权外,还从事经营外国贸易、金融及一般银行业务。该银行一开始营业,即发行面额1元、5元、10元的"兑换券"和1角、2角的辅币券。在1元券上印有"凭票即付国币1元"。所谓"国币",即指当时国民党政府发行的法币。也就是说,华兴券与法币等值。1939年5月16日当天,梁伪"维新政府"财政部宣布,除关税外,凡缴纳捐税和向银行存储款项,以及偿还债务、买卖交易等,华兴券与法币均等价收受。华兴券发行不久,因日本对上海外汇黑市的冲击,致使法币贬值,梁伪"维新政府"便于7月19日宣布,华兴券脱离法币比价,其与法币之兑换率,将依法币对英镑之比价而定。

华兴券的发行遭到沦陷区人民的抵制与反对,因而难以在市面上流通,仅限于华兴商业银行与日本银行间的账务往来。虽然到1940年2月,华兴券的发行额达565万元,但大部分呆滞在日本正金银行上海分行及其他日本银行的库房里。①

梁伪"维新政府"进行经济统制、经济掠夺的重心还是在经济资源和

① 章伯锋、庄建平主编:《抗日战争》第6卷,四川大学出版社1997年版,第747—748页。

矿工农牧产业方面。还在梁伪“维新政府”成立前，1938 年 3 月 15 日，日本内阁就通过了设立“华中振兴股份有限公司”（“华中振兴株式会社”）案，10 月 30 日举行成立会议，11 月 7 日在上海正式开业。公司总裁为前日本横滨正金银行总经理儿玉谦次。公司并不直接经营业务，只是象征性投资和实质性统制。投资和统制的行业领域很广，包括交通运输、通信、电气、瓦斯、水道、矿产、水产，以及其他公共事业或产业“振兴”的必要事业。试图将华中地区全部经济事业都置于该公司的绝对统制之下。

华中振兴股份有限公司成立后，相继开设的子公司计有华中矿业、华中电业、上海内河轮船、华中电气、通讯、上海恒产、华中都市汽车、华中水产、大上海瓦斯、华中铁道、中华航空（包括华北和伪“蒙疆”地区）以及华中盐业、华中蚕丝等，达十余家。这些子公司都是以日伪共同投资的所谓“合办”公司的形式出现。公司成立时，日本都与梁伪“维新政府”签有相关协定。所谓“合办”，是指日本政府及“民间”以“现金”出资（日本政府亦有以掠夺的资产作为“现物”投资）；梁伪“维新政府”则以原有企业的固定资产作为实物估价出资。各子公司由日本人担任经理及其他主要职务，梁伪“维新政府”方面人员则担任副经理及其他次要职务。①

所有合办子公司都在总公司和日本的绝对把持和掌控之下。为了明确和进一步加强日本华中派遣军对所有子公司的绝对控制，1938 年 12 月 15 日，日本华中派遣军特务部长原田熊吉、海军特务部长野村直邦、代理上海总领事后藤镒尾与梁伪“维新政府”行政院院长梁鸿志、内政部长陈群、绥靖部长任援道、实业部长王子惠、交通部长江洪杰等，共同签订了《关于华中振兴股份公司所投资中日合办公司之指导、监督文件》。该协议虽然规定，日本“现地当局”（华中派遣军）及梁伪“维新政府”当局，“互相协力”“密切联系”，对华中振兴股份公司所投资之中日合办公司行使“指导、监督”。梁伪“维新政府”对合办公司“负行政监督之责”，公司章程、重要规定的制定、变更；董事长（社长）及副董事长（副社长）的选任

① 章伯锋、庄建平主编：《抗日战争》第 6 卷，四川大学出版社 1997 年版，第 745—746 页。

或解任;公司有关合并或解散之决议,都必须"预得政府之认可"。不过梁伪"维新政府"无权自行"认可"、决断。协议规定,"政府认可前列各项时,应先与日本方面现地当局协力处理之"。协议还规定,因公益上及军事上的必要,梁伪"维新政府"对合办公司发布命令时,"应先与日本方面现地当局协议,互相协力处理之"。日本现地当局也会"要求(政府)发出前项命令"。如因军事情况"紧急",日本现地当局"得直接对合办公司做必要之要求,而将其意志通知政府"。①

梁伪"维新政府"成立后的一段时间,华中振兴股份有限公司尚未正式成立,伪政权按其《政纲》的规定,打着"极力与友邦提携"的旗号,接连同日本华中派遣军签订了多家大型实业公司的《设立要纲》,如华中铁矿股份有限公司、华中水电股份有限公司、华中电气通讯股份有限公司、上海恒产股份有限公司(暂称)等,为日本帝国主义的全面经济统制和大规模经济掠夺鸣锣开道。华中振兴公司成立和开始营业后,这些由原来多家公司合并组成的大公司,全部变成华中振兴公司的子公司。

1938年8月9日,梁伪"维新政府"实业部长同日军特务部长、建设课长签订《华中铁矿股份有限公司设立要纲》,该公司为中日"合办","以开发及统制华中方面之铁矿为目的",初定资金1000万元,先缴1/4。统制经营的矿山包括:福利民公司、南山、小姑山及其他矿山;宝新公司、大凹山及其他铁山;益华公司、黄梅山萝卜山及其他;振冶公司钟山及其他;高资方面之诸铁山;长程公司、景牛山及其他;秣陵公司、凤凰山及其他;三山镇方面之诸铁山,其他占领地域内之诸铁山。几乎将侵华日军占领区域内之铁矿一网打尽。该公司的发展计划为第一年开采铁矿石100万吨,此后每年增加100万吨,至第五年采掘500万吨作为定额。

日本为了迅速开发、掠夺华中地区的"国防矿产资源",在华中振兴股份有限公司成立1个月后,1938年11月30日,日本华中派遣军陆军特务部长原田熊吉、海军特务部长野村直邦、日本驻上海总领事日高新三郎

---

① 章伯锋、庄建平主编:《抗日战争》第6卷,四川大学出版社1997年版,第765—766页。

同梁伪“维新政府”行政院长梁鸿志、实业部长王子惠、次长沈能毅，签订了《关于处理开发华中地方重要国防矿产资源之要纲》，决定梁伪“维新政府”当局与日本方面现地当局（即日本华中派遣军等）间，迅速建立“具体调查计划案”，对华中地方的铁、铜、铅、锌、锡、锑、锰、钼、钨、镍、铝、萤石、煤、火油等“重要国防矿产资源”，即行着手实行调查，并将调查发现的“重要矿产资源”，划归华中铁矿股份公司“统制开发”。同时，为防止所谓“矿业权之分散”，梁伪“维新政府”决定“从速进行修改有关系之法令，并做其他必要措置”，以方便和保证日本帝国主义对所有矿产资源的垄断和掠夺。①

《华中铁矿股份有限公司设立要纲》签订的同一天，梁伪“维新政府”实业部长、次长同日敌特务部长、建设课长又签订了《华中水电股份有限公司设立要纲》。该设立要纲规定，该公司为伪政权的“特殊公司”“特殊法人”，从事电气、自来水及其“附带事业”的经营，“并加以综合统制”。公司资本总额 2500 万元，其中现物出资 1500 万元，现金出资 1000 万元。② 公司创立之初的事业范围，为上海市及其近郊事业。营业者包括上海华商电气、闸北水电、浦东电气、翔华电气、真茹电气、大场电气、内地自来水、浦东自来水各公司等。本公司对其营业范围具有绝对统制权。发电、送电全归本公司经营，除本公司外，“维新政府”对于“电气及自来水之新设，不予认可”；为使现行统制外之同种事业归入本公司统制之下起见，政府“予本公司以必要之援助”。同时，处理用余电等之特殊场合外，对于私用发电，也不予认可。此外，伪政权对华中水电还有“公司特别恩典”：包括 3 年内免除复兴所需之重要机器材料之关税；免除设立公司之登记及登录税；免除国税以外之地方税及公课；给予事业进行上必要之特权，例如土地收用等。最后，“维新政府”对本公司负有“特殊义务”。

① 1938 年 12 月变更资本额为 2000 万元，公司名称改为“华中矿业股份有限公司”。见章伯锋、庄建平主编：《抗日战争》第 6 卷，四川大学出版社 1997 年版，第 816 页。

② 现物出资股份全部交清，现物出资之估价，以现有财产价值为标准；现金股份最初缴清半数。现金股份中，由华中振兴股份有限公司负担 750 万元，其余 250 万元由“一般负担之”。

由于公司的“公益性质”,对设备须采取必要的措置,因此所受损失,“维新政府”应予补偿。

1938年8月10日,梁伪“维新政府”交通部长、次长同日敌特务部长、建设课长又签订了《华中电气通讯股份有限公司设立要纲》。所设公司从事华中地区电气通讯事业的“统制经营”①、电气通讯设备的贷租,以及电气通讯附带事业的经营、投资。按该设立要纲规定,该公司为“维新政府”的“特殊公司”,它的建立不仅为着“裨益华中经济复兴,满足国防要求”,而且标志着“联结日、‘满’、华三者之通讯政策”的“实现”。公司资本总额1500万元,“维新政府”现物出资600万元,现金出资1000万元。现物出资全数缴清,现金出资第一次缴清一半。② 公司除经营方面的统制优惠,还享有“特典”(特别的恩典),包括:(1)准予募集已缴股本额2倍以内之公司债及保证其本利支付;(2)对于“维新政府”以外人员红利,予以优先分配;(3)对于公司财产所得,及营业公司所订契约登记,及公司事业所要物件之租税及其他公课,予以豁免;(4)公司享有关于土地之使用,电线路之建设,道路、河川、桥梁、堤防及其他公用土地之收用,经费之征收之手段及手续等通讯事业经营上所必需之一切特权。

1938年9月7日,梁伪“维新政府”内政部长、次长同日敌特务部长、建设课长签订了《上海恒产股份有限公司(暂称)设立要纲》。公司设立目的:主持上海附近都市及港湾建设事业之实施,及与此有关之不动产之经营管理。公司经营范围:上海附近之都市建设事业,港湾建设事业,土地及房屋之卖买、赁贷、利权及管理,不动产信托业务,上述各项之附带业务。本公司为“维新政府”的“特殊公司”,资本总额3000万元。③ 但公司

---

① 统制范围包括:“维新政府”除本公司外,有关电气通讯事业之新设,不予认可;并对现存国有以外之同种事业,在本公司设立后采取必要措置,从速以合并收买及其他方法,使其受本公司的统制。

② 现物出资乃指“维新政府”所有为公众通讯用之电器通讯设备及其附属设备,以旧有财产之价值为其估价之标准;现金出资中,600万元由华中振兴股份有限公司承担,其余400万元由有关事业之公司负担之。

③ 最初资本为2000万元。其出资比例为:“维新政府”现物出资1000万元;华中振兴股份有限公司现金出资500万元;日本民间现金出资500万元。现物出资以维新政府的官有财产充当之。现物出资股份全部交清;现金出资股份第一次缴清半数。

设立后，得于适当时期增资 1000 万元。公司也享受“维新政府”赋予的“特典”。内容同华中电气通讯公司享有的“恩典”大同小异。同时，“维新政府”监督公司业务，公司根据上海都市建设局之设计，在该局监督之下，自行从事都市建设及港湾设施之工事。都市建设及港湾建设事业，及其附带事业所必要之土地原则上应由“维新政府”取得后交付本公司。而其买收事务，则在“维新政府”当局监督之下，主要由本公司担任。① 因都市建设及港湾建设事业的实施进展，所有道路、公园等之公共设施，除有特殊事由之场合外，原则上应无偿转交“维新政府”当局。

日本帝国主义为了掠夺中国的航空主权和航空资源，并使这种掠夺合法化，1938 年 12 月 10 日，在“为策划中国航空事业之一元化的经营，满足政治、经济、国防上之要求，及促进东亚航空政策之实现”的旗号下，由华中日本派遣军特务部长、建设课长同“维新政府”建设部长签订了《中华航空股份公司设立要纲》，以设立“中日合办之正规的航空公司”为目标，为适应目下“急需”，暂行设立“中华航空股份有限公司”作为过渡。公司事业范围为：旅客、邮件及其他货物空运，飞机赁贷事业，其他使用飞机之一切事业，促进事业发展之事业，上述各项之附带事业，上述各项事业之投资。资本总额 600 万元，其中王伪“临时政府”180 万元；梁伪“维新政府”200 万元；伪“蒙疆”政权 20 万元；惠通航空公司② 100 万元（现物出资，全数缴清）；“大日本航空公司”100 万元（现物出资，全数缴清）。③ 本公司为“临时”、“维新”、伪“蒙疆”3 政府协定而设立的“特殊法人”，资本由“日华合办”，公司地址暂设北京。

“临时”、“维新”、伪“蒙疆”3 政府协定赋予本公司多项“特典”，包括

---

① 买收土地之代价，由本公司向“维新政府”交付公司债券，再由“维新政府”转交土地所有者。

② 惠通航空公司，成立于 1936 年 11 月 7 日，公司地址北京，是日本侵占和掠夺华北航空事业的产物。资本 450 万元法币（实缴 270 万元），名义上“中日合办”，资本中日各出一半，实际上是日本独资、实权完全由日本垄断。具体情况详见本书第五章。

③ 惠通航空公司所缴之 100 万元，在本公司成立后，名义上，50 万元变更为“临时政府”；50 万元变更为“大日本航空公司”。现金出资，公司成立时缴清半数，公司成立 6 个月后全部缴清。

享有中华民国航空事业(包括飞机制造业)“独占权”,国有飞行场“独占使用权”;免除航空事业必需品之关税及其他一切公课;赋予土地征用及其他此种公共事业所有“特典”;赋予航空事业上必要之通讯标识,及广播之专用运营权等。

《中华航空股份公司设立要纲》最后声称,将“从速设立”作为目标的“正规的航空公司”。在设立该项公司时,有关资本构成、人员关系、公司所在地等,不受“本暂定公司”之拘束。本公司从速吸收通惠公司,预定于1938年12月15日在北京举行创立总会。

1938年12月15日,日本“兴亚院”成立后,兴亚院华中联络部取代日本华中派遣军特务部,成为直接对华中地区行使经济统制、经济掠夺的侵略机构。1939年4月30日,兴亚院华中联络部长官津田静枝同梁伪“维新政府”行政院长梁鸿志,签订了《关于华中铁道股份有限公司之协定》《华中铁道股份有限公司设立要纲》两件“密约”。日本帝国主义开始了对华中地区的铁路、公路运输的全面统制和掠夺,并使这种统制和掠夺“契约化”和“合法化”。《关于华中铁道股份有限公司之协定》规定,梁伪“维新政府”令由华中铁道股份有限公司主持“以一般运输为目的的华中铁道建设与经营,以及在主要路线上的汽车运输事业的经营。对于公司以外者不予认可”。本协定自“华中铁道股份有限公司”创立之日起生效。《华中铁道股份有限公司设立要纲》专门处理公司设立、业务和经营管理相关问题。规定该公司作为“维新政府”的“特殊公司”,并且“从速设立”。其经营范围包括铁道事业、汽车运输事业①,以及两者附带事业。其中国有铁道(含江南铁道)及其附带事业,依照“别项规定”,也由该公司经营。公司资本总额5000万元,其中梁伪“维新政府”1000万元,华中振兴股份公司2500万元(内现物出资764万元),其他1500万元。② 公司为“维新政府”之“特殊法人”,公司“本店”设于上海。公司“统制要领”:政府除本公司外,对于以华中一般运输为目的之铁道建设经营,及

---

① 汽车运输事业不包含都市(原则上包括都市近郊)中之公共汽车事业之经营。

② 现物出资“缴清一部”,现金出资第一次缴清1/4;其他出资1500万元之分配额,其不足额由振兴公司负担。

在主要路线上之汽车运输经营，“应采取措置不予认可”。梁伪“维新政府”对公司亦赋予如下“特典”：(1)公司财产所得及营业、公司签约登记及公司事业所要物件之租税及其他一切公课，“予以豁免”；(2)事业经营上必要之土地及其他物件上权利之收用、使用及同种事业之买收等，“予以必要之一切权利或便益”；(3)一个事业之土地、其他物件及权利，“免除征收”；(4)专用电讯、电话设施(之设置、保留)；(5)已缴股款额3倍为止之公司债之发行；(6)公司债本利支付之保证。

当然，梁伪“维新政府”作为傀儡，并不能就华中铁道股份有限公司的设立和成立后的经营管理自行发出任何“命令”、作出任何“决定”，一切都必须听从日本主子的指令。《关于华中铁道股份有限公司之协定》反复强调，为达成《关于华中铁道股份有限公司之协定》和《华中铁道股份有限公司设立要纲》所记载的目的，梁伪“维新政府”应经联络部长官之“同意”，“制定必要之法令，并予实施”；此后法令之“变更或废止”，同样“应得联络部长官之同意”；公司成立后，梁伪“维新政府”应预先与联络部长官“协议”，“始得从事处理有关国有铁道之旧有借款及权益”，不得轻举妄动，自行其是。①

1939年8月21日，还成立了“华中盐业股份有限公司”，作为梁伪“维新政府”的“特殊公司”，资本500万元，中日各半。公司以“指导和帮助海州盐的保存、输出、提炼为主要目的”，实际负责海州盐的购买和大量输送到集散地。此外，还成立了公共汽车、蚕丝、内河轮船、上海瓦斯、水产及其他公司。其次，关于所谓棉花改良、土产输出奖励措施，“或已实施，或仍在起草中”。②

（二）汪伪“国民政府”的经济管理架构和经济统制、经济掠夺

汪伪“国民政府”作为所谓“中央政府”的汉奸政权，相对于被其取代

---

① 有关梁伪“维新政府”在所谓中日“提携”旗号下，与日本签订的诸个经济掠夺协定表述，资料见《所谓中日“提携”的经济掠夺——伪维新政府与日签订的诸经济协定(1938年至1939年)》，重庆《中央日报》1940年2月29日。章伯锋、庄建平主编：《抗日战争》第6卷，四川大学出版社1997年版，第754—768页。

② 章伯锋、庄建平主编：《抗日战争》第6卷，四川大学出版社1997年版，第817页。

的梁伪“维新政府”而言,政治纲领更加颠倒黑白、认敌为友,反共、亲日,卖国求荣;经济管理、经济统制架构更加完整、细密。汪伪政权的“政纲”共有 10 条,核心是反共、亲日、投降卖国,全力配合日本“以战养战”“以华制华”、利用中国的人力物力占领和灭亡中国的基本国策,禁止和破坏人民抗日斗争,大肆鼓吹“反共和平建国”谬论。汪伪《国民政府政纲》第一条侈谈“本善邻友好之方针,以和平外交,求中国主权行政之独立完整”,声称要为其主子的所谓“东亚永久和平及新秩序”建设,“分担责任”。日本帝国主义在中国夺城掠地、狂轰滥炸、烧杀劫夺、奸淫掳掠,中国疆土沦丧、人民生命财产损失惨重,中华民族陷入灭顶之灾,汪伪汉奸政权不谴责、不抵抗,不准驱赶和消灭侵略者,反而埋怨中国礼让、招待不周,《国民政府政纲》第二条拍胸保证“尊重各友邦之正当权益,并调整其关系,增进其友谊”。汪伪汉奸政权深知中国共产党和人民大众,是他们投降卖国和日本灭亡中国的最大障碍,必欲彻底消灭共产党和一切抗日力量而后已,因此《国民政府政纲》第三条提出,“联合各友邦共同防制共产国际之阴谋及一切扰乱和平之活动”。第十条的所谓“反共和平建国”,亦以“反共”为“和平建国”之前提。至于所谓“欢迎友邦资本与技术之合作,以谋战后经济之恢复及产业之发展”;“振兴对外贸易,求国际收支之平衡”;“重建中央银行,统一币制,以稳定金融之基础”;“整理税则,减轻人民之负担,复兴农村,抚绥流亡,使其各安生理”;“提高科学教育,扫除浮嚣空泛之学风”,等等,全是天方夜谭和挂羊头卖狗肉之类的骗人鬼话。①

经济管理体制和职能架构方面,同梁伪“维新政府”比较,汪伪政权管辖的地域范围更大,替主子进行经济统制和经济掠夺的职责、任务更为繁重,职能架构更为完整、门类更多、分工更细。总的来说,梁伪“维新政府”和汪伪“国民政府”都是分立法、行政两个方面和系统管理经济,梁伪“维新政府”,立法院下设置“经济委员会”,汪伪“国民政府”将其分设为水利委员会、财务委员会;梁伪“维新政府”行政院下设置财政部、实业

---

① 章伯锋、庄建平主编:《抗日战争》第 6 卷,四川大学出版社 1997 年版,第 864 页。

部、交通部 3 个部，汪伪“国民政府”则将其增设为交通、铁道、农矿、工商、财政 5 个部。[①] 这就使得汪伪汉奸政权为其主子进行的经济统制和掠夺，职责分工更细，权责更明确，也更加得心应手。

从 1941 年起，汪伪汉奸政权为进一步效忠日本主子、配合侵华日军对人民抗日斗争的镇压、围剿和在江、浙、皖等地的“清乡”运动，这年 5 月正式成立了机构庞大的“清乡委员会”，由汪精卫兼任“委员长”，下有 10—16 名“委员”，由军政各部、会长官及当地省政府主席兼任“委员”。为了执行“清乡区”内之政务及统率指挥保安队及警察，须“分区设置清乡督察专员公署”。不仅如此，必要时还得加设“各种委员会”，将“清乡”同经济统制、经济掠夺相结合。《清乡委员会组织大纲》规定，清乡委员会为清乡“最高指挥机关”，对清乡地区“军事事宜”，不仅握有“迳为制定法规、发布命令”之大权，而且有关清乡区内的军事、政治、经济（包括经济统制和经济建设）、交通、通信、运输、财税、治安、行政、教育等全部“政务”，由其处理、审议，包括军、警派遣，行政设施的指导、监督，军警部队的给养，封锁“匪区”，保安、警察的设置及保甲编组。同时，它并非对民众进行法西斯统治的单一暴力机构，而是集镇压抗日、残害人民，为虎作伥，搜刮民财，统制和掠夺经济于一体的卖国投降和法西斯机器。因此，汪伪将鱼米之乡的苏州地区，作为第一期“清乡”区，目的就是要掠夺这一地区丰富的农渔产品。日伪军在全地区清查户口、编制保甲、实行连保连坐，进行梳篦式“清乡”“扫荡”的同时，对区内物资实行严格的清查、登记，设卡、抽税，并制定、颁布五花八门的法规、条例、办法。其中最重要的就是“物资统制及运输管理暂行办法”“整理保甲肃清共匪暂行办法”“客民出境办法”等。日伪在区内疯狂屠杀、大肆掠夺。江南民众将“清乡”形象地比作“清箱”。[②]

汪伪“国民政府”在其筹建时，伪“蒙疆自治政府”、华北“临时政府”、华中“维新政府”等汉奸政权，早已存在，不是以“中央政权”自诩，就

① 章伯锋、庄建平主编：《抗日战争》第 6 卷，四川大学出版社 1997 年版，第 752、866 页。

② 章伯锋、庄建平主编：《抗日战争》第 6 卷，四川大学出版社 1997 年版，第 876—878 页。

是宣布“独立”,公开实行民族分裂主义。汪精卫集团为了建立全国性的“中央”汉奸政权,不惜以国家主权和民族利益换取日本主子的欢心和支持,日本帝国主义趁此机会,通过威逼利诱和频密交涉,疯狂侵夺国家主权和经济资源。如此,汪伪“国民政府”的筹建,八字才有一撇,但相关国家主权、经济权益,已几乎被其拍卖一空。曾作为汪精卫代表参加日汪谈判的陶希圣,归纳日本支持汪精卫集团的“条件”称,日本“条件”包含的地域,“从黑龙江到海南岛”;“条件”包含的事务,“下至矿产,上至气象,内至河道,外至领海,大陆上则由东南以至于西北,这一切的一切,毫无遗漏地由日本持有或控制。……在这种条件之下,中国只有死路一条”。①根据1939年年末日本人开列的“重要成就”清单,其中经济方面,日本通过“当地”交涉,从汪精卫集团手中攫夺到手的经济利权和资源,主要包括:

(1)全国范围:A.确保关于航空的“统治地位”;B.对国防所需“特殊资源”的“开发和利用的企业权”(在华北日本有“优先权”,在其他地区“日华平等”);C.确保关于中国沿海的“主要海运参加权”;D.约定实行与关税和通关手续有关的“亲日政策”;E.通过汪伪“中央政府”聘请日本的财经技术顾问,“确保我国(日本)政策执行方法”;F.约定答应“日本对驻军地区和与此有关区域的铁道、航空、通信、主要港湾及水路在军事上的要求”。

(2)内蒙古地区:A.掌握内蒙古的“概括的实权”;B.获得“内蒙古全面的领导权和参与权”。

(3)华北地区:A.掌握华北“日、华防共和治安合作必要的日本军驻扎权”;B.掌握“关于铁道的实权”;C.获得与通信(除有线电信外)有关的“日、华共同经营权(日本优先权)”;D.确保“特殊资源,特别是国防上必需的地下资源的开发和利用”;E.“确保与国防上必需的特种事业有关的合办事业的参与权(日本优先权)”;F.确保与“华北政务委员会”有关的“幕后指导权”。

---

① 章伯锋、庄建平主编:《抗日战争》第6卷,四川大学出版社1997年版,第851页。

（4）长江下游地区：A.确保上海特别市和厦门特别市的“实权”（关于厦门特别市区域，中国须考虑“日方的希望”）；B.通过“日华经济协议会”的成立，确保与贸易、金融、工业及交通等有关的“日华协商权”；C.通过聘请技术顾问和技术人员，确保对上海特别市新市容建设的“领导权”。

（5）华南地区：A.确保海南岛及其附近岛屿中“军事上的实权及资源开发权”；B.确保日本海军部队在厦门、海南岛及其附近岛屿的驻扎（包括由中国提供“给养、供给武器军需品”等）。①

上列各项，分别在汪日双方代表订立的所谓“日华新关系调整”的“协议书类”及其附件、附录，诸如《日华新关系调整要纲》及其附录、《关于日华新关系调整的基本原则》《关于调整日华新关系的具体原则》，以及《秘密谅解事项》系列（从第一至第八）、《秘书谅解事项》系列（第一、第二）等，一一详细记录在案，只等汪伪傀儡政权成立，就将全部付诸实施。

汪伪汉奸政权成立后，还必须立即接续梁伪汉奸政权替日本主子经办的经济统制、经济掠夺事项。按照日本兴亚院华中联络部开列的清单，这类经济统制和掠夺事项，大致分为三部分：一是已由主管部以“部令”形式颁发“公司法”的，如华中电气通讯公司、华中水电公司、华兴商业银行等，希望以“维新政府”的法律颁行，如“不得已”时则维持现状，由新的“中央政府”接办，新政府成立后，“迅速以法律颁行”；二是尚未以主管部“部令”形式颁发“公司法”的，如华中铁路公司、华中矿业公司、华中盐业公司、华中航空公司等，希望“维新政府”主管部立即以“部令”颁行，如“不得已”时则维持现状，由新的“中央政府”接办，并使该政府成立后，迅速由主管部立即以“部令”或“法律”颁布；三是尚未在“维新政府”议政会议上通过的，如（1）关于华中矿业公司现物出资的估价，增资，改变定额，社长、副社长人选；（2）关于华中水电公司为增加资本的现物出资的估价和增资；（3）成立棉业交易所要纲和交易所法规；（4）成立江北兴业

① 章伯锋、庄建平主编：《抗日战争》第6卷，四川大学出版社1997年版，第825—841页。

公司要纲;(5)成立华中航运公司要纲和公司法;(6)成立农业试验场要纲;(7)成立合作社要纲等;(8)成立华中转运公司要纲;(9)成立华中信托公司要纲及公司法;(10)通源公司增加资本要纲,等等,须立即进行在议政会议上通过的工作,在万不得已时,维持现状,由"新中央政府"接办。在该政府成立后,尽快使其在行政院会议通过后,必要时以"部令"或"法律"文件颁发。[①] 汪伪汉奸政权尚未成立,日本主子已有大批经济统制和经济掠夺的繁重任务等着汉奸奴才们加班加点、按期完成。为此,1940 年 3 月 30 日汪伪汉奸政权"还都"(成立)后,同年 11 月 30 日签订的《关于"中华民国"日本国间基本关系条约·附属议定书》第二条特别规定,前"临时政府"、前"维新政府"等"所办事项,业由'中华民国'政府继承,暂维现状,是以上述事项中之应调整而尚未调整者,应随事态之所需,依两国间之协议,准据条约及附属文书之旨趣速行调整之"。[②] 延续、扩大前"临时政府""维新政府"的经济掠夺和卖国事务,又成为套在汪伪汉奸脖子上的条约枷锁。

不过对日本来说,延续、扩大前"临时政府""维新政府"的经济掠夺和卖国事务,还远远不够,日本要的是对中国经济的全面统制和攫夺,要的首先是中国的全面殖民地化。《关于"中华民国"日本国间基本关系条约》所要确立的汪日"基本关系",就是汪伪"中华民国"的全面殖民地化。在经济方面,就是汪伪政权同意日本根据其需要,对中国所有经济资源进行自由、"便利"的开发、攫夺。该条约第六条规定,中日两国政府"基于长短相补、有无相通之旨趣,并依照平等互惠之原则,应行两国间之紧密的经济提携。关于华北及伪"蒙疆"之特定资源,尤其国防上必要之埋藏资源,中华民国政府允诺两国紧密协力开发之。关于其他地域内,国防上必要之特定资源之开发,中华民国政府应予日本国及日本臣民以必要之便利。关于前项资源之利用,考虑中华民国之需要,而中华民国积极地予日本国及日本臣民以充分之便利"。第六条条款规定,"两国政府为振兴

① 章伯锋、庄建平主编:《抗日战争》第 6 卷,四川大学出版社 1997 年版,第 821—824 页。
② 章伯锋、庄建平主编:《抗日战争》第 6 卷,四川大学出版社 1997 年版,第 869 页。

一般通商，及使两国间之物资需给便利而合理计，应讲求必要之措置；两国政府对于长江下游地域通商、交易之增进，及日本国与华北、“蒙疆”间物资需给之合理化，尤应紧密协力；日本国政府对于中华民国之产业、金融、交通、通信等之复兴发达，应依两国间之协议，对中华民国作必要之援助乃至协力”。另外，该条约对日本攫夺的“军管理”企业和所谓“中日合办”企业，在其附件《中日两国全权委员间关于附属议定书了解事项》中，分别做了如下规定：“现在日本军管理中公营、私营之工厂、矿山及商店，除有敌性者及有军事上必要等不得已之特殊情由者外，应依合理的方法，速行讲求必要之措置，以移归华方管理之”；“中日合办事业，其固有资产之评价及其出资比率等，如需修正者，根据两国间另行议定，讲求矫正之措置”。[①] 这就在经济方面正式确立了汪伪“国民政府”的殖民地地位。

《关于“中华民国”日本国间基本关系条约》第六条，除了日本疯狂的资源掠夺，字里行间还包含了一个重要内容：对中国经济资源的开发、利用，立有一套“规矩”，人们或可从中归纳出带有某些规律性的东西，即越是涉及战争所必需的“特定”或稀有资源，越是要由日本优先“利用”；同时，在日本“利用”这类资源时，汪伪政权越是必须为之提供更多的“便利”。这套“规矩”的订立，不仅仅是为了保障日本战争物资的供给，也不仅仅是满足日本作为占领者和强盗暴发户那种特有的优越感和虚荣心，从根本上说，是基于日本军国主义“以战养战”“以华制华”，利用中国的人力物力占领和最终灭亡中国的基本国策的需要。有了这套掠夺开发、利用中国经济资源的“规矩”，日本就等于吞了一颗“定心丸”，不愁国内资源贫乏，并且“日本国内不出一分钱”[②]，在全面侵华战争和更大范围的侵略扩张战争中，既不怕打“持久战”，也不怕打“消耗战”。在日本军国主义者的算盘中，全面占领和最终灭亡中国，只是时间迟早问题。

当然，贪得无厌的日本，并不满足于经济资源和厂矿、商铺、银行的攫夺、抢掠，又在《关于“中华民国”日本国间基本关系条约·附属议定书》

① 章伯锋、庄建平主编：《抗日战争》第6卷，四川大学出版社1997年版，第867—870页。

② ［日］加藤阳子：《从满洲事变到日中战争》，徐晓纯译，香港中和出版有限公司2016年版，第122页。

第四条规定,汪伪政权“应补偿日本国臣民自事变发生以来在中华民国因事变所受之权益之损害”。① 条款所称日本“臣民”在“事变”后,其“权益”遭到“损害”,纯属颠倒黑白,无中生有。事实正好相反。日本全面侵华战争爆发后,所谓日本“臣民”,无论商贾,各类会社社员、职员,还是调查、情报搜集和各类特务、谍报人员,以及人数众多的浪人、流氓、无赖等,其“权益”、收入尤其是各种不正当的灰色收入、黑色收入,不仅没有受到“损害”,反而直线上升,成倍、成十倍、成百倍增加。他们或猖狂走私;或狐假虎威,紧随侵华日军之后,趁火打劫,入户或拦路奸淫抢掠,杀人越货;或将日军占领区城镇、乡间商铺、作坊、民居等劫为己产;或代为经营、管理某些“军管理”企业,等等。日本“臣民”一个个财源滚滚,一夜暴富。现在日本侵略军在肆无忌惮地进行经济掠夺和财税搜刮之外,又要求汪伪政权对所谓日本“臣民”的权益“损害”进行“补偿”,足显其凶残贪婪之豺狼本性。

在华中沦陷区,日本的农产品统制、掠夺,重点是米粮(稻米)、小麦、棉花三大类,并以米粮为最。为了保证日本军粮和日本国内米粮的需要,日本从1938年起,就开始实行米粮统制,禁止米粮自由运销,规定只许经日军特务机关发给“物资搬出许可证”的日本商行运销米粮。1939年8月,日本加紧攫夺军用米,在主要稻米产区芜湖、无锡、苏州、常熟、昆山、松江、嘉兴等地,严格禁止食米搬运出境,指定日本三井物产、三菱商事及大丸兴业等日本在华商阀,为军用米采办商,指定采办商得再指定各地日本粮食商人为各地采购米粮的承包商,全部贱价强制收购。除了采办商、承包商,一律禁止搬运米粮出境。1940年汪伪汉奸政权成立后,即由汪伪管事部成立“粮食管理委员会”,负责办理汪伪军需米及民需米的采购、配给事宜。同时日汪双方划分产米区,分别进行米粮收购。规定松江、嘉兴、嘉善地区6县,苏州附近5县及无锡附近4县等15县产米区,为日方军用米收购区,为日军指定的日本米商收购;芜湖地区为汪伪粮食管理委员会收购地区。由粮食管理委员会指定的中国米商负责收购。1941年,日军企图扩大日商收购区域,又与汪伪商定将芜湖对岸的5县划归日方收购,江南的芜湖地

① 章伯锋、庄建平主编:《抗日战争》第6卷,四川大学出版社1997年版,第869页。

区仍归汪伪方面收购。小麦收买方面,1940 年 1 月,日军成立了华中制粉联合会,作为小麦、面粉、大麦、裸麦、燕麦、高粱、玉米、麸皮 8 类物资的统制机构;棉花收买方面,1940 年 12 月,日本在华纺织同业会上海支部、日商棉花同业会、上海制棉协会、落棉协会 4 个棉业组织联合成立了华中棉花协会,宗旨是"在军部及关系当局的指导监督下,对华中棉花(包括飞花及其他一切杂棉)实行统一收购与配给"。华中棉花协会为了确保军用棉花的收购,在杭州、南京、安庆、南通、海门、启东、太仓、常熟等主要棉产区设立支部,但棉花收购仍然通过中国棉花商居间进行。

太平洋战争爆发后,对农产品的统制、掠夺及相应职能机构进一步加强。1942 年 1 月,汪伪粮食统制机构加强,将粮食管理委员会改为行政院直属机关,1943 年年初改组为粮食部。日方的米粮收购、统制机构,1942 年 8 月,由日本在华米谷商行组成"华中米谷收买组合",作为军部用米收购的中心机构。参加"组合"的日本米谷商分"承包商"及"分包商"两级。承包商仍为日军指定的日本财阀三井物产、三菱商事、大丸兴业 3 家。各承包商又分别将收购任务转派给各地的分包商承担指定地区的收购。各地的分包商实际上是向当地的中国粮商进行收购。但是在日军不能严密控制的地区,日商不能完全依靠中国粮商收购时,往往要凭借日军枪杆子掩护直接到农村强行收买。①

小麦的收买,上揭华中制粉联合会名义上由日汪共同组成,实际上由完全日方单独控制。1942 年 7 月,在江南"清乡"地区又组织了"清乡地区小麦收买组合",规定清乡地区的华中制粉联合会会员、华商粉厂和上海租界内的粉厂均可加入,"如未加入者,一概不得至清乡地区收买小麦"。实际上该机构的小麦收买大权同样掌握在日本手中。

棉花统制、收买,实行的基本办法是,日汪双方收买商共同组织收买机构,分区收买。参加该机构的收买商,日本方面有纺织厂 11 家、棉花商 15 家;汪伪方面有纺织厂 22 家、棉花商 9 家,合共 57 家。② 该机构规定,

---

① 黄美真编:《伪廷幽影录——对汪伪政权的回忆纪实》,中国文史出版社 1991 年版,第 202—204 页。

② 余子道、曹振威等:《汪伪政权全史》下册,上海人民出版社 2006 年版,第 1286 页。

江北地区为日方收买区;江南地区为汪方收买区。但实际上日方借口其在江南地区早就广泛设有收买网点,强行插手江南地区的棉花收购。

随着太平洋战争的持续和英美的海上封锁的不断加强,日本面临的战争局势和经济形势、物资供给日见艰难。

1942年上半年,太平洋战争爆发后一段时间,日本在南亚、太平洋地区战场,一度取得重大进展,连续攻占中国香港、新加坡、荷属东印度、缅甸以及关岛、威克岛等地,使英美集团在南太平洋和东南亚地区的力量遭受重大损失。但日本好景不长,1942年6月,日本进攻中途岛的机械化精锐部队被美军击退,战局迅速逆转,日本丧失了在太平洋战场上的优势和主导地位。日本为了从中国战场抽调兵力,加强对英美的作战能力,同时又保证对中国占领区的统治,进一步加紧推行"以战养战""以华制华"的策略,在汪伪政权辖区全面实施"战时体制",并对重庆国民党政府实行"政治诱降"。是年12月21日,日本"御前会议"通过《为完成大东亚战争而决定的处理中国问题的根本方针》,决定让汪伪政权对英美"宣战",作为交换,日本考虑撤销在中国的租界和治外法权。① 1943年1月9日,汪伪傀儡政权宣布对美英"宣战",日汪在军事上、政治上和经济上实行"全面合作",汪伪政权与日本"同生共死"。

1943年10月30日,日本又同汪伪政权签订《同盟条约》,进一步将汪伪汉奸政权牢牢捆绑在日本军国主义的战车上。《同盟条约》包括几十字的引言和正文6款,内容、文句相当简单,但全都十分重要。引言规定订立《同盟条约》的宗旨,强调日本政府和汪伪政权,希望"紧密协作,建设以道义为基础之大东亚,以贡献于全世界的和平,并以坚定不移的决心,铲除对此造成障碍的一切祸根"。日本军国主义在这里要决心铲除的最大"祸根",是中国共产党及其领导下的抗日队伍,还有包括国民党抵抗派在内的全国抗日力量。这仍然是全力贯彻"以华制华"、用中国的人力物力全面占领和最终消灭中国的基本国策。正文第一、第二、第三

① 复旦大学历史系编译:《日本帝国主义对外侵略史料选编(1931—1945)》,上海人民出版社1983年版,第420—421页。

条，分别规定双方在各方面采取所谓“互助敦睦的措施”；为“建设大东亚并确保其安定”，双方“紧密协作，尽量支援”；以“互惠为基础”，实行两“国”间“紧密的经济合作”等。由于条款十分简单、抽象，第四条特别规定，“为实施本条约所必要的细节，应由两‘国’主管官员协商决定之”。这样，只要日本认为有“必要”，可以随时要求增加各种“细节”，从而为其军事侵略和经济掠夺提供了条约依据。①

在经济统制和物资掠夺方面，由于日本军队和日本国内的农产品、生活消费品需求不断增加，英美海上封锁加强，对华中农产品供给的依赖程度加深，日本从华中地区掠夺的农产品，特别是粮食不能满足需要。尽管在收买机构方面建立了日伪双轨掠夺体制，日汪两套机构和人马，同时出动，分工协作，掠夺的农产品全由日本支配。但是，因农业生产的严重破坏、衰退和农民的加速贫困化，加上农民的抵制、反抗，日本的农产品“收买”遭遇越来越大的困难。面对这种局面，坚持“在日本国内不出一分钱的方针下进行作战”，掠夺足够的农产品，确保“军队的自给”，成为日本压倒一切的紧急任务，这就必须对华中农产品的统制、掠夺策略和方法再次进行调整。

调整的核心，一是扩大统制、掠夺的领域和地域范围，加大掠夺力度；二是改变统制、掠夺方针和方法，由日本人直接统制改为间接统制，由日本人亲自掠夺改为日本人手握指挥棒和皮鞭，指挥、驱赶汪伪汉奸进行掠夺。1942年12月18日，日本大本营、政府联席会议决定的《以〈为完成大东亚战争处理对华问题的根本方针〉为基础的具体策略》强调，“取得为完成帝国的战争所必需的更多物资，确保军队的自给，并有助于维持民生，谋求于占领区域内重点地并有效地取得重要的国防物资，同时积极地获得敌方的物资”，并严格“阻止对敌输出战争必需物资”。为此，“当实行本措施时，需有效地运用中国方面的责任感和创造精神，以有助于加强国民政府的政治力量”。② 12月21日，上揭《为完成大东亚战争而决定

① 复旦大学历史系编译：《日本帝国主义对外侵略史料选编（1931—1945）》，上海人民出版社1983年版，第444—445页。

② 复旦大学历史系编译：《日本帝国主义对外侵略史料选编（1931—1945）》，上海人民出版社1983年版，第419页。

的处理中国问题的根本方针》同样强调,“使国民政府以坚定的决心和信念,在各方面讲求自强之道,广收人心,特别是为了完成战争,设法确实地实现增进必要的生产,普及官民对战争目的的教育,以及加强维持治安等各项工作,不遗余力地在战争方面与帝国彻底合作”。[①] 所有这些,高度概括了日本在华中占领区推行的统制、掠夺新策略要点。

汪伪汉奸政权按照日本拟定的经济统制、掠夺新策略,保质保量取得日本主子所需要的“重要的国防物资”,改变原来“杀鸡取卵”的单纯掠夺,开始从统制攫取和恢复生产两个方面着手。提出“今欲讲求粮食自给方策,第一在肃清土匪,使农民得回乡耕种。第二在管理粮食,使奸商无可囤积”。[②] 同时对有关机构进行相应调整。

1943 年 1 月 13 日成立“全国经济委员会”,作为汪伪战时经济的“领导机构”,由汪精卫兼任“委员长”,制定和推行《战时经济政策纲领》,取消“地域经济”,增加生产,限制消费,进一步强化战时经济体制。《战时经济政策纲领》强调,招垦耕地,以增加粮食和其他农产品生产,开发矿藏以保证“军需工业”之发展。同时限制和节约消费,凡与军需有关的民需物资,必须以代用品或代用原料替换;限制和禁止高贵品及奢侈品的生产;取缔一切“不必要之消费”。为了实现上述目标,强化统制乃不可或缺的条件。为此必须扩大统制的广度、深度和力度。统制涵盖生产、分配、交换、消费各个领域,贯穿工业、农业、金融、商业、交通运输各个行业和部门。为了强化统制,《战时经济政策纲领》规定,凡是不适合战时经济体制的经济机构,一律予以调整、改组;各种产业部门,自生产以至于配给的各个阶段,必须联合组成一贯的机构,进行计划运营,在政府的指导、监督下,进行“自治的统制”;各种主要产业得在政府的指导、监督下,“实行团体的经营制度”。[③]

在粮食增产、管理和统制、掠夺方面,1943 年年初,汪伪将粮食管理委员会改为“粮食部”,其职能是统管粮食的生产、技术、采办、运销、配给

① 复旦大学历史系编译:《日本帝国主义对外侵略史料选编(1931—1945)》,上海人民出版社 1983 年版,第 421 页。

② 周乃文:《粮食管理》,《申报年鉴》(1943 年),1944 年版,第 909 页。

③ 余子道、曹振威等:《汪伪政权全史》下册,上海人民出版社 2006 年版,第 1266—1267 页。

等各项业务，并在地方建有粮食局，负责粮食的生产、统制和管理事项。1943年3月15日和9月15日，粮食部两次召开会议，分别通过《增产方案》和《稻米采种实施计划》《小麦增产实施计划》，并经行政院交全国经济委员会审议通过了《三年增产计划纲要》。

继中央机构和相关政策调整之后，接着又对地方经济机构进行了调整、改组。1943年2月3日，最高国防会议第四次会议通过《各地方经济局组织原则》，规定各省、特别市行政特区及苏北行营管辖区域，分别设置“经济局”，各省、行政特区、苏北行营原由建设厅主管的工商业事务，划归经济局掌管；各特别市的社会局亦全部裁撤，其工商事项划归经济局掌管，其余事项由市政府直接办理。①

汪伪政权在中央设置全国经济委员会、粮食部，地方设立“经济局”和粮食统制机构，主要是从生产领域进行统制和掠夺的同时，着重从运输和流通领域进行物资统制和掠夺。1943年3月11日，汪伪第八次最高国防会议决定成立“全国商业统制总会”，其宗旨是“协助政府实行国策”，秉承实业部及其他主管部之命，“办理物资统制事宜”。② 并出台了《战时物资移动取缔暂行条例》，对工农业产品的移动、运销，进行严格统制、取缔，以“确保军需物资调节流通”。③ 同月13日，汪伪政权还公布了《苏浙皖米谷运销管理暂行条例》，日方重新拟订了《扬子江下游地域物资移动统制暂行条例》。汪伪随即接连设立了3个物资统制机构：3月15日，在上海成立“全国商业统制总会”（以下简称“商统会”）；20日，成立“物资

---

① 《战时经济机构及其设施》，《申报年鉴》（1943年），1944年版，第613页。

② 中国国民党中央委员会党史委员会编印、秦孝仪主编：《中华民国重要史料初编·对日抗战时期》第6编，傀儡组织（4），中国国民党中央委员会1981年刊本，第1418页。

③ 《战时物资移动取缔暂行条例》将物资分成三大类进行“移动取缔”：兵器弹药、火药及其原料、鸦片及麻醉药品，除“法定机关许可者外，不得移动”；各种汽车及其零件、汽车用汽油及石油、各种机械、通信器材、各类金属、药品、橡胶、棉纱、棉布及其制品、肥皂、火柴、糖、蜡烛（包括原料）等，由上海地区运至苏浙皖3省及上海、南京两特别市以外地区，须得全国商业统制总会“许可”；米（糯米除外）、麦、小麦、面粉、豆类、棉花，由苏浙皖3省及上海、南京两特别市运至上海地区者，应得全国商业统制总会“许可”。凡由上海地区运往苏浙皖3省及上海、南京两特别市以外地区的物资，“应得海关之出口许可”。见中国国民党中央委员会党史委员会编印、秦孝仪主编：《中华民国重要史料初编·对日抗战时期》第6编，傀儡组织（4），中国国民党中央委员会1981年刊本，第1421—1422页。

统制审议委员会”,其职责系“督导商统会完善地运用其机能,强化物资统制”;6月19日,在上海成立“物资调查委员会”,以上海为中心展开物资统制工作。这3个机构成为汪伪物资统制的所谓“三鼎足”体制。[①]

《战时物资移动取缔暂行条例》出笼两个多月后,1943年5月15日,汪伪全国商业统制总会又制定《重要物资由苏浙皖3省移往其他地域统制暂行办法》,规定多种工业品、农产品由苏浙皖3省及南京、上海两特别市运往华北、伪“蒙疆”、华南及汉口地区,必须向“商统会”申请核发“许可证”,不仅涵盖的物资种类比《战时物资移动取缔暂行条例》大幅增加[②],而且数量限制更严。[③] 并规定以上海为禁止物资移出入的集散地。上海汪伪警察局在日本宪兵队的指挥下,在市区周边各出入路口设立了24处“经济封锁监视所”,由汪伪军警会同日本宪兵把守。如过往行人有违反上述规定、超出物品范围或数量限额者,一律全部没收、严惩。

对农产品的统制和掠夺机构,日本放弃单独设立的粮食统制收买机构,使原来的日汪双轨制归为一体。1942年12月,日本交还了芜湖对岸庐江、和县、含山、巢县的江北军需米区。1943年4月,汪伪粮食部又接管了江苏的吴县、吴江、常熟、昆山、太仓、松江、金山、青浦、武进、无锡、宜兴、江阴和浙江的嘉兴、嘉善、平湖15县。1943年10月1日,日汪双方米商联手组织的“米粮统制委员会”(以下简称“米统会”)开始办公,日本负责采办军米的华中米谷组合、三井物产、三菱商事、大丸洋行等上海事务负责人,都是米统会委员。米统会接管了原属汪伪粮食部及日方华中米谷收买组合的米粮收购、配给、调运、保管、审批移动执照等统制事项,粮食部专管粮食增产及行政业务。米统会名义上由伪上海商会会长袁履登出任主任委员,实权实际掌握在负责采办军米的日商手中。

根据“米统会”的组织规程,其主要职责为:按照商统会指示,执行米

① 《战时经济机构及其设施》,《申报年鉴》(1943年),1944年版,第613页。

② 增加的物资品种有:金属原材料、非金属原材料、漆、橡胶废旧品、木材类(原木)、铁矿砂及水泥、高粱粉、玉米粉、其他杂粮、麸皮及其他饲料、植物油脂原料及植物油粕类、麻类及其制品、棉花(包括落棉及屑棉)、羊皮、皮革及毛皮、烟草、食用油、草袋等。

③ 如规定通过物资检查岗哨,1人1次准带物品:棉花5斤,中式服装衣料1套,火柴5盒,肥皂5块,蜡烛6根,砂糖1斤,米2公斤,面粉2公斤。

粮收买、配给计划；采购供应日军用米；决定米粮收买配给价格；负责米粮的保管、运输及调拨；组织、指导各地米业同业公会及日方米谷收买配给组合；核发米粮搬运许可证。为了有效实施统制，米统会在南京、镇江、苏州、无锡、吴江、常熟、昆山、常州、丹阳、金坛、芜湖、裕溪口、泰县、扬州、南通、松江、嘉兴、硖石、湖州、宜兴等地设有 20 个办事处。① 米统会的米粮收买业务，主要依据“物资统制审议会”制定的《苏浙皖三省米粮收买实施要领》和米统会制定的《收买苏浙皖食米实施要领》，后者将军需米及民需米的收购地区划分为甲、乙两种：主产粳米地区为甲地区，由日方华中米谷收买组合与汪方米商协同收买，主要供应日军军用；主产籼米地区为乙地区，完全由汪方米商收买，主要供应民用。甲地区又被分为“清乡区”和非“清乡区”。在米粮采办方法上，“清乡区”主要采取“分担制”，非“清乡区”则采取收买制。所谓“分担制”，按《收买苏浙皖食米实施要领》的说明，就是“使用”汪伪汉奸政权的“政治力”，由米统会决定各县摊派定额，米商直接入户“登记存储食米，以便供给”日本军用，“责成各县负责协助收购商行按定额上缴”。② 这是强行摊派和赤裸裸的暴力掠夺。1943 年 9 月 17 日，汪伪最高国防会议又通过了《扬子江下游清乡地区米粮封锁暂行办法》，对所谓“使用国民政府之政治力”做了新的补充，规定“供给敌方米粮者”及“封锁工作人员因怠忽职务，而发生前项情事者”，按其情节轻重，“处死刑、或无期徒刑，或 10 年以上有期徒刑”；若“未经许可而将米粮搬出封锁线外”，以及“封锁工作人员怠忽职务，而发生前项情事者”，按其情节轻重，“处 10 年以下有期徒刑，或拘役、或 7000 元以下罚金”。③

通过血腥的暴力手段，日伪米商将农民收获的粮食，包括口粮、种子攫夺一尽，而主要用作日军军米。1943 年 10 月，米统会制订的收买米粮

① 黄美真编：《伪廷幽影录——对汪伪政权的回忆纪实》，中国文史出版社 1991 年版，第 204 页。

② 余子道、曹振威等：《汪伪政权全史》下册，上海人民出版社 2006 年版，第 1288 页；黄美真编：《伪廷幽影录——对汪伪政权的回忆纪实》，中国文史出版社 1991 年版，第 204 页。

③ 余子道、曹振威等：《汪伪政权全史》下册，上海人民出版社 2006 年版，第 1289 页。

计划,甲乙两地区共计63万吨,其中甲地区计江苏省各县31万吨,浙江省各县4万吨,总计35万吨;乙地区各县为28万吨,日本军用米计划比汪伪民需及军警配给用米多出7万余吨。从1944年米统会供应食米情况看,按照供应计划,日本陆军用米20万吨,海军用米2万吨;汪伪军警用米3万吨,“清乡区”警察用米9000吨,上海日伪机关企业及市民户口配给米28万吨,南京市市民户口配给米5万吨,共计54万吨。但是商统会实际库存的收米数量只有25.4万吨,除了保证供应日本陆海军食用的22万吨之外,所剩无几。上海、南京市民户口米的配给,经常发生追配和停配问题,粮荒持续不断。① 结果,“米统会”向日军提供的军粮逐步增加,而广大劳动人民排队轧户口米的苦难生活却是日益严重。②

为了加强、扩大对米粮的统制和掠夺,从1944年4月开始,日军“直接援助”米统会,协助其米粮收买,开启了军方官方强力统一支援下的米粮强制收买。同时,汪伪粮食行政和统制机构发生变化,因粮食部的部、局、处三级官吏贪污案发下狱,粮食部亦随后裁撤,主管业务由实业部接办。8月15日,米统会改组,成为“商统会”指导下的五大统制委员会之一。其主要任务是“米谷的收买与军需及民需米的充分供给”。③ 1944年年底以后,由于华中日军在战场败退,日伪所谓“安定地区”不断收缩,“接敌地区”和“安定不良”地区扩大,这一形势迫使日本军方为了确保军用米的供给,诡称受“米统会”委托,武装强制“收买”米粮,汪伪原本在日军卵翼下的米粮统制和收买、掠夺机构应声解体。

棉花和米粮一样,也是日军在华中地区掠夺战略资源的主要对象。日本侵占华中后,在苏浙皖3省攫夺华商经营的大小纺织厂多达67家,以“军管理”的形式交给日商经营。日商亦在上海设有多家大型纺织厂。同时日军被服、日本国内纺织厂,也在相当大程度上依赖华中地区的棉

---

① 黄美真编:《伪廷幽影录——对汪伪政权的回忆纪实》,中国文史出版社1991年版,第205页。

② 黄美真编:《伪廷幽影录——对汪伪政权的回忆纪实》,中国文史出版社1991年版,第172页。

③ 何望贤:《五统制委员会的事业》,《申报月刊》复刊第2卷第10号,1944年8月。

花。在这种情况下，日本侵略者从未放松对华中棉花的统制和掠夺。1938 年，在日军指使下，日本棉花商组织“华中棉花协会”，操控和统制棉花收购和配给。不过效果并不尽如人意。1939 年后的几年间，棉花产量上升，但日商收购量下降：产量从 1939 年的 200 万担左右，增至 1940 年、1941 年的 300 万担左右；1942 年更达 340 万担。而日商棉花收购量，从 1939 年的 190 万担，降至 1940 年的 170 万担和 1941 年、1942 年的 120 万担。由于棉花原料不足，日本控制下的日商和华商纱厂，开工率只有战前的 40%—50%。①

面对这种局面，日军决定将华商推到一线，为日本的棉业统制打开局面。“商统会”成立后，随即着手筹组棉业统制委员会，将华商纱布界的代表人物推到前台，自己幕后操纵。不过由于人事关系复杂，直至 1943 年 11 月 27 日，棉业统制委员会（以下简称“棉统会”）才宣告成立。棉统会机构庞大，分工细致。属下设有棉花收买同业协会、花纱布临时管理委员会、棉花管理处、棉花公库等机构。按其组织规程，棉统会的主要职责是，供给日本军需棉花及对日出口棉花；操办华中棉花的统一收买及统一配给；规定棉花的收买及配给价格；筹集棉花收买资金；制订关于收买棉花需要交换物资的计划；审查核发棉花登记证及搬运许可证，等等。收买棉花的相关计划，由日伪双方纺织厂在棉统会指挥下，联合组织棉花收买同业协会负责执行。棉花收买同业协会在各地的棉花收买业务，由各地基层会员执行，并且所收棉花必须按照棉统会指定地点运交棉花公库验收。棉统会在南京、上海、南通、海门、启东、东台、无锡、太仓、宁波、杭州等地，分别建有公库，负责棉花的存储保管。棉花收买同业协会在各地收买棉花的业务，由各地基层会员负责执行。基层会员必须是加入中日棉花同业联合会的各地棉花同业公会的会员。基层会员收买的棉花必须按照棉统会指定的地点运交棉花公库验收，层层管制，极为严格。

---

① 黄美真编：《伪廷幽影录——对汪伪政权的回忆纪实》，中国文史出版社 1991 年版，第 207 页。

资料显示,棉统会在华中地区所收买的棉花中,60%直接交付日军使用及运往日本国内;其余40%由棉统会按照纱锭数量分配给日汪双方纱厂,其中日纺纱厂占3/4,汪伪纱厂占1/4。华人纱厂因原料严重短缺,而棉纱需求陡增,乃设法拆分闲置机件,运往沪宁沿线棉产地,与当地棉商合作,建立小规模的土洋结合纱厂生产粗纱。亦有资历较老的棉商,向纱厂购买旧纺纱机件,运往乡间自己经营。于是在上海浦东,以及太仓、常熟各县棉产地,这些土洋结合的小纱厂如雨后春笋般,纷纷冒起。同时这也是日本发还"军管理"纱厂、成立棉统会后出现的一种特有现象。1942年、1943年,日军以发还华商纱厂为诱饵,拉拢中国纺织商,与日商合作,加强掠夺华中棉花。棉统会成立后,中国沦陷区棉纺织业与日本棉纺织业紧密协作,并得到日本大使馆上海事务所的积极支持,原棉收购任务,也大大超过日本商人在枪杆子下强制收买时期的数量。因此,到日本投降为止,沦陷区的棉纺织业反而出现一时畸形的繁荣景象。①

小麦和面粉同样是日本掠夺华中农业资源的主要目标。1938年10月,日军侵占武汉后,即将各地面粉厂肆意攫夺、侵占,交由日商经营管理。并命令三菱商事在汉口组织中日粮商大力收购小麦等军用粮食。不久在日军直接掌控下,由三井、三菱、大仓等14家大粮商成立"武汉军需谷物组合",垄断了武汉地区的小麦市场。1940年1月成立"华中粉麦联合会",除统制华中小麦、面粉及副产品的收买、配给业务外,并统一经营小麦、面粉的出口及供应外地。联合会统制的商品为小麦、小麦粉、大麦、裸麦、燕麦、高粱、玉米及麸皮8种。由于战争破坏和日军强制收买地影响,华中各地小麦的上市数量剧减到战前的30%以下,日军控制下的华中各地面粉厂小麦原料供应严重不足,1939年的开工率只有45.5%,1941年更急降至33.2%。②

1943年,日本全部发还"军管理"工厂,成立"商统会"后,下令日

① 黄美真编:《伪廷幽影录——对汪伪政权的回忆纪实》,中国文史出版社1991年版,第172页。

② 黄美真编:《伪廷幽影录——对汪伪政权的回忆纪实》,中国文史出版社1991年版,第210—211页。

商、华商面粉厂在原粉麦专业委员会的基础上，改组成立了粉麦统制委员会（以下简称“麦统会”）。同棉统会一样，麦统会组织机构中的主任委员、处长、科长等正职，均由华商面粉厂代表担任，日方人员只担任副职。但是，整个机构的实权和作为面粉厂原料的小麦，完全控制在日本人手中。

按照麦统会的规定，小麦的收买、配给及面粉的配给、供应业务，均在麦统会的领导下，分别由日方的华中制粉同业组合联合会和华方的面粉同业联合会负责经营。麦统会为了加强指导、监督双方同业联合会的活动，在各主要产麦区设有办事处，分派日华双方在产地的代理商负责小麦收买，具体指导、监督其小麦收买和面粉运销业务。代理商必须向麦统会缴纳一定数量的保证金。在小麦产地的各处市场代理商，亦可委托当地经营粮麦生意的行号作为基层的收买商负责收买。但基层收买商必须是向麦统会办事处登记的粮麦同业公会会员，并须向所属的代理商缴纳一定数额的保证金。基层收买商如有违反麦统会规定情事，应由代理商负责。

麦统会正是通过这种逐层牵制办法，对小麦的收买、配给和面粉的销售供应，实行严密统制。资料显示，各地的小麦基层收买商共计 66 家，其中属于日商代理商的有 40 家，属于华商代理商的只有 26 家，因为日方面粉同业组合联合会统制收买小麦、占据市场已达 5 年之久，根基远比华商深厚。麦统会指定的小麦收买地区为上海、苏州、无锡、常州、镇江、南京、扬州、泰县、芜湖、蚌埠、安庆等地。1943 年 5 月麦统会成立时，计划收买小麦 54 万吨，实际收买 22 万余吨。其中日商收买者占 70%，华商仅 30%。这期间统制收买的小麦总量为 1500 万担，其中却有 900 万担面粉供给了日军和日本商社，超过面粉制品的 80%，上海和华中市场不到 20%。麦统会对面粉厂的统制，是配给原料小麦，包销产品，由麦统会将原料委托面粉厂加工，付给面粉厂一定的加工费。由于小麦原料严重不足，华商面粉厂的开工率只有 9%，而日资面粉厂的开工率达 38%。麦统会控制下的中日各面粉厂所生产的面粉，绝大部分用于供应日本军粮及运往华北和伪“满洲国”交换物资，而用于供应民食的数量不足10%。①

1943年6月,汪伪还组织成立了油粮统制委员会,作为商统会下属专业统制机构,但由粮食部主管。其职责、业务基本上承续原来日商同业组合对食用油、油菜籽、大豆、花生及豆类杂粮的收买、加工和配给统制。在组织形式上由华方各该同业公会参加,而实权全部控制在日商手中。

1944年5月,在上述米粮、棉花、面粉卖、油粮4个专业统制委员会之外,最后又增设日用品统制委员会,主要行使食糖、香烟、肥皂、火柴、蜡烛、煤油等生活日用品采购、配给业务的统制。日本将这些早已控制在手的日常生活必需品,通过日商同业组合由上海运往各地,作为推行军票及维持军票价值的重要手段。1943年4月1日,日敌停止发行新军票,严格统制这类物资的重要性减弱。但因这类物资仍然全部被控制在日商手中,因日本驻汪伪大使馆上海事务所负责人堀内干城阻扰,拖了一年多,到1944年5月,才让这类物资的统制机构对华方同业公会开放,利用商统会改组的机会,将统制这类物资的机构改组,将生活日用品的统制权交与汪伪政权,日用品统制委员会得以成立。②

时隔不久,随着日军在太平洋战争中的节节败退和战争物资的严重短缺,日军又踢开汪伪傀儡当局,开始直接运用武力加紧对华中沦陷区的物资掠夺,以保证物资供应,挽回败局。鉴于交通运输和通信在物资掠夺上的关键作用,日军进一步强化对华中地区交通、通信的统制。1944年11月10日,日本中国派遣军和海军司令官同汪伪政权建设部签订的《关于华中铁道股份有限公司之军事上协定》(草案)、《关于华中轮船股份有限公司之军事上协定》(草案)和《关于通信之军事上协定》(草案),分别规定,为满足华中铁道、华中轮船两公司和华中通信"之军事上之要求起见",日本驻华海陆军最高指挥官对华中铁道、华中轮船两公司和华中通信"直接实行军事上要求与监督"。1945年春,铁路运输方面,已不再由

① 黄美真编:《伪廷幽影录——对汪伪政权的回忆纪实》,中国文史出版社1991年版,第211—213页。

② 黄美真编:《伪廷幽影录——对汪伪政权的回忆纪实》,中国文史出版社1991年版,第214—216页。

汪伪政权名义负责,改由日军直接控制。3 月 30 日,行政院长陈公博同日本派遣军总司令冈村宁次签订《关于华北及华中铁道运营之军管理协定》,规定自 4 月 1 日起,华北交通股份有限公司及华中铁道股份有限公司所经营的华北及华中铁道运营交由日本中国派遣军总司令官“暂行管理”。[1] 虽然名义上汪伪政权对公司的“监督权”仍然存在,但对“军管理实施上有抵触之事项停止监督权之行使”。这就使汪伪政权无论是实际上还是名义上都失去了对华中、华北铁路交通运输的管辖权。最后,日本凭借对铁路、公路、港口交通运输和水运、空运的直接“军管”、统制,对中国的工农产品、经济资源,包括所有战略物资和民用物资,持续进行地毯式的掠夺、搜刮,直至失败投降为止。

① 余子道、曹振威等:《汪伪政权全史》下册,上海人民出版社 2006 年版,第 1282 页;中国第二历史档案馆编:《中华民国史档案资料汇编》第 5 编第 2 编附录(下),江苏古籍出版社 1997 年版,第 1255 页。

第 二 章

伪“满洲国”和关内沦陷区的工矿业

日本属于资源匮乏的岛国，战争潜力相对有限。伴随中国军队以空间换取时间的战略成功，日军陷入持久战泥潭，战略资源供应日渐不足，战争能力与战略目标矛盾逐渐突出。为解决内在冲突，沦陷区丰富的资源和较好的工业基础成为日军觊觎的目标。从沦陷区所处位置、资源分布等特点出发，日伪采取不同掠夺方针，实现自身利益最大化。在日军军事破坏、劫掠政策作用下，沦陷区工矿业发生全面倒退。

面对中国军队顽强抵抗，日军以优势军备进行野蛮侵略，甚至利用空军对战区周围狂轰滥炸，直接破坏当地工业生产。同时，中日双方从削弱对方出发，有计划破坏敌方工业。侵华战争造成中国工业良好发展趋势被打断，延缓工业化进程。据不完全统计，抗日战争中国工业、矿业直接、间接经济损失近 70 亿美元。最近统计显示，战争导致中国直接经济损失 1000 亿美元，间接经济损失 5000 亿美元，其中相当大比重为工矿业。

日军根据各沦陷区资源特点和距离战场远近进行差异化掠夺。日军渗透和控制较早的东北地区实行开发与抢掠并行政策。在伪“满洲国”汉奸政权配合下，日军采取以统制企业为工具组建大型企业公司垄断东北矿产资源开发和工业建设，为侵略战争提供资源基础。在日军威胁下，东北中国工矿业几乎全被日方控制，部分行业甚至出现完全垄断市场。与此同时，因中国重工业相对落后和侵华战争破坏，既有工业难以供应日本军需。在战争压力下，日本以军队为后盾，通过统制政策、劫掠中国资源和民族工业等手段在各个沦陷区建立重工业、化学工业体系，客观推动部分地区工业化。但是，日本行为和政策主观动机是服务于侵华战争，掠夺性开发特征明显。

日军统制政策造成沦陷区工矿业产量锐减，资本、职工数等重要指标相继下降，部分产品降至10%以下。为掌握战略资源，日军将电力、电信、交通等重要部门作为统制事业，重工业企业则以军管理、委任经营、中日合办等方式纳入统制范围。中国民营工厂未内迁者则以低价赎买、强制入股等方式变相掠夺。在日伪统制制度下，沦陷区工矿业基本被其控制，成为侵略战争工具。

轻工业中大部分行业与军队后勤、财政收入关联度较大，日军以军队为后盾利用汉奸组织统制机构从原料、销售等环节进行全面控制。一方面，在日本压制下，沦陷区轻工业产值连续负增长，华商开工率、产值和比例连年降低，部分行业甚至处于忽略不计的地位；另一方面，为维持生存，华商被迫采取小型化策略，在日伪控制力较弱的农村、郊区组建小型工厂供应本地市场。小型化建厂虽然增加工业产值，却与工业化要求背道而驰，进一步说明日伪统治下华商生存的困难。

沦陷区工矿业殖民地特点相对明显，主要体现为国别、产业结构变化和掠夺方针的差异。东北地区矿产资源丰富，且属于较早沦陷区。日军为满足战争需要以工矿业、重工业为主要开发重点，造成东北工业比重迅速提高、重工业和工矿业产值比例持续增加时，与民众生活息息相关的轻工业产值与比重迅速下降。东北产业结构变化说明，该地区工矿业和重工业发展完全服从于日本侵略，具有较强的半殖民地化特点。

与东北地区相比，华中、华南等沦陷区距离战争较近、英美等国势力盘根错节。日军采取利用汉奸政权、统制公司和日本商人结合的掠夺策略。同时，因第三国力量介入，租界成为华商和英美商人的避难所，形成独特的“孤岛”经济，呈现出因各国力量介入形成的半殖民地特点。太平洋战争爆发后，日本军队以武力为后盾扶持沦陷区日企，打压中国与第三国企业，形成日本企业独大局面。伪“满洲国”和伪南京政府受日军指使组织专卖机构实现对火柴业、卷烟业控制,在销售、原料等环节对中国企业完全监视。日伪警察机构则鼓励日商走私,以价格优势打压华商。华商与第三国商人日益衰微之时,日商在其军队保护下逐渐发达。抗日战争期间,主要工业品生产中日商比例持续增加,基本取代华商或第三国商人成为主要生产、供应者,造成沦陷区中外资本混杂向日企独大过渡。

第一节 重工业和化学工业

重工业和化学工业是维持近代战争的基础工业,日本本土资源相对匮乏,战争潜力有限。为满足战争巨大消耗,日军通过统制政策、劫掠中国资源和民族工业等手段在各个沦陷区建立重工业、化学工业体系,甚至破坏性开发,企图维持侵略战争的需要。

根据距离日本远近、沦陷时间、日本渗透程度不同,日本侵略者政策存在差异。日军在东北地区实行投资与掠夺并举方针。在伪"满洲国"配合下,日军以"满洲重工业会社""南满洲铁道株式会社"等统制企业为工具组建部分自成体系的大型重工业企业,垄断中国东北地区钢铁、煤炭等产业,为侵略战争提供物质基础和掠夺关内沦陷区资源的工业基地。同时,在日本侵略军刺刀掩护下,中国民族企业遭到劫掠或强卖,对工业发展具有重要意义的电力等行业甚至形成日资完全垄断的奇特市场。

在日本侵略性产业政策推动下,东北地区工业化出现畸形发展,工业比重迅速提高,重工业比例持续增加,轻工业生产逐渐减少。1943 年,中国东北总产值中工业比例达到 59.3%,超过部分工业化国家,钢铁、机械等重工业产品产量为大后方 2 倍以上。东北地区工业比重的提高既说明日本掠夺程度不断加剧,亦揭示侵华战争对中国工业的破坏。与此同时,与民众生活相关的轻工业却逐渐衰微,折射出抗日战争时期东北工业的半殖民地和掠夺性质。伴随日军战局恶化，伪“满洲国”工业出现衰退，直至最终被苏军拆毁。

与东北地区相比，关内沦陷区日本渗透程度较低，长江流域等重要地区英美势力盘根错节，失守前日资处于相对劣势。面对日军侵略，中国军队奋起反抗，激烈的战斗和中国政府有计划地搬迁造成沦陷区工业基础受到较大破坏。日军为掠夺关内沦陷区而利用汉奸政权，采用统制公司方式实行劫掠。同时，关内沦陷区第三国实力较为雄厚，西方列强直接控制的租界成为中国民营资本和外资企业暂时的避难所。在战争影响下，上海等地租界内工业快速发展，形成奇特的“孤岛”经济。

日军将交通、矿冶、电力、电信和盐业等重要经济部门作为统制事业，其余领域由日本商业自由投资。针对重工业企业规模大、投资周期长的特点，日军采取军管理、委任经营、中日合办、租赁和收买等方式进行直接控制或低价强行“赎买”。在日军统制政策下，租界以外的中国重工业和工矿企业基本为日军控制，成为服务于其侵略战争的工具。

在日本军事力量干预下，关内沦陷区日资工厂迅速增加，抗日战争结束时已超过日本殖民 50 年的台湾地区。然则，在关内沦陷区基础较好和日本军队以掠夺为主的政策下，抗日战争时期关内沦陷区重工业和工矿企业整体出现下滑，资本、职工人数、企业数量持续下降，日化工业、水泥工业降至 20% 以下，客观说明日本侵略对中国经济的冲击与破坏。

由于东北与关内沦陷区在日军侵占时间、与大后方距离等因素上的差异，日军侵略政策存在明显不同。具体而言，东北地区日军以经营性掠夺为主，在劫掠资源之时投入资金、技术进行开发，弥补国小地狭的天然缺陷。关内沦陷区则因与战线较近，部分地区甚至处于中国军队攻击范围内。日军采用以直接抢占华商企业、第三国企业为主要手段，以抢劫既有资源为主要特征。

日本在伪“满洲国”的工矿业掠夺和投资活动，1937 年前后的情况，由于实行发展重工业的五年计划而有所不同。1937 年以前，“南满洲铁道株式会社”（以下简称“满铁”）是日本对中国东北实行殖民统治和掠夺的总部机构,作为日本“国策性”企业的代表,其投资领域除铁路外,还包括工矿、农商、贸易和学术情报、教育机构。1937年,满铁支配关系的企业资产达21亿日元,日本政府持有其中50%。另有对参与关系企业的投资2.48亿日元。重化工业方面,满铁在伪“满洲国”创办了一些自成系统的大型企业,如1933年设立的“昭和制铁所”(鞍钢),在大连创办的“满洲化学工业公司”。1934年创办“满洲炭矿公司”,设立“满洲电业公司”。1936年创办“满洲曹达公司”,设立“满洲盐业公司”。不但垄断了中国东北的钢铁、煤炭业,也控制了电力工业和化学工业,为其全面侵华战略实施提供了产业基础。

1937年,日本政府和关东军军部再度加紧侵略扩张,与日本产业会社达成协议,在长春设立“满洲重工业会社”(以下简称“满业”),设立资本4.5亿日元,由日本产业会社和伪满政府各半。满业于1937年12月开业,从满铁手里接管了“昭和制铁所”(鞍钢)等重工业和“满洲炭矿会社”“满洲石油会社”,从大仓财阀处接管了本溪湖煤铁矿及相关的汽车、飞机等会社。到1943年,满业扩张至43家会社,资本总额21亿日元,其中满业直接持股5亿日元。满铁的垄断其后偏重于铁道、航运等领域,满业取代了原属满铁的对重化工业的垄断,形成更为庞大的垄断集团。

满铁、满业高度集中之余,其他“国策性”的“特殊会社”和“准特殊会社”的相继设立,实现了日本政府全面控制日资活动的功能。主要有:“满洲电信电话”“满洲炭矿”“满洲石油”“满洲矿业开发”“满洲采金”“满洲林业”“满洲盐业”“满洲拓殖”“满洲生命”“满洲计器”“满洲轻金属”等株式会社及“奉天造兵所”“弘报协会”等单位,均为占据某一行业的垄断机构。与关内的“兴中公司”“华北开发”“华中振兴”等株式会社及台湾的日资企业系统,成为日本对华经济侵略与掠夺的主要机构。

表2-1列出1936年、1941年日本在伪满投资的各种会社的资本分布状况。其中包括了三井、三菱、住友以及浅野、日窒等大小财阀在伪满设立的6000余家中小型会社。

表 2-1　日本在伪“满洲国”投资各种会社的行业分布（1936 年、1941 年）

（单位：百万日元；%）

行业＼项目		1936 年		1941 年	
		资本额	百分比	资本额	百分比
农林渔业		11.30	0.5	67	1.3
矿业		48.28	2.2	824	16.1
制造业	小计	404.88	18.1	1933	37.9
	内含：冶炼	143.95	6.5	429	8.4
	机器工具	15.02	0.7	298	5.8
	化学	71.69	3.2	837	16.4
电力业		128.35	5.8	201	3.9
交通运输业		1430.48	64.1	1029	20.2
商业		102.20	4.6	282	5.5
金融业				562	11.0
其他		105.45	4.7	205	4.0
总计		2230.94	100.0	5103	99.9

资料来源：1936 年据满铁产业部编：《满洲经济年报》下册，改造社 1937 年版，第 104 页；1941 年据《满洲经济统计年报》，南满洲铁道株式会社调查部 1942 年版，第 155 页；许涤新、吴承明主编：《中国资本主义发展史》第 3 卷，人民出版社 1993 年版，第 393 页。表中制造业之内含并非业内全部，总计是制造业小计与其他行业之和。

表 2-1 制造业资本由 1936 年近 4.05 亿日元增至 1941 年的 19.33 亿日元，在所有部门中为最大的增长，增长 377.4%；制造业在各部门中所占比重由 18.1%增至 37.9%。本节所及的冶炼（含有色金属）、机器工具和化学工业，1941 年较 1936 年投资额分别增长了 1.98 倍、18.84 倍和 10.68 倍。

日本的殖民地统治还造就了伪“满洲国”国家资本。伪“满洲国”成立一年后的 1933 年，发布《满洲国经济建设纲要》，实行统制经济的政策，规定重工业等重要事业由“公营或特殊会社经营”。1934 年明确划定 22 项由公营或特殊会社经营者，24 项经政府许可经营者，19 项可自由经营者。1937 年发布《重要产业统制法》，将纺织、面粉、制油、麦酒、火柴工业等 14 项可自由经营者改为经政府许可者。到 1942 年的《产业统制法》,则实行了对所有产业的全面统制,同时对生活用品实行配给制。

伪“满洲国”国家资本采取特殊会社、准特殊会社的形式,由日本政府和伪满政府投资设立。特殊会社是依照伪满政府的单行法并依照“一业一社主义”的原则设立,准特殊会社也可以涉足统制行业的经营,但不一定是全行业唯一组织。1937 年以前,满铁主要负责设立特殊会社,1937 年以后满业代替了满铁。特殊会社、准特殊会社是伪满国家资本与日资合资。1938 年分别有 25 个、10 个,1941 年分别有 36 个、34 个,1945 年分别有 38 个、41 个。

1943 年,特殊会社、准特殊会社的资本额占伪“满洲国”工矿交通业资本的 59. 5%(不含由满铁经营的铁路、航运业),1945 年占到 77%。1941 年,约 70 个会社的实缴资本共计 30. 3 亿满元,其中伪满国家资本占 7. 91 亿满元,比重为 26. 1%。1944 年伪满资本的比重为 30. 7%。① 日满合资中的伪满国家资本始于由原奉系官僚资本转移而来的铁路、军工业、矿业等产业,例如东北矿务局原属的金矿,“九一八事变”后停工,1934 年并入新设立的满洲采金会社,会社资本 1200 万元,划给伪满资本 500 万元。据资料计算,1945 年 6 月伪“满洲国”资本为 111. 39 亿满元,另有满铁受委任经营的铁路、航运等财产 15. 95 亿日元(1941 年估值),两项合计 127. 34 亿满元。② 其行业分布与日资分布步调一致。

日军对工矿业的政策在东北和关内有明显不同,基本上是发展东北、掠夺关内。在东北自 1937 年开始执行“第一次产业开发五年计划”,以《重要产业统制法》为依托,以满业发展为主体,包括了工矿业、交通通信和农业等基础产业。后多次修订和提高钢铁、煤、液体燃料和电力等工矿业计划指标。至 1941 年,计划指标并未完成而进度不一:生铁 35%,钢 18%,煤 73%,发电设备 43%,汽车 9%。③ 1941 年开始执行第二次产业开

① 东北财经委员会调查统计处:《伪满时期东北经济统计(1931—1945)》,1949 年印行,第(1)—19、(11)—10 页。

② 东北物资调节委员会研究组编:《东北经济小丛书·资源及产业》下册,1947 年印行,第 29—30 页。

③ 1941 年东北地区工矿业生产指数,参见李崇文:《沦陷区经济概述之一》,中国农民银行 1945 年印行,第 35 页。

发五年计划,采取“考虑战争上之特殊地位,集中权力,供给日本战时之急需物资”的应变措施①,至 1942 年停止实施。1943 年以后,伪“满洲国”工业以增加飞机和船舶生产、供应战争物资为急务,甚至谋求将日本本土工厂设备迁至中国东北,完全陷于支撑战争的困局。

1937—1942 年即两次产业开发五年计划执行期间,共投入资金 86.5 亿满元,其中 60%出自日本,40%由伪满筹集。总投资在各部门间的分布:工矿业 47.5 亿满元、铁路 18.1 亿满元、交通通信业 7 亿满元、农业 0.6 亿满元、日本移民等的“拓殖”13 亿满元。② 在此期间东北工业发展程度,按 1926 年不变价格估算,工矿业总产值 1936 年为 5.10 亿日元,1942 年增至 9.47 亿日元达到峰值。1931—1943 年,工业生产的年均增长率为 8.7%,其中 1937—1942 年年均增长率为 10.4%。工业部门所占比重由 1931 年的 26.9%增至 1937 年的 51.0%,又增至 1943 年的 59.3%,工业化程度有了明显进展。③ 另据统计,至 1945 年战争结束,日本在占领区的工矿业、交通运输业、邮电业和金融业的投资额合计近 164 亿日元,其中东北 94 亿日元占 57.5%,关内近 42 亿日元占 25.4%,台湾 28 亿日元占 17.1%。④ 伪“满洲国”主要工矿业产品的产量变化见表 2-2。

表 2-2　伪“满洲国”主要工矿业产品产量(1937—1944 年)

产品 \ 单位 \ 年份		1937	1940	1941	1942	1943	1944
煤	千吨	14387	21344	24632	25811	25398	26527
铁矿石	千吨	2418	3349	4182	4496	4954	3800
石油	千吨	221	271	350	297	298	242
电力	百万度	1624	2998	3516	4086	4474	4481

① 东北物资调节委员会研究组编:《东北经济小丛书 · 资源及产业》下册,1947 年印行,第 56 页。

② 东北财经委员会调查统计处:《伪满时期东北经济统计(1931—1945)》,1949 年印行,第(1)—5、(11)—18 页。

③ Kungtu C.Sun(孙公度),*The Economic Development of Manchuria in the First Half of the Twentieth Century*,Harvard University Press,1973,p.102。

④ 杜恂诚:《日本在旧中国的投资》,上海社会科学院出版社 1986 年版,第 15 页。

续表

产品＼单位＼年份		1937	1940	1941	1942	1943	1944
生铁	千吨	812	1062	1389	1616	1702	1176
钢锭	千吨	519	553	576	578	869	474
客货车	辆	2741	4513	4057	3984	4798	2823
水泥	千吨	861	999	1164	1532	1503	1141
硫酸	千吨	192	—	191	—	94	58
棉纱	千件	174	148	145	180	160	95
棉布	千匹	2575	1901	2113	3213	2737	1612
面粉	千袋	28668	13425	14391	17397	15254	1463
糖	吨	11665	25019	25611	15923	19938	18993
纸	吨	19568	37880	52989	76668	76368	45860
卷烟	百万支	14706	21240	24106	24035	24000	—
火柴	千箱	402	398	442	387	421	—
豆油	千吨	114	87	115	140	134	—

资料来源:东北财经委员会调查统计处:《伪满时期东北经济统计(1931—1945)》,1949年印行,第(2)—53—83页有关各表及第(3)—53、(3)—69页。

表2-2中石油、钢锭、硫酸等是1931年以后开始生产的。在日本全面侵华战争期间,东北的电力、水泥、煤铁等重工业生产有倍增式的较快发展。表2-3显示东北地区的重化工业在全国占据了绝大的优势。

表2-3　东北地区主要工矿产品的产量及占全国的比重(1943年)

产品＼项目	产量	占全国的百分比(%)	产品＼项目	产量	占全国的百分比(%)
煤炭	23205千吨	49.4	机械	5.5亿日元	95.0
生铁	1702千吨	87.7	盐	883千吨	26.1
钢材	495千吨	92.7	硫酸铔	92千吨	69.0
电力	165万千瓦	68.0	苏打灰	59千吨	60.0
水泥	15.3千吨	66.0	苛性苏达	6千吨	33.3

资料来源:东北物资调节委员会研究组编:《东北经济小丛书·资源及产业》下册,1947年印行,第129页。

由表2-3可见,除煤铁等矿业产品在全国占较大比重外,东北的钢产量占到全国的92.7%,机械、电力、水泥等重工业产值产量占比超过2/3,酸、碱等化学工业产品产量占到近2/3。既说明日本在东北投资建设重化工业基地以支撑侵略战争的力度,也显示日本在关内占领区以掠夺为主的政策及侵华战争对中国工矿业生产的严重破坏。又据统计,1937—1943年电力、煤气、金属、机械、化学工业等重工业生产指数,与纺织、食品、卷烟、火柴业等轻工业生产指数,呈现“剪刀差”式增减态势,以1937年为100,至1943年分别为313.5和81.4。① 轻工业、农业等与中国东北人民生活息息相关的生活资料的生产是逐步衰退的。

1943年以后,伪“满洲国”的工业随着战事败退而不复增长。1945年8月苏联红军进占东北,拆走大量工矿业设备。事后有两个调查估计,苏军拆走设备总价值为8.95亿美元,或12.03亿美元,见表2-4。

表2-4　苏军占领东北期间拆走的工矿业设备的估计

项目 行业	鲍莱调查团估计		日侨善后联络处估计	
	价值（万美元）	占产能（%）	价值（万美元）	占产能（%）
电力业	20100	71	21954	60
钢铁业	13126	50—100	20405	60—100
煤矿业	5000	90	4472	80
铁路业	22139	50—100	19376	50—100
机器业	16300	80	15887	68
液化燃料业	1138	75	4072	90
化工业	1400	50	4479	33
水泥业	2300	50	2319	54
非铁金属业	1000	75	6081	50—100
纺织业	3800	75	13511	50

① 东北财经委员会调查统计处:《伪满时期东北经济统计(1931—1945)》,1949年印行,第(2)—2页。原据伪满中央银行所编产业生产指数改编,重工业包括电力、煤气、金属、机械、化学、窑业;轻工业包括纺织、食品、卷烟、火柴。各类和总指数均按1937年产值加权几何平均,重工业总权数28.71,轻工业总权数26.34。

续表

行业 \ 项目	鲍莱调查团估计		日侨善后联络处估计	
	价值(万美元)	占产能(%)	价值(万美元)	占产能(%)
纸张纸浆业	700	30	1396	80
交通业	2500	20—100	459	30
食品业	—	—	5905	50
总计	89503	—	120316	—

资料来源:Kungtu C.Sun(孙公度),*The Economic Development of Manchuria in the First Half of the Twentieth Century*,Harvard University Press,1973,p.88。见许涤新、吴承明主编:《中国资本主义发展史》第3卷,人民出版社1993年版,第607页。

综合之,重化工业方面电力工业设备拆走约2.0亿—2.2亿美元,占产能60%—71%;机器业1.59亿—1.63亿美元,占产能68%—80%;化学工业0.14亿—0.45亿美元,占产能33%—50%;水泥工业0.23亿美元,占产能50%;非铁金属0.10亿—0.61亿美元,占产能75%。经此劫难,东北重化工业生产能力失去1/2至2/3。① 重化工业中其他外国资本和中国民族资本,在日本殖民统治下仅苟延残喘直至销声匿迹。

日军在东北和关内实行政策不同,在关内沦陷区并没有建立起伪"满洲国资本"那样的殖民地资本形态,而是以分别成立傀儡政权加上两大"国策会社"系统的方式,施行一套特殊手段,实行经济统制和掠夺。两大"国策会社",一是华北开发公司,二是华中振兴公司。华北开发公司和华中振兴公司于1938年分别成立于东京和上海,前者额定资本3.5亿日元,由日本政府和民间财阀出资各半,后者额定资本1亿日元,出资方式相同。② 两个"国策会社"下设子公司,至1945年战争结束,华北开发公司有子公司51个,华中振兴公司有子公司16个。"国策会社"及其设立的特殊会社、准特殊会社和子公司系统,以掠夺强占中国原有产业作为基础,投资经营各种企事业,主要有交通业、矿冶业、电力业、

① 许涤新、吴承明主编:《中国资本主义发展史》第3卷,人民出版社1993年版,第408、607页。

② 东亚研究所:《日本の对支投资》,1942年版,第128页。

电信业和盐业五项，还有棉业、蚕丝业和水产业等产业，即所谓"统制事业"，主要分布在华北沦陷区。统制事业之余，还有日本工商界可以投资经营的所谓"自由事业"，主要是战前中国民族资本已有相当发展的行业，有纺织、毛织、面粉、烟草、啤酒、造纸、火柴、硫酸、水泥和机器铸造（翻砂）等行业。

日军对沦陷区中国工矿企业的一套夺取方式有五种：军管理、委任经营、中日合办、租赁和收买。[①] 军管理是直接没收"敌人官产"和暂时保管私人产业，主要发生在华北地区。日军除强占电力、矿业等统制事业外，军管理的一般工业工厂有 82 家，分布在山西、河北、河南、山东和安徽等省，行业上涉及面粉业等多个"自由事业"业别，其中有机器铸造厂 8 家。1941 年珍珠港事件爆发后，日本在军事上登峰造极，日军借机接管了上海租界内的近 50 家华商工厂，其中有机械厂 7 家。委任经营是日本商人强占华商工厂，集中在华中地区，规模较大的有 137 家。以纺织厂面粉厂居多，其中有金属制品和机器工厂共 9 家。中日合办包括了统制事业和自由事业，前者企业被迫合办成为"国策会社"下属独占公司，后者属被迫或自动就范达成合办。企业由日方独断，合办方式成为日军侵夺华商资产的主要途径。70 多家合办工厂中以化学工业居多数，其中有金属机械厂 10 家。租赁也是强行廉租的掠夺方式，在华中有 31 家，其中金属机械厂 9 家。收买是以低廉价格强买华商工厂，华北沦陷区有 20 多家。

一、机器制造业

经过"九一八事变"后日本对中国东北地区的占领和经营，1936 年伪"满洲国"的机械工业初具规模，日资机械工业企业资本额达到 1502 万日元。1937—1942 年即两次产业开发五年计划执行期间，机械工业得到很大的发展。特别是第一次产业开发五年计划，出于机械工业对于工矿

① 郑伯彬：《日本侵占区之经济》，资源委员会经济研究室 1945 年版，第 2—6 页。

业的基础地位的因素,多次调高机械工业计划指标,从1937年起投资剧增。1938年东北地区日资机械工业实收资本增至5989.8万日元,1939年增至17610.5万日元,1941年达到37360万日元。①

(一) 伪"满洲国"时期日伪对机械工业的垄断

1940年,满铁、满业大型系统及三菱、三井等日本财团在伪"满洲国"投资办理的机械工业企业超过35家,遍布大连、奉天、长春、鞍山、抚顺、阜新等地。资本额在500万日元以上的机械企业,有"满洲计器株式会社""满洲车辆株式会社""满洲三菱机器株式会社""满洲工厂株式会社""满洲日立制作所""满洲机械制造株式会社""奉天制作所""协和工业株式会社""满洲通信机械株式会社""满洲重机株式会社"等。它们生产机床等工具机,生产度量衡机械、电机工程设备、锅炉和发动机等重型机械,还生产桥梁材料、水管和煤气管、冷藏和送暖设备、滚珠轴承,以及广播器、电报和电话等通信机械设备。"满洲飞行机制造株式会社"和"奉天造兵所"较为特殊,前者制造飞机,后者由原奉系军阀的奉天兵工厂接收而来,生产枪炮及军工零配件。

1941年,日资机械工业企业的实收资本额达到3.7亿余日元,其所属资本系统分布如表2-5所示。

表2-5 伪"满洲国"日资机械工业企业实收资本及所属系统(1941年)

产品 \ 项目	企业数	实收资本(万日元)	资本系统
飞机	1	10000	满洲重工业开发株式会社(满业)
汽车	2	5050	满业
兵器	1	2500	三井、大仓、伪"满洲国"
铁道车辆、船舶	4	5630	南满洲铁道株式会社(满铁)、野村、日本车辆、大连财阀等

① A.B.Kinney, *Japanese Investment in Manchurian Manufacturing, Mining, Transportation and Communication*, 1931-1945, p.43;满史会编著:《满洲开发四十年史》下卷,东北沦陷十四年史辽宁编写组译,1987年版,第503页。

续表

产品＼项目	企业数	实收资本（万日元）	资本系统
电气机器	10	4535	三菱、三井、日产、富士电气等
机床	1	2000	满业
普通机械和其他机械	10	7645	满业、大连财阀、三菱、伪“满洲国”
总计	29	37360	

资料来源：满史会编著：《满洲开发四十年史》下卷，东北沦陷十四年史辽宁编写组译，1987 年版，第 503 页。

1940 年，为加强对伪“满洲国”机械工业的经营和统制，日本成立了满洲机械工业组合中央会，下设四个组合：满洲电气机械工业组合、满洲矿山用机械制造工业组合、满洲电气通信器制造工业组合和满洲化学机械制造工业组合。机械工业的大型制造厂被这四个组合全面控制。中型的机械制造企业另设全满机械工业组合联合会，也在满洲机械工业组合中央会统制之下。伪“满洲国”机械工业工厂数量和投资规模迅速增加的同时①，机械产品产值也在不断提高，1938 年伪“满洲国”机械工业总产值达 11 亿日元，1939 年增至 21 亿日元，1940 年达到 20.7 亿日元。第二次产业开发五年计划和太平洋战争开始后，1942 年机械工业总产值达到 40.1 亿日元，1943 年增至 54.7 亿日元，1944 年增至 61.8 亿日元。1944 年的机械工业实收资本为 8.7 亿日元。② 伪“满洲国”机械工业产品产值，常占到全国的 2/3 以上，这既说明日本在中国东北大力投资建设机械工业以支撑侵略战争，也反映了日本侵华战争对战前已经颇有发展的中国机械工业生产的严重损毁和破坏。苏军占领东北期间拆走的机械工业设备约 1.6 亿美元，占原有产能的 68%—80%。

① 杜恂诚：《日本在旧中国的投资》，上海社会科学院出版社 1986 年版，第 325 页。

② 杜恂诚：《日本在旧中国的投资》，上海社会科学院出版社 1986 年版，第 328 页。对于所谓“关东州”即日占旅大租借地的机械工业产值，各年份数值中 1938 年和 1940 年未计入，1939 年计入“关东州”产值 4.7 亿日元。

表 2-6　伪“满洲国”机械制造业工厂

项目 产品	厂名	厂址	工人数	主要产品	年产能力	单位	历年生产量			
							1941 年	1942 年	1943 年	1944 年
工作母机	满洲工作机械株式会社	沈阳	790 （1944 年）	车床 铣床 钻床	660（1941 年） 300（1941 年） 10（1945 年月产）	台	240 39 83	120 74 240	180 60 270	180 79 210
	满洲钢铁株式会社	沈阳	157 （1944 年）	铰刀 铣刀 钻头	30000 7500 486000 （1944 年）	把	2500 290 160000	5000 10000 265000	5000 10000 300000	10000 10500 330000
一般机械	满洲住友金属工业株式会社奉天厂（制钢及机械所）	沈阳	1818 （1944 年）	铸钢品 外轮压延轮芯 装配车轮 矿山机械	6000 24000 24000 5500 （1945 年）	吨	3180 6533 4935 1431	5500 4900 11400 4000	共 22084 2718	3720 4111 10059 1991
	株式会社满洲日立制作所	沈阳	1498 （1945 年）	铸铁零件 铸钢品 铸铁品 起重机	5980 840 1320 67 （1941 年）	台	1920 324 565 25	2021 501 503 7	2239 620 481 9	1607 780 330 153

续表

项目 产品	厂名	厂址	工人数	主要产品	年产能力	单位	历年生产量			
							1941 年	1942 年	1943 年	1944 年
一般机械	满洲三菱机器株式会社	沈阳	2630 （1943 年）	电机品 发条 一般机械	1500 5000 3000 （1941 年）	台 吨 吨	660 1200 2000	230 1900 2400	230 2600 2900	2500 7980
	株式会社大连机械制作所奉天支店	沈阳	476 （1944 年）	小型蒸汽机车 铸铁直管 铸铁异型管 锅炉	4（1945 年月产） 1800 1500 （1941 年） 3（1945 年月产）	辆 吨 吨 台	1700 600	1348 624	1440 1000	30 871 560
	满洲滚珠制造株式会社	瓦房店	1183 （1943 年）	滚珠轴承 滚轴轴承 推行式滚珠轴承	600000 100000 70000 （1941 年）	个	307000 12000 7000	431314 2571 10461	360808 48324 36726	891000 121000 83000
矿山机械	株式会社阜新制作所	阜新	486 （1943 年）	木制炭车 铁制炭车 凿岩机 卷扬机 坑木台车 无盖货车	7000 1000 1000 20 1700 30 （1942 年）	辆 辆 台 台 辆 辆	4978 486 624 4 1307 5	共 3000 4 1110 5	共 1437 1000 3	共 6500 20

续表

项目 产品	厂名	厂址	工人数	主要产品	年产能力	单位	历年生产量			
							1941年	1942年	1943年	1944年
矿山机械	株式会社满洲三荣精机制作所	沈阳	77 (1944年)	S49型凿岩机 S30型凿岩机	100 100 (1941年)	台	40 40	—	—	—
	株式会社满山制作所	长春	135 (1943年)	破碎机及零件 搬运铁及零件 运矿机及零件 熔矿炉 凿岩机	730 45 410 55 10 (1944年)	吨	15	45 36 22	411 31 287 38 7	460 185 155
飞机	满洲飞行机制造株式会社	沈阳 公主岭 哈尔滨	3687 1800 4000 (1945年)	高等练习机(金属) 高等练习机(木金) 八四重战斗机 九九战斗机 450马力发动机	50 50 50 — 250 (1945年)	架 架 架 架 台	共2000 (1940—1942年)		(未完成) 20 10 共2000 (1943—1944年)	

续表

项目 产品	厂名	厂址	工人数	主要产品	年产能力	单位	历年生产量			
							1941 年	1942 年	1943 年	1944 年
汽车	满洲自动车制造株式会社	沈阳	2000 （1945 年）	汽车车体 汽车装配	7700 7400 （1941 年）	辆	4327	6150 6000	—	—
		安东	400 （1945 年）	汽车装配 汽车车体	10000 （1943 年）	辆	3575	3500	—	—
农业机械	国际耕作工业株式会社	沈阳	205 （1945 年）	洋犁 除草机 碎土机	共 125000 （1945 年）	台	3932 563 20	6139 11629 1017	6130 10532 5200	10000 10000 3000
自行车	株式会社满洲昌和制作所	沈阳	230 （1944 年）	自行车车架 自行车车圈 自行车车把	36000 120000 50000 （1944 年）	架 付 个	4200 2850 3600	25500 100000 27000	3000 12000 6000	2352 16333 2119

续表

项目 产品	厂名	厂址	工人数	主要产品	年产能力	单位	历年生产量			
							1941年	1942年	1943年	1944年
工具	株式会社满洲吴制砥所	苏家屯	127 (1944年)	砂轮	600 (1945年)	吨	216	288	288	284
	日满镕材工业株式会社	沈阳	200 (1944年)	电焊条 瓦斯焊条	1200 1200 (1945年)	吨	400 200	共380	共500	共600
	株式会社满洲测机舍	沈阳	42 (1945年)	经纬仪 水平仪	720 720 (1942年)	台	556 200	600 600	—	—

注:兵器类别的株式会社奉天造兵所略去。

资料来源:东北财经委员会调查统计处:《伪满时期东北经济统计(1931—1945)》,1949年印行,第62—64(2)页,第二十一表。

至1945年,伪“满洲国”机械工厂的情况见表2-6。

表2-6中18家公司20个较具规模的机器制造业工厂,包括工作母机、一般机械、矿山机械、农业机械、飞机、汽车、自行车和工具等类别,剔除兵器工业类的“奉天造兵所”,不包括火车车辆修造厂。其中13家工厂集中于沈阳一地,沈阳成为伪“满洲国”机器工业中心。20个厂有工人近2万人,1941—1943年是年产量的高峰期。

(二)关内沦陷区内日伪对机械工业的统制与掠夺

机械工业是近代新式工业中的重要行业。战前1936年中国关内地区有较大规模的机械工厂753家,资本总额1342.7万元,工人2.7万人,年产值1571万元。如计入东北地区,战前全国应有机械工厂800家以上。地区分布仍沿袭近代产业集中于沿海沿江商埠的格局。上海作为全国工业的中心,机械工厂数占到全国总数的1/3,资本额则占总额的近1/2。其他如华北的天津、华中的武汉和华南的广州,也成为地区性的机械工业中心。①

1. 战争损毁

关内华北、华中、华南沦陷区沿海沿江,是战前中国新式工矿业最为发达的富庶地区,战火连天中机械工业遭受重大损毁,上海及周边的华资工厂有52%遭到破坏,南京、无锡等地工厂被损毁程度高达64%—80%,抗战结束时估计的工业类损失4.40亿元中,就包括了机械工业的损失。② 据国民党政府经济部1937年7月至1945年8月统计数字,战时关内直接损失中,翻砂业12268600元、五金业96952600元、机器厂141059800元,总计机械工业直接损失250281000元。③

战争损失以上海较为典型。战前上海一地有机器厂、翻砂厂等248

---

① 徐建生:《抗战前中国机械工业的发展与萎缩》,《中国经济史研究》2008年第4期。

② 韩启桐:《中国对日战事损失之估计(1937—1943)》,中央研究院社会科学研究所1946年印行,第32—34页。

③ 《国民政府档案中有关抗日战争时期人口伤亡和财产损失资料选编》,中共党史出版社2014年版,第1册第448—449页、第2册第607—608页。

家,约占全国同类工厂的33%,资本共计350余万元,约占全国总额的44.7%。其中规模较大者有20余家,可以制造引擎、纺织机、卷烟机、榨油机、针织机、轧米机、织绸机、印刷机、制粉机、缫丝机与其他机器零件等。大半均在沪东虹口一带,次为闸北,南市,1937年"八一三事变"中遭受严重损失。金城银行当时进行调查,显示出各厂遭受战时破坏的概况:新中厂全部被毁,损失约9万元;中新厂亦已被毁,损失约数万元;新辰厂除2/3搬迁至武汉外,其余损失亦达6万元,明锠厂八月间即被焚,机器钢铁原料等损失约10万元。其余全数被毁者尚有中国冶铁厂及广兴机器厂,损失各约7万元。万兴盛厂已被搬运一空,损失约12万元;培昌厂亦被炸毁,损失约11万元;公勤厂损失约28万元,且被日方的中山钢业厂强占。中央机器厂事先曾撤走一部分,其余均已被毁。明精厂亦搬出2/3,损失约3万元。华通机器厂则已全毁,损失在10万元以上。同顺兴厂机器原料损失约5万元。华泰厂机器原料损失约1万元。镐昌翻砂厂虽将存货搬出,唯厂屋被毁,估计损失达2万至3万元。中华铁工厂则于中国军队撤退之前,大部已经迁出,厂屋虽已被毁,损失尚轻。万昌厂虽在战区,幸未损失。安泰厂则已迁至租界。综合以上各厂之损失,已在一百四五十万元以上。①

常州在战前有机械厂16家,战时也多有损失。全部被烧毁的有骏远铁工厂,全被日军搬走的有荣昌铁工厂、新成铁工厂,部分损失的有华生机器厂、工务铁工厂、大生铁工厂、万成铁工厂等。其他如青岛、山西、山东等地因原有的机械修造业比重轻,所以该业的损失总量要低于棉纺织业。唯有天津一地,因没有战事,工厂的直接损失不大,但一些重要的机械厂在"七七事变"前后就被置于日资控制之下。②

2. 日资工厂

日军在关内对机械工业是武力掠夺与投资建厂并举。就机械工业而言,日军的五种掠夺方式中又以两种手段为主:第一种是"军管理",在山

---

① 《沦陷区之翻砂机器业》,《资源委员会月刊》1941年第3卷第2—3期合刊。

② 《沦陷区之翻砂机器业》,《钢铁界季刊》1942年第1卷第2期。

西省集中实施，计有8家工厂：西北铁工厂、育才炼钢机器厂（现名“军管理第十厂”）、西北机械厂、西北机车厂、西北农工器具厂、西北铸造厂和西北汽车修理厂（现名“军管理第十二厂”），8厂的资本总额达455.2万日元；第二种是“委任经营”，就是将华商工厂无偿地以合办之名交由日商经营，主要在上海及其他地方实施。如上海有5家：合兴铁厂委任“中山钢业厂”经营，顺华铁工厂委任“田中铁所第二厂”经营，慎记公顺翻砂厂委任“上海铁工组合”经营，周锠正记铁工厂委任“杉木商会”经营，大新铁厂委任“大钢铁管制造”经营。北平有永增铁工厂委任“日本工业会社”经营。收买手段也有，日商以极廉价格收买经营的，上海有2家：“小浦洋行铁工部”收买张锡记铁工厂，“公利公司”收买华商的公利公司，北平有“兴中公司”收买升昌忠记行。委任经营和收买的9家机械厂，资本总额为157.9万日元（见表2-7）。①

表2-7　关内沦陷区日本军管理、委任经营和收买的机械制造厂（1937—1942年）

项目 厂别	厂址	资本（万日元）	产品	类型
西北铁工厂	太原	112.7	锥、井户管	军管理
育才炼钢机器厂（军管理第十厂）	太原	24.7	—	军管理
西北机械厂	太原	—	瓦斯灯、车台、书机	军管理
西北机车厂	太原	132	—	军管理
西北农工器具厂	太原	68.4	卡尺、对水车、锭子	军管理
西北铸造厂	太原	41.8	磨粉机、吸上帮浦排除机	军管理
西北水压机厂	太原	47.6	水压机、风扇、电动机	军管理

① 《沦陷区之翻砂机器业》，《资源委员会月刊》1941年第3卷第2—3期合刊。

续表

厂别＼项目	厂址	资本（万日元）	产品	类型
西北汽车修理厂（军管理第十二厂）	太原	28	—	军管理
中山钢业厂	上海	100	铁工	委任经营合兴铁厂
田中铁所第二厂	上海	5.5	纺织工作机	委任经营顺华铁工厂
上海铁工组合	上海	—	—	委任经营慎记公顺翻砂厂
杉木商会	上海	5	铁管	委任经营周錩正记铁工厂
大钢铁管制造厂	上海	10	铸件、铁工	委任经营大新铁厂
日本工业会社	北平	25	—	委任经营永增铁工厂
小浦洋行铁工部	上海	3	机械	收买张锡记铁工厂
公利公司	上海	0.8	铸件	收买公利公司
兴中公司	北平	17.6	—	收买升昌忠记行
总计		622.1	—	—

资料来源:《沦陷区之翻砂机器业》,《资源委员会月刊》1941 年第 3 卷第 2—3 期合刊。

日资在战时在关内沦陷区新设的大型机械厂有 5 家:“中山钢业厂”,该厂以接办上海合兴铁厂为基础,又在上海设第二分厂,在天津设第一分厂;“大达交通器材株式会社”,该企业为东京的“小系制作”“天津三昌洋行”及“住友会社”合资设立;“进和天津铁工厂”,总公司设在大连,在天津收买原“清喜洋行”的骨粉工所开设;“满洲轧辊厂”天津分厂,总厂在鞍山,厂址在“昭和制钢”内(现鞍钢);“华北机械工业株式会社”,1934 年设立的“甲斐铁工所”至 1939 年改组为“兴亚铁工株式会社”,1944 年与“住友机械工业公司”“华北开发公司”合作,成立“华北机械工业株式会社”,资本 1200 万日元。①

由日本私营资本开办的机械修造厂,在上海有 9 家:“祥昌洋行”“明

① 居之芬主编:《日本对华北经济的掠夺和统制——华北沦陷区资料选编》,北京出版社 1995 年版,第 186、680—681 页。

华铁工厂”（有一、二2厂）、“吴顺兴铁工厂”“粹丰机器厂”“亚细亚钢业厂”“公兴铁厂”“大东洋行”“大东机器翻砂厂”等。在天津有14家：“昌河洋行工厂”“安原铁工所”“西山铁工所”“天津钢业工厂”“天津制铁工厂”“东和工厂”“恒升机器工厂”“鸿发铁工厂”“义昌洋行”“小松洋行”“得利兴”“三井铁工厂”“中岛机器行”和“天津机器工厂”。在青岛有10家：“梅泽商会铁工所”“胶东铁工厂”“田中铁工所”“日轮公司”“甲整铁工厂”“松山铁工厂”“原田铁工所”“市河铁工所”“昭和铁工所”及“铃木铁工所”。资本总额约100万日元。

关内沦陷区日资设立机械制造厂见表2-8。

表2-8　关内沦陷区日资设立机械制造厂（1937—1942年）

项目 厂别	厂址	资本 （万日元）	产品
中山钢业厂（一）	上海	—	压缩屑铁、铁板
祥昌洋行	上海	—	机器零件
明华铁工厂（一）	上海	0.2	纺织机
吴顺兴铁工厂	上海	2	铁工
明华铁工厂（二）	上海	0.2	修理机械
粹丰机器厂	上海	—	纺织机附件
亚细亚钢业厂	上海	100	铁板、铁线
公兴铁厂	上海	20	铁工
大东洋行	上海	1	铁工铸物
大东机器翻砂厂	上海	2	铸物
大达交通器材会社	上海	5000	车辆及零件，线路用品
进和天津铁工厂	上海	500	铁线、洋钉
满洲轧辊厂天津分厂	上海	500	制胶、制线、制粉、纺织等机器
昌河洋行工厂	上海	—	车体及零件
安源铁工所	上海	—	纺织机车零件
西山铁工所	上海	—	铁钉等
华北机械工业株式会社	天津	1200	步枪，卷扬机、搬运机、破碎机
中山钢业厂	天津	100	—
天津钢业厂	天津	100	—

续表

厂别 \ 项目	厂址	资本（万日元）	产品
天津机器厂	天津	0.7	机器及装设水管
天津制铁厂	天津	300	—
东和工厂	—	—	—
恒升机器工厂	天津	30	—
鸿发铁工厂	天津	25	—
义昌洋行	天津	20	—
中岛机器行	天津	1	机器及装设水管
得利兴	天津	100	—
小松洋行	—	—	—
三井铁工厂	天津	3	一般机器
梅泽铁工所	青岛	3	一般机器
胶东铁工厂	青岛	3	一般机器及修理
田中铁工所	青岛	2	—
日轮公司	青岛	—	—
甲整铁工所	青岛	—	纺织及其他机械
松山铁工所	青岛	—	纺织及其他机械
原田铁工所	青岛	—	油房机械
市河铁工所	青岛	—	纺织机械
昭和铁工所	青岛	—	纺织机械
铃木铁工所	青岛	—	纺织机械
40厂中已知24厂资本总计	—	8013.1	—

注:华北机械工业株式会社,系由1939年的兴亚铁工株式会社,至1944年与住友机械工业公司、华北开发公司合作改组成立。

资料来源:《沦陷区之翻砂机器业》,《资源委员会月刊》1941年第3卷第2—3期合刊;《钢铁界季刊》1942年第1卷第2期;居之芬主编:《日本对华北经济的掠夺和统制——华北沦陷区资料选编》,北京出版社1995年版,第680—683页。

据统计,日本在关内沦陷区的五金机器业的大中型工厂,总公司驻日本、中国台湾和朝鲜的有22家,资本额24783万日元,总公司驻中国大陆的有81家,资本额11510万日元。台湾地区的机械器具公司,由1938年的38家增至1945年的84家,同期实收资本由396.9万日元增至1673.4

万日元，产值从 1933 年的 558.5 万日元，增加到 1942 年的 3241.1 万日元。

3. 华商工厂

战时上海的华商机械工业。1937 年“八一三事变”中，分布在虹口、闸北、南市和沪西的铸造机械工厂损失惨重，沪市登记工厂 5255 家，遭受损毁者达 4998 家，占到 95%，就包括了其中 248 家机械工厂所受损失。

随着战事向内地转移，机器工业在 1941 年前“孤岛”时期很快恢复并得到迅速发展。一个环节，人口和资金的集聚导致对工业产品需求剧增；另一个环节，工业制品厂急需机器设备，环环相扣的需求供应链使上海成为战时关内集中供货地，海外订购价高迟缓，“因此原订外机者，改向国产机厂订购。于是机器营业发达，各厂工作，莫不紧张，日夜开工赶造，以应付工厂之需要”。[①] 上海租界由于地位特殊，其中的机械工厂有 412 家，迁入恢复生产的有 204 家，陆续修复开业的有 48 家，原有工厂复工的有 120 家。租界内的机械工厂迅速达到七八百家。

大隆机器厂原为业内翘楚，此时借美商名义改名为泰利制造机器有限公司，1939—1941 年年初，制造和销售整套棉纺机器达 42000 锭，还产销大量不成套的各种纺织机器。[②] 又如中华铁工厂，除一部分迁到柳州外，余部在巨福路租地复工；明精厂在大沽路复工；中央机器厂的余部迁至派克路复工；明锠厂改设为铭锡、达华两厂在派克路复工；环球厂在槟榔路开工；沪西一带，小厂林立。算上生产五金、制罐、制钉和钢精器皿者在内，全上海 1938 年开设大小铁工机械厂 1057 家，1939 年开设 340 家。[③]

1943 年上半年上海机械厂业同业公会统计，加入该公会的机械工厂有 1550 余家，下半年因打铁业、五金厂业另组公会，机械厂业同业公会会员厂为 813 家。813 家工厂的资本规模，资本 200 万元以上者 29 家，100

① 杜恂诚主编：《中国近代经济史概论》，上海财经大学出版社 2011 年版，第 135 页。

② 中国科学院上海经济研究所等：《大隆机器厂的发生发展和改造》，上海人民出版社 1958 年版，第 65—66 页。

③ 《沦陷区之翻砂机器业》，《资源委员会月刊》1941 年第 3 卷第 2—3 期合刊。

万—200万元者47家,50万—100万元者67家,20万—50万元者151家,20万元以下者519家。资本50万元以上的工厂有143家,总额20314.6万元,占813家登记工厂总额的60%。由于物价上涨,资本规模大的工厂如合利工具机械厂有资本1000万元,其实际生产规模比战前资本50万元的大隆、公勤厂要小很多。与在沪的日资“大陆重工业株式会社”(资本600万日元)、“上海工业会社”(200万日元)和“日本机械制作所”(300万日元),更是无法望其项背。

战时上海较具规模的143家华商机械工厂,采取公司组织的46家,其他采取合资、独资等形式。工厂主要分布在沪西、虹口、第1区内和法租界,南市很少。规模较大的工厂配有铣床、磨床等设备,全市有磨床172架。小厂有车床、刨床、钻床和马达等设备,更多的小厂只能视为小作坊。华商机械厂生产原料提供给英、美、德、日等国,1941年年底太平洋战争爆发后难以为继。华商厂所用电力仰赖于上海电力公司。较之日军管理的江南造船厂等工厂,在生产上则瞠乎其后了。①

华北地区的机器业有不少为日军所掠夺,或为日商收买,其幸存于华商之手者,尚能勉强开工。这些在战时开工的机械厂,天津有美利钢桶厂、明权铁工厂、恒大铁工厂、德利兴机器厂;北平有崔记铁工厂、海京机械厂;青岛有利生铁厂、复记铁厂、德顺铁厂、东益铁厂、金城铁厂、国泰铁厂;济南有陆大铁厂;潍县有华丰铁厂、普鲁铁厂、同盛铁厂和天丰铁厂。17家机械工厂的资本总额为103.4万日元(见表2-9)。

表2-9 关内沦陷区华北地区华商机械制造厂(1937—1942年)

项目 厂别	厂址	资本 (万日元)	产品
美利钢桶厂	天津	3	—
明权铁工厂	天津	15	仅修理业务
恒大铁工厂	天津	10	制造一般机械

① 李嘉音:《上海之制造机械工业》,《中国工业》1944年第2卷第7、8期合刊。

续表

项目 厂别	厂址	资本 （万日元）	产品
德利兴机器厂	天津	1	旋盘印刷机
崔记铁工厂	北平	25	修理引擎、制造零件
海京机械厂	北平	15	修理引擎、制造零件
利生铁厂	青岛	3	—
复记铁厂	青岛	1	一般机械
德顺铁厂	青岛	2.4	火柴机械
东益铁厂	青岛	2	一般机械
金城铁厂	青岛	1	—
国泰铁厂	青岛	2	—
陆大铁厂	济南	2	—
华丰铁厂	潍县	12	织布机
普鲁铁厂	潍县	3	各种机械
同盛铁厂	潍县	3	各种机械
天丰铁厂	潍县	3	各种机械
总计	—	103.4	—

资料来源:《沦陷区之翻砂机器业》,《钢铁界季刊》1942 年第 1 卷第 2 期。

1943 年 12 月的一份调查,有助于了解华北沦陷区北平、天津和青岛机械工厂的概况。

表 2-10 华北沦陷区主要机械工厂概况（1943 年）

项目 厂别	厂址	技术人员 （日人）	员工 （华人）	机械 （台）	产品
小系重机工厂	北平	12	400	120	压缩机、卷土机、唧筒、炭车
今材制作所	北平	4	120	30	制铁机械、矿业机械
久保田铁工厂	北平	12	500	34	铸铁管、工作机械等

续表

项目 厂别	厂址	技术人员 (日人)	员工 (华人)	机械 (台)	产品
横山制作所	北平	2	170	15	铸铁异型管等
北京锻造	北平	5	200	40	送风机、唧筒
钟渊工业会社	北平	5	200	100	船用机械、工作机械
中华铁工厂	北平	4	160	50	暖房用机器
北京铸造	北平	2	100	15	铸铁管、异型管
川住铁工厂	北平	4	40	12	机械修理
中兴工业	北平	2	60	15	专用工厂
松安铁工厂	北平	3	45	16	可锻炼铁制品
浅香铁工厂	北平	3	60	23	钢铁丝等
大津精机工厂	北平	2	50	30	工具类
与其他小工厂总计	北平	60	2499	664	—
华北机械工业株式会社	天津	20	760	200	卷土机、送风机、压缩机、运搬机
恒升机械工厂	天津	10	570	170	兵器、农器具
北支重机株式会社	天津	10	200	90	电动机、变压器
谦宝铁厂	天津	6	38	5	压缩机、粉碎机、木工机械
华北自动车株式会社	天津	10	240	300	自行车零件
昌和工厂	天津	10	600	320	自行车
东和工厂	天津	4	100	45	工作机械
安宝精机工厂	天津	5	200	53	工作机械、唧筒、衡器
大信工厂	天津	5	150	40	唧筒、炭车
石丸制作所	天津	6	170	65	兵器
大中工厂	天津	4	200	40	兵器、炭车

续表

项目 厂别	厂址	技术人员（日人）	员工（华人）	机械（台）	产品
中山钢业所	天津	10	700	240	制铁、压延、铁丝、铸钢
山本制钢所	天津	10	100	20	压延
与其他小工厂总计	天津	110	5370	2013	—
丰田式铁厂	青岛	30	650	350	可炼铸铁品、车辆零件、运搬机械
东亚重工业	青岛	28	700	140	唧筒、工作机械、化学机械
青岛工厂	青岛	15	700	90	造船机械、舰船修理
与其他小工厂总计	青岛	73	3068	844	—
总计		243	10937	3521	

资料来源：郑会欣：《战前及沦陷期间华北经济调查》，天津古籍出版社2010年版，第398—399页。

由表2-10可见，平津和山东地区的机械工厂，已经完全被日资以中日合办、委任经营和收买等方式控制，沦为日本帝国主义“以战养战”战略的产物，成为其掠夺沦陷区资源的牺牲品。

日军对机械工业实行严厉的统制措施，压制了沦陷区华商厂的发展。以无锡调查情况为例，战前机械工厂有数十家，沦陷后日军拟将本地五金铁厂全部以中日合办、委任经营等方式加以统制，当地业者以将工厂售卖相抵制，后统制因行业不振而作罢。无锡华商经营机械工厂，向上海采购货物须托日商轮船公司并缴纳“运动费”，由它向上海日商洋行转领“采办证”。产品销往周边乡邻，须由日军特务机关无锡班发给“搬出证”，而日军在水陆要道都设有哨兵稽查。① 关内沦陷区除上海“孤岛”畸形繁荣外，华商机械工业的生存发展处处受制于日军的侵夺和日资的压迫。

① 《沦陷区之翻砂机器业》，《钢铁界季刊》1942年第1卷第2期。

二、电力和电机、电器工业

东北地区和台湾地区电力工业的发展变化与被掠夺。东北地区自日俄战争后就陷于日军的大力渗透,1907年成立的“南满洲铁道株式会社”(以下简称“满铁”)兼营东北南部的电力事业。1926年成立“南满洲电气株式会社”,接管了“满铁”经营的大部分东北南部电力事业。到“九一八事变”前的1929年,东北地区约有电厂67家,发电设备17万多千瓦。其中,日资电厂15家,12万多千瓦,占71.4%;华资42家,3.6万千瓦,占21.3%。1931年东北地区发电设备容量约为22万千瓦。

(一) 伪“满洲国”时期日伪对电力电机电器工业的垄断和扩张

长春、吉林、安东、黑龙江等5家电灯厂和哈尔滨电业局,与日资的东北南部、东北北部和营口3个电气株式会社强制予以合并,组成“满洲电业株式会社”(以下简称“满电”)。到1937年,“满电”收买和吞并电厂达68家,统制了除日资企业自备电厂外的东北地区电力事业。1936年东北地区发电设备为41.2万千瓦。

1937年至1941年,日伪对东北电力事业进行大建设和大掠夺。日军在满洲实行第一次产业开发五年计划,重点进行较大规模的电力建设。动工建设水丰、丰满、镜泊湖等水电站,阜新、抚顺等大型火电站与其他火电站,全部或部分投入运行,电力工业有了较大的发展。电力建设采取了“水主火从”的方针,大力兴建水电站、建设一系列区域性矿区火电站;建设大电力网,统一周波、电压,实行发电、变电、送电和配电的“一元经营独占托拉斯政策”,实现对东北电力的垄断控制。1941年,发电设备容量达到110.8万千瓦(其中新增容量为69.6万千瓦),比1936年增加了1.7倍,年均递增22%。①

---

① 李代耕编:《中国电力工业发展史料》,水利电力出版社1983年版,第118—120页。

1942—1945年,日军在电力事业发展上进入挣扎时期。原定实行的第二次产业开发五年计划,将达到设备容量250万千瓦目标。由于日本侵略军在中国关内陷入胶着战势,在太平洋战争中逐步失利,服务于全面战争的东北工业负担沉重,电厂疲于维持生产、电业建设规模被迫压缩。到1945年日本投降前,第二次产业开发五年计划实施3年,发电设备容量为178.2万千瓦左右,比1941年增加容量67.4万千瓦,增加了60.5%,年均递增8.5%。

1945年日本投降时,垄断控制东北电力工业的企业“满电”资金为1280万股,每股50元,合计6.4亿元(伪币)。“满电”还向有关9个企业投资1.2亿元。其中以日本政府直接投资占6%,日本资本家投资占37%,以伪满政府名义投资占56%,中国人投资占1%。“满电”1945年3月共有正式职工16539人,高级管理人员与技术人员以日本人为主。

1937年至1945年全面抗日战争时期的8年间(以1936年数据为起点),东北地区发电设备增长了3倍多,年平均增长率为18.6%;发电量增加了1.6倍,年平均增长率为12.7%,东北地区1936—1945年电力事业变化见表2-11。

表2-11　东北地区发电设备容量和发电量变化(1936—1945年)

项目 年份	发电设备			发电量			备注
	容量(万千瓦)	指数(%)	比上一时期增加(%)	电量(亿度)	指数(%)	比上一时期增加(%)	
1936	41.2	100	—	13.5	100	—	—
1941	110.8	270	170.0	35.2	261	161.0	—
1945	178.2	435	60.5	44.8	332	27.0	发电量为1944年4月至1945年3月

资料来源:李代耕编:《中国电力工业发展史料》,水利电力出版社1983年版,第135页。

1945年东北地区电力工业的规模见表2-12。

表 2-12　东北地区电力工业的规模(1945 年)

<table>
<tr><th colspan="2">发电设备:万千瓦</th><th rowspan="2">变电设备:千伏安</th><th colspan="7">送电设备</th><th rowspan="2">配电线路:公里</th></tr>
<tr><th>水电</th><th>火电</th><th colspan="4">线路:公里</th><th colspan="3">支持物:基</th></tr>
<tr><td rowspan="2">61.9</td><td rowspan="2">116.26</td><td rowspan="3">392.1</td><td>220千伏</td><td>110、154千伏</td><td>66千伏</td><td>11—44千伏</td><td>铁塔、铁柱</td><td>混凝土</td><td>木杆</td><td rowspan="3">约 15000</td></tr>
<tr><td>903</td><td>1616</td><td>2501</td><td>5980</td><td>13234</td><td>1998</td><td>92883</td></tr>
<tr><td colspan="2">178.16</td><td colspan="4">约 11000</td><td colspan="3">108115</td></tr>
</table>

资料来源:李代耕编:《中国电力工业发展史料》,水利电力出版社 1983 年版,第 134—135 页。

东北地区发电厂 1945 年有 1000 千瓦以上公用电厂 37 家,其中水电站 3 座,火电站 34 座。5 万千瓦以上电站有水丰、丰满、阜新、抚顺、甘井子和本溪 6 座,容量共有 118.2 万千瓦,占东北全部火力发电设备 178.16 万千瓦的 66.5%,是当时东北主要的电力来源。

伪满时期东北殖民地经济性质,决定了电力工业为殖民统治和侵略战争服务,电力主要用于工矿业生产。1944 年 4 月至 1945 年 3 月,耗电量为 34.83 亿度,其中工矿动力用电量占 88.6%,家庭用电仅占 11.4%。工业生产用电方面,又以重工业耗电量所占比重最大,工业耗电总量为 27.5 亿度,其中重工业(采矿、冶金、化学、机械、水泥等)用电 22.53 亿度,占工业耗电量的 81.92%,轻工业用电 1.08 亿度,占 4.2%。在用电的区域分布上,以工业建设集中的南部地区为重,占 78.5%,中部占 14.1%,东北部占 6%,西部占 1.4%。①

1945 年抗日战争胜利后,东北电力设备被苏军大量拆走,已投入运行的设备被拆走 97.3 万千瓦,未安装设备被拆走 35.6 万千瓦,总计 132.9 万千瓦。加之日军撤退时和战争中又毁坏一部分设备,残余设备仅约 60 万千瓦。东北内战时期,电力工业勉强维持,1949 年年底全部发电设备容量为 68 万千瓦。② 苏军拆走电力设备概况如表 2-13 所示。

① 李代耕编:《中国电力工业发展史料》,水利电力出版社 1983 年版,第 137—138 页。
② 李代耕编:《中国电力工业发展史料》,水利电力出版社 1983 年版,第 121—122 页。

表 2-13　东北解放后苏军拆走电力设备概况（1945 年）　　（单位：万千瓦）

电厂别 发电能力	已投入运行的电厂设备						未安装的发电设备			
	大连甘井子电厂	阜新电厂	抚顺电厂	本溪电厂	水丰电厂（中朝共有）	丰满电厂	阜新	丰满	鸡西	佳木斯
万千瓦	5	16	21	4.3	30	21	10.6	21	1.5	2.5
总计	97.3						35.6			

资料来源：李代耕编：《中国电力工业发展史料》，水利电力出版社 1983 年版，第 123 页。

抗日战争时期，台湾地区的电力事业主要由“台湾电力株式会社”经营，该公司由日本资本家投资 3 亿日元组成。至 1945 年，台湾有发电厂 34 家，装置发电设备容量约 32 万千瓦。依然是“水主火从”的格局，水力发电所 26 处，发电容量共约 27 万千瓦，“日月潭第一发电所”（10 万千瓦）及“日月潭第二发电所”（1.35 万千瓦）为最大，这些水电建设工程于 1934 年完成；火力发电所 8 处，发电容量共约 5 万千瓦，“北部火力发电所”3.5 万千瓦为最大。各电厂概况见表 2-14。

表 2-14　台湾各地电厂概况（1945 年）

项目 地区	发电所	发电容量（千瓦）		有效落差（米）	备注
		原装置	实存		
北中系	三角埔	500	500	20.48	水力
	北部	35000	20000	—	火力
	松山	5500	3000	—	—
	小粗坑	4400	3400	22.60	水力
	新龟山	13000	13000	54.04	水力
	乌来	22500	—	91.80	水力，未完成
	南势	20000	—	137.00	水力，未完成
	天送埤	8600	—	39.39	水力，未完成，台风损坏
	园山	16300	6000	70.50	水力，未完成，台风损坏
	软桥	200	—	8.34	水力

续表

项目 地区	发电所	发电容量(千瓦)		有效落差(米)	备注
		原装置	实存		
北中系	南庄	10	10	5.10	水力
	明治	71000	—	173.00	水力,未完成
	天定	71000	—	173.00	水力,未完成
	丰原第一	51200	—	105.00	水力,未完成
	合理第二	750	—	16.80	水力,未完成
	合理第一	950	950	39.40	水力
	社察角	900	600	27.20	水力
	武界	64	64	—	水力
	北山坑	1800	1800	52.40	水力
日月潭系	万大	15200	5000	276.13	水力,台风损坏
	雾社第一	20000	—	107.70	水力,未完成
	日月潭第一	100000	54000	304.85	水力,炸坏
	日月潭第二	13500	0	123.64	水力,炸坏
	浊水	1500	1100	15.45	水力
南部系	高雄第二	13000	8500	—	火力
	竹仔门	1950	1500	22.70	水力
	土境湾	3100	1400	31.60	水力
	恒春	160	—	—	火力
	澎湖	300	300	—	火力
东部系	立雾第一	15100	0	118.30	水力,台风损坏
	立雾第二	15100	—	118.30	水力,台风损坏
	砂婆石当第一	200	0	110.00	水力,台风损坏
	砂婆石当第二	400	0	166.60	水力,台风损坏
	初音	1600	0	19.50	水力,台风损坏
	铜门	24000	0	172.00	水力,台风损坏
	清水第二	5000	0	125.30	水力,台风损坏
	清水第一	7000	5000	404.00	水力
	泷见第一	12000	—	429.00	水力,未完成
	溪口	1800	0	39.40	水力,炸坏

续表

项目 地区	发电所	发电容量(千瓦)		有效落差(米)	备注
		原装置	实存		
东南系	富里	10	10	—	火力
	新港	30	30	—	火力
	关山	35	35	3.64	水力
	太巴六九	200	200	41.67	水力
	台东	210	160	—	火力
	大南	800	25	15.20	水力,台风损坏

注:装置发电量共计已完成 321769 千瓦,未完成 284350 千瓦,总计 606119 千瓦。
资料来源:谭熙鸿主编:《十年来之中国经济》,中华书局 1948 年版,第 J32—34 页。

随着抗日战争进入相持阶段,中日两国越来越倚重的工业体系的强弱也通过电力工业的消长反映出来。在伪“满洲国”和关内沦陷区,特别是 1931 年就沦陷于敌手的东北地区,日本视为进一步全面侵华的基地而大力发展重化工业包括军事工业,于是电力工业的发展成为重中之重。抗战时期,东北地区的发电量年平均增长率为 17.8%。相比之下,在国民党统治区大后方,仓促构成的战时工业体系与薄弱的电力供应相互制约。抗战期间,经过国民党政府的重视和建设,发电度数由 1936 年的 5992 万度增至 1945 年的近 19670 万度,年平均增长率为 11%。

(二) 关内沦陷区内日伪对电力电机电器工业的统制与掠夺

日本侵略者在沦陷区内,将各地的电力工业划为大规模营业的种类,在东北设立“满洲电业株式会社”以垄断控制东北的电力工业,在华北设立“华北开发株式会社”以控制平津一带的电厂,在华中设立“华中水电株式会社”以控制华中和江南的电厂。以军管理、委任经营和收买等方式,对原有电厂的资产设备,国营厂予以没收,民营厂任意估价并强行投资、兼并吞并。

1. 电力工业损失

华北地区和华中地区,在 1937 年后相继沦入日本侵略者之手。据国民党政府经济部1945年10月调查报告,反映日本侵华导致国内沦陷区电力工业损失。

由表2-15可见,表中51家电力工业公司和工厂直接损失43329000法币元,也当以大概数值看待。其中损失严重、超过100万法币元的电厂11家,也是沦陷区原来的本国电力工业的支柱企业,有上海的华商电气公司、浦东电气公司、闸北水电公司,江苏的苏州电气公司、戚墅堰电厂、大生港电厂,南京的首都电厂,安徽的明远电气公司,浙江的杭州电气公司,山西的太原电灯公司和山东的济南电气公司。

表2-15　日本全面侵华战争致中国电力工业公司工厂遭受损失一览

(单位:1937年法币元)

项目 厂别	厂址	损失概数	项目 厂别	厂址	损失概数
大照电气公司	江苏丹徒	905000	耀远电气公司	安徽合肥	59000
肇明电灯公司	江苏丹阳	68000	明远电气公司	安徽芜湖	1035000
义利电气公司	江苏金坛	50000	宣城电气公司	安徽宣城	25000
振亨电气公司	江苏溧阳	96000	耀淮电气公司	安徽凤阳、蚌埠	319000
华商电气公司	上海市	6547000	硖石电灯公司	浙江海宁、硖石	102000
浦东电气公司	上海市	1000000	永明电灯公司	浙江嘉兴	200000
闸北水电公司	上海市	5711000	昌耀电灯公司	浙江嘉善	67000
松江电气公司	江苏松江	158000	海盐电灯公司	浙江海盐	30000
珠浦电灯厂	江苏青浦	118000	明华电灯公司	浙江平湖	120000
生明电气公司	江苏嘉定南湖	100000	浔震电灯公司	浙江吴兴、南浔	143000
耀娄电气公司	江苏太仓	75000	吴兴电灯公司	浙江吴兴	450000
华兴永记电灯厂	江苏嘉定	44000	长明电灯公司	浙江长兴	74000

续表

项目 厂别	厂址	损失概数	项目 厂别	厂址	损失概数
苏州电气公司	江苏吴县	2640000	永安电气公司	浙江萧山	84000
泰记电气公司	江苏昆山	123000	杭州电气公司	浙江杭县	6780000
常熟电气公司	江苏常熟	369000	太原电灯公司	山西阳曲	1191000
戚墅堰电厂	江苏武进	3164000	魏榆电气公司	山西榆次	122000
武进电气公司	江苏武进	645000	太谷电灯公司	山西太谷	105000
耀宜电气公司	江苏宜兴	50000	济南电气公司	山东历城	1233000
明华电灯公司	江苏江阴	140000	周村电气公司	山东长山	140000
通明电气公司	江苏南通	202000	泰安电灯公司	山东泰安	55000
大生港电厂	江苏南通大生港	1300000	济宁电灯公司	山东济宁	310000
耀如电气公司	江苏如皋	116000	临淮关电厂	安徽临淮关	100000
振扬电气公司	江苏江都	495000	启新唐山电力厂	河北滦县	150000
耀华电气公司	江苏铜山	331000	保定电灯电力公司	河北清苑	308000
首都电厂	南京	5390000	中国内地电灯公司	河北获鹿、石家庄	220000
淮阴电厂	江苏淮阴	70000	总计		43329000

资料来源：于彤：《抗战时期中国工业损失状况部分统计》，《历史档案》1990 年第 2 期。

2. 日伪统制与掠夺

日军对侵占华北蓄谋已久，1935 年，由“南满铁道株式会社经济调查委员会”下设的“中国电气事业调查委员会”，就提出了《华北电气事业调查报告》，对华北地区公用电厂、自营电厂和外资电厂以及各家电厂的人员机构、资本设备、生产经营乃至厂址平面图，都做了详尽的调查。该调查报告提出了发送电计划的建议：“把山海关、秦皇岛、唐山、塘沽地区作为一个送电系统，在唐山建火电厂，用开滦煤田的劣质煤发电供给各地区，将来计划开发滦河水力。北京、天津作为一个电力系统，以门头沟的无烟煤或斋堂煤供给北京的火电厂，将来计划开发永定河水力。青岛、博山、淄川、济南作为一个电力系统,在博山建立火电厂,燃用淄川煤田劣质煤”。① 从几十年后中国华北地区电力工业的发展来看,京津唐电网、石家庄电网、鲁中电网的规划布局和建设,基本上与之契合。由此可见日本侵略者情报调查之精密与侵占计划之长远。

日伪当局对华北和华中电力工业采取的政策有所区别。将华北视为以经营为主的地区,经营是为了持续性地掠夺。经营就有建设性投资,电力工业作为基础性工业设施获得了一定的增长。对包括江浙沪在内的华中地区,则主要采取直接掠夺的政策,以占用原有电力工业为主,很少进行经营和建设性投资。

华北地区的电力事业,1940 年以前由“兴中株式会社”和“东亚电力兴业公司”负责经营管理,1941 年以后由“华北电业公司”全面接收接管。1937 年 12 月兴中公司天津分公司(支社)设立“临时电气事业委员会”。1938 年委员会归于北京分公司,“南满铁道株式会社”协助组成“临时电气事业统制委员会”,又成立兴中公司北支总局电业部。电力工业是兴中公司“旁系事业”,其经营的大部分电厂不是完全自营,而是与其他日伪机关合办。1936 年兴中公司与伪冀察政权下的天津市政府合办“天津电业股份有限公司”,1937 年与伪“冀东防共自治政府”合办“冀东电业股份有限公司”,1938 年与华北日本派遣军合办“胶澳电气公司”,与“东亚电力兴业公司”合办“齐鲁电业公司”,1939 年与伪“蒙疆自治政府”等合办“蒙疆电业公司”,与烟台、威海地方伪政府合办“芝罘电业公司”。“东亚电力兴业公司”,由日本五大电力公司及九州水力等多家日本水电公司共同出资 1000 万日元成立,自办“顺德电灯公司”,收买沧县电灯厂,并与兴中公司合办“蒙疆电业公司”“北平电业公司”(石景山发电所、西城根发电厂)和“齐鲁电业公司”等 3 家电厂。② 1940 年以前兴中公司和“东亚电力兴业公司”两个系统,共有与日伪合办的公司 7 家。③

① 刘国良:《中国工业史近代卷》,江苏科学技术出版社 1992 年版,第 711 页。

② 《沦陷区之电气事业》,《资源委员会月刊》1940 年第 2 卷第 11 期。

③ 李代耕编:《中国电力工业发展史料》,水利电力出版社 1983 年版,第 94 页。

兴中公司还委任经营电厂15家。日军对侵占华北处心积虑,电力设施因抵抗战事少而未受损坏,便于日军对原有中国民族资本电力工业实行“军管理”。兴中公司是实施军管理的主力,通过与“东京电灯公司”等日资公司合作,实行所谓“共同出资,共同经营,权利平等”,强占保定、石家庄、太原、榆次、太原兵工厂附属电厂、兰村、太谷、祁县、彰德、新乡、徐州、开封、平遥、临汾、新绛15家电厂并实行军管理。1938年9月,日本侵华当局成立“华北开发株式会社”(即“华北开发股份有限公司”),1940年成立下属的“华北电业公司”,成立资本1亿日元,由华北开发公司、日本各电气公司、伪政权出资,华资电厂以设备作价入资。兴中公司1940年解散时,“华北电业公司”接收接管了兴中公司、“东亚电力兴业公司”的电厂,包括主要的工矿自备电厂,将原“军管理”电厂直接吞并,1941年太平洋战争后又接管了盟国在京津开办的北京电灯有限公司、比商电车电灯公司、英租界工部局电务处和天津法商电灯股份公司。至此,华北电业公司全面垄断了华北地区的电力工业,拥有发电容量34万千瓦,其中公用电厂43家,总发电容量为19.22万千瓦,工矿自备电厂71家,总发电容量为14.75万千瓦。① 公用电厂的送电线路为305.6公里,配电线路长度为5991公里,变电设备容量为60987千伏安(见表2-16)。

表2-16　伪“华北电业公司”公用电厂及设备情况

项目 厂别	发电设备总容量（千瓦）	当时最大负荷（千瓦）	送电线路长度（公里）	配电线路长度（公里）	变压设备容量（千伏安）
北京华商电灯公司	33080	14500	101.2	1400	21760
北京电车公司	3130	3040	70	—	—
天津电业股份公司	30000	3750	32.2	109	—
唐山冀东电业股份公司	817	240	17.1	494	3420
青岛胶澳电气股份公司	43800	16000	51.2	1300	14670
济南电业股份公司	8036	3800	—	708	7380

① 工矿自备电厂71家设备概况,见李代耕编:《中国电力工业发展史料》,水利电力出版社1983年版,表5-1、表5-2。

续表

厂别＼项目	发电设备总容量（千瓦）	当时最大负荷（千瓦）	送电线路长度（公里）	配电线路长度（公里）	变压设备容量（千伏安）
鲁东潍县电业股份公司	325	100	16	—	400
芝罘电气股份公司	4200	1100	—	397	2500
龙口龙黄电灯股份公司	88	30	—	29	110
威海卫光明电气公司	310	23	—	100	—
威海卫联明电灯公司	12	—	—	—	—
保定电灯股份公司	1355	300	—	108	1000
石家庄新记电灯公司	812	520	—	71	536
安阳电气股份公司	100	60	—	30	95
新乡水电股份公司	145	85	—	43	110
顺德电气股份公司	188	90	—	55	100
开封晋临电气股份公司	920	500	—	170	1305
徐州耀华电气公司	736	390	—	92	670
海州新浦新东电气公司	220	100	—	25	74
太原电灯新公司	4760	950	—	190	1000
太原西北电气厂太原总厂	3000	—	4	—	—
太原西北电气厂古城分厂	10000	—	—	—	—
太原西北电气厂兰村分厂	880	—	—	—	—
榆次电灯厂	1365	1060	—	50	—
太谷电灯厂	80	80	—	29	55
祁县电灯厂	208	120	—	20	—
平遥电灯厂	128	55	—	25	—
临汾电灯厂	166	89	—	20	125
新绛电灯厂	1000	518	—	26	—
周村同丰电气公司	960	—	—	—	—
博山电灯公司	100	—	—	—	—
济宁电灯公司	136	—	—	—	—

续表

厂别＼项目	发电设备总容量（千瓦）	当时最大负荷（千瓦）	送电线路长度（公里）	配电线路长度（公里）	变压设备容量（千伏安）
临清电灯维持会电灯厂	60	—	—	—	—
泰安电灯公司	50	—	—	—	—
滕县电灯公司	90	—	—	—	—
邹县电灯公司	25	—	—	—	—
蓬莱益众电灯公司	65	—	—	—	—
坊子电灯公司	75	—	—	—	—
张家口“蒙疆电业公司”	7459	4500	13.9	500	5677
北京电灯有限公司	700	400	—	—	—
比商电车电灯公司	21900	8000	—	—	—
英租界工部局电务处	7000	4340	—	—	—
天津法商电灯股份公司	3750	2000	—	—	—
总计	192231	66740	305.6	5991	60987

注:表中数据为1940年华北电业公司成立前调查所得。

资料来源:李代耕编:《中国电力工业发展史料》,水利电力出版社1983年版,表5-1、表5-2,第96、97页。

1938年年末,日本陆军部、参谋本部和企划院等机构,拟定了一个“华北电力开发纲要”,妄图在全面掠夺华北地区电力工业企业的同时,实现长期霸占和开发。纲要要求,1942年年末计划增加发电设备(包括内蒙古地区)37.3万千瓦及相应的送变电设施。但是开发计划远远没能实现。到1945年日本投降,华北电业公司在天津平庄发电所、青岛第二发电所、山东洪山、博山等地增设2台日制发电设备,计1万千瓦;在唐山、博山装置了1台新的、2台旧的德国机组,计3.14万千瓦。其新增装机容量为6.74万千瓦,仅及开发计划的1/5。在电网建设方面,至1944年年底,先后完成了天津至塘沽、北京至天津、塘沽至唐山之间的7.7万伏线路并形成京津唐电网。

华中地区。长江三角洲地区,是战前中国工商矿业集中地区,也是电力工业发展程度最为发达的地区。淞沪抗战和抗日战争全面爆发之后，华资电厂遭受战火损毁,又被日本侵略军掠夺抢占。也有少数主动媚日投敌,获得庇护恢复发电经营的。

日军为实施对华中地区电力工业的掠夺独占,在“华中振兴株式会社”(公司)下设“华中水电株式会社”(公司)。“华中水电公司”成立于1938年6月,资本总额为2500万日元。南京汪伪政权实业部设立伪“水电事业整理委员会”,特许日本人组成华中水电公司,协助其侵占乃至垄断华中地区的电力工业。汪伪政权组织“水电事业估价顾问委员会”,协助日本人对华商电厂进行估价并折股并入华中水电公司。1938年,汪伪政权“水电事业估价顾问委员会”将上海各水电公司财产估价1500万日元,再由日方加入1000万日元,共计2500万日元,作为“华中水电公司”的资本。“华中水电公司”1940年增资至4300万日元,汪伪政权占49.9%。

“华中水电公司”在敌伪合力下,从上海开始逐步攫夺宁沪杭一带和自上海至汉口的长江沿线城市的电力工业。宁沪杭地区中国电力工业的损失在2000万元左右。一些主要电厂的相关情形见表2-17。

表2-17　宁沪杭地区主要电厂战时损毁与被抢占情形

损失 厂别	战时损毁	被抢占情形
首都电厂	沪战期内,曾被日机投中炸弹1枚。中国军队撤退时,留有看厂工人40名,全数被日军枪杀	该国营电厂被日本人全部没收,置于特务机关监督下,由华中电气公司运来材料恢复供电,又派来日本技术人员32人管理。下关发电所仍由原工程师管理,开动5000千瓦发电机1台,给日伪军政机关供电
镇江大照电气公司	厂内无损失。在江边一带,日新街、小街、天主街、柴炭巷、鱼巷及旧西门大街的一部分电杆线焚毁甚多,各用户电表被窃5000余只,变压器损坏2台,全部损失约在20万元以上	日军入城后,公司经理郭志成主动请求没收,挂出“华中电气公司镇江办事处”牌子,并于厂内设伪“镇江自治委员会”。日军4人为驻厂代表,后公司成为华中水电公司的子公司

续表

损失 厂别	战时损毁	被抢占情形
武进电气公司	供电设备虽未损坏,但厂内物件损失许多,乡区杆线毁坏亦多	公司机件事先埋藏,日军命令修复,可半价借给需用材料。日军派“宣抚班”人员查阅账簿
戚墅堰电厂	在淞沪抗战期间,即迭遭轰炸,致锅炉损坏,配电间亦炸毁一部分,所有物件除已运走者外,余则或被炸损,或被抢劫,荡然无存,通至无锡至常熟的长途输电路线被偷劫殆尽	日军于1939年5月没收该厂,计划将5000千瓦发电机修复使用,悬赏征求原工人回厂工作。但发电机修复后,日本人转以手枪恫吓,未发给赏金
上海华商电气公司	该公司新旧二厂的设备并无破坏,线路变压器、用户电表等损失甚重	日军驻厂后设立司令部,由日方派人修复发电机,公司遭接办管理
上海闸北水电公司	该公司位于战区,故损失最重。锅炉间靠浦江一面的墙上,弹痕累累,锅炉所受损失最重者3座,稍轻者2座,气缸发电机损坏者为14000千瓦的2座,其余10000千瓦的2座中,1座稍损,1座完好;锅炉完好者2座	日本人修复电厂损毁部分,将公司改隶华中水电公司,挂出“华中水电公司总办事处”牌子,公司遭日方夺取
上海翔华电气公司	电杆变压器等被人偷窃殆尽,损失甚重,因公司无发电设备,故厂内无损失	—
嘉兴永明电气公司	公司事务所房屋尽毁于火	
杭州电气公司	在中国军队退出杭州时,曾将闸口新发电厂内设备自动破坏一部分	日军进占杭州后,将艮山门外的旧发电厂修复,1939年恢复发电,各项营业均由日军监督
上海浦东电气公司	—	日军进驻浦东后,由日商瀛华洋行招募工人修复机件,开始为军方供电,后改名华光电气公司正式营业
苏州电厂公司	—	日军进驻苏州时,公司经理丁春芝即与日本人接洽恢复供电。公司董事陈则民任伪江苏省长,董事程于卿任伪商会委员,公司遂由伪政府与伪商会管理。华中水电公司多次派人调查

续表

损失 厂别	战时损毁	被抢占情形
扬州振扬电气公司	—	日军进驻扬州,公司董事钟信夫出任伪“江北自治委员会”委员并复工。公司后由伪“江北自治委员会”管理。1939 年 5 月,日本“宣抚班”要求其将线路延长至仙女庙一带,因缺少材料未果
淞江电气公司	—	由日军开用发电,供日军部、自治会及少数商店用电

资料来源:陈真编:《中国近代工业史资料》第 4 辑,生活·读书·新知三联书店 1961 年版,第 882—884 页。

“华中水电公司”在 1941 年太平洋战争爆发后,受侵华日军军部委任将盟国投资的上海美商电力公司杨树浦发电厂、沪西电力公司、法商电车电灯公司卢家湾发电所,以及武汉、九江等沿江城市的外资电厂全部予以强行接管。至 1943 年,“华中水电公司”靠象征性投资和军管理、委任管理与合并等手段,已经全面垄断了华中地区的发电、供电和配电事业,拥有发电设备容量 37.3 万千瓦,实际生产能力 22.3 万千瓦(见表 2-18)。

表 2-18 华中水电公司掠夺华商电厂形式及其发电设备情况(1943 年 3 月)

项目 厂别	掠夺形式	原设备容量(千瓦)	实存生产能力(千瓦)	战时最大负荷(千瓦)
上海北郊电厂	公司管理	34500	20000	18860
吴淞永安纺织公司电厂	公司借用	7100	3600	3200
上海南市电厂	公司管理	16000	废止	—
上海浦东电厂	公司管理	600	废止	—
上海电力电厂	军管委任公司管理	183500	137500	92827

续表

项目 厂别	掠夺形式	原设备容量（千瓦）	实存生产能力（千瓦）	战时最大负荷（千瓦）
苏州电厂	军管委任公司管理	11800	6800	5700
常州第一（戚墅堰）电厂	公司管理	17600	10000	6200
常州第二（武进）电厂	军监督，公司协助管理	3500	2100	—
无锡申新纺织公司电厂	公司管理	7200	2100	—
镇江电厂	军管委任公司管理	5980	4500	1790
南京电厂	公司管理	30000	17000	10668
芜湖电厂	公司管理	2000	1400	1270
杭州（艮山门）电厂	—	2000	2000	2610
杭州（闸口）电厂	公司管理	15000	—	—
松江电厂	军监督，公司协助管理	207	260	130
扬州电厂	公司协助管理	3500	2400	970
安庆电厂	公司管理	1040	1000	380
九江电厂	军管理，委任公司管理	846	400	350
汉口电厂	军管理，委任公司管理	16500	6800	5430
汉口特区电厂	军管理，委任公司管理	5750	2400	800
武昌电厂	军管理，委任公司管理	4900	400	—
南昌水电厂	军管理	3200	2000	400
嘉兴电厂	公司管理	308	308	（转售）315
总计		373031	222968	—

资料来源：李代耕编：《中国电力工业发展史料》，水利电力出版社1983年版，第112页。

三、水泥制造业

1931 年“九一八事变”后,东北地区的水泥市场被日商水泥会社独占,国产水泥仅启新马牌有少量销往东北地区。日商水泥厂的倾销,导致水泥工业(洋灰业)缺乏。1934 年水泥制造业有 2 厂,不属于华商或日商,属于第三国人。东北华商曾计划创办吉林众志洋灰公司,预定资本 150 万元,结果不详。抗战全面爆发前日本有 3 家在华水泥厂。至 1940 年还有水泥制品厂 10 家,顺应了东北住宅、土木工程和铁路建设的需要。[①] 日本最大的“小野田水泥会社”,1907 年在大连设立支社,早期独占了东北市场。日商“浅野水泥会社”“盘城水泥会社”等也在东北开设工厂,“浅野水泥会社”还在台湾设立支社,有 4 处分厂。[②] 日本工厂出产船牌、扇子牌水泥,其在关内的倾销,战前受到华商水泥厂的有力抵制。1936 年东北日占区水泥年产量为 58 万吨,与国统区 66 万吨已相差不大。[③]

(一) 伪“满洲国”时期日伪对水泥工业的垄断和扩张

至 1945 年,据统计,伪“满洲国”15 家较具规模的水泥工厂情况如表 2-19 所示。

由表 2-19 可见,15 厂除满洲人造石油情况不详外,工人数都在 300 人以上,共计 8000 余人;年设计生产能力和实际生产能力大多在 10 万吨以上,1942 年前后年产量达到最高的 153 万余吨。其中,日本国内最大的“小野田水泥会社”,在中国东北设有 5 厂,日商“浅野水泥会社”“盘城水泥会社”也各有 3 厂。

---

① 郑学稼:《东北经济丛书 · 东北的工业》,东方书店 1946 年版,第 174—176 页。

② 陈真编:《中国近代工业史资料》第 4 辑,生活 · 读书 · 新知三联书店 1961 年版,第 725—728 页。

③ 东北物资调节委员会研究组编:《东北经济小丛书 · 水泥》,1948 年印行,第 88、96—97 页。

表 2-19　伪“满洲国”水泥工厂

项目 厂名	厂址	工人数（1944年4月）	年产能力（1945年）:吨		历年生产量:吨					
			设计	实际	1937年	1940年	1941年	1942年	1943年	1944年
满洲小野田水泥哈尔滨厂	哈尔滨	371	110000	95000	58439	76847	74305	75606	79301	72133
满洲小野田水泥牡丹江厂	牡丹江	481	100000	70000	—	—	71598	71058	34824	44095
满洲小野田水泥泉头厂	昌图县泉头	500	140000	110000	109975	100866	103745	108142	90528	97090
满洲小野田水泥鞍山厂	鞍山	319	160000	185000	110220	134409	114388	141160	127043	91869
满洲小野田水泥小屯厂	小屯	366	40000				8127	72971	65657	95106
满洲浅野水泥吉林厂	吉林	852	260000	220000	129565	184375	178952	223436	182645	149560
满洲浅野水泥锦州厂	锦州	672	150000	130000	—	—	—	48016	111709	71812
满洲浅野水泥抚顺厂	抚顺	718	210000	170000	102123	110688	148557	181104	160496	88771
满洲盘城水泥辽阳厂	辽阳	779	180000	150000	82752	90838	116797	150623	120415	74489
满洲盘城水泥本溪湖厂	本溪湖	815	170000	130000	133605	193308	202915	204331	141015	85985
满洲盘城水泥宫原厂	宫原	452	250000	180000	—	—	—	19446	91999	56225
东满水泥	庙岭	599	90000	70000	—	—	—	—	36447	25421
关东州小野田水泥	大连	696	210000	180000	133958	107265	144336	172047	152141	147955

续表

项目 厂名	厂址	工人数（1944年4月）	年产能力（1945年）:吨		历年生产量:吨					
			设计	实际	1937年	1940年	1941年	1942年	1943年	1944年
安东水泥	安东	411	130000	125000	—	—	—	64189	95101	40491
满洲人造石油	吉林	—	—	—	—	—	—	—	13724	—
总计	—	8031	2200000	1815000	860637	998596	1163720	1532129	1503045	1141002

资料来源:东北财经委员会调查统计处:《伪满时期东北经济统计(1931—1945)》,1949年印行,第76—77页,第38表。

（二）关内沦陷区内日伪对水泥工业的统制与掠夺

水泥制造业在抗战前获得了迅速的发展。自1906年启新洋灰公司开启华商水泥业之后，20世纪20年代至30年代中期陆续有华商水泥厂建成投产。1936年有启新洋灰公司、华记湖北水泥厂、上海华商水泥公司、龙潭中国水泥公司、广东的河南士敏土厂和西村士敏土厂、西北水泥厂、江南水泥公司、致敬洋灰公司和四川水泥厂等10家水泥厂，资本总额在3160万元，年产量总计为128.5万吨，具有一定规模。①

日本侵华战争全面爆发后，上述10厂除华中水泥厂已经政府协助迁入内地外，其余不幸先后一一沦于敌手，或在战时遭受破坏，或在战争期间为敌掠夺。华商各厂，除广东的河南士敏土厂和西村士敏土厂为中国军队主动破坏以免资敌外，尚有中国、上海、启新等厂，均在战时遭受严重损失。龙华上海厂之制成品及原料损失，约在10万元至20万元，龙潭中国厂在上海栈房内所存制品、麻袋，被国民党军队无偿取去，造成损失约20万元，启新洋灰公司在上海的栈房内堆存该公司及中国水泥公司货物，计有2万桶左右，当中国军队西撤时即被敌军攫去。最痛惜的，南京栖霞山的江南水泥公司，开战时厂房设备刚刚装置竣工，就直接落入敌寇之手。

战争期间华商之被掠夺者，计有7厂。原10厂之中广东的河南士敏土厂和西村士敏土厂，由于战时损毁过重，无法恢复，湖北华记则现状不详，共3家可不计。其余7家，被日军强占而交给日商会社经营者计有2厂，即西北洋灰厂（现称“军管理三十五厂”，委任“浅野水泥会社”经营）、致敬水泥公司（委任“盘城水泥会社”经营）。由敌商掠夺者有4厂，即上海水泥龙华厂为“小野田株式会社”经营开工，龙潭水泥厂为三菱系之“盘城水泥会社”强占开工，江南水泥公司为“小野田会社”强占开工，启新洋灰公司为“三井物产会社”接办经营。

日军除掠夺上述各华商工厂外，并于战争期间设立新厂3处，为“上

① 陈真编：《中国近代工业史资料》第4辑，生活·读书·新知三联书店1961年版，第716—718页。

海坩埚合资会社”“蒙疆士敏土工业公司”“华北洋灰公司”。“上海坩埚合资会社”是日商私人所办,资本仅5万元。伪“蒙疆”与华北两家日本公司则规模大,实为垄断华北水泥事业之骨干企业。“蒙疆士敏土工业公司”设立于1938年,资本200万元。“华北洋灰公司”,资本1000万元,其股份在各日资株式会社中的分配比例为浅野占35%,小野田占25%,盘城占12%,大阪窑业占6%,秩父占5%,其他三十社占12%。①

关内沦陷区日商掠夺而来及新设的水泥厂9家,尚有上海工部局设立的水泥造物厂1家,共计10家(见表2-20)。

表2-20　关内沦陷区的水泥厂

项目 厂别	厂址	资本(万元)	年生产能力	备注
日商中国水泥公司	龙潭	450	110万桶	被盘城水泥公司强占,战时损毁过重,现已恢复
日商上海水泥公司	龙华	200	55万桶	日本人拟与合作,迫其早日开工,出品归日商三井洋行或其他商行经售,为厂方拒绝。后由小野田强占,已开工
日商江南水泥公司	南京	—	—	战时厂屋适已完工,机器亦已装齐,现由小野田强占,有开工讯
日商启新洋灰公司	唐山	1400	160万桶	现为三井物产会社接办经营,已开工,销路限于华北
日商西北洋灰厂	太原	50	90万桶	军管理第35厂,归浅野经营,1940年开工
日商致敬水泥公司	济南	20	5000吨	军管理厂,归盘城经营
日商“蒙疆士敏土工业公司”	张家口	200	—	1938年成立,得到伪晋北自治政府认可,与“蒙疆银行”与盘城经营,工厂在口泉
日商华北洋灰公司	北平	1000	—	于北平东京各设事务所,由日本国内36会社出资经营

① 中央研究院社会科学研究所主编、郑伯彬等编:《沦陷区经济概览》,国民党政府经济部资源委员会1941年油印本,第A5569—A5571页。

续表

项目 厂别	厂址	资本（万元）	年生产能力	备注
日商上海坩埚会社	上海	5	—	日本商人新设
外商工部局水泥厂	上海	—	—	—

资料来源：中央研究院社会科学研究所主编、郑伯彬等编：《沦陷区经济概览》，国民党政府经济部资源委员会1941年油印本，第A5572—A5573页。

战前各地分布的华商水泥厂，战争初期很快被迫都转为日商水泥厂。东北日占区水泥年产量1938年即跃升至101万吨，加上华北以及华中、华南日占区的产量，合计181万吨，而丧失了大片国土和资源的国民党政府所统治的地区，水泥年产量跌至谷底，仅仅剩下2.1万吨。①

四、有色金属冶炼工业

（一）伪“满洲国”时期日伪对有色金属矿冶业的垄断与扩张

伪“满洲国”时期最重要的工业之一，是轻金属工业中的铝和镁，用于飞机、汽车的制造。伪满当局设立了“满洲轻金属制造会社”。铝的原料是矾土页岩，镁的原料是菱苦土矿，在东北蕴藏量丰富。1938年“满洲轻金属制造会社”设立子公司“满洲镁工业株式会社”，1941年合并，改为满洲轻金属营口工场。②

有色金属冶炼业，还有金、铜、铅、锌、锡、锰、水银、锑、镍等类。为采掘东北金矿，关东军特务部1934年设立特殊法人“满洲采金株式会社”，资本1200万元，由伪满政府、满铁和东拓会社分别承担。“满洲采金株式会社”垄断了东北各地的金矿采掘，“满洲重工业开发株式会社”（满业）

① 陈真编：《中国近代工业史资料》第4辑，生活·读书·新知三联书店1961年版，第731页。

② 伪满洲国外交部调查司编：《世界重工业资源与满洲国》，满洲事情案内所1943年印行，第22—24页；郑学稼：《东北经济丛书·东北的工业》，东方书店1946年版，第102页。

成立后获得转让的满铁500万元股份。1938年,公司的3个矿业所及矿区转让给“满洲矿山株式会社”。伪满政府于1938年年末增加资本50万元,将满业和东拓资本收回,成为“国营事业”,同时吸引日商民间资本投资,设立4个子公司。“东亚矿山株式会社”成立于1937年,由伪满政府与“三井矿山会社”等合办,经营金、银、铜、锌、铅等矿产的采冶,1941年有矿区7处,主要是伪“热河省”叶柏寿金矿、伪“康德县”三阳金矿、伪奉天省辽阳县隆昌矿山。资本在500万元以上的日伪有色金属公司,还有4家:“满洲铅矿会社”“热河开发会社”“满洲铜铅矿会社”和“天宝山矿业会社”。①

辽宁锦西(伪锦州省)杨家杖子铅矿(也有钼矿),安东青城子铅矿、北井子铅矿,热河五家子铅矿等位于东北地区,“九一八事变”后由日本设立的“满洲铅矿会社”占据和开发经营。② 抗战胜利后由国民党政府接收,很快回到共产党军队的手中。

(二) 关内沦陷区内日伪对有色金属矿冶业的统制与掠夺

华北沦陷区状况。金矿在华北以河北省和山东省为主要产地。满铁公司产业部在战时详细调查了各金矿产地的情况。河北省以冀东一带为主,包括遵化、密云、兴隆、昌平、怀柔、迁安、抚宁、卢龙、临榆数县,所产多为金砂,采用多用土法。其中遵化、密云、兴隆和昌平县有金矿产地60余处。20世纪30年代前期,有1932年成立官商合办的冀北金矿公司,以机器挖掘技术开采。还有瑞鑫、宏鑫两家金矿公司较具规模。“七七事变”之后,瑞鑫公司停业,宏鑫公司加入日股(盐水糖系)继续经营。

日军的兴中公司一手主办“冀东采金公司”,从事冀东金矿开采。1938年“华北开发株式会社”(公司)成立后,接办了兴中公司的主要业务。“冀东采金公司”改组为“华北采金有限公司”,资本200万元,由兴中与住友各出一半,占据矿区密云至遵化一带矿窑38处。后日本国内地

---

① 郑学稼:《东北经济丛书·东北的工业》,东方书店1946年版,第103—105页。

② 伪满洲国外交部调查司编:《世界重工业资源与满洲国》,满洲事情案内所1943年印行,第22—26页。

会社继起组织公司,分割该地矿区,积极开采,已成立者见表2-21。

表2-21 华北沦陷区日伪金矿公司

公司名称＼项目	所属系统	矿区	产量	开采方法
康德矿业公司	钟纺系	昌平矿区	—	土法开采
广鑫采金公司	盐水港制糖系统	马兰峪矿区	日产20吨	水银混汞法
大陆矿业公司	日本矿业系	马兰峪昌平一带矿区	日产100吨	青化法
怀柔金矿公司	东洋纺系	—	—	—
和昌公司	日商个人	密云县	—	—
	大月茂次郎	怀柔县与密云县	—	—
三铉采金公司	敌伪当局	冀东马兰溪	日产20吨	—
华北采金公司	华北开发公司	密云至遵化一带有矿窑38处	—	土法开采

资料来源:中央研究院社会科学研究所主编、郑伯彬等编:《沦陷区经济概览·矿业编》,国民党政府经济部资源委员会1941年油印本,第A5716—A5718页。

山东省以招远县金矿较著名,有多个产地,其如平度、牟平、汶上、文登、掖县、即墨等县也探明有金矿埋藏量。比起河北省所产金砂,山东省金矿矿脉更为可观。1935年,山东省政府曾设采金局试采,1936年又成立省营金矿管理委员会。其中招远玲珑金矿清末开始开采,后由中日合办招远金矿公司,日方“怒川水电会社”出资65万元、中方出资75万元设立公司。“七七事变”后,怒川水电公司即拟将该矿权攫为己有,与日本“小田急帝都铁道公司”共同经营,划定五矿区从事开采,五矿区面积为1212万坪,埋藏量1394.5吨。①

日伪当局制订了冀鲁两省采金计划,由敌华北当局与大藏省协议接管冀鲁两省金矿,将各县分为若干矿业权组,由“华北采金公司”等分别开发,对原有公司实行合并,公司资金由大藏省与当局协议筹集。山西代

① 中央研究院社会科学研究所主编、郑伯彬等编:《沦陷区经济概览·矿业编》,国民党政府经济部资源委员会1941年油印本,第A5713—A5720页。

县金矿也有日本技师调查并进行开采。

铅矿在华北各省也有矿区分布,如河北省之涞源、临榆,山东省之淄川、胶县,山西省之离石、文木,及察绥两省之天镇、大同等地。日伪当局谋划开采各地铅矿,伪"蒙疆政府"联合"东洋纺织会社",于察哈尔省厚和市设立"蒙疆黑铅开发会社",筹资50万元,由日本技师主持开采,预计年产2000吨。①

磷锰矿在华北的河北昌平西湖村、抚宁北许峪及山东即墨九水等三地有锰苗发现,其中以西湖村之锰比较可观,推定其埋藏量约有6967吨。此外则为江苏海州南屏山之磷锰矿,"七七事变"前已经开采,该矿区埋藏量计有磷矿33万吨,锰矿16万吨,矿质则磷矿约占36%,锰矿约占44%。日军占据海州后,日商三井、东和、片岛等矿业公司,合作设立"海州矿业开发公司",定资本为100万元,先缴半数,进行开采。开采计划先分两期敷设轻便铁道共4公里,由矿区直通至蔷薇河民船装货厂。1940年,磷锰矿正式开采,并拟扩张至云台山、西连岛等处矿产。②

铝矿(矾土页岩)有其工业原料价值,是制造飞机的材料,在伪"满洲国"就很受重视,1938年"满洲轻金属制造会社"设立子公司并于1941年改为满洲轻金属营口工场,专事铝、镁生产。关内沦陷区矾土页岩的产地在山东省之淄川博山及河北省之冀东一带,各地探明的埋藏量以千万吨计,推定自博山到淄川一带之埋藏量约有2.36亿吨,张博铁路沿线之铝矿总埋藏量达2.72亿吨。冀东一带铝石黏土,据日本人调查矿量甚为可观。1937年兴中公司设立黏土部与盐业部并立进行采铝,"七七事变"后与"长城煤矿铁路公司"及"大版株式会社"合作设立"华北矾土矿业所",资金120万元,收买冀东60余处矿区进行采掘。据调查当时产量,滦县矿区可日产500—700吨,石门寨矿区可日产250—300吨。每年两地之总产量在15万吨至20万吨。运出方法,先将产品集中秦皇岛,利用

① 中央研究院社会科学研究所主编、郑伯彬等编:《沦陷区经济概览·矿业编》,国民党政府经济部资源委员会1941年油印本,第A5725页。

② 中央研究院社会科学研究所主编、郑伯彬等编:《沦陷区经济概览·矿业编》,国民党政府经济部资源委员会1941年油印本,第A5726—A5727页。

京山铁路及新设之古冶至无水庄间轻便铁路，输往海外。

1939 年 12 月，"华北矾土矿业所"扩充为"华北矾土公司"，成为"华北开发公司"子公司。新公司自有资本为 500 万元，中日双方各出资一半，计"华北开发公司"出资 250 万元，伪临时政府出资 230 万元，伪山东省公署保留矿区费 20 万元。"华北矾土公司"以开采长城沿线，冀东地区及山东博山等地之矾土山岩为主要业务。[1] 1943 年又成立"华北轻金属有限公司"，企图以山东矾土矿替代南洋铁矾石，以应国内航空工业的急需。[2] 时值"华北开发公司"规划中工业生产第三期，公司成立于 11 月，日本在太平洋上的战事和在沦陷区的工业生产已经是困难重重了。

五、化 学 工 业

化学工业特别是基础化工的"三酸"（硫酸、硝酸、盐酸）、"二碱"（纯碱、烧碱），是重要的原料工业，特别是军事工业的必需品。日军占领东北和伪"满洲国"建立后，对酸碱等基础化学工业产品的需求与日俱增。自 1931 年起即筹建化学工业企业，明确其随时可转向军火工业、与战争胜败关系极大。

（一）伪"满洲国"时期日伪对化学工业的垄断和扩张

1935 年，"南满洲铁道株式会社"主持设立"满洲化学工业株式会社"，筹资 2500 万日元，其中"满铁"出资一半，在大连甘井子建厂投产，生产硫酸、硝酸、硫铵和合成氨等，是酸类生产的骨干企业。1936 年，日本关东军和伪满政府设立"满洲曹达（苏打）株式会社"。该公司的设立，考虑到了在中国东北设厂与在日本国内设厂相比较的有利条件，以自用盐田和硫酸工厂为依傍，也可以依靠伪满政府免除输日进口税，公司为日本法人、不得加入中国人股本。"满洲曹达株式会社"以"南满洲铁道株

---

① 中央研究院社会科学研究所主编、郑伯彬等编：《沦陷区经济概览 · 矿业编》，国民党政府经济部资源委员会 1941 年油印本，第 A5723—A5724 页。

② 汪敬虞：《抗日战争时期华北沦陷区工业综述》，《中国经济史研究》2009 年第 1 期。

式会社”“满洲化学工业会社”“旭硝子制造株式会社”(日本国内最大的制碱和制玻璃企业)等为主要股东,共同出资800万日元,为伪满准特殊会社性质,设分公司和工厂于大连甘井子、开原,并禁止在伪“满洲国”境内另设立以盐制纯碱的企业。1937年至1939年,逐步达到“满洲曹达会社”设计纯碱年产量72000吨、开原工场烧碱年产量5000吨、甘井子工厂烧碱年产量3000吨,同期还开设电解工厂,成为伪“满洲国”制碱工业的巨头。①

伪“满洲国”的基础化学工业。至1945年,日本在东北设立的制碱厂主要有5家,详细情况见表2-22。

表2-22 伪“满洲国”基础化工制碱工厂

厂别＼项目	厂址	工人数	年产能力:吨	历年生产量:吨					
				1937年	1940年	1941年	1942年	1943年	1944年
满洲曹达	大连	286(1942年)	纯碱72000(1944年)	11122	64811	61517	57915	58596	50062
满洲曹达大连工厂	大连	—	烧碱3000	—	774	2317	1299	1985	1649
满洲曹达开原厂	开原	142(1941年)	烧碱5000	—	2068	3357	3572	2736	1040
满洲化学工厂第一制造所	沈阳	226(1941年)	烧碱7500	—	961	1367	746	2677	1284
大和染料	沈阳	190(1941年)	烧碱1440	—	30	266	470	575	150
总计		844	纯碱72000 烧碱16940	纯碱11122	纯碱64811 烧碱3833	纯碱61517 烧碱7307	纯碱57915 烧碱6087	纯碱58596 烧碱7973	纯碱50062 烧碱4123

资料来源:东北财经委员会调查统计处:《伪满时期东北经济统计(1931—1945)》,1949年印行,第68页,第27、28表合并。

① 谭熙鸿主编:《十年来之中国经济》上册,中华书局1948年版,第D20页。

表2-22中,5家日本制碱厂工人数总计约1000人,设计年产纯碱72000吨、烧碱近17000吨;碱类产品1940年以后产量猛增,纯碱产量1940年达到最大的64811吨,烧碱产量1943年最大为7973吨。

制酸工厂,至1945年,日本在东北设立硝酸工厂1家、硫酸主要工厂6家、盐酸主要工厂4家、硫酸铔(化肥)主要工厂6家,详细情况见表2-23。

表2-23中,伪"满洲国"设立生产硝酸、硫酸、盐酸和硫酸铔的工厂12家,以"满洲化学工业株式会社"为首。12厂合计工人数,生产硝酸的2158人、硫酸5781人、盐酸574人、硫酸铔5571人,年生产能力浓硝酸6000吨、稀硝酸52100吨、硫酸434220吨、盐酸10789吨、硫酸铔325840吨。硝酸实际年产量1944年达到峰值为浓硝酸3122吨、稀硝酸22312吨,硫酸年产量1937年达到峰值为235753吨,盐酸年产量1941年达到峰值为2847吨,硫酸铔年产量1937年和1941年均达到19万吨以上的较高水平。

化学工业在基础化工之下还有范围广泛的日用化工,伪"满洲国"设立的化学工业下游和周边企业,还有"满洲盐业会社"(制盐)、"满洲油脂会社"(原"大连油脂工业会社",产大豆油脂)、"南满矿业会社"(菱苦土矿制镁、产硫酸铵)、"大和染料会社"(产硫化染料)、"南满火工品会社"(产火药、炸药)、"满洲涂料会社"(产涂料)、"满洲人造石油会社"(页岩油制燃料)、"满洲农村增产所"(产肥料)8类化学工业公司。① 日伪当局首先垄断基础化学工业酸碱制造业的生产,实现全行业的控制和掠夺,为其逐步扩大的侵略战争起到了一定的支撑作用。

(二)关内沦陷区内日伪对化学工业的统制与掠夺

化学工业特别是基础化工,是重要的原料工业,特别是军事工业的必需品。战前十年,新兴的基础化学工业获得较大发展,以硫酸、硝酸和盐酸"三酸"为主要产品的制酸工业有工厂18家,以纯碱、烧碱"二碱"为主

① 郑学稼:《东北经济丛书·东北的工业》,东方书店1946年版,第116—117页。

表 2-23 伪“满洲国”基础化工制酸工厂

项目 厂别	厂址	工人数	年产能力:吨（1944 年）	历年生产量:吨					
				1937 年	1940 年	1941 年	1942 年	1943 年	1944 年
满洲化学工业	大连	2158（1942 年）	浓硝酸 6000	—	844	913	1426	3043	3122
			稀硝酸 52100	6487	13134	13631	—	—	22312
			硫酸 208950	166911	138567	128885	108120	60894	51459
			硫酸铔 240000	145444	144567	133328	91080	53912	30036
抚顺煤矿化学厂	抚顺	1692（1942 年）	硫酸 132000	56474	31944	57720	76924	73823	30325
			硫酸铔 42000	32979	18829	34431	33121	23061	11912
满洲制铁鞍山厂	鞍山	1094（1945 年）	硫酸 56770	13438	24816	27602	36058	33029	22250
			硫酸铔 41000	11480	15880	19650	22760	13645	12348
满洲制铁本溪厂	本溪	627（1941 年）	硫酸 20000	1930	2014	3011	3300	3000	7083
			硫酸铔 2000	1861	1550	2971	3258	2959	3704
满洲矿山	葫芦岛	210（1944 年）	硫酸 15000	—	—	—	—	—	1945 年开工
关东军工厂	辽阳	—	硫酸 1500	—	—	—	—	—	—

续表

项目 厂别	厂址	工人数	年产能力:吨（1944年）	历年生产量:吨					
				1937年	1940年	1941年	1942年	1943年	1944年
“满铁”化学工厂第一制造所（原奉天曹达）	沈阳	226（1942年）	盐酸8000	—	113	1283	470	767	306
满洲曹达开原厂	开原	142（1941年）	盐酸2000	—	1100	1315	—	807	330
大和染料	沈阳	100（1943年）	盐酸360	—	160	188	258	217	150
乾卯工业	沈阳	16（1941年）	盐酸429	—	—	61	—	—	—
“满洲”瓦斯	沈阳 长春 安东	—	硫酸铔840	170	140	103	54	—	—
“南满”瓦斯	大连	—	—	192	125	108	27	—	—

续表

项目 厂别	厂址	工人数	年产能力:吨 (1944年)	历年生产量:吨					
				1937年	1940年	1941年	1942年	1943年	1944年
总计		硝酸2158	浓硝酸6000	—	844	913	1426	3043	3122
			稀硝酸52100	6487	13134	13631	—	—	22312
		硫酸5781	434220	235753	197341	217218	224402	170746	111117
		盐酸574	10789	—	1373	2847	728	1791	786
		硫酸铔5571	325840	192126	181091	190591	150300	93577	58000

资料来源:东北财经委员会调查统计处:《伪满时期东北经济统计(1931—1945)》,1949年印行,第66—69页,第24、25、26、29表合并。

要产品的制碱工业有工厂 9 家，并建立了南京永利硫酸铔厂这样的综合性、全能型化工企业。战前，基础化工依然以民营企业为主体，特别是化工先驱范旭东、吴蕴初及其各自的企业集团，为战时中国重化工业打下了一定的基础。[①] 但是，随着日本全面侵华，中国化学工业遭受到致命打击。

1. 战争损失和毁坏

关内沦陷区已有发展的化学工业，因日本全面侵华战争遭受严重损失。据国民党政府经济部 1937 年 7 月至 1945 年 8 月统计数字，基础化学工业包括其下游日用化工和周边工业，酸碱盐业、皮革、造纸、火柴、油脂、颜料及染料、窑瓷，直接损失见表 2-24。

表 2-24　关内沦陷区化学工业因日本侵略战争直接损失

（单位：1937 年法币元）

行业	项目	原送估计数	修正数
酸碱盐业	制酸	36425220	75850440
	制碱	21923200	53846400
	盐类	17332688	44665000
	总计	75681108	174361840
颜料及染料业		822000	2644000
油脂业	榨油	64532040	139064080
	烛皂	70288003	140598000
	油漆	原未列	3625000
	总计	134820043	283287080
火柴业		48506400	97012800

行业	项目	原送估计数	修正数
造纸业	机器造纸	115324700	230649400
	手工造纸	89610100	179220200
	总计	204934800	409869600
皮革业	制革	25234134	50468268
	毛皮	5001000	12002000
	总计	30235134	62470268
窑瓷业	陶瓷	18013030	36026060
	玻璃	19230100	38460200
	水泥	90822210	181644420
	搪瓷	7532007	15064014
	总计	135597347	271194694

资料来源：据国民党政府经济部 1937 年 7 月至 1945 年 8 月统计数字编制。金额法币按 1937 年 7 月时价折算。见于彤：《抗战时期中国工业损失状况部分统计》，《历史档案》1990 年第 2 期。表内数值为关内沦陷区。

① 徐建生：《1927—1937 年中国基础化学工业的发展及其特点》，《中国经济史研究》2000 年第 2 期。

由表2-24可见,重工业、化学工业在工业损失中占比较大,化学工业中基础化工(酸碱盐业)损失1.7亿元,水泥制造业损失1.8亿元,日用化工(烛皂、油漆、制革等)损失也较大。

1946年7月另一份损失统计,详细开列了全国工矿业厂在资本、职工数、动力设备、主要工具机、作业机和产量等主要方面,1936年和1946年(1—6月)的损益情况,以说明工矿业损失。工矿业总的情况、化学工业部分如表2-25所示。

表2-25　抗战前后全国工厂损益统计与化学工业厂数、资本及职工数(1936年、1946年)

项目 行业	1936年				1946年1—6月			
	厂数	资本数战前币值千元	职员	工人	厂数	资本数千元	职员	工人
化学工业	1147	146160	12306	96646	1792	3935492 11474	22030	97468
总计	13100	1734276	106720	1464914	9949	127987278 折合战前币值千元 373141	76154	614420

注:资本数1946年为时值,按照编者折算币值办法,战争时期各年平均物价指数343倍为二者比例(《国民政府档案中有关抗日战争时期人口伤亡和财产损失资料选编》第2册,中共党史出版社2014年版,第579页),表中1946年资本数值已经除以343即折合为1936年数值看待损益情况。东北及台湾未包括在内。

资料来源:《国民政府档案中有关抗日战争时期人口伤亡和财产损失资料选编》第2册,中共党史出版社2014年版,第580页。

表2-25全面抗战前后10年间,工矿业企业数量、资本规模和职工、工人人数全面减少。各业略有不同,矿冶、机器、化工等业厂数、职工人数尚能持平或增多,但资本规模缩小,尤其是厂均资本大幅减少。表明工矿业因日军全面侵略遭受巨大损失,虽经中国官民艰苦创业、竭力弥补而难以复元。

国民党政府经济部对1936年、1946年即抗日战争前后全国工矿业产品产量的统计,也能说明问题。重化工业中,日用化工产量仅为战前二三成,水泥工业不及1/10,化学工业之酸碱产品产量更是不到战前产量的零头。与资本、职工数的损益统计相互参照,充分反映了化学工业在遭受直接破坏和损失后导致的长期的间接损失的程度(见表2-26)。

表2-26　全国化学工业产品产量统计(1936年、1946年)

产品＼年份	1936年	1946年(1—6月)
硝酸(箱)	26210065	743
硫酸(箱)	1596377071	2733
盐酸(箱)	110502343	7055
碱(市担)	1947454	65820
皮革(公斤)	9028679	4764600
纸(令)	6059842	195000
水泥(桶)	6445052	255486
漂白粉(公吨)	1326	703

资料来源:《国民政府档案中有关抗日战争时期人口伤亡和财产损失资料选编》第2册,中共党史出版社2014年版,第586—587页。原表部分说明:1. 1946年工业产品数字,其中民营工业部分系按1945年产量数字估计;2. 东北及台湾未包括在内。

战前已经具备相当规模的中国化学工业,在战时遭到重创。所有化学工业支柱企业,包括塘沽永利碱厂和久大精盐厂、沪西天原电化厂和天利氮气厂等,无不遭受损毁和劫掠。只有永利化学工业公司、天原电化厂、天利制酸厂3家获得政府协助,搬出部分设备随技术人员内迁,其他酸碱工厂20家沦陷。上海天原电化厂,厂内货物运出1/3,产品机器损失约30万—40万元,余下的被日军占据归三和染料厂经营。开成造酸厂办公房屋被炸毁,天利氮气厂因在战区也屡遭炮弹击中。日用化工及周边工厂内迁厂有限,受损者更是不可胜数。1937年1月,综合性全能型化工企业永利南京硫酸铔厂建成投产,是中国第一家化肥厂、“氮气工业”的标杆企业。① 由于战争迫近,先行生产硝酸铵以支持抗战需要。战争爆发后不向日军屈

① 赵津、李健英:《中国化学工业奠基者“永久黄”团体研究》,天津人民出版社2014年版,第167页。

服,遭受三次轰炸,仅迁出一小部分。1937年年底遭日军占领,1939年由日伪"永利化学工业株式会社浦口工业所硫铵工厂"经营,1942年1月价值50万美元的全套硝酸设备被日军拆运至其国内。

2. 日伪统制与掠夺

军管理、委任经营,是日伪在关内沦陷区奉行"复兴"与"扩充"政策的手段,也是日伪掠夺我国公私工厂的方式。原中央研究院1938年11月调查,军管理工矿业工厂有98家,分布于山西48厂、河北河南各14厂、山东18厂、安徽2厂、江苏绥远各1厂。化学工业方面,制酸3厂、精盐2厂,还有水泥3厂、火柴3厂、造纸2厂、制革和酒精各1厂,共15厂。军管理后受托提供资本和技术进而接办经营者,是"兴中公司""钟渊纺织会社""日本火药会社""东洋化学会社""王子制纸会社""三井物产会社"和"浅野水泥会社"。委任经营工厂有157家,分布于华中各地。化学工业方面,制酸1厂、酒精3厂、水泥3厂、油漆2厂、制药2厂、榨油2厂、制革和肥皂各1厂,共15厂。受委任经营者,是"高压工业会社""日华蚕丝会社""盘城洋灰会社""小野田水泥会社""大日本涂料会社""日本油脂会社"等(见表2-27)。

表2-27 关内沦陷区军管理、委任经营化学工业工厂

项目	行业		厂名及受委者
	业别	厂数	
军管理	制酸业	3	永利碱厂(兴中公司)、西北电化厂(钟渊纺织会社)、西北化学厂(日本火药会社)
	精盐业	2	久大精盐厂(兴中公司)、通达制盐厂(三井物产会社)
	水泥业	3	—
	火柴业	3	西北火柴厂、昆仑火柴厂、燮和火柴厂(华中燐寸会社)
	造纸业	2	晋恒、兰村(王子制纸会社)
	制革业	1	西北制革厂(钟渊纺织会社)
	酒精业	1	兴发(不详)

续表

项目	行业		厂名及受委者
	业别	厂数	
委任经营	制酸业	1	永利硫铵厂(高压工业会社)
	酒精业	3	瑞丰(日华蚕丝会社)、中华、美龙(未详)
	水泥业	3	中国水泥厂(盘城水泥会社)、上海水泥厂、江南水泥厂(小野田水泥会社)
	油漆业	2	开林(大日本涂料会社)、振华(未详)
	制药业	2	中西、五洲
	制革业	1	祥尘
	榨油业	2	立德(日本油脂会社)、长德(吉田)
	肥皂业	1	固本(日本油脂会社)

资料来源:中央研究院社会科学研究所主编、郑伯彬等编:《沦陷区经济概览》,国民党政府经济部资源委员会 1941 年油印本,第 A5410—A5419 页。

民国时期化工专家对此指出,“已沦陷之区域,除东北地方,日本人尚积极推进其化学工业外,其在河北、山西、山东、江苏四省,化学工业原来较为发达。所有酸碱工业、制药工业、油类工业、纸革工业,火柴、火药工业、水泥工业等,大多在军管理或统制利用之下,即其他较小之化学工业,亦莫不受其资本上、原料上、推销上、运输上或财产上之节制,无微不入”。“至在湖北、广东二省,其不便即行利用之化学工业,并拆卸其设备运往日本”。“除攫夺矿产及农林原料外,其在化学工业,鲜有新建设之可言”。[①] 日伪的“复兴”“扩充”是建立在掠夺中国化工企业基础上的。

3. 基础化工工厂

关内沦陷区基础化学的酸碱工厂,有日商、华商和法商三类。华商江南化学工业社已停业,肇新和天利厂情况不详。被日军强占经营的有:永利的南京硫酸铔厂被三井系的“高压工业株式会社”夺取,天津利中制酸厂归“兴中公司”接办,永利化学工业公司遭到军管理,天津永利公司委

① 吴承洛:《一百年来之中国化学工业》,《新经济》1941 年第 6 卷第 2 期,第 46 页。

任“兴中公司”经营,西北电化厂委任“钟渊纺织会社经营”(改称“军管理第十八厂”),西北化学工厂委任“日本火药会社经营”(改称“军管理第十九厂”)。华商厂幸存仍在开工的,有天原电化厂、开成造酸厂、大丰工业社、合记化学工业制造公司、兴华碱厂、老天利天津分厂、鲁丰化工制碱厂、道义制碱股份公司、通盛化学工厂、中国瓦斯公司及中原氧气制造厂等11家。法商开设的远东修铎公司天津工场仍在经营。军管理、委任经营之余,还有日本人收买华商工厂的,如天津利中制碱厂被“兴中公司”收买、天津氧气厂被日本人收买成为日商厂。酸碱工厂见表2-28。

表2-28　关内沦陷区基础化学工业工厂

厂商	项目	厂址	设立时间	资本:万元	产品种类及产量	备注
日商	永利硫铵厂	浦口				由高压工业会社经营
	天津氧气厂	天津	1936年	3	酸素,年产2880桶	日本人收买
	利中制碱厂	天津	1933年	60	硫酸,年产5000桶	兴中收买
	永利化学公司	天津	1916年	550		军管理委任兴中经营
	西北电化厂	太原	1935年	40		军管理委任钟纺经营
	西北化学厂	太原	1939年	45		军管理委任日本火药经营
	日华酸素洋行	上海		15		战时新设
	京津酸素厂	天津		500		战时新设
	天津酸素厂	天津		50		由大谷商事会社投资
	华北酸素厂	北平		50		筹备
	总计10厂			1313		
华商	天原电化厂	上海	1929年	105	盐酸、漂白粉、烧碱	
	开成造酸厂	上海	1932年	62	硫酸	
	大丰工业社	上海	1919年	28	水银、银粉、碳酸钾	
	合记化学公司	天津	1932年	20	硫化、碱、元明粉	运销华北一带
	兴华制碱厂	天津	1929年	4.5	硝酸、碱,年产3500桶	运销平津
	老天利厂	天津	1925年	1.5	硅酸、碱,各5000箱	总厂在北平

续表

厂商＼项目		厂址	设立时间	资本:万元	产品种类及产量	备注
华商	鲁丰碱厂	即墨	1921 年	10	烧碱、漂白粉等	
	道义碱厂	济南	1933 年	1.9	硫化钠,年产 45 万磅	
	通盛化学厂	太原	1934 年	2.3	硫酸、碱,年产 6000 担	运销山西、陕西、河南
	中国瓦斯公司	青岛	1932 年	5	酸素(氧气),年产 1.7 万桶	
	中原氧气厂	青岛	1935 年	4	酸素,年产 1.9 万桶	
	总计 11 厂			244.2		
法商	修铎工厂	天津	1930 年	1000 万法郎	酸素	营业不振
	共计 22 厂			1557.2 万元 1000 万法郎		

资料来源:中央研究院社会科学研究所主编、郑伯彬等编:《沦陷区经济概览》,国民党政府经济部资源委员会 1941 年油印本,第 A5625—A5626 页。

表 2-28 显示的 22 家制酸制碱工厂中,日商 10 厂资本额为 1313 万元,华商 11 厂资本额为 244.2 万元,日资是华资的 537%。而其中被日军强占的永利化学工业公司资本 550 万元,不仅占日商厂的近一半,而且大于华商厂之和,一方面反映出被侵略和掠夺的性质十分明显,另一方面反映出关内沦陷区工业资本的贫乏和日本投资能力的减弱。

与制碱工业密切相关的精盐工业,战前集中于华北 4 厂,即天津的久大精盐公司、通达精盐公司和山东的永裕盐业公司、通益精盐公司。华北沦陷后,日本“东洋纺织会社”斥资 100 万元,设立“东洋化学工业株式会社”,接办了通达精盐公司;久大精盐公司则由“兴中公司”强占经营。“东洋化学工业株式会社”接办通达厂后,每年有数十万吨苦汁无从利用,于是自设工厂加工苦汁,提取金属镁和硝石,用于军事用途。精盐工厂中日商、华商各 2 家,如表 2-29 所示。

表 2-29 关内沦陷区的精盐工厂

项目 厂商		厂址	设立时间	资本(万元)	设备	生产能力
日商	久大精盐公司	公司在天津工厂在塘沽	1915 年	250	敷地 51825 坪,制盐锅 70 个,发电机、打水机、冷风机等	月产精盐 7000 担、齿磨粉 9 万袋、炼齿磨 1.4 万筒、漱水 200 瓶
	通达精盐公司	公司在天津工厂在丰润	1921 年	50		年产精盐 3 万担
华商	永裕盐业公司	青岛	1924 年	300	洗盐机 2 台,抽水机 8 台,打盐机 3 台,装盐机 10 台,发动机 6 台	年产精盐 10 万担
	通益精盐公司	芝罘	1919 年	42	烘干机、脱水机、轧盐机各 1 台,搅拌机 2 台,节盐机 3 台,抽水机 3 台,发动机 5 台	年产精盐 30 万担

资料来源:中央研究院社会科学研究所主编、郑伯彬等编:《沦陷区经济概览》,国民党政府经济部资源委员会 1941 年油印本,第 A5627 页。

日本人在其统治下的中国台湾建立了 2 家碱厂,1938 年建成“钟渊曹达株式会社”台南工场,1939 年成立“南日本化学工业株式会社”高雄碱厂,生产烧碱、盐酸。建立了 3 家化学肥料厂:基隆的氰氮化钙厂、过磷酸钙厂和高雄的过磷酸钙厂,产品有氰氮化钙、电石、过磷酸钙和硫酸。1943 年产量最高时厂氮肥 11745 吨、磷肥 25449 吨。日本战败前其筹建的“新竹有机合成工厂”尚未竣工。与此相应,1938—1945 年,台湾的化学工业会社数由 49 家增至 68 家,实收资本由 2034.8 万日元增至 7031.4 万日元,增加 346%;化学工业产值占工业总产值比重由 6.28% 增至 12.83%。①

4. 主要化工产品生产情况的补充说明

纯碱、烧碱、硫酸、盐酸、洋灰(水泥)、酒精、焦油、电石(碳化钙)、臭

① 汤元吉:《化肥工业在中国》,天津《大公报》1948 年 11 月 29 日;周宪文:《日据时代台湾经济史》上册,台湾银行 1958 年印行,第 73—75 页;杜恂诚:《日本在旧中国的投资》,上海社会科学院出版社 1986 年版,第 61 页。

素(溴)、氯化钾、盐化苦土(氧化镁)11 种主要化工产品的情况,以 1941 年(或 1942 年)为基期反映生产指数的变动,如表 2-30 所示。

表 2-30　华北沦陷区化学工业重要产品生产情况(1936—1944 年)

(单位:吨)

产品	年份	1936	1937	1938	1939	1940	1941	1942	1943	1944
纯碱	产量:吨	40000	13580	24945	25408	37334	38306	38592	33066	20000
	指数	104	35	65	66	97	100	101	86	52
烧碱	产量:吨	4000	4000	—	2154	4241	4329	4264	3450	729
	指数	92	92	—	50	98	100	98	80	17
硫酸	产量:吨	122	260	300	1130	977	557	489	194	657
	指数	22	47	54	203	175	100	88	35	118
盐酸	产量:吨	—	—	—	95	136	169	176	177	—
	指数	—	—	—	56	80	100	104	105	—
洋灰	产量:吨	207000	173000	181500	233686	328673	290315	339812	292141	260974
	指数	71	60	63	80	113	100	117	101	90
酒精	产量:吨	770182	345600	324000	—	1601835	2509588	3235000	3301000	6161000
	指数	31	14	13	—	64	100	129	132	245
焦油	产量:吨	1793	727	—	936	937	1279	1134	2263	2263
	指数	140	57	—	73	72	100	89	177	177
电石	产量:吨	—	—	—	—	—	494	1703	1864	4382
	指数	—	—	—	—	—	100	345	377	887
臭素	产量:吨	—	—	—	—	—	—	131	188	196
	指数	—	—	—	—	—	—	100	144	150
氯化钾	产量:吨	—	—	—	—	—	—	545	432	750
	指数	—	—	—	—	—	—	100	79	138
盐化苦土	产量:吨	—	—	—	—	—	—	5683	8000	18467
	指数	—	—	—	—	—	—	100	141	325

资料来源:汪敬虞:《抗日战争时期华北沦陷区工业综述》,《中国经济史研究》2009 年第 1 期,表 21、表 22。

第二节　轻　工　业

相对重工业,轻工业对战争影响相对较小,且具备周期短、投资少、见效快优点,对于弥补战争造成的财政压力具有积极作用。因此,一方面日军对于轻工业控制军方色彩相对淡薄,大多数为军队以武力为后盾,怂恿日本商人抢占中国、第三国企业;另一方面,因轻工业对战争直接作用较弱,日本军队和政府直接投资偏少,客观造成在沦陷区轻工业发展滞后。总体而言,沦陷区轻工业整体下滑,大多数部门经济结构由中、外资共占逐步向日资占据优势转化,呈现出殖民地经济典型形态。

具体而言,轻工业各个部门因分布、重要性等特点存在差异,日军采取相异政策,间接导致各个产业差异性发展。在总体下滑的大走势下,部分行业遭到严重破坏,少数行业则采取适应性调整,盈利较多或与战争相关度较高的部门则成为统制政策的重点。棉纺织业等领域受到较大程度破坏,因日军对原材料产地的劫掠,进一步加速其衰落。火柴、卷烟等税收贡献较高,或盈利较多部门逐渐被日军统制政策笼罩。值得注意的是,部分行业出现适应性变化。面粉业等部门开始出现小型化、投机性生产,将工厂化整为零设置于产地附近或租界内,利用日军控制的缝隙和市场波动进行短期牟利。

棉纺织业属于中国近代工业核心部门,工厂多集中于东部沿海地区。尽管遭到国际经济危机和"九一八事变""一·二八事变"打击,中国商人比重却持续增加,成为少数与外商匹敌的行业。抗日战争爆发后,日军对中国棉纺织业进行有计划破坏,大部分机器毁于战乱。即使迁入大后方工业亦因缺乏空中掩护遭到日本空军袭击。太平洋战争爆发后,少数迁入租界和第三国企业遭到日军强行没收等粗暴措施,"孤岛"经济进入衰退。另外,中国政府为防止资敌,将日资纱厂进行毁灭性破坏,日本企业机器基本被战火和中国军队销毁。在战争影响下,中国棉纺织业发展趋势被打断,甚至出现倒退。

全面抗日战争爆发后,上海等地面粉业因战争受到较大损失,主要工厂基本被摧毁。无锡除少数工厂主投敌之外,其余各厂多被日军掠夺。抗日战争时期沦陷区大部分面粉业工厂被破坏或者被日军间接控制,引起行业整体衰退。尽管租界面粉业暂时性繁荣,然而因太平洋战争引起的原料危机和日军铁蹄进入租界,租界面粉工厂相继停产,直至抗日战争胜利,华商面粉工厂因原料不足开工率下降到不足 10%。

火柴工厂大部分集中于上海、广州等主要城市。战争爆发后,因内迁不及,多数企业被损毁。中国火柴厂、民生火柴厂、光明火柴厂纷纷毁于战火,镇江荧昌厂等企业被日军抢占。

在日军严格管控下,沦陷区火柴业迅速衰退。1942 年之前,关内沦陷区几乎没有新开火柴厂。1944 年,华北地区火柴产量下降 70%,华中地区下降 60%。火柴重要生产中心的广州,产量降至战前 20%。大中华火柴公司盈利降至 1937 年的 5%。

卷烟工业属于高税收行业,在遭受较大损失之时,日军为获得经济利益,统制政策更加严厉。中国烟草工业集中于沿海沿江主要城市,烟草产地则分布于凤阳、许昌少数地区。相对集中的产业布局造成应对战争能力较弱。“八一三抗战”爆发后,日军针对中国工业进行有计划地破坏,南洋兄弟烟草公司上海厂遭到毁坏,几乎所有机器被炸毁。伴随太平洋战争扩大,中国香港、东南亚工厂陆续被日军抢夺。颐中公司因及时将部分资产转移国外,损失较小。太平洋战争爆发后,日军对颐中公司进行军管理,产品由军方统一销售,征购价格低于市场价数十倍。在日军竭泽而渔的情况下,颐中公司产量降至战前的 13%。

除战争损失和日军掠夺之外,沦陷区轻工业在日军统制政策掠夺下日益衰退。面粉属于重要粮食来源,日军为保证本国粮食供应,不断强化面粉业统制。华中、华东、华北地区在短暂军管理之后,日军利用汉奸成立“全国商业统制总会”“粉麦专业委员会”“华北小麦协会”等伪组织,对重要粮食产品进行控制,以军事手段严密控制小麦收购。在其倒行逆施下,华商面粉厂开工率因原料短缺普遍下降,最低者不足 10%。日伪工厂则在政策倾斜保护下获得较快发展。

日军为控制火柴企业采取军管理模式。太平洋战争爆发后,日军将火柴列为统制品,通过原料控制,对中国企业生产进行完全监视。

由于卷烟业税收较多,日军对其觊觎超过其他轻工业行业。在打压中国企业之时,日商以军队支持为手段,强行掠夺英美企业,最终实现暂时对沦陷区卷烟业的全面控制。日军通过在沦陷区引进烟草种植,控制卷烟业上游产业。同时,以武力支持日商在销售环节排挤英美公司、中国企业。

控制销售与市场仅是初步,挟制生产环节才是核心。日本陆军支持日商在华北、华中组建大型卷烟厂,将英美公司原有部分市场据为己有。当产能无法满足市场之时,日伪警察部门鼓动日商走私,以价格优势打压其他国家企业。日本与英美宣战后,日伪立刻对英美企业实行军管理,将英美烟草公司全面清理出局。

另一方面,在日军压迫下,中国企业纷纷迁入租界继续经营。租界内工厂多为内迁不及或新设小型工厂。虽然适合本地需要,但技术落后,规模较小,生产投机性较大。1941 年之前,租界工厂借助市场需求和第三国势力尚可维持,日军控制租界后纷纷陷入困境。如面粉业投资相对较小,即适应于规模经济,同样适合小规模生产。青岛、上海、武汉等地郊区出现数百家日产不足 300 包的小厂和 20—30 包的机器磨坊。

华商轻工业衰退之时,日本企业却在军队保护下逐渐发展。战争期间,日本面粉企业生产能力由 11%提高到 22%。“九一八事变”之前,东北面粉业基本处于华商控制。日军侵占东北地区后,对日办企业予以针对性扶持。在日本军队和政府干预下,日商 7 年之后取代华商成为东北地区面粉业的主导力量。伴随日伪控制小麦收购,华商工厂原料供应进一步困难,满洲制粉联合会等伪组织公然限制华商购买小麦。伪满政府则利用行政权力整理面粉业,将大批华商企业关闭,直接造成日资企业独大局面。关内沦陷区总计设厂 22 家,日产量超过 70000 包,产量超过 40%。

一、棉纺织业

棉纺织业是中国近代工业中重要的工业部门之一，据刘大钧等人统计，在中国近代工业中，无论是资产总值还是雇工总人数中，棉纺织业均占据1/3以上的比重。战前中国棉纺业迭遭自然灾害(1931年长江大水灾)和日本对华军事侵略影响，如1931年“九一八事变”和1932年“一·二八事变”，以及自1929年以来全球经济大萧条等内外因素的影响和打击，棉纺织业发展不无波折，但总体上仍保持一定的发展势头。抗战前夕，中国棉产量自1932年的900余万市担增至1936年的1600余万市担，全国共有纱锭550万枚，织机64000余台，花纱布对外贸易由过去的入超一跃而为出超1700万元。① 尽管日本在华棉纺织工厂的技术设备、经营管理、产品质量与盈利方面较诸华商略占优势，但总体而言，华商在战前发展势头较为乐观，在全国棉纺织中所占比重已与外商大体相当。

抗日战争爆发后，中国棉纺织业发展受到冲击。华商纱厂受损最为严重，大量工厂房屋被战火摧毁，80%机器设备被侵略者劫掠，数以千计的工厂工人因战争死亡或受伤。受战乱的影响，华商纱厂战前良好的趋势被打断。日本棉纺织业则进一步扩张，在中国棉纺业中所占据压倒性优势。上海和苏南地区战前是中国棉纺织业的中心，受战争的破坏较为严重，随着大片国土的沦陷，日本侵略者加强在沦陷区中国工业的控制和掠夺。

（一）日本对华纺的掠夺与华商的生存策略

日本对关内侵占区域工业矿业的控制和掠夺，主要采取“军管理”“委任经营”“中日合资”“租赁”“收买”5种形式。日军在初占华北时，肆无忌惮对华商纱厂进行劫掠，直接置于军方控制之下，一切原料的分配、成品销售均由军方决定。华商工厂利润归日军，并由日商纱厂技术和管

① 谭熙鸿主编：《十年来之中国经济》，中华书局1948年版，第3页。

理人员组织生产,管理工务和日常,这种直率而蛮横的管理方式就是所谓“军管理”。兹后在华中、华南等地,因为国际关系比较复杂,为欺骗舆论,收买人心,则采用所谓“委任经营”的方式。日商在华纺织公司对占领区华商纱厂进行“协调分配”,然后由各日商公司出面分别与华商业主接洽“合办”或由华商“委托”日商经营。日商在提出“合办”时,通常会趁机勒索股份的1/4—1/2。类似做法遭到华商的反对和抵制。但华商拒绝与日商合作或者无法联络到所有人,则由日本军部特务股指派各日商分别“经营”华厂,实行“委任经营”。可见,其所谓“合资”“租赁”和“收买”,无非是利用华商受到重大损失、无法复业之际,凭借军事、政治压力强逼华商就范,趁机掠夺华商纱厂的资产和权利。通常这类工厂要向日本领事馆注册,改为股份公司。与军管理不同,负责委任经营的日商公司对于棉纺织厂管理有全权,利润属于日商,军方不直接干预。

在日军刺刀压力下,山东的仁丰、成通、鲁丰纱厂,河北的大兴纱厂,山西的晋生、晋华纱厂,河南的华新、广益纱厂等,均被日军直接军管理,分配给日商经营。1938年10月,日军设立“华北开发公司”,成为华北最大的掠夺与垄断机构。同时,另组建“华中振兴公司”,垄断和掠夺华中企业。日本企业、公司在对华商棉纺织业进行垄断和掠夺的同时,力图复兴占领区的棉纺织业,为侵略战争提供物质资源,沦陷区内的华商纱厂,除去有外资关系与损毁过于严重难于复工的以外,基本置于军管理与委任经营之下的。据统计,54家华商纺织厂被日军劫掠。各厂共计拥有纱锭153.5万枚、线锭7.6万枚、织机16274台,占战前华商纱厂总厂数的58%,纱锭数的57%,线锭数的45%,织机数的65%。战乱的破坏使各厂设备变动较大。1939年,军管理与委任经营工厂的设备总数为:纱锭129.5万枚、线锭5.8万枚、织机1.3万台。华中地区棉纺织设备损失最多,总计纱锭数较战前降低24万余枚,线锭数减少1.9万余枚,织机数少4000余台。华北地区各厂的设备则略有增加。这种现象主要是各厂受损较少,另外济南的成通、仁丰两厂和山西的晋华纱厂增添的设备,在战前运到并装配完成。以上设备总数是就比较完整的设备统计而得,实际可以开工的设备则低于统计数字。当1938年12月各委任经营与军管理工厂开始复工时，华中地区37个委任经营工厂中，可运转的纱锭和织机分别只有60万枚和5500台。①

在日本侵略者的政治军事压迫下，未内迁华商纱厂处于夹缝中艰难的生存困境，被迫利用战时复杂的国际形势，依托第三国的庇护维护自身的财产权与经营权。如永安纺织公司在“七七事变”之前向美商借款，在美国领事馆注册，以此作为应变措施。但战争发生后，永安在吴淞的二厂、四厂依然均沦陷于敌手，一厂、三厂和大华印染厂虽地处租界，但属日军控制区亦被侵占。1941年12月太平洋战争爆发后，日军侵入租界将悬挂英美国旗及外商招牌的纱厂全部作为敌产而进行军管。华商迫于无奈，被迫摘去洋商招牌，改聘日籍顾问，才得以局部恢复。但市场萎缩，外销呆滞，各厂均陷入困境。

在日伪压迫下，小型化发展成为华商的一个生存策略。太平洋战争爆发后，棉纺业进口的原料、燃料全部断绝，电力供应极度紧张，各厂开工率不足20%。1942年开工率仅为5%，遂使棉纱价格飞涨，1943年比1942年上涨4.25倍，但棉价升高5.42倍，使棉纺织业经营压力增大。②在这种局面下，拆迁纺纱设备赴产棉区办厂，有利于避开电力、原料供应和产品管制三大难关。1944年后，花、纱比价偏高，产地设厂，随行就市或以棉易纱有利于降低生产成本。1944—1945年，棉纱比价每件12—14担，个别时期到过16担，使纱厂利润上升到150%以上。因此，江南一带出现就地设厂和小型纱厂大发展的局面，先后开办的小厂近百家，估计有纱锭12万枚，尽管农村设厂不利条件较多，如地方势力大、日伪敲诈勒索等，但仍有厚利可图。商统会等日伪机关在农村控制力较弱，以利于企业生存和发展。

小型纱厂的特点：一是小厂选点大多邻近产棉区，主要分布在上海浦东，江苏太仓、常熟及附近城镇，利用原有厂商仓库改造成厂房，规模大都

① 谭熙鸿主编：《十年来之中国经济》，中华书局1948年版，第3页。

② 李济琛：《民营经济与中国现代化》，华文出版社2008年版，第122页。

在2500锭以下,最小不足300锭;二是纺纱设备绝大多数由市内大厂拆迁,设备比较正规;三是动力均以柴油机为主,极少采用蒸汽机,另用小发电机供应夜间照明,开工率高,日夜连续运转;四是当时棉纱为紧缺物资,多数厂有重产轻质的趋向,甚至偷工减料。苏南一带小型纱厂对社会生产和敌占区的人民生活,起过一定的积极作用。它减少农村棉花滞销的损失,对维持农村家庭手工织布的原纱供应及小型布厂的生产作出贡献。部分棉纱通过市场网络转入大后方支援抗日战争。

(二) 日军利用纱厂掠夺中国资源

武汉会战后,抗日战争进入相持阶段。日军因地狭兵少,战争潜力消耗殆尽,被迫采取以战养战方针,暂停对国民政府大规模进攻,转以消化沦陷区为主。1938年,日资在“华纺织联合会”制订复兴计划,尝试首先恢复上海、武汉、青岛等工业重镇棉纺织业。经日本政府修订,首先选择在上海建立纱锭76389枚、线锭21320枚、织机1493台的大型纺织基地。青岛因破坏严重,拟恢复纱锭39500枚、线锭32000枚和织机7100台。①

抗日战争前夕,山东地区逐步形成以济南、青岛为核心的纺织工业基地,其中青岛棉纺织业中日本资本占据一定比例。“七七事变”爆发后,青岛市市长沈鸿烈亲自率领警察将日资纱厂全部炸毁。1938年1月,日军侵占青岛,从其国内运入新式机器修复大部分纺织厂,并以武力为后盾强占华商华新纱厂等企业。1939年,在日军支持下,韩国人在青岛开办“大德袜厂”。1940年,日商在青岛开办“曾我木厂”“华北木梭厂”。1945年,青岛日资纺织企业达到54家,占据绝对优势。在山东内陆地区,日军则对民族资本采取简单式掠夺,直接军管成大等重要纱厂,其他华商纺织企业全部停工。此后,潍坊等地织布业进入济南,小型织布厂有所增加。但是伴随日军管制政策的实施,大部分纺织厂原料不足而被迫停工,幸存企业在日军掠夺铁器号令下大部分被拆毁。

上海方面除去复兴计划所规定之外,如公大、裕丰等厂设备亦有所增

① 张楧:《战时中国棉纺织业的演变(上)》,《工商天地》1948年第3卷第2—3期合卷。

加。1940 年 4 月，日本在“华纺织联合会”对日资纱厂的调查表明，上海方面共有纱锭 13276 枚、线锭 347608 枚、织机 18553 台。与战前比较，纱锭数略为减少，线锭及织机数有所增加；青岛方面共有纱锭 389608 枚、线锭 30196 枚、织机 7076 台①，约恢复到战前 60%以上。

天津方面，日商纱厂在战争中损失较小。太原会战后，日商一方面使原有工厂复工，另一方面积极建设新的纺织厂。抗日战争前夕，日商对于发展天津纺织工业原本有极庞大的计划，拟新设立工厂 7 个，日华合办工厂 1 个。按计划，天津方面的日商纱厂将拥有纱锭 100 万枚、织机 22000 台。战争爆发后，因设备难以尽快进入中国，日商改订新的计划：凡尚未动工的建厂计划，全部放弃；战前已开始兴建的继续进行；原有纱厂的扩充计划也照常推进。新计划完成后，天津将共有纱锭 50.6 万枚、布机 8400 台，比原计划减少约 50%。1940 年，天津日商计划基本实现。当年，天津的日商纱厂设备已达到 49.7 万锭，基本恢复战前的水平，如表 2-31 所示。

表 2-31　战时天津日商纺织厂新增设备　（单位：枚；台）

项目 厂别	战前原有			战时新增			总计		
	纱锭	线锭	布机	纱锭	线锭	布机	纱锭	线锭	布机
公大	108872	—	998	56952	11096	3547	165824	11096	4545
上海	—	—	—	29948	—	480	29948	—	480
裕丰	79184	9000	1524	67432	6200	1008	147616	15200	2532
天津	79348	4920	—	35412	—	330	102760	4920	330
双喜	—	—	—	30000	—	700	30000	—	700
岸和田	—	—	—	21040	2300	700	21040	2300	700
总计	267404	13920	2522	240784	19596	6765	497188	33516	9287

资料来源：陈真编：《中国近代工业史资料》第 4 辑，生活 · 读书 · 新知三联书店 1961 年版，第 250 页。

1938 年 5 月，日本军部委任各日商纱厂管理华中地区各纱厂，并组织复工。因正值棉纺织业的黄金时间，修整工作进行较快，该年 12 月，已

① 张楧：《战时中国棉纺织业的演变（上）》，《工商天地》1948 年第 3 卷第 2—3 期合卷。

有12个纱厂开始运转,开工的纱锭数约33.6万枚,占可运转总数的43%。华北地区军管理的12家纱厂陆续复工运转率达到战前纱锭的68.8%,织机的71.5%。1939年,因中国军队夏季反攻和敌后抗日武装日益活跃,日资纱厂原棉逐渐缺乏,运转率开始降低。1939年12月,复工机器数量达到可运转纱锭数的95%,织机的61%。1940年4月,华中、华北地区日资企业控制纱锭355万枚、线锭46.6万枚、织机47543台,开工率已减至60%左右。

东北地区是日本力图发展棉纺织业的重点区域。"九一八事变"前,原有纱锭约18万枚,织机约2500台。"九一八事变"后,日军逐步控制东三省,为日资操纵东北棉纺织业提供武力基础。在日军刺刀下,日资企业迅速扩大,形成独占东北市场的强力地位。日本将本土闲置、纺织设备移至东北,并大力发展植棉业,力图增强其所谓"现地自给自足"能力。但东北地区设备与生产的增长并不同步,当地棉花生产逐年降低,原料供给不足,造成棉纺织业企业停工待料,最低时开工率不足30%。"七七事变"前夕,东北地区棉纺织业共有工厂13家,纱锭63万余枚,宽幅织机9740台,窄幅织机1794台。① 但是,因为日军以军需为主的统制政策造成开工率持续走低。据统计1939年东北地区棉纺织业纺锭开工率27%、棉织机21%②,棉布等物品亦需要进口。1932—1934年,进口棉布300万匹以上,占全部消费量的50%。抗日战争胜利前夕的1944年,全区棉纱产量仅为8.9万件不足1938年的50%。棉布产量177.9万匹,为历史最高水平的48%。③

日商在既有基础上将"辽阳满洲纺纱公司""大连满洲福岛纺纱公司""金州内外棉公司纺纱分厂""奉天纺纱厂""营口纺织股份有限公司"等企业生产规模逐步扩充,其中"金州内外棉公司"分厂成为东北规

---

① 《中国近代纺织史》编辑委员会:《中国近代纺织史》上卷,中国纺织出版社1997年版,第324页。

② 《中国近代纺织史》编辑委员会:《中国近代纺织史》上卷,中国纺织出版社1997年版,第325页。

③ 《中国近代纺织史》编辑委员会:《中国近代纺织史》上卷,中国纺织出版社1997年版,第324页。

模最大的棉纺织企业。该厂拥有3个纺纱工场、近11万枚纱锭、2个织布厂和2252台织机。[①] 扩建之外,日资企业相继成立“满洲制线公司”“恭泰纺纱公司”“东棉纺纱公司”“东洋轮胎工业公司”“南满纺纱公司”和“满洲纤维工业公司”。“满洲制线公司”“恭泰纺纱公司”“东棉纺纱公司”具有较大规模。“满洲制线公司”拥有纱锭6.26万枚,线锭2.76万枚,布机780台。“恭泰纺纱公司”与“满洲制线公司”同时成立,日军投降时纱锭达到5.58万枚,织布机250台。“东棉纺纱公司”由三井财团出资成立,初期即拥有纱锭4.23万枚,后增至5.07万枚,机器织布机760台[②],成为东北地区首屈一指的棉纺织企业。

从表2-32可见,在日本的大力推动下,东北地区棉纺织业机器设备有所增加,但生产能力却未能同步提升。1938—1941年,产能扩张的黄金时期,关内棉纱的产量达到“七七事变”前的75%左右。战争末期,虽然纱锭数扩张了将近1倍,但棉纺产量却降至抗战前的50%。织布业织机数量在全面侵华战争期间扩充2倍,产量曾一度超过战前的70%,但战争后期同样面临开工不足的窘境,年产量勉强达到“七七事变”之前的水平。

表2-32　辽宁地区棉纺织设备和生产增长指数　(1937年=100)

项目/年份	纺织设备				纱、布产量			
	纱锭(万枚)		织机(台)		棉纱(万件)		布(万匹)	
	实数	指数	实数	指数	实数	指数	实数	指数
1937	28.20	100	3453	100	16.39	100	187	100
1941	37.25	132	8494	246	12.45	76	320	171
1944	52.64	187	9748	282	8.91	54	178	95

资料来源:《中国近代纺织史》编辑委员会:《中国近代纺织史》下卷,中国纺织出版社1997年版,第27页。

① 《中国近代纺织史》编辑委员会:《中国近代纺织史》上卷,中国纺织出版社1997年版,第324页。

② 《中国近代纺织史》编辑委员会:《中国近代纺织史》上卷,中国纺织出版社1997年版,第324页。

中国台湾在日本占领时期,棉纺织业相对落后,主要销售日本市场。第二次世界大战期间,为配合日军“南进政策”及驻台日军军需被服自给,拆迁日本设备运往中国台湾筹建工厂,计划建纱锭 12.67 万枚,最终仅安装 2.9 万枚、织机 495 台。因美国空军控制制空权,棉纺织业在轰炸中难以持续生产。1941 年,10 家工厂仅有动力织机 932 台,其中窄幅织机 437 台。至 1945 年各种纺织业均无显著发展。① 如把东北和台湾棉纺织业统计在内,战时日商在华经营和控制的棉纺织设备总数已由战前的 225 万枚纱锭、3.1 万台布机,增加到纱锭 375 万多枚、织机约 5 万台,约占 1936 年全国设备总数的 75%。

随着日本军事失败,资源日益枯竭,因此加紧在本土及海外占领区搜劫钢铁。棉纺织业属于多工序、多机台的行业,设备吨位高,是日本侵略军指定“毁机献铁”的主要对象。日本企业界虽强烈抵制,但最终屈服于军方的压力,摧毁大量纺织设备。据统计,华北地区日商纱厂约拆毁 1/3;“上海内外棉三厂”“上海内外棉四厂”“上海内外棉六厂”“大康纱厂”等都基本拆毁;“公大”“上海纺织”等企业设备亦损失较多。上海最大的裕丰纱厂全盛时拥有纱锭 19.1 万枚,日军一次即毁机 7.3 万枚。在废墟上重建的青岛工厂,1944 年毁机 5 万枚纱锭。战争后期,日军勒逼部分华厂“献铁”。如济南成大、成通两厂,1944 年毁机 3 万枚纱锭,织机 254 台;石家庄大兴纱厂销毁 1 万枚,并受天津公大之命,代为“献铁”1.5 万枚。上海英商的新机器,为日商所夺,以聊补毁机损失,成为间接“献铁”。怡和纱厂除部分新机器被掠到日厂外,其余设备全部捣毁。英籍纱厂 20 余万枚纱锭中,除被日商调换 3 万枚外全部熔化。华商部分被委任经营机器“战后遍觅无着”,估计被日商作为贡献日军的器材。天津北洋纱厂被勒令毁机 1 万余锭,厂方千方百计搜罗废铁充数,以保存设备,结果仅保存 2 台细纱机及 600 只锭子。② 据不完全统计,日方纱厂交出

---

① 《中国近代纺织史》编辑委员会:《中国近代纺织史》下卷,中国纺织出版社 1997 年版,第 27 页。

② 《中国近代纺织史》编辑委员会:《中国近代纺织史》下卷,中国纺织出版社 1997 年版,第 26 页。

100余万枚纱锭、4500台布机[①]，占日商在华设备的50%。据统计，战时日本在华拥有264.9万枚纱锭设备，战后中国纺织建设公司接收177.8万枚，两者悬殊87.1万枚，此数作为作毁机（纺锭）的参考数值，若考虑加上各地华商纱厂的被逼“献铁”，其总数至少有100万枚纱锭（包括全流程装备及部分织机）。

整体分析，1940年，“日商纱厂设备在纱锭上虽较战前少1%，线锭和织机则都增加1%，所以差不多已恢复到战前的水准了”[②]。从生产情况来看，日占区的棉纺织业所取得的成绩相对有限。1941年前，受到国内市场棉花产品严重供不应求和棉花价格下跌的有利市场因素的刺激，各地棉纺织业得到一定程度的恢复和发展，既有各厂设备出现一定程度的扩充。1942年后，一方面棉花产量下降，燃料供应不足，电力供给紧张，各地工厂普遍开工不足；另一方面，日军方面和中国政府分别加强纱花及棉产品的流通的管制，市场缩小，销货不便的问题日渐严重，部分工厂开工率甚至不足30%。

总计“七七事变”之前，关内日军控制纱锭198.5万枚，战争损失86.7万枚，剩余111.8万枚。伴随战区扩大，日军为实现以战养战目标和转移劳动密集型产业，对沦陷区棉纺织业进行维修和扩大，总计上海修复7.6万枚，青岛重建39.1万枚，天津扩建39.7万枚，包括东北及运沪未安装设备，应达264.9万枚。但既有设备开工不足，截至1940年开工率不到50%，此后降到20%以下。[③] 战争后期，由于原料、电力等严重不足，除生产军用品外，大都搁置，处于瘫痪状态。1945年，日资棉纺织业工厂共63家，纱锭263.5万枚，织布机44.2万台，其中上海33家，纱锭145万枚，织布机2万台。天津9厂，纱锭45.7万枚，织布机1万台。青岛39万枚纱锭，织布机7600台。东北、台湾、湖北等地总共11家，纱锭

① 张楼：《战时中国棉纺织业的演变（上）》，《工商天地》1948年第3卷第2—3期合卷。

② 张楼：《战时中国棉纺织业的演变（上）》，《工商天地》1948年第3卷第2—3期合卷。

③ 《中国近代纺织史》编辑委员会：《中国近代纺织史》下卷，中国纺织出版社1997年版，第27页。

33.7万枚,织布机7097台。①

二、机器面粉工业

20世纪30年代中期,中国各种轻工业中,机器面粉工业是发展得比较好的。民族资本企业在行业中占据绝对优势的地位,能够抵制进口面粉,基本控制了国内面粉市场。但是这良好的局面被战争打破。先是"九一八事变"之后日资大举入侵东北机器面粉产业,关内机器面粉厂则丧失重要市场。"七七事变"后,关内机器面粉企业集中的几大城市先后沦陷,一些重要工厂不是毁于战火,就是被日本侵略者直接掠夺;战争和战时经济统制干扰生产;中国机器面粉工业遭到极大的破坏。

(一)机器面粉工业生产格局的演化

抗战前夕,中国机器面粉工业有以下三个特点:一是为靠近消费市场和便于获得原料,关内机器面粉工厂集中于东部沿海地区,特别是上海、无锡、天津、青岛、武汉少数几个城市,其中上海和无锡合起来就占据了关内产能的半壁江山;二是民族资本占优势,除东北地区以外,关内机器面粉工业几乎全部由中国人投资,东北地区的民族资本也保持一定势力;三是行业集中度较高,资本和产能集中于拥有数家日产数千袋面粉工厂的大型联合企业,其他则为日产千数百袋的中型厂和几百袋的小型厂,大型企业与中小型厂差距很大(见表2-33、表2-34)。

表2-33 抗战以前机器面粉厂分布(关内)

项目 地区	工厂数 (家)	磨面机数 (台)	生产能力 (日产粉袋)
江苏	10	180	45456
浙江	1	14	4000
安徽	3	42	11900

① 行政院新闻局编:《纺织工业》,行政院新闻局1947年版,第38页。

续表

项目 地区	工厂数 （家）	磨面机数 （台）	生产能力 （日产粉袋）
湖北	5	66	17100
湖南	1	4	950
四川	2	7	963
察哈尔	1	3	200
绥远	1	3	400
河北	7	127	35933
山东	10	135	34680
山西	3	17	4587
河南	3	35	8500
南京	2	32	10300
青岛	2	18	5200
上海	15	446	122583
总计	66	1129	302752

资料来源：刘大均：《中国工业调查报告》中册，经济统计研究所1937年印行，第491、492页，表13。

表2-34　关内外中外资企业资本、生产能力比较（1936年）

项目 资本类别	资本额 （千元）	比例 （%）	生产能力 （包）	比例 （%）
民族资本	52822.4	77	452218	89
外国资本	15385	23	58500	11
关内合计	39312.4	100	342008	100
民族资本	38927.4	99	335808	98
外国资本	385	1	6200	2
全国总计	68207.4	100	510718	100

资料来源：林刚：《对1927—1937年间中国机器面粉工业的若干考察》，《中国经济史研究》2004年第4期，第28页，“全国总量及关内外企业资本生产能力比较表”。

国民政府并未把机器面粉工业列入内迁计划。既然面粉厂必须靠近原料地和消费市场，故绝大多数工厂在战争到来时都没有选择搬迁，而是留在原地继续经营。如表 2-33 和表 2-35 所示,聚集关内产能 40%的上海和产能 15%的江苏(主要是无锡),竟无一家厂搬迁;机器面粉工业的龙头老大荣氏福新系,只有武汉福五厂一家内迁,老二阜新系则无一家厂内迁。

表 2-35　抗战以前上海 12 家机器面粉企业产能比较

系统＼项目	日生产能力(包)	占比(%)
阜丰系统	64500	57.8
福新系统	39600	35.48
其他企业	7500	6.72

资料来源:上海市粮食局、上海市工商行政管理局、上海社会科学院经济研究所经济史研究室编:《中国近代面粉工业史》,中华书局 1989 年版,第 147 页。

留在沦陷区的工厂不可避免地在战争中受到极大的损失。1937 年 7 月 7 日,日本发动全面侵华战争,侵占北平、天津后,旋即准备对上海发动大规模进攻,"八一三淞沪会战"爆发,上海开设在闸北和南市的面粉厂损毁惨重。位于闸北的面粉厂,中华厂完全被炸毁,损失最大。福新第三厂为日军占据作为邮局,损失也很大。位于南市的面粉厂,申大存有小麦价值约 20 万元,部分被敌军抢走,价值约五六万元。总计上海面粉业实际损失价值约 2000000 元,厂房机器损失尚在其外。此后随着战事内延,江浙各地面粉厂损失也陆续受损,如表 2-36 所示。

表 2-36　江浙地区未搬迁机器面粉厂部分战争直接损失

厂名	厂址	损失
扬州面粉厂	江都	扬州沦陷时厂内存货及原料未及运出者达二三十万元
大同面粉公司	南京	厂屋、栈房、机件、存货付之一炬,损失约 200 万元,目前保存实力约二三十万元
恒丰面粉公司	常州	损失甚大,货物几乎全被掠夺,机器及附属品损失亦可观
火星面粉公司	戚墅堰	全部烧毁

续表

厂名	厂址	损失
贻成新记面粉公司	镇江	战时损失面粉7万余元,建筑物及机器尚好,现由宣抚班整理,估计损失40万元
恒丰面粉厂	武汉	损失甚重,货物全部被劫,唯机件大多未损
大和面粉公司	苏州	战时厂屋无损,后因驻军数月,零星机件稍损毁
茂新一厂	无锡	厂屋机器存货全被毁损,夷为平地,损失约值150万元
茂新二厂	无锡	厂屋大部分完整,机器事先已拆除一部分重要机件,未有损失。存货大部分被抢,损失约30万元
九丰面粉厂	无锡	存货被抢损失约20万元。厂屋机器无损
广丰面粉厂	无锡	厂房稍有损毁,机器一部分受损,存货被抢损失约50万元

注:据该所收集当时报章所得。

资料来源:中央研究院社会科学研究所主编、郑伯彬等编:《沦陷区经济概览》,国民党政府经济部资源委员会1941年油印本,第5456—5457页。

表2-36中的无锡茂新一厂经四次增添设备,日生产能力达到8000包,股金达到60万元,所产兵船牌面粉行销各地,为上海面粉交易所之标准牌号。茂新二厂前身为惠元面粉厂,日产能力1600包,1918年1月售与荣家,扩建为日产能力6000包的大型厂,1926年遭受火灾以后订购美制亨利丁西蒙粉机,日产能力达到10000包,为无锡最大面粉厂,无锡沦陷后被日军侵占经营。九丰面粉厂,银行业蔡缄三等投资建厂,经过多次增资扩建,抗日战争前日生产能力达到8000包,与茂新一厂、二厂并称为无锡三大厂。广丰面粉厂,制粉设备购自德国德亚公司,日产能力2000包。无锡的几大工厂,茂一被炸毁,茂二、九丰被日军掠夺经营,广丰停产,无锡这个近代民族面粉工业的发源地、仅次于上海的面粉工业中心,在日本侵略战争的打击下可谓全军尽没。

未被战火直接毁坏的工厂则面临被日本侵略者直接掠夺的命运。在战争前期,由日本侵略军直接控制或委托给日本商人代管,称为“军管理”“委托经营”。1940年3月汪伪政府成立,日本帝国主义作出“日中亲善”的姿态,侵华日军总司令西尾寿造发表声明,表示对于“军管理”的工厂,一部分可以发还,另一部分可以解除“军管理”。发还的一般是一些小型简陋无大价值的工厂,发还时还需要偿付日军一笔管理费或修理费;解除"军管理"的是一些精华工厂,解除"军管理"后必须接受日方强制性的租借、收购或合办。

华北的民族资本厂被日本三大面粉企业日东制粉会社、日本制粉会社和日清制粉会社瓜分。其中被日东制粉会社"军管理"的有公记电灯面粉厂(太原)、晋丰(太原)、祁县(祁县)、晋生(平遥)、晋益(临汾)、太谷(太谷)、联丰(石家庄)、怡丰(邯郸)、普润(彰德)、济丰(济宁)等18厂,被日本制粉会社"军管理"的信封(蚌埠)、宝兴(蚌埠)、恒兴(青岛)、惠丰(济南)、丰年(济南)、华庆(济南)、成丰(济南)等8厂,被日清制面会社"军管理"的唯一(北平)、成记(济南)、成喜(济南)共3厂。华中方面由多个日商接办华厂,并无一个统一机构加以监督,计有福新二厂,改称三兴一厂,福新三厂,改称三兴二厂,裕通改称三兴三厂,属于三井财阀;大和(苏州),苏州自治会接管,与敌方合作经营;茂新二厂(无锡),日本人余仪喜助接办。复新(南通),属于钟渊纺等共计15厂;再加上尚未开工的3个新厂,故总计18厂。①

借助"军管理"和"委托经营",日本商人迅速扩大在面粉工业中所占份额。以三井财阀为例,上海的福新一厂、三厂、六厂和祥新、裕通5家,由日军委托日资三兴面粉公司经营,西尾声明发布后,三兴拖延到1940年10月才分批发还祥新、裕通两厂;福新一厂、三厂、六厂直到1942年4月,由三兴面粉公司经理牧彦次郎出面,强制签订租赁契约,由三兴继续经营。无锡的五丰厂,厂主姚惟章是三井洋行买办,他把厂子迁到四川卖掉,仍然回到汉口,以五丰的厂房,加上三井从上海拆来的祥新面粉厂机器,合资经营,用五丰和汉口制粉株式会社两块招牌,有钢磨12部,电动机1台(359匹马力),日产2640包。1940年以后又改为全部加工军粉。② 武汉的金龙面粉厂,在国民党政府要求全部内迁时拒不搬迁,沦陷

① 中央研究院社会科学研究所主编、郑伯彬等编:《沦陷区经济概览》,国民党政府经济部资源委员会1941年油印本,第5458—5460页。

② 上海市粮食局、上海市工商行政管理局、上海社会科学院经济研究所经济史研究室编:《中国近代面粉工业史》,中华书局1989年版,第267—268页。

以后，以委任经营的方式，由日东、三井合作，改为日东制粉株式会社，加工军粉，日产1600包。1938年12月日本帝国主义标榜“经济合作”，规定华中、华南企业允许中国人投资占51%。日东名义上改为金龙、三井合资经营，后来又把福新面粉厂留在武汉的一部分机器安装到该厂，扩大了生产能力。济南沦陷后，日军对面粉厂实行军管理，嗣后又命令各厂与三井、三菱合作，除华庆、惠丰允许自营两厂外，其他成丰、宝丰、丰年等大厂都被迫签约。

在关外东北地区，面粉产业中日资打败中国民族资本更早，也是依靠军事和政治力量。1906年铁岭的满洲制粉株式会社，资本100万日元，日产96600公斤；1913年哈尔滨北满制粉株式会社，资本13.2万元，日产45864公斤。日俄战争后，美国进口面粉的倾销，中国面粉工业的兴起，使俄国人失去东北南部面粉市场的垄断地位，满洲制粉株式会社成为俄国人劲敌。1910年它得到横滨正金银行的20万元特别投资，营业好转，产品打入奉天各店铺。1912年11月在长春建分厂，1918年增资至300万日元，在长春和济南投建新工厂，全部使用美国设备；1919年又在哈尔滨建工厂。不过这时日资甚至不足与民族资本厂平分秋色，日本主要是向东北出口面粉。“九一八事变”以后，日资开始在东北面粉工业大举扩张，1934年由日本各财阀联合出资的日满制粉株式会社控制了东北的制粉业，它先从伪“满洲中央银行”手中接办了原东三省官银号经营的东兴第一二三火磨厂、庆泰祥4家面粉厂，接着又收买了花旗银行所有的松花江第一三三厂，又在齐齐哈尔、海拉尔、绥化、海伦、佳木斯等地兼并了几家粉厂。1938年，日满在东北拥有11个厂，日产40300包。其时全东北制粉厂在营业的约65家，日产136200包，其中日资24家，日产81580包，占生产能力的59.9%。而1930年东北制粉工业中，日资厂仅2336.4万斤，产值161.1万日元，华商面粉厂产量达41440.3万斤，产值达2672.4万日元，中日面粉企业势力对比完全逆转。[①]

就这样，到20世纪40年代，日本面粉业资本依托军事侵略，扭转了

① 杜恂诚：《日本在旧中国的投资》，上海社会科学院出版社1986年版，第236—237页。

20世纪30年代以来中国机器面粉工业的生产格局。日本帝国主义为了军事需要,在沦陷区的民族机器面粉厂均为日商所控制。日商直接投资经营的面粉厂也迅速扩展,从1937年的17家日产58500包,在战争中分别增长了241%和184%。1936年日商生产能力占全国的11%,1945年占全国的22%,如表2-37所示。

表2-37 日商投资经营与军管、委托经营、租用机器面粉厂分布(1937—1945年)

(单位:包)

项目/地区	总计		投资、收买		军管、委托经营、租用	
	厂数	生产能力	厂数	生产能力	厂数	生产能力
上海	8	33800	3	7800	5	26000
无锡	3	16000	1	1800	2	14200
江苏	8	22760	3	5400	5	17360
哈尔滨	4	20400	4	20400	—	—
东北	15	46050	15	46050	1	—
山东	3	12100	2	9200	1	2900
山西	10	10200	3	3800	7	6400
河南	6	10400	—	—	6	10400
河北	6	4500	3	2600	3	1900
天津	1	4000	1	4000	—	—
济南	4	19800	—	—	4	19800
汉口	2	4240	1	2640	1	1600
安徽	2	3000	1	1200	1	1800
绥远	2	2000	2	2000	—	—
察哈尔	2	800	2	800	—	—
总计	76	210050	41	107690	36	102360

资料来源:上海市粮食局、上海市工商行政管理局、上海社会科学院经济研究所经济史研究室编:《中国近代面粉工业史》,中华书局1989年版,第72—73页。

(二)机器面粉工业的萎缩

抗日战争中,机器面粉工业也不是全无发展,有时还能获取暴利。其一是在东北地区,从1931年"九一八事变"之后到1938年实行统制经济之前,有一个短暂的“自由经营时期”,日本殖民者对机器面粉工业采取自由放任的政策,并削减铁路运费,实行新关税奖励面粉出口。这时固然日资大张旗鼓,日满制粉株式会社达到了 11 厂日产 4 万包以上的生产规模,加上其他财团设立的 12 家工厂,形成日资的优势地位。但中国民族资本乘此时机有所发展,老厂双合盛、天兴福等在这一时期实现成倍增长。①

另一机会是日本全面侵华战争中产生的所谓“孤岛繁荣”现象。“八一三淞沪会战”之后,由于人口大量涌入上海,游资充斥,市场需求大增,面粉厂也大获其利。1938—1940 年,上海各厂可以继续从苏北购入小麦,海路未绝,也可以向外商订购进口小麦,开工率 1938 年最高达到 70%以上(福新七厂),低也有 30%(福新二厂、八厂和华丰),1939 年则全部达到 50%—60%以上,福新七厂更高达 97%。相比之下,此后的 1940 年,开工率即骤降至 30%以下,1941 年、1942 年再降低至百分之几至百分之十几。上海各厂在这两年的盈利也很丰厚。华丰和记 1937 年开工,当年亏损 7 万元,第二年盈余 20 万元左右,1939 年和 1940 年大量购入进口小麦,两年盈余 150 万元。这一时期上海面粉除供应本埠外,还运销华北和南洋。运往华北、华南的具体数字不可考,运销国外的,1938—1940 年 927156 公担,其中 1939 年 669382 公担为历年外销最多。

同样经历短期畸形繁荣的,还有武汉的面粉厂。日本全面侵华战争开始,武汉面粉厂受空袭影响,1937 年 7—12 月总产量 175 万包,比上年同期降低 1/3,但利润却增加很多。因为武汉面粉价格一向受上海面粉价格制约,战争开始,申粉、洋粉中断,汉口面粉市场供不应求;而鄂豫皖小麦又无法转口至上海,供过于求价格下落;加之南京沦陷后武汉一度成为临时首都,军民人口大增,面粉销量从过去平均日销 2000 包,增加到 3000 包。各种条件共同作用之下,福新五厂 5 个月盈利 77 万元;胜新厂

① 上海市粮食局、上海市工商行政管理局、上海社会科学院经济研究所经济史研究室编:《中国近代面粉工业史》,中华书局 1989 年版,第 230 页。

投资50万元,1937年10月开工投产,日夜不停,七八个月即净赚40多万元,已收回建厂投资额的八成多。① 但是,这些盈利都是在特殊条件下短暂的、畸形的发展,并不能持久。总体来看,沦陷区的面粉生产是不断萎缩的,见表2-38、表2-39。

表2-38 抗战时期东北面粉产量 (单位:袋,1937年=100)

1937年		1941年		1943年	
数量	指数	数量	指数	数量	指数
28670	100	14390	52	15250	53

资料来源:据严中平等辑:《中国近代经济史统计资料选辑》,中国社会科学出版社2012年版,第102页表-33修改。

表2-39 关内沦陷区面粉生产指数 (1936年=100)

1936年	1937年	1938年	1939年	1940年	1941年	1942年	1943年	1944年
100	64	40	70	60	75	50	49	44

资料来源:据严中平等辑:《中国近代经济史统计资料选辑》,中国社会科学出版社2012年版,第102页表-35修改。

生产萎缩从抗战时期新设厂的情况也可见一斑,虽然新设厂的数量较前十年有所增加,但大中型工厂的比例下降,日产几百包甚至不到一百包的小厂迅速增长,见表2-40。

表2-40 抗战时期新设厂与前十年新设厂类型比较 (单位:%)

年份＼项目	全部	5000包以上	2001—5000包	1001—2000包	501—1000包	101—500包	100包及以下	不详
1932—1936	100	3.9	25.0	28.8	11.5	17.4	1.9	11.5
1937—1945	100	1.1	9.4	8.3	13.3	39.4	15.0	13.4

资料来源:据资本主义经济改造研究室编:《旧中国机制面粉工业统计资料》,中华书局1966年版,第15页表3修改。

使沦陷区机制面粉工业低迷的致命因素是小麦供给不足。小麦供给

① 上海市粮食局、上海市工商行政管理局、上海社会科学院经济研究所经济史研究室编:《中国近代面粉工业史》,中华书局1989年版,第151—154、263—266页。

分为进口小麦和国内小麦两个来源。上海的面粉工厂特别依赖价廉而质优的进口小麦,但抗战期间小麦的进口量连年下降,太平洋战争爆发后则基本断绝,如表 2-41 所示。

表 2-41　抗战时期小麦进口数量　（单位:关担）

年份	进口数量
1937	430467
1938	27
1939	4670837
1940	1488510
1941	1601840
1942	200
1943	缺
1944	缺
1945	缺

资料来源:资本主义经济改造研究室编:《旧中国机制面粉工业统计资料》,中华书局 1966 年版,第 114 页表 69。

而国内小麦供给在战争动荡的环境和日本侵略者严酷的统制下,也大幅下滑。东北北部是中国小麦的主产区之一。东北面粉厂的小麦原料完全依靠广大农村。收购渠道是粮栈。在日伪统治前期,粮栈自由经营,通过交易所买卖期麦。哈尔滨粮食交易所不做现货,完全是定期买卖,开近、中、远三个卯期,是个投机市场,但面粉厂也以此为保证原料供应的手段。

1938 年,伪满政府成立“满洲制粉联合会”,实行小麦、面粉定价。在定价范围内,各厂可以自由采购小麦,但面粉由联合会按定价收买,不能自由出售。而日商可以无视定价,加价抢购。所以此举束缚了华商,帮助了日商。1939 年 12 月,伪满公布小麦及制粉业统制法,接着又公布小麦专卖法和麦粉专卖法,主要内容是各地生产的小麦由当地“粮谷公社”统一收购,然后按各厂生产能力分配,面粉则由专卖署统一收购。这就完全打破了东北民族资本面粉厂通过粮栈系统收购小麦、利用卯期减轻流动资金压力的做法，生产陷入极大的困境。1940年，伪满政府下令“整理”制粉工业，把认为不合格的工厂停产，设备拆迁别用。1940年6月东北各地共有制粉厂90家，日产能力209552包，其中属于日本垄断资本的25家，日产能力84440包（占40%）。经过“整理”，1941年有48家，日产能力163180包，其中日商20家，日产能力74510包。被“整理”掉的绝大部分是华商。①

华北地区，收购小麦的主力也是粮栈。1938年前后，“日清制粉会社”济南工厂收购粮食采用三种途径：工厂委托粮栈收购；粮业公会经手收购；工厂派员驻栈收购。1940年6月成立“华北小麦协会”，由华北全体面粉工厂、原料小麦收购商（三井、三菱、大仓等财阀）共同参加，是结构松散的协调性组织。随着收购小麦日益困难，1941年8月改组，所有面粉厂为会员，所有收购商为指定收买商，小麦收购价格参照当局指示的“小麦及小麦粉标准价格”。但实际上指定收买商仍然是依靠地方粮栈来收购的。

太平洋战争爆发以后，日军“就地自活主义”更加紧迫。农产收购以1943年1月汪伪“宣战”为转折点，经济政策主导权移交给汪伪政权，其中包括重要农产品的统制权。其实质是要求汪伪保证日军就地补给资源，获得农产品的方式也从收购转向“行政收购”即征购。1943年4月，汪伪在华北设立“华北政务委员会华北物资物价处理委员会”，其下设立食粮管理局，负责向各省市摊派农产品收购计划，下级行政机关则通过采运社、合作社来采购。采运社由粮栈和日本行商组成，受行政机关指导。“华北农村合作社”名义上是向农民提供必需物资和收购农产品，实际变为专门搜刮农户农产品的组织。1944年5月又设立“华北政务委员会”督导的特殊法人“食粮公社”，以政治力处理收购粮食业务，在华北实施全盘的粮食管理。“中央食粮公社”资本一亿元，一半由“华北政务委员会”出资，一半由“华北麦粉制造协会”“华北食粮平衡仓库”“华北合作

① 上海市粮食局、上海市工商行政管理局、上海社会科学院经济研究所经济史研究室编：《中国近代面粉工业史》，中华书局1989年版，第242—246、251—253页。

事业总会”“华北开发会社”等分摊。“华北面粉制造协会”停止原来代理收购小麦的业务，专职于面粉生产。①

如表 2-42 所示，小麦收购率如此之低，日资面粉厂开工率 1939 年为 49.5%，1941 年为 33.3%，1940 年到 1941 年下降到全面侵华战争以前的 70%—80%。华中地区，1940 年 1 月成立“华中制粉联合会”，由华中地区面粉厂和经营小麦及其副产品的中日商人共同组织，在兴业院的领导之下，调整保障日本、华北、伪“蒙疆”、伪满、南洋各地的供应畅通。但这个组织并未实行严格的统制，日本商行和面粉厂都可以在农村通过中国商人收购。1942 年 9 月由日本米谷商行组成“华中米谷收买组合”，中国商人则由伪“行政院”直属“粮食管理委员会”直接监督。两边划定收购地区，避免互相竞争。但双方仍然是通过地方粮栈收购小麦的。

表 2-42　华北小麦生产及收买数量（1940—1943 年）　（单位：千吨）

项目 年份	生产数量	收买数量	收买率（%）
1940	7142	273	3.8
1941	6873	271	3.9
1942	6941	205	3
1943	7184	248	3.5

资料来源：[日]浅田乔二等：《1937—1945 日本在中国沦陷区的经济掠夺》，袁愈佺译，复旦大学出版社 1997 年版，第 31 页。原表据大东亚省中国事务局农林课《昭和 19 年食粮对策有关资料》（刊北平日本大使馆报告《华北蒙疆主要农产品需给表》）。

1943 年 1 月以汪伪对英美“宣战”为契机，华中成立新的物资统制机构“全国商业统制总会”，其下设“小麦面粉专业委员会”，负责小麦、面粉、麸皮的收集、制造、配给。由于面粉厂一直保持着与粮栈的关系，粉麦专业委员会基本上是通过控制面粉厂来达到面粉统制的目的。1944 年 4 月改组为“麦粮统制委员会”，直接参加麦粮的经营活动。

① [日]浅田乔二等：《1937—1945 日本在中国沦陷区的经济掠夺》，袁愈佺译，复旦大学出版社 1997 年版，第 6、7、13、14、18 页。

华中地区小麦,战前除自给外还能供应华北,战争中长江下游占领区的上市量估计只有700万担,是战前的30%强,汉口市场上市量估计为65万担,为战前的10%,整个长江中下游的上市量估计只有战前的28%。同时华中面粉厂的开工率1939年为45.5%,1941年为33.2%,1940年至1941年产量只有战前的一半左右。①

"粉麦统制委员会"(以下简称"粉统会")规定,收购小麦的商人必须是杂粮业同业公会的会员,收购的数量、价格必须向"粉统会"报告,发现舞弊即取消资格并进行处罚。后又规定采购商由代理商推荐,代理商对采购商负保证责任,收买商违反采购条例,代理商负连带责任;代理商和采购商都需要向"粉统会"交纳保证金。代理商由"粉统会"指定,有三井、三菱、上海麦粮行、阜丰、福新5家,他们共推荐和担保了66家收买商,其中日商40家。

收购小麦的资金,由"粉统会"向"小麦贷款银团"借贷。先由收买商向"粉统会"提出申请,由"粉统会"核定,签订"假定买卖契约书",写明收购地区、数量、质量、价格、交换地点、验收、结算等事项。

但收购小麦达不到预定的计划,1943年收购指标为650万—800万袋,实际只收购了350万袋。于是"粉统会"为取缔囤积居奇,制定"粉麦移动取缔暂行办法",小麦超过20市斤,面粉、麸皮、干面条等制品超过10市斤,无证移动即予以没收、罚款或移送法办等。

福新面粉公司档案中记载了粉统会控制小麦收购过程的情形。一次"粉统会"负责人召集代理商开会,表示6万元资金发出后,三周内所收到的报告极少,引起日本"大使馆"的不满。"大使馆"对于各地已收买之数量、价格均有记录,要求代理商咨询收买商,将已收买数量价格报本会。如到时不报,"大使馆"根据记录来按图索骥,要求代理商交出小麦。由此细节,可以毫不意外地推知,面粉厂因原料不足,开工率极低,1943年6月到1945年8月,上海市12个面粉厂生产970多万包,其中三兴公司经

① [日]浅田乔二等:《1937—1945日本在中国沦陷区的经济掠夺》,袁愈佺译,复旦大学出版社1997年版,第12、21—25、35页。

营的 7 个厂开工率为 18.58%，阜丰福新等民族资本厂开工率只有 9.85%。

在粉麦统制的环境下，大中型面粉厂逐步衰落，面粉加工退回到机器磨坊和简易小型厂形态。上海近郊的江湾、吴淞、浦东等地有 107 家，使用钢磨的磨坊或小厂一般有钢磨 2—3 部，日产能力 100—200 包，多至 300—500 包。苏、浙、皖的小型面粉厂或机器磨坊也有一定发展。共开办 24 家，其中 21 家在江苏。①

机器磨坊和小厂经营灵活，所需原料或向农民收购，或向小商小贩收购，或委托粮店、切面店以面粉兑换小麦。忙时多做，小麦不足时磨杂粮，出粉大部分卖给饼馒切面店和小贩，运向市区和黑市。此为投资于面粉加工业的民族资本在战时苟活的办法。

三、火 柴 工 业

火柴工业本小利大、投资和技术门槛较低，所以发展迅猛，工厂遍布全国各地。抗战时期，火柴工业除大中华公司部分内迁，华北、华中、华南工厂都未搬迁。日本侵略者对沦陷区的精华大厂采取"军管理""合办"等方式直接掠夺，对于整个行业则采取统制手段。战争和统制破坏了一贯的生产秩序，沦陷区火柴工业生产不断下滑。

（一）联营社的变质与火柴统制

战前中国火柴工业由于生产过剩，关内的中日火柴厂曾组织"中华火柴产销联营社"，要求会员按联营社制定的生产比例生产，产品由联营社按照统一价格、统一销售。联营社经国民党政府核准，先由其上海分社在华运作。稍后天津丹华、中华厂与日本火柴厂合作发起组织联营社之天津分社，控制华北的火柴生产。"中华火柴产销联营社"是一个卡特尔

① 上海市粮食局、上海市工商行政管理局、上海社会科学院经济研究所经济史研究室编：《中国近代面粉工业史》，中华书局 1989 年版，第 157—161、225—227 页。

性质的产业联盟。

抗战时期的中华全国火柴联营社却是完全不同的性质。中华火柴产销联营社因“卢沟桥事变”“八一三淞沪会战”营业停顿,1938 年 8 月由日本在华火柴厂发起,以“续办”的名义向兴亚院及伪“华北政务委员会”提出申请。获得批准后,总社由上海迁往天津后又迁往北京,继续按华北、鲁豫、华中三个区域,在天津、青岛、上海成立三个分社,区域内所有中日火柴厂都加入了。它是日本侵略者用于控制中国火柴工业生产、攫取战略物资和税收的工具。

联营社恢复营业后,继续按战前比例限定各厂产额,分社在各厂派驻查核员,并且按日本军部意见,全部由日本人充任。实行集中发卖,各分社下设支社,与经销店签订合同,经销店交纳保证金后按区域销售,抽取 3%佣金,分社随时派人到店查账盘货。1940 年 2 月又对氯酸钾向日本“盐酸加里配给组合”集中采购后统一分配。

1940 年以后,特别是太平洋战争爆发以后,日本帝国主义加强对物资的控制,无论华北、华中,火柴都是统制品。联营社呈请兴亚院华北联络部和日本驻北京大使馆,自 1941 年起所有火柴原料(各种化学原料和木材、纸张)全部由联营社统一配给,没有联营社的许可不得转让或出售,违规者停止配给。联营社上海分社各支社的人员都是中国人,为便于监督各工厂,分社向各支社派出一名日本人,负责支社与管理机构的联络以及分社交办的事项,称为“支社参与”。这样各厂的生产完全在联营社的监视之下。

1940 年 8 月,派遣军司令部通知上海分社,所有火柴改以军用票出售,并且火柴运往各地时必须向“军票交换用配给组合”领取“搬出许可证”。上海分社成立“华中磷寸贩卖会”,华中所有代理店、经销店都强制成为会员,协助军部进行物资管制和军票流通。

华北地区的火柴配给由联营社办理。联营社先将火柴分配给“经销店组合”和“分销店组合”,然后再通过“安清道义会”“合作社联合会”“华商杂谷组合”“日商杂谷组合”等分配给零售店,再通过区、保、乡公所分配给消费者。由于原料短缺,联营社对各厂产量逐渐压缩,

1944 年按每一万人年用火柴 10 万箱，计划华北地区年产火柴 24 万箱。其时火柴已改用硫磺制造，各工厂也取消了牌号、等级，完全按一个价目搭配。①

广州沦陷后，1939 年设立了“华南磷寸株式会社”，各厂所需氯酸钾、赤磷由其统一配给，生产的火柴也由该社转由广州贩卖同业公会发售。②

伪“满洲国”对火柴工业的管理经历了由专卖、公卖到战时统制的演变。1925 年以前，东北地区的火柴工业以日资工厂为主，也有中国民族资本厂开始发展。1925 年瑞典火柴公司大举进军东北，收购吉林火柴公司一半股份，次年又收买大连火柴株式会社和日清火柴股份公司，给中日火柴业者很大打击。1931 年中国实行火柴专卖，在东北由中日联合会代办，瑞典火柴受阻。伪满“建国”后，废弃专卖，瑞典公司乘机加入联合会，网罗全东北营业者，成立东北火柴维持会，设公卖处。1932 年，东北火柴公卖处归伪满财政部直辖，十一月改为伪“满洲火柴联合会”，至 1937 年伪满亦实行火柴专卖法，公卖制度废止，火柴业不复竞争。太平洋战争爆发后，设立伪“满洲火柴工业组合（公会）”，产销完全实行统制。③

（二）火柴工业的衰落

沦陷区火柴业在日本帝国主义统制和打击下，生产较前显著下降。华北地区参加联营的火柴厂 1930—1940 年平均月产 38000 箱，比 1937 年平均月产下降 20%。1943—1944 年更下降为 14000 箱，较 1937 年下降 70%。华中地区参加联营的 10 家厂，1943 年平均月产 5000 多箱，较 1937 年下降 60%。广州 14 家火柴厂 1943 年每月只能开工 10 天左右，月

① 青岛市工商行政管理局史料组编：《中国民族火柴工业》，中华书局 1963 年版，第 126—130 页。

② 广州市轻工业局、广州市工商行政管理局、广州市对资改造资料整理研究组整理：《广州市私营火柴工业社会主义改造资料》，1958 年印行。

③ 东北物资调节委员会研究组编：《东北经济小丛书·化学工业（下）》，1948 年印行，第 126—128 页。

产1500箱,较战前下降80%以上。[①] 表2-43以大中华公司的生产情况来说明,抗战期间的产量一路下滑,1944年产量已不及1937年的20%。

表2-43 沦陷时期大中华公司火柴产销量(1937—1944年) (单位:箱)

项目 年份	生产量		销售量	
	数量	指数	数量	指数
1936	146950	100	131127	100
1937	96711	65.8	109208	83.3
1938	33230	22.6	57085	43.5
1939	67128	45.7	68183	52.0
1940	54956	37.4	57077	43.5
1941	40766	27.7	33253	25.4
1942	16779	11.4	23516	17.9
1943	10812	7.4	12193	9.3
1944	13831	9.4	13385	10.2

资料来源:上海社会科学院经济研究所编:《刘鸿生企业史料》下册,上海人民出版社1981年版,第96页。本表未列入上海荧昌和镇江荧昌与日方"合作"组成华中火柴公司的产销量。

1942年以前的沦陷区,在华北、华中没开一家新厂,一些原有的工厂如苏州民生等在联营社的压制下,筹划复工而不得。而到了抗战末期,日本帝国主义对火柴的统制已无法实现,黑市交易兴旺,上海新开许多小厂,广州各县也开了许多家庭作坊,粗制滥造,销往黑市。

战争期间,火柴产业最为困难的是化工原料的缺乏。在东北地区,伪"满洲火柴工业组合(公会)"完全统制产销,却无法解决原料药品进口困难,导致火柴产量大减。[②] 在关内,1943年4月,大中华联合上海大明、大华、中国和南通通燧四厂,请日伪机关批准,成立中国火柴原料厂,总资本中储券1000万元,大中华占60%,其他各厂各10%。所产氯酸钾、赤磷,

① 青岛市工商行政管理局史料组编:《中国民族火柴工业》,中华书局1963年版,第131页。

② 东北物资调节委员会研究组编:《东北经济小丛书·化学工业(下)》,1948年印行,第126—128页。

按投资分配使用。大中华还在 1944 年借给天泰化工厂中储券 1000 万元（后改为投资），优先承买其化工产品。①

四、卷 烟 工 业

抗日战争期间，卷烟工业受到很大影响。这是由中国卷烟工业特别集中的特点决定的。关内机器卷烟工业集中分布于天津、青岛、上海、武汉几个城市，每种烤烟的产地则集中于河南许昌、山东潍县和安徽凤阳三个地区。而这些城市和地区也正是全面战争中首先沦陷的。一些工厂毁于战火，幸存的工厂也无法维持正常的生产。日本帝国主义对于卷烟工业庞大的产值和税收利益垂涎欲滴，早在 20 世纪初就开始布局，以英美烟公司为标杆和竞争对手。随着侵略战争的全面扩大，凭借军事的优势，极力将关内外卷烟工业，从烟叶种植到产品销售纳入其统制之下，更以各种手段直接夺取中国民族资本和外国资本工厂。但战争对于工业生产的破坏性是侵略者无法掌控的，抗战时期伪“满洲国”和沦陷区的卷烟工业不断衰退。

（一）抗战中卷烟工业的损失和经营

“八一三淞沪会战”中，规模较大的南洋兄弟烟草公司（以下简称“南洋公司”）上海工厂和华成厂都被焚毁。南洋上海工厂位于东百老汇路，相连共 5 厂，除货仓外，占地 30 余亩。总厂主要机器设备卷烟机，共有美式双刀卷烟机 87 台，除 2 台备用外，开工 85 台，分布 4 个工厂。另有切烟机、加香机、蒸叶机、打盒机等配套设备。“八一三淞沪会战”时被日军将机器间等焚毁，唯余厂房建筑，后又被日军占用作为战时邮局，南洋公司沪厂就此停止生产、遣散工人。②

---

①　青岛市工商行政管理局史料组编：《中国民族火柴工业》，中华书局 1963 年版，第 131—134 页。

②　中国科学院上海经济研究所、上海社会科学院经济研究所编：《南洋兄弟烟草公司史料》，上海人民出版社 1958 年版，第 168—170、510 页。

上海工厂是南洋公司最大的工厂,也是南洋公司在华中的供货基地,遭焚毁损失惨重。所幸当时南洋公司的汉口工厂①已经开始生产,月产量已达千余箱,危难中顶替上海工厂成为向华中、华南销售区供货的主力,而且汉口厂的生产费用比上海厂低廉,得使南洋公司一时不至于中断经营,营利反有增长。同时南洋公司的香港工厂也开足马力,增加出货。

1938 年战事迫近武汉,南洋公司决定将汉口工厂迁至重庆,重要而必用的机件、器材、原材料等分批装运,当年 10 月运完。搬迁期间,汉口方面的生产当然完全停顿,工人遣散,大部分职员押货赴重庆。不需要运往重庆的机件物料以卫利韩公司名义租存于怡和、太古、中央及天祥等栈房。而南洋公司的硚口制造厂,1939 年 9 月被日军占领,日军将颐中公司汉口工厂的机器原料拆运至南洋公司硚口厂,于 1940 年 4 月成立"中华烟草株式会社",将这个工厂改称中华烟厂,有男工 100 名,女工 700 名,绝大部分是原厂工人,每月产量约 8000 箱。②

南洋公司香港工厂能够开动的卷烟机约有二十三四架,如果每月开工约 24 日,每日加开夜工 3 小时,每月可出 3500 大箱。香港在全面抗战初期非战区,相对安定,所以无论南洋公司还是英美烟公司,都依赖香港工厂向华南、华中和大后方供货。南洋公司香港厂在抗战前期产销量如表 2-44 所示。

表 2-44 抗战时期香烟厂产销量(1937—1941 年)

年份	产销量(箱)	逐年增减(%)
1937	21509	—
1938	28164	+30.9
1939	23426	-16.8

① 中国科学院上海经济研究所、上海社会科学院经济研究所编:《南洋兄弟烟草公司史料》,上海人民出版社 1958 年版,第 177、554 页。

② 中国科学院上海经济研究所、上海社会科学院经济研究所编:《南洋兄弟烟草公司史料》,上海人民出版社 1958 年版,第 522 页。

续表

年份	产销量(箱)	逐年增减(%)
1940	16648	-28.9
1941	16524	-0.7

资料来源:中国科学院上海经济研究所、上海社会科学院经济研究所编:《南洋兄弟烟草公司史料》,上海人民出版社1958年版,第531页。

直到1941年太平洋战争爆发,港沪同时沦陷,南洋香港厂被迫停业,除摩理臣山道及霎西街货仓为日军“租用”,香港厂新存物料被敌征用,原值港币102万余元,工厂幸未被占。但1945年4月工厂又被炸,炉房机器被压,挖掘工程颇巨,但机器幸未损坏。后又被日本人强征6尺及16尺机床各一架,6尺机床迁至英美烟公司制造厂。存于货仓的原料除唛纸外1944年7月都被征用,仅存于厂内者(卷烟,无烟叶)幸得保全。南洋公司的巴达维亚工厂,1939年结束生产。1942年日军占领巴达维亚,工厂被劫两次。次年公司产业被没收。① 根据战后的统计,南洋公司国内外各工厂的厂房设备、物料、产品等,总计国内各地损失7850402.50元(法币),国外各地损失2184884.44元(港币)。

因预计上海在战争结束以后仍然是卷烟制造业的中心,南洋公司决定兴建新的上海工厂,厂址位于胶州路,占地36.2亩,1942年4月兴工,历时一年零两个月告竣。配置卷烟机6部,切烟机8部,蒸烟机1部,电马达38具,每月可产烟800大箱至1000大箱。新工厂从1943年6月建成并开始生产。②

虽然兴建了新的工厂,但抗战时期南洋公司在上海的生产主要是采用代卷来完成的。如表2-45所示,从1937年到1943年,南洋公司曾委托8家工厂为其代卷,代卷时间长不过一年两年,短则数月,中间可能还有间断,并不是很稳定。

① 中国科学院上海经济研究所、上海社会科学院经济研究所编:《南洋兄弟烟草公司史料》,上海人民出版社1958年版,第532—533页。

② 中国科学院上海经济研究所、上海社会科学院经济研究所编:《南洋兄弟烟草公司史料》,上海人民出版社1958年版,第516—518页。

表 2-45　南洋兄弟烟草公司在上海委托代卷工厂(1937—1943 年)

(单位:月)

年份 厂别	1937	1938	1939	1940	1941	1942	1943
利兴	10—12	—	—	—	—	—	—
大东南	12	1—4	—	—	—	—	—
大幸	12	1—4	—	—	—	—	—
江浙	—	2—4, 8—12	2—4, 6—8	—	—	—	—
德兴	—	2—3, 5—12	1—12	1—12	1—4	—	—
汇众	—	9—12	1—12	1—12	1—5	—	—
大东	—	—	—	—	6—9, 11—12	1,9—11	1—9, 10—12
华成	—	—	—	—	—	—	10—12
备注	10 月开始代卷	—	—	—	—	—	12 月以后停止代卷

注:据当时制造成本表整理,空格表示无。

资料来源:中国科学院上海经济研究所、上海社会科学院经济研究所编:《南洋兄弟烟草公司史料》,上海人民出版社 1958 年版,第 514—515 页。

委托代卷时,由南洋公司与代卷厂签订委托合同,由南洋公司提供原料,支付供养代卷和代包装费用,代卷厂按照南洋公司驻厂的配烟师和监制人进行生产,并且由南湖驻厂人员检验产品是否合格。双方有时商定代卷的产量,主要是由委托加工的南洋公司根据自家原料的供应情况来决定。

代卷是南洋公司在抗战时期上海生产供给的主要方式,虽然南洋公司于 1942 年兴建了新的上海工厂,并于一年以后投产,但出货量比较小。南洋公司抗战期间上海方面的卷烟生产量如表 2-46 所示,不论代卷还是自制,产量是很低的而且一直在下滑。

表 2-46　抗战时期南洋兄弟烟草公司上海厂产量变化(代卷和自制)

(单位:箱)

年份＼项目	代卷	自制	指数 1937=100
1937	3403.93	59647.98	100
1938	27430.36	—	43.48
1939	28573.65	—	45.30
1940	20673.66	—	32.46
1941	15539.26	—	24.63
1942	3706	—	5.88
1943	5900	34	9.41
1944	—	7223	11.45
1945	—	4246	6.73

注:据档案资料整理,空格代表没有。

资料来源:中国科学院上海经济研究所、上海社会科学院经济研究所编:《南洋兄弟烟草公司史料》,上海人民出版社 1958 年版,第 521 页。

上述为南洋公司在沦陷区工厂的情况,市场方面,首先,战争打破了原有的运销路线和运销区域。本来上海既是南洋公司的生产中心,也是销售中心,南洋总公司设于上海,负责销售区域覆盖整个华东、华南和西南。随着战区扩大,先是闽浙地区的口岸开闭无常,影响公司运送货物。广州、汕头沦陷后粤桂市场的销售改走澳门。运输困难大大增加了成本,尤其是偏远的四川和贵州,每箱加价数百元到千元以上。公司不得已转而依赖海外市场,同时通过香港厂为华南市场供货。1940 年,南洋总公司迁往香港,在上海成立驻沪办事处,将萎缩的苏、浙、皖、闽及华北市场划为其营业范围,勉强维持。太平洋战争爆发以后,海外市场和香港厂也随之沦陷。其次,随着日本殖民侵略的深化,各地区次第实行香烟销售统制。1943 年 3 月成立侵华日军组织“华中烟草组合”,实行搬运许可证制度,烟厂实际上很难领取许可证进行外埠销售。所有中外厂商的出品全交该组合实施配给,公布各牌公定价格,各烟厂批发价加收 3%组合费,批发商利润 7%,零售商利润 20%。再次,香烟的定价、销售深受统制和加税的影响。在“华中烟草组合”的统制下,大厂迫于形势必须参加,受到严格的监管,小厂多阴奉阳违。烟草组合对于烟价调整极迟缓,黑市泛滥,各厂商配给烟为限价所困。香烟加税也非常剧烈,自1941年8月起宣布加税,维持原先的5个级别,各级按原纳税率加50%,南洋公司各牌烟价参酌市价随之提升。1942年4月伪税务机关公布加征特税,除按照原征统税外,再按5级加征特税,最低5级加征500元,递增至1级加征1000元,各烟批价随之按级提升。6月改以中储券为本位,各烟价格按法币2比1折合为中储券。到1942年,南洋公司驻沪办事处的营业萎缩到仅在上海销售。

相较于南洋公司痛失上海厂,英美烟颐中公司在上海的公司安然无恙。“八一三淞沪会战”时,颐中公司在上海有通北路和浦东各一家卷烟工厂,首善印刷公司经营的华盛顿路和浦东各一家印刷厂,中国装包品公司经营的浦东一家锡纸厂,振兴类烟叶公司经营的华盛顿路一家烟叶厂等。另外,美商花旗烟公司,其股票属于英商驻华英美烟公司所有,拥有和经营榆林路一家卷烟工厂,可谓家大业大①,但在战火中均完好,仅仅因战事关系全部停工,营业颇受损失。颐中公司在香港也设有分厂,雇用华籍工人,烟叶原料亦与上海工厂相同,此时将其香港工厂机器全部开动起来,加班加点生产,将老刀牌等14种卷烟交由港厂代卷,并仿照南洋公司的成例,这些港厂生产的香烟得以按照本国产品完纳统税,照统税完纳,行销内地。②

颐中烟草公司在其他城市的工厂也都完好。天津有颐中卷烟厂一家,首善印刷厂一家,1937年七八月间中日在天津交战时,两厂暂停生产,后即恢复。汉口和汉水各有一家颐中烟厂,汉口还有一家首善的印刷厂和一家振兴的烟叶厂。青岛有颐中烟厂一家,首善的印刷厂一家,振兴的烟叶厂一家。抗日战争初期的战事没有给各厂生产造成困难,除了有时交通阻断影响了原料的运输。以天津厂为例,如表2-47所示,在抗战

① 上海社会科学院经济研究所编:《英美烟公司在华企业资料汇编》,中华书局1983年版,第178—183页。

② 上海社会科学院经济研究所编:《英美烟公司在华企业资料汇编》,中华书局1983年版,第473页。

前期始终保持着垄断地位。

表 2-47　颐中烟草公司垄断天津卷烟生产情况(1938—1941 年)　(单位:箱)

年份＼项目	全市总计	颐中	颐中占比(%)
1938	179862	146718	81.57
1939	175848	136749	77.77
1940	195266	151325	77.50
1941	206818	124700	60.29

资料来源:上海社会科学院经济研究所编:《英美烟公司在华企业资料汇编》,中华书局 1983 年版,第 237 页,见《英商颐中烟草调查报告》油印本。

既然工厂生产能力无损,颐中烟草公司虽在 1938 年、1939 年受时局影响,业务全面萎缩,但到 1941 年物价狂涨,业务复振。销售量虽一度略见减少,不久即重新恢复,而且凭借强大销售网络,其成品无论远近,都使日本人之烟业侵入无足轻重,其销量与事件前比无甚上下。反之,更因中国人烟厂惨遭战火破坏,反而对其销路扩展有利,1941 年竟能超过以前销量。从全面抗战爆发到太平洋战争爆发,英美烟公司利用其强大的生产能力和成熟的销售体系,1938—1941 年的年产销量仍保持在 90 万箱左右,利润稳定增长。① 表 2-48 显示抗战前期英美烟公司各工厂开工和产值增长情况。

表 2-48　英美烟公司各厂年产值(1937—1941 年)　(单位:千元)

厂别＼年月	1937 年 10 月—1938 年 9 月	1938 年 10 月—1939 年 9 月	1939 年 10 月—1940 年 9 月	1940 年 10 月—1941 年 9 月
上海浦东	9984	18757	31422	57038
上海通北路	13332	26222	39011	75383
上海榆林路	1318	4486	10721	18741
汉口	6665	1863	5748	9780

① 上海社会科学院经济研究所编:《英美烟公司在华企业资料汇编》,中华书局 1983 年版,第 82—83 页。

续表

厂别＼年月	1937年10月—1938年9月	1938年10月—1939年9月	1939年10月—1940年9月	1940年10月—1941年9月
汉水	4044	257	—	—
青岛	9125	14490	23199	38445
天津	11824	15220	27379	40515
香港	8847	13100	8922*	17102*
沈阳	10824#	6281#	5362#	—
哈尔滨	7020#	3601#	3825#	—
辽阳	804#	—	—	—
营口	—	296	1179	—

注:*为港币,#为伪满币,—为停产,空格为资料缺失。

资料来源:上海社会科学院经济研究所编:《英美烟公司在华企业资料汇编》,中华书局1983年版,第186页。

同时1938—1941年,公司也继续保持高额的资产、资本(见表2-49)。颐中公司能持续保持高额利润,除了幸运地保持着生产和运销能力,也由于部分原料能以低价外汇进口,即使物价上涨,仍能维持高额利润。总之,颐中烟草公司1941年账面利润达18837万元,为1937年账面利润的6.6倍。

表2-49　英美烟公司资产负债的变化(1938—1941年)　(单位:千元)

公司名称＼年份	1938	1939	1940	1941
启东烟草公司	67863	74488	84753	92105
颐中烟草公司	217818	265906	463019	382819
颐中烟草运销公司	106791	130782	321336	240615

资料来源:上海社会科学院经济研究所编:《英美烟公司在华企业资料汇编》,中华书局1983年版,第1477—1478页表改编。

颐中烟草公司还利用英美烟托拉斯国际联营的条件,尽量向国外转出资金。从1936—1941年汇出1287万英镑和2512万美元。太平洋战争爆发前,颐中烟草公司在英美大量英镑美元存款,在美国所存烟叶达

3300万磅。抗战以后，颐中公司也不再扩大生产，1938年4月，对运往中国的300架卷烟机，在提取100架卷烟机后停止继续提货。①

1941年8月，太平洋战争爆发。日本帝国主义立即对垂涎已久的颐中公司实行“军管理”。在华企业的英美籍人员被关入集中营，各厂开始为日军生产旭光版香烟，印刷厂为伪政权印制钞票。同时因1942—1945年国内产烟区受战争破坏，美国烟叶也不能进口，日商东亚等公司也极度缺乏原料，“军管理”颐中公司的产量锐减，从1937年的112万箱减至1945年的15万箱，仅为1937年的13%。② 颐中公司生产的香烟全部由日军统制香烟配给的华中烟草公司销售③，在批准由华中经营的地区由其销售；以仓库价为基价，货款以军票支付。而华中烟草公司批准的价格与实际市场价格相差甚至十几倍，如表2-50所示。

表2-50　日本军事当局给颐中烟草公司的建议价格与实际牌价比较（1942年）

（单位：元）

牌价 产品	军用票元	相当于储备币	牌价（不含税）	差额
三炮台50支	500	2758	16280	13522
大前门50支	300	1655	5920	4265
红锡包10支	270	1490	4810	3320
老刀牌10支	214	1180	3700	2520

资料来源：上海社会科学院经济研究所编：《英美烟公司在华企业资料汇编》，中华书局1983年版，第492页。

除了销售统制，颐中公司还承担为日军供应军用烟的义务，约占颐中销售香烟总量的1/4，如表2-51所示。

① 上海社会科学院经济研究所编：《英美烟公司在华企业资料汇编》，中华书局1983年版，第184页。

② 上海社会科学院经济研究所编：《英美烟公司在华企业资料汇编》，中华书局1983年版，前言第5—7页。

③ 上海社会科学院经济研究所编：《英美烟公司在华企业资料汇编》，中华书局1983年版，第487页。

表 2-51　供应日本军方卷烟数量(1942—1945 年)

(单位:箱=5 万支)

年月＼销量	总销售数量	其中日本军方	军方占比(%)
1942 年 4 月—1943 年 3 月	157719.21	22431.00	14.2
1943 年 4 月—1944 年 3 月	141545.10	31182.90	22.0
1944 年 4 月—1945 年 1 月	110900.30	53030.70	47.8
总计	410164.61	106644.60	24.5

资料来源:上海社会科学院经济研究所编:《英美烟公司在华企业资料汇编》,中华书局 1983 年版,第 237 页,见《英商颐中烟草调查报告》油印本。

颐中公司在汉口原有六合路烟厂和硚口烟厂两厂。六合路烟厂原有老式卷烟机 64 台,1929 年改置新式机 36 台,月产 7000—8000 箱。硚口烟厂有卷烟机 31 台,每日产量 200—240 箱。1938 年 10 月日本侵入武汉时六合路烟厂停工,同年 12 月复工。太平洋战争爆发后,由日军管理丸三烟草公司占作已有,并将硚口烟厂卷烟机件一并迁来生产。这个工厂于 1944 年 12 月被全部炸毁。这是英美烟颐中各工厂中唯一全毁于战火的。

(二)日本帝国主义强占卷烟工业

卷烟工业对税收贡献,无其他行业可望其项背。上下游企业创造的产值、就业以及烟叶种植对农户经济的价值也意义非常。日本帝国主义早就垂涎中国巨大卷烟消费市场的利益,动用各种手段,无所不用其极地打击中国民族资本卷烟企业,与居于垄断地位的英美烟托拉斯竞争,最终通过战争这一“最高手段”直接夺取对手企业,对中国卷烟工业实行从原料到销售全产业链的控制。然而这种强盗式的独占不可能维持下去,很快就随着日本帝国主义者在战争中的失败土崩瓦解。

卷烟是西方舶来品,以一套成熟的工业化生产体系为支撑。西方人烟草企业在东方以英美烟公司最为成功,技术先进,规模庞大,足迹遍布东亚和东南亚各地。因此,日本帝国主义发展本国烟草势力一开始就直接以英美烟为标杆和对手。1906 年大藏省烟草专卖局授予东亚烟草会社生产烟草出口许可，获得专卖局烟草的销售权和国外专卖权，而专卖局对东亚烟草公司可以进行必要的业务上的指示命令，监督公司修改章程、人事安排、公司股票的买卖、分红、发债、借款等事项，公司出口和专卖权的区域涵盖中国、韩国、满洲、海参崴、萨哈林、黑龙江沿海州、英领印度、海峡殖民地、荷属印度、暹罗、澳大利亚。是由专卖局直接领导的、在强有力的国策支持下特殊企业。东亚烟草在抗战前进入东北地区，发展颇有成绩，已从无到有开始追赶英美烟草，而碾压中国民族资本企业。1933年1—6月锦州地区卷烟销售，东亚烟草1440箱（25000支）93000元，启东1064箱（50000支）233000元，而事变前从上海进口的南洋、华成、大东三公司香烟合计只有500箱（估计为50000支装）。[①] 但日本侵略军认为东亚烟草一家仍不足与英美烟业抗衡，又建立了“满洲烟草株式会社”。抗战时期日本帝国主义鲸吞中国烟草业，就是以这两大特殊会社为主干、一系列日本财阀投资的烟草企业为侧翼，由北向南，追随侵略军的铁蹄进行的。

卷烟工业由烟叶生产基地、香烟工厂、销售系统三个部分组成。日本帝国主义为垄断卷烟工业，也是从这三个角度着手。首先，卷烟产业的上游——原料美种烟叶种植和烘烤，是卷烟企业的生命线。为了独占卷烟工业首先必须垄断美种烟叶，日本帝国主义者在不同地区不同时期，采取了各种针对性的办法。

在中国东北地区本来没有美种烟叶种植。伪“满洲国”要求启东烟草公司派遣专家、提供烟种，帮助殖民地政府引进美种烟叶。1938年，启东烟草公司被“邀请”加入伪“满洲国”满洲烟叶公司，作为该公司的“创办人”之一。该公司的目的是控制国外的和国内的烟草分配，促进和改进“满洲”的烟草种植，资本为1000万元，分为20万份、每份50元，启东烟草公司认股53000份，伪满政府认股20000份，奉天、锦州、安东各“省”农业协会各90000份，其他烟草制造商认其余36900份。[②] 伪满政府安排

① ［日］柴田善雅：『中国における日系煙草産業』，水曜社2013年版，第45、46、118页。

② 上海社会科学院经济研究所编：《英美烟公司在华企业资料汇编》，中华书局1983年版，第80—81页。

种植烟叶的地区主要有凤凰城、得利寺、鞍山、延吉、盖平、辽阳、锦县等地,1937 年计划生产 736 万磅烤烟。大多数地区中,烟叶的种植和销售是协会控制的,主要是由日本人和当地的府、县行政长官合作,只有在协会登记的农民才被允许种烟叶。协会很大程度上为农民筹措了资金,所以完全控制了农民和烟叶。英美烟托拉斯原来期望按照山东河南模式建立起依靠公司实力控制的所谓“自由市场制”烟叶生产基地,但最后发现日本帝国主义不会允许公司建立竞争性的组织或干涉协会的活动,顶多允许公司给协会一些财力的帮助,以及在收烟叶时派人帮助在现场收货。伪“满洲国”将烟叶生产纳入农工商一体的五年殖民经济计划中,其中烟叶种植只有在协会的控制之下由日本和朝鲜移民参与,在伪满政府指定的地区经营,绝不容外人染指。伪满政府已经明确表示不允许任何地区无限制地发展,制造商也不能在公开市场上从向农民直接收购。伪满政府设置了销售委员会或核定价格委员会,由伪满政府的一个局负责分配所有的烟叶。英美烟公司得知有两个小协会不在伪满政府控制之下,就被伪“满洲国”销售委员宣布为非法生产者而取缔了。①

在关内,1938 年日本占领军在控制胶济线以后,不但给日本烟叶商人以运输上的便利,而且用治安和作战等理由,阻止英美烟公司到山东、河南传统的烟叶产地去从事收购业务,使其不能先于日中烟叶商人到达收购地点。② 日本占领军控制了农民手中的烟叶,要求颐中公司用联银卷收购烟叶。公司必须先按照 1 先令 2 便士比 1 元联银券的兑换率兑换 100 万联银券,并确实用这笔钱购买烟叶,然后公司才能按照同样的汇率,再兑换 100 万联银券,再用于收购烟叶,然后再兑换……重复这个程序直到换取 500 万联银券为止。这样日军通过与英美烟托拉斯“合作”,利用英美烟公司的生产需求和在产烟区的信用,一石三鸟,既迅速销售了烟叶获得税收,又获得了急需的外汇,还迅速推广了联银券。1939 年日本军方继续执行这一政策,此时联银券贬值到 8 便士而日方仍然坚持前

① 上海社会科学院经济研究所编:《英美烟公司在华企业资料汇编》,中华书局 1983 年版,第 320—329 页。

② [日]柴田善雅:『中国における日系煙草産業』,水曜社 2013 年版,第 255、256 页。

一年的汇率，英美烟公司经过长时间协商和签订若干协议后，终于获准去收购1400万磅烟叶。而在此期间日本公司早已获准去产地收购，并且按合算的价格收购大部分的烟叶。

1939年成立“叶烟草组合”，这个联营机构由东洋叶烟草、东亚烟草、米星烟草、国际商事株式会社、永和公司出资。目标是统制河南的烟叶收购，为日本卷烟生产企业保障原料供给。虽然有英美烟系的永和公司参与其中，但组合必须由东亚烟草、东洋叶烟草等日资企业主导，并与烟叶产地的占领军及伪政府地方机构合作，首先满足华中和山东的日资卷烟工厂需要。① 1940年12月，兴亚院成立“中支烟草株式会社”作为垄断中国烟叶收购的机关，总社设于上海，在华中各地设分社，尽力收购烟叶。这个公司的出资人为东亚烟草、东洋叶烟草（后改组为“中华烟草公司”）、米星产业、国际商事和永和公司。公司除了收购烟叶，还设立了自己的烤烟厂，进一步挤压英美烟的空间。约在1941年，“叶烟草组合”又另外设立武汉叶烟草组合，主要是为武汉华生烟草株式会社供给烟叶，有余则供应武汉和其他地区的日资烟厂。②

1939年11月，北京的兴亚院声明，日本公司在1939年需要6450万磅烟叶，其中50%将在河南省收购，余下4400万磅由山东供给。而山东省1939年估计产量为6400万磅。③ 日本军方对于他们控制的中国烟叶，按照日本陆海军与领事馆的意见，应在日本资本、中国资本和英美烟之间按4∶2∶4的比例分配。虽然英美烟认为按照产能至少应得到60%的配额，但在日本军方的压力下不得不接受。④

太平洋战争爆发后，外国烟叶输入完全断绝，烟叶原料年年不足，需要逐年增加，上海各烟厂为原料告罄而焦虑。“叶烟草组合”为保障供给，又瞄准了中国土种烟叶。以前土种烟叶未实行统制，日商、外商、华商

① ［日］柴田善雅：『中国における日系煙草産業』，水曜社2013年版，第284、285页。

② ［日］柴田善雅：『中国における日系煙草産業』，水曜社2013年版，第324、325页。

③ 上海社会科学院经济研究所编：《英美烟公司在华企业资料汇编》，中华书局1983年版，第310—312页。

④ 上海社会科学院经济研究所编：《英美烟公司在华企业资料汇编》，中华书局1983年版，第316—320页。

纷纷建立活动范围,互相竞争。“叶烟草”组合从1941年年末开始统制土种烟叶,将中国土烟公司置于自己的监督和指导下。①

卷烟企业在销售环节的竞争十分激烈,英美烟公司能够多年在中国市场占据垄断地位,其在中国通过买办制度建立起一整套行之有效的销售体系不可或缺。但是在抗战时期,日本帝国主义用统制的办法完全碾压了卷烟企业自己的销售体系。1940年6月,日本军方开始实行香烟运销许可证制度,日本商人开始在南京、芜湖、镇江、无锡、苏州、嘉兴、杭州等地与日军特务合作,并利用各地的日本人组织,与英美烟的销售商争夺代理权。如不与日本人合作,英美烟的产品甚至完全无法进入传统的集散地。迫于日本帝国主义的压力,与英美烟签有合同、长期合作的中国经销商,不得不对这些日本商人屈服,期望让与部分权力,换取继续经营的许可。

1937年9月,颐中运销烟草公司任命昭和公司为上海供应日本海军、陆军、领事馆和大使馆的独家经销商。1939年7月委任昭和公司取代与颐中合作多年的久大商行为南京及其附近地区的运销代理商。②1940年6月,日本经济局建立“卷烟配给组合”作为销售配给香烟的统制机构,负责把上海生产的卷烟配售到各地。它对全上海的纸烟实行集中控制。各烟厂的产品全部供给该组合,由它分配给登记的商店,再由商店按组合所定价格出售。定价中包括10%的批发商利润和20%的零售商利润。不过这个配给组合最终还是将卷烟销售给中国商人,然后通过以前的零售网络销售给消费者。③

在伪“满洲国”,1943年4月成立“满洲香烟管制组合”,控制香烟的分配、价格和运输等,所有香烟制造厂都是组合会员,计分给启东烟草公司30股,老巴夺10股,每股伪满币一万元,两家公司总投资为40万元。

---

① 上海社会科学院经济研究所编:《英美烟公司在华企业资料汇编》,中华书局1983年版,第333—335页。

② 上海社会科学院经济研究所编:《英美烟公司在华企业资料汇编》,中华书局1983年版,第481—486页。

③ 上海社会科学院经济研究所编:《英美烟公司在华企业资料汇编》,中华书局1983年版,第89—95、478—479页。

通过各地的香烟配给组合，日本帝国主义全面控制了香烟的销售，而在实际运行中，配给组合的效率是很低的。以上海为例，战时上海兴起的一些中日机构差不多都是贪污成风，组合当然也不例外，从它创立起就开始了贪污行为。商店接受了组合配给的货品，并不根据要求在柜台上出售，而放到黑市上出售，颐中公司的名牌香烟因为广受欢迎，尤其成为黑市舞弊必求之品，而组合对此视而不见。对于颐中公司来说，是在交纳配给烟和黑市上损失了双倍的收益。[①]

最后，日本帝国主义独占卷烟工业的核心内容是对卷烟工厂的占有。伪“满洲国”建立以后，英美烟托拉斯曾幻想通过与日本殖民者合作，继续在中国东北占据垄断地位。1936 年，英美烟公司按照伪“满洲国”法律注册启东烟草公司，作为英美烟公司在东北地区生产卷烟并销售的经营主体。英美烟公司此举是在英国未承认伪“满洲国”的情况下进行的，并且向日本殖民当局表示愿意协助伪“满洲国”发展烟草种植业，依法纳税，希望能与伪“满洲国”公司和日本公司在同等的待遇下进行竞争。[②]但是这个幻想很快破灭了。日本帝国主义的目标是完全取代英美烟在中国的地位，他们计划在华北和华中兴建大型卷烟厂，垄断中国的卷烟市场。在日本陆军的公开支持下，东亚烟草会社和“满洲烟草株式会社”宣布他们共同在河北建立两家新公司：河北东亚烟草公司，资本 1000 万日元；河北烟草公司，资本 500 万日元。两家会社划定各自的势力范围和附属公司，计划每年在华北生产 65 亿支香烟。另外热河、绥远、宁夏、新疆市场约计 15 亿支，原由英美烟公司在哈尔滨的工厂供给，今后将由东亚供应。[③]

最终，日本帝国主义采取直接夺取中国卷烟工厂的办法。1938 年合同烟草会社取得济南陆军特务机关的同意，向日本济南总领事馆提出接

---

① 上海社会科学院经济研究所编：《英美烟公司在华企业资料汇编》，中华书局 1983 年版，第 86—89 页。

② 上海社会科学院经济研究所编：《英美烟公司在华企业资料汇编》，中华书局 1983 年版，第 72—73 页。

③ 上海社会科学院经济研究所编：《英美烟公司在华企业资料汇编》，中华书局 1983 年版，第 475—476 页。

受南洋兄弟烟草公司的3个工厂,但这个计划受到同为华北烟叶收购商的米星烟会社和山东烟草会社的阻挠,没有实现。① 1939年9月,日商烟草公司占用了南洋公司硚口制造厂,运入机器原料,于1940年4月成立"中华烟草株式会社",将硚口工厂改称中华烟厂。② 1941年太平洋战争爆发后,日本帝国主义对垂涎已久的英美烟企业实行了"军管理"。在东北,12月8日太平洋战争爆发的当晚,启东烟草公司即召开非常董事会,一名日本董事被监理官任命为监理官之下的各公司主管,并暂时中止董事特权和股东权利。12月27日,伪政府发布接管财税登记条例,公司土地房屋及商标必须登记为接管财产。1942年监理官之职由"奉天省"副"省长"南川接任,并兼任各公司行政官,1944年8月30日,伪政府发布法令,各公司的行政官将启东和老巴夺两家公司售与"特别财产基金部",同日,伪政府再以经济部名义指定特别财产基金部出售他们所购进的启东和老巴夺财产,售与新建的"中央烟草有限公司",售价为伪满币53575182元。9月1日,"中央烟草有限公司"开始营业。③ 在关内,1942年2月25日由上海地区日本陆军司令及海军司令颁发有关对企业实行军事管理的命令,颐中烟草公司于1941年12月8日处于军事管制之下,必须服从军事当局派遣的财务监理官和其他官员的指令,不得转让任何财产;利润应作为特别准备金加以保管,未经许可不得处理等等。3月22日,公司由日本帝国陆军和海军直接经管,被指定管理这些公司各部门和控制其产业的是川神,协助他的约有20余日本人,川神接受兴亚院总部发出的命令。永泰和烟草公司也由日本帝国陆海军管理,丸三商工株式会社被指定为监督人来监督和经营该公司业务。④

但由于对英美烟系企业的鲸吞是通过战争时期没收"敌产"的方式

① [日]柴田善雅:『中国における日系煙草産業』,水曜社2013年版,第263页。

② 中国科学院上海经济研究所、上海社会科学院经济研究所编:《南洋兄弟烟草公司史料》,上海人民出版社1958年版,第522页。

③ 上海社会科学院经济研究所编:《英美烟公司在华企业资料汇编》,中华书局1983年版,第86—89页。

④ 上海社会科学院经济研究所编:《英美烟公司在华企业资料汇编》,中华书局1983年版,第89—95页。

完成的，没收之后，没有打乱其生产秩序，而采用了类似于委托经营的方式。1945年，颐中公司生产147亿支，月产12.25亿支，中华烟草年产60亿支，月产5亿支，其他德昌烟公司年产3亿支，月产0.25亿支，华系组合加盟27厂年产48亿支，月产4亿支。总计年产258亿支，月产21.5亿支。[①] 英美烟在卷烟工业中的龙头地位并没有崩解，只不过名义上换了主人。

第三节　日本侵华战争对中国矿业的破坏与掠夺

矿业属于重要战略资源，对国小地狭、资源匮乏的日本，掠夺中国沦陷区矿业对于维持战争具有举足轻重作用。“九一八事变”之后，日本侵略军即计划开发东北矿产。从侵华战略出发，日本军队直接出面组建垄断性矿业公司，强迫伪“满洲国”出台相关法律，将东北矿权全面侵吞。

铁矿是钢铁工业的基础，日本本土铁矿资源较少。在战争刺激下，日军在中国东北境内疯狂搜寻铁矿，最终在东边道地区发现世界级铁矿。在日满一体化推动下，关东军对大栗子沟一带重点勘查，下令“满业”“满铁”组成联合调查会，对“东边道”铁矿资源进行全面开发。

因技术限制，日本军方长期未能发现重要油田。在战争压力下，关东军决定采用人造石油解决能源危机。从技术特点出发，日方以页岩油和液化石油为主要手段。在战争倒逼下，日伪企图以煤炭、页岩油等手段通过人造石油解决燃料危机。太平洋战争后，日本空军基本依靠人造燃油，海军则以页岩油为主。伴随日军作战失利，人造油产业进入衰退期，与既定计划渐行渐远。

山海关以内沦陷区因日本渗透时间较短，英美法各国势力相对集中，

① ［日］柴田善雅：『中国における日系煙草産業』，水曜社2013年版，第315页。

日方难以以军队直接管制。在战争需要下,日本军队采取以公司经营为掩护,实则掠夺式开发为主要手段的侵略政策。具体而言,华中、华北因战争原因,日军政策存在部分差异。

抗日战争爆发后,华北较早失守。日军攻占山东等地后立刻强占各地矿场,以“满铁”下属“兴中公司”为工具进行资源掠夺。伪“华北临时政府”等伪政权着手修改国民政府矿业法等相关法律,在制度层面为日军控制华北矿产做好准备。伴随敌占区扩大,日军决定成立“华北开发公司”(又称“华北开发株式会社”)指令“兴中公司”将在华北企业全部交由该机构经营。

与东北不同,日军在控制华北重要煤矿之时,将小型煤矿继续放任民营,销售亦依靠中国法人。然则,销售地点局限于日本本土、中国东北等地。主要供应日本军队和工业企业使用,对中国居民用煤则一再压缩,人为制造煤荒。通过统制公司,日方基本掌握华北煤矿业。随着日军失利,华北煤炭输日逐渐困难,转为以朝鲜和中国东北为主,但是华北煤荒却始终未能缓解。

煤矿之外,铁矿等战略资源亦为日军所觊觎。“七七事变”后,日军立刻开发石景山铁矿。随后在龙烟铁矿、定襄铁矿区、宁武铁矿区东山铁矿区等矿场相继沦陷,“华北开发株式会社”尝试煤铁联营,实行规模经济。华北地区金属矿产相对单一,战略性资源较少。虽然日军接力勘探,却收获微少。重要非金属矿产产量普遍有限,难以满足战争需要。与东北相似,华北地区各种矿产产量伴随日军颓势逐渐下降,在短暂达到顶峰过后开始走向衰落。在“以战养战”的促动下,日军严格控制华北矿产销售。在满足军需压力下,华北金属矿产大部分甚至全部运输日本本土或中国东北,供应当地工业生产,客观沦为商品市场和原料产地。

与华北相比,华中、华东地区形势相对复杂。华中地区靠近前线,中日两军战线时常转移,不利于日军建立企业。同时,华中、华东地区英美法势力相对集中,强力介入易引起列强干涉。因此,日军“华中振兴公司”掠夺计划相对保守,主要资金用于公共事业,工矿业处于从属地位。

“华中振兴公司”下辖华中矿业股份有限公司对繁昌、大冶等地铁矿进行开采和修复,并对淮南煤矿进行部分扩大,使其产量一度超过历史最佳水平。在凤凰山基础设施相对成熟矿区,日军开设办事处,将安徽部分地区划入该矿,实现规模经济。总体而言,华中地区因靠近战区,日军工矿业投入较少,基本处于缓慢发展状态。

一、军方管控下东北矿业资源的掠夺性开发

(一) 变相垄断下的煤炭掠夺

日本属于资源相对匮乏的岛国,缺乏现代战争所需要的煤炭和石油。因此,资源潜力较大的东北成为日方战略资源的重要掠夺对象。因技术限制,石油资源勘测进度缓慢,基础较好的煤炭成为首要开发对象。日本政府和军队将以抚顺煤矿为代表的东北煤田开发列入战略目标。日本军方要求积极采用抚顺煤发展日本军事工业,扩大其侵略物质基础,尤其海军工业急需抚顺煤冶炼人造油。1931 年后,日本军工企业用煤量激增,造成日本国内煤价上涨。部分重要企业,如八幡制铁所“离开抚顺煤,几乎就要停产”。关西发电厂唯有使用抚顺煤方可顺利发电,进一步加剧煤炭供求缺口。日本政府为解决日本国内能源不足危机,推动经济增长,力求“向日本输出煤,是满洲国必须完成得首要任务”①。

1932 年,日军初步完成东北控制。关东军司令部出台《关于合并满洲制铁业的要纲案》,计划筹建“满洲制铁会社”,该公司拟在既有“鞍山制铁所”和“昭和制钢所”基础上兴建“振兴公司”和“弓长岭铁矿”,合并为“本溪湖煤铁公司”,形成东北地区钢铁垄断企业。但是,建立东北钢铁垄断企业的决定,涉及利益方过多,部分企业为日本财阀所有,引起日本国内矛盾。在大仓财阀和汉奸于冲汉反对下,最终未能顺利组建。尽管大仓财阀控制的“本溪湖煤铁公司”暂时保持独立经营,但是在日本军方压力下被迫同意伪“满洲国”入股,被列为伪满边缘企业和控制东北低

---

① 通化市政协文史学习委员会:《东边道经济开发史略》,通化市政协文史学习委员会 1998 年版,第 156 页。

磷铁、特殊钢的工具。不久,伪“满洲国”公布矿产法,制定 23 种重要矿产为统制物品,除伪“满洲矿业开发株式会社”外,任何人不得开采。如发现矿脉需向该公司报告,公司根据报告向伪满政府要求出具证书将开发权收归已有。日伪以统制手段掌握东北矿产资源。然则,过度掠夺造成矿苗开发减少。伪政府遂指使公司增加技术人员,实地调查资源,甚至将矿产权力审核等业务下放该公司时,事实上将东北矿权让与日本。

1934 年 1 月,关东军特务部决定成立“满洲炭矿株式会社”,计划将中国东北煤矿交由“南满洲铁道株式会社”和“满洲炭矿株式会社”收买、经营和销售东北煤矿,企图全面控制东北煤炭资源。当年 5 月,“满洲炭矿株式会社”成立,东北煤矿被日军划分为“满铁”“满炭”两大系统。“满铁”系统主要是日俄战争后经营的煤矿。“满炭”则对满铁之外煤矿进行管理。“满铁”体系包含抚顺煤矿、烟台煤矿、奶子山煤矿、瓦房店煤矿、老头沟煤矿。“满炭”则拥有阜新、鹤岗、北票、西安、复州 5 大煤矿区,16 个煤矿。但是“满炭”煤矿多为基础设施较弱的“处女煤田”。日军把东北煤矿分别投入两大系统,意在“采取彼此相互竞争的方式”①满足自身需要。结果,“第一个五年计划”中,“满铁”系统产煤 1000 万吨,“满炭”系统产煤 2000 万吨,“基本实现预定计划”②。1940 年,“满业”成立,将“满铁”下属煤矿中除抚顺煤矿外全部纳入麾下。“满炭”下辖株式会社大部归入“满业”,“满业”成为东北煤矿巨型公司。“满业”将“满炭”16 个煤矿分为 5 个株式会社,分别拥有 1 亿—3 亿日元资本,将资本由 3 亿日元增至 7 亿日元。

日军进行内部调整之时,加快东北矿业资源掠夺步伐。“九一八事变”前,抚顺煤矿产量占东北煤炭总数的 69%,居于垄断地位。抚顺煤矿出口日本,约占其总进口量的 60%—70%③。日军霸占抚顺煤矿后,加紧东北煤矿抢夺,抚顺煤矿首当其冲。1931 年,“满铁”其他企业和“满炭”

① 孙邦:《伪满资料丛书——经济掠夺》,吉林人民出版社 1993 年版,第 351 页。

② 孙邦:《伪满资料丛书——经济掠夺》,吉林人民出版社 1993 年版,第 351 页。

③ 通化市政协文史学习委员会:《东边道经济开发史略》,通化市政协文史学习委员会 1998 年版,第 155 页。

煤矿产量约为抚顺煤矿的25%。“满炭”5家株式会社总和为抚顺煤矿的15%。1935年,抚顺煤矿产量达到925万吨,“满铁”其余企业约34万吨,“满炭”则为122万吨。抚顺煤矿处于绝对优势地位。日军为满足侵略战争需要,不顾客观条件进行掠夺式开采。在准备工程进度缓慢情况下,要求采煤完成率达到80%,脱离工程情况直接导致采煤、掘进比例失调,造成每年平均采煤面逐渐减少。日方做法不但破坏煤矿潜力,而且造成生产隐患。

“七七事变”爆发后,日本主要力量应对侵略战争,煤矿投入逐渐减少,造成抚顺煤矿产量日渐下降。日本控制抚顺煤矿近7年,生产基本采用机械化。但是,伪“满洲国”工业基础较弱,发电、炼油等设备依靠日本输入,在日方投资减少情况下,机器难以满足生产需要。当年,抚顺煤矿请求提供钢材6.5万吨,实际得到2.3万吨。铜线800吨,分配310吨,实际供应减为180吨。有色金属、合金铁“进口量更加减少”,中圆钢“干脆不进口了”。水泥虽然满足煤矿90%需要,但亦差额0.7万吨。

在机器难以增加供应情况下,日军以人力补偿机械化降低损失,采用诱骗、抢抓等方式,将中国农民强行送至煤矿,采取极端手段加强对矿工控制和剥削,强制抚顺煤矿增产。日军在抚顺煤矿设立总务局、经理局、采炭局等管理机构,“专门监督工人劳动和控制思想,对工人的一切都进行管理”。工人言行稍有越轨即进行镇压。凡有反抗思想者立刻送到矫正辅导院进行教育。矫正辅导院本质属于集中营,进入者轻者遭毒打,重者丧生。在日军殴打和虐待下,工人“对会社抱有忠诚态度的人极少”①。在日军压迫下,抚顺煤矿工人外逃加剧,进一步加剧煤矿生产困难。1940年,日方统计“在抚顺……每一月便有6000至1万人的不足,成为采煤减产的一个原因”②。日本军国主义采用以人换煤野蛮政策,造成矿工工作效率低下、生存环境恶劣。日本侵略者亦供认“效率的下降……表明由

---

① 侯日新:《纪念中国抗日战争胜利五十周年论文选编》,中共抚顺市委宣传部1995年版,第118页。

② 侯日新:《纪念中国抗日战争胜利五十周年论文选编》,中共抚顺市委宣传部1995年版,第118页。

于井下条件恶化”。

在日军掠夺政策和侵华战争消耗下,抚顺煤矿逐渐减产。以1937年为基数,1938年减产近40万吨。次年降低443359吨。1939年,减少量为1923817吨。此后减产数额逐渐增加,抗日战争即将胜利的1943年抚顺煤矿产量较1937年锐减407万吨。

抚顺煤矿之外,其他中型煤矿亦成为日军觊觎对象。“九一八事变”后,西安煤矿职员纷纷出逃,矿厂陷入无人管理境地,关东军决定乘虚侵占煤矿。河本大作等人赶赴县城,要求县长王桐交出煤矿。西安县长、警察局长掌握的地方武装持抗日态度,关东军主力则集中于锦州。因此,日方决定利用汉奸于芷山对王桐等人进行武力威胁,并要求伪省长臧式毅颁布政令,强迫县政府交出煤矿。

1932年,河本大作利用汉奸于芷山部为护矿队,自任总办组建矿务局。次年,日军将西丰县平岗镇等地区纳入开发区,形成拥有15个矿区,每个矿区辖地300—500亩、工人近千名的大型矿厂。1934年,西安煤矿勘测储量约1亿吨,日产1500吨。日军控制下的西安煤矿大部分煤炭“作为燃料供给满铁和关东军”①。日军掌控西安煤矿后,将其与阜新、北票等煤矿合并成立注册资金8000万日元的“满洲炭矿株式会社”。在河本大作等人操控下,各矿为解决资本,采用人力方式进行生产,所得煤炭则“全部为关东军所用,只有很少一部分供给一般民需”②,事实上“剥削和掠夺了中国的资源、劳动力,支援了关东军的侵略行动”③。

1933年3月,伪“满洲国”实业部控制北票煤矿,设立“北票炭矿复兴委员会”。不久,因台吉、三宝地区发现煤田,日军设立日“满”合办之“北票煤矿股份有限公司”,正式撕开面具,直接参与北票煤矿经营。1936年,“北票煤矿股份有限公司”合并于“满洲炭矿公司”,设立“北票矿业所”,下设冠山、三宝、台吉3个采矿所。北票煤矿规模虽然小于抚顺煤矿,但矿工人数约1万人,峰值产量超百万吨。

---

① 滕利贵:《伪满经济统治》,吉林教育出版社1992年版,第37页。

② 滕利贵:《伪满经济统治》,吉林教育出版社1992年版,第37页。

③ 滕利贵:《伪满经济统治》,吉林教育出版社1992年版,第39页。

在日方劫掠采煤计划下,北票煤矿产量逐渐增加,三宝、台吉煤矿相继投产。1941 年太平洋战争爆发后,日军煤炭缺口进一步增大,为解决供求矛盾,日军出台《物资动员计划》和《生产扩充计划》,要求东北各煤矿迅速增加产量。在军方鼓动下,北票煤矿采取采炭报国等强制性劳动措施。日方管理人员不顾工人安危,任意延长劳动时间,以武力强迫工人劳动,甚至每天工作 16 小时。1943 年,日军为挽救败局,加紧抢掠中国资源,将北票煤矿独立经营,改组为"北票炭矿株式会社",企图用专职机构推动采炭计划进行。在日本社长操控下,北票煤矿扩充为下辖 4 个分院和事务所的大型矿业集团,日籍职工待遇超过满铁集团。据统计,东北沦陷期间,日军抢掠北票煤矿约 1 亿吨优质煤。

与抚顺煤矿相似,一方面,日方在残酷榨取劳工之时,对安全丝毫不加保障。1936 年,西安煤矿瓦斯爆炸造成 100 余名中国矿工丧生,日军却"只顾出煤赚钱,不关心工人安全"①。北票煤矿被日军控制期间,56530 名中国劳工被迫下井,其中 32100 人遇难。② 另一方面,日伪为控制工人思想,建立严密侦缉组织,严酷镇压稍有反抗观念人员。北票矿方为防止工人暴动,组织日本宪兵队和矿警队对工人进行监视。宪兵队普遍装备精良,主要负责侦查矿工中国共情报组织和反抗思想。为稳定矿工,宪兵对重点人员进行专门押送,殴打、监视矿工,造成人心惶惶进一步降低生产效率。

(二) 军政合一的金属矿开发

日军在加快侵占抚顺、北票等重要煤矿步伐之时,为满足战争需要,加大金属矿开发强度,并对行政区划等方面作出适用性改革。1931 年,关东军派出国防资源调查团,进入东北南部东边道各地勘测矿业,尤其是与军工关联度较高的铁、铝、镁等重要资源。调查组向关东军上交东边道调查班报告。报告显示,大栗子沟、七道沟、三道沟等地发现世界级铁矿,

---

① 滕利贵:《伪满经济统治》,吉林教育出版社 1992 年版,第 38 页。

② 辽宁省朝阳市政协、东煤公司北票矿务局合编:《朝阳文史资料》第 2 辑,朝阳文史资料编辑部 1989 年版,第 197 页。

三者储量分别为345万吨、118.7万吨和9万吨,“极有建立企业开发经营价值”①。铁厂子煤矿埋藏量约270万吨,具有良好提炼焦煤潜力,可与七道沟等地铁矿联合经营。矿洞子铅矿潜力5200万吨,重晶石矿量6万吨,“极有开采价值”。

经过实际调研,东边道实为资源宝库。关东军勘察结果公开后,日本财团争相进入东北。1932年,日本对伪“满”输出近1亿日元。日本军部与日本新兴产业资本集团合资组建“日本产业株式会社”,并与伪“满洲国”勾结,组建日“满”一体化战时经济体制。在日本国内支持下,东边道开发株式会社业注资32330万日元,计划首先开发“伪满通化省”境内煤铁资源,以大栗子沟为中心建设年采掘150万吨铁矿石矿厂。短期内完成配套年产10万吨的制铁工厂,1941年建成年产生铁50万吨炼铁厂。与此同时,东边道采煤量达到130万吨,为制铁业提供充足燃料供应。另外,日军加快液化燃料、发电等产业发展。以西安煤为原料形成年生产能力1万吨液化燃料基地和年发电量70万千瓦鸭绿江发电厂。满铁为支持“东边道株式会社”掠夺资源,相继开通四梅线、梅辑线、鸭大线、浑三线等支线,并开设矿山专用线。

1936年4月,关东军总部组建“满洲矿产资源调查会”,具体开发“东边道”矿产资源,选拔“满铁”“昭和制钢所”等机构技术人员参与组成“东边道准备调查班”,对“东边道”已开矿山和矿产潜力进一步详细勘查。考察团在对上述地区调查后提出,大栗子沟地处偏远,但矿产储量较多,建议单独设立制铁企业。七道沟铁矿潜力超过100万吨,可开办大型矿厂。铁厂子煤层约6—9层,每层厚度均为2米以上,多为无烟煤、煤质光洁、利用价值较高。埋藏量约2000万吨。通化县、临江县两县除铁厂子外,煤矿潜力超过5000万吨。关东军接到报告后,预言“东边道的黎明就要到来”,决定根据报告对东边道矿产进行重点勘查。

1937年3月,关东军成立“矿业精查调查队”,对大栗子沟等地予以

① 通化市政协文史学习委员会:《东边道经济开发史略》,通化市政协文史学习委员会1998年版,第45页。

重点勘测。“关东军矿业精查调查队”在以往调研基础上发现更多新铁矿床。新铁矿床中磁铁矿、赤铁矿均有分布，平均厚度为 12—16 米，为“世界稀有之大矿山”。矿床沿大栗子沟向东延伸，另分有松树、闹枝沟等 4 条矿脉，蕴藏厚达 9 米的赤铁矿床。大栗子沟铁矿不仅储量丰富，而且矿品优良，适用于平炉生产和特殊钢铁的制造，为“当今世界上最少见而是高于一般矿石市场价格数倍的赤铁矿石”①，开发潜力高达 7050 万吨。除赤铁矿外，大栗子沟矿另有磁铁矿、菱铁矿等尚未充分调查的伴生铁矿，预计储量超过 700 万吨。

太平洋战争爆发后，日本资源供应进一步紧张，“东边道株式会社”在关东军支持下组织“东边道资源调查队”，对“通化”北部、东南地区进行资源调查。1942 年，伪“满洲国”公布东边道各处铁矿埋藏量：大栗子沟 8800 万吨，七道沟 2800 万吨，三道沟 5100 万吨，老岭 3800 万吨，八道江 5500 万吨，大龙 3300 万吨，其余 15000 万吨，合计 44300 万吨。该株式会社在伪“满洲国”支持下，在对既有铁矿加快销售的基础上，加速开发进度。1942 年，公司计划在二道江完成发电厂建设，确保铁矿区电炉投产。1943 年，在铁厂子建成 20—60 吨小型高炉。

伴随战争失利，关东军在军事顽抗之时，进一步加快掠夺步伐。为加强东北资源统一管理，1945 年，“东边道株式会社”合并到“满洲制铁株式会社”，变为“东边道分社”。根据关东军“东边道东南地区开发计划”，日军企图将“通化省”作为最后基地，年内建成产量 10 万吨的钢铁、兵器制造基地。同时，关东军强征民工数万人抢修“东边道防线”。随着苏军出兵中国东北，日军“东边道防线”和矿业开发筹划随之破产。

铁矿之外，东北地区其他金属矿开发基础较弱，日军重视程度相对较低。桓仁铜锌矿为百年老矿，具有较成熟开采条件。铜矿作为战略物资，为日本本土所缺乏，桓仁铜矿成为觊觎对象。1937 年 3 月，日本资本家胜首赶赴矿区勘查后，雇佣中国工人进行开采，逐步排挤原有矿主。1938 年 10 月，“伪满”下令矿山交由伪满政府经营。“伪满矿山株式会社”在

① 孙邦：《伪满资料丛书——经济掠夺》，吉林人民出版社 1993 年版，第 335 页。

松兰、西岔、滚马岭等地勘测和采矿,进一步扩大生产规模。

伪“满洲国”接管矿厂后,名义为其经营,其实桓仁铜矿沦为日方实际控制。13任矿主皆为日本人。92名管理人员中日籍占82人,处于绝对优势。中方人员多限于底层员工和采矿人员。与煤炭、石油工业不同,桓仁矿厂生产呈现逐年增长走势。日方控制后,自1940年起,增加选矿设备,1943年日选矿量为1000吨次年增至150吨。抗战胜利前夕达到400吨。

(三)人造油主导的石油产业

在抚顺、东边道等地资源支持下,日方获得较多铁矿、煤炭等资源,然则因技术等原因,石油资源开采相对有限。在战争倒逼下,日伪企图以煤炭、页岩油等手段通过人造石油解决燃料危机。日本属于贫油国,现代化战争对能源的需要客观造成两者矛盾。在日本海陆军要求下,日方加快页岩油生产和煤炼油计划。抚顺煤田产煤丰富,另伴生油页岩、钛矿等矿产资源,是少有的多种矿产资源伴生矿区。1928年,日本公司进入抚顺开设人造汽油工厂,委托“德山海军燃料厂”试验,“满铁”中央试验所亦辅助研制。“九一八事变”后,日军将人造石油作为战时经济体制重要组成部分。伪满政府为配合日军提炼石油,相继公布“满洲石油株式会社法”“石油类专卖法”,在体制层面做好法律准备。“伪满洲石油株式会社”总部设于大连,致力于制造高级燃油和润滑油,兼职探测阜新等地油田。后者在东北境内统筹煤油销售,统一价格,排斥欧美势力。同时,探测油田以备人造油事业需要。

日军控制东北大部分地区后,相继在辽宁、热河等地发现较丰富油母页岩。抚顺1处储量达到55亿吨,按照平均每吨含有5.5%计算,可产出石油3亿吨。“满铁”董事赤羽说“抚顺的页岩油,可以供日本每年6000000桶至三百年而不尽”①。日方计划在抚顺建造年产重油20万吨

① 李紫翔:《中国基本工业之概况与其前途》,《东方杂志》1933年第30卷第12期。

炼油厂，如日本企图落实“则日本帝国主义火油供给问题，自可解决一部分”①。随着中日战云密布，日军制订“满洲”开发五年计划中明确要求建立以抚顺、三姓为核心的页岩油产区和以抚顺、阜新等地为主的煤炼油产地，产量各达到80万吨。为解决能源危机，日本在资金等方面给予较大优惠，全力推动油气研发。

因原料稳定，页岩油工业成为“东北之液体工业中，技术最有把握”②的项目。日军飞机多依靠人造燃油。海军水面舰队和潜艇则依靠页岩油。伴随日军失利，在盟军轰炸下。油厂产量继续走低，1944年，“抚顺制油厂”页岩油产量仅为228667吨，与计划50万—100万吨差距较大。“东制油厂”安装200吨页岩油处理器40台。2台炉中1台难以使用。1945年，虽然增加200吨炉20台，但是产量不足1万吨。

日军在东北未能及时发现油田，为弥补供求差距，日方决定在页岩油之外开展煤炼油。经检测，日军决定以优质抚顺煤为原料制造煤焦油。1928年，日本“海军燃料研究所”“满铁中央试验所”利用抚顺煤进行液化法研究。“九一八事变”后，抚顺煤矿落入日军控制，液化煤炭研究进度加快。1934年，日本政府设立“煤液化委员会”，煤炼油进入产业化阶段。1935年，日本九州大学井千代吉博士利用中国西安煤矿进行低温蒸馏技术试造人造油，取得突破性成功。日本军方得知后，决定在中国东北伙同“日本石油会社”“满洲石油会社”、西安煤矿共同出资组建“满洲人造石油四平油化厂”。1936年，日军在四平道东北二马路强征中国农民土地2250亩建立“满洲油化工业公司”。该厂总投资250万日元，职工1700余人，采用以西安煤矿为主要原料，尝试用黑井式煤炭液化法炼制石油。全厂拥有鲁奇式圆筒内热低温干馏炉8座，电热式加氢反应塔2座，另有轻油吸收、洗涤、甲烧分解等器械，设计能力为每昼夜产出汽油50吨。

日本全面侵华战争爆发前夕，“满铁”提出建设“抚顺液化工厂”申

① 李紫翔：《中国基本工业之概况与其前途》，《东方杂志》1933年第30卷第12期。

② 东北物资调节委员会研究组编：《东北经济小丛书·化学工业》，1948年印行，第101页。

请。日本军方决定进一步推进,在抚顺设立“临时煤液化工场建设事务所”,企图以煤代油,扩大军事扩张计划物质基础。日方组建设立“满洲合成燃料公司”,采用费谢尔合成法从阜新煤炭中提取石油。武汉会战后,日军陷入中国抗战泥潭中,军需供应情况逐步恶化。为满足军用,日军在东北大肆开展煤炼油、煤炭液化等项目,企图达到以战养战目标。1939年成为日军人造油等实业的“高潮年”。

1939年,“抚顺煤炭液化工厂”竣工。不久,一段、二段加氢连续运转,煤液化得到二段液化油。工厂利用剩余煤气加工甲醇,实现副产品产业化生产。煤炼油低温干馏、焦油加氢、煤炭直接液化、煤气合成等技术陆续成熟。日本自封人造石油技术居世界第二位,仅次于盟友德国。在此基础上,日本提出煤炼油直接液化、煤气合成、低温干馏等方法,逐步形成综合型煤炼油厂,年产量达到80万吨。同年,日方增资2000万日元,建成第一氢化工厂。尽管生产规模有所扩大,但因赶工仓促和资金限制,低温干馏炉内筒、加气设备配管受压受热堵塞,造成“常出故障工厂不能连续正常生产”,最长连续工作日仅为60天。日方气急败坏中砸毁原有干馏炉,采用“大连满洲石油株式会社”重油、柴油为原料维持部分生产。不久,因军需紧急,关东军以3000万日元代价收购企业,改为军工厂。日军追加投资1亿日元,职工增至3000余人,企图重建大规模低温干馏炉,为垂死挣扎提供能源基础。然则,直至战败仅完成部分地基。1939年10月,日方开始建造年产3万公升航空汽油的第二氢化厂,增设水煤气场、变换场等附属设施。但是,生产能力仍不理想,只得“进行了部分改装”。仅有酒精蒸馏厂效果较好,可每天处理150公升酒精。

伪“满洲国”为供应日军侵华战争需要,开设“满洲人造石油公司”,并提出1943年建立年产2万吨和1945年完成年产15万吨煤炼油计划。“满洲人造石油公司”位于吉林市郊区,以舒兰煤矿为主要原料。因为日方企业以军需为调度,掠夺性较强,当日军战场出现颓势后,难以避免出现下降。工程建设亦急于求成,忽视技术进步和质量,在财力、人力有限的情况下,既有计划大多落空。1942年,人造油产业达到顶峰,此后逐渐降低。“抚顺液化厂”8年中,仅完成预定计划的11.3%,年产2万吨规模亦未能建成,实际产量仅为3260吨。因机械故障,工厂发生数次爆炸,进一步加剧供求矛盾。“满洲油化工业公司”“满洲合成燃料公司”等企业同样受到战争波及,“建厂不久都一一夭折了”①。1945年日本投降前夕,人造油产业“陷入一蹶不振的境地”。

与煤矿相似,石油工业中日本侵略军对中国工人实行严酷压榨和野蛮管理。石油工业中工人分为3类。第一类为里工。里工为正式工,平均工资为每天5—7角钱,技术工人为1元。里工虽然工资较少,但可获得免兵役、受训等权力。第二类为包工,主要为包工头介绍,临时聘用工人。包工身受日方柜头、工头和汉奸小工头压榨,只可获得里工工资的30%—70%。第三类为抢抓所得的劳工。劳工无工资收入,仅可获得饭食。与前两者相比,劳工工作强度大,多积劳成疾。日方监工发现疾病难以工作者立刻毒打。日方残暴压迫造成中国工人消极怠工形式进行反抗进一步降低生产效率。

二、公司经营掩盖下的掠夺——华北华中沦陷区矿业开发

(一)“合法性”掠夺与经济渗透下的华北煤矿业

抗日战争前夕,日军在华北煤炭资源渗透主要集中于山东一省。1928年,日方组织“山东矿业株式会社”,投资胶东煤矿。《塘沽协定》签字后,华北局势日益危急,日军对华北资源觊觎加剧,隶属于“满铁”的“兴中公司”成为开发华北资源主力。1937年,抗日战争爆发,华北地区相继沦陷,煤矿陆续被其掠夺。

1938年5月,伪“华北临时政府”以整理矿权为名,宣布停止矿权登记申请,目的在于防止欧美各国干预沦陷区矿务。同时,伪政府篡改国民政府矿业法,为日本控制华北矿业做好制度准备。原国民政府矿业法规

① 政协抚顺市委员会文史委员会编:《抚顺文史资料选辑》第4辑,政协抚顺市委员会文史委员会1984年版,第174页。

定矿业股份公司中,中国人股份应超过 50%。公司董事会 50%以上为中国人,董事长、总经理由华人担任。伪“维新政府”为日方控制矿厂,作出针对性修改①。

伪“华北维新政府”矿业法取消国民党政府对外资、外籍人士管理企业权利限制。原法律虽然批准外资入股中国矿业,但对比例有所限制。伪法案则突破 50%规定,并要求外籍人士可参与公司领导层,不仅将外资比例提高,而且批准外国人直接管理中国矿业。国营矿业为国民党政府所独有,虽吸纳民营资本现象,但对外国资本存在较严格限制。伪满政府则同意外国公司以现金形式购买国有矿业,无异于放任日本企业收购中国矿厂。在限制欧美公司进入华北矿场之时,伪满政府却对部分外资敞开大门,其目的不言可知。与华北伪政府相比,伪“蒙疆政府”更进一步,几乎将矿权出卖于日本。

与伪“华北政府”相比,伪“蒙疆政府”矿业法案更加露骨。伪“蒙疆政府”赋予开采者永久权利,废除原国民政府规定的许可期限,变相将矿产权无限期让与开发者。在日本占据独大地位情况下,为日本企业控制矿业创造“法律依据”。另外,矿业权可出售予当地居民与外国人,两者具有同等机遇。伪“蒙疆政府”控制区经济落后,当地资本较弱,具有较雄厚资力的外资局域优势地位。与此同时,外国人欲享受收购权需伪“蒙疆政府”批准,未得批复者不可购买矿厂。结合日方对欧美企业排挤可见,此条规定几乎为日本公司量身定做,完全服务于日本掠夺中国矿产需要。伪“维新政府”、伪“蒙疆政府”做法被时人评论为“由此可知敌寇强占独霸我沦区矿业,已得伪组织法律上之保障”②。

组织、体制层面完善后,日方立即对华北矿业进行重组和整合。1937 年 7 月 7 日,全面抗日战争爆发,华北地区煤矿陆续失守。为防止资源资

① 陈真编:《中国近代工业史资料》第 4 辑,生活 · 读书 · 新知三联书店 1957 年版,第 921 页。

② 陈真编:《中国近代工业史资料》第 4 辑,生活 · 读书 · 新知三联书店 1957 年版,第 922 页。

敌,中国军队撤退前将“原矿稍有破坏,损失较重”①。少数煤矿因职员撤走,以至于颓坏失修。如井陉煤矿,原有技术人员123人,矿工4000余人(见表2-52)。“七七事变”后,领导层纷纷逃走,矿工因无人管理自动离散。国民党政府为防止物资资敌,炸毁矿厂设施、带走文件。在矿区附近部署重兵防止日军复工,迫使部分日本职员被迫“于11月18日暂行离开”②。国民党政府军队撤退后,中共游击部队伺机骚扰井陉、阳泉等地煤矿,削弱日军以战养战能力。连绵战争导致“工业生产在1938年至1939年全部陷于停顿状态”③,“许多矿产原料,为日方所劫去,更是不必说了”④。

表2-52　煤矿破坏情况统计

项目 矿别	停业日期	逃亡职员	坑内状况	图纸文件	机器设备	办公房屋
井陉煤矿	1937年9月	58/123人	—	—	—	居民占据
正丰煤矿	1937年8月	大部分	—	—	—	—
阳泉煤矿	1937年8月	全部	—	带走、烧毁	—	日本军宿舍
寿阳煤矿	1937年10月	人数不明	全部水淹	—	—	—
六河沟煤矿	1937年12月	全部	水淹	烧毁	—	—
中兴煤矿	1937年不明	—	—	—	拆走	—
华丰煤矿	接收前数月	相当多数	水淹	—	—	—
华宝煤矿	1937年12月	人数不明	—	—	—	—
西山煤矿	1937年不明	—	水淹	—	破坏	日本军宿舍

资料来源:[日]浅田乔二等:《1937—1945日本在中国沦陷区的经济掠夺》,袁愈佺译,复旦大学出版社1997年版,第120页。

为保证资源供应,日军每侵略一处即派人抢劫煤矿,实行军管理。1937—1938年,日军先后劫掠井陉、正丰、磁县官矿局、中和、华丰、晋北矿务局等19处煤矿,改为16个军管理煤矿。日本军方将煤矿作为战略

① 郑克伦:《沦陷区的工矿业》,《广西企业季刊》1943年第1卷第2期。

② [日]浅田乔二等:《1937—1945日本在中国沦陷区的经济掠夺》,袁愈佺译,复旦大学出版社1997年版,第108页。

③ 郑克伦:《沦陷区的工矿业》,《广西企业季刊》1943年第1卷第2期。

④ 郑克伦:《沦陷区的工矿业》,《广西企业季刊》1943年第1卷第2期。

矿产,列入统制产业,实现"由华北产业开发综合机关日资资本直接控制"①既定目标。

华北沦陷初期,日军尚未成立专门管理公司,军管煤矿交由"兴中公司"负责。"兴中公司"内部对华北资源开发存在争议,理想派主张一业一社,现实派则力主一业数社。后理想派作出让步,华北矿业呈现分区支配局面。因"兴中公司"为"满铁"下属企业,对控制华北鞭长莫及。日本军方决定成立"华北开发公司"(又称"华北开发株式会社")指令"兴中公司"将在华北企业全部交由该机构经营。"华北开发株式会社"拥有资本3.5亿日元,前藏相贺屋出任总裁,可见日本对华北资源重视。"华北开发株式会社"继承现实派观点,将华北煤矿分为6大矿区,后增加中兴大汶口矿区,形成7大集团(见表2-53)。各集团内成立日伪合办公司开采矿产,资本由"华北开发株式会社"与中国方面原有公司、日本财阀共同负担。

表2-53 日方重组煤矿情况统计

项目 集团名称	矿区范围	预订资本 (万元)	投资公司
中兴公司	山东中兴煤矿区域	250	三井矿山
大汶口集团	山东大汶口一带	150	三菱矿业
胶济集团	山东淄川、博山、胶东及鲁南一带矿区	100	山东矿业
井陉集团	河北正太铁路沿线矿区	200	贝岛煤矿
太原集团	山西太原及平定矿区	500	大仓矿业
大同集团	山西大同及下花园一带	600	满铁
磁县集团	河北磁县及河南六河沟一带	100	明治矿业及贝岛矿业

资料来源:陈真编:《中国近代工业史资料》第4辑,生活·读书·新知三联书店1957年版,第934页。

日军为更好地掠夺华北煤矿,逐步放弃军管理体制,将其转换为中日合资或日本独资公司(见表2-54)。除新抢占的部分英资煤矿外,基本改组为企业制度。中日双方资本总额相近,但是产量方面日本企业占据优势。

① 佟哲晖:《战时华北矿业》,《社会科学杂志》1948年第1期,第5页。

资本来源中,“华北开发公司”占55%,具有相对优势。伪政权、民营资本为23%,其余22%为日本财阀。“华北开发公司”的独大地位造成其独资、控股企业占华北煤炭总产量的90%,华北煤矿业基本被日军掌握。

表 2-54 中日合办及日资督办矿资本额及产量统计(1943 年)

项目 矿别	资本额(元)	所占华北煤矿资本额之百分数(%)	产量(吨)	所占华北煤矿总产量之百分数(%)
中日合办矿	130950000	45.11	6554322	32.23
日资独办矿	159330000	54.89	13779201	67.77
华北总计	290280000	100	20333523	100

资料来源:佟哲晖:《战时华北矿业》,《社会科学杂志》1948 年第 1 期,第 5 页。原始资料表格个别数据有误,本表已订正。

1938 年,武汉会战爆发,日军军需缺口有所扩大,日本军方召开日“满”华经济会议,作出积极开发华北与内蒙古矿产,合理分配煤、铁增产计划。同年,华北驻屯军制订 4 年资源开发计划,企图整合日伪双方资本进行矿区开发。

日方强调对华北重要矿区控制,尤其突出“华北开发株式会社”作用。与东北不同,华北地区小型煤矿继续实行民营,销售阶段主要依靠中国法人。另外,在军费开支骤然增加压力下,日方开发资金已捉襟见肘。但是,对日本煤炭输入依然置于重要地位。

1940 年,日军成立“华北石炭贩卖股份有限公司”,“蒙疆矿产贩卖股份有限公司”负责华北煤炭统制。“华北石炭贩卖股份有限公司”由华北开发公司、日本财阀、“伪华北政务委员会”共同出资组建。该公司总部设在北京,东京、太原另设分公司,北京、天津、济南、保定、新乡等地专设贩卖事务所。青岛、塘沽等港口开办接转事务所,专办煤炭出口。河北、山西大部分煤矿为“华北石炭贩卖股份”有限公司控制。为避免与“蒙疆矿产贩卖股份有限公司”竞争,两者协定华北公司掌握中国华北、华中和对日输出业务。

“蒙疆矿产贩卖股份有限公司”主要由华北开发公司注资,负责开发煤矿和金属矿。总部位于张家口,大同、北京等地设立分公司。相对“华北石炭贩卖股份有限公司”而言,“蒙疆矿产贩卖股份有限公司”规模较小,经营范围集中于山西北部、内蒙古部分地区。

“华北炭贩”“蒙疆矿贩”“山东产销”“开滦煤矿”4 家中,“华北炭贩”地位较高,重要性日益增强,“开滦煤矿”“山东产销”地位逐渐下降。日军为实现产供销一体化,选择“华北炭贩”作为主要公司。“蒙疆矿贩”因地处偏远,受冲击相对较小,其余两家比重不断降低。1941 年,开滦、华北两家公司比重接近,山东次之,“蒙疆公司”比重较低。1943 年,“华北炭贩”比例已经达到 51%,具有主导地位,开滦煤矿降至 24%,处于绝对劣势。山东和蒙疆公司比重相对稳定,继续分别保持在 15%和 9%左右水平。

日军侵占华北初期,因大量开发煤矿和整理旧矿,需要大量资金。“华北开发公司”以融资形式,对煤矿业持续注入资金,为日军劫掠煤矿提供经济基础。1942 年,太平洋战争爆发后,日本军费开支增加客观挤压“华北开发公司”资金来源,“华北开发公司”被迫以贷款取代投资作为维持煤矿生产新手段。但是,在通货膨胀冲击下,贷款效果明显削弱。

表 2-55 显示,1942 年煤矿投资是 1939 年的 35 倍,此后开始减缓。

表 2-55　华北开发公司对华北煤矿投资及贷款统计

(1939—1944 年上半年度)　(单位:元)

项目 年份	投资		贷款	
	当年值	1939 年年值	当年值	1939 年年值
1939	1398812	1398812	4505000	4505000
1940	22022000	13913318	16505000	10427723
1941	13895000	7604532	33320304	17688433
1942	48458200	19533296	39614000	15968236
1943	31319000	8385499	67500000	18072773
1944 年上半年	27650000	2484054	91050000	8179858

资料来源:佟哲晖:《社会经济统计若干问题研究》,东北财经大学出版社 1998 年版,第 302 页。

1944年上半年已经为1939年的20倍，剔除物价因素依然保持增加走势。然则，贷款与投资总量有所下降，造成煤矿资金短促，“生产受到很大的影响”。

受战争和日军侵略以及战局影响，华北沦陷区煤矿业生产出现剧烈波动。1937年，在战争冲击下，华北煤产量迅速降低，约为战前的60%。1938年同比增至64%，但产量依然有限。伴随以战养战政策实施，华北煤产量有所提高。1939年即达到战前水平的1.16倍，直至1942年达到最高峰，相当于1936年的244%。1943年虽有所下降，但依然为197%。此后，伴随抗日战争走向胜利，产量开始下降最终出现锐减。

如表2-56所示，华北无烟煤居多，且品质较佳，恰为日伪所需要，成为日军掠夺重点。因此，华北煤炭主要销售日本、中国东北和华北钢铁工业，其次为军舰、铁路使用。战前华北民用煤“每年至少超过七百万吨”，约占总销售量的46%。日方控制华北煤矿后，每年最多供应中国群众680万吨。重要产区龙烟煤矿年产200万吨，其中79万吨运往日本，其余

表2-56　华北煤炭产量统计(1933—1944年)　　（单位:吨）

产量 年份	开发关系矿	开发关系外矿	总计	粘结有烟煤	非粘结有烟煤	无烟煤
1933	11284560	3307000	14591560	8781359	2624412	3185789
1934	12433411	3615000	16048411	9385206	3556605	3106600
1935	11784698	3321000	15105698	8711854	3434545	2959299
1936	13460195	3273000	16733195	9958675	4026538	2748000
1937	11323563	1943400	13266963	8678246	2559034	2029683
1938	8245796	1846899	10092695	6826808	1990159	1275728
1939	13382723	1294388	14677211	10541143	2559209	1576859
1940	15727659	2280423	18008082	11309013	3467166	3231903
1941	20588781	2658530	23247311	13412005	5589332	4245974
1942	21999807	2239347	24239154	14358027	5729227	4151900
1943	19872042	2091488	21963530	13533513	5407424	3022593
1944	18451244	1946515	20397759	12612245	5380601	2404908

资料来源：佟哲晖：《战时华北矿业》，《社会科学杂志》1948年第1期，第15页。

交由石景山炼焦炭,亦供应日本需要。两厂运日比例为65%。日方以华北无烟煤补充日本、中国东北钢铁工业能源不足,“已完全达到了目的”。1942年,华北输出煤炭中无烟煤占95%,有烟煤约占5%。输出煤炭中对日本、中国东北运输量为7644574吨,超过总销售数量的30%,中用煤降至不足200万吨,比例不足10%。若考虑部分华北钢铁工业消耗,“为数至少在九百万吨以上”。铁路、军舰是日军侵华工具,“此种需要不能缩减”。在供给有限,刚性需求增加压力下,日军强制压缩中国民用煤,人为制造煤荒。煤炭销售结构的变化深刻揭示“华北煤炭对日本和中国东北输出量的激增,乃为日本人开发华北煤矿的最重要目的”。时人总结,“战时华北煤炭销路最重要的转变,便是对日输出(包含朝鲜)量增多,另外产生对东北输出及军用两项新的需要”①。

表2-57　华北煤斛销量统计(1936年、1938—1943年)　(单位:吨)

项目＼年份	1936	1938	1939	1940	1941	1942	1943
矿厂自用	406168	309409	511859	—	2266535	1859352	2142276
军用	—	125791	—	808766	990385	61834	979598
铁道用	1108845	834695	—	839140	1961633	2044502	2358862
船舶用	475000	10361	—	121979	381699	407315	272495
工厂用	—	3213175	—	4693784	1089040	2227355	2794907
民用	5257518	—	—	—	7410173	6808362	6089148
内地	1241330	1707492	3249961	4191826	4257921	4577357	3352862
朝鲜	—	—	—	—	540265	520014	363296
对东北输出	—	—	99990	381393	2061334	2547203	2800323
对华中输出	2610153	981592	1434405	1720491	1767862	1920072	1324557
其他	380494	83911	43635	903412	963124	770774	183181
总计*	11479508	7266426	13368722	13720791	23689971	24316719	22661505

注:*此处总计为修订后数据,原始表格1939年为13368722、1940年为13720791、1942年为24316719、1943年为22661500。

资料来源:佟哲晖:《战时华北矿业》,《社会科学杂志》1948年第1期,第21页。

① 佟哲晖:《社会经济统计若干问题研究》,东北财经大学出版社1998年版,第337页。

表 2-57 显示，伴随时间推移军用、朝鲜、对东北输出三项增速较快，原本居于优势的民用、内地、对华中输出比例逐渐降低。1936 年，华北地区属于中国军队控制区，前三者基本为零。随着华北主要煤矿沦陷与日军掠夺强度增大，军用煤出现迅速增加走势，太平洋战争前夕达到近 100 万吨规模。对朝鲜输出起步相对较迟，但第一年即达到 54 万吨。对东北输出与日本败局息息相关，在日本海军惨败情况下，东北用煤达到对华中输出 260%水平。除 3 项直接用于日本之外，其他项目中工厂用、铁道用、船舶用、矿厂自用基本服务于日方，甚至军方。对华中输出和内地用煤中同样存在日伪消耗。由此可见，华北煤炭绝大多数为日军使用。据统计，1942 年华北煤矿输出达到高峰，此后出现下降。1941 年，供应日本 20139000 吨，次年达到 20926000 吨。然则，1943 年降至 18775000 吨[①]。煤矿输出迅速降低表明伴随日军作战失败，资源控制力逐渐下降。1942 年后，日军丧失战争主动权，美军开始轰炸日本运输线。华北铁路运输、中日海运受到较大影响。

表 2-58 显示，1942 年，海陆运输达到 9564000 吨，次年骤然降低到不足 800 万吨，与 1941 年相比亦减少近 70 万吨。具体分析，海运比重亦呈现下降走势。1941 年，海运占 75%以上比重。1942 年海运比例超过 65%。然则，1943 年在运输总数降低情况下海运比重降至不足 50%。日本属于岛国，海运为重要运输方式。海运数量在一定程度上可作为煤炭输入日本参考数。海运总数降低表明在抗日战争节节胜利情况下，日

表 2-58　华北煤斛运输路线及输出量统计（1941—1943 年）（单位：吨）

项目＼年份	1941	1942	1943
海运	6627000	6020000	3815000
陆运	2000000	3544000	4165000
共计	8627000	9564000	7980000

资料来源：佟哲晖：《战时华北矿业》，《社会科学杂志》1948 年第 1 期，第 20 页。

① 佟哲晖：《战时华北矿业》，《社会科学杂志》1948 年第 1 期。

本对华北煤矿控制力减弱,被迫以中国东北、朝鲜为主要市场,本土能源来源逐渐减少。但是整体而言,在日军掠夺性政策下“华北煤荒虽日益严重,华中电力及工业用煤虽告奇缺,对日煤炭输出总没有受到显著的影响”①。

(二) 成效不彰的金属、非金属矿掠夺

与东北相似,煤、铁构成日军主要掠夺对象。“九一八事变”后,日军开始向华北铁矿渗透。北京附近石景山铁矿引起日方注意。日本驻张家口领事函电察哈尔省政府咨询该矿具体细节。日方声称“日满矿产株式会社”可支付工人工资和食物,实现中日合办。1936 年,伴随“华北事变”发生,日军加快侵略步伐,声称 2 月即开采铁矿,华北冀察政务委员迫于日方压力,宣布派陆宗舆接收矿区。1937 年 2 月,日本驻屯军再次致电中国 29 军军长宋哲元,要求中日合办石景山铁矿。

“七七事变”发生后,日军剥下合办假面具,以军队抢占石景山铁矿,交由“兴中公司”继续经营。1938 年 4 月,“兴中公司”成立石景山炼铁所,后被“华北开发公司”兼并。“华北开发公司”秉承日军要求,出资组建石景山制铁矿业所,从八幡制铁所运入器械,“遂完初步之建设”。太平洋战争爆发,日军加速石景山铁矿开采步伐除修复原有矿区外,增设 380 吨和 600 吨大型炉和部分配套设备,并增设部分炼钢机器。

华北铁矿产量以龙烟铁矿烟筒山居多。在华北产业开发第一次五年计划中,日方突出烟筒山铁矿地位,对其实行大规模开发。1939 年,伪“蒙疆政府”与华北开发公司合资组建龙烟铁矿股份有限公司。龙烟铁矿下辖烟筒山、庞家堡、三叉口等 6 个矿区,其中已开发矿仅有烟筒山、庞家堡 2 处。经勘测,庞家堡铁矿储量约 1 亿吨,含铁量 60%,潜力超过烟筒山。因此,日伪将开发重点迁至庞家堡。在此消彼长建设计划影响下,烟筒山铁矿石产量由 792168 吨降至 623302 吨。② 庞家堡矿区产量则由

---

① 陈真、姚洛、逄先知合编:《中国近代工业史资料》第 2 辑,生活·读书·新知三联书店 1957 年版,第 637 页。

② 佟哲晖:《战时华北矿业》,《社会科学杂志》1948 年第 1 期。

113221 吨增至 231701 吨。1940 年后，华北开发公司相继开发利国、定襄等铁矿。但是除金岭镇、庞家堡矿区外，其余各区产量相对较少，最多不过 5 万吨，少者仅 6000—7000 吨。1942 年之前，该矿产量占华北铁砂产量 80%以上。

伴随沦陷区扩大，日军开设铁矿区有所增加。原国民党政府西北实业公司、晋绥矿产测探局经营的定襄铁矿区、宁武铁矿区东山铁矿区被日方“兴中公司”取代，另成立“山西矿业股份有限公司”管理。1943 年，“华北开发公司”下设“华北探矿股份有限公司”专职开发司家营铁矿。“日本钢管株式会社”出资组成“日本钢管株式会社金岭镇矿业所”，开采山东金岭镇铁矿。江苏铜山县利国铁矿和河南武安铁矿则由该公司利国铁业所和华北采矿股份有限公司武安矿业继续开发。

与东北地区相比，华北金属矿产相对单一，战争急需的锰、钨、镍、岩土等矿产储量较少。日军虽然竭力发掘，但除金矿“产量加多两倍以上”外，其余金属矿产量较低。如镍探明储量仅 7000—8000 吨。重要战略资源钨矿沦陷区分布较少，为满足战争需要，日军在北京密云县一带发现矿脉。1939 年，日本高周波重工业会社、新新洋行、大华公司合资在密云开采钨矿。次年，“华北钨矿业株式会社”成立。该公司将华北钨矿企业进一步整合：（一）收购日本高周波重工业株式会社的所有权利。（二）参与新新公司矿区的经营。（三）关闭大华公司。（四）租才昭和矿业株式会社的矿区。（五）无偿征调三菱、九州等矿业会社矿区。① “华北钨矿业株式会社”基本控制华北钨矿。

大部分非金属矿，情况亦不乐观。岩土矿以山东、河北为主，但含铝量较低。萤石、石棉、云母、重晶石、黑铅等五种矿藏“都很有限”。日本公司估计开采寿命“多者可维持十余年，少者仅能延续三四年而已”。实践证明，日本公司所言不虚。兴和黑铅矿仅仅开采 3 年，1943 年即被迫停工。莱阳等黑铅矿区虽及时补充，但“矿坑的开闭变化太多，致使黑铅

① 佟哲晖：《社会经济统计若干问题研究》，东北财经大学出版社 1998 年版，第 339 页。

产量的变动上下不定”①。山东等地盐场因产量丰富,为日军所觊觎,成为“日本所规定的统制事业之一”。日军成立3大盐业公司分别管理主要盐场。华北盐业公司掌控长芦盐场,山东盐业公司管理山东产盐区,华中盐业公司则负责海州产盐区。各公司成立后,“未闻有何增产计划,但闻对日输出盐年达百万吨之巨”②,山东盐业公司在减产50%,仅产盐14万吨情况下,依然保持对日输出12万吨。

石灰岩、石膏等非战略资源增速较快。唐山为重要石灰岩产区,产量占华北地区的50%。随着日军建筑增加,石灰岩产量日益扩大1939—1944年“产量增多95%”。石膏和磷灰石属化肥原料。日军在华北推行农业殖民政策,肥料用量增加。1940年,日伪紧急开发阳曲石膏矿,造成1940年后磷灰石产量增加35%,石膏增幅达180%。

鉴于以战养战政策,日军严格控制华北矿产销售,以满足日本需要和军需为重点。战争后期,因制海权逐渐为美军掌握,华北和东北成为主要销售市场。战争初期,除铁矿和建筑材料石灰岩等矿产外,8种矿产98%运往日本。1938—1942年,铁矿对日本以输出为主,一度高达总产量的82%。其后因太平洋战争迅速减少,转以东北为主要市场。锰矿则以供应东北地区为主。1944年,东北消耗量占华北产量的97%。虽然日军在华北建设房屋增加,但东北依然构成主要输入地,1944年华北石膏产量的67%供应东北。华北地区主要矿产除金、镍等少数矿产外,“全部的或大部的输往东北和日本”③,如表2-59所示。

表2-59 华北矿产输日统计(1938—1944年) (单位:吨)

项目 \ 年份			1938	1939	1940	1941	1942	1943	1944
铁砂	输出	日本	105978	111497	303376	471075	492075	80918	102418
		东北	—	—	—	—	363864	622353	358351
	华北本地销售		—	119977	172380	102194	182672	423967	534829

① 佟哲晖:《战时华北矿业》,《社会科学杂志》1948年第1期,第38页。

② 郑伯彬:《日本侵占区之经济》,资源委员会经济研究室1945年版,第73页。

③ 佟哲晖:《战时华北矿业》,《社会科学杂志》1948年第1期,第38页。

续表

项目		年份	1938	1939	1940	1941	1942	1943	1944
锰砂	输出	日本	—	—	—	—	1551	—	—
		东北	—	—	1573	2293	3076	9388	8850
	华北本地销售		—	—	—	1131	2017	1380	279
金	华北本地销售		—	—	94771	101685	79379	—	—
钨砂	输出	日本	—	—	187	133	115	12	1
	华北本地销售		—	—	—	—	—	—	3
岩土	输出	日本	—	169955	150669	174876	183579	171292	213888
		韩国	—	—	—	—	—	—	66415
		东北	—	—	—	—	—	—	23492
	华北本地销售		—	475	760	5167	—	—	12259
镍砂	华北本地销售		—	—	625	926	999	—	—
萤石	输出	日本	1840	7588	7643	8960	16942	19856	—
		东北	—	662	180	—	—	—	—
	华北本地销售		—	30	269	203	179	173	—
石棉	输出	日本	—	26	227	780	2114	2871	—
云母	输出	日本	—	—	—	27	47	126	—
重晶石	输出	日本	—	—	1206	6635	4219	2163	—
		华中	—	—	—	—	30	180	—
黑铅（鳞状）	输出	日本	—	—	—	44	37	6	30
	华北当地销售		—	—	—	—	—	—	58
石灰岩	华北当地销售		—	342965	538430	503652	623387	643364	670947
磷灰石	输出	日本	—	—	35119	64580	86150	55220	80297
		韩国	—	—	—	—	—	—	1080
		东北	—	—	—	—	—	—	440
	华北当地销售		—	—	—	—	—	—	45
石膏	输出	韩国	—	—	—	—	—	2004	6224
		东北	—	—	—	—	42000	61027	40236
		华中	—	—	—	—	—	89	1005
	华北当地销售		—	—	—	—	6610	4719	12267

资料来源：佟哲晖：《战时华北矿业》，《社会科学杂志》1948 年第 1 期，第 40 页。

华北矿业输出地表明日本在华北经济计划核心在于以战养战,掠夺中国资源发展日本经济。从矿业供应情况分析,尽管受到中国军队抵抗和美军海面封锁,然则,“从华北搜刮去这样多的煤、锰、铁、钨和岩土等矿产资源的一点来说,不能不说他们亦达到了侵掠的目的”①。

与煤矿生产趋势相近,各种金属矿、非金属矿生产以 1942 年为顶峰,出现增长与下降走势。战争前期,因日军进攻中国矿业遭到破坏和冲击,国民党政府军撤走时多破坏矿业或迁走机器,造成生产下降。伴随日军以战养战掠夺政策实施,矿业生产有所扩大。1941 年太平洋战争爆发后,日军由盛转衰,逐渐步入战败境地,自然无力经营矿业,如表 2-60 所示。

表 2-60　华北其他矿产量统计(1938—1944 年)

(单位:吨,金为公斤)

矿业名称 \ 年份		1938	1939	1940	1941	1942	1943	1944
铁类	铁砂	244146	350602	511988	743104	1089992	1336787	1190238
	锰砂	—	1255	9386	12599	13083	17050	13009
	镍砂	—	—	624	926	999	—	—
	钨砂	—	—	184	133	113	24	64
非铁金属	金	—	—	80	107	70	185	250
轻金属矿物	岩土	151055	172742	192053	290307	145720	328124	754775
同属于轻金属矿物	萤石	—	—	—	16240	18433	26137	12552
工业原料矿物	石棉	—	16	332	928	2660	3783	—
	云母	—	—	—	28	51	125	—
	重晶石	—	—	3453	4401	10521	2715	1505
	黑铅	—	—	16	44	37	20	93
	石灰岩	—	342965	538430	503652	623387	643364	670947

① 佟哲晖:《战时华北矿业》,《社会科学杂志》1948 年第 1 期。

续表

矿业名称 \ 年份		1938	1939	1940	1941	1942	1943	1944
肥料矿物	磷灰石	—	—	56151	43442	83442	75953	72592
	石膏	—	1500	40000	—	48610	113088	90751

资料来源:佟哲晖:《战时华北矿业》,《社会科学杂志》1948 年第 1 期,第 37 页。

(三) 仓促劫掠——华中地区矿业“开发”

“华北开发公司”成立之时,“华中振兴公司”组建,但因中国军队顽强抵抗,该公司“辖地较小”。武汉会战后,华中、华东部分地区为日军控制,“华中振兴公司”辐射范围有所增加。与华北不同,华东、华中地区列强权力犬牙交错,“华中振兴公司”使命在掠夺之外,另有发展经济任务。

“华中振兴公司”计划在“三年内恢复事变前水平”。日军对华中经济计划相对东北、华北缓慢,根本原因在于华中地区列强干预程度较大,且距离前线较近,难以放手掠夺。因此,华中地区投资中公共事业占据主导地位,矿业降为从属位置。1938 年,矿业投入约占总投资的 5.6%,与华北、东北相比差距明显。

1938 年 4 月,日本以 1 亿日元资金注册成立“华中振兴公司”。公司本部设于上海,东京另开分部。“华中振兴公司”统制交通、矿业等领域。为鼓励民间资本参与掠夺,日本政府宣布民间股东股息拥有部分优先分派权。为确保盈余,日本政府在公司成立前五年中给予一定补贴。“华中振兴公司”发行债券,官方承担还本付息义务。在日本政府鼓动下,“华中振兴公司”成立时获得实缴资本 3100 余万日元,其中民间出资 1250 万日元。

“华中振兴公司”下辖“华中矿业股份有限公司”主要负责华中地区矿业开采。华中地区铁矿资源相对丰富,大冶、繁昌等地铁矿战前即出口日本。1938 年“华中振兴公司”联合“日本钢管公司”“兴中公司”共同出资 1000 万日元组建“华中铁矿公司”。次年,因沦陷区扩大,日军急于开采各种矿产,将“华中铁矿公司”改为“华中矿业股份有限公司”。

“华中矿业股份有限公司”以满足日本需要为主要目标,将马鞍山铁矿等旧矿陆续复工。1939 年后,受日军南进战略影响,公司决定加快华中铁矿等资源掠夺步伐。当年“华中矿业股份有限公司”铁矿产量达到 1934 年水平。1941 年为 1458000 吨,为 1934 年水平 3 倍。①

受资本限制,“华中振兴公司”麾下矿业发展相对东北、华北较慢。为满足军需,日方企图扩大淮南、大通煤矿生产。1939 年,“三菱矿业”“三井矿山”“华中振兴公司”共同出资组建“淮南煤矿股份有限公司”。在日军掠夺性计划推动下,淮南煤矿产量一度超过历史最高值,但伴随日军战局失利,逐渐开始下滑,第二次计划基本落空,如表 2-61 所示。

表 2-61　淮南煤矿产煤计划和实际对比　(单位:千吨)

计划 年份	第一次计划	第二次计划	实际产量
1934	—	—	405
1939	82	—	144
1940	430	—	431
1941	830	750	776
1942	1200	925	896
1943	1600	1100	878

资料来源:[日]浅田乔二等:《1937—1945 日本在中国沦陷区的经济掠夺》,袁愈佺译,复旦大学出版社 1997 年版,第 142 页。

淮南大通煤矿之外,“华中振兴公司”对其他铁矿亦加快掠夺步伐。1937 年,日军攻陷凤凰山铁矿后开发进度较慢。1939 年 7 月,“华中振兴

① 王士花:《“开发”与掠夺:抗日战争时期日本在华北华中沦陷区的经济统制》,中国社会科学出版社 1998 年版,第 33 页。

公司”造秣陵关设立办事处，计划利用凤凰山铁矿炼铁和开矿。次年，“华中振兴公司”即完成凤凰山至采石矶轻便铁路和8栋职工住宅，并将皖南部分矿山划入矿区，其入实行规模经济。“华中矿业股份有限公司”下辖企业以供应日本军需为主要目标。1941年，“华中铁矿公司”对日输出达到200万吨①。

第四节　日本侵略者的劫夺、破坏和工矿业损失

日本野蛮的军事侵略与长达14年的浩劫使中国社会、经济遭到重大损失。在造成中国人民伤亡数千万之时，工业破坏尤为严重。从大历史角度分析，日本侵略打断中国工业发展的良好趋势，造成中国工业化停滞与挫折。

国民党政府建立之后，中国工矿业获得较快发展，长三角地区甚至出现少数亚洲级工厂。“八一三事变”后，日本军队空袭长江中下游地区，工业区相继遭到轰炸。伴随淞沪会战战事打响，上海主要工业区沦为战场，部分工厂毁于战火或日军劫掠。与此同时，太原会战、徐州会战陆续打响，次工业区亦难免劫难。根据战后统计，战争期间中国工矿业损失超过40亿美元（1937年币值）。具体而言，工业（不含电力）直接经济损失1419793388美元，间接经济损失1041163812美元，共计2460957200美元。矿业直接经济损失266301098美元，间接经济损失55060962美元，共计321362060美元。相对独立的电力行业损失215561428美元。

从动力、产量、职工人数等具体方面统计，工矿业损失更加惨重。

① 王士花：《“开发”与掠夺：抗日战争时期日本在华北华中沦陷区的经济统制》，中国社会科学出版社1998年版，第33页。

1946年,矿业厂家虽然达到1936年的2倍,但职工人数却由27750人降至12000人,表明生产走向小型化。主要重工业产品如机械、电力等行业产量约为战前的20%—30%,甚至不足10%,充分反映战争对重工业的冲击。

日军对中国工矿业的破坏不仅局限于战火,其掠夺行为更令人发指。日伪在沦陷区以军管理、委托经营为手段对中国工矿业进行变相掠夺。日军借口敌方财产将国民党政府官营工厂予以没收,部分私人企业亦被查封。沦陷区工矿业企业基本被日本控制,成为其侵略战争的工具。

轻工业与战争关联相对较低,但在日军贪欲促动下依然在劫难逃。棉纺织业作为少有的中国商人与外商分庭抗礼的行业,成为日军首先掠夺的目标。尽管国民党政府有计划内迁,但是因战势急转直下,长三角地区、华北地区大部分棉纺织业设备毁于战火或被双方有计划地破坏。太平洋战争爆发后,公共租界内的华商工厂和英美企业被日军直接没收。在日军劫掠下,沦陷区纺织业产量降至战前2/3。当华商和英美商人因战争挣扎之时,日本商人则在刺刀护卫下取得压倒性优势。棉纺织业中,日资占据产能80%份额。机器造纸业因中国企业内迁和损坏,日本工厂逐渐占据主导。

除日军直接破坏之外,统制政策进一步加速沦陷区轻工业衰落。火柴业为居民日常所需,本应具有较大市场。然日伪将火柴纳入"联营"范畴,造成产量一路下降到战前的20%以下,大中华等华商企业亏损日渐增加。伪"满洲国"完全统制的火柴业因原料短缺生产困难。

为保障日伪军粮供应,面粉业本身和上游原料长期处于日军掌控中,且控制措施日益严格。在各个沦陷区,日伪以清理不良商人和组建公会为名将大批华商清理出统制商户范围,迫使其因缺乏原料和市场而破产。在日伪压迫下,沦陷区面粉、纱布等主要轻工业品降至战前的10%以下。

关于日本全面侵华战争对中国经济,包括工矿业生产及资源造成的破坏和损失,在1931年抗战局部爆发后,无论是官方的上海市社会局还是学者，都对“九一八事变”和“一·二八事变”期间的战争损失进行过调研。全面抗战爆发后，1938年11月，黄炎培等参政员在第一届国民参政会第二次大会上，就首次郑重地提出提案，建议政府设立抗战公私损失调查委员会，对战争损失加以调查。1940年，国民党中央调查统计局特种经济调查处李超英编撰的《四年之倭寇经济侵略》，对上海等沦陷区的经济损失有较详细披露。自1939年起“国立中央研究院社会科学研究所”①就在陶孟和所长带领下开展“抗战损失研究和估计”的调研，1939年公布了《中国抗战损失问题研究报告》②，又编纂了《沦陷区经济概览》，1941年该所研究员潘嘉林写出《抗战三年我公私损失初步估计》，可惜未出版。1946年该所研究员韩启桐发表《中国对日战争损失之估计：1937—1943》，成为对抗战时期经济和财产损失进行学术研究的开山之作。社会科学研究所的调研原则也多为政府部门所采用。新时期，台湾学者迟景德所著《中国对日抗战损失调查史述》由台湾“国史馆”出版印行（1987年），这是战后关于日本全面侵华战争致中国财产损失研究的第一部著作，孟国祥、喻德文合著的《中国抗战损失与战后索赔始末》（1995年）是大陆学者研究中国因日本全面侵华战争导致损失的第一部专门著作，袁成毅所著《中日间的战争赔偿问题》（1999年）也涉及日本全面侵华战争致中国财产损失的问题。③ 到2015年抗日战争胜利70周年前后，相关成果更是层出不穷。

1939年7月，国民党政府行政院正式颁布了《抗战损失调查办法》及《查报须知》，通令全国中央机关及各省、市、县政府分别调查，每三个月上报一次，并指定由主计处审核汇编所有调查资料。抗战后期，1944年2月行政院成立了直属的“抗战损失调查委员会”，1946年11月改称“行政

---

① 现中国社会科学院经济研究所前身。

② 中央党史研究室第一研究部、中国第二历史档案馆编：《国民政府档案中有关抗日战争时期人口伤亡和财产损失资料选编》第1册，中共党史出版社2014年版，第157—237页。报告分13章，估计了“商业金融业损失”7732612000元，农、林、畜、矿、手工业等“重要产业”的产品损失4832847000元，以及文化、交通机关等损失合计为116436678000元，但未专门对工业及其产品损失进行单独估计。

③ 袁成毅：《关于中国抗战损失研究中的几个问题》，《抗日战争研究》2008年第2期。

院赔偿委员会”。1945年抗战损失调查委员会拟定了9项抗战损失(中国因日本全面侵华战争而损失)调查要点,在全国范围内大规模地开展抗战损失调查。

国民党政府行政院进行的是全国性人口伤亡、财产损失的综合统计,除主计处自1941年起至1944年每年汇编各地上报材料、出版一本统计报告(1943年1月和7月有两本)外,于1946年8月汇编了《全国公私财产损失统计表》,1947年5月在第四届国民参政会第三次大会上报告了

表2-62　国民党政府行政院调查日本全面侵华战争致中国损失综合统计

(单位:1937年币值:美元)

损失价值 损失类别	1946年8月11日《全国公私财产损失统计表》(1937年美元价值)	国民参政会大会上行政院工作报告有关抗战损失部分报告(1947年5月)
工商矿业及动力 其中　工业 商业 矿业 金融业	128359718 45606976 74562055 239414 7951271	4053647000
直接损失总计	未划分	31330136000
资源减损(间接)	7019869065	6485741000
直接损失、间接损失与战费损失总计	318.22亿	559.4亿

资料来源:1.《国民政府档案中有关抗日战争时期人口伤亡和财产损失资料选编》第1册,中共党史出版社2014年版,第384页,其中工业、商业、矿业“系根据中央及地方机关报送直接损失之资料”。“资源减损”,系“根据中央及地方机关查报之间接损失包括可能生产及盈利额之减少”。

2.《国民政府档案中有关抗日战争时期人口伤亡和财产损失资料选编》第1册,中共党史出版社2014年版,第386页,但该处总计直接损失,疑误写为30030136000。中国第二历史档案馆编:《中华民国档案资料汇编》第5辑第3编外交,江苏古籍出版社2000年版,第231—232页。

3. 本表是原统计表的简化。“以上各项损失数字,系以东北各省市及台湾以外之中国领土为限,共军占领区亦未计划在内”,见《国民政府档案中有关抗日战争时期人口伤亡和财产损失资料选编》第1册,中共党史出版社2014年版,第387页。

“抗战损失”报告。表 2-62 仅取其工矿业和动力工业的数值和直接损失、资源损失(部分间接损失)及合计数值,以为参照。

此外,国民党政府驻日本“赔偿及归还物资接收委员会”主任吴半农在写于 1949 年 9 月的《中国驻日代表团劫物归还与赔偿工作综述》“绪言”中,提出日本全面侵华战争致中国财产损失 620 亿美元的说法,并被广为引用。国民党政府调查统计战争损失得出了若干数值,为后世提供了借鉴。在此过程中,主计处、外交部、财政部等有关人员在 1946 年 8 月 5 日开会商讨,就抗战财产实报损失的折合方法达成共识:以抗战期间历年 9 月重庆销售物价指数平均数,除以抗战期间历年实报损失之价值,而得 1937 年 7 月法币价值(7 月 7 日),再以当时美元与法币比价(1∶3.39)折合美元,如原报为美元者不再另行折合;计算损失时期自 1937 年 7 月 7 日起至 1945 年 9 月 2 日日本签投降书为止。[①] 这几条原则性意见,对于后世再开展调研具有奠基性的重要意义。

日本全面侵华战争致中国财产损失的最新调查研究。中共中央党史研究室自 2004 年开始,组织全国党史部门和其他单位有关人员,对“抗日战争时期中国人口伤亡和财产损失”情况进行大规模的调研。调研历时 10 年,有 60 万人先后参与。项目有 9 项主要调研内容,其中第一项是“各个省、自治区、直辖市在抗战中的人口伤亡和财产损失情况”。[②]

《抗日战争时期中国人口伤亡和财产损失》系列调研丛书已于 2014 年和 2015 年由中共党史出版社分别出版两批。与日本全面侵华战争致中国财产损失直接有关的,有《国民政府档案中有关抗日战争时期人口伤亡和财产损失资料选编》3 册,《抗日战争时期八路军人员伤亡和财产损失档案选编》5 册,《抗战时期海外华侨人口伤亡和财产损失》,《抗战时期解放区人口伤亡和财产损失档案选编》《抗日战争时期中国人口伤

① 《抗战损失调查委员会全国人民伤亡和抗战损失项目说明》(1946 年 8 月 5 日),中国第二历史档案馆馆藏档案,卷号二(2)-2652。

② 中国共产党历史网:《抗日战争时期中国人口伤亡和财产损失专题》,见 http://www.zgdsw.org.cn/GB/391267,2014 年 10 月至 2016 年 1 月。

亡和财产损失》调研丛书,分为A、B两个系列,分别涉及省、自治区、直辖市级或以下的行政级别,总数预计300册。

中共中央党史研究室的这项重大调研,是新中国成立以来关于日本全面侵华战争致中国损失的最大规模的调研项目。调研指出,中国因日本全面侵华战争导致损失:军民伤亡3500万人,(以1937年法币值折算)直接经济损失1000亿美元,间接经济损失5000亿美元;日本侵略者"以战养战",疯狂掠夺中国资源与财富;日本侵华战争打断了中国的工业化进程。

一、重工业和化学工业生产及资源的破坏和损失

经过1927年以来的建设时期,抗战前中国新式工矿业获得了长足的发展,分布上尤其集中于沿海沿江地带。据国民党政府中央工厂检查处1935年统计,上海作为最大的工业中心,有工厂5480家,占全国工厂总数一半以上。"七七事变"后平津两地工厂完全陷于敌手,"八一三事变"中,上海的江湾、闸北、虹口等工业集中地区沦为战场,工厂多受炮火摧毁,上海市社会局1937年11月5日及10日电告,被毁工厂2998家,资产损失564535392元。[①] 随着战事蔓延,不但上海腹地无锡、南通等地,而且太原、杭州、广州、武汉等主要工业区陆续陷落,遭到严重破坏和大肆掠夺。[②]

(一)工矿业损失总量

在战后国民党政府的战争损失调查统计中,"工商矿业及动力"类损失超过40亿美元(1937年7月币值)(见表2-62国民党政府行政院调查日本全面侵华战争致中国损失综合统计),其中工业损失占有一定比重。战后伊始的1946年,学术界对战争损失的调查研究著作中,对

① 于彤:《抗战时期中国工业损失状况部分统计》,《历史档案》1990年第2期。

② 李超英:《四年之倭寇经济侵略》,国民党中央调查统计局特种经济调查处编印1940年版,第119页。

工业损失有所估计。

表 2-63　日本全面侵华战争致中国工业损失估计(1937—1943 年)

(单位:1937 年 7 月法币千元)

项目 地区	资本	资产	资产损失	损失程度(%)
黄河流域	110829	297305	99171	33
长江流域	279498	756070	294089	39
上海	105819	292060	151768	52
南京	10986	30321	24248	80
武汉	51366	142769	16673	12
珠江流域	56798	155963	47083	30
总计	447125	1209338	440343	36

资料来源:韩启桐:《中国对日战争损失之估计:1937—1943》,中华书局 1946 年版,第 32—33 页。

由表 2-63 可见,工业损失近 21 亿元,"损失程度"一般超过三成,其数值可视为基本估计,还要考虑到:(1)当时国民党政府开展的各地因日本全面侵华战争所致损失调查仍在汇集报告;(2)未包括 1931 年"九一八事变"以来损失;(3)未包括中国共产党领导的敌后根据地相关损失。与官方报告中的"工商矿业及动力"类工业损失逾 40 亿美元的估计一样,都是偏下限的相对数值。

国民党政府经济部主要进行的是"经济事业"(工商矿业)损失的统计。1939 年 3 月汇编了《战区工厂损失调查》表,涉及工矿业各个行业。1943 年 10 月和 12 月形成和修正了《战时经济事业财产损失统计》表。1946 年 1 月汇编了《战时经济损失统计》表,7 月编出了《抗战前后全国工厂损益统计》系列表。1946 年整理了《经济部所属上海区民营机器电机厂在 1937 年以前成立未及内迁而遭受损失者名单》。至 1947 年 12 月,汇编出最后的《战时经济事业财产损失统计》系列表,反映了工商矿业所受各项损失。

由表2-64可见,日本全面侵华战争导致中国工商矿业损失共计229亿元,约合近67.7亿美元,其中工矿业(含电业)合计101亿元合29.9亿美元,直接损失61亿元合18.1亿美元;电力工业损失超过7亿元合2.1亿美元。

表2-64 日本全面侵华战争致中国工商矿业财产损失统计

(单位:1937年7月法币、美元)

损失 类别	总计		直接损失		间接损失	
	法币	美元	法币	美元	法币	美元
工业	8342644909	2460957200	4813099585	1419793388	3529545324	1041163812
矿业	1089417383	321362060	902760721	266301098	186656662	55060962
电业	730753241	215561428	420903428	124160303	309849813	91401125
商业	12785245361	3771458808	7238612917	2135284046	5546632444	1636174762
总计	22948060894	6769339496	13375376651	3945538835	9572684243	2823800661

资料来源:经济部统计处编:《战时经济事业财产损失统计》系列表,见中央党史研究室第一研究部、中国第二历史档案馆编:《国民政府档案中有关抗日战争时期人口伤亡和财产损失资料选编》第2册,中共党史出版社2014年版,第600页。表内数值不包括东北地区、台湾,不包括中国共产党控制的根据地。

(二)工矿业直接损失概况

据国民党政府经济部1937年7月至1945年8月统计数字,工业直接损失见表2-65。

表 2-65　日本全面侵华战争致中国工业直接损失统计

（单位:1937 年 7 月法币元）

类别	项目	原送估计数	修正数
食品工业	碾米	16308000	40462000
	面粉	244720000	391552000
	制糖	118253000	141894000
	制茶	110082000	165123000
	酿造	28539000	57078000
	制蛋	69309000	103964000
	汽水	4077033	9611500
	总计	591288033	909684500
纺织工业	棉纺织	542090808	984181600
	毛纺织	11956123	43913000
	缫丝丝织	47982350	95964700
	印染整理	7399935	24799870
	总计	609429216	1148859170
冶炼工业		173482920	346965840
酸碱盐业	造酸	36425220	75850440
	造碱	21923200	53846400
	盐类	17332688	44665000
	总计	75681108	174361840
颜料及染料工业		822000	2644000
油脂工业	榨油	64532040	139064080
	烛皂	70288003	140598000
	油漆	原未列	3625000
	总计	134820043	283287080

类别	项目	原送估计数	修正数
造纸工业	机器造纸	115324700	230649400
	手工造纸	89610100	179220200
	总计	204934800	409869600
皮革工业	制革	25234134	50468268
	毛皮	5001000	12002000
	总计	30235134	62470268
火柴工业		48506400	97012800
机械工业	机器	45529900	141059800
	五金	23476300	96952600
	翻砂	2134300	12268600
	总计	71140500	250281000
印刷工业		100502988	201055976
服装工业		114208407	171312620
窑瓷工业	陶瓷	18013030	36026060
	玻璃	19230100	38460200
	水泥	90822210	181644420
	搪瓷	7532007	15064014
	总计	135597347	271194694
烟草工业		382079700	482079700
累计		2672738596	4811029088

资料来源:1. 据国民党政府经济部 1937 年 7 月至 1945 年 8 月统计数字编制。金额法币按 1937 年 7 月时价折算。见于彤:《抗战时期中国工业损失状况部分统计》,《历史档案》1990 年第 2 期。

2.《国民政府档案中有关抗日战争时期人口伤亡和财产损失资料选编》第 1 册,中共党史出版社 2014 年版,第 448—449 页;经济部统计处编:《战时经济事业财产损失统计》之附表 1 战时工业直接损失估价表,见《国民政府档案中有关抗日战争时期人口伤亡和财产损失资料选编》第 2 册,中共党史出版社 2014 年版,第 607—608 页,该表印刷工业损失数略增,致损失总计微增至 4813099585 元。

3. 表内数值不包括东北地区、台湾,不包括中国共产党控制的根据地。

由表2-65可见,(1)累计损失修正数为原送估计数的180%,说明随着报送时间延后,损失数还将增加。(2)从原送估计数到修正数,大多工业行业数值直接增加100%,冶炼工业、造纸工业、机械工业、皮革工业、火柴工业、印刷工业、窑瓷工业均为直接翻倍计。说明损失数值在调查中以估计为主,并非精确之数。(3)本节涉及的重工业、化学工业在工业损失中占比较大,如机器制造业(机械工业)损失2.5亿元,水泥制造业损失1.8亿元,基础化学工业(酸碱盐业)损失1.7亿元,日用化工(烛皂、油漆、制革等)有损失,冶炼工业含有色金属冶金工业损失近3.5亿元。电力和电机、电器工业未计入。据国民党政府经济部1945年10月调查报告,反映电力工业损失,见表2-15。

由表2-15可见,51家电力工业公司和工厂直接损失43329000元,也当以大概数值看待。其中损失严重、超过100万元的电厂11家,也是沦陷区原来的本国电力工业的支柱企业。

(三) 工矿业间接损失概况

1946年7月另一份损失统计,详细开列了全国工矿业厂在资本、职工数、动力设备、主要工具机、作业机和产量等主要方面,1936年到1946年(1—6月)的损益情况,以说明工矿业损失。表2-66可见资本和职工数情况。

表2-66 抗战前后全国工厂损益统计之工矿厂场资本及职工数统计(1936年、1946年1—6月)

业别 \ 项目	1936年				1946年1—6月			
	厂数	资本数战前币值千元	职员	工人	厂数	资本数千元	职员	工人
1. 电气事业	140	—	—	—	64	—	—	—
2. 矿业	2000	500000	27750	30750	4100	115000000	12000	240000
3. 冶炼业	23	13216	492	7082	184	935299	5468	51326
4. 机器业	986	26913	3812	35186	1033	1514035	8168	47437
5. 五金业	272	441465	1654	12600	257	469748	2249	10898

续表

项目 业别	1936 年				1946 年 1—6 月			
	厂数	资本数战前币值千元	职员	工人	厂数	资本数千元	职员	工人
6. 电器业	133	5696	1112	9256	132	283208	1754	7740
7. 化学业	1147	146160	12306	96646	1792	3935492	22030	97468
8. 纺织业	1960	340074	30930	516922	924	2579212	11188	104278
9. 服饰业	902	13449	6932	60352	140	122751	1230	8289
10. 饮食业	2071	150133	16524	72042	943	2114640	7924	26012
11. 印刷文具业	354	52724	2954	20340	134	269726	1603	8512
12. 杂项业	3112	44446	2254	19488	246	763167	2522	12460
总计	13100	1734276	106720	1464914	9949	127987278 折合战前币值千元 373141	76154	614420

注:1. 表中矿业职员数 615000 显然不确,据总数与各分项核算为 27750;

2. 资本数 1946 年为时值,按照编者折算币值办法,战争时期各年平均物价指数 343 倍为二者比例(《国民政府档案中有关抗日战争时期人口伤亡和财产损失资料选编》第 2 册,中共党史出版社 2014 年版,第 579 页),表中 1946 年资本数值应除以 343 以折合为 1936 年数值看待损益情况。

资料来源:《国民政府档案中有关抗日战争时期人口伤亡和财产损失资料选编》第 2 册,中共中央党校出版社 2014 年版,第 580 页。原表说明:1. 电气事业之资本及职工人数不明,其在 1936 年之厂数容量少于 50 千瓦者未经列入;2. 表列数字包括民营与国营;3. 东北地区及台湾未包括在内。

国民党政府经济部对 1936 年、1946 年即抗日战争前后全国工矿业产品产量的统计,也能说明问题。表 2-67 中 25 项工矿业主要产品的产量,除工具机、电动机有所增加外,大部分呈大幅度下降状况。面粉、纱、布等轻纺工业产品产量,不及战前 1/10;重化工业中,电力工业、矿冶业产品、机械工业、日用化工产量,多数仅为战前二三成。水泥工业不及 1/10,化学工业之酸碱产品产量更是不到战前产量的零头。与资本、职工数的损益统计相互参照,这充分反映了工矿业在遭受直接破坏和损失后导致的长期的间接损失的程度。

表 2-67 全国主要工矿产品产量统计(1936 年、1946 年)

品名	单位	1936 年	1946 年(1—6 月)
电力	千度	2445337	748494
煤	公吨	26225000	5922000
生铁	公吨	136950	25000
钢	公吨	50000	5000
钨	公吨	9763	530
精粗铜	公吨	294	291
锡	公吨	12954	1013
汞	公吨	58.80	56
纯锑	公吨	15000	2673
动力机	部	995	107
工具机	部	416	619
作业机	部	31727	1345
电动机	部	22	149
变压器	K.V.A	44200	7113
硝酸	箱	26210065	743
硫酸	箱	1596377071	2733
盐酸	箱	110502343	7055
碱	市担	1947454	65820
皮革	公斤	9028679	4764600
纸	令	6059842	195000
水泥	桶	6445052	255486
漂白粉	公吨	1326	703
厂布	匹	42823541	7692858
纱	件	3188367	180000
面粉	千袋	156216	6790

资料来源:《国民政府档案中有关抗日战争时期人口伤亡和财产损失资料选编》第 2 册,中共党史出版社 2014 年版,第 586—587 页。原表部分说明:1. 1946 年工业产品数字,其中民营工业部分系按 1945 年度产量数字估计;2. 东北地区及台湾未包括在内。

日本侵略者的经济掠夺,也是日本全面侵华战争致中国损失的内容。在华北、华中和华南,包括沿海沿江主要工业区,日本侵略者的主要掠夺手段有两种："军管理"和"委任经营"。[①] 战时调研所限，华南地区尤其是广州的工厂落入敌手的多未计入，也未关注到"台湾拓殖株式会社"对广东、海南华商工厂等经济资源的掠夺和榨取。[②]

东北地区，1931 年以前工业不发达，产业以铁路运输业为大宗，其他以老三行即油房、磨房、烧锅为主，逐渐采用机器和机械动力。[③] 矿业则主要归入官营的奉系资本。日本侵略者掠夺的除金融业外主要是铁路等产业，并把矿业纳入其掠夺性投资范围。这方面内容，在伪"满洲国"和关内沦陷区的工矿业章节中，将细述日本侵略者对重工业和化学工业的侵占和掠夺。

二、轻工业生产及资源的破坏和损失

棉纺织业是中国近代工业中重要的工业部门之一，据刘大钧等人统计，在中国近代工业中，无论是资产总值还是雇工总人数中，棉纺织业均占据 1/3 以上的比重。战前中国棉纺织业迭遭自然灾害（如 1931 年长江大水灾）和日本对华军事侵略影响，如 1931 年"九一八事变"和 1932 年"一·二八事变"，以及 1929 年以来全球经济大萧条等内外因素的影响和打击，棉纺织业发展不无波折，但总体上仍保持一定的发展势头。抗战前夕，中国棉产量自 1932 年的 900 余万市担增至 1936 年的 1600 余万市担，全国共有纱锭 550 万枚，织机 64000 余台，花纱布对外贸易由过去的入超一跃而为出超 1700 万元。[④] 尽管日本在华棉纺织工厂的技术设备、经营管理、产品质量与盈利方面较诸华商略占优势，但总体而言，华商在战前发展势头较为乐观，在全国棉纺织中所占比重已与

① 李超英：《四年之倭寇经济侵略》，国民党中央调查统计局特种经济调查处编印 1940 年。

② 王键：《抗战时期台湾拓殖株式会社对广东、海南的经济侵掠》，《近代史研究》2011 年第 2 期。

③ 东北三省中国经济史学会等编：《东北地区资本主义发展史研究》，黑龙江人民出版社 1987 年版，第 28 页。许涤新、吴承明主编：《中国资本主义发展史》第 3 卷，人民出版社 1993 年版，第 384 页。

④ 谭熙鸿主编：《十年来之中国经济》，中华书局 1948 年版，第 3 页。

外商大体相当。

"七七事变"爆发后,抗日战争战场由一隅蔓延全国。为增强战争潜力,国民党政府及工商各界人士遂力图将沿海各省棉纺织厂迁往内地,以避免损失,维持生产。但因战前中国棉纺织业高度集中于沿海各省区,上海等地沦陷较快。同时,因国内交通落后,加之有关人员观望徘徊,搬迁工作虽然取得部分成绩,却未能充分有效进行。国内各主要棉纺织业集中的城市或地区,如天津、济南、青岛、太原、上海、无锡、常州、武汉、广州相继失守,绝大多数工厂沦入敌手,仅约十万枚纱锭、数百台织机迁入后方。受战争影响,中国民族棉纺织业损失较重,如表2-68、表2-69所示。

表2-68　华商棉纺织厂战时在沦陷区损失统计　(单位:锤;台)

省别	地名	厂名	损失纱锭数	损失布机数
河北	天津	裕大纱厂	42720	—
	唐山	华新纱厂	28800	500
	石家庄	大兴织染	30144	500
山东	济南	仁丰织染	15384	240
		成通纺织	18000	—
		成大纺织	28016	—
山西	太原	晋生织染	6000	252
	榆次	晋华纺织	42496	480
	祁县	祁县织染	—	200
	新绛	雍裕纺织	8920	168
		大益成纺织	19520	404
河南	汲县	华新纺织	24400	—
	安阳	广益纱厂	25824	—
	武陟	钜兴纱厂	6592	—

续表

省别	地名	厂名	损失纱锭数	损失布机数
上海		恒丰纺织	54544	614
		申新第一	72476	1387
		申新第五	62308	—
		申新第六	78578	814
		申新第七	68248	452
		申新第八	50400	—
		鼎新纱厂	28592	—
		仁德纺织	17088	468
		纬通纱厂	33024	—
		上海织染	17260	820
		永安第一	41648	1302
		永安第二	49696	—
		永安第四	104660	—
		振泰纺织	30540	640
		振华纱厂	13928	—
		恒大纺织	21600	—
		大丰纺织	29952	224
		宝兴纺织	14760	200
江苏	南通	大生第一	114028	745
		大生第二	30340	444
	崇明	富安纺织	15104	—
		大通纺织	21020	—

续表

省别	地名	厂名	损失纱锭数	损失布机数
江苏	无锡	振新纺织	32040	252
		丽新织染	22800	1000
		业勤纱厂	13832	—
		广勤纺织	23040	72
		庆丰织染	68888	720
		豫康纺织	17600	—
		申新第三	70000	1478
	苏州	苏纶纺织	54688	500
	太仓	利泰纺织	26608	—
	常熟	裕泰纱厂	12740	—
	江阴	利用纺织	17392	—
	嘉定	嘉丰纺织	12000	306
	常州	大成织染	25300	1240
		民丰纱厂	22264	280
		通成纺织	5740	51
浙江	杭州	三友实业	20360	672
	萧山	通惠公	14560	—
安徽	芜湖	中一纱厂	18400	—
湖北	武昌	汉口第一	88160	1200
广东	广州	广东纺织	21200	120
总计		56厂	1854222	18745

注:原表“损失纱锭数”总计数与各厂加总数不符,现予改正。

资料来源:聂光地:《战时我国之棉纺织业》,《染织纺周刊》1941年第7卷第6期。

表2-69 战时华商纱厂受损机械设备

厂名	地址	纱锭数	线锭数	织机数
申新第一	苏州 河南	72496	—	1387
申新第八	苏州 河南	50400	—	—

续表

厂名	地址	纱锭数	线锭数	织机数
民生	苏州 河南	9600	400	1515
天生	南市	11588	—	—
永安第二	吴淞	49676	—	—
永安第四	吴淞	69460	35200	—
宝兴	宝山	12240	2520	200
振业	无锡	13832	—	—
振新	无锡	32024	—	252
广勤	无锡	23040	—	72
广丰	无锡	64708	4120	72
豫康	无锡	17600	—	—
申新第三	无锡	70000	—	1478
大成第一	常州	20500	4800	520
大成第二	常州	—	—	720
通成	常州	5720	20	51
总计	—	522884	47060	6267

资料来源：陈真编：《中国近代工业史资料》第4辑，生活·读书·新知三联书店1961年版，第245页。

从表2-68可见，上海一地纺织业所受损失较重，自“八一三事变”之后战事绵延三个月，除租界内少数工厂得以免于战火之破坏外，大部分工厂均陷入战区，遭受比较严重的破坏。即使个别工厂如上海中区的申新第二厂、第九厂等虽未直接受损，但其原料、制品之间接损失，难以计量。淞沪会战，郊区各厂受害较大。申新第一厂、第八厂，民生厂，永安第二厂、第四厂，宝山县境内的宝兴厂“都毁灭于炮火”①，丧失修复价值。综计上海一埠22家民营纱厂遭到程度不同的破坏，毁坏纱锭27.54万枚，织布机3102台，分别占华商设备总数的25%和35%。棉纺织业纱线锭之损失数量约在17万余枚，即达战前设备的70%左右②。

① 王子建：《战时棉纺织业概述》，《商业月报》第19卷第7号，第3页。

② 王子建：《战时棉纺织业概述》，《商业月报》第19卷第7号，第3页。

京沪沿线和附近各县因空袭损失亦比较巨大。江苏无锡的7家工厂中,4家毁于战火,另外的3家工厂即使经过大规模修理,仅可恢复30%—50%机件设备。[①] 武进4家纱厂中2厂遭到焚毁,另外2家损失修复难度较大。苏州、太仓、常熟、江阴等地的纱厂不同程度地受到战火的损害。长江北岸的南通、海门和崇明,虽未遭受战争的直接冲击,却被日本强行占有。邻近上海的杭州通惠纱厂受日军袭击被迫停产。1939年虽一度恢复生产,但伴随萧山陷落,日军将纱厂与庆云丝厂几期全部运走,造成两厂彻底毁坏。

华北方面,天津因战事结束比较快,仅裕大一厂损失纱线锭四万多枚,其他各厂损毁较少。山西、河北两省中,沿着同蒲铁路和正太铁路分布的纱厂,一部分直接毁灭于战火,如新绛雍裕纱厂,其余多陷于敌手。山东、河南两省的纱锭,尚有部分安全转移,如青岛华新转移出20000锭,郑州豫丰转移出56000锭[②],其他大部分纱锭被日军截获。

在华南,广州沦陷后,广东省仅有的20000纱锭丧失。华中地区因内迁经验丰富和距离大后方较近,损失相对较小。武汉地区纱厂因国民党政府有序安排战略撤退,迁徙取得较大的成就。汉口特别市等地原有5家纱厂,纱锭240000余枚,其中150000枚以上安然转移到大后方,剩余88000纱锭因债务关系归美商保管未能移出。[③] 江西九江的2万多纱锭也因债务关系归美商某洋行保管,未克内迁。

尽管国民党政府利用淞沪会战时机大力组织内迁,但因缺乏空中掩护,西迁工厂在搬迁途中和迁入地遭到不同程度损失。华中地区被毁坏纱厂16家,总计纱锭522344枚,线锭47060枚,织机6915台不同程度受损。其中纱锭298195枚,线锭27780枚,织机2999台完全被损坏。[④] 除

① 《中国近代纺织史》编辑委员会:《中国近代纺织史》下卷,中国纺织出版社1997年版,第25页。

② 中国人民政治协商会议重庆市委员会文史资料委员会:《重庆文史资料》第31辑,西南师范大学出版社1989年版,第49页。

③ 祝慈寿:《中国近代工业史》,重庆出版社1989年版,第747页。

④ 陈真编:《中国近代工业史资料》第4辑,生活·读书·新知三联书店1961年版,第244页。

直接战斗损失外，日军利用空中优势对大后方工业进行狂轰滥炸，进一步扩大纺织业损失。重庆豫丰、西安大华、昆明云南等重要纺织厂不同程度遭到轰炸。

东中部沦为战场之时，立场相对中立的公共租界一度成为英美企业和华商纱厂生产的沃土，1939—1940 年，租界内新设纱厂超过 1000 家。但是，太平洋战争爆发后，英美工厂亦成为日军掠夺对象。因英、美距离中国较远，且主要力量集中于对德作战，无力兼顾东亚。日军利用英美力有不逮之时，采取直接没收等粗暴办法，把欧美企业直接转交日本公司或由军方委托管理人员经营。仅上海一处英美纱厂被抢占 18 家。①

总之，中国民族棉纺织业因为战争而遭受的损失至为严重。据时人估计，战时中国棉纺织业“锭数较战前减少百分之三十六，台数减少百分之二十七”。② 表 2-68、表 2-69 只包含了中国规模较大的工厂，如果考虑到中国数量更为庞大的小型织染厂，则损失远不止此。因为中国中小织染厂分布较广，调查统计资料欠缺，难以全面估计战时损失。

以核心织染工业中心上海为例，战后毁于炮火的中小织染工厂达 190 家，损失估计有 980 余万元。苏州河以南工厂处于交战中心，12 万枚纱锭付之一炬。“其他各地的纱厂，厂房设备及原料成品等，大都有相当的损毁，尤其是整个工厂被敌军占领，更是一种无可补偿的损失”③。总计上海一埠 22 家民营纱厂遭到程度不同的破坏，毁坏纱锭 27.54 万枚，织布机 3102 台，分别占华商设备总数的 25%和 35%。棉纺织业纱线锭的损失数量约在 17 万余枚，达战前设备 70%左右④。

江苏自明朝以来即属于中国纺织中心，近代以来因临近上海，纺织业

① 《中国近代纺织史》编辑委员会：《中国近代纺织史》上卷，中国纺织出版社 1997 年版，第 43 页。

② 李嘉音：《中国棉纺织工业》，《中国工业杂志》1943 年第 5 期。

③ 陈真编：《中国近代工业史资料》第 4 辑，生活·读书·新知三联书店 1961 年版，第 244 页。

④ 陈真编：《中国近代工业史资料》第 4 辑，生活·读书·新知三联书店 1961 年版，第 245 页。

获得较快成长,形成仅次于上海的纺织重镇。1937 年 11 月,日军空袭江苏各城,为削弱中国抗战潜力,对工业基地进行重点轰炸。纺织工业遭受严重冲击。战前著名的织业中心武进县,拥有中小织染厂 31 家,织机总数 5600 台。战争中全部被毁或遭受严重损坏无法修复的有 7 家,机器或厂屋损失一部分的达 15 家,损失较轻有望复工的或仅损失货物的有 8 家,完全没有受到损失的只有 1 家。估计武进县的中小棉纺织工厂所受的损失大约不下 200 万元①。无锡市内庆丰、申新、丽新、振新、振华等棉纺织工厂,万源、元大丝织厂;常州大成一厂、三厂,民丰纱厂,民华、华昌布厂均遭到轰炸。其中无锡 7 家主要纺织厂中 6 家被严重损毁,11 万枚纱锭被毁。15 家中小织染厂中,5 家全部被焚毁,3 家部分被毁,全市棉纺织业损失难以胜计。苏州苏纶纺织厂、裕泰纱厂、震泽丝厂被炸毁。在随后的地面战斗中,日军采取焦土政策,将无锡广益、勤康等 3 家纱厂、裕昌 7 家丝厂和 11 家布厂全行抢劫和烧毁。常州大成二厂、益民布厂等 11 家棉纺织企业付之一炬。为达到以战养战目标,日方将江苏华商纺织工厂器械几乎全部掠夺。大生一厂设备基本归入日本企业。苏纶纱厂 2 万枚纱锭和部分丝织机器被劫。无锡华澄染织公司下属二厂被抢走库存布 2 万余匹,损失超过法币 1000 万元。5 家织布厂全部被抢,毁坏纱锭 16.66 万枚、织布机 3304 台。② 据统计,因战争原因毁于炮火、被日军占有,或出售给第三国商人的华商纱厂达 56 家,纱锭损失在 180 余万枚,织布机损失约 1.8 万台,二者各相当于战前总设备的 70%左右。③

现代战争是工业的较量,中日双方有计划破坏对方工业,削弱敌方战争潜力。抗日战争爆发后,国民党政府为防止日本纱厂设备资敌,下令对其进行毁灭性破坏。同时,因日本纱厂集中于东中部,受战火破坏较为严

① 《中国近代纺织史》编辑委员会:《中国近代纺织史》下卷,中国纺织出版社 1997 年版,第 25 页。

② 《中国近代纺织史》编辑委员会:《中国近代纺织史》上卷,中国纺织出版社 1997 年版,第 277 页。

③ 王子建:《战时棉纺织业概述》,《商业月报》第 19 卷第 7 号,第 3 页。

重。抗日战争初期,日资纱厂损失纱锭 86.6 万枚,线锭 9.4 万枚,织机 1.6 万台①,占棉纺织业损失的大部分份额。

淞沪会战开始后,中国军队立刻将丰田纺织厂、日华纺织厂、浦东工厂、华丰工厂“完全毁灭”,裕丰纺织厂、大康纺织厂、东华纺织厂等工厂亦被国民党政府军破坏。浦东地区的日华第一厂、第二厂和吴淞的日华八厂几乎全部被毁于战争,无法修复。公大纱厂成为日军阵地,遭到中国军队重点攻击。沪西的丰田纱厂在战时沦为战场,房屋机器及仓库物料大部分被焚毁。公共租界的日本上海纱厂和裕丰纱厂也受到相当的损失。4 家主要纱厂共有 23 万纱锭和 4300 台布机受损,其中有 15 万纱锭和 3600 台布机完全毁坏②。总计上海日商企业损失纱锭 20 万枚,线锭 2.6 万枚,织布机 3600 台③。

在华北地区,国民党政府军在撤退中对日资企业集中地青岛进行针对性破坏。青岛市市长沈鸿烈亲自指挥警察查封日资企业。随济南沦陷,青岛已难防守。沈鸿烈下令实施焦土抗战,率部将 9 个日资纱厂全部炸毁,损坏纱锭 614204 枚,线锭 53016 枚,织布机 11544 台,日商损失总额 1.2 亿—1.3 亿元。④ 日资工厂建设中的 28 万纱锭和 5800 台织机以及各仓库中所存储的物料、制品一概毁坏。

武汉会战爆发后,日资泰安纺织厂 24816 枚纱锭、380 台织布机为国民党政府军政部没收,改为军政部纺织厂。汉口日本纱厂拥有纱锭 35000 枚,开战后即由中方接收⑤,用于生产军用布匹。武汉撤退时也随着其他华厂迁移到了大后方。中西部地区日方纺织厂 866576 枚纱锭、

① 《中国近代纺织史》编辑委员会:《中国近代纺织史》上卷,中国纺织出版社 1997 年版,第 42 页。

② 中华全国总工会中国职工运动史研究、中国科学院近代史研究所工运史组:《中国工运史料》,工人出版社 1960 年版,第 6 页。

③ 陈真编:《中国近代工业史资料》第 4 辑,生活·读书·新知三联书店 1961 年版,第 243 页。

④ 陈真编:《中国近代工业史资料》第 4 辑,生活·读书·新知三联书店 1961 年版,第 243 页。

⑤ 中华全国总工会中国职工运动史研究、中国科学院近代史研究所工运史组:《中国工运史料》,工人出版社 1960 年版,第 6 页。

93936 枚线锭和 16265 台织布机被中国军队接收。①

总计日本在华纺织厂因战争而损毁者共有纱锭 82 万枚,布机 15000 台,前者相当于其战前在华机器设备的 1/3,后者相当于其战前的 45%②。日商损失的总价值约计日元一万四千万元以上。由于战争的破坏,中国棉纺织业严重萎缩,其国别构成也发生了重大改变。表 2-70 是对战前与 1939 年 5 月间华资、日资与英资纱厂纱锭、布机数量的比较。

表 2-70 全国侵华战前与战后中外纱厂设备对照(1939 年 5 月)

设备 工厂	纱锭数(单位千)				布机数(单位千)			
	战前	百分比(%)	战后	百分比(%)	战前	百分比(%)	战后	百分比(%)
华商纺织厂	2996	49.4	960 (890)	23.2 (25.3)	29.5	37.2	5.4 (5.2)	11.2 (12.6)
日商纺织厂	2847	46.9	2954 (2404)	71.4 (68.4)	45.6	57.6	38.8 (31.8)	80.3 (77.4)
英商纺织厂	223	3.7	223	5.4 (6.3)	4.1	5.2	4.1	8.5 (10)
总计	6066	100	4137 (3517)	100	79.2	100	48.3 (41.1)	100

资料来源:聂光地:《战时我国之棉纺织业》,《染织纺周刊》1941 年第 7 卷第 6 期。

表 2-70 中所统计的战前及战后的纱锭及布机数量,系指运转中及拟添者,括号内的数字系实际运转中的锭数、台数及其比例。从表 2-70 可见,中国近代棉纺织业,特别是华商棉纺织业遭受侵华战争的严重浩劫,2/3 以上的设备遭到损毁。战前,中国民族纺织业在全国棉纺织业中的比重几乎占到半壁江山,其中纱锭数占到近 1/2,布机数则占到 1/3 以上。而全面侵华战争爆发后不到两年,其占国内棉纺织业中的比重大幅下降。纱锭数降至 25%,布机数只占 10%左右。而日本在华纺织业的所

① 陈真编:《中国近代工业史资料》第 4 辑,生活 · 读书 · 新知三联书店 1961 年版,第 243 页。

② 中华全国总工会中国职工运动史研究、中国科学院近代史研究所工运史组:《中国工运史料》,工人出版社 1960 年版,第 6 页。

占版图则出现扩张,纱锭数占全国比重的70%左右,而织机数则达到80%。同时,中国的棉纺织业的产量出现下降。1939年5月,全国纱锭数量仅及战前的2/3,织机数量约为战前的50%。如果考虑到战争对于工厂开工及产销的影响,中国棉纺织业总产能减少约50%。“这样大规模的破坏,对于中国的棉纺织业实在是一次空前的浩劫”①。

战争直接破坏纺织工厂之时,对其原料来源构成较大冲击。日军为控制中国棉纺织业,将沪杭铁路沿线桑树全部砍伐。浙江杭州沦陷后,日军将缫丝厂240台配套设备全部劫走,嘉兴等地中小丝厂亦被抢劫殆尽。1938年,日本在上海成立华中蚕丝公司,要求长三角地区蚕丝业统归该公司经营。汪伪政府随即要求江浙等省蚕丝业统归其管理,引起浙江蚕丝产量锐减50%。

日军侵占浙江期间,缫丝业受到较大破坏。1942年1月,杭州及周围地区2375台电力织布机中停开率达到45%,手动织布机开工率亦不足60%,近30%机户逃难他乡。② 杭州原有织布机6179台,1943年只剩2198台,技术含量较高的电动机锐减近3000台。湖州1200余台织布机经过战火冲击后,仅剩不足700台。受日伪统制政策影响,浙江蚕丝生产同样惨淡。1941年,浙东地区鲜茧产量不足10000担,较1939年减少50000担,引起全省缫丝业原料困难。抗日战争时期浙江丝织业生产损失如表2-71所示。

表2-71　抗日战争时期浙江丝织业生产损失(1936年、1946年)

项目 年份	桑园面积/万亩	产茧量/担	丝织/台	产绸量估计数/万匹
1936	365	93.6	8526	300
1946	99.5	17.7	3776	50

资料来源:《中国近代纺织史》编辑委员会:《中国近代纺织史》下卷,中国纺织出版社1997年版,第285页。

① 陈真编:《中国近代工业史资料》第4辑,生活·读书·新知三联书店1961年版,第244页。

② 《中国近代纺织史》编辑委员会:《中国近代纺织史》上卷,中国纺织出版社1997年版,第285页。

国民党军武汉会战失利,日军攻占湖北90%以上棉产区。日军所及“大量桑园被焚毁,棉田荒芜,施工机器设备被劫走”①。未能及时内迁的中小工厂受到伪警察等势力勒索,举步维艰。日军则利用劫掠物资新建7家纺织厂,形成产供销各环节生产与销售的统制政策,独霸湖北棉纺织市场。日军采取以战养战政策,以“华中振兴公司”和“华北开发公司”为载体,积极恢复日资纱厂生产,并要求部分华商纱厂由日本企业代为管理,进一步扩大日资纱厂优势和市场控制力。同时,为确保原料来源,日方要求成立惠民制丝公司,垄断江浙地区蚕丝生产,形成江浙地区蚕丝统制制度。在日军压榨下,产丝量由10万—15万担下降至1.5万担②。日军侵略对中国棉花生产产生较大打击。抗日战争期间“棉花生产处于大倒退时期,棉田面积、总产量和单位面积产量全面下降”③。1937年,全国总产量减少380余万担。1945年,棉花产量降至594.9万担的历史最低水平。较1936年下降超过1000万担④,单产降低近10斤。

抗战时期关内沦陷区内的中国民族资本及其造纸工业,受到很大的破坏。有的毁于战火,有的在战乱中被迫停止生产,设备被盗抢变卖,有的被侵略者强占,封闭停产,遭受很大损失,如表2-72所示。一些迁往后工厂,不得已抛弃部分设备和原料,拆运的设备在运输途中也有损失。而日资工厂在日本帝国主义的卵翼下,或投资建厂,或收购中国民资厂,或直接掠夺中国民族资本规模较大、设备较好的工厂,占据了市场的优势地位。

---

① 《中国近代纺织史》编辑委员会:《中国近代纺织史》上卷,中国纺织出版社1997年版,第309页。

② 《中国近代纺织史》编辑委员会:《中国近代纺织史》上卷,中国纺织出版社1997年版,第42页。

③ 《中国近代纺织史》编辑委员会:《中国近代纺织史》下卷,中国纺织出版社1997年版,第72页。

④ 《中国近代纺织史》编辑委员会:《中国近代纺织史》下卷,中国纺织出版社1997年版,第72页。

表 2-72　抗战中关内沦陷民族资本厂的损失

地区	厂数	年生产能力(吨)	备注
上海	8	20210	竟成、天章东厂、江南、大中华、宝山、上海、光华
浙江	2	11500	民丰、华丰
江苏	1	9000	华盛、益记
福建	1	1500	福建
广东	2	1704	盐步、广州
华东	1	900	华兴
华北	1	192	燕京
西北	2	1381	晋恒、西北
总计	18	46387	—
战前老厂	32	65447	—
损失	14	19060	—
损失占比	56.25%	70.88%	—

资料来源:上海社会科学院经济研究所、轻工业发展战备研究中心编:《中国近代造纸工业史》,上海社会科学院出版社 1989 年版,第 165 页。

不过单就工厂的生产能力而言,中国机器造纸工业较战前反而略有增长。一方面,市场对于纸品有广泛而多样的需求,即使民族资本在战争中受到很大的破坏,资本家仍然尽可能恢复生产和投资建设新厂,还有一些手工纸厂向机器工厂转化;另一方面,日本帝国主义也通过投资和直接掠夺中国民族资本企业,建立了相当数量的机器造纸厂。但是,这仅是从设计生产能力而言。实际上,由于战争造成原料、动力紧张,除了日厂之外,机器造纸厂不能正常开工,产量很低,远未达到设计生产能力。

火柴工业在日本侵华战争中也遭受了损失。据 1935 年统计,全国火柴厂有华商厂 92 家,外资厂 7 家,共 99 家,近八成位于沦陷区(见表 2-73)。

表 2-73　全国火柴厂分布

省别＼项目	华商厂在开工	华商厂开工停工不详	外资厂	总计
山东	23	4	4	31
广东	5	12	—	17
江苏	12	—	1	13
浙江	3	—	—	3
河北	4	—	2	6
山西	3	—	—	3
甘肃	—	5	—	5
四川	9	3	—	12
湖南	1	—	—	1
湖北	1	—	—	1
江西	1	—	—	1
安徽	1	—	—	1
广西	—	1	—	1
云南	2	2	—	4
总计	65	27	7	99

资料来源:陈真编:《中国近代工业史资料》第4辑,生活·读书·新知三联书店1961年版,第635页表。

沦陷区火柴厂首先受到战火的破坏。“八一三抗战”中,上海的中国火柴公司厂房被炸毁,损失约五六万元之巨;美光火柴厂有部分厂房及三架机器被炸毁,加上货品原料共损失50万元。[①] 广州的广东、民生、光明、西南4个厂也是被直接炸毁。大中华各厂虽无炸毁,但厂房、机器、货栈、原料、成品被焚的损失也很大,据大中华公司统计超过百万元(见表2-74)。战火造成的停工损失、经营困难就很难统计了。

① 中央研究院社会科学研究所主编、郑伯彬等编:《沦陷区经济概览》,国民党政府经济部资源委员会1941年油印本,第5561—5562页。

表 2-74　大中华火柴公司战时财产直接损失(1938 年)　　(单位:元)

事件	地点	损失项目	购置时值	损失时值
焚毁	浦东	氯酸钾	27846	55728
焚毁	镇江	火柴	16790	16790
焚毁	芜湖	火柴	76928	76928
焚毁	杭州	火柴	2045	2045
损毁	镇江	原料	981410	19629119
损毁	九江	原料	390225	7803492
损毁	九江	生财	56166	1123329
损毁	九江	房屋	68330	1366602
总计	—	—	1619740	30074033

资料来源:上海社会科学院经济研究所编:《刘鸿生企业史料》下册,上海人民出版社 1981 年版,第 63 页。据 1946 年大中华火柴公司报送上海市商会战时所受财产损失表改制。

战火过后,日本侵略者对于沦陷区优质的华商厂又以“军管理”和“中日合办”的名义进行掠夺,华中有大中华的荧昌厂、镇江荧昌厂(联营社上海分社代管);山西有西北实业、燮和、昆仑三厂(委托天津中华磷寸株式会社代管)。被日本人强行霸占的有山东济南的东源、洪泰、鲁兴,青岛的华盛和大中华九江裕生厂。以中日合办为名强占的有青岛的华北、信昌等厂。表 2-75 显示这些被掠夺工厂资本额和产量规模。

表 2-75　沦陷区实行“军管理”和“中日合作”的工厂

项目＼厂别	厂名	厂址	资本额(元)	产能(年产箱)	备注
军管理	西北实业	太原	150000	2000	改称军管理 21 厂
	昆仑	汾阳	10000	—	改称军管理 22 厂
	燮和	新绛	—	—	改称军管理 37 厂
	荧昌	镇江	—	—	宣抚班经营
	小计 4 厂		160000	2000	—

续表

厂别 项目	厂名	厂址	资本额 (元)	产能 (年产箱)	备注
中日合作	丹华	天津	1200000	70000	总厂西沽分厂天津
	北洋	天津	330000	35000	总厂西沽分厂南开
	丹华	北平	200000	60000	—
	振业总厂	青岛	300000	38000	—
	振业分厂	济南	400000	26800	—
	振业分厂	济宁	300000	1900	—
	华北	青岛	500000	68000	—
	洪泰	济南	100000	10000	(原表如此)
	东源	济南	30000	10000	(原表如此)
	小计9厂		3360000	319700	—

资料来源:中央研究院社会科学研究所主编、郑伯彬等编:《沦陷区经济概览》,国民党政府经济部资源委员会1941年油印本,第5565页。

大中华公司是火柴工业中的龙头,其被日本侵略者攘夺的过程具有代表性。日军先是几次到大中华事务所找刘鸿生表示要合作,刘鸿生被迫出走香港,日军遂于1938年12月宣布上海荧昌厂"军管理",委托联营社上海分社经营。1940年3月18日,日本驻华派遣军总司令西尾寿造发表声明,表示把"军管理"的中方财产移交给"中国政府",再由"中国政府"交还合法所有者。大中华董事长陈伯藩即联络兴亚院华中联络部和日本陆海军管理工场整理委员会,申请解除"敌产"嫌疑和"军管理",发还厂产。但日军提出以收买上海、镇江两荧昌厂为解除军管理的先决条件,大中华反对日方收买,要求改收买为租赁,被日本军部否决。经过谈判,由日军指定华中振兴公司和联营社上海分社与大中华联合组成华中火柴公司,由华中火柴公司收买上海、镇江荧昌厂。契约签订后,日军才解除了对两厂的"军管理",同时解除了对苏州鸿生、周浦中华、杭州光华、东沟梗片厂四厂"敌产"嫌疑。

按大中华中联营社上海分社签订的契约,新成立的华中火柴公司受华中振兴公司的监督，公司额定资本为中储券1000万元，先收500万元。大中华以上海、镇江两荧昌厂作价416万元，其中的300万元算作大中华对华中火柴公司现物投资，其余116万元于华中火柴公司开业分6个月偿还给大中华，但实际上此后2年华中火柴公司只偿还大中华82万多元。所以华中火柴公司相当于以“中日合办”的名义直接掠夺了大中华的两厂。①

① 上海社会科学院经济研究所编:《刘鸿生企业史料》下册，上海人民出版社1981年版，第65—86页。